D1720922

WBG **WELT-**
GESCHICHTE

Band VI

WBG **WELT-GESCHICHTE**

EINE GLOBALE GESCHICHTE VON DEN ANFÄNGEN BIS INS 21. JAHRHUNDERT

Herausgegeben von
Walter Demel, Johannes Fried, Ernst-Dieter Hehl,
Albrecht Jockenhövel, Gustav Adolf Lehmann,
Helwig Schmidt-Glintzer und Hans-Ulrich Thamer

In Verbindung mit der
Akademie der Wissenschaften und der Literatur, Mainz

WBG **WELT-GESCHICHTE**

EINE GLOBALE GESCHICHTE VON DEN ANFÄNGEN BIS INS 21. JAHRHUNDERT

Band VI

Globalisierung 1880 bis heute

Herausgegeben von
Hans-Ulrich Thamer

Redaktion: Britta Henning, M.A.

Abbildungsnachweis:
S. 419 Bildarchiv Preußischer Kulturbesitz; S. 3, 5, 447 Bridgeman Art Library; S. 377, 395 Deutsches Museum; S. 53 Österreichische Nationalbibliothek Wien; S. 15, 29, 93, 103, 105, 113, 129, 167, 171, 175, 215, 237, 249, 267, 371, 425, 469 picture-alliance; S. 385 F. Uekötter; S. 31, 198, 390, 411, 431 Ullstein Bild; Karten: Peter Palm, Berlin; Grafiken: Wolfgang Zettlmeier, Barbing

Die Deutsche Nationalbibliothek verzeichnet diese Publikation in der Deutschen Nationalbibliografie; detaillierte bibliografische Daten sind im Internet über http://dnb.d-nb.de abrufbar.

Die Herausgabe des Werkes wurde durch die Vereinsmitglieder der WBG ermöglicht.
Satz: SatzWeise, Föhren
Gedruckt auf säurefreiem und alterungsbeständigem Papier
Printed in Germany

Besuchen Sie uns im Internet: www.wbg-wissenverbindet.de

ISBN 978-3-534-20109-9
ISBN des Gesamtwerkes 978-3-534-20103-7

Inhaltsverzeichnis

Einleitung

Hans-Ulrich Thamer

Mit einem Gala-Empfang wurde am 14. April 1900 die Pariser Weltausstellung eröffnet. Der französische Staatspräsident fuhr mit Regierungsvertretern in goldenen Kutschen durch die illuminierte Hauptstadt. In seiner Eröffnungsrede pries Émile Loubet das beginnende Jahrhundert als eine Epoche des Fortschritts, des Friedens und des Wohlstandes. Die Unterwerfung der Natur durch die moderne Technik werde die Bedingungen menschlichen Lebens grundsätzlich verändern. Der Handelsminister Alexandre Millerand sah ein Jahrhundert aufziehen, in der die Maschinen und die Elektrizität die Welt beherrschen, in der Wissenschaft und Industrie das Alltagsleben fundamental verändern würden. Das Schauspiel der Weltausstellung sollte vom technisch-industriellen Fortschritt künden und dem Optimismus einer Gesellschaft Ausdruck verleihen, die die neuen Kräfte der Technik und Wissenschaft beherrschen und die sich für die Sicherung von Reichtum und Glück in einer künftigen globalen Gesellschaft einzusetzen versprach. Tatsächlich spiegelte sich in der Zukunftsgewissheit der Ausstellung und dem Pomp der sie begleitenden Empfänge und Feste der Abendglanz einer eurozentrischen, bürgerlichen Welt des 19. Jahrhunderts. Wer genauer hinsah, konnte die politischen und ökonomischen Ungleichgewichte beziehungsweise die Brüchigkeit des internationalen Systems auch auf der Ausstellung erahnen.

Die Weltausstellung von 1900

Die europäischen Nationalstaaten bestimmten mit ihrer Präsentation auf dem großen Fest des Fortschritts auch das Bild der afrikanischen und asiatischen Gesellschaften, die in malerischen Dorfnachbildungen und Hütten nicht nur als fremde und unterentwickelte Völker dargestellt wurden, sondern auch als eine „primitive" und von Europa darum abhängige Welt. Schließlich kontrollierten zu diesem Zeitpunkt die europäischen Staaten machtpolitisch und wirtschaftlich fast ganz Afrika, weite Teile Asiens und des südlichen Pazifiks.

Hinter der glänzenden imperialistischen Fassade kündigten sich noch andere Widersprüche und auch Spannungslagen an, die die Welt verändern und die im Gefolge des Ersten Weltkrieges offen ausbrechen sollten. Neue soziale Bewegungen, die sich auf der Weltausstellung eher am Rande präsentieren konnten, kündeten von möglichen Konflikten, die die europäischen Gesellschaften vor neue Herausforderungen stellen sollten: die sozialistische Arbeiterbewegung, die sich in allen industriellen Gesellschaften organisiert hatte und die selbst vor inneren Zerreißproben zwischen einem reformistischen und einem radikal-revolutionären Weg stand; die Frauen-

Widersprüche und Spannungslagen

bewegung, die auf gesellschaftliche und politische Teilhabe drängte; die antikolonialistischen Strömungen, die mit den Anspannungen des Ersten Weltkriegs zusätzliche Stärke gewinnen sollten. Auch hinter den Fassaden der souveränen Staaten Lateinamerikas verbargen sich politisch-ideologische, ethnische und soziale Gegensätze, die ihren inneren Zusammenhalt und ihren ökonomischen Aufschwung bedrohen sollten. Schließlich gab es im Gastland Frankreich und auch anderswo in Europa soziale Protestbewegungen, die Demokratie und Fortschritt von einer anderen Seite her angreifen sollten. Radikal-nationalistische und antisemitische Strömungen und Bewegungen hatten die politisch-kulturelle Ordnung der französischen Dritten Republik in der Dreyfus-Affäre vor schwere Belastungsproben gestellt, auch wenn sich kaum jemand vorstellen konnte, dass solche aggressiven und menschenverachtenden Tendenzen einmal zu politischen Massenbewegungen und zu Leitvorstellungen der Herrschaftspraxis künftiger Diktaturen und eines Völkermords werden sollten.

Kurzum, der Besucher der Weltausstellung erhielt ein verzerrtes Bild von Sicherheit und sozialer Harmonie, das mit dem Ersten Weltkrieg bald zerbrechen sollte. Der „Große Krieg", wie er bis 1939 überall hieß, die „Urkatastrophe" (George F. Kennan) des Jahrhunderts, hat die Widersprüche dann endgültig ans Licht gebracht; er barg nicht nur den Keim des Zweiten Weltkrieges bereits in sich. Die neuen Technologien des Kriegs und die totale Kriegsführung, die imperialistischen Kriegsziele sowie radikalen Ideologien, die Propaganda und Massenpolitisierung, die sich im Krieg entfalteten, nahmen vorweg, was die Zwischenkriegszeit an Krisen und Radikalisierung erleben, was der zweite, totale Krieg, der rasch zu einem globalen Krieg wurde, an Massenmobilisierung und Vernichtung bringen sollte. Die „Kunst des Friedensschlusses", die sich im Zeitalter der europäischen Mächte und Kabinette herausgebildet hatte und noch einmal in dem Versailler Vertragssystem von 1919 die Welt befrieden wollte, erwies sich im Zeitalter der Ideologien und der Diktaturen bald als wirkungslos. Der Siegeszug von Demokratie und Menschenrechten, von dem man zu Beginn des Jahrhunderts und unmittelbar nach dem Ersten Weltkrieg träumte, wurde von den großen ökonomischen Krisen und der massenmobilisierenden Kraft radikaler Ideologien und Bewegungen der Zwischenkriegszeit bald wieder zerstört; der Gegensatz von Demokratie und Diktatur wurde, nicht nur auf dem europäischen Kontinent, zur Signatur der 1930er Jahre. Er setzte sich nach dem Ende des weltumspannenden Zweiten Weltkriegs und dem Scheitern der Hoffnung auf die „Eine Welt" in veränderter Konstellation als globaler Gegensatz der zweiten Nachkriegszeit fort, bis mit dem Ende des Kalten Kriegs und des Ost-West-Konfliktes 1989/1990 wieder die Hoffnung auf eine friedliche, demokratische Zukunft in immer größeren Teilen der Welt wuchs, um bald wieder enttäuscht zu werden.

„Kunst des Friedensschlusses"?

Das 20. Jahrhundert, an der Jahrhundertwende 1900 zuversichtlich als Jahrhundert des Fortschritts angekündigt, wurde bald zum „Zeitalter der Extreme" (Eric Hobsbawm). Es hat nach einem Diktum von Yehudi Menuhin „die größten Hoff-

Der Eiffelturm während der Pariser Weltausstellung vom 15. April bis zum 12. November 1900, die mit etwa 50 Millionen Besuchern zu den erfolgreichsten Weltausstellungen gehört.

nungen hervorgerufen, die die Menschheit jemals gehegt hat", und „alle Illusionen und Hoffnungen zerstört". Es war geprägt von grausamen Kriegen und Katastrophen, von Gewalt und Massenvernichtung, aber auch von neuen Instrumenten der Friedenssicherung und Konfliktregelung, von der schrittweisen Durchsetzung demokratischer Ordnungen und deren Zerstörung durch autoritäre und totalitäre Bewegungen und Diktaturen, daneben aber auch von wachsender Rationalität, Mobilität und Wachstum, so wie man es sich am Beginn des Jahrhunderts erhofft hatte. Doch gehört zum 20. Jahrhundert seit dem Ersten Weltkrieg auch die Erfahrung grundstürzender wirtschaftlicher und sozialer Krisen, von Gewalt, Vertreibung und Zerstörung von Menschen und Umwelt. Das 20. Jahrhundert hat mithin das ganze Ausmaß der Dissonanzen und der Dialektik des Fortschritts gezeigt, den das 19. Jahrhundert noch ganz ungebrochen und optimistisch im Visier hatte.

Das 20. Jahrhundert

Ist darum die Charakterisierung als „Zeitalter der Extreme" völlig berechtigt, so zeigen sich seit den späten 80er Jahren schließlich Visionen einer internationalen Gesellschaft, in der Völkerrecht und Menschenrechte die Beziehungen der Staaten und die inneren gesellschaftlichen Verhältnisse der Staaten immer stärker bestimmen könnten. Mehr noch, es zeichnet sich ein neues Weltverständnis ab. Die innerstaatlichen Lösungen allein funktionieren immer weniger, die neuen Konflikte drehen sich nicht mehr ausschließlich um die Staaten und die innere Verwaltung sowie Verteilung von Ressourcen. Die neuen Konflikte passen darum nicht mehr in das klassische politische Links-Rechts-Schema, in den ausschließlichen Gegensatz von Fortschritt und Tradition.

Nach dem Ende des Kalten Kriegs und dem Zusammenbruch des sowjetischen Imperiums wurde das 20. Jahrhundert häufig als das „kurze 20. Jahrhundert" bezeichnet, um damit seine vermeintlich innere Einheit zu kennzeichnen. Nach dieser Periodisierung reichte es von 1914, als Weltkrieg und Revolution die Lebensformen des 19. Jahrhunderts zerstörten und in Diktatur und Gewalt mündeten, bis 1991, als mit dem Ende der Sowjetunion auch das Ende der totalitären Ideologien gekommen zu sein schien. Doch nicht nur weil diejenigen, die ein Ende dieser Geschichte der politisch-militärischen Konfrontationen erwartet hatten, sich in ihren Prognosen bald widerlegt fanden, sondern weil viele der Entwicklungen, die sich seit den 1990er Jahren abzeichneten, nämlich die Entfaltung einer internationalen Gesellschaft, Wirtschaft und Kultur, die wir „Globalisierung" nennen, sich schon vor 1989 längst angebahnt hatten, erscheint die Eindeutigkeit der Epochengrenze von 1989/1990 immer fragwürdiger. Zu dem neuen Weltverständnis, das sich aus den wirtschaftlichen und sozialen wie auch kulturellen Veränderungen ergibt, schwächte sich die Fixierung des 20. Jahrhunderts auf Nationalstaaten und auf die Konflikte von Mächten ebenso ab wie die Fixierung auf die westliche, das heißt nordamerikanisch und europäisch zentrierte Welt. Fragen der Menschenrechte, von moralischen und religiösen Kriterien politischen Handelns wurden ebenso wichtig wie innenpolitische Probleme der Verteilung von Ressourcen und ausschließlich sozioökonomische Sichtweisen.

Epochengrenzen

Mit der Öffnung des historischen Blicks auf die außereuropäische Geschichte verliert auch die Epochengrenze 1914 ihre Erklärungskraft, denn viele innere Entwicklungen in Asien, Afrika und auch Lateinamerika folgen anderen Mechanismen und Zäsuren. Vor allem aber erhält mit dem Blick auf die Internationalisierung von Gesellschaft und Wirtschaft das späte 19. Jahrhundert ein neues Gewicht, haben doch viele Entwicklungslinien, die wir heute mit dem Begriff der Globalisierung beschreiben, ihren Ausgang vor 1914 genommen. Sie erlebten mit den schweren ökonomischen Krisen und protektionistischen Reaktionen der Zwischenkriegszeit der 1920er bis 1950er Jahre einen heftigen Einbruch, der erst seit den 1980er Jahren wieder überwunden wurde.

Im Rückblick auf das 20. Jahrhundert, aus der Vogelperspektive des frühen 21. Jahrhunderts, rücken darum die lange getrennt voneinander betrachteten Teilepochen des 20. Jahrhunderts enger zusammen, verschwimmen die Zäsuren, die das 20. Jahrhundert eingeteilt und gedeutet hatten. Das gilt nicht nur für die Zwischenkriegszeit der 1920er und 1930er Jahre, die von einigen Beobachtern als Phase eines „zweiten dreißigjährigen Krieges" (Arno J. Mayer) gedeutet wird, das gilt auch und

Der Chinesische Pavillon während der Weltausstellung in Paris (1900).

Verschwimmen der Zäsuren

noch mehr für den inneren politischen und gesellschaftlichen Zusammenhang der zweiten Hälfte des 20. Jahrhundert mit der ersten. Gleichwohl unterschied sich die Welt am Ende des 20. Jahrhunderts in mehrerlei Hinsicht deutlich von der am Beginn des Jahrhunderts: Sie war längst nicht mehr eurozentriert, Europa hatte seinen Vorrang in Politik und Wirtschaft, in Wissenschaft und Kultur längst verloren. Sie hatte fast überall die Auflösung alter Sozial- und Beziehungsstrukturen erfahren, und diese Umbrüche waren mitunter von sozialen und menschlichen Katastrophen begleitet oder herbeigeführt. Dafür erlebte sie am Ende neue Formen der Internationalisierung und Globalisierung, die aufnehmen, was sich schon lange angebahnt hatte, die auch über das hinausgehen, was sich am Beginn des Jahrhunderts abgezeichnet hatte.

Richtet man den Blick auf die europäische Politikgeschichte des 20. Jahrhunderts, so behält umgekehrt das Bild vom „kurzen 20. Jahrhundert" seine partielle Gültigkeit. Aus dieser Perspektive beginnt das Jahrhundert mit dem Ersten Weltkrieg und mündet in fundamentale Auseinandersetzungen zwischen Demokratie und Diktatur, begleitet und verschärft von radikalen Massenbewegungen als Folge der allgemeinen gesellschaftlichen Mobilsierung. Zu der Krise der Demokratie, die sich schon in den 1920ern abzeichnete und die seit 1933 voll auf die europäische Staaten- und Verfassungswelt durchschlug, kam schließlich die andere große Krise der 30er Jahre, die Parlamentarismus, demokratische Politik und liberale Marktwirtschaft für viele Jahre diskreditierte – die Krise des globalen Kapitalismus. Die Erfahrung von Krisen und Katastrophen bestimmte die Wahrnehmung und damit auch die inneren Zusammenhänge und Besonderheiten der Zwischenkriegszeit in Europa, aber auch in den Vereinigten Staaten von Amerika. Mit der Wirtschaftskrise und dem globalen Krieg von 1939/1941 bis 1945 wurden sie zu einem weltweiten Phänomen. Auch die zweite Teilepoche des „kurzen" europäischen 20. Jahrhunderts ist teilweise von ähnlichen Entwicklungen geprägt, nur dass die Zentren der Politik nicht mehr in London oder Berlin, sondern in Washington und Moskau liegen. Der „Ost-West-Konflikt", der sich seit den späten 1940er Jahren in immer neuen Schüben entfaltete, setzte aus politik- und verfassungsgeschichtlicher Sicht zwar die Gegensätze von Demokratie und Diktatur, die schon die erste Nachkriegszeit bestimmt hatten, fort und machte sie wiederum zu einem weltweiten Phänomen, aber diese inneren politischen Konstellationen wurden von einer völlig veränderten internationalen Mächtekonstellation bestimmt, nämlich von dem politisch-militärischen und ökonomisch-technischen Gegensatz der neuen Supermächte USA und Sowjetunion, der die innenpolitischen Konflikte auch in Europa, aber vor allem in den jungen, politisch instabilen Nationalstaaten der Dritten Welt (mit ihren heftigen gesellschaftlichen und ethnischen Machtkämpfen) mit den Grundmustern und -konflikten der internationalen Mächtekonstellationen und -beziehungen verband und diese oft für die eigenen Zwecke instrumentalisierte. Der Kalte Krieg bestimmte nicht nur Politik und Alltagsleben der europäischen Staaten, die als Folge des Zweiten Weltkrieges und der weltwirtschaftlichen Veränderungen nun von Subjekten zu Objekten der Weltpolitik geworden waren, sondern überlagerte auch die Politik und die Gesellschaften der übrigen Welt und drohte fast die gesamte Welt in eine Spirale von Rüstungspolitik und Stellvertreterkriegen hineinzuziehen.

Politikgeschichte des 20. Jahrhunderts

Der Ost-West-Konflikt überlagerte lange Zeit den Nord-Süd-Konflikt, das heißt die neue Konfrontation zwischen den Industrieländern des Nordens und den Entwicklungsländern des Südens, der seinen Anfang in den 1950er Jahren genommen hatte und mit der zunehmenden Dekolonisation und Neubildung von Staaten in Asien und Afrika an Konfliktpotential zunahm, während es innerhalb der Länder der „Dritten Welt" allmählich zu einer Ausdifferenzierung zwischen wirtschaftlich und infrastrukturell wachsenden Schwellenländern und den vom Weltmarkt abhängigen Modernisierungsverlierern, vornehmlich in Afrika, kam. Am Ende des 20. Jahrhunderts hat der Nord-Süd-Konflikt den einstigen Ost-West-Konflikt abgelöst und die Widersprüche sowie Vielfalt der Modernisierung des 20. Jahrhunderts vor Augen geführt.

Nord-Süd-Konflikt

Die zunehmende Wahrnehmung des neuartigen, globalen Nord-Süd-Konfliktes verband sich mit der Einsicht in die Ambivalenzen von Fortschritt und Moderne auch in der „Ersten“ und in der „Zweiten Welt“. Waren die goldenen Jahrzehnte des wirtschaftlichen Wachstums der zweiten Nachkriegszeit bis in die Mitte der 1970er Jahre noch von der Erwartung getragen, dass wirtschaftlich-technischer Fortschritt und demokratische Politik sozialen Wandel und Modernität garantieren und die zerstörerischen Kräfte, die in der ersten Hälfte des 20. Jahrhunderts in Form von ideologischem Fanatismus und dem Drang zur Gewalt immer wieder aufgebrochen und wirkungsmächtig geworden waren, für immer überwinden könnten, so verlor sich seit der Ölkrise von 1974 dieser ungebrochene und einfache Fortschrittsglauben. Die Krise der Demokratie und der Wirtschaft, der Weg in die moderne Diktatur und in die Barbarei von Verfolgung und Genozid wurden nicht länger als bloßer Rückfall oder Sonderweg verstanden, sondern als immanenter Teil der widersprüchlichen Moderne, als die dunklen Seiten derjenigen Kräfte und Bewegungen, die das 20. vom 19. Jahrhundert geerbt hatte und die sich seither in einer rasanten Beschleunigung entfalteten.

Widersprüchliche Moderne

Die scheinbar ungebremste Steigerung von Beschleunigung und Effizienz, von Mobilität und Verdichtung, die alle Lebensbereiche der Menschen erfasste und veränderte, war und ist die eigentliche Signatur der Moderne. Der Wandel ergreift die Verflechtungen und Transfers von Waren, Personen, Kapital und Ideen, erfasst die Struktur und die soziale Mobilität der Gesellschaft, stellt aber auch die Politik vor immer neue Herausforderungen, wenn sie die Erwartungen und Visionen der Menschen fördern will. Die permanenten Veränderungen und Herausforderungen berühren die Systeme sozialer Sicherheit und Arbeit in Industrie- und Dienstleistungsbereichen, betreffen die Entwicklung des Bruttosozialproduktes und der Einkommensverteilung, finden ihren Ausdruck in demographischen Prozessen wie in der zunehmende Verstädterung, im Leben von Familie und Individuum wie im Verhältnis von Mann und Frau und lassen auch die überkommenen Werteordnungen nicht unberührt.

Ungebremster Wandel und Fortschritt

Nicht nur in dem europäisch-amerikanischen Prozess der Modernisierung, der lange zum Paradigma für alle anderen Veränderungen stilisiert wurde, gelten bei genauerem Zusehen unterschiedliche Modernitäten und keineswegs monokausale Verhältnisse zwischen Politik und Modernität. Noch mehr gilt die Einsicht in die Vielfalt und Widersprüchlichkeit der Moderne, wenn sich der Blick auf die globale Situation richtet, auf die Gesellschaften jenseits der europäischen und nordamerikanischen Welt. Hier bestimmen unterschiedliche ökonomische Standards und Abhängigkeiten, verschiedene kulturelle Traditionen und politische Verfassungen die jeweilige Reaktion auf die globalen Entwicklungen und Umbrüche. Sie können bei aller Gleichförmigkeit der Herausforderungen unterschiedliche Geschwindigkeiten und Entwicklungen annehmen. Das zwingt noch einmal zur Veränderung und Anpassung unseres Blicks auf die Moderne, die eine „multiple Moderne!“ (Shmuel N. Eisenstadt) darstellt.

Die globale Situation

Der Bedeutungsverlust für die Weltrolle Europas im Zeitalter der Weltkriege und die sich entfaltende Vielfalt der Moderne haben auch Auswirkungen auf die methodischen Optionen einer Weltgeschichte im 20. Jahrhundert. Sie wird den chronologisch-entwicklungsgeschichtlichen Zugriff als Mittel der Orientierung nicht ganz aufgeben, muss aber angesichts der Vielfalt der Entwicklungen vergleichend vorgehen und entweder nach einer Beziehungs- und Konfliktgeschichte zwischen den Zentren, deren Bedeutung sich selbst verändert hat, und der Peripherie fragen, oder sie kann sich auf zentrale Themenfelder konzentrieren und diese miteinander vergleichen. Dazu gehören Zivilisationen und Nationen, politische Systeme und gesellschaftliche Bewegungen, Verflechtungen und Transfers von Waren und von Kapital, von Menschen und Ideen in Bewegung. Dieser Ansatz liegt dem vorliegenden Band zugrunde.

Politische Verflechtungen und Konflikte

Die alliierten Staatschefs Winston Churchill (Vereinigtes Königreich), Franklin D. Roosevelt (USA) und Josef Stalin (UdSSR) auf der Konferenz von Jalta (4.–11. 2. 1945), bei der es vor allem um die Aufteilung Deutschlands und die Machtverteilung in Europa nach dem Ende des Zweiten Weltkrieges ging.

Politische Ordnungssysteme und soziale Bewegungen

Hans-Ulrich Thamer

Imperialismus, Krieg und Revolution

Die Pariser Weltausstellung von 1900 war, auch wenn in den Festreden die Brüderlichkeit aller Völker betont wurde, zwischen industrialisierten Industriestaaten und ihren Kolonien zutiefst gespalten. Der größte Teil von Afrika, weite Teile Asiens und des pazifischen Raumes standen unter der Kontrolle einiger mächtiger Staaten. Großbritannien, Russland, China und Frankreich, die Niederlande, Österreich-Ungarn und das Osmanische Reich beherrschten riesige, multiethnische Reiche; auch andere europäische Staaten hatten sich einen „Platz an der Sonne" in Form von kleineren kolonialen Besitzungen erobert. 1898 hatten die Vereinigten Staaten beispielsweise die Philippinen und Puerto Rico erworben. Politische Ideologien, die überall in Europa verbreitet waren, rechtfertigten die imperiale Herrschaft als Ausdruck des Fortschritts und der Zivilisation. Diese brächte den Beherrschten technologischen Fortschritt, Erziehung, Bildung und Religion.

Unabhängigkeit und Freiheit waren im Weltenplan für die nicht-europäischen Staaten nicht vorgesehen. Nur die Vereinigten Staaten von Amerika hatten sich 1776 von der Herrschaft einer fremden monarchischen Macht befreien können, um dann ein Jahrhundert später auch imperiale Macht auszuüben. Später endete die Kolonialherrschaft Frankreichs über Haïti, und zwischen 1810 und 1826 hatten die lateinamerikanischen Staaten ihre Unabhängigkeit von Spanien und Portugal erkämpft und konstitutionelle Regime eingerichtet. Doch Freiheit und Gleichheit standen auch dort mehr auf dem Papier, als dass sie in Wirklichkeit von den *Caudillos*, den autoritären Militärherrschern, die die lokalen oder nationalen Regierungen kontrollierten, gewährt wurden. Der Weg der lateinamerikanischen Staaten zu einem Nationalstaat, das heißt zum Gefühl beziehungsweise zur sozialen Praxis der gemeinsamen Zugehörigkeit, war langwierig; zu groß waren die inneren ethnischen und regionalen Gegensätze, die gesellschaftlichen und kulturellen Spannungslagen und Gräben. Das waren Prozesse, die am Vorabend des „Großen Krieges" in Europa längst nicht abgeschlossen waren und die für die kolonialen Territorien auf ihrem Weg in die nationale Unabhängigkeit erst noch bevorstanden.

Freiheit und Gleichheit?

Zwei Formen von Großreichen existierten um 1900: die gewaltigen Festland-

reiche Russland, China, Österreich-Ungarn und das Osmanische Reich, die ihre Herrschaft über Jahrhunderte durch Eroberung und Annexion errichtet hatten, die dann um 1920 durch die Folgen von Krieg und Revolution entmachtet oder zerfallen waren; der andere Typus war im 18. und 19. Jahrhundert durch Eroberungen in Übersee entstanden.

Die imperialen Mächte West- und Mitteleuropas kontrollierten ihre kolonialen Besitzungen in der Regel durch direkte politische Herrschaft. Vor allem Großbritannien beherrschte an der Jahrhundertwende ein Viertel der Länder der Erde und ein Viertel der Weltbevölkerung. Das Herzstück und Juwel der britischen Überseeherrschaft war zweifelsohne Indien, dessen Größe und Reichtum Großbritannien zur Führungsmacht in Asien machten. Die britische Macht war durch direkte und indirekte Herrschaft begründet, gesichert war sie durch die Armee von indischen Soldaten, die von britischen Offizieren befehligt wurden. Die Erhebung von Steuern war eine der Hauptbeschäftigung der britischen Regierung in Indien. Die Briten brachten Kapital und teilweise auch britische Institutionen sowie kulturelle Ressourcen. Der Export von Kapital und Kultur verschaffte Großbritannien Einfluss und verschaffte London auch außerhalb der Grenzen der formellen Herrschaft, etwa in Lateinamerika, Einfluss.

Indien als Kolonialbesitz Großbritanniens

Kapital, Waren und Ideen waren die Grundlagen der europäischen Hegemonie, nicht nur von Großbritannien, über das internationale System. Europa stand im Zentrum einer Welt, in der Amerika, Afrika und Asien zur Peripherie gehörten, auch wenn wichtige Länder davon schon ihre Unabhängigkeit erworben oder behauptet hatten – ein Prozess, der durch den Ersten Weltkrieg beschleunigt werden sollte. Mit dem Ausbruch des Ersten Weltkriegs und der folgenden Kette von Revolutionen begann aus europäischer Perspektive das „kurze 20. Jahrhundert", was für die außereuropäischen Länder und Staaten in dieser schroffen Periodisierung nicht gilt. Das „kurze 20. Jahrhundert" endete 1989/1990 ebenfalls mit einer Revolution, doch dieses Mal mit einer Kette von „friedlichen Revolutionen", die das sowjetische Imperium zusammenbrechen ließen und den Kalten Krieg beendeten. Dieser Wandel hatte, im Unterschied zu 1914, sehr viel weitreichendere, globale Wirkungen. Dazwischen lag ein Jahrhundert der Auflösung von Imperien und von neuerlichen Nationalstaatsbildungen, eine Epoche des Verlustes europäischer Dominanz, des ideologischen Bürgerkriegs und der massenhaften politischen Gewalt, aber auch der Demokratisierung und Emanzipation, der Modernisierung und des Wandels sowie des Gegensatzes von Freiheit und Gleichheit.

Regionalisierung und Periodisierung

Die neue Welt, die sich nach 1918 abzeichnete, war zunächst eine vom Krieg geschaffene Welt, und das belastete die Zukunft der neuen Ordnung, bis sie in den 30er Jahren, dem „elenden, falschen Jahrzehnt" (Wystan Hugh Auden), sich selbst zu zerstören drohte und in einen zweiten Krieg von nun globalen Ausmaßen mündete. Auch dieser endete teilweise in Rebellionen und Revolutionen, die nun den Zusammenbruch der Kolonialreiche beschleunigten und zur Herausbildung des sowjetischen Herrschaftssystems führten, das über ein Drittel der Weltbevölkerung herrschte und diese

Macht für vier Jahrzehnte mit dem Anspruch begründete, eine politisch-gesellschaftliche Alternative zur bürgerlich-kapitalistischen Gesellschaftsordnung zu bilden.

Die Revolution war dem Krieg entsprungen – nicht nur die beiden russischen Revolutionen von 1917, sondern auch die folgenden Erhebungen und radikalen Umbrüche, die vor allem Mitteleuropa erschütterten. Die Revolution wurde in unterschiedlicher Gestalt zu einer „globalen Konstante der Jahrhundertgeschichte" (Eric Hobsbawm). Dass bereits der Erste Weltkrieg mit Umstürzen endete, hatte viele Gründe: Dazu gehörten zunächst die heftigen Erschütterungen und Zerstörungen überkommener Lebensformen und Denkhaltungen des 19. Jahrhunderts. Der Erste Weltkrieg hatte mehr als alle anderen Kriege zuvor die furchtbare Differenz zwischen Erwartung und Realität, Hoffnung und Enttäuschung, Opfer und Ergebnis erkennbar gemacht. Nicht nur die bürgerliche Sekurität zerbrach, auch die Friedensbewegung vom Vorabend des Krieges scheiterte, und mit ihr zerbrach der europäische Sozialismus als mächtige soziale Bewegung, deren Anhänger den aggressiven Nationalismus abgelehnt und sich für eine internationale Zusammenarbeit eingesetzt hatten. Nationale Gefühle hatten sich teilweise als stärker erwiesen und zur Spaltung geführt. Je länger der Krieg dauerte, je größer und unvorstellbarer die Zahl der Opfer und das Leiden an der Front wie in der Heimat wurden, desto deutlicher ließ die Fähigkeit der Soldaten, den Schmerz zu ertragen, nach, desto besorgniserregender wurden die Zeichen der Auflösung der militärischen Disziplin. 1917 wurde zu einem kritischen Jahr. Während die militärische und rüstungswirtschaftliche Effektivität jedoch in den meisten Armeen und kriegführenden Nationen durch eine kalkulierte Mischung aus Härte und Nachgiebigkeit wiederhergestellt wurde, eskalierten die militärischen, sozialen und politischen Unruhen in Russland zu einem Aufstand in St. Petersburg, wo unter anderem Stimmen lauter wurden, die Frieden forderten. Papst Benedikt XV. legte am 1. August eine Friedensbotschaft vor, die einen Frieden ohne Annexionen und Reparationen forderte. In Deutschland brachten die Oppositionsparteien im Juli 1917 eine Friedensresolution im Reichstag ein und stärkten damit nicht nur das Gewicht des Parlaments, sondern nahmen eine Koalitionsbildung vorweg, die sich Ende 1918 unter dem Banner der Reform für eine neue parlamentarisch-demokratische Verfassungsordnung einsetzen sollte.

Die Revolution

Russland war kriegsmüde und reif für eine Revolution, eine bürgerlich-parlamentarische Reform sollte unter diesen Bedingungen wenige Chancen haben. Unter dem Druck und den Anstrengungen des Krieges mündeten die Unruhen in einen Zusammenbruch der jahrhundertealten Herrschaft der Zaren und führten zwar zunächst durch ein spontanes Bündnis zwischen Mitgliedern der politischen Elite, die Reformen wollte, und einer Volksbewegung, die gegen den Krieg war, zu einem erstaunlichen raschen politischen Erfolg der Februarrevolution. Doch dieser war nicht von langer Dauer, denn zwischen der relativ machtlosen „Provisorischen Regierung" auf der einen Seite und den lokalen und regionalen „Räten" („Sowjets") der Bevölkerung andererseits entstand ein politisches Vakuum, in dem die verschiedenen Revolutionsbewegungen die verbreitete Kriegsmüdigkeit und den Friedenswunsch, aber auch den

Landhunger der Bauern und den Traum von einer sozialen Revolution zu organisieren versuchten. Zwischen März und November existierte eine Doppelherrschaft, die die Auflösung Russlands nicht aufhalten konnte, sondern – im Gegenteil – nur beschleunigte. Lenin, der – von der deutschen Obersten Heeresleitung aus dem taktischen Motiv der Unterwanderung der gegnerischen Ordnung mit dem D-Zug ins Land gebracht – am 6. April in St. Petersburg eintraf, sah in der Doppelherrschaft den Ausdruck eines sozialen Gegensatzes zwischen der alten „bourgeoisen" Macht und der aufkommenden Diktatur des Proletariats. Er forderte die Bolschewiki dazu auf, die revolutionäre Gelegenheit, die der Krieg bot, rücksichtslos zu ergreifen. Ein erster Staatsstreich, den Lenin zusammen mit dem nichtbolschewistischen Revolutionär Leo Trotzki im Juli unternahm, scheiterte jedoch. Lenin floh nach Finnland. Die radikale Position wurde durch taktische Fehler und die Schwäche der Provisorischen Regierung gerettet, die sich durch die Verlängerung des Krieges bald jeder Massenunterstützung beraubt hatte. Es war ein Leichtes für Lenin und die Bolschewiki, mit ihren höchst disziplinierten Anhängern die letzten Bastionen der Kerenski-Regierung zu stürmen. Am 6. November besetzten bolschewistische Einheiten die Regierungsgebäude in einem relativ unblutigen Putsch. Einen Tag später gab ein Kongress von Sowjetvertretern der Aktion der entschlossenen Minderheit seine Zustimmung; in einem Dekret wurde der Rat der Volkskommissare unter Lenin mit der Bildung einer „Provisorischen Arbeiter- und Bauernregierung" bis zum Zusammentritt einer verfassunggebenden Versammlung betraut. Die wurde jedoch, nachdem die Wahlen zu dieser Versammlung am 8. Dezember nicht die erwünschte Mehrheit erbracht hatten, bei Beginn ihrer Arbeit gewaltsam aufgelöst und trat nie wieder zusammen. Lenin nutzte den dritten Kongress der Sowjets zur Durchsetzung seines Programms.

Russland nach dem Ende des Zarenreichs

Die Oktoberrevolution von 1917 wurde zur gewaltigsten und wirkungsmächtigsten Revolutionsbewegung des Jahrhunderts, weil sie sich gegen die Gegner im Inneren und sowohl gegen die Folgen des deutschen Diktatfrieden von Brest-Litowsk (März 1918) wie der alliierten Intervention behauptet hatte und mit rücksichtsloser Gewalt gegen ihre inneren Gegner, die als „Klassenfeinde" stigmatisiert wurden, vorging. Inmitten der allgemeinen politisch-administrativen Auflösung besaß Lenin mit der kommunistischen Partei und ihren 600.000 Mitgliedern eine zentralisierte Partei und verfügte damit über die einzige Macht, die Russland als Staat zusammenhalten und die Forderungen der Bauern auf Land erfüllen konnte und wollte. Beflügelt wurde dieses Beharrungsvermögen durch die Hoffnung auf die kommende Weltrevolution, die aus den Trümmern der alten Reiche, die nun in Deutschland wie in der Habsburgermonarchie zusammenbrachen, näher zu kommen schien und der Tatsache, dass die Revolution – gemessen an der marxistischen Lehre – im falschen Land ausgebrochen war, eine vorübergehende Rechtfertigung und Perspektive gab. Auch wenn die Weltrevolution, wie sich schon Mitte 1919 andeutete, nicht stattfinden sollte, blieb die Hoffnung, dass die revolutionäre Welle dennoch über Mitteleuropa schwappen und die dortigen politischen Verfassungen unterminieren würde.

Die sowjetischen Politiker Wladimir Iljitsch Lenin und Josef Stalin 1922 in Gorki nahe Moskau.

Obwohl im Spätherbst 1918 die militärische Niederlage überall in Mittel- und Osteuropa zu politischen Umwälzungen führte und die Herrschaft der Hohenzollern, Habsburger und Osmanen den Krieg nicht überlebten, gelang es den Bolschewiki nicht, ihre Revolution mit der Unzufriedenheit der radikalisierten Massen Mitteleuropas zu verbinden. Keiner der Rätebewegungen außerhalb Russlands, weder in Ungarn noch in Bayern, gelang es, die Unterstützung der Landbevölkerung oder breiterer Teile der städtischen Arbeiterbevölkerung zu erhalten. Die Institutionen der Staaten und Gesellschaften aus dem 19. Jahrhundert waren zäh und geschlossen, ihre daseinssichernde Funktion groß genug und allgemein anerkannt, so dass das kräftezehrende Leiden und der Existenzverlust, die der Krieg Millionen von Europäern auf dem Schlachtfeld und in der Heimat gebracht hatte, zwar vielerorts zu Unruhen, politischer Gewalt und Drohung mit der Revolution führten, aber eben nicht zu einer Totalrevolution nach bolschewistischem Muster. Auch wenn

Erwartungen der Bevölkerungsmehrheit

der Umbruch in Deutschland und Österreich, genauer gesagt in den dortigen Städten, sozialrevolutionären Charakter annahm und sich in der Sprache des Klassenkampfes artikulierte, waren bei der Mehrheit der Gesellschaft und auch den protestierenden Massenbewegungen die Erwartung der Ordnungsstiftung und Daseinsvorsorge in einer öffentlichen Ordnung stärker. Es blieb die Überzeugung und Hoffnung, dass diese in veränderter Form wiederherstellbar und reformierbar war, dass sie Raum für die Sicherung der persönlichen und familiären Existenz böte. Die Erwartung der Bevölkerungsmehrheit überall in Europa ging auf die Vermeidung künftiger Konflikte, nur eine militante Minderheit setzte auf die revolutionäre Kraft der Gewalt. Darum gelang es den Vertretern der alten Ordnung, nachdem sie sich an die republikanisierten Verfassungsordnungen angepasst hatten, ihren bestimmenden Einfluss in den gesellschaftlichen Machtzentren von Bürokratie, Armee und Wirtschaft zu behaupten.

Auch in Deutschland gelang es den Sozialisten nicht, bei den ersten Wahlen nach der Revolution eine Mehrheit und damit die erhoffte Legitimation zu tiefergreifenden politisch-sozialen Veränderungen zu gewinnen. Die Spaltung der internationalen Arbeiterbewegung und damit ihre Selbstschwächung wurden noch durch die quasi-diktatorische Forderung der bolschewistischen Kaderpartei vertieft. Man verlangte von den sozialistischen Parteien und Arbeiterorganisationen Mittel- und Westeuropas, dass sie sich mit ihrem Wunsch nach dem Beitritt zur Dritten Kommunistischen Internationalen auch deren diktatorischem Organisationsmodell zu unterwerfen hätten. Das war ein verhängnisvoller Kurs, der die sozial-radikal-utopische Stimmung in der Nachkriegskrise mit einer tatsächlichen revolutionären Situation verwechselte. Denn eine bolschewistische Revolution und damit die Weltrevolution standen trotz aller Rhetorik für die Arbeiterbewegungen des Westens seit 1920 nicht mehr auf der Agenda. Vergeblich richteten sich die weltrevolutionären Hoffnungen auf den kurzen Russisch-Polnischen Krieg, den die territorialen Ambitionen des neugegründeten polnischen Nationalstaates 1920 ausgelöst hatte, die sich zwischen 1920 und 1927 auch in der chinesischen Revolution nicht erfüllen sollten. Zwar war das Bündnis von der Kuomintang und den Kommunisten dort zunächst auf dem Vormarsch, doch als der Kuomintanggeneral Chiang Kai-shek sich in einer politischen Kehrtwende von den Kommunisten trennte, wurde deutlich, dass auch im Osten die Botschaft der Oktoberrevolution keine Erfolgschancen haben würde und dass sich die Bolschewiken auf die Revolution in einem Lande beschränken mussten. Das hielt die Kommunistische Internationale nicht davon ab, die weltrevolutionäre Karte immer wieder zu spielen und kommunistische Aufstände zu organisieren, die von Deutschland und Bulgarien (1923) bis nach Indonesien (1926) und China (1927) mit einem Desaster für die Kommunisten endeten. Die kommunistischen Parteien in Mittel- und Westeuropa blieben Minderheiten, was aber ausreichte, um sie in der politischen Auseinandersetzung zum Schreckbild zu machen und gegenrevolutionären Kräften, die seit 1920 auf dem Vormarsch waren, eine zusätzliche Legitimation und Anhängerschaft zu verschaffen

Weltrevolutionäre Hoffnungen

Ein neuer Typus von sozialer Bewegung und Revolution entstand aus Krieg und

Bürgerkrieg: die faschistischen Bewegungen und ihr Versuch der Machteroberung durch eine politische Doppelstrategie, in der sich Tradition und Revolution miteinander verbanden. Revolutionärer Sozialismus und Faschismus zogen aus der Erfahrung des totalen Krieges gegensätzliche, aber doch verwandte Konsequenzen und Strategien: Auch Benito Mussolini und seine faschistischen Squadren verstanden – wie später Hitler und die NSDAP – den Krieg als Motor der Revolutionierung der Gesellschaft, der zur Fortsetzung des Krieges als permanenter Bürgerkrieg beziehungsweise Ausnahmezustand zu berechtigen schien. Beide Ideologien und Konzepte wurden in ihrer Radikalität und Unbedingtheit zur Belastung für den rationalistischen Traum von einer kollektiven Friedenssicherung und dem Entwurf einer liberal-demokratischen Ordnung auf der Basis des gesellschaftlichen Kompromisses und der politischen Verständigung. Das war vor allem die politische Vision des amerikanischen Präsidenten Woodrow Wilson, der den Frieden zur Begründung einer neuen internationalen Ordnung und zur Sicherung der Demokratie nutzen wollte – auch als demokratisches Gegenmodell zum revolutionären Internationalismus Lenins.

Faschistische Bewegungen

Doch die Staaten und Gesellschaften, die die ungeheuren wirtschaftlichen, sozialen und humanen Belastungen des Krieges als Sieger oder auch als Besiegte überstanden hatten, hatten gleich mehreren Herausforderungen zu begegnen, die einen politischen Neuanfang beziehungsweise eine Rekonstruktion der von den Revolutionsdrohungen herausgeforderten bürgerlichen Gesellschaftordnungen erschwerten. Der Übergang vom Krieg zum Frieden erwies sich dabei als besonders schwierig und barg aus mehreren Gründen den Keim des Scheiterns. Das hatte nicht nur mit der bolschewistischen Revolution und ihrem Programm der Weltrevolution zu tun, sondern auch mit der totalen Mobilisierung der Kriegsgesellschaft und der Totalität der Niederlage, vor allem Deutschlands. Der Krieg sollte sich in den Köpfen fortsetzen und die politische Vernunft an den Rand drängen.

Mehr noch: Es gab keine mächtigen neutralen Staaten mehr, die hätten vermitteln können. Dafür war eine Vielzahl territorialer Fragen zu lösen, vor allem als Folge des Zusammenbruchs der Donaumonarchie und des Osmanischen Reiches. Die Wiederherstellung der Ordnung in einer vom Krieg zerstörten Welt war das Hauptziel der Friedenskonferenz in den Pariser Vororten. Es entstand eine neue Karte von Mittel- und Osteuropa. Neue Staaten entstanden, die sich auf das von Wilson proklamierte „Selbstbestimmungsrecht der Völker" beriefen und nach Grenzen verlangten, die oft mit machtpolitischen Interessen anderer Mächte kollidierten und vielfach auch nicht mit ethnischen Grenzen identisch waren. Überdies führte das „Selbstbestimmungsrecht der Völker" in vielen Teilen der Welt, etwa in Indien, zu blutigen Aufständen gegen die Kolonialherrschaft. Die Großmächte hatten es, neben der zentralen Aufgabe der Friedens- und Ordnungsstiftung in Europa, eben auch mit einer Serie von Aufständen unter den von ihnen beherrschten Völkern überall auf der Welt zu tun. Es gab Unruhen nicht nur in Indien und Demonstrationen für die Unabhängigkeit in Ägypten, sondern auch bewaffnete Revol-

„Selbstbestimmungsrecht der Völker"

ten gegen die französische Herrschaft in Syrien, gegen die Briten im Irak, die Italiener in Libyen und die Spanier in Marokko. Überall reagierten die europäischen Mächte mit extremer Gewalt. Im indischen Pandschab befahl General Reginald Dyer, das Feuer auf eine friedliche Menge in der Stadt Amritsar zu eröffnen, um, wie er später sagte, eine „psychologische Wirkung" auf die einheimische Bevölkerung auszuüben.

Schließlich erwies sich das traditionelle nationale Machtstaatsdenken stärker als der internationale, demokratische Politikentwurf Wilsons. So gab es auch innerhalb des Lagers der Sieger heftige Auseinandersetzungen: Frankreich stellte sein Reparations- und Sicherheitsbedürfnis an die erste Stelle der politischen Ziele und wollte eine hegemoniale Stellung auf dem Kontinent erringen, auch um Deutschland für immer zu schwächen. Großbritannien wollte dagegen das klassische Gleichgewicht bewahren und lehnte darum eine zu weitgehende Schwächung Deutschlands ab. Die USA zogen sich in einen politischen Isolationismus zurück. Damit wurde das Konzept internationaler Konfliktregelung, das Wilson mit der Gründung des Völkerbundes etablieren wollte, von Anfang an geschwächt. Die USA traten dem Völkerbund nicht bei und gaben Frankreich auch nicht die erwünschte Sicherheitsgarantie.

Die auf Kompromiss angelegten Muster moderner Staaten und Verfassungsordnungen fanden sich auch im Kompromisscharakter der Versailler Friedensordnung, doch wurde dies nur von wenigen Zeitgenossen so wahrgenommen. Stattdessen verstanden die besiegten Deutschen, die an den Verhandlungen nicht teilnehmen durften, den Frieden als „Schmachfrieden" oder als „karthagischen Frieden" und fühlten sich in dieser Einschätzung von dem Urteil des britischen Ökonomen John Maynard Keynes bestätigt. Im historischen Rückblick erscheint der Friedensschluss in seinen konkreten Bestimmungen weniger katastrophal, wohl aber in seinen politisch-psychologischen und ideologischen Folgen. Das eigentliche Problem lag im politisch-sozialen Erbe des Krieges, der so schmerzhaft und kostspielig war, der eine so gewaltige emotionale und nationalistische Mobilisierung hervorgerufen hatte, dass jede Friedensregelung eine Enttäuschung sein musste. Die Bestrafung der Unterlegenen wurde von den Franzosen als unvollständig verstanden, die neuen Muster internationaler Politik, wie sie Wilson in seinem Idealismus konzipiert hatte, galten den Unterlegenen, die wie das Deutsche Reich am Anfang nicht im Völkerbund vertreten sein durften, als bloßes Instrument der Sieger. Dabei übersah man in Deutschland, dass der Kompromisscharakter den noch relativ jungen deutschen Nationalstaat vor der Zerstückelung bewahrt hatte. Es gab weder eine bloße Rückkehr zur Vorkriegsordnung noch eine völlige Umsetzung der neuen politischen Gestaltungsprinzipien. Machtstaatliche Interessen setzten sich vielerorts gegen Staats- und Grenzregelungen durch, wie sie nach den Prinzipien des Selbstbestimmungsrechts der Völker geboten schienen. Das galt für das Verbot, dass sich Deutsch-Österreich dem Deutschen Reich anschloss, wie für die von Italien erzwungene Abtretung des deutschsprachigen Südtirols an Italien und des oberschlesischen Industriegebietes an Polen.

Veränderungen in Westeuropa

Sehr viel einschneidender waren die Veränderungen in Ost- und Südosteuropa.

In den Verträgen mit Österreich in Saint-Germain, mit Ungarn in Trianon, mit Bulgarien in Neuilly und der Türkei in Sèvres sollte der gesamte südosteuropäische Raum neu geordnet werden. Die Gemengelage der Nationalitäten ließ sich mit dem neuen Prinzip der nationalen Emanzipation und Selbstbestimmung kaum zufriedenstellend lösen. Der Zusammenbruch der alten Großreiche löste nicht nur übernationale Verbindungen auf und führte zu einer strikten Abschottung, sondern die faktisch unlösbaren Minderheitenfragen, die bei den Grenzziehungen entstanden, sollten auch politischen Zündstoff für die Zukunft in sich bergen. Die ethnischen Gegensätze verbanden sich rasch mit anderen innenpolitischen Krisenherden der neuen Staaten, die keine stabilen demokratischen Systeme entwickeln konnten. Sie waren zudem sehr bald zwischen einer kommunistisch-revolutionären Bedrohung und autoritären-militärischen Diktaturtendenzen eingezwängt.

Veränderungen in Osteuropa

Überlagert wurden diese Konflikte durch heftige nationalpolitische Gegensätze und Strategien für die kommenden Jahre: Der gesamte Raum zerfiel in Status-quo-orientierte und in revisionistische Mächte, die sozio-ökonomischen Strukturschwächen wurden durch diese Zersplitterung noch gesteigert. Auch Teilallianzen, wie die Kleine Entente der Status-quo-Länder Tschechoslowakei, Rumänien und Jugoslawien, brachten es unter diesen Umständen zu keiner konstruktiven internationalen Politik, und sie lösten die Erwartungen der westlichen Siegermächte auf Stabilisierung und Abschirmung gegenüber der kommunistischen Revolutionsdrohung aus Moskau nicht ein.

Der problematische Charakter der Neuregelungsversuche von Paris zeigte sich sehr schnell und eindringlich im Vertrag von Sèvres mit der Türkei. England und Frankreich hatten bereits vorher Geheimverträge zur Aufteilung der Türkei abgeschlossen, die dann von den Bolschewiki veröffentlicht wurden, um das System der Macht- und Kabinettspolitik zu diskreditieren. Unter den neuen internationalen politischen Konstellationen wurden sie beim Friedensschluss 1920 noch einmal verändert. Alle arabischen Länder sollten abgetrennt, Kleinasien auf griechische, italienische und französische Gebiete aufgeteilt werden und Konstantinopel sowie die Meerengen unter internationale Kontrolle fallen. Westanatolien um Smyrna (Izmir) sollte fünf Jahre von Griechenland kontrolliert werden, danach sollte ähnlich wie im Saargebiet eine Volksabstimmung stattfinden. Armenien sollte die Unabhängigkeit und Kurdistan eine autonome Regierung erhalten. Der Vertrag von Sèvres, den ein türkischer Vertreter unter Zwang unterzeichnet hatte, wurde aus machtpolitischen Gründen nie umgesetzt und führte zum Sturz des Sultans. Vor allem aber entstand eine nationalistische Massenmobilisierung, deren Führer General Mustafa Kemal (Atatürk) zunächst noch im Namen des Sultans gehandelt hatte, dann aber zunehmend durch seine militärischen Erfolge eigene Autorität und Legitimität errang. Er berief ein Parlament ein, reformierte die türkische Armee und stoppte den griechischen Vormarsch in Anatolien, bis er ihn schließlich auch bis zum September 1922 zurückdrängte. Eine neue Form der autoritären Herrschaft zeichnete sich ab, die

Vertrag von Sèvres

Staaten in Europa nach dem Ersten Weltkrieg (1919).

auch anderswo Schule machen sollte. „Souveränität wird durch Stärke, Macht und Gewalt errungen", sagte er seinen Anhängern 1922. Eine andere Folge der nationalistischen Massenemotionalisierung war schließlich der massenhafte Völkermord an Armeniern während der türkischen Offensive (zw. ca. 300.000 und 1,5 Mio.)

Eine weitere Maßnahme im griechisch-türkischen Konflikt und bei dem Versuch der Konfliktregelung durch den Völkerbund sollte ein Stück unmenschlicher Politik antizipieren, die die Welt im 20. Jahrhundert noch häufiger erleben sollte. Mit dem Vertrag von Lausanne wurde 1923 nicht nur die freie Durchfahrt durch die Meerengen und die Rückgabe Ostthrakiens von Griechenland an die Türkei vereinbart, sondern auch ein systematischer Bevölkerungsaustausch: 400.000 Türken in Gebieten, die seit 1912 griechisch waren, wurden gegen 1,3 Millionen Griechen ausgetauscht beziehungsweise umgesiedelt. Mit dem Ziel der ethnischen Homogenisierung wurden zum ersten Mal in einem internationalen Vertrag Menschen gegen ihren Willen über Grenzen verschoben. Auch anderswo wur-

Systematischer Bevölkerungsaustausch

den Menschen ausgewiesen oder flohen aus Staaten, die ihnen wegen ihrer ethnischen, kulturellen und sozialen Zugehörigkeit keine Heimstatt mehr gewähren wollten. Adlige und bürgerliche Russen waren auf der Flucht vor der bolschewistischen Revolution. 1924 schätzte der Völkerbund die Zahl der russischen Flüchtlinge auf über eine Million, davon kamen allein eine halbe Million nach Deutschland und 400.000 nach Frankreich. Das 20. Jahrhundert sollte auch das Jahrhundert der Flüchtlinge werden.

Nicht nur die nationalistische Zersplitterung und die von machtstaatlich-nationalistischen Prämissen bestimmte Aufspaltung in Sieger und Besiegte sollte die Friedensschlüsse schwer belasten und deren Prinzipien selbst widerlegen. Auch der zweite Pfeiler der neuen Ordnung, der Völkerbund, war von inneren Widersprüchen begleitet. Zwar war mit seiner Errichtung, was allein schon sein eigentlicher Name „Liga der Nationen" andeutet, ein Wandel von der europazentrischen Vorkriegsordnung zu einem neuen Konzept von Weltpolitik und kollektiver Sicherheit verbunden, doch die gleichzeitige Fortexistenz des nationalstaatlichen Souveränitätsprinzips auch innerhalb des Völkerbundes musste den Anspruch des Weltgremiums erheblich mindern. Der Sprung in eine „Weltgesellschaft der Staaten" blieb im Dickicht der nationalstaatlichen Realitäten hängen, weil weder die Grundidee einer Beteiligung aller Staaten noch die Gleichberechtigung aller Mitgliedsstaaten erreicht wurde. Auch verfügte er über nur wenige Möglichkeiten, mit Sanktionen seine Beschlüsse zur Konfliktregelung auch durchzusetzen. Der Völkerbund, die große Verheißung des amerikanischen Präsidenten Woodrow Wilson, sollte Friedenssicherung durch eine offene Diplomatie verwirklichen und günstigstenfalls mit dem erhofften Siegeszug der demokratischen Verfassungsordnungen und einer freien marktorientierten Wirtschaft im Inneren konzeptionell und in der politischen Praxis zusammenpassen, was sich sehr bald als Illusion erweisen sollte. Auch wurde Außenpolitik nirgends wirklich demokratisch geführt oder veränderte sich zu einer Art Weltinnenpolitik. Dennoch blieb der Völkerbund trotz aller negativen Erfahrungen und ungeachtet seines späteren Scheiterns in den 1930er Jahren ein Experiment mit langfristiger Wirkungsgeschichte – der Ansatz eines globalen Staatenbundes, wo es bisher nur eine Welt imperialer Reiche gegeben hatte.

Der Völkerbund

Nachkriegskrisen und Unabhängigkeitsbewegungen

Wie rasch die Hoffnungen auf Stabilisierung und dauerhafte Friedenssicherung enttäuscht wurden, zeigen nicht nur die Widersprüche der Friedensordnungen der Pariser Vorortkonferenzen und nicht nur der anschließende heftige Reparationsstreit wie der aufflammende alte und neue radikale Nationalismus. Von der russischen Revolution ging überdies eine revolutionäre Druckwelle aus, die vor dem Hintergrund der schweren ökonomischen und sozialen Krisen am Ende des Weltkrieges weit über Osteuropa hinausreichte und Mittel-, Süd- und Südosteuropa er-

fasste, aber auch die westeuropäischen Verfassungsstaaten nicht unberührt ließ. Die Sprengkraft der nationalistischen Ideen und Bewegungen zeigte sich auch in vielen außereuropäischen Entwicklungen, bei denen der Widerstand gegen die vom Krieg geschwächten Kolonialmächte hinzukam. Kurzum, die europäischen wie die außereuropäischen Gesellschaften waren durch den Krieg und seine Folgen in Bewegung geraten. Nirgends gelang es, die internationale Politik mit den Mitteln des Völkerbundes entscheidend zu verändern. Überall wuchs zwar der Widerstand gegen Imperialismus und Kolonialismus, aber auch die Autonomiebewegungen, die vielerorts entstanden, ließen sich von einer widersprüchlichen Politik des radikalen Nationalismus leiten.

Mit Stärke, Macht und Gewalt gelang es ähnlich wie Mustafa Kemal Atatürk auch Lenin, sein bolschewistisches Experiment zu sichern und zu behaupten. Selbst der übermäßig harte Friedensvertrag, den die Regierung des kaiserlichen Deutschland im März 1918 dem revolutionären Russland, das ein Drittel seines europäischen Territoriums und fast die Hälfte seiner wirtschaftlichen Ressourcen abtreten musste, vorgelegt hatte, wurde von Lenin akzeptiert, was er freilich in der Erwartung tat und damit begründete, dass die sozialistische Revolution, wenn sie nur in Russland überlebte, sich bald nach Mittel- und Westeuropa ausbreiten werde und spätestens dann, wenn auch in Berlin ein revolutionäres sozialistisches Regime errichtet sei, ein wirklicher, dauerhafter zwischen den Repräsentanten des Proletariats aller Länder abgeschlossen werden und die vorübergehenden russischen Verluste kompensiert werden könnten. Dass die Bolschewisten dann auch noch den Angriff konterrevolutionärer Armeen, die von England, Frankreich, Japan und den USA unterstützt wurden, auffangen und als Sieger aus dem Bürgerkrieg gegen innere wie äußere Feinde hervorgehen konnten, hatte sicherlich mit Differenzen zwischen den Gegnern zu tun, vor allem aber mit dem uneingeschränkten Willen zur Gewalt, verbunden mit patriotischen und revolutionären Appellen. 1921 hatten die Bolschewiki schließlich den Bürgerkrieg gewonnen und die Erfahrungen daraus sollten weiterhin die Herrschaftspraxis des Sowjetsystems bestimmen. Die Geburt der Sowjetunion war von Gewalt, gnadenlosem Terror und umfassender Kontrolle beziehungsweise Mobilisierung der Gesellschaft begleitet, was das politische Selbstverständnis beziehungsweise die Praxis der Bolschewisten, aber auch den Umgang mit den anderen sozialistischen Bewegungen in Mittel- und Westeuropa nachhaltig geprägt hat.

Sicherung des bolschewistischen Experiments

Aber auch das politischen Denken und Verhalten der radikalen Gegner, die sich ebenfalls aus dem Ersten Weltkrieg formiert und sich auf den Fundamenten des radikalen Nationalismus als antimarxistische Gegengewalt mit plebiszitären Mitteln entfaltet hatten, war von Krieg und Gewalt bestimmt. Das Ideal von Kommunisten wie von Faschisten war eine militarisierte Gesellschaft, pseudo-demokratisch verfasst, umfassend mobilisiert und – überzeugt von der revolutionären Kraft der Gewalt – bereit für einen künftigen Krieg. Im März 1919, als Lenin seine Variante des sozialistischen Internationalismus in Moskau gründete, hatte

Ideal von Kommunisten und Faschisten

der Ex-Sozialist Benito Mussolini in Mailand mit einer kleinen Schar von Mitstreitern den *Fascio di Combattimento*, die Keimzelle des Faschismus, gegründet und mit der Machtübertragung beziehungsweise -eroberung durch seine faschistische Bewegung mit ihren paramilitärischen Kampfbünden im Oktober 1922 einen ersten, modellbildenden Erfolg erzielt.

Die Dritte (Kommunistische) Internationale musste das als schwere Niederlage verstehen, doch vorerst konnten sich Lenin und die Anhänger der bolschewistischen Revolution – auch außerhalb Russlands – in der Erwartung eines revolutionären Durchbruchs wiegen. Freilich täuschte man sich in Moskau, wenn man die massenhafte soziale Unzufriedenheit, die Massenstreiks und die Fabrik- beziehungsweise Landbesetzungen, die 1919/1920 Mittel- und Südeuropa erschütterten, mit einer Situation gleichsetzte, die als reif für die sozialistische „Weltrevolution" erachtet wurde. Mit der Gründung der Dritten Internationalen im März 1919, inmitten der chaotischen und gewaltfördenden Bedingungen des Bürgerkriegs, verband sich allerdings die Hoffnung, in kürzester Zeit die industrialisierten und krisengeschüttelten europäischen Gesellschaften zu revolutionieren. Kriegsmüdigkeit und revolutionäre Bewegungen von 1918/1919 wie die Erfahrung des totalen Krieges und des unerwarteten militärischen Zusammenbruchs, vor allem des Habsburgerreiches, führten jedoch nur in zwei Fällen, in Bayern und in Ungarn, zu einer kurzzeitigen Etablierung eines sozialistisch-kommunistischen Räteregimes. Während in Bayern die von der sozialdemokratischen Regierung herbeigerufenen gegenrevolutionären Freikorpstruppen die Räterepublik bereits im April 1919 blutig niederschlugen, gab der sozialistische Journalist Béla Kun in Budapest sein Räteexperiment im August 1919 auf, als seine Rote Armee im nationalrevolutionären Kampf gegen die Slowaken, Rumänen und Jugoslawen keine russische Hilfe erhielt. Auch in einigen Siegerländern des Ersten Weltkriegs, in Frankreich und Italien, kam es 1919 und 1920 zu Streiks und Zusammenstößen mit der Polizei, obwohl hier von einer revolutionären Situation keine Rede sein konnte. Trotz heftiger Agitation durch kommunistische Gruppen konnten die Fabrikbesetzungen und Streiks weder in Frankreich noch in Italien in massenwirksame politische Aktionen umgesetzt werden. Die Spaltung der sozialistischen Parteien hat die Revolutionierung nicht befördert, wohl aber die Arbeiterbewegung geschwächt und die Ängste des Bürgertums vor einer sozialen Revolution verstärkt. Das führte zu einem organisatorischen Zusammenschluss der bislang zersplitterten Industriellen und zu ihrer Bereitschaft, mit radikalnationalistischen und antimarxistischen Bewegungen zu kooperieren, darunter vor allem den faschistischen Kampfbünden Mussolinis.

Kein Erfolg der Räterepubliken

Das Scheitern der wenigen Räterepubliken hat zunächst nichts daran geändert, dass das Rätemodell als Utopie eines dritten Weges mythische Kraft behielt und dass es realpolitisch im gesamten außerrussischen Europa zu linkssozialistischen Abspaltungen kam. Die alten Konfliktlinien zwischen einer reformistischen und revolutionären politischen Linie der Arbeiterbewegung führten nun unter dem unmittelbaren Eindruck der russischen Revolution zur Spaltung der Arbeiterbewegung. Die An-

erkennung beziehungsweise die Übertragung der revolutionstechnischen Organisations- und Politikprinzipien Lenins auf die nichtrussischen linkssozialistischen Parteien bedeuteten den Verzicht auf eine demokratische, nun nur noch von den Sozialdemokraten repräsentierte Komponente marxistischer Politik und die Durchsetzung konspirativer, paramilitärischer Elemente und Strategien der Machteroberung, die sich – gestützt auf eine autoritäre, sich selbst als revolutionär definierende Disziplin – in kommunistische Kaderparteien verwandelten.

Die kommunistische Organisationsform, die Partei „neuen Typs", bedeutete für die sozialen Bewegungen des 20. Jahrhunderts und deren Gesellschaftskonstruktionen freilich eine fundamentale Neuerung. Nach dieser Praxis und Doktrin konnten auch kleine Organisationen, wenn sie nur fest entschlossen und quasi-militärisch straff organisiert waren, von ihren Mitgliedern ein außerordentliches Maß an Engagement und Opferbereitschaft einfordern und mit einer solchen „Parteiavantgarde" im Gefolge von Kriegen und Revolutionen den Aufstand und die Machteroberung überall proben, wo immer sich enttäuschte Hoffnungen auf rasche materielle Besserung und die Emotionen der realen „Massen" mobilisieren ließen, so dass es aus dieser Gemengelage von Frustration und Utopie zu einem wirklichen Volksaufstand käme. Ein solcher Ansatz stand hinter der Ausbreitung des Kommunismus in Brasilien und in dem sozialistisch-anarchistischen Revolutionsversuch in Spanien nach dem Putsch der Generäle vom Juli 1936. Nachdem es auch im Jahre 1921 noch zu vereinzelten (gescheiterten) revolutionären Aufstandsversuchen in einigen Regionen, etwa in Mitteldeutschland, sowie zu heftigen ideologischen Auseinandersetzungen und zu einem Zick-Zack-Kurs der kommunistischen Internationale zwischen den zentralistischen Direktiven aus Moskau und den nationalen Zielen und Loyalitäten gekommen war, sollte Lenins Forderung nach Umsetzung des „neuen Parteityps" in Europa zu der Organisation und der Praxis einer Kader- oder Massen- und Wählerpartei führen. Das Ergebnis waren immer neue Parteisäuberungen und -spaltungen, die einen verhängnisvollen Irrweg der Kommunistischen Internationale förderte, der vor allem die deutsche KPD im Jahr 1933 in die Isolierung und in den Abgrund führen sollte.

Neue kommunistische Organisationsform

Die Krise des Kolonialismus, die in den 1920er Jahren fast überall erkennbar wurde, hat zwar die Herrschaft der europäischen Kolonialmächte in der Zwischenkriegszeit immer wieder vor schwere Herausforderungen durch nationale Autonomiebewegungen und Aufstände gestellt, aber sie konnte sich trotz allem behaupten, und auch die Revolutionierungsversuche der Kommunistischen Internationale hatten – ganz im Unterscheid zur zweiten Nachkriegszeit – noch keine nennenswerten Auswirkungen. Zum vollen Durchbruch sollte die Krise paradoxerweise erst durch den imperialen Angriff der Revisionsmächte Italien, Japan und Deutschland seit den 1930er Jahren kommen, die sich bei der Neuordnung 1919 als zu kurz gekommen verstanden. Der Erste Weltkrieg mit seinen Belastungen für Menschen und Wirtschaft auch in den Kolonien hatte jedoch schon genügend Spannungen zwischen den Kolonialherren und ihren Untertanen hervorgerufen, die sich im

Krise des Kolonialismus

Entstehen nationaler Unabhängigkeitsbewegungen äußerten. Die Muster von Aktion und Reaktion waren fast überall dieselben: Es kam in vielen britischen Kolonien zur Bildung lokaler Interessen, die mehr Autonomie forderten. Der Widerstand gegen die imperiale Herrschaft brach sich in Streiks, Straßenprotesten und Boykottaktionen gegen britische Waren Bahn. Die Kolonialbehörden reagierten mit scharfen Repressionsmaßnahmen, was die Spirale von Widerstand und Polarisierung nur noch weiter bewegte. Schließlich kam es in einigen Fällen zu Verhandlungen und Zugeständnissen im Sinne einer verstärkten Selbstverwaltung oder zu einer entsprechenden mittelfristigen Zusage. Das geschah in Ägypten und Indien, aber auch in Irland.

Die Forderung nach Unabhängigkeit wurde besonders laut in Kairo artikuliert. Nach heftigen Unruhen konzedierte London 1922 die formelle Anerkennung Ägyptens als einen souveränen Staat. Doch es blieben de facto viele Einschränkungen und britische Vorrechte, so dass die Spannungen dadurch kaum abgebaut wurden. Die britische Politik setzte darauf, den konzessionsbereiten ägyptischen König, der allzu demokratisch-nationalistische Tendenzen fürchtete, gegen die stärkste Partei des Landes, die Wafd-Partei, auszuspielen. Erst der vom faschistischen Italien verursachte Abessinienkrieg, in dem London auf ein Militärbündnis mit Kairo angewiesen war, brachte im August 1936 einen wichtigen Durchbruch zur wirklichen Unabhängigkeit.

Unabhängigkeit in Ägypten

Die Konflikte zwischen England und Irland waren nicht allein durch die imperiale Situation zwischen London und Dublin gegeben, sondern zusätzlich durch die Gegensätze innerhalb der irischen Bevölkerung. Der eine Teil lebte in einer katholischen und keltischen Tradition, der andere war vom Protestantismus und den britischen Institutionen geprägt. Während des Ersten Weltkrieges hatten irische Nationalisten zur Gewalt gegriffen, um die britische Herrschaft zu beenden. Die Aufstände vom Ostersonntag 1916 wurden von britischen Truppen jedoch blutig niedergeschlagen. Nach einem überwältigenden Erfolg bei den britischen Parlamentswahlen 1918 erklärte schließlich die irische Sinn-Féin-Partei die irische Unabhängigkeit und bildete eine eigene Regierung, während die Protestanten in Nordirland London um Hilfe beim Niederschlagen der Rebellion baten. Ein Bürgerkrieg mit einer Welle von Bombenattentaten brach aus und lähmte das Land für drei Jahre. London stand überall vor demselben Problem: Die Aufrechterhaltung der eigenen Herrschaft wurde immer kostspieliger und verlangte nach verstärkter Truppenpräsenz in den Unruhegebieten. Andererseits hätte die Kapitulation vor den Unabhängigkeitsbewegungen enorme politische Kosten zur Folge gehabt. London suchte einen Mittelweg aus dem Dilemma, was Verhandlungen mit den regionalen Kräften bedeutete, die eine Sicherung der Ordnung versprachen. In Irland bedeutete das die Teilung des Landes zwischen dem protestantischen Norden und dem katholischen Süden. Die sechs nordirischen Provinzen blieben bei der Übereinkunft von 1921 Teil des Vereinigten Königreiches, die anderen 26 Provinzen im Süden wurden in die Irische Republik mit dem Staus eines Dominions im britischen Empire entlassen. Die Bürger der Republik konnten sich selbst regieren, blieben aber Untertanen der britischen Krone.

Konflikte zwischen England und Irland

Von allen Unabhängigkeitsbewegungen des frühen 20. Jahrhunderts stellte Indien die größte Herausforderung dar: Nicht nur die Aufgaben, die es beim Abschütteln der Kolonialherrschaft und der gleichzeitigen Notwendigkeit, die Ordnung in einem riesigen Land aufrechtzuerhalten, zu lösen galt, waren besonders groß. Die Unabhängigkeitsbewegung selbst wählte völlig neue Taktiken und hatte darum einen sehr viel größeren Einfluss auf andere ähnliche Bewegungen und Problemkonstellationen im Prozess der Entkolonialisierung. Das britische Empire hatte erstens die Herrschaft über den riesigen Subkontinent mit einem schmalen Aufgebot eigener Truppen und Verwaltungen aufrechterhalten. Das war dank der großen sozialen und politischen Fragmentierung der indischen Gesellschaft möglich, so dass die britischen Verwaltungen die einzelnen Gruppen gegeneinander ausspielen konnten. Zweitens besaß die britische Verwaltung durch ihre moderne Waffen- und Kommunikationstechnologie einen großen Vorteil bei der Ausübung ihrer Herrschaft. Drittens, und das war besonders wichtig, konnten sich die Briten trotz des unübersehbaren Rassismus ihrer Herrschaft die Unterstützung und Zustimmung der einheimischen Eliten sichern. Nennenswerter Widerstand gegen die britische Herrschaft entwickelte sich erst zu Beginn des 20. Jahrhunderts, und die arrogante Reaktion der britischen Verwaltung auf Hunger und wirtschaftliche Absatzprobleme, die den ökonomischen Vorteil der britischen Herrschaft dahinschmelzen ließen, verschärften die Situation. Der Erste Weltkrieg machte es möglich, dass die *divide-et-impera*-Taktik der Briten weiterwirken konnte. Über 800.000 Inder dienten in der britischen Armee und weitere 500.000 arbeiteten in Arbeitsbataillonen. Indische Rohstoffe hielten die britische Wirtschaft aufrecht, was Indien einen Handelsüberschuss gewährte. Umgekehrt hatten viele Inder ihr Leben für britische Interessen geopfert, und das Land selbst erlebte einen Verfall der Infrastruktur.

Unabhängigkeitsbewegung in Indien?

Die Kongresspartei, führende Repräsentantin der Unabhängigkeitsbewegung, sah in den Friedensverhandlungen eine Chance für mehr Autonomie. Auch wenn man in London unter dem Zwang der Kriegsverhältnisse 1917 Zusagen gemacht hatte, gerieten diese bald wieder in Vergessenheit. Mehr noch, man verschärfte nach Kriegsende die Gesetze gegen Aufruhr und drohte mit Gefängnisstrafen für die politischen Aktivisten der Unabhängigkeitsbewegung. Die Folge waren die schon erwähnten Unruhen und Ausbrüche von Gewalt, besonders im April 1919 in Amritsar, die blutig niedergeschlagen wurden. Auch wenn der verantwortliche Truppenkommandeur abgesetzt wurde, hatte die Strafaktion ein großes Vertrauenskapital verspielt und das Protestpotential nur noch verschärft, denn auch die Kongresspartei änderte ihre Strategie von friedlichen Verhandlungen zur Massenmobilisierung und zum Massenprotest gegen die lokalen Kolonialbehörden. Verantwortlich für die neue Haltung war der Anwalt Mohandas Gandhi. Als Erfahrung seines Aufenthalts in Südafrika brachte er eine politische Philosophie mit, die davon ausging, dass moralische Macht mehr erreichen könne als physische. Darum wollte er sein eigentliches Ziel, die Selbstverwaltung, durch gewaltlosen Widerstand erreichen. Gewaltanwendung sei am Ende kontraproduktiv, es sei besser, der Repression durch

Mahatma Gandhi

Gewaltlosigkeit zu begegnen, sei es durch friedliche Demonstrationen oder durch die Verweigerung der Zusammenarbeit. Auch wenn er die britische Position im Krieg unterstützt hatte, wuchs in ihm nach dem Krieg die Überzeugung, dass man den britischen Rückzug nur durch Entschiedenheit der eigenen Position würde erreichen können. Das setzte freilich voraus, dass sich auch die britische Kolonialmacht grundsätzlich an rechtsstaatliche Regeln hielt. Da er gleichermaßen mit den indischen Eliten, der britischen Denkweise und dem Leben auf dem indischen Dorf vertraut war und die nationale Emanzipationsbewegung zu einer allgemeinen Volksbewegung aller Klassen zu erweitern versuchte, wurde er bald zur nationalen Integrationsfigur, in der seine Landsleute den Lehrer der Nation sahen.

Mehrere Kampagnen, die er zwischen 1920 und 1922 mit der Kongresspartei anstieß, brachten nur bescheidene Erfolge. Immerhin erhielten wohlhabende Inder mehr Mitsprachemöglichkeit in der lokalen Verwaltung und der Armee. Mit einem gewaltigen Protestmarsch, der gegen das Versammlungsverbot verstieß, versuchte er 1930 gegen die Steuern der britischen Regierung und gegen ihre Illegitimität zu protestieren, was mit einer Gefangennahme Gandhis und vieler seiner Anhänger endete. Sein gewaltloser Widerstand machte ihn zwar zum unumstrittenen Führer der Kongresspartei und verschaffte ihm weltweite Sympathien, doch weckte das umgekehrt soziale und religiöse Ängste bei nationalen Minderheiten und den Muslimen Indiens. Eine Formel für einen allgemein akzeptablen Weg zur Unabhängigkeit gab es nicht, und London half sich über Jahre mit einer Politik der kleinen Schritte und Konzessionen, was das Land lähmte und die Wirtschaft stagnieren ließ. Nachdem Repression und Verhandlungen gescheitert waren, versuchten es die Briten 1935 mit einer einseitigen Lösung: Indien wurde zu einer Konföderation weitgehender unabhängiger Provinzen erklärt, aber britische Behörden sicherten sich Vorbehaltsrechte. Ein britischer Vizekönig behielt eine Veto-Macht und das Recht auf Notstandsmaßnahmen. Der Herrschaftskompromiss, der keine Seite recht überzeugte, war gemessen an den fehlenden Unabhängigkeitsrechten anderer Kolonien ein erster Erfolg, aber es blieb die Abhängigkeit von Minderheiten und von der Oberkontrolle der britischen Behörden. Umgekehrt sahen britische Beamte darin einen überflüssigen Akt der Kapitulation.

Herrschaftskompromiss in Indien

Besonders schroff war der Kontrast zu den nach wie vor unveränderten kolonialen Herrschaftsformen und Lebensbedingungen in den ruhigen Kolonien Südostasiens und Afrikas. Der Unterschied zwischen Kolonialgebieten, die vom Feuer nationaler Unabhängigkeitsideen und -bewegungen erfasst waren, und denen, die noch ruhig blieben, liegt in internen Faktoren der jeweiligen kolonialen Gesellschaften und der unterschiedlichen Ausbildung anti-imperialistischer Bewegungen begründet.

Im Unterschied zu den Staaten um das Mittelmeer, die stärker im Einzugsgebiet europäischer Politik lagen und in denen sich traditionelle arabische Herrschafts- und Einheitsgedanken mit Ideen einer arabischen Nation entfalteten, blieb die Kolonialherrschaft im übrigen Afrika noch bis zur zweiten Nachkriegszeit nahezu unangefochten. Zwar war auch in einigen afrikanischen Kolonien gerade die britische Ver-

Kolonialherrschaft in Afrika

waltung darum bemüht, eine schrittweise Übergabe der Herrschaft einzuleiten, doch wurde man am Ende von den beschleunigten Emanzipationsbewegungen nach dem Zweiten Weltkrieg überholt. Neue Formen von Verwaltung ergaben sich durch die Versailler Friedensordnung, durch den die ehemaligen deutschen Kolonien den siegreichen Kolonialmächten nur über den Umweg eines Völkerbundmandates unterstellt wurden. Zwar erfuhr die Weltorganisation dadurch kaum eine Stärkung ihrer Kompetenzen, aber es zeichnete sich die Entwicklung neuer indirekter Formen der kolonialen Verwaltung ab, die nicht mehr dem Muster einer unverhüllten Annexion wie im 19. Jahrhundert folgten.

Anders war es in Asien, wo die Krisenerscheinungen des Kolonialzeitalters schon vor dem Ersten Weltkrieg zu Veränderungen führten. Zwar blieb China noch Objekt der Macht- und Einflusspolitik fremder Mächte, aber die Herrschaft wechselte von den Europäern zu den Japanern, die im Schatten des europäischen Krieges in China und dem Pazifik deutsche Besitzungen übernahmen, eigene imperiale Zielsetzungen für den pazifischen Raum entwickelten und sich vor allem in China wirtschaftlichen

Unabhängigkeitsbestrebung in China

Einfluss sicherten. Trotz seiner Revolution von 1911 blieb China weiterhin schwach und damit hilflos gegenüber solchen Einflussnahmen. Es kam immer wieder zu Konflikten zwischen Armeeeinheiten und Reformbewegungen, wie etwa der Kuomintang, der Partei des bedeutenden Reformers Sun Yatsen. Unter dessen Nachfolgern stieg im Laufe der Bürgerkriege bald der spätere Marschall Chiang Kai-shek auf und sicherte sich immer größere Machtbereiche vor allem im Süden des Reiches. In den Jahren 1928 bis 1932 konnte er schließlich die Kontrolle über ganz China erzielen, bis er sich seither in einem ununterbrochenen Abwehrkampf gegen japanische Invasionen befand.

Auch für Japan blieb der Krieg gegen China nur bedingt von Erfolg gekrönt. Japan verstand sich wie Italien als eine Siegermacht des Ersten Weltkriegs, die sich um die Früchte des Erfolgs betrogen fühlte und keine Lösung ihres Rohstoff- und Bevölkerungsproblems sah. Das verstärkte die inneren Spannungen in Japan und führte zu Konflikten zwischen den traditionellen Positionen der Militärmonarchie und den progressiven Kräften der Industrialisierung und Moderne, die auch Demokratie forderten. Entlastung erhoffte man sich von weiteren militärischen und wirtschaftlichen Expansionen. Im Inneren konnten die alten Mächte die Forderungen nach Demokratisierung und Liberalisierung trotz partieller Zugeständnisse, wie der Einführung des allgemeinen Wahlrechts 1925, abwehren und die soziale Macht von

Innere Krise in Japan

Militär, Großwirtschaft und Kaisertum bewahren. Die innere Krise mündete – wie später vielfach auch in Europa – in ein zunehmend autoritäres Regime, das sein Heil in einer imperialistischen Außenpolitik suchte. 1931 überfielen japanische Truppen die Mandschurei und eröffneten damit eine Phase zunächst beschränkter kriegerischer Handlungen, bis es dann 1937 zum vollen Ausbruch des Krieges mit China kam. Damit war auch schon im ersten Testfall die Ohnmacht des Völkerbundes demonstriert und der Beginn der Zerstörung von dessen Konfliktregelungspotential eingeleitet. China hatte vergeblich den Völkerbund zur Hilfe gegen

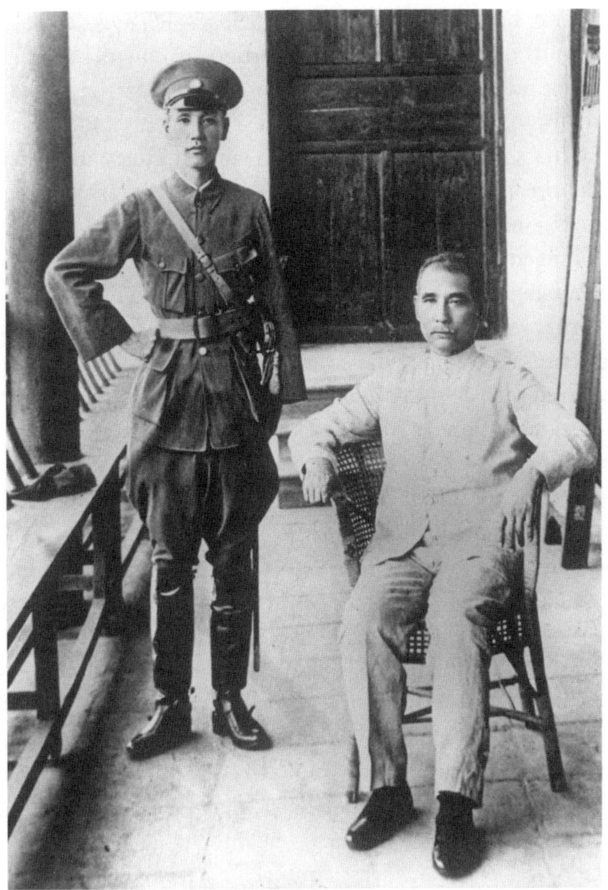

Chiang Kai-shek (stehend), chinesischer General und Militärdiktator, mit dem Gründer der Kuomintang, Sun Yat-sen (1923).

den Aggressor angerufen, Japan fühlte sich angesichts der Ohnmacht des Völkerbundes schließlich dazu ermutigt, im Frühjahr 1933 aus dem Völkerbund auszutreten, was wiederum ohne Folgen blieb, aber von Adolf Hitler einige Monate später nachgeahmt wurde. Nun sollte sich ein Gegensatz zu den USA entwickeln, die durch die japanische Offensive ihre Interessen im Pazifik bedroht sahen.

Das war auch das Szenario, das dazu führte, dass in den 30er Jahren die Entwicklung der Weltpolitik und der inneren Herrschaftsordnungen noch einmal von Europa aus bestimmt oder zumindest eröffnet wurde, obwohl Europa längst die wirtschaftlichen und machtpolitischen Ressourcen für eine solche führende Rolle in der Weltpolitik verloren hatte. Dass diese paradoxe Machtkonstellation eintrat und die Katastrophe des Zweiten Weltkrieges, der vom nationalsozialistischen Deutschland vom Zaune gebrochen werden sollte, überhaupt mit

Bedeutung Europas

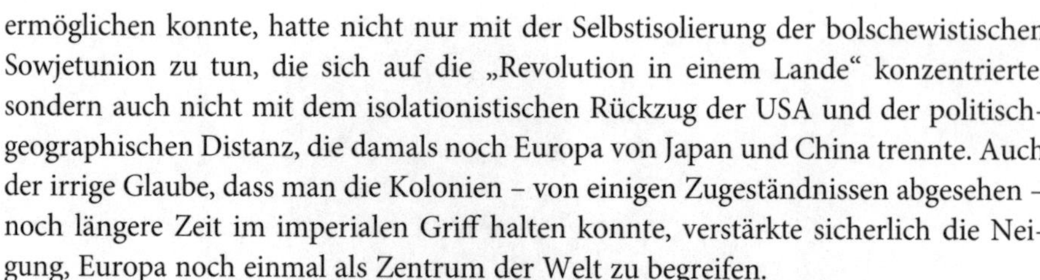

ermöglichen konnte, hatte nicht nur mit der Selbstisolierung der bolschewistischen Sowjetunion zu tun, die sich auf die „Revolution in einem Lande“ konzentrierte, sondern auch nicht mit dem isolationistischen Rückzug der USA und der politisch-geographischen Distanz, die damals noch Europa von Japan und China trennte. Auch der irrige Glaube, dass man die Kolonien – von einigen Zugeständnissen abgesehen – noch längere Zeit im imperialen Griff halten konnte, verstärkte sicherlich die Neigung, Europa noch einmal als Zentrum der Welt zu begreifen.

Abhängige Staaten

Neben den jungen Nationalstaaten, die in Ost- und Südosteuropa als Folge des Ersten Weltkrieges gegründet wurden, und neben den noch in unterschiedlich großer Abhängigkeit verharrenden Kolonialstaaten gab es auf der weltpolitischen Landkarte der ersten Nachkriegszeit Staaten, die zwar formal unabhängig und auch Mitglied des Völkerbundes waren, sich aber tatsächlich in ökonomischer Hinsicht auf Grund ihrer Kapital- und Marktsituation in Abhängigkeit von Europa und den USA befanden. Dazu gehörten China, Australien und Neuseeland, vor allem aber die Staaten Lateinamerikas. Ihre Geschichte und ihre Entwicklung verliefen im Vergleich untereinander sehr unterschiedlich, bezogen auf ihre kulturellen Traditionen, ihre geographische Lage und Rohstoffe. Gleichwohl waren alle lateinamerikanischen Staaten seit dem späten 19. Jahrhundert von denselben Strukturen und Bedingungen des Weltmarktes abhängig. Obwohl einige von ihnen reiche Rohstoffvorkommen und landwirtschaftliche Ressourcen besaßen, fehlte ihnen in der Regel das notwendige Kapital, um diese Ressourcen selbst auszunutzen und auf den internationalen Märkten zu konkurrieren. Die meisten dieser Staaten gehörten zu den Schuldnerstaaten. Nur mit geborgtem Kapital ließen sich die Verkehrs- und Kommunikationsnetze aufbauen und erhalten. Diejenigen, die etwas besser gestellt waren, konnten sich – zumindest in den Städten – öffentliche Dienstleistungen und öffentliche Gesundheits- und Wohlfahrtseinrichtungen nach europäischem Vorbild leisten.

Konflikte und Abhängigkeit in Lateinamerika

Alle lateinamerikanischen Staaten waren durch ihre ökonomische Abhängigkeit auch von den wirtschaftlichen Wechsellagen der Industriestaaten abhängig. Das wirkte sich zwischen 1913 und 1928 gewinnbringend aus, änderte sich aber ab der Weltwirtschaftskrise von 1929 dramatisch. Vor allem durch die Monostruktur ihrer Exporte waren die Staaten Lateinamerikas äußerst konjunkturanfällig, und das verschärfte die sozialen Konflikte und die politische Instabilität, die diese Länder schon immer auszeichnete. Die Spannungen waren besonders dort sehr groß, wo der ökonomische Fortschritt im späten 19. Jahrhundert und frühen 20. Jahrhundert relativ bedeutend war. In den wachsenden Städten von Mexiko, Argentinien, Brasilien und Chile zirkulierten Ideen unter Akademikern, Freiberuflern und Geschäftsleuten, die die politischen Verfassungen ihrer Länder stärker an den europäischen und nordamerikanischen Vorbildern ausgerichtet wissen wollten. Sie verlangten nach politischer Mitsprache, einer Steuerreform, besseren Erziehungs- und Bildungseinrichtungen und nach einer Stärkung der eigenen ökonomischen Entwicklung. Das brachte sie in einen unmittelbaren Konflikt mit den alten Mächten der Kirche und den sozialen Eliten. Gleichzeitig hatten sich mit dem

Der mexikanische Revolutionsführer Emiliano Zapata und sein Verbündeter Pancho Villa mit ihren Anhängern in Mexiko (1914).

Ausbau der Rohstoffgewinnung in Minen und Plantagen auch Formen der Arbeiterbewegung entwickelt, die auch nach Reformen – oft noch in Übereinstimmung mit den intellektuellen Eliten – verlangten und in ihren sozialen Forderungen noch relativ bescheiden blieben. Doch gehörte ihnen und den neuen städtischen Eliten, allein schon auf Grund ihres starken Wachstums, die Zukunft. Schwere soziale und politische Konflikte waren vorprogrammiert, vor allem wenn die wirtschaftliche Entwicklung ungünstig verlief. Freilich entwickelten sich die Konflikte in den einzelnen nationalen Gesellschaften mit charakteristischen Unterschieden. Mexikos Geschichte spiegelt eine Vielzahl dieser Konflikte und soll darum exemplarisch vorgestellt werden. Es demonstriert das soziale und ökonomische Dilemma eines Landes an der Peripherie der westlichen Industriegesellschaften.

Mexiko nahm nicht am Ersten Weltkrieg teil, doch es litt am Trauma der Revolution, die die sozialen und politischen Strukturen verändern sollte. Die mexikanische Revolution begann 1910, nach einer beinahe 35-jährigen Herrschaft von Porfirio Díaz, der Armee und politisches System streng kontrollierte, erfolgreich ausländische Investitionen einwarb sowie für ökonomischen Aufschwung sorgte, dessen soziale und politische Folgen einen Wandel herbeiführten, der die Grundlagen der Herr-

schaft von Díaz gefährdete. Neue soziale und wirtschaftliche Gruppen entstanden, die sich von der Politik nicht mehr repräsentiert fühlten. Einer von den wohlhabenden Außenseitern, Francisco Madero, verlangte im Präsidentenwahlkampf eine umfassende Wahlrechtsreform und keine Möglichkeit der Wiederwahl. Er rief zu den Waffen, und die Rebellen besiegten die schwachen Truppen von Díaz, der im Mai 1911 zurücktrat und nach Europa verschwand. Sein Gegenspieler Madero wurde im Oktober 1911 zu seinem Nachfolger gewählt. Damit kam das Land aber nicht zur Ruhe: Es folgte ein Bürgerkrieg, der zu einem Kampf jeder gegen jeden führte. Madero richtete seine Aufmerksamkeit auf die agrarrevolutionäre Bewegung unter dem charismatischen Führer Emiliano Zapata, die Land für sich verlangte. Doch in dieser Situation erwies sich die Armee unter ihrem Führer Victoriano Huerta als die eigentliche Bedrohung, nachdem dieser die Unterstützung des amerikanischen Botschafters erhalten hatte, der Madero misstraute. Im Februar 1913 wurden Madero und sein Stellvertreter getötet. Huerta erwies sich bei dem Versuch der Machtstabilisierung zwar zunächst als erfolgreicher, aber seine Repressionspolitik führte zur Stärkung der Opposition. Innerhalb von wenigen Monaten fand er sich mit drei Rebellenarmeen konfrontiert, von denen schließlich die von Venustiano Carranza im August 1914 siegreich in Mexiko-City einziehen konnte. Doch die Spirale der Gewalt war damit noch nicht zu Ende, obwohl Carranza eine taktisch geschickte Stabilisierungspolitik betrieb. Schließlich wurde auch er 1920 ermordet. Sein Nachfolger Álvaro Obregón setzte seine pragmatische Politik fort und versuchte, sie um soziale Reformen zu ergänzen. Seine „Revolutionäre Institutionelle Partei“ (PRI) sicherte die Macht durch eine Mischung aus eigenständigen, aber unvollkommenen Reformen, aus politischer Anpassung verbunden mit Korruption und Zwang sowie mit einer nationalistischen Propaganda. Diese zwitterhafte Verfassung, die weder eine entwickelte Demokratie noch eine unverhüllte Diktatur darstellte, sollte sich für Jahrzehnte behaupten und hielt Mexiko fern von den blutigen extremen Diktaturen, die sich anderswo in der Zwischenkriegszeit etablierten. Es war eine Phase der Erholung von einer Dekade des Bürgerkriegs, der Inflation, von Hunger und Mangel.

Soziales und ökonomisches Dilemma Mexikos

Auch die nordamerikanische Politik blieb von den Folgen von Krieg und Friedensschluss nicht unberührt, ohne dass das Verfassungssystem der Vereinigten Staaten dadurch je in Frage gestellt wurde. Die USA, deren spätes Eingreifen erst den Ausgang des Krieg entschieden hatte und deren Kriegsziel, nämlich die Durchsetzung der Demokratie in Europa und der übrigen Welt, ganz dem Sendungsbewusstsein der amerikanischen Demokratie entsprach, zogen sich aus der Entwicklung der internationalen Politik der 20er Jahre zurück und nahmen daran nur auf indirekte Weise teil, vor allem über ihre wirtschaftlichen Entscheidungen und finanziellen Interventionen. Nach außen vermittelte das noch einmal den Eindruck, dass allein in Europa über die „große Politik“ entschieden würde, was angesichts der tatsächlichen inneren Schwäche der europäischen Staaten jedoch fatal war.

Der Rückzug der USA aus der internationalen Politik, einschließlich der Politik des Völkerbundes, bedeutete gleichzeitig das tragische Scheitern von Präsident Woodrow Wilson und seiner Vision. Die Gründe für diesen Rückzug waren vielfältig: Sie lagen in der Enttäuschung über den Fehlschlag der amerikanischen Politik der kollektiven demokratischen Friedenssicherung und in der Rückbesinnung auf die amerikanische Tradition, sich auf die eigene Hemisphäre zu beschränken. Sie lagen auch in den innenpolitischen Konstellationen und in dem dadurch gegebenen Wechselverhältnis von Innen- und Außenpolitik. Überdies hatten sie ihre Ursachen auch in dem politisch-taktischen Unvermögen des Präsidenten, der mit dem Scheitern seiner Vision von einer besseren Welt auch sein eigenes politisches Schicksal verband und sich resigniert in die eigene politische Isolation begab – längst bevor seine Amtszeit zu Ende war. Er war bereits ausgebrannt von den Friedenskonferenzen in den Pariser Vororten nach Washington zurückgekehrt, wo der Kongress schließlich die Ratifizierung der Friedensverträge verweigerte. Stattdessen schloss man mit Deutschland einen Sonderfrieden ab, der alle Bestimmungen des Versailler Vertrags, nicht aber die von Wilson übernommenen Verpflichtungen aufnahm. Mit der Absage an den Kurs von Wilson war auch die amerikanische Weigerung verbunden, den europäischen Alliierten besondere Sicherheitsgarantien zu geben. Das gefährdete die europäische Konsolidierung und verstärkte umgekehrt das Misstrauen und die politischen Verkrampfungen zwischen den europäischen Mächten, die sich im Falle Deutschlands über einen „Diktatfrieden" empörten und die sich bezüglich Frankreichs und seiner Sicherheitsbedürfnisse durch Vertragsverletzungen der anderen Seite bedroht sahen. In den USA erhielt die für die Weltpolitik der Zwischenkriegszeit so folgenreiche Entscheidung umgekehrt die große Zustimmung des Wahlvolkes, das bei den Präsidentenwahlen im November 1920 dem Kritiker Wilsons, Warren G. Harding, einen gewaltigen Sieg bescherte. Verfassungsgeschichtlich erlebten die USA in den 20er Jahren – auch unter den Nachfolgern Wilsons – eine Politik, die stärker von den jeweiligen Kongressmehrheiten bestimmt war als von den Präsidenten, was in der Struktur der amerikanischen Verfassungsordnung durchaus angelegt war.

Rückzug der USA aus der internationalen Politik

Freilich täuscht das Bild vom entschiedenen amerikanischen Isolationismus und dem Rückzug aus transatlantischen Interessenbindungen. Das Interesse an einer Stabilisierungspolitik in Europa war allein aus wirtschafts- und finanzpolitischen Gründen sehr viel größer als dies nach außen den Anschein hatte. Nach einer kurzen Phase des tatsächlichen Rückzugs, was die amerikanische Handlungs- und Einwirkungsmöglichkeit beim Fortgang der Friedensverhandlungen und der Regelung der einzelnen nach wie vor bestehenden Konfliktfelder tatsächlich beträchtlich verminderte, kam es zu einem vielfachen wirtschaftspolitischen Engagement amerikanischer Unternehmer und Banken von Kuba und Lateinamerika über die Türkei, die Sowjetunion und vor allem auch Deutschland, wie das Beispiel des Dawes-Planes beziehungsweise des Young-Planes als Instrument amerikanischer Stabilisierungspolitik in Deutschland in der Mitte beziehungsweise der zweiten Hälfte der 20er Jahre zeigen sollte. Das war der rationale Teil einer Penetrationspolitik, die

Wirtschaftspolitisches Engagement Amerikas

davon ausging, dass man den Wiederaufbau Europas der freien Wirtschaft und dem Markt überlassen müsse. Das schien nach dem Scheitern der Politik Wilsons der einzige gangbare Weg zu sein, führte aber zu einem Kapitaltransfer im großen Stil durch amerikanische Investoren, die mit großen Kreditzusagen an Europa in der Erwartung winkten, es werde ein Wirtschaftswunder mit hohen Renditen geben, um diese in der Regel kurzfristigen Kreditzusagen dann in der großen Krise von 1929 überstürzt zurückzufordern.

Zwischen Demokratie und Diktatur

Die Neuordnung vor allem der europäischen Welt nach der großen Katastrophe des Ersten Weltkriegs begann im Inneren der Staaten mit durchaus hoffungsvollen Veränderungen. Politisch waren die Institutionen und Werte der liberalen Demokratie offenkundig auf dem Vormarsch, und die Erfahrungen der Barbarei des Großen Kriegs schienen diesen Fortschritt noch beschleunigt zu haben. Spätestens die Massenmobilisierung der europäischen Gesellschaften im Krieg und die Sorge um die Eindämmung des sozialrevolutionären Bazillus in der Folge der bolschewistischen Revolution hatten bei der Mehrheit der politischen Klassen und in der Bevölkerung die Einsicht in die Notwendigkeit beziehungsweise die Forderung nach Demokratisierung beziehungsweise Parlamentarisierung verstärkt. Abgesehen von Sowjetrussland waren alle Staaten, die neu oder erneuert aus dem Weltkrieg hervorgegangen waren, gewählte, repräsentative parlamentarische Regierungen.

In den insgesamt 28 europäischen Staaten, auf die sich das Staatensystem als Folge der Nachkriegskonferenzen ausgeweitet hatte, dominierten zunächst die parlamentarischen Verfassungsordnungen, unabhängig davon, ob sie ihre monarchische Spitze (Großbritannien, Italien oder Skandinavien) beibehalten oder republikanische Staatsführungen eingeführt (Deutschland oder Österreich) oder fortgeführt (Frankreich der Dritten Republik) hatten. Gab es 1914 erst drei Republiken in Europa, so war deren Zahl 1919 auf 13 gestiegen – ein Beleg für die mitunter scharfen Brüche im Verfassungssystem. Mit der Republik Irland, die sich zwischen 1922 und 1937 nach heftigen nationalrevolutionären Auseinandersetzungen aus Großbritannien herausgelöst hatte, kam sogar noch eine weitere Republik hinzu. Auch die neuen ostmitteleuropäischen Staaten entschieden sich 1918/1919 für die republikanische Staatsform. Daneben existierten Monarchien fort, die ihre Verfassungsordnung schon vor 1914 einer Veränderung im Sinne der Parlamentarisierung unterzogen hatten, wie Großbritannien, Skandinavien und die Beneluxstaaten. Andere Monarchien wurden als Verbrämung einer autoritären Präsidialverfassung neu begründet, zum Beispiel Ungarn und Albanien. Wieder andere, wie Griechenland und Spanien, verharrten auf dem Status einer vorparlamentarisch-konstitutionellen Monarchie, in der es also eine Pattsituation zwischen monarchischer Macht und parlamentarischer Entscheidungsbefugnis gab. In Jugoslawien, Rumänien und Bulgarien

Verfassungen in Europa

bildeten sich neue monarchisch-autoritäre Systeme heraus. In Italien blieb die parlamentarische Monarchie weiter bestehen, jedoch wurden unter dem Druck der Massenmobilisierung die demokratischen Elemente, wie etwa das Wahlrecht, verstärkt. Die meisten dieser Verfassungsstaaten sollten sich freilich im Laufe der 1920er und 1930er Jahre autoritär beziehungsweise semi-totalitär wie in Italien verformen. Die Zahl der Diktaturen insgesamt wuchs deutlich an, nachdem es seit 1917 mit der bolschewistischen Sowjetunion schon eine erste totalitäre Diktatur gab. Bis zum Vorabend des Zweiten Weltkriegs spaltete sich Europa in zwei Verfassungslager: die alten parlamentarisch-demokratischen Verfassungsstaaten in Nord- und Westeuropa auf der einen Seite, die traditionellen konstitutionellen und neuen autoritären beziehungsweise totalitären Systeme in Mittel-, Südost- und Südeuropa auf der anderen Seite. Während des Krieges und der deutschen beziehungsweise sowjetischen Besatzung über weite Teile Europas verschwanden weitere sieben von den bis dahin noch verbliebenen elf Demokratien beziehungsweise autoritär-konstitutionellen Systemen. Die parlamentarischen Verfassungsstaaten waren europa- und weltweit, wie der Blick auch auf Lateinamerika zeigt, in eine auffällige Minderheit geraten, und nicht wenige Beobachter sahen in der scheinbaren Effizienz der modernen Diktaturen ein Indiz für ihre vermeintliche Zukunftsfähigkeit.

Was waren die grundsätzlichen idealtypischen Merkmale einer Demokratie im 20. Jahrhundert, so wie sie sich seit dem 19. Jahrhundert entwickelt und schrittweise transformiert hatte? Auf jeden Fall gehörten dazu die verfassungsrechtliche Garantie von Freiheit und Grundrechten, das Prinzip der Gewaltenteilung, das Recht auf eine freie politische Vereinigung in Parteien und Verbänden, das Recht auf Meinungs- und Pressefreiheit sowie der institutionell gesicherte politische Wettbewerb um politische Lösungen und Alternativen im Parlament sowie in der politischen Öffentlichkeit. Das waren Normen und Errungenschaften, die teilweise bereits im 19. Jahrhundert realisiert waren. Neu hinzu kamen die Partizipation aller Bürger, Amtsträger und Parteien an dem Prozess der Meinungsbildung und politischen Entscheidung sowie die Garantie dieser Partizipation durch freie, allgemeine Wahlen, ferner das Recht, alle verfassungsmäßigen Rechte vor unabhängigen Gerichten oder einem speziellen Verfassungsgericht einzuklagen. 1918/1919 hatten sich die Demokratien nicht nur geographisch und quantitativ ausgeweitet, auch inhaltlich erfuhren sie eine Ausweitung im Sinne einer zunehmenden Demokratisierung durch den Ausbau demokratischer Institutionen. Dazu gehörten die Entfaltung eines vielgliedrigen Parteiensystems, der Wandel in der Parteienstruktur von der Honoratioren- zur Massen- und Integrationspartei, die Ausdehnung des Wahlrechts und Ansätze zum Ausbau einer sozialen Demokratie und eines Sozialstaates.

Merkmale einer Demokratie

Vor allem das Wahlrecht wurde als sichtbares Zeichen der politischen Partizipation und Gleichberechtigung ausgeweitet und umfasste in einigen Ländern nun auch das Wahlrecht für Frauen. Während in Dänemark, Finnland und Norwegen Frauen auch schon vor dem Ersten Weltkrieg zur Wahl gehen konnten, wurde das Frauenwahlrecht in Belgien, Deutschland, den baltischen Staaten, den Niederlanden, Österreich, Polen und in dem revolutionären Russland ab 1918/1919 eingeführt. Großbritannien folgte 1928, Portugal und Spanien 1931, die Türkei 1934 und Frankreich schließlich nach der Befreiung von der NS-Herrschaft 1944. Damit war eine Grundvoraussetzung für ein konstitutionelles, liberales Regierungssystem, nämlich die freie und allgemeine beziehungsweise gleiche Wahl der Parlamente und Präsidenten, in der unmittelbaren Nachkriegszeit in allen unabhängigen Staaten in Europa und Amerika verwirklicht. Freilich lebte zu dieser Zeit ein Drittel der Weltbevölkerung unter Kolonialherrschaft, und überdies gab es Staaten, in denen es überhaupt keine oder nur ganz wenige Wahlen gab, die dann bald wieder abgeschafft wurden. Zur ersten Kategorie gehörten Äthiopien, die Mongolei, Saudi-Arabien und der Jemen, zur zweiten Afghanistan, China, Guatemala, Paraguay und Thailand, was nicht für deren Anerkennung demokratischer Verfahrensregeln spricht.

Das Wahlrecht

Erst mit den ersten Krisenphänomenen der liberalen Demokratie Mitte der 20er Jahre sollte sich dieses insgesamt optimistische Bild ändern. Zwischen Benito Mussolinis „Marsch auf Rom“ 1922 und dem Beginn des Zweiten Weltkriegs waren parlamentarische, gewählte Regime mit ihren liberalen Institutionen auf einem dramatischen Rückzug. Nur die „alten Demokratien“, die auch den Ersten Weltkrieg überstanden hatten, vor allem in West- und Nordeuropa und in den USA, erwiesen sich als einigermaßen stabile Bollwerke der parlamentarischen, repräsentativen und liberalen Verfassungsordnung. Auch auf dem amerikanischen Kontinent gab es nur einige Staaten, die ununterbrochen eine gesicherte Verfassungsordnung besaßen und nicht ins autoritäre Lager abdrifteten. Das waren vor allem Kanada und die USA, Kolumbien, Costa Rica und Uruguay. Diese Entwicklung, die mehrheitlich einen Kurs nach rechts, zu autoritären und radikalnationalistischen Systemen nahm (während in Lateinamerika das Pendel gelegentlich zur extremen Rechten wie zur Linken ausschlug), stand im krassen Gegensatz zu den Hoffnungen und Erwartungen, die man nach dem Ende des Ersten Weltkriegs haben konnte, als viele Zeitgenossen das Fortschreiten der liberalen Regime für fast selbstverständlich hielten. Schließlich hatten die Werte, die für viele europäische Gesellschaften schon vor 1914 gegolten hatten, sich offenbar bewährt und als siegreich erwiesen. Dazu gehörten das Misstrauen gegen jede Form von Diktatur und absoluter Herrschaft, die Orientierung an konstitutionellen Regierungsformen und freien Parlamenten, die Anerkennung der Menschen- und Bürgerrechte, insbesondere der der Rede-, Presse- und Versammlungsfreiheit. Nur die Vertreter und Anhänger des *Ancien Régime* hatten sich vor 1914 entschieden gegen diese Liberalisierung und Demokratisierung gewandt und nach 1918 teilweise nur aus Gründen der Anpassung und der sozialen Existenzsicherung sich zu dieser neuen Verfassungsordnung als Lippenbekenntnis bekannt. Zudem hatten, was wichtig für die Verbreiterung der Demokratisierung und Parlamentarisierung war, auch die Repräsentanten der bis dahin größten Massenbewegung, der sozialistischen Arbeiterbewegung, nach heftigen inneren Debatten und Lernprozessen und trotz der Anfeindung als „vaterlandslose Gesellen“ sowie Akteure einer revolutionäre Bedrohung sich auf den Boden der parlamentari-

Wandlung des optimistischen Bildes

schen Demokratie begeben und diese auch, wie das Beispiel der deutschen Sozialdemokratie 1918/1919 zeigt, gegen die politischen Feinde der freiheitlichen Demokratie vor allem von links verteidigt.

Gleichwohl sollte es bald fast überall in Europa eine Massenmobilisierung von links und rechts gegen die neue liberale Ordnung geben. Diese hatte nicht überall Erfolg, aber sie trug ganz wesentlich zur Verunsicherung und Gefährdung der neuen Demokratien bei und machte die politische Landschaft der Zwischenkriegszeit zum Schauplatz einer fundamentalen Auseinandersetzung zwischen Demokratie und Diktatur. Die Legitimations- und Handlungsschwäche der demokratischen Verfassungssysteme erlaubte zudem die Durchsetzung alternativer, nicht-legaler Handlungsformen, wie der Bürgerkriege, politischer Gewalt und der Flucht in autoritäre Ordnungsmuster. Von diesen Gegensätzen und Gefährdungen der Demokratie in der ersten Hälfte des 20. Jahrhunderts, die sich nach 1945 fortsetzen sollten, wird im Folgenden die Rede sein.

Freilich kamen die Gefährdungen der Demokratie nicht nur von ihren Feinden aus dem politischen Extremismus. Auch die Strukturprobleme der jungen Demokratien selbst und die politischen und ökonomischen Rahmenbedingungen, unter denen sich die neuen Ordnungen entfalten mussten, waren alles andere als günstig. Zu diesen Strukturproblemen gehörte die Zersplitterung des Parteiensystems und die mangelnde Konsens-und Kompromissfähigkeit als Folge der Wahlrechtsreformen und der mangelnden Adaptions- und Lernfähigkeit der Bürger, die sich noch tief in vorparlamentarischen und vordemokratischen politischen Kulturformen und Denkweisen bewegten. Umgekehrt unterhöhlte auch die wachsende Fragmentierung und Mobilisierung der industriellen Gesellschaft die politische Kommunikation und Konsensbildung im Parlament, das seine Funktion als Ort einer rationalen Diskussion und politischen Vermittlungen angesichts der politisch-gesellschaftlichen Polarisierung und Emotionalisierung immer weniger erfüllen konnte. Stattdessen wurde es von den Gegnern der parlamentarischen Demokratie nur als Ort der Agitation und demonstrativen Obstruktion missbraucht.

Strukturprobleme der jungen Demokratien

Mit der Forderung nach Demokratisierung verbunden war auch oft die Veränderung des Wahlrechts hin zu einem Verhältniswahlrecht, was die Erfordernisse der demokratischen Chancengleichheit besser zu garantieren schien sowie in Italien und Deutschland beispielsweise durch die Organisation von Listenwahlen und nicht mehr von einer persönlichkeitsorientierten Direktwahl zum größeren Einfluss von Parteien im politischen Leben und parlamentarischen Entscheidungsprozess führte. Viele Parteien, vor allem wenn sie noch starke Elemente von Honoratiorenparteien besaßen, hatten allerdings Probleme, ihre politischen Aktions- und Entscheidungsformen auf die neuen Herausforderungen des Wahlrechts einzustellen. Das sollte unter den Bedingungen der internationalen politischen und wirtschaftlichen Krisenherde die Flucht in die autoritären und totalitären Gegenmodelle begünstigen. Eine der wichtigsten Voraussetzungen für das Funktionieren der neuen Verfassungs- und Wahlsysteme bestand in der Existenz einer demokrati-

Veränderung des Wahlrechts

schen politischen Kultur, die nach dem mitunter raschen Übergang von vordemokratischen Verhältnissen in die neue Verfassungsform jedoch fehlte. Aus Untertanen mussten Staatsbürger werden, welche die politischen und verfassungsrechtlichen Normen der Demokratie nicht nur kannten, sondern auch akzeptierten und sowohl im politischen Handeln wie in der alltäglichen Sozialkultur praktizierten.

Eine zusätzliche Chance der Integration und auch der Legitimation der neuen Ordnung boten auch die verstärkten staatlichen Interventionen im Bereich von Sozial- und Wohlfahrtspolitik. Der demokratische Staat, wie etwa die Weimarer Republik, definierte sich ausdrücklich als sozialer Rechtsstaat und übernahm, auch aus Sorge vor einer möglichen sozialen Radikalisierung, zusätzliche Verpflichtungen im Bereich sozialer Sicherung und eines sozialen Ausgleich durch staatliche Intervention in der gemeinnützigen Daseinsvorsorge. Das setzte etwa in Deutschland Traditionen des Kaiserreichs fort, verbreiterte aber den Aufgabenkatalog. Überdies versuchte man, den Prozess der Demokratisierung auch im Bereich von sozial-und wohlfahrtspolitischen Entscheidungen durch die Einbeziehung von Verbänden zu unterstützen. Andere europäische Nachbarstaaten zogen nach und bauten im Verlauf der Zwischenkriegszeit oder während des Zweiten Weltkriegs ähnliche sozialpolitische Steuerungsmaßnahmen und -institutionen ein. Es entstand ein System weitreichender Verflechtung und Organisationen von Staat und Gesellschaft, von Verwaltung, Parteien und Verbänden, das als Korporatismus bezeichnet wird und ursprünglich die Demokratisierung festigen sollte. Die Tatsache, dass ähnliche Maßnahmen, wenn auch ohne demokratischen Grundgedanken, auch in Diktaturen oder während ihres Durchsetzungsprozesses genutzt wurden, wie das Beispiel Italiens verdeutlicht, zeigt die Ambiguität solcher Veränderungen, die nur dann demokratiefestigend wirkten, wenn sie von einer entsprechenden demokratischen politischen Kultur begleitet wurden. Wo diese nur schwach ausgebildet und in den Köpfen der Menschen noch wenig verankert war, wirkten sich diese Vernetzungen und zusätzlichen Staatsaufgaben durchaus kontraproduktiv aus. Gerade das Beispiel der Weimarer Republik zeigt, dass mit der Übernahme einer Vielzahl sozial- und wohlfahrtsstaatlicher Verpflichtungen der Verfassungsstaat sich zwar eine zusätzliche Legitimation zu verschaffen suchte, angesichts der dramatischen wirtschaftlichen und sozialen Not aber in der Bewältigung der eingegangenen Verpflichtungen enge Grenzen durch die leeren Kassen gesetzt bekam und die Leistungen, die er selbst proklamiert hatte, nicht mehr erfüllen konnte. Das wirkte sich nachteilig auf die politische Akzeptanz des Verfassungsstaates aus, der nun – insbesondere von radikalen Agitatoren – für alle Fehlentwicklungen verantwortlich gemacht wurde. Vor allem die NS-Propaganda verstand es, jede individuelle Verzweiflungstat eines Arbeitslosen in der großen Krise der frühen 1930er Jahre reißerisch dem „System“ anzulasten.

Sozial- und Wohlfahrtspolitik

Damit sind die vielschichtigen Belastungen institutioneller, wirtschaftlicher und mentaler Art angedeutet, die neben den wirtschaftlichen und politisch-psychologischen Belastungen durch die unerwartete Niederlage im Krieg und die als Schmach empfundene Friedensregelung das Scheitern der Weimarer Republik erklären können, einer Verfassungsordnung, die in der Verfassungstheorie als durchaus vollkommen zu charakterisieren ist, der es aber an den entscheidenden Rahmenbedingungen zu ihrer erfolgreichen Umsetzung fehlte. Die Weimarer Republik und ihr anschließendes Scheitern gelten darum auch in der internationalen wissenschaftlichen und öffentlichen Wahrnehmung als Paradigma für die Strukturprobleme einer modernen Demokratie unter den dramatischen Bedingungen der Zwischenkriegszeit. Deutschland, das zu einem Hauptfaktor der internationalen Politik und zum Testfall für die Funktionsfähigkeit des Systems des Völkerbundes und der kollektiven Konfliktregelung werden sollte, wurde auch zum Schauplatz zentraler verfassungs- und gesellschaftspolitischer Konflikte und Entscheidungen der Zwischenkriegszeit und wird darum auch im Mittelpunkt der folgenden systematischen Betrachtungen stehen. Das gilt auch trotz des Einwandes, dass die Verfassungsordnung des Deutschen Reiches im Unterschied zum italienischen Beispiel noch ihre erste schwere politische Krise 1923 überstanden hatte und sogar die Chance einer Stabilisierung zu besitzen schien, um dann erst unter den Bedingungen der Wirtschafts- und Staatskrise von 1930 bis 1933 endgültig zu scheitern.

Die Weimarer Republik

Die Weimarer Republik besaß eine verfassungstheoretisch als modern und perfekt geltende Verfassung, war aber umgekehrt politisch äußerst instabil. Diese Instabilität hatte mit dem Odium zu tun, das der Verfassung von Beginn an in der Wahrnehmung ihrer Gegner anhaftete: Sie galt als Produkt der alliierten Sieger und der militärischen Niederlage. Gleichwohl hatte sie durchaus Überlebenschancen, gab es doch nicht wenige und durchaus bedeutende Politiker, die sich allmählich zu Vernunftrepublikanern oder sogar zu überzeugten Demokraten verwandelten, wie etwa Matthias Erzberger vom katholischen Zentrum oder Gustav Stresemann von der nationalliberalen DVP. Nicht nur ihr Beispiel, sondern auch wichtige und neue Kontinuitäten stiftende Einrichtungen wie ein breites Spektrum sozialer Rechte zeigen, dass es verfehlt wäre, die Weimarer Republik, die mit ihrer Gründung der radikalen Revolutionsdrohung geradezu abgerungen worden war, nur unter der Perspektive ihres Scheiterns zu sehen. Zu den sozial- und wirtschaftspolitischen Innovationen gehörten die Einführung eines Wirtschaftsrates, der an der Spitze von Arbeiterräten stand und in wirtschaftspolitischen Grundsatzfragen beteiligt werden sollte, zusätzlich das Recht auf Arbeit, auf tarifliche Lohnregelungen und Schlichtungseinrichtungen und die Anerkennung der Gewerkschaften als Sozialpartner. Das waren neue Elemente auch in der europäischen Politik, die erst in der zweiten Nachkriegszeit zum Tragen und zu voller Wirkung kamen.

Soziale und wirtschaftliche Innovationen

Daneben hatten sich ausgehend von der Reichstagsmehrheit von 1917, die eine Friedensresolution eingebracht hatte und für Verständigungsfrieden eingetreten war, eine politische und verfassungtragende Kooperation der größten Parteien der jungen Republik herausgebildet, die zugleich einen sozialen Kompromiss zwischen den verschiedensten sozialen Milieus von Katholizismus, reformistischer Arbeiterbewegung und liberalem Bürgertum zu gewährleisten schien. Auch die gesellschaftspolitischen Kompromisse, die nach dem Sturz der Monarchie bereits im November und Dezem-

ber 1918 zwischen Armee und sozialdemokratischer Arbeiterbewegung (Ebert-Groener-Pakt) sowie zwischen Gewerkschaften und Unternehmern (Stinnes-Legien-Abkommen) gefunden wurden, sprachen für die Fähigkeit zum Ausgleich und zur Stabilisierung, obwohl sie nicht lange Bestand hatten. Denn vor allem die Loyalität der monarchisch eingestellten und sich durch den Versailler Vertrag gedemütigt empfindenden Armee und ihres Offizierskorps zur Republik blieb prekär und basierte allenfalls auf einer kritisch-neutralen Distanz. Wie fragil dieser Zustand war, zeigte sich bereits bei der ersten schweren Herausforderung, dem Kapp-Lüttwitz-Putsch, dem ersten Angriff auf die Republik von rechts, der von Großgrundbesitzern und Industriellen unterstützt wurde. Zwar brach der Putsch nach einem Generalstreik zusammen, doch es hatte sich gezeigt, dass der Großteil der Reichswehr gegenüber den nationalistisch-autoritären Feinden der Republik bestenfalls eine neutrale Position einnahm. Als eine der Folgen der politischen Radikalisierung und Polarisierung der Jahre 1920 und 1921 verlor die verfassungtragende Weimarer Koalition von SPD, Zentrum und DDP ihre absolute Mehrheit und sollte diese nie wieder erreichen. Vor allem der allmähliche Niedergang der bürgerlich-liberalen DDP, der sich fortsetzen sollte, kündigte die Erosion des Parteiensystems, insbesondere der bürgerlichen Mitte, an, was einen deutlichen Hinweis auf den Loyalitätsverlust der republikanischen Verfassungsordnung gab.

Stabilisierung – Radikalisierung

Dass die Verfassungsordnung der Weimarer Republik, die mittlerweile unter der Führung von Stresemann auch von der nationalliberalen DVP mitgetragen wurde, das dramatische Krisenjahr 1923 überstand, hatte seine Ursachen einmal in der innen- und außenpolitischen Problemkumulation, die zu einer gegenseitigen Paralyse der Gefährdungen von links und rechts führte, und andererseits in dem geringen Interesse der alten republikfeindlichen Eliten, die Macht zu einem Zeitpunkt zu übernehmen, wo der Außendruck auf die Weimarer Republik durch die ungeklärte Reparationsfrage so groß war, dass eine nationalistische, verständigungsunwillige Rechtsregierung kaum die Unterstützung durch England und die USA bei der Lösung der dramatischen Finanzsituation erhalten hätte. So bekam die Republik, auch dank der amerikanischen Stabilisierungspolitik durch die Bankiers Charles Gates Dawes und später Owen D. Young, noch einmal die Chance zur Konsolidierung. Doch die scheinbare Normalisierung Mitte der 20er Jahre, die im Lichte der kulturellen Blütezeit des hauptstädtischen Berlin gerne als die „Goldenen Zwanziger Jahre" bezeichnet und verklärt werden, war in wirtschaftlicher, finanzpolitischer und politisch-kultureller Hinsicht eine Scheinblüte. Keines der langfristigen Strukturprobleme war in der kurzen Zeit wirklich zu lösen, und auch die weitgehende Anpassung der Politik an die Erwartungen deutschnationaler Kreise änderte nichts an der Fortexistenz einer republikfeindlichen nationalistischen Bewegung, die bald in der NSDAP ihre radikalste Repräsentation erfuhr. Der Feind von rechts existierte weiter und wartete auf seine Chance, und auch die revolutionäre KPD behielt weiterhin eine starke politische Position trotz ihrer offenkundigen inneren Bolschewisierung und ihres diktatorischen Moskau-Kurses. Im Augenblick der Großen De-

Republikfeindliche Bewegungen

pression und der Verfassungskrise waren die beiden Flügel wieder massenwirksam, und auch die Gewaltbereitschaft in der Gesellschaft stieg wieder an. Die Republik hätte allenfalls bei einer längeren Dauer der relativ günstigen konjunkturellen Entwicklung die Chance auf eine erfolgreiche Stabilisierung und Anpassung an die demokratische politische Kultur gehabt. Doch bei allen ihren Experimenten blieb der Weimarer Republik nicht nur eine immer schmaler werdende gesellschaftlich-politische Basis, sondern es blieb ihr auch nur noch sehr wenig Zeit. Das wird deutlich, wenn man die kurzen Jahre der Konsolidierung von 1924 bis 1929 gegen die wirtschaftlichen und politischen Krisenjahre zu Anfang (1918–1923) und zu Ende (1929–1933) der Republik setzt.

Auch wenn die Weltwirtschaftskrise nach 1929 zu einer notwendigen Voraussetzung für das Scheitern der Weimarer Republik gehört, erklärt sie diesen dramatischen Zusammenbruch von Verfassung und Normenstaat nicht allein. Die Große Depression und die Massenarbeitslosigkeit, die alle westlichen Industriestaaten mehr oder weniger heftig trafen, führten beispielsweise in Westeuropa oder in den USA nicht zum Zusammenbruch der parlamentarischen Ordnung, allenfalls zu deren Erschütterung und partiellen Veränderung. Es empfiehlt sich also, bevor wir den Blick auf die politischen Ordnungsformen in der Weltwirtschaftskrise werfen, vergleichend und stellvertretend für andere auf die Verfassungssysteme in Frankreich und England zu blicken.

Verfassungssysteme in Frankreich und England

Grundsätzlich kann man als Ergebnis eines solchen Vergleichs festhalten, dass der Blick auf das politische Leben der 20er Jahre auch in Paris und London nicht ermutigend ist. Überall beobachtet man einen Zerfall des bürgerlichen Parteiensystems der Mitte und eine Unfähigkeit der Parteien, die in Bewegung geratene Gesellschaft zu organisieren und in das politische System dauerhaft zu integrieren. Das hatte seine Gründe in der Koinzidenz der Demokratisierung mit einer verstärkten Organisation gesellschaftlicher Interessen in Verbänden und anderen sozialen Gruppen beziehungsweise Milieueinrichtungen. Hinzu kam eine deutlich angewachsene Polarisierung und Brutalisierung der Politik als Folge des Erlebnisses des totalen Krieges. Politisches Handeln nahm die Form des Kampfes, der Demütigung und tendenziellen Ausschaltung oder gar Vernichtung des politischen Gegners an, der zum Feind geworden war. Das fand seinen Niederschlag vor allem in der politischen Sprache, die von Hass und Verachtung für den Gegner und den Fremden geprägt war. Das Freund-Feind-Denken beherrschte die politische Kultur, nicht nur in Deutschland, sondern auch in Frankreich und – wenn auch vermutlich in einem geringeren Ausmaß – selbst im nüchternen England. Das machte eine Koalitionsbildung und Kompromissfindung im Parlament und unter den Parteien zunehmend schwieriger.

Polarisierung und Brutalisierung der Politik

Warum überstanden dennoch die politischen Demokratien in Frankreich und England die Dauerkrise der 20er Jahre, die mit der Großen Depression eine weitere Verschärfung erleben sollte? Auch in Frankreich hatte der Krieg, ähnlich wie in Großbritannien, die inneren sozialen Spannungen und die politischen Konflikte zwi-

schen der politischen und militärischen Führung verstärkt. Aber in beiden Ländern behaupteten starke Repräsentanten des politischen Systems, Georges Clemenceau und David Lloyd George, die Vorrangstellung der zivilen, parlamentarisch legitimierten Führung. Ihre Machtstellung wurde in den ersten Nachkriegswahlen im November beziehungsweise im Dezember 1918 bestätigt. Dabei wurde erkennbar, wie sehr der siegreiche Ausgang des Krieges die beiden politischen Systeme stärkte und erneut legitimierte. Das verhinderte freilich nicht, dass bald nach dem kurzen Nachkriegsboom die Stabilität der politischen Institutionen angesichts neuer wirtschaftlicher und sozialer Herausforderungen und der ungelösten Frage, wer für die Folgen von Krieg und Inflation aufkommen sollte, auch in Westeuropa in eine tiefe Krise geriet.

Überstehen der Dauerkrise

Bei den sogenannten Khaki-Wahlen in Großbritannien im Dezember 1918 wurde noch einmal ein sehr patriotisches und konservatives Parlament gewählt, und das neue Kabinett regierte mit einer starken Mehrheit im Unterhaus und – begünstigt durch einen kurzen Nachkriegsboom mit einer harten Sparpolitik – fast unangefochten bis 1921. Zwar verschärften sich die sozialen Spannungen durch eine radikale Arbeiterpolitik und die Auflösung der alten Arbeiterallianzen, aber bei den Wahlen im November 1922, nachdem die konservativen Abgeordneten die Regierung gestürzt hatten, dominierten die Konservativen mit ihren liberalen Bündnispartnern. Auch bei den nächsten Wahlen vom Dezember 1923 behielten die Konservativen ihren Stimmenanteil, aber nun begünstigte das Wahlsystem den weiteren Aufstieg der Labour Party, die nun mit den Liberalen koalierte. Zum ersten Mal wurde mit Ramsay MacDonald ein Labour-Politiker zum Premierminister gewählt. Während sich MacDonald vor allem in die Außenpolitik kniete und gegen die politischen Interessen Frankreichs auf einen Verständigungskurs mit Deutschland in der Reparationsfrage steuerte, wurde bald wieder eine Neuwahl nötig, weil nun die Liberalen gegen den Premier votierten. Es folgte eine fast fünfjährige Amtszeit des Konservativen Stanley Baldwin, der mit der Rückkehr zum Goldstandard eine rigide Deflations- und Stabilisierungspolitik betrieb, die zu Lasten überkommener gesellschaftlicher Konventionen ging. Auf Seiten der Arbeiter war schon 1920 die Koalition der Gewerkschaften zerbrochen und auch die Arbeitgeber scheiterten mit ihren zollpolitischen Vorstellungen. Die Gewerkschaften reagierten auf ihren Machtverlust mit einem Generalstreik, der von der Regierung für illegal erklärt wurde. Der Streik scheiterte und konnte den Machtverlust der Gewerkschaften nicht aufhalten. Die Neuwahlen von 1929 brachten hingegen einen Erfolg von Labour und die zweite Labour-Regierung unter MacDonald.

Schwankende Mehrheitsverhältnisse in Großbritannien

Trotz dieser schwankenden Mehrheitsverhältnisse bewiesen beide Nationen ihre Fähigkeit, das politische System an neue Herausforderungen anzupassen. In England wurde das Wahlrecht mit dem Anstieg der Wahlberechtigten von 8,3 Millionen auf 21,4 Millionen erneut ausgeweitet und zum allgemeinen Wahlrecht ausgebaut. Außerdem veränderte sich die Struktur des Parteiensystems, das bei aller Kontinuität durch den Aufstieg der Labour Party (und den Niedergang der Liberalen nach dem

Ausscheiden von Lloyd George im Herbst 1922) sich den veränderten sozialen Konstellationen anpasste und die sozialen Unterschichten stärker in die politisch-sozialen Bauformen Englands integrierte. Der soziale Wandel, der durch den Krieg beschleunigt worden war, fand mithin eine angemessene politische Repräsentation. Der Koalitionswechsel, der als legitimes Element des politischen Systems und nicht als politische Katastrophe verstanden wurde, war zudem geeignet, bei wichtigen Fragen eine rasche Anpassung an veränderte politische Stimmungslagen oder bei Sachfragen Korrekturen vorzunehmen. Gleichwohl blieben viele Probleme ungelöst und Entscheidungen blockiert. Dass das Frauenwahlrecht in Frankreich erst 1944 als Ausdruck eines politischen Neuanfangs der Vierten Republik eingeführt wurde, war ein bezeichnendes Symptom einer solchen Blockade. Trotz eines zustimmenden Votums der Nationalversammlung wusste eine Koalition aus traditionalistischen Bewahrern und linken, laizistischen Maximalisten im Senat dies in den 1920er Jahren zu verhindern, weil die Linke durch das Frauenwahlrecht eine Stärkung kirchlich-katholischer Positionen befürchtete. Als sich die innenpolitischen Konflikte in den 1930er Jahren auch in Frankreich als Folge der Weltwirtschaftskrise verschärften, funktionierte das System der Koalitionswechsel als Mittel der Anpassung und der Verhinderung des Bürgerkriegs immer weniger, und der innere Machtverfall der Dritten Republik sollte sich beschleunigen – freilich stärker durch neue außenpolitische Herausforderungen als durch innere Gegensätze herbeigeführt. Grundsätzlich waren überall Außen- und Innenpolitik eng miteinander verschränkt, und die Zäsuren der Innenpolitik waren auch von außenpolitischen Entwicklungen und Entscheidungen herbeigeführt. Stellt man noch einmal die Frage, warum trotz durchaus vergleichbarer Probleme und politischer Konstellationen beziehungsweise Strategien nur das politische System in Deutschland und vorher auch schon in Italien in ein autoritäres beziehungsweise totalitäres Abenteuer abdriftete, dann liegt die Antwort wiederum in den Unterschieden in der politischen Kultur, deren demokratisch-liberale und pluralistische Grundüberzeugungen in Frankreich und England stärker ausgeprägt waren und trotz aller Krisen stabilisierend wirkten. Das sollte sich vor allem bei den Krisen der 1930er Jahre zeigen.

Anpassungsfähigkeit – Blockade

Anders verlief die Anpassung des politischen Systems Frankreichs an die alten und neuen Herausforderungen und gesellschaftlichen Probleme. Gemessen an der Häufigkeit der Regierungswechsel war Frankreich offensichtlich noch instabiler als Deutschland und England. Doch konnten die politischen Repräsentanten und Wähler mit diesem Symptom der Instabilität besser umgehen, auch weil die Parteien selber weniger kompakt und fest organsiert waren. Das Parteiensystem zeigte eine weitgehende Kontinuität, und auch die traditionellen Parteienkonflikte mitsamt der Zersplitterung der Parteien blieben erhalten. Das führte zwar zu permanenten politischen Balanceakten und war von der ständigen Gefahr einer politischen Selbstblockade des Systems geprägt, jedoch gelang es Parlament und Regierung in entscheidenden Situationen doch auch wieder, durch wechselnde Koalitionen und Regierungen auch mitten in der Legislaturperiode Entscheidungen in den

Stabiles politisches System

zentralen finanz-, wirtschafts- und außenpolitischen Konflikten und Problemen zu treffen, ohne dass bei jeder Regierungs- und Koalitionskrise Neuwahlen angesetzt werden mussten, wie das in der Weimarer Republik häufig der Fall war.

Ähnlich wie in England stand Frankreich nach dem kurzen Nachkriegsboom vor der Notwendigkeit, mit drastischen Sparmaßnahmen eine Haushaltskonsolidierung einzuleiten. Gleichsam wie in Deutschland spaltete das Erbe von Krieg und Inflation sowie die gesellschaftspolitische Hauptfrage, wer die Kosten der Konsolidierung zu zahlen habe, die französische Gesellschaft entlang ihrer sozialen Klassenlinien. In der politischen Repräsentation dieser Gegensätze kam es immer wieder zu wechselnden Mehrheiten und Koalitionen. Dabei gilt die grundsätzliche Beobachtung, dass in Phasen einer Mitte-Links-Regierung vor allem der internationale politische Ausgleich vorangetrieben wurde, während Mitte-Rechts-Koalitionen vor allem harte Sparmaßnahmen und gesellschaftspolitische Veränderungen durchsetzten, die ihrer gesellschaftlichen Klientel entgegenkamen. Das galt vorübergehend auch für die deutsche Politik in der Phase der Stabilisierung von 1924 bis 1929 unter der maßgeblichen Politik von Außenminister Gustav Stresemann, der sich bei seiner Politik der Verständigung auf andere Koalitionen stützen konnte, als dies in der Innen- und Gesellschaftspolitik der Regierungen des Bürgerblocks üblich war. Diese auffällige Parallelität der Konstellationen und politischen Strategien zwischen Frankreich, England und Deutschland war Voraussetzung für die Ansätze einer internationalen Konfliktregelung und kurzfristigen Entspannung, die unter dem Namen Locarno-Politik in die Geschichtsbücher eingegangen ist und mit der Veränderung der innenpolitischen Machtkonstellationen sowie einer verschärften nationalistisch-aggressiven und protektionistischen Politik mit dem Beginn der Großen Depression sich wieder rasch verändern sollte.

Ähnlich wie in England beendete auch in Frankreich ein gescheiterter Generalstreik den Kriegskorporatismus der Linken und eine klassenübergreifende Kooperation. Damit trat gleichzeitig eine Schwächung der Arbeiterbewegung ein. Sie wurde in Frankreich durch die Spaltung zwischen Sozialisten und Kommunisten, die bis 1936 in der politischen Isolation blieben, noch verstärkt. Nach der vorübergehenden ultranationalistischen Politik des Hardliners Raymond Poincaré, der 1923 mit der Besetzung des Ruhrgebiets den Zusammenbruch der deutschen Wirtschaft und Politik beschleunigte, aber selbst den erwünschten Erfolg nicht einfahren konnte, drehte sich in der Stabilisierungsphase der internationalen Politik auch innenpolitisch der Wind. 1924 kam es zu einem „Linkskartell" in Form einer Mitte-Links-Regierung unter Édouard Herriot, der zusammen mit seinem Außenminister Aristide Briand eine Politik der Kompromisse mit der Weimarer Republik betrieb, aber schließlich an der ungelösten Finanzkrise scheiterte. Im Juli 1926 kam Poincaré während der heftigen Geld- und Finanzkrise mit der Unterstützung von der Mitte bis Rechts wieder an die Macht und konnte die Währung erfolgreich stabilisieren, was der französischen Wirtschaft günstige Bedingungen bescherte, aber den internationalen Machtverlust des Landes nicht stoppen konnte.

Innenpolitische Stabilisierung?

Überall in den europäischen Parlamenten, sofern sie noch funktionierten, gestaltete sich angesichts der starken Zersplitterung des Parteiensystems (mit Ausnahme von England) die Koalitionsbildung meistens sehr schwierig. Sie wurde unter den Bedingungen der wirtschaftlichen Krisensituation noch komplizierter. Es gehörte fast schon zur Regel, dass die Heterogenität der Koalitionsregierungen zu relativ kurzen Amtszeiten führte, die durch Neuwahlen oder durch neue Koalitionsbildungen ohne vorherige Parlamentsauflösung immer wieder abgelöst wurden. Strategien zur Minimierung der Krisen bei der Koalitionsbildung und zum Umgang mit der parlamentarischen Dauerkrise bestanden vielerorts in der Einrichtung von Koalitionsausschüssen zur internen Kompromissfindung (bspw. in der Tschechoslowakei), in der Ausweitung der Kompetenzen des Parteienstaates bis auf die Stellenbesetzungen in der öffentlichen Verwaltung nach dem Proporzsystem, in der Einführung eines Kartells bei der Beteiligung verschiedener Parteien an der Regierung (bspw. in der Schweiz) und vor allem in der Einrichtung neokorporativer Elemente im Ausgleich zwischen Staat, Parteien und Verbänden, wie dies in Deutschland seit den frühen 20er Jahren informell geschah.

Strategien zur Krisenminimierung

Diese Konzepte konnten in vielen Staaten jedoch nur bedingt eine fortschreitende Destabilisierung des politischen Systems verhindern. Zuerst scheiterten die Reformkoalitionen der unmittelbaren Nachkriegszeit, die unter dem Eindruck der materiellen und sozialen Notlagen sowie der nationalen Integrations- beziehungsweise Identitätsprobleme zustande gekommen waren, vor allem wenn die finanzielle und wirtschaftliche Stabilisierung anstand, die alte soziale Interessengegensätze wieder aufriss, recht früh: in Deutschland 1920, in Italien 1922. In Frankreich gab es eine solche sozial-liberale Zwischenphase überhaupt nicht, sondern sehr bald das Wechselspiel zwischen Mitte-Rechts-Koalitionen und dem Mitte-Links-Bündnis *(cartel des gauches)*. In der Mitte der 20er Jahre hatten sich drei idealtypische Varianten der Regierungsbildung in den kontinentaleuropäischen Parlamenten herausgebildet: erstens eine Pattsituation zwischen bürgerlichen Parteien und Arbeiterparteien (Deutschland, Österreich), die zur wechselnden Koalitionsbildung oder bei bürgerlicher Regierungsführung zur punktuellen parlamentarischen Unterstützung bestimmter Entscheidungen durch die sozialdemokratische Linke führte; zweitens die Regierung durch Minderheitenkabinette, deren Tolerierung freilich einen stabilen politischen Grundkonsens voraussetzte; drittens begünstigten Koalitionskrisen beziehungsweise die Unfähigkeit, eine geschäftsfähige Regierung zu bilden, in einer ersten autoritären Welle das Abgleiten in vorübergehende oder dauerhafte autoritäre Regierungsformen, die mit Notverordnungsmaßnahmen gegen Parteien und Parlamente Entscheidungen trafen. Mit der Verschärfung der wirtschaftlichen und gesellschaftlichen Krisensituation sollte diese Variante immer häufiger auftreten.

Drei Varianten der Regierungsbildung

Die Große Krise und der Vormarsch der Diktatur

Im Jahre 1929, als die Weimarer Republik eher zurückhaltend gerade ihrer zehnjährigen Gründung gedachte, setzte sich in Europa die Einsicht durch, dass „es um die europäische Politik nicht zum Besten stand" (Harold James). Das Wort „Krise" ging um, und die Koinzidenz der Krisen der Weltwirtschaft, der Demokratie sowie des internationalen Systems bekräftigte diesen Eindruck. Mit dem New Yorker Börsenkrach am 24. Oktober begann die Weltwirtschaftkrise, die freilich in Deutschland mit einer Krise vor der Krise schon einen hausgemachten Vorlauf hatte. Mit dem Tod von Außenminister Stresemann, der am 3. Oktober einem Herzschlag erlegen war, schienen die Hoffnungen auf eine internationale Verständigung zu schwinden, was sich mit einem außenpolitischen Kurswechsel der deutschen Regierung unter der Präsidialregierung von Heinrich Brüning bald bewahrheiten sollte. Der Einmarsch Japans in die Mandschurei unter Missachtung des Völkerbundes im September 1931 verstärkte den Eindruck. Politische Radikalisierungen im Inneren und nationalistisch-aggressive Töne und Maßnahmen in der internationalen Politik zerstörten den Traum der politischen Vernunft und Berechenbarkeit.

Umbruch in Innen- und Außenpolitik

Wie aus einer allgemeinen wirtschaftlichen Abkühlung und Depression eine Große Depression wurde, ist vielfach erörtert worden und hat viele Ursachen, die ineinandergreifen und von den Finanzmärkten ausgingen. Spätestens 1931 hatte die Wirtschaftskrise globale Dimensionen erreicht, und vor allem die Staaten Mitteleuropas standen vor gravierenden wirtschaftlichen Problemen (s. S. 305 ff.). Sie waren von Land zu Land freilich anders gelagert, doch die Folgen waren einander ähnlich. Überall kam es zum Zusammenbruch des Bankensystems, das durch die Nachkriegsinflation und Kapitalknappheit schon geschwächt war. Überall verloren die Staaten dadurch zunehmend ihre politische Handlungsfähigkeit, und viele der möglichen Lösungen blieben aus unterschiedlichen Gründen versperrt. Von den Schuldnerländern übertrug sich die Krise auf die Gläubigerländer. Ausgehend vom britischen Pfund wurde in mehreren Etappen fast überall der Goldstandard der eigenen Währung aufgegeben, um das Budgetdefizit zu bekämpfen und dem Ansturm auf die Banken ein Ende zu machen. Jeder verschanzte sich hinter seinen eigenen Grenzen, was die internationalen Finanz- und Warenmärkte zusammenbrechen ließ.

Globale Folgen der Wirtschaftskrise

Die Krise der Produktion führte zur Massenarbeitslosigkeit, die sich überall verbreitete. 1932 war der Höhepunkt der Krise erreicht, die Arbeitslosenzahlen wurden zum sichtbarsten und gesellschaftlich wie politisch wirkungsmächtigsten Indikator. In Großbritannien gab es dreieinhalb Millionen Arbeitslose, in Deutschland über sechs und in den USA mehr als zwölf Millionen. Die Krise war besonders in den klassischen Industriesektoren, bei der Eisen- und Stahlproduktion und im Maschinenbau, ausgeprägt. Besonders fatal waren die sozialen und mentalen Folgen der Großen Krise. Pessimismus und Verzweiflung machten sich fast überall breit, der Glaube an den Kapitalismus und die Marktwirtschaft schwand;

Krise der Produktion

unter den Langzeitarbeitslosen breiteten sich Hoffnungslosigkeit, Verzweiflung und ein Hang zur Kleinkriminalität aus. Politische Radikalisierungen in die verschiedenen politischen Extreme konnten nicht ausbleiben; sie waren dort besonders groß, wo die politische Kultur ungefestigt und die Parteien integrationsunfähig waren oder zunehmend wurden.

Nicht nur im Ausmaß und in der politisch-sozialen Wirkung der weltweiten Wirtschaftskrise gab es mannigfaltige Ausprägungen; auch das Krisenmanagement war sehr unterschiedlich. Auf die Frage, warum England und die USA die schwere Krise letztlich mit demokratischen Mitteln überwinden konnten, gibt es mehrere Antworten. Sicherlich ist der Verweis auf die Erfahrungen einer gefestigten demokratischen politischen Kultur nicht gering zu werten, doch noch wichtiger sind die unterschiedlichen finanziellen und materiellen Ressourcen, die zur Ankurbelung des Arbeitsmarktes und der Wirtschaft eingesetzt werden konnten. In diesem Falle verfügten die USA, die von der Krise zwar völlig unvorbereitet getroffen wurden, über die bei weitem größten Reserven, während Krieg und Inflation gerade die europäischen Staaten besonders stark geschwächt und alle nennenswerten Kapitalreserven aufgebraucht hatten. Hinzu kommt außerdem ein ebenso entscheidender Faktor in Form des politischen Krisenmanagements. Auch hier zeigten die USA und auch Großbritannien die größte Flexibilität und Bereitschaft zu einer entschlossenen, sozialpolitisch abgefederten und demokratisch legitimierten Politik.

Krisenmanagement

Das gilt besonders für die USA, wo im November 1932 mit der Wahl von Franklin D. Roosevelt zum Präsidenten und seiner bis 1945 währenden Amtszeit das große Reformwerk des *New Deal* umgesetzt wurde. Im Unterschied zu seinem Vorgänger Herbert C. Hoover, der angesichts der Krise des Systems versagt hatte, wandte sich Roosevelt der bislang abgelehnten Idee einer staatlichen Sozialpolitik und verstärkten staatlichen Interventionspolitik zu und setzte dies pragmatisch, nicht klassen- oder ideologiegebunden und in der Konzeption pluralistisch ins Werk. Die Krise hatte gelehrt, dass der individualistische Kapitalismus, der das Gesellschaftssystem der USA bestimmt und den Aufstieg zur führenden Wirtschaftsmacht gefördert hatte, im Moment der Krise durch ein „gewisses Maß an sozialer Planung und staatlicher Koordinierung“ (Karl-Dietrich Bracher) ergänzt werden musste. Die staatliche Förderung und Lenkung der Wirtschaft, die gegen heilige liberale wirtschaftspolitische Grundsätze verstieß, zusammen mit einer Regelung der Wirtschafts- und Arbeitsbeziehungen und vor allem der Kontrolle der Lohn- und Arbeitsbedingungen konnte sich auf eine breite politische Basis stützen – geführt von der Demokratischen Partei Roosevelts und getragen von den Gewerkschaften. Auch von den Demokraten der Südstaaten wurde diese progressive Politik der Ausweitung der Staatstätigkeit durch ein ausgeprägtes taktisches Geschick und eine mehrgleisige Politik, die neben progressiven Elementen auch traditionelle Ansätze enthielt, mitgetragen. Das bedeutete nicht, dass es eine breite Opposition von Kritikern und überzeugten Liberalen gab, die Sturm gegen die Gesetze des *New Deal* liefen und vor dem konservativen Obersten Gericht damit teilweise auch Erfolg hatten.

Krisenpolitik in den USA

Bevor die teilweise Suspendierung einiger Gesetze greifen konnte, hatten die ersten Zeichen der wirtschaftlichen Erholung ausgereicht, um Roosevelt bei den Wahlen 1936 einen eindeutigen Sieg zu verschaffen, was Verfassungsänderungen und einen partiellen personellen Austausch in der Zusammensetzung der Richterschaft des *Supreme Court* und damit die Fortführung der Reformarbeit erlaubte, bis einige der Maßnahmen angesichts erster Erfolge sogar ausgesetzt wurden.

Dass die staatliche Wirtschaftsförderung und Lenkung der Arbeits- und Lohnpolitik als Mittel der Krisenbekämpfung, gleichwie man sie im Einzelnen beurteilen mag, mit demokratischen Mitteln und einer reformerischen Anpassung der Wirtschaftsordnung durchgeführt wurde, macht bei allen scheinbaren Parallelen zur Krisenpolitik des nationalsozialistischen Deutschland die entscheidende Differenz zwischen einer Demokratie und einer Diktatur aus.

Auch die britische Krisenpolitik stützte sich auf bewährte Methoden der parlamentarischen Demokratie, die auf die kriegserprobte Form der „nationalen Regierung", das heißt eine Art Große Koalition zurückgriff. Nachdem das Kabinett von Labourführer MacDonald auf dem Höhepunkt der Finanzkrise im Sommer 1931 in der Frage einer weiteren Deflationspolitik und weiteren Kürzung der Arbeitslosenunterstützung tief gespalten war, bildete der Regierungschef nach dem Rücktritt mehrerer Minister, die den Kurs nicht mittragen wollten, seine Regierung um und nahm auch konservative und liberale Politiker auf. Die nationale Regierung, so MacDonald, sollte nur für die Zeit der finanziellen Notsituation amtieren und sich vor allem der Aufgabe des Budgetausgleichs widmen. Heftige Proteste gegen den Lohnabbau – von Marinesoldaten eröffnet – bewogen den Premierminister, Neuwahlen auszurufen. Die Regierung siegte, auch durch das Mehrheitswahlrecht begünstigt, haushoch und setzte ihre Politik des Krisenmanagements durch eine kluge Währungspolitik und eine großzügige Kredithilfepolitik fort, was langfristig eine wirtschaftliche Erholung brachte, ohne allerdings schnelle Erfolge zu zeitigen. Auf die war man freilich angesichts der großen politischen Mehrheiten, die das Krisenmanagement trug, auch weniger angewiesen als instabile Regierungen und vielleicht auch Diktaturen, die ihre Popularität ebenfalls auf rasche oder auch nur vermutete Erfolge stützen müssen.

Krisenpolitik in Großbritannien

Anders verlief die Krisenpolitik in Deutschland, die zu einer Verschärfung und zu einem Abgleiten in die Diktatur führte. Die Heftigkeit der Krise in Deutschland hatte mehrere Gründe: eine Krise vor der Krise, die Verbindung der Depression mit dem Problem der Zahlung der Reparationen, schließlich der Versuch deutschnationaler Politiker sowie von Reichsbankpräsident Hjalmar Schacht, die Verschärfung der Finanzkrise zur Lösung der Reparationsfrage zu nutzen, indem durch eine Zahlungsunfähigkeit Druck auf die ausländischen Kreditgeber ausgeübt werden sollte, bis diese ihre Ansprüche herunterschraubten. Damit hatte Schacht dem friedlichen und auf Übereinkunft basierenden Revisionskonzept von Stresemann widersprochen und war – durchaus konsequent – nach dem vorläufigen Scheitern seiner Obstruktionsstrategie und der Annahme des neuen Abkommens (Young-Plan) mit seinen verbesserten Zahlungsmodalitäten zurückgetreten. Das Scheitern der letzten demokratisch gewählten Regierung der Großen Koalition unter dem Sozialdemokraten Hermann Müller bedeutete den Übergang zu einer Präsidialregierung, die ohne eigene parlamentarische Mehrheiten vom Vertrauen des Reichspräsidenten und seines Gebrauchs des Notstandsparagraphen der Verfassung (Art. 48) abhängig wurde. Das war für viele Anhänger autoritärer Verfassungsformen der Einstieg in den Verfassungswandel. Zugleich erhoffte sich Brüning von dieser offensiven nationalistischen Politik die Einbeziehung der bei den Septemberwahlen 1930 erdrutschartig angewachsenen NSDAP in die Regierungsverantwortung, zunächst um sie in die Geschäfte einzubinden, später um sie für die eigenen Zwecke der Zähmung und Mehrheitsbeschaffung einzusetzen. Brünings Antwort auf die Große Krise war eine entschiedene Deflationspolitik in Form der Steuererhöhung und Ausgabenkürzung, die auch einen Rückgang der Arbeitslosenhilfe und damit eine Verschärfung der sozialen Lage in Kauf nahm. Das geschah, neben allen Zwängen des begrenzten Spielraums in der Haushalts- und Währungspolitik, vor allem in der Absicht, die deutsche Zahlungsunfähigkeit bei den Reparationszahlungen zu beweisen – eine risikoreiche Politik, die nach neuerlichen drastischen Sparmaßnahmen auf der Basis von Notverordnungen als Reaktion auf die britische Währungspolitik in einen Wettlauf zwischen einem reparationspolitischen Erfolg und einer wachsenden Verelendung von Teilen der Gesellschaft durch die Krisenverschärfung mündete. Brüning wurde durch eine politische Intrige von Seiten einer gewichtigen nationalistisch-autoritären Opposition aus der Großlandwirtschaft und der Reichswehr zu Fall gebracht; damit war der Weg zu einem offenen autoritären Verfassungswandel geebnet. Die Streichung aller Reparationsverpflichtungen auf der Konferenz von Lausanne, sicherlich eine Folge der rigiden Sparpolitik Brünings, kam seinem Nachfolger Franz von Papen zugute, der diesen Coup sofort zu einem Verfassungsbruch und Staatsstreich gegen die letzte Bastion der Weimarer Parteien in Preußen nutzte. Papen war damit aber keineswegs am Ziel, da ihm – abgesehen von den traditionellen Eliten – die politische Unterstützung fehlte und es sich bald herausstellte, dass man in einer Massengesellschaft und einer hochgradig emotionalen gesellschaftlichen Situation nicht allein auf Bajonette gestützt regieren kann. In der anschließenden Auseinandersetzung zwischen Papens autoritärem Verfassungskonzept und der totalitären und scheindemokratischen Mobilisierungspolitik Hitlers musste die Lösung Papens, der alle demokratischen Institutionen außer Kraft gesetzt hatte, den Kürzeren ziehen. Die Staats- und Wirtschaftskrise und die damit verbundene autoritäre Verformung der Verfassungsordnung wurde zum Lehrstück für die Folgen einer schrittweisen Aushöhlung parlamentarischer Politik, die schließlich zum politischen Machtvakuum und zur Machtübertragung auf den charismatischen Führer einer totalitär-faschistischen Bewegung führte. Am Vorabend der NS-Machtergreifung zeichnete sich ein mehrstufiges Tableau von politischen Methoden und Ansätzen zur autoritären und totalitären Verformung der Demokratie ab.

Krisenpolitik in Deutschland

Es lassen sich bei der Etablierung von Diktaturen drei unterschiedliche Modelle unterscheiden, die – wie das deutsche Beispiel zeigt – auch den Charakter eines sich radikalisierenden Verlaufsmodells haben. Denn in der Krise und Auflösung der Weimarer Republik zwischen 1930 und 1933 lassen sich alle drei Modelle hintereinander verfolgen: Die erste, eher noch improvisierte Variante stellte die schein- oder halbkonstitutionelle Diktatur dar, die sich durch einen autoritären Pluralismus von politisch vorübergehend entmündigten, aber ihre Interessen nach wie vor wahrenden gesellschaftlichen Gruppen und Parteivertretern auszeichnete und sich als temporäre Notstandsherrschaft verstand. Zweitens gab es die autoritären Diktaturen, die unter Ausschluss der politischen Funktionseliten des bisherigen Systems mit partieller Veränderung einschlägiger Verfassungsbestimmungen und gestützt auf Polizei und Armee, aber ohne wesentliche Eingriffe in die gesellschaftlichen Strukturen regierten. Drittens existierte die totalitäre Diktatur, die das bisherige Verfassungssystem unter weitgehender Zustimmung der Bevölkerung und bei gleichzeitiger Verfolgung und Ausschaltung der politisch-gesellschaftlichen Opposition (Arbeiterbewegung) zerstörte und die alten gesellschaftlichen Machtgruppen zunächst integrierte oder diese nach einer Übergangsphase entmachtete (wie in Deutschland) beziehungsweise völlig eliminierte (wie in der Sowjetunion).

Drei Modelle von Diktaturen

Die erste Welle der Diktaturgründungen zwischen 1921 und 1923 folgte (mit Ausnahme der Sowjetunion) dem Muster der konstitutionellen Diktatur. In Ungarn errichteten István Bethlen sowie Gyula Gömbös und in Spanien Miguel Primo de Rivera Militärdiktaturen, die sich in Spanien durch eine Politik der konservativen Modernisierung zu rechtfertigen versuchte. Auch Mussolinis systemimmanente Regierungsübernahme in einer Koalitionsregierung im Herbst 1922 gehörte anfangs noch in dieses Modell, während jedoch der gleichzeitige Terror der faschistischen Squadren die Radikalisierung des Regimes vorantrieb. Die zweite Welle der Diktaturgründungen begann 1926 und war von einem Nebeneinander konstitutioneller und autoritärer Diktaturen gekennzeichnet. Die erste Variante begegnet uns in der Herrschaft Józef Piłsudskis in Polen, aber auch in Portugal und Jugoslawien. Die autoritäre Variante setzte sich in Italien mit der Diktatur Mussolinis durch, die er 1925 aus einer Krise seiner Koalitionsherrschaft und seiner faschistischen Partei heraus unter Zustimmung der gesellschaftlichen Eliten errichten konnte. Auch die Diktaturmodelle der Präsidialregierungen von Papen und Kurt von Schleicher in Deutschland 1932 lassen sich als konstitutionelle Diktaturen charakterisieren, freilich mit der Tendenz zum autoritären Modell. Die dritte Welle begann mit der Weltwirtschaftskrise und der damit verbundenen Staatskrise und erlebte mit der schnellen Durchsetzung einer totalitär-faschistischen Diktatur in Deutschland ihren Höhepunkt. Mit den revolutionären Methoden einer Doppelstrategie der Machtübertragung von oben und der Machteroberung durch die faschistische Partei von unten zerstörte die NS-Diktatur bei wachsender öffentlicher Zustimmung die Grundlagen der liberalen Verfassung und des Rechtsstaates und schaltete jede Opposition aus. War der Faschismus Mussolinis bis dahin das Vorbild für viele kleine Diktatoren, so rückte nun die charismatische Herrschaft Hitlers in den Mittelpunkt

Drei Wellen der Diktaturgründungen

der europäischen Aufmerksamkeit, auch wenn es in dieser dritten Welle der Diktaturgründung anderswo, etwa in Südosteuropa und Südeuropa, weiterhin zur Etablierung von bloßen autoritären Diktaturen kam, was in der geringeren politischen Mobilisierung der dortigen politisch-gesellschaftlichen Ordnungen begründet ist.

Die Epoche der Diktaturen – Eine Epoche der Gewalt

Mit der nationalsozialistischen Machteroberung 1933, die auch eine Machtübertragung war, bestimmten die Diktaturen endgültig das Bild der Epoche. Am Vorabend des Zweiten Weltkriegs im Jahre 1939 und erst recht nach den Eroberungsfeldzügen Hitlers und der deutschen Wehrmacht, die dem Nationalsozialismus die Herrschaft über fast den ganzen europäischen Kontinent vorübergehend verschafften, sah es so aus, als gehöre der modernen Diktatur die Zukunft. Durch Ausdehnung der Staatsintervention und durch die autoritäre Verformung der politischen Ordnungen schienen die charismatischen, personenorientierten Führerherrschaften der europäischen Diktatoren die politische Krise der 20er und frühen 30er Jahre überwunden und eine zukunftsfähige autoritäre Wohlstands- und Entwicklungsdiktatur errichtet zu haben. Noch einmal schien die Vorherrschaft Europas gesichert, freilich unter den menschen- und rechtsverachtenden Bedingungen von Gleichschaltung, Verfolgung und Diktatur. Wie wenig die wirtschaftlichen sowie gesellschaftlichen Ressourcen und Potentiale des nationalsozialistischen Deutschlands und seiner zu einer ernsthaften politischen Neuordnung unfähigen und allein auf Eroberung und Raub ausgerichteten Besatzungs- und Gewaltherrschaft über Europa geeignet waren, eine dauerhafte Herrschaftsordnung zu begründen, sollte sich hinter der glänzenden Fassade der Massenzustimmung und der Blitzkriege sehr bald zeigen.

Zunächst einmal blickten Europa und Teile der außereuropäischen Welt für ein paar Jahre nach Berlin und fragten nach den Ursachen für die rasche Machtentfaltung, die nichts anderes war als eine von Unrechtsmaßnahmen und Skrupellosigkeit begleitete kurzfristige Kraftentfaltung, die auch im Inneren der nationalsozialistischen Herrschaft zu keiner dauerhaften und konstruktiven Ordnungspolitik fähig war. Zur Erklärung des überraschenden Aufstiegs der faschistischen Bewegungen und ihrer neuartigen Herrschaftsform, die nicht in herkömmliche Politikmuster hineinzupassen schien, griffen die Zeitgenossen auf historische Analogien und auf den Vergleich mit anderen Diktaturen, vor allem der bolschewistischen Diktatur Josef Stalins und der faschistischen Diktatur Mussolinis zurück, dem gleichsam das faschistische Erstgeburtsrecht zukam, obwohl er lange darauf beharrte, dass sein Faschismus kein Exportartikel sei. Der Diktaturenvergleich wird darum Leitlinie der folgenden Darstellung sein.

Ursachen der raschen Machtentfaltung

Zwischen der faschistischen Bewegung (PNF) Benito Mussolinis und der nationalsozialistischen (NSDAP) unter der Führung Adolf Hitlers bestanden von Anfang an deutliche Gemeinsamkeiten und teilweise auch Entlehnungen spezifischer Organisations- und Aktionsformen des italienischen Vorbildes durch die frühe NSDAP. Politische Ideologie, Organisations- und Kommunikationsformen, Begründungen und Techniken der Führerherrschaft und auch Bedingungen sowie Formen der Machtübertragung und Machteroberung in Italien und in Deutschland berechtigen dazu, beide politische Bewegungen und ihre Herrschaftsformen, zusammen mit anderen faschistischen Bewegungen im Europa der Zwischenkriegszeit, die nicht zur Macht gekommen sind, als verwandte Phänomene unter dem Gattungsbegriff Faschismus, einem Schlüsselbegriff des 20. Jahrhunderts, zu fassen, ohne dabei die bestehenden nationalen Unterschiede zu verwischen. Auch wenn der Faschismus primär ein europäisches Phänomen war, bedeutet das nicht, dass ähnliche Ideologien, Bewegungen und Regime nicht auch außerhalb Europas, vor allem in Lateinamerika, existierten und mit dem italienischen beziehungsweise deutschen Vorbild verglichen werden können.

Gattungsbegriff Faschismus

Bis 1933 kam der Partei und dem Regime Mussolinis innerhalb der autoritären Regime und ihrer Bewunderer eindeutig die politische Vorbildrolle zu. Der Prototyp eines charismatischen politischen Führers, dem man außerordentliche Fähigkeiten der Rettung und Ordnungsstiftung, aber auch der Massenmobilisierung zuschrieb, war Mussolini – ein ehemaliger sozialistischer Parteiführer und Redakteur der sozialistischen Parteizeitung, der sich über die Frage der Intervention Italiens in den Ersten Weltkrieg und den Streit über die Politik im Krieg mit seiner Partei zerstritten hatte. Er betätigte sich nach Kriegsende in der Atmosphäre äußerster nationalistischer Erregung als Gründer einer extrem nationalistischen, antisozialistischen und antiparlamentarischen Protestbewegung, die sich als eine soziale Bewegung, freilich mit diktatorischen Zielen und Politikformen beschreiben lässt. Seine faschistische Bewegung, die er nach einer Fusion mit den Nationalisten in Nationale Faschistische Partei (PNF) umbenannte, war ein heterogener, personenorientierter Machtverband, in dem Mussolini seinen Anspruch als Führer (Duce) nur durch einen permanenten Ausgleich zwischen den rivalisierenden Flügeln und einem schrittweisen Ausbau seines Führermythos behaupten konnte. Das Nebeneinander einer politischen Partei und paramilitärischer faschistischer Kampfbünde (Squadren) bestimmte die Eigenart des Faschismus in Italien wie in Deutschland, wo es ebenfalls zur Ausbildung der Parteiorganisation (NSDAP) und des Kampfbundes der SA kam. Beide Massenorganisationen waren Exponenten eines Politikstils, der sich durch Aktivismus sowie Voluntarismus auszeichnete und sich durch Demonstration politischer Gewalt auf der Straße oder durch die Mobilisierung der Anhänger durch Wahlkampf und Parteiarbeit artikulierte. Beide, italienischer Faschismus und deutscher Nationalsozialismus, waren Kinder des Krieges. Es gelang vor allem den faschistischen Squadren und ihren selbstbewussten Führern durch die Unterstützung von Armee, Behörden und alten Eliten in einer Atmosphäre von nationalistischer Agitation und sozialen Ängsten in kürzester Zeit in dem von sozialen Kämpfen zerrissenen Norden Italiens neben der staatlichen Administration eine auf Gewalt basierende Doppelherrschaft zu errichten. Vorbild für den neuen Politikstil der faschistischen Bewegung

Das Regime Mussolinis

Benito Mussolini und Adolf Hitler mit Galeazzo Ciano und Hermann Göring am Münchener Hauptbahnhof anlässlich der Viermächtekonferenz im September 1938.

war das kurze Abenteuer des italienischen Dichter-Kommandanten Gabriele D'Annunzio mit Freischartruppen, welche die im Friedensvertag den Jugoslawen zugesprochene Stadt Fiume (Rijeka) gewaltsam und widerrechtlich besetzten und dort eine mehrmonatige, auf Massenmobilisierung und militärischen Drohgebärden beruhende charismatische Herrschaft errichteten, deren Korporativprogramm und politische Symbolik dann von Mussolini kopiert wurde. Seine faschistische Bewegung war ganz ähnlich eine antiliberale, radikalnationalistische und antimarxistische Führerbewegung, deren Programm eines nationalen Sozialismus zur überkommenen Gesellschafts- und Werteordnung in einem ambivalenten Verhältnis stand: Sie war

reaktionär und revolutionär zugleich und spiegelte damit die Widersprüche einer zerrissenen Gesellschaft. Was die bunt zusammengewürfelte Bewegung und praktisch – mit einem Schwerpunkt in den Mittelschichten – aus allen Gesellschaftsschichten ihre Anhänger und Mitglieder rekrutierende Bewegung auszeichnete, waren nicht ihre soziale Herkunft, sondern ihre Uniformierung, ihre militärischen und spezifischen politischen Kommunikationsformen, ihre Jugendlichkeit und vor allem die Orientierung an einem antidemokratischen Führerprinzip. D'Annunzio und Mussolini, aber auch Hitler erfüllten mit ihrer Stilisierung zum Führer Erwartungen in einer Gesellschaft, die vom Krieg geprägt und in der tiefen Nachkriegskrise sowie auf der Grundlage einer teilweisen Ablehnung parlamentarisch-demokratischer Politikformen nach dem starken Mann und Retter suchte, die aber die Lösung der politischen Probleme nicht von Parlamentsdebatten, sondern von Terror und Zwang, von Aktivismus und Gewalt erwartete.

Zu der ambivalenten politischen Selbstdarstellung gehörte auch eine ambivalente politische Strategie. Trotz aller Unbedingtheit und Radikalität, die die faschistischen Bewegungen repräsentierten, haben sie sehr bald begriffen, dass ihr Weg zum politischen Erfolg nur über die Unterstützung durch etablierte Machtgruppen führte. Bereits Mussolinis Machteroberung gründete sich auf eine Doppelstrategie von revolutionärer Gewalt sowie scheinbarer politischer Legalität und Koalitionspolitik, die von Hitler und der NSDAP imitiert wurde, auch wenn der politische Akt, den der frühe Hitler an Mussolini bewunderte, der „Marsch auf Rom" war – mithin ein Gewaltakt, der sich allerdings bei genauerem Hinsehen als eine Form der symbolischen Gewaltandrohung herausstellte. Als Führer einer kleinen Parlamentsgruppe stellte sich Mussolini, gestützt auf seine Kampfbünde, als Ordnungsstifter dar und wurde aus einer Minderheitenposition in einer parlamentarisch verfahrenen Situation zum Chef einer Koalitionsregierung – umrahmt von bürgerlich-konservativen Parteien – ernannt, die nach der bewährten Taktik des *Trasformismo* die unruhige Protestbewegung Mussolinis durch die Einbindung in eine Koalition zähmen und korrumpieren wollten. Mussolini gelang es jedoch, gestützt auf die offene Gewaltpraxis und mit dem eher symbolischen Akt des „Marsches auf Rom" (27.10.1922), sich der parlamentarischen Einbindung schrittweise zu entziehen und seit dem 30. Oktober als Chef einer Koalitionsregierung und Führer der faschistischen Bewegung in einem taktischen Doppelspiel den Ordnungsstifter zu spielen, während seine Squadren gleichzeitig das Land weiterhin terrorisierten und politische Gegner, vor allem von der Linken, unter Druck setzten beziehungsweise ermordeten. Auch den Mord an dem sozialistischen Parteiführer Giacomo Matteotti (10.6.1924), für den die Verantwortung in Mussolinis Umgebung führte, und die sich daraus entwickelnde Koalitionskrise konnte Mussolini durch die Beschwörung der Gefahr der sozialen Revolution und des Chaos mit Unterstützung der gesellschaftlichen Machtgruppen zu seinen Zwecken nutzen und 1925 mit der Errichtung einer offenen Diktatur beginnen, die sich weiterhin auf Gewalt und Konsens stützte. Freilich musste sich Mussolini in der Praxis seine Macht mit anderen Mächten aus Armee, Bürokratie und Großwirtschaft teilen,

Durchsetzung Mussolinis

und auch das Königtum blieb als Orientierungspunkt der alten Eliten erhalten, auch wenn sich der schwache König immer mehr zum Helfer des faschistischen Regimes machte. Mussolinis Herrschaft, die sich über einen langen Zeitraum von mehr als fünf Jahren zu einer semi-totalitären Diktatur entfaltete, erreichte nie den Grad der „Durchherrschung" der Gesellschaft, wie das später dem NS-Regime gelang. Obwohl die PNF prozentual mehr Parteimitglieder aktivierte als die NSDAP, war der Einfluss der faschistischen Partei auf die italienische Politik geringer als der der NSDAP auf die deutsche Politik. Das wird schon daran deutlich, dass die faschistischen Milizen dem Staat und seiner Armee untergeordnet waren und nicht dem Parteiapparat. Die Massenmobilisierung an Mitgliedern in Italien konzentrierte sich vor allem auf die Personalpolitik. Alle Posten in der Verwaltung wurden von der Partei vergeben, sie wählte auch das Personal für die Führungspositionen aus. Aber sie blieb dem Staat als politische Institution untergeordnet. Es gibt darum Zweifel, ob das Regime Mussolinis die Merkmale einer totalitären Herrschaft vollständig erfüllt, auch wenn es alles unternahm, um die totale Kontrolle über alle Institutionen und Politikbereiche zu erlangen – und sich selbst als totalen Staat zu definieren. Sicher ist, dass das Regime Benito Mussolinis nicht jenen Charakter einer Weltanschauungs- und Parteiherrschaft erreichte wie die Führerherrschaft Adolf Hitlers und folglich auch nicht das Ausmaß an Zerstörungskraft wie das „amoklaufende" (Hans Mommsen) NS-Regime, für das es keine institutionellen Barrieren und Gegengewichte mehr gab, welche die Zerstörung der Politikfähigkeit und den tiefen Fall in die Barbarei hätten bremsen können.

Hatte Mussolini mehr als fünf Jahre benötigt, um in einem von Widerstand und Systemkrisen begleiteten Prozess seine Einparteienherrschaft – verbunden mit einer korporativen Wirtschafts- und Gesellschaftsordnung – durchzusetzen, so benötigten Hitler und die NSDAP für denselben Prozess ungefähr fünf Monate. Ähnlich wie Mussolini stützte sich auch Hitler nach seiner Ernennung zum Reichskanzler am 30. Januar 1933 auf ein Machtbündnis der NSDAP mit der deutschnationalen DNVP, die im Kabinett Hitler insgesamt acht Minister stellte, während von der NSDAP neben Hitler nur Wilhelm Frick und Hermann Göring Ministerämter erhalten hatten und damit nach außen angesichts dieser scheinbaren Minderheitenposition das Zähmungskonzept der Deutschnationalen scheinbar aufgegangen war. Das neugeschaffene Propagandaministerium wurde Joseph Goebbels erst nach der Reichstagswahl vom 5. März übertragen, was nicht nur die Zahl der Minister der NSDAP erhöhte, sondern auch den Charakter der Politik verändern sollte. Im Unterschied zur Regierung Mussolinis stützte sich Hitler jedoch auf eine starke faschistische Massenpartei, die sowohl an der Wahlurne seit 1932 die stärkste Partei geworden war, als auch sofort nach der Ernennung ihres Führers zum Reichskanzler – ähnlich wie die PNF in Italien – eine Dynamik und Gewaltentfaltung gegen Vertreter der politischen Linken und gegen andere Repräsentanten und Einrichtungen der demokratischen Republik sowie – im Unterschied wiederum zu Italien – auch und von Anfang an vor allem gegen die jüdische Bevölkerung zeigte, die man als revolutionären Vorgang bezeichnen kann. Zu den ersten Maßnahmen der Regierung Hitler hatte, mit der

Machtergreifung Hitlers

Unterstützung und der Zustimmung bürgerlich-nationaler Gruppen, das Verbot kommunistischer Druckschriften und nach dem Reichstagsbrand (27.2.1933) ein Versammlungsverbot für die KPD gehört. Neben staatlichen Maßnahmen wirkten schon längst wilde Verhaftungsaktionen von SA- und NSDAP-Aktivisten, die ihre einstigen Gegner in wilde „Schutzhaftlager" brachten und misshandelten. Bald kamen Verfolgungsaktionen gegen jüdische Anwälte, Ärzte und Unternehmer wie Ladenbesitzer hinzu, bis die NSDAP einen zentralen Boykott jüdischer Geschäfte am 1. April 1933 organisierte und mit dem anschließenden „Gesetz zur Wiederherstellung des Berufsbeamtentums" nicht nur eine politische Säuberungswelle in allen Amtsstuben bis in die Universitäten eröffnete, sondern auch Juden allein aus ihrer Zugehörigkeit zu einer ethnisch-religiösen Minderheit den Zugang zum öffentlichen Dienst verwehrte und erste Säuberungskampagnen einleitete. Das war das erste Gesetz der Moderne, in dem der Antisemitismus zur staatlichen Zwangs- und Ausgrenzungsmaßnahme wurde, und es war, wie sich bald zeigen sollte, nur der erste Schritt in einer Kette von Ausgrenzung, Entrechtung und Verfolgung. Zusammen mit dieser revolutionären Dynamik von unten und der radikalen Ausnutzung des Notverordnungsparagraphen der Verfassung gelang des den Nationalsozialisten, innerhalb von zwei Monaten nach dem Reichstagsbrand den Ausnahmezustand in Permanenz durchzusetzen und alle Grundrechte der Verfassung auszuhebeln.

Diese eigentümliche Verbindung von scheinbarer Legalität und politischer Gewalt, von Tradition und Revolution erlaubte es, nach der neuerlichen Bestätigung der Koalitionsregierung durch die Wahlen vom 5. März 1933, die in einer Atmosphäre der Drohung und Gewalt stattgefunden hatten, den zweiten Schritt der Machtergreifung zu beginnen, nämlich die Gleichschaltung der Länder und Gemeinden sowie der Parteien und Verbände, die bereits im Juli 1933 abgeschlossen war. Zwar waren die Herrschaftsstrategien und Machteroberungstechniken, die der NSDAP einen unerwartet raschen Erfolg brachten, durchaus mit denen Mussolinis vergleichbar, nicht aber das atemberaubende Tempo und die Eindringtiefe der Gleichschaltung, die auch die Gesellschaft erreichte und in einem Prozess von Zwang und Zustimmung zu einer freilich asymmetrischen „Durchherrschung" der Gesellschaft führten, in der die als bedrohlich für die NS-Herrschaft erachtete Arbeiterschaft ihrer eigenen Organisationen gewaltsam beraubt und in ihrer sozialen Autonomie sofort gleichgeschaltet, dann aber auch durch soziale Verheißungen umworben und ruhiggestellt wurde. Gerade die zeitliche Koinzidenz von einer propagandistischen Werbung um die Arbeiterschaft durch die Einführung des 1. Mai als eines Feiertags der „nationalen Arbeit" und der am Tag darauf, am 2. Mai, stattfindenden gewaltsamen Besetzung und Zerschlagung der Gewerkschaften und ihrer Einrichtungen zeigt die für die nationalsozialistische Machtergreifung charakteristische Doppelstrategie von Verführung und Gewalt und demonstriert das Tempo dieses Vorgangs, das Opfer wie Zeitgenossen verwirrte und mit der Beschleunigung der Politik auch eine Veränderung des politischen Stils ankündigte, der die Nationalsozialisten zu Repräsentanten der Moderne machte.

Politik der Gleichschaltung

Die dritte Etappe der NS-Machtergreifung war von der ungelösten Frage nach dem Verhältnis der mittlerweile zur Monopolpartei aufgestiegenen NSDAP und dem von nun von NSDAP-Funktionären beherrschten Staat sowie vor allem von dem Spannungsverhältnis zwischen den quasi-revolutionären Machtansprüchen der zur Massenbewegung angewachsenen Parteiarmee der NSDAP, der SA, und der Reichswehr bestimmt, die ihren Anspruch auf ihr Waffenmonopol und ihre Forderung nach einer „zweiten Revolution" zur Sicherung ihrer sozialen Stellung behaupten wollte, während Hitler die Reichswehr umgekehrt brauchte, wenn er seine Expansions- und Eroberungsziele umsetzten wollte. Auch in diesem Falle wie in vorangehenden Entscheidungssituationen der NS-Herrschaft gilt, dass es keinen ausgefeilten Plan der Machteroberung gab, sondern – gepaart mit einem ideologisch definierten Machtwillen – ein geschicktes Ausnutzen einer Konfliktsituation und ein radikalisierendes Weitertreiben von etappenweise durchgesetzten Machtpositionen und einmal getroffenen Entscheidungen. Dass der Konflikt Hitlers und Görings mit der SA-Führung um die Frage des Waffenmonopols der Reichswehr und der Stellung der SA eskalierte und sich mit der Erwartung des baldigen Todes des greisen Reichspräsidenten verband, was schließlich eine neuerliche Etappe im Prozess der NS-Machtergreifung einleiten sollte, war weder vorhersehbar noch geplant. Grundsätzlich standen dahinter Spannungen zwischen der Reichswehr als Repräsentantin der alten Eliten, mit denen man eben noch ein Bündnis eingegangen war, und dem totalen Machtanspruch der NSDAP beziehungsweise der SA. Gelöst wurden diese innerparteilichen Rivalitäten zwischen NSDAP und SA und den von ihnen repräsentierten unterschiedlichen Politiken und Militärkonzepten durch einen staatlich organisierten, von Hitler selbst befehligten Mord, der im Stil von Bandenkämpfen und nicht nach rechtsstaatlichen, rationalen Kriterien ausgetragen wurde.

NSDAP, SA und Reichswehr

Mit von der Partie war die Reichswehrführung, die ihren moralischen Kredit verspielte, als sie die Säuberung der SA-Führung logistisch und politisch unterstützte und mit der noch kleinen SS um Heinrich Himmler die „Revoluzzer" um Ernst Röhm im Interesse der Machterhaltung und der vorläufigen Bündniskonstellation zwischen alten Eliten und Hitler opferte. Wieder kam, ähnlich wie in Italien 1924/1925, der Zufall zusammen mit einer eklatanten Fehleinschätzung und Selbstanpassung der alten Führungsgruppen Hitler zu Hilfe, als der seit Wochen absehbare Tod des Reichspräsidenten die Chance bot, kurze Zeit nach der inneren Machtsicherung durch Willkür und Gewalt, von der auch die Wehrmacht vordergründig profitierte, nun auch das Amt des Reichskanzlers mit dem des Reichspräsidenten vereinigen zu können. Mit dem persönlichen Eid der Reichswehr auf Hitler am Tag danach – einer Anpassung, die von der Reichswehrführung aus einer taktischen Fehlkalkulation initiiert worden war – hatte Hitler eine Machtstellung erobert, die jedwede institutionell fundierte Opposition ausschloss. Eine solche Machtposition hatte Mussolini nie erreichen können, der immer gezwungen war, mit den eigenständigen Machtfaktoren König, Kirche und Armee zu paktieren, während Hitler sich über diese hinwegsetzen und bis zum Ende auf deren Loyalität setzen konnte. Nur auf dieser Machtbasis, die

Hitler bereits 1934 errungen und 1938 hatte ausbauen können, war die spätere ideologisch motivierte Radikalisierung und Vernichtungspraxis möglich, denn es gab seit 1938 und seit dem Beginn des Zweiten Weltkriegs, vor allem nach dem erstaunlichen Erfolg Hitlers im Frankreichfeldzug 1940, keine normativen und institutionellen Barrieren mehr, die den zerstörerischen Charakter der Weltanschauungspolitik Hitlers und seiner Führungszirkel bremsen konnten. Auch die Wehrmachtsführung war von Hitlers militärischen Erfolgen verblendet und nannte ihn bewundernd den „größten Feldherrn aller Zeiten", was die Bereitschaft, sich sehenden Auges in den Eroberungs- und weltanschauungspolitischen Vernichtungskrieg gegen die Sowjetunion zu stürzen, nur noch erhöht hat.

Die NSDAP als Führer- und politische Kampf- und Glaubensbewegung war in diesem Prozess der Machtentfaltung und Machtmobilisierung immer weiter in Teilbereiche zerfallen und hatte ihre ursprüngliche Aufgabe der politischen Mobilisierung und Machteroberungen erfüllt beziehungsweise damit auch Einfluss verloren. Das galt freilich für bestimmte Elite- und Sondereinrichtungen innerhalb der NSDAP, die damit ihren eigentümlichen Charakter als zusammengewürfelter personenorientierter Machtverbund deutlich machte, umso mehr. Vor allem die SS, die einmal der SA unterstanden hatte, war längst aus dem Dunstkreis der plebejischen Massenbewegung der SA ausgebrochen und hatte sich als Eliteeinrichtung, als „Orden für das gute Blut", formiert und schließlich Politikfunktionen und mit der Waffen-SS militärische Formen erobert. Spätestens im Frühjahr 1938 waren mit der Entlassung des deutschnationalen Außenministers Konstantin Freiherr von Neurath und der Generäle Werner von Blomberg und Werner von Fritsch als Reichskriegsminister und als Oberbefehlshaber des Heeres beziehungsweise der Übernahme des Oberbefehls über die Wehrmacht durch Hitler auch die letzten konservativen Machtpositionen im Regierungssystem beseitigt und die Unterminierung des Normenstaates durch nicht-staatliche Parteiämter und führerunmittelbare Kommissare und Beauftragte so weit vorangeschritten, dass es keine Kabinettsitzungen der Reichsregierung und keine geregelten politischen Entscheidungsverfahren mehr gab. Vor allem wuchs der SS-Apparat spürbar an und begann, sich die staatliche Politik, vor allem im Bereich von Polizei und Sicherheit, unterzuordnen. Die Polizei wurde entstaatlicht, und Heinrich Himmler als „Chef der deutschen Polizei und Reichsführer SS" hatte sein Büro nicht im Reichsinnenministerium, sondern in seiner eigenen Herrschaftszentrale in der Berliner Prinz-Albrecht-Straße. Die SS verstand sich ausschließlich als Instrument des „Führerwillens" und gründete darauf ihre rasante Expansion während des Krieges. Umgekehrt hatte Hitler damit einen treu ergebenen Apparat. Allein der Führerwille zählte, und Hitler hatte, unterstützt von einer breiten Massenzustimmung, eine absolute Machtposition erreicht, wie sie kein anderer im 20. Jahrhundert erreichen sollte. Während Benito Mussolini 1943 durch Mehrheitsentscheidung im „Faschistischen Großrat" abgesetzt werden konnte, gab es eine vergleichbare Einrichtung im Staat Hitlers nicht. Was der Opposition blieb, waren Widerstand und Tyrannenmord.

Der SS-Apparat

Die Gründe für diesen beispiellosen Radikalisierungs- und (Selbst-)Zerstörungsprozess sind vielfältig. Sie haben sicherlich auch mit der rassistisch-sozialdarwinistischen Ideologie zu tun, die im Krieg und in einer ungebremsten Dynamik die obersten politischen Leitlinien sah, was mit dem Macht- und Veränderungswillen der Nationalsozialisten korrespondierte. Die Stabilisierung und Effizienz des NS-Regimes lag aber auch in der selbstanpasserischen Bereitschaft weiter Teile der Gesellschaft, von den alten Führungsgruppen über Teile des Bürgertums bis in die Mittel- und Unterschichten hinein, dem „Führer" „entgegen zu arbeiten" (Ian Kershaw). Schließlich war die ungebremste Dynamik und Zerstörungskraft des NS-Herrschaftssystems auch in dessen amorphem Charakter und sozialdarwinistischem Politikverständnis selbst begründet: in dem Misstrauen gegen bürokratisch-rationale Herrschaft und Verwaltungsformen, umgekehrt in der Präferenz für personale, unmittelbare Gefolgschaftsstrukturen und dadurch in einem Wildwuchs immer wieder entstehender und anwachsender Sondervollmachten und rivalisierender Ämter, die sich in einem permanenten Wettlauf um Erfolg und Radikalität und damit auch um Macht befanden. Dadurch zerfiel eine rationale und auf gegenseitiger Kontrolle basierende Ämterstruktur. Oberster Bezugspunkt blieb allein der „Führer" und die jeweilige persönliche Machtstellung eines Unterführers beziehungsweise seiner Nähe zu Hitler, dessen charismatisch begründete Macht sich auf den durch Massenmobilisierung und Zustimmungsbereitschaft großer Gesellschaftsteile immer wieder erneuernden Führermythos und seine persönliche Herrschaft innerhalb und außerhalb der nationalsozialistischen Bewegung stützte. Die Nähe zu Hitler drückte sich allein schon räumlich aus: Nicht in der Regierungszentrale in Berlin, wo Hitler sich eine megalomane Neue Reichskanzlei hatte errichten lassen, sondern in beliebigen Führerresidenzen und seit 1939/1940 in Führerhauptquartieren fielen die wichtigen politischen Entscheidungen. Wer darauf Einfluss nehmen wollte, musste räumlich und physisch präsent sein und errichtete sich deswegen auf dem Obersalzberg oder in der Wolfsschanze eigene Kommandostäbe und Quartiere.

Das NS-Regime

Es waren die unübersehbaren Erfolge bei der Sicherung von Arbeit und Brot, aber auch der durch eine Risikopolitik wiedereroberten Großmachtstellung, die diesen Mythos des nationalen Retters immer wieder erneuerten und Hitlers Machtstellung plebiszitär absicherten. In relativ kurzer Zeit hatte das NS-Regime, unter Verwendung der Arbeitsbeschaffungspläne der Vorgängerregierungen und dank der durch die Aufrüstungspolitik angekurbelten Konjunktur, in einzelnen Regionen und Branchen die Wirtschaft in Schwung gebracht und die Arbeitslosigkeit schrittweise abbauen können, ganz im Unterschied zu den europäischen Nachbarn, die bis zum Kriegsbeginn durch die Massenarbeitslosigkeit ihre politisch-soziale Stabilität erheblich gefährdet sahen. Die durch die Verbindung von tatsächlichen Erfolgen und ihrer propagandistischen Aufwertung erzielte optimistische Grundstimmung und Zukunftshoffnung, die gerade die modernen Diktaturen zu erwecken suchten, ließen die Versorgungskrisen sowie die Unzulänglichkeiten des Aufschwunges und die Disparitäten zwischen bescheidener Lohnentwicklung und übermäßigen Gewinnen von

Besitzenden und Unternehmern allzu leicht übersehen. Das passte zwar nicht zu der nationalsozialistischen Volksgemeinschaftsrhetorik, doch konnte diese die anhaltenden und sich sogar noch zuspitzenden materiellen Disparitäten zwischen den sozialen Schichten und Klassen durch sozial- und freizeitpolitische Lockangebote vom Winterhilfswerk bis zur Freizeitorganisation „Kraft durch Freude" und durch Gemeinschaftsrituale ebenso überdecken wie die gleichzeitige Praxis der Ausgrenzung und Verfolgung missliebiger und dissidenter Gruppen, vom illegalen Widerstand über die Zeugen Jehovas bis vor allem zu den deutschen Juden. Der Eindruck eines zwar autoritären, aber soziale Sicherheit und soziale Aufstiegsmöglichkeiten gewährenden Wohlfahrtsstaates und der durch ihn gesicherten Teilhabe an der zivilisatorischen Moderne von der Freizeit- und Sportförderung bis zu glanzvollen Inszenierungen von Film- und Theaterkunst sicherte die Mobilisierungsdynamik im Alltag ab und erweckte den Eindruck, die deutsche Gesellschaft sei Teil der Moderne und nicht der Unrechts- und Verfolgungsstaat, der er hinter dieser Fassade war. Vor allem reichte dieser „schöne Schein" (Peter Reichel), wie er von vielen autoritären Systemen der Zeit gepflegt wurde, um die Kritik an Bonzentum und Korruption vieler NS-Funktionäre und Amtsträger abprallen zu lassen und den „Führer" von dieser Kritik auszunehmen. Tauchte hinter der glänzenden Fassade die hässliche Wirklichkeit der Verfolgung und Kriegsdrohung beziehungsweise -wirklichkeit auf, dann beruhigte man sich mit der Formel „Wenn das der Führer wüsste". Selbst als der charismatische Glanz der Führerherrschaft nach der Wende des Kriegs immer mehr verblasste, blieb Hitlers Nimbus als Ordnungsstifter und letzte Bezugsperson fast noch ungeschmälert erhalten, wie die Reaktion der Bevölkerung auf die Nachricht vom gescheiterten Attentat auf Hitler am 20. Juli 1944 zeigt: „Gott sei Dank, der Führer lebt."

Der „schöne Schein"

Die ungebrochene Kraft des „Führer-Nimbus" ist auf die verbreitete Erwartung eines Retters und Erlösers und die erfolgreiche Befriedigung dieser Erwartung durch die Selbstinszenierung Hitlers und seines Regimes zurückzuführen, ähnlich wie auch Mussolini seinen Mythos als „Duce" kultivieren konnte. Die Beständigkeit von Hitlers Nimbus war natürlich durch die außen- und nationalpolitischen Erfolge des „Dritten Reiches" begründet, die sich vor dem Hintergrund der Niederlage von 1918 und der als „Schmach" empfundenen außen-, reparations- und wirtschaftspolitischen Restriktionen und Belastungen des Versailler Vertrags umso glänzender ausnahmen und dabei leicht übersehen ließen, wie vieles an diesen Erfolgen bei der völkerrechtswidrigen Revision des Versailler Vertrages sich der Schwäche der Siegerstaaten und des internationalen Systems sowie der risikobehafteten abenteuerlichen Außenpolitik Hitlers verdankte. Doch musste man Hitler, der auf einen entsprechenden Einwand seines Adlatus Hermann Göring 1939 am Vorabend des Zweiten Weltkrieges bekannte, er habe mit seiner Politik immer *Vabanque* gespielt, zugestehen, dass er einen untrüglichen Instinkt für die Schwäche des Gegners besaß und damit richtig lag, solange die westlichen Alliierten Frankreich und England auf Grund ihrer unterschiedlichen innenpolitischen Schwächen bereit waren, diese Regelverstöße hinzunehmen –

immer in der Annahme, dass auch Hitlers Außenpolitik sich an einem vernünftigen Zweck-Mittel-Kalkül orientiere, was sich spätestens 1939 als Illusion erweisen sollte. Auch die politischen, wirtschafts- und militärpolitischen „Helfer“ Hitlers, die sich trotz ihrer Führergläubigkeit immerhin noch ein ansatzweise realistisches Bewusstsein von der außen- und rüstungspolitischen labilen Situation des „Dritten Reiches“ bewahrt hatten, haben sich dieser Politik nicht in den Weg stellen wollen und können, da sie bis 1939/1940 immer wieder erkennen mussten, dass es trotz ihrer sachlichen Einwände noch einmal gutgegangen war und dass der „Führer“ wieder recht behalten hatte. Außerdem vertrat Hitler bis 1939/1940 außenpolitische und machtpolitische Ziele, die die konservativen Eliten und vor allem die Reichswehr, aber auch andere Gruppen der Gesellschaft selbst verfochten und die scheinbar in der Kontinuität deutscher Großmachtpolitik lagen. Darum gab es auch in der Formulierung der Außenpolitik wenig Dissens, und Hitler konnte sich auf diesem Feld, das er zu seiner Sache machte, auf die Kooperation mit dem Auswärtigem Amt und der Wehrmacht stützen. Nur im politischen Stil gab es Differenzen zwischen klassischer Diplomatie sowie einer plebiszitären und aggressiven nationalsozialistischen Außenpolitik, die sich überdies auf einen Kranz von rivalisierenden Parteiapparaten stützen konnte, die eine Art Privataußenpolitik betrieben und als Instrument des politischen Druckes eingesetzt werden konnten. Immerhin hatte die Risikopolitik, die Hitler bis 1938 bei Mitwirkung seiner außenpolitischen Helfer (und dann noch einmal nach dem Sieg über Frankreich 1940) durchführte, erstaunliche Erfolge gebracht. Mit der vertragswidrigen Aufrüstung der Wehrmacht (1935), dem Einmarsch in die entmilitarisierte Zone des Rheinlandes (1936) und dem ebenso rechtswidrigen „Anschluss“ von Österreich (1938) sowie dem zunächst noch durch die Münchner Konferenz legitimierten Einmarsch in die Sudetengebiete hatte sie Hitler zu einem national- und militärpolitischen Prestige verholfen, das sogar die wenigen militärischen Kritiker, die auf die unzulängliche Rüstung und die damit verbundene Risikopolitik hinwiesen, schließlich verstummen ließ und geneigt machte, sich auch bei der Planung des Überfalls auf die Sowjetunion Hitler anzuschließen. Zu den Besonderheiten der faschistischen Außenpolitik Mussolinis und Hitlers gehörte es schließlich, dass die Diktatoren sich ihre Erfolge (Mussolini schwadronierte von der Herrschaft über den ganzen Mittelmeerraum, dem *mare nostro*) durch Plebiszite jeweils absegnen ließen, vor allem, um ihre Herrschaft zu sichern.

Hitler und seine Helfer

Zu der nationalsozialistischen Mobilisierungsstrategie gehörte auch der schrittweise Umbau der Wirtschaftsverfassung zu einer „Kommandowirtschaft“ (Dietmar Petzina). Zwar blieben die privaten Verfügungsrechte über die wirtschaftlichen Unternehmen und das Eigentum unangetastet (im Unterscheid zur Kollektivierung in der Sowjetunion), aber der Staat wurde zum größten Investor und der öffentliche Sektor der größte Konsument. Das war vor allem Folge der einseitigen Rüstungspolitik, die entgegen der wirtschaftlichen Vernunft vorrangig vorangetrieben werden sollte. Darum wurde gegen alle Gebote der Marktwirtschaft die Autarkiepolitik Deutschlands gesteigert und die deutsche Wirtschaft zunehmend vom Weltmarkt abgekoppelt. Um die Zufuhr von blockadegefährdeten Gütern im Kriegsfalle zu sichern und aus Gründen der raschen Aufrüstung konzentrierte man sich auf den Abbau und die Verarbeitung unrentabler Rohstoffe. Die Entscheidung über Devisen- und Rohstoffbeschaffung, über Arbeitskräftelenkung und Produktionsschwerpunkte, über Industrieförderung, die Schaffung von synthetischen Ersatzstoffen und die Auftragserteilung wurde auf eine staatliche Behörde, die Behörde des Beauftragten für den Vierjahresplan verlagert, die neben dem Reichwirtschaftsministerium unter dem Kommando von Hermann Göring eingerichtet wurde. Zusammengesetzt war diese Mammuteinrichtung aus Vertretern von Staat und Partei, von Wehrmacht und Industriemanagern, und sie beanspruchte weitgehende Lenkungskompetenzen vor allem in allen rüstungswirtschaftlich relevanten Bereichen, während der Konsumgüterbereich, der ohnehin eher stiefmütterlich behandelt und gedrosselt wurde, den Kräften des Marktes überlassen blieb. Mit dem Vierjahresplan sollten widersprüchliche Ziele realisiert werden: die Aufrechterhaltung der Vollbeschäftigung, ein hohes Konsumniveau und hohe Ausgaben für die Rüstung. Die Umlenkung der Ressourcen in staatliche Investitionen und die Prioritäten in der Handelspolitik, die den für die Herstellung von Konsumgütern erforderlichen Import von Rohstoffen wie Wolle, Baumwolle oder Südfrüchte einschränkten, bewirkten eine anhaltende Verschlechterung der Konsumgüter. Textilien wurden mehr und mehr aus synthetischem Gewebe hergestellt und kratzten, Schuhe hielten oft nur noch für eine Saison und statt Butter sollte es vorwiegend Margarine geben. Nur wer es sich leisten konnte, kaufte noch Butter, die unter dem Ladentisch lag. Die ehrgeizigen Ziele des Vierjahresplans wurden in keinem Bereich erreicht und auch die Engpässe im militärwirtschaftlichen Bereich führten zu einer Aufrüstung, die nur wenige Vorzeigeobjekte besaß, aber kaum über eine Tiefenrüstung verfügte. Man war auf Blitzkriege angewiesen.

Der Vierjahresplan

Auch die Finanzierung der Rüstungsausgaben lief zunehmend nur über staatliche Eingriffe und eine ständige Geldvermehrung, was schließlich dazu zwingen musste, weitere Ausgaben nur über Krieg und Eroberungen in einer Form der Raubwirtschaft zu finanzieren. Dass eine solche staatliche Intervention und protektionistische Autarkiepolitik möglich war, gehörte zu den Folgen der Weltwirtschaftskrise, die überall die Marktmechanismen und internationalen Wirtschaftsbeziehungen zerstört hatte. Wer davon zunächst profitierte, waren die Diktatoren. Ihr politischer Wille zur Expansion war es schließlich, der auch der Ökonomie neue Strukturen auferlegte und bisherige Mechanismen außer Kraft setzte. Die Rückkehr zu einer ausgeglichenen Haushalts- und Finanzpolitik nach einer Phase der Defizitsteigerung zur Wirtschaftsförderung hätte 1936/1937 eine Drosselung der einseitigen Rüstungspolitik erfordert; doch das passte nicht in Hitlers Expansionspläne, so dass er sich zur Politik der Vierjahrespläne und der Kommandowirtschaft entschied.

Haushalts- und Finanzpolitik

Auch der italienische Korporatismus, den Mussolini 1926 mit dem Gesetz über Korporationen eingeführt hatte, gehört in den Zusammenhang staatlicher Wirtschaftslenkung und wird zu einem Merkmal der Diktaturen. Freilich überwiegt zunächst ein sozialer Anspruch, nämlich die Idee der sozialen Organisation zur Verwirklichung eines Ausgleichs zwischen Kapital und Arbeit. Ein Dilemma der Politik sollte gelöst werden: Wie kann man eine Gesellschaft organisieren, so dass ein Ausgleich der Interessen anstatt einer Fragmentierung und Spaltung der Gesellschaft in antagonistische Meinungen und Interessen hergestellt wird? Auch anderswo in Europa, nämlich in Frankreich, Schweden und der Schweiz, wurden in den 30er Jahren ähnliche Projekte vertreten und ansatzweise eingeführt. Auch der *New Deal* Roosevelts näherte sich dem an. In Italien wurden 1934 22 Korporationen geschaffen – ein System von Syndikaten bestehend aus Vertretern der Arbeiter, Unternehmer, Anbieter und Verbraucher. Sie sollten die Märkte regulieren und die Wirtschaft modernisieren. Sie inszenierten Kampagnen für die wirtschaftliche Unabhängigkeit Italiens vom Weltmarkt, wie etwa den „Erntefeldzug". Italienische Tüchtigkeit sollte gefördert und auch die Geburtenrate erhöht werden. Doch bald trat der für moderne Zivilisationen übliche Zusammenhang zwischen einer (bescheidenen) Wohlstandsvermehrung und einem Sinken der Geburtenrate hervor. An dem „demografischen Übergang" konnte auch eine Diktatur nichts ändern, wohl konnte sie, wie auch das italienische Beispiel zeigt, gesellschaftliche Organisationen, wie die Korporationen, zu einem verlängerten Arm staatlicher Wirtschaftspolitik umfunktionieren (und damit den Selbstverwaltungscharakter der Korporationen ad absurdum führen) und sie für die Rüstungspolitik dienstbar machen.

Italienischer Korporatismus

Zur selben Zeit, als die Wirtschaftspolitik Deutschlands auf Kriegswirtschaft umgestellt wurde, verschärften sich auch die Verfolgungsmaßnahmen gegen die deutschen Juden, sofern die Vermögenderen und Einflussreicheren unter ihnen nicht schon durch Auswanderung dem staatlich organisierten Antisemitismus entkommen waren. Auch wenn Göring mit seiner Vierjahresplanpolitik großes Interesse an der Ausplünderung der noch im Land verbliebenen Juden hatte, waren die neuerlichen Verfolgungsmaßnahem des Jahres 1938 nicht primär auf ökonomische Interessen zurückzuführen. Vielmehr griff auch in diesem zentralen Politikfeld des NS-Regimes dessen allgemeine Logik der Radikalisierung. Wieder war es das Zusammenspiel von Parteiaktivisten an der Basis, die neue Ausgrenzungs- und Verfolgungsaktionen auslösten, und von staatlichen Koordinationen und pseudogesetzlicher Rechtfertigung von oben, die eine vom Regime ausgelöste Situation ausnutzten und verschärften. Hatte es im Sommer 1938 schon Zerstörungen von Synagogen und Aufstellungen von jüdischem Besitz und Vermögen gegeben, so wurden die Novemberpogrome von 1938 durch die heftige Verzweiflungs- und Racheaktion des jungen Herschel Grynszpan ausgelöst, der von dem schrecklichen Schicksal seiner Eltern erfahren hatte, die von NS-Behörden zusammen mit anderen polnischen Juden, die in Deutschland lebten, deportiert worden waren und im Niemandsland zwischen Deutschland und Polen unter elenden Bedingungen tagelang ausharren mussten. Das tödliche Attentat Grynszpans auf einen deutschen Legationssekretär in Paris vom 7. November 1938 wurde von Goebbels am 9. November zu einer Propaganda- und Gewaltkampagne ausgenutzt, mit der er seine durch eine

Verfolgungsmaßnahmen gegen deutsche Juden

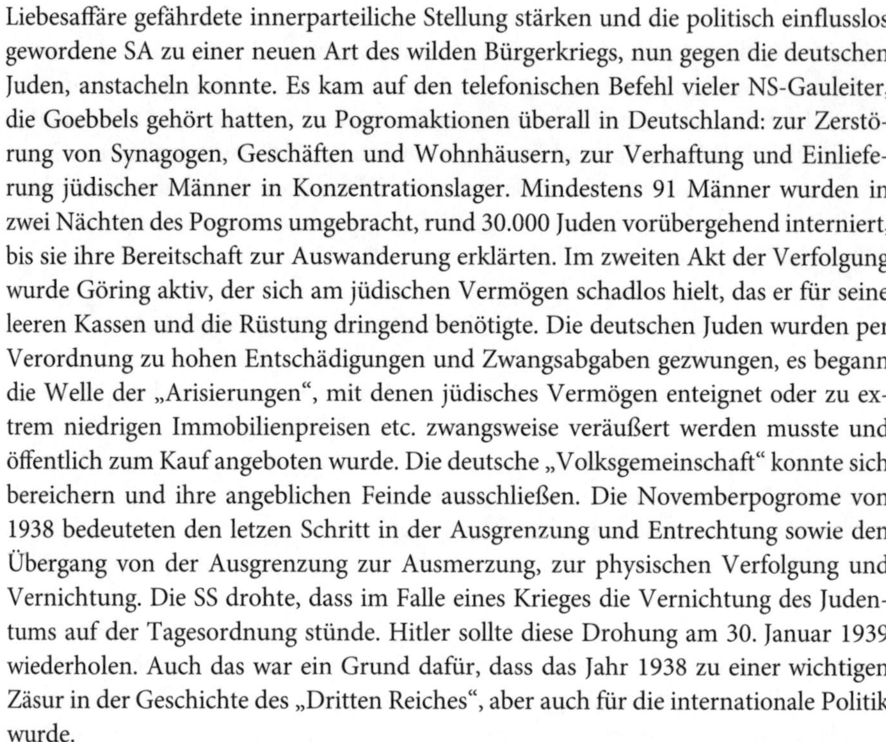

Liebesaffäre gefährdete innerparteiliche Stellung stärken und die politisch einflusslos gewordene SA zu einer neuen Art des wilden Bürgerkriegs, nun gegen die deutschen Juden, anstacheln konnte. Es kam auf den telefonischen Befehl vieler NS-Gauleiter, die Goebbels gehört hatten, zu Pogromaktionen überall in Deutschland: zur Zerstörung von Synagogen, Geschäften und Wohnhäusern, zur Verhaftung und Einlieferung jüdischer Männer in Konzentrationslager. Mindestens 91 Männer wurden in zwei Nächten des Pogroms umgebracht, rund 30.000 Juden vorübergehend interniert, bis sie ihre Bereitschaft zur Auswanderung erklärten. Im zweiten Akt der Verfolgung wurde Göring aktiv, der sich am jüdischen Vermögen schadlos hielt, das er für seine leeren Kassen und die Rüstung dringend benötigte. Die deutschen Juden wurden per Verordnung zu hohen Entschädigungen und Zwangsabgaben gezwungen, es begann die Welle der „Arisierungen", mit denen jüdisches Vermögen enteignet oder zu extrem niedrigen Immobilienpreisen etc. zwangsweise veräußert werden musste und öffentlich zum Kauf angeboten wurde. Die deutsche „Volksgemeinschaft" konnte sich bereichern und ihre angeblichen Feinde ausschließen. Die Novemberpogrome von 1938 bedeuteten den letzen Schritt in der Ausgrenzung und Entrechtung sowie den Übergang von der Ausgrenzung zur Ausmerzung, zur physischen Verfolgung und Vernichtung. Die SS drohte, dass im Falle eines Krieges die Vernichtung des Judentums auf der Tagesordnung stünde. Hitler sollte diese Drohung am 30. Januar 1939 wiederholen. Auch das war ein Grund dafür, dass das Jahr 1938 zu einer wichtigen Zäsur in der Geschichte des „Dritten Reiches", aber auch für die internationale Politik wurde.

Hitlers außenpolitische Erfolge, verstärkt durch glanzvolle Inszenierungen wie die der Olympischen Spiele 1936, haben nicht nur Außen- und Innenpolitik in einer neuartigen Weise miteinander verschränkt sowie den Nimbus des charismatischen Führers in einer bis dahin unvorstellbaren und alle anderen autoritären Herrschaften und deren Popularität weit übertreffenden Weise gesteigert. Sie haben auch das internationale System schrittweise revolutioniert und zerstört. Dieses war durch die Folgen der Weltwirtschaftskrise derart geschwächt, dass überall von Rom bis Tokio die aggressive Politik der revisionistischen Mächte, die sich als „Habe-Nichtse" (Andreas Hillgruber) verstanden, die Spielregeln der Politik durcheinanderbrachte und auch ideologische Gegensätze, wie im Falle des Spanischen Bürgerkriegs (1936–1939), stärker handlungsleitend machte. Dass das internationale System mit der Entfesselung des Zweiten Weltkriegs und dem Übergang zu einem Weltanschauungs- und Vernichtungskrieg zwischen 1939 und 1941 aus den Fugen geriet und in einen globalen Krieg mündete, war vor allem Folge der Politik Hitlers, der nach seinen glänzenden Erfolgen in der nationalen Aufbau- und Außenpolitik und getragen von der Massenzustimmung großer Teile der deutschen Gesellschaft sich eine Basis geschaffen hatte, auf der er im Windschatten anderer Konflikte und Probleme vorübergehend Macht akkumulierte, die ihn zu dieser revolutionären Politik befähigte. Diese folgte dem ideologischen Eroberungs- und Vernichtungswillen des Diktators. Das war, trotz aller Parallelen in der Ausrichtung von

Bedeutung von Hitlers Herrschaft

autoritären und totalitären Diktaturen im 20. Jahrhundert, eine einzigartige Konstellation, die das nationalsozialistische Deutschland und Hitlers Herrschaft für ein paar Jahre vorübergehend zum Gravitationszentrum der europäischen und globalen Politik machte. Weltpolitisch gesehen war das noch einmal gleichsam ein letztes Aufbäumen europäischer Weltpolitik, freilich auf einer machtpolitisch äußerst fragilen und primär zerstörerischen sowie zur ordnungspolitischen Neuordnung völlig unfähigen Politik. Damit gerieten vorübergehend auch verschiedene „kleine Diktatoren" in Ostmittel- und Südosteuropa, sofern ihre Staaten vom „Großdeutschen Reich" nicht zerstört wurden, wie Polen, in den Sog der nationalsozialistischen Großraum- und Lebensraumpolitik, um schließlich nach 1945 dann Opfer der Eroberungs- und Besatzungspolitik Josef Stalins zu werden.

Spanien war wie andere auch ein politischer Krisenherd in der weltweiten Auseinandersetzung um Demokratie und Diktatur. Dass das Land zu einem Schlachtfeld der Ideologien und europäischen Mächte wurde, hatte mit den Interessen der Mächte zu tun, die diese extremen Ideologien verkörperten und den innerspanischen Konflikt für ihre machtpolitischen Zwecke nutzen wollten. In der wechselvollen spanischen Politik hatte es seit Jahrzehnten eine Auseinandersetzung zwischen liberal-progressiven Bewegungen und Regierungen einerseits und autoritär-traditionalistischen Kräften und Diktaturen andererseits gegeben. Alle politischen Strömungen, die sich in Europa fanden, gab es auch in Spanien und meist in einer extremen Form: vom Anarchismus über den Sozialismus und Kommunismus zum linken Republikanismus, vom katholischen Reformismus bis zum Monarchismus und Faschismus. Spanien war in seiner politischen Kultur zwischen zwei Blöcken zerrissen und ökonomisch rückständig. Die Demokratie und internationale Wirtschaft in Form des Goldstandards kamen sehr spät nach Spanien. Nach dem Scheitern der Diktatur Miguel Primo de Riveras zwischen 1923 und 1930 versuchte die Zweite Spanische Republik trotz zahlreicher Spaltungen zwischen den einzelnen politischen Lagern und Regionen das Land zu modernisieren: einmal in wirtschaftlicher Hinsicht durch die Reform der Landwirtschaft und die Aufteilung des Großgrundbesitzes beziehungsweise die Verteilung des Bodens an bisher landlose und verarmte Bauern, andererseits in sozialer und politisch-kultureller Hinsicht durch eine Reform des Bildungswesens, was einen Angriff auf kirchliche Einflussbereiche bedeutete und von einem heftigen Antiklerikalismus begleitet wurde.

Spanische Politik

Als eine Folge der neuen Polarisierungen bildete sich eine neue politische Rechte (CEDA) unter José María Gil-Robles y Quiñones heraus, die sich als Sammlungsbewegung gegen die antiklerikalen Angriffe zur Wehr setzte und die katholische Lebensweise zu verteidigen versuchte. Auf der Linken bildete sich eine weitere sozialistische Partei unter Francisco Largo Caballero heraus, der sich als „spanischer Lenin" verstand. Im Oktober 1934 verschärften sich die sozialen Spannungen, als in Asturien Arbeiter einen revolutionären Sowjet („Rat") errichteten, der schließlich von der Regierung mit großer Brutalität bekämpft wurde. An der Spitze der militärischen Operation stand ein junger Generalmajor, Francisco Franco.

Bei den vorgezogenen Neuwahlen im Februar 1936 besiegte eine Volksfront der linken Parteien die CEDA. Durch die allgemeine Mobilisierung vor und während der Wahlen kam es auf dem Land immer wieder zu Unruhen der Bauern, zunehmend wurden Kirchen niedergebrannt. Der am 13. Juli 1936 stattgefundene Mord an dem politischen Führer des Rechten Nationalblocks, José Calvo Sotelo, einem Hoffnungsträger der Rechten und Vertreter eines neuen Typs autoritärer politischer Herrschaft, löste eine neue Militärrevolte aus, die schon vorher geplant war. Sie begann am 17. Juli in Marokko und wurde nach einigen Tagen von General Franco geführt. Dieser begann mit Hilfe italienischer Flugzeuge, spanische Soldaten aus Marokko auf das spanische Festland zu transportieren. Mit der Entscheidung Hitlers, einige Tage später – auf Bitten spanischer Emissäre Francos – auch deutsche Flugzeuge zum Truppentransport einzusetzen, begann die deutsche Intervention in den Spanischen Bürgerkrieg. Schließlich hatten Mussolini und Hitler 100 Maschinen der deutschen „Legion Condor", deren Einsatz in Deutschland geheim blieb, und 78.000 Mann italienischer Bodentruppen sowie Flugzeuge und Panzer zur Unterstützung der Aufständischen eingesetzt. Hitlers Intervention hatte vorwiegend politisch-strategische Motive: Er wollte ein Bündnis der beiden Volksfrontmächte Frankreich und Spanien verhindern und sich als Bündnispartner Italiens andienen, auf dessen Unterstützung er in der Österreich-Frage angewiesen war. Die gemeinsame Intervention in Spanien war der Vorlauf für die Bildung der „Achse" zwischen Berlin und Rom, die neben machtpolitischen Interessen auch auf der ideologischen Gemeinsamkeit der beiden faschistischen Mächte beruhte, die sich zuvor durchaus in politisch gegnerischen außenpolitischen Lagern befunden hatten. Mit der internationalen Hilfe für die Sache der spanischen Republik von der französischen Regierung und später auch der Sowjetunion wurde der Bürgerkrieg bald zu einer Auseinandersetzung zwischen der Linken und der Rechten, zwischen Faschismus und antifaschistischem Kommunismus. Den ideologischen Gegensatz von weltgeschichtlicher Dimension unterstrich vor allem die Mitwirkung internationaler Freiwilligenbrigaden auf der Seite der Republik, denen sich bedeutende Intellektuelle wie André Malraux, George Orwell, Wystan Hugh Auden und Ernest Hemingway anschlossen, während das Gros der Brigaden sich aus freiwilligen französischen und belgischen Arbeitern gebildet hatte. Auch aus den USA unterstützten 2800 Kämpfer die Republik. Innerhalb der Brigaden gab es interne Spannungen, die deren Erfolg beziehungsweise deren Aussichten auf Überleben schmälerten, aber bezeichnend für die Ideologisierung waren. Während die Sowjetunion die Kommunisten zur Befolgung der „Volksfront" zwang, gab es unter den politisch unabhängigeren Gruppen, vor allem unter den Intellektuellen, eine zunehmende Ernüchterung über die politische Intoleranz der Kommunisten. Das waren Risse, die die politische Linke später immer wieder schwächen sollten. Schließlich sollte auch eine Revolte der republikanischen Armee die Sache der Republik schwer gefährden.

Der Spanische Bürgerkrieg

Franco setzte auf eine systematische Eroberung des Landes. Im Februar 1939 fiel Barcelona in die Hand der Nationalisten, im März wurde Madrid eingenommen.

Der spanische General und Diktator Francisco Franco 1936.

Franco errichtete eine Diktatur, in die auch die spanische faschistische Bewegung, die Falange, eingegliedert wurde. Sie war auf Druck des *Generalissimo* schon 1937 aus verschiedenen faschistischen Gruppen vereinigt worden und fungierte nun als Staatspartei. Franco feierte seinen Triumph mit dem Befehl zum Bau eines riesigen Denkmals in der Sierra de Guadarrama, einer unterirdischen Kirche mit einem riesigen Kreuz darüber und einem langen Kirchenschiff. Das Valle de los Caídos sollte als Grab für die Gefallenen des Kriegs und als sichtbares Monument des Anspruchs Francos dienen, sich als Herrscher einer neuen Form der Monarchie zu etablieren – als ein „Caudillo durch die Gnade Gottes", wie er auf Münzen verkündete. Francos Regime passte nicht in die politische Typologie faschistischer Regime, sondern ähnelte autoritären Regimen der Zeit, wie etwa dem von Admiral Miklós Horthy in Ungarn. Doch im Unterschied zu anderen faschistischen oder autoritären Regimen der Zwischenkriegszeit sollte Francos Monarchie ohne Monarchen dank einer geschickten Schaukelpolitik und der militärstrategischen Lage Spaniens, aber auch dank der Unterstützung durch die katholische Kirche auch die große Zäsur 1945 überstehen und bis zu seinem Tod 1975 bestehen.

Francos Regime

Mit dem Spanischen Bürgerkrieg war auch die Sowjetunion nach einer langen Phase der Isolierung tendenziell wieder auf die internationale politische Bühne zurückgekehrt, um allerdings im Krisenjahr 1938 wieder erleben zu müssen, dass das Vaterland der kommunistischen Revolution von den bürgerlich-demokratischen Ordnungen nach wie vor ausgegrenzt blieb. Die Entscheidung über die Verstümmelung und den Ausverkauf der Tschechoslowakei, immerhin ein Nachbarland der Sowjetunion, fiel auf der Münchener Konferenz Ende September 1938 ohne Josef Stalin. Das sollte sich mit der Kriegspolitik Hitlers ändern, der in kürzester Zeit durch seinen Kurs der nun offenen Aggression Stalin zunächst dadurch wieder ins Spiel brachte, indem er ihn zum Komplizen seines kriegsvorbereitenden Paktes vom August 1939 und der Zerstörung Polens machte, dann aber durch seinen Angriff auf die Sowjetunion, dem genuinen Ziel seiner Weltanschauungspolitik, Stalin erst zum Opfer, dann zu einem wichtigen Akteur in der Anti-Hitler-Koalition sowie zu einem der Gewinner des Zweiten Weltkrieges und Herrn von Osteuropa machte.

Die Sowjetunion

Die Sowjetunion übte auch noch zur Zeit des Spanischen Bürgerkriegs eine große Faszinationskraft auf die Arbeiter und Intellektuellen Europas aus, obwohl zu dieser Zeit schon die stalinistischen Denunziationen, Säuberungen und Schauprozesse begonnen hatten und die ersten Wellen des Terrors in den Jahren 1937/1938 über 1,5 Millionen Menschen erfasst hatten, die verhaftet, vor Gericht gestellt und hingerichtet (681.692 Personen) wurden. Nur unter den Internationalen Freiwilligenbrigaden hatte die Desillusionierung über Intoleranz und Terror der Sowjetunion schon eingesetzt. Die Sowjetunion war in der Zwischenkriegszeit und auch noch nach dem Zweiten Weltkrieg das Land der Verheißung; einer Verheißung einer neuen Welt, in der die Probleme der alten Welt überwunden, in der die Anarchie des liberalen Marktes und die Zerstörung der kapitalistischen Ökonomie bewältigt würden, in der schließlich ein neuer Mensch entstünde. Diese Anziehungskraft begründete sich durch das siegreiche Überleben der bolschewistischen Ordnung nach dem Bürgerkrieg und der Intervention ausländischer Mächte nach der gewaltigen ökonomischen Aufholjagd, mit der eine rückständige Wirtschaft in die industrielle Moderne gebracht werden sollte. Das sollte die Verwirklichung eines ganzen Ideengebäudes von Welt- und Gesellschaftsdeutungen gemäß marxistisch-leninistischer Prinzipien und durch seine angebliche wissenschaftliche Fundierung ein Projekt mit Zukunft und Dauerhaftigkeit sein. Der historische und dialektische Materialismus, wie er aus den Schriften von Karl Marx und Friedrich Engels abgeleitet wurde, sollte eine Antwort auf die Krisen und Ungewissheiten der alten Welt liefern und den Weg in eine neue weisen. Eine vollständige Darlegung dieser Ideologie und Zukunftsverheißung fand sich in dem »Kurzen Lehrgang der Geschichte der Kommunistischen Partei der Sowjetunion« (Bolschewiki), der unter der Mitwirkung von Stalin geschrieben war und 1938 erschien. Er sollte der Durchsetzung der Autorität der Partei und ihres Führers in einer Phase dienen, in der es immer wieder zu ideologischen und Machtkämpfen gekommen war. Er sollte die Rechtfer-

Ideologie und Zukunftsverheißung

tigung für den gewaltigen Ausbau des Staates samt seiner riesigen administrativen und technischen Bürokratie liefern, mit der die Einführung der Planwirtschaft betrieben werden sollte. Die Festigung der kommunistischen Herrschaft war das Ziel dieser Maßnahmen und dem hatte sich auch die kommunistische Weltbewegung zu fügen. Die Konsolidierung der Macht war zugleich das eigentliche Werk Stalins, mit dem er nach einer Phase der internen Macht- und Diadochenkämpfe seine Autokratie begründete.

Der Einführung der Fünfjahrespläne von 1928/1929 und 1932 kam dabei eine entscheidende Bedeutung zu. Nach einem Jahrzehnt des Experiments mit unterschiedlichen Wirtschaftsformen, in der staatswirtschaftliche und privatwirtschaftliche Formen nebeneinander bestanden hatten, wurden in neuen Fünfjahresplänen Planungsvorgaben für die Grundstoffindustrie wie für die Konsumgüterindustrie formuliert und die Kollektivierung der Landwirtschaft eingeleitet. Alle ökonomischen Bereiche und Tätigkeiten sollten in einen einheitlichen Rahmen gefasst und von oben durch einen Plan von Partei und Staat gelenkt werden – ein autoritärer Staatssozialismus, der die Macht der Partei und ihres Führers begründen sollte und etwas ganz Neues in der Geschichte der Ökonomie darstellen würde. Bis in die Sprache von Politik und Gesellschaft reichten die Auswirkungen dieses totalitären Eingriffs. Vor allem führte er zu einer Umwälzung traditioneller Lebensweisen auf dem Land und in der industriellen Arbeitswelt. Der Grundstoff- und Schwerindustrie galt der eigentliche Vorrang, was auch die Rüstungspolitik befördern sollte.

Totalitärer Eingriff

Dabei waren die Zahlen der in der Industrie Beschäftigten dramatisch angestiegen und die bäuerlichen Wirtschaften, in denen einmal vier Fünftel der Bevölkerung arbeiteten und lebten, einer strikten Kontrolle des Kollektivs unterworfen worden. Das Tempo, mit dem die Kollektivierung und damit die Technisierung und Maschinisierung der Landwirtschaft erfolgte, war geradezu mörderisch und nahm keinerlei Rücksicht auf die Lebensformen der Bauern. Im September 1929 waren sieben Prozent aller bäuerlichen Haushalte kollektiviert, im März 1930 galt das schon für 59 Prozent. In der Realität der Industrieplanung überwogen die Krisen und Engpässe, die immer wieder rücksichtslos bewältigt wurden. In der Landwirtschaft waren der Widerspruch zwischen Plansoll und Ergebnis sowie die von der Brutalität der Kollektivierung herbeigeführten Pannen und Verweigerungen noch größer. Die „Kulaken", das mittlere Bauerntum, das der Revolution mit zum Sieg verholfen hatte, leisteten Widerstand und wurden Gegenstand einer tödlichen Stigmatisierung. Das Ergebnis waren die Zerstörung von Maschinen, Ineffizienz und eine große Hungersnot 1932, der mehr als 5 Millionen Menschen zum Opfer fielen. Selbst Ende der 30er Jahre war die landwirtschaftliche Produktion kaum höher als zehn Jahre zuvor. Die Transformation der Gesellschaft im Namen einer neuen Doktrin war von Zukunftsvisionen und Feindbildern, von Verschwörungsängsten und der Konstruktion von Sündenböcken begleitet. Der „Kulak", der bäuerliche Wucherer und Kleinkapitalist, wurde als der eigentliche Feind ausgemacht, der den gesellschaftlichen Veränderungsvorgang behinderte. Wer zu dieser Gruppe der Stigmatisierten

Kollektivierung der Landwirtschaft

gehörte, die mehr als die anderen hatten, war nicht auszumachen, umso besser eignete sich das Feindbild zu Propaganda- und Terrormaßnahmen gegen die bäuerliche Welt.

Organisiert und umgesetzt wurde diese Fundamentalveränderung, die von politischer Unfreiheit und ökonomischer Gängelung beziehungsweise Kontrolle begleitet war, von der kommunistischen Partei und ihren Funktionären. Um diese wachsende Funktionärsgruppe wiederum unter Kontrolle zu behalten und Unsicherheiten über deren Loyalität zu begegnen, kam es immer wieder zu Parteisäuberungen, bei denen Mitgliedsbücher ausgetauscht, Mitglieder ausgeschlossen oder zum „freiwilligen" Austritt gezwungen wurden. Allein 1933 wurden etwa 800.000 Mitglieder ausgeschlossen, gleichzeitig wurde der Beamtenapparat gesäubert.

Die Partei, der nur eine Minderheit der Bevölkerung angehörte (1930 etwa 1,2 Mio. Menschen), diktierte Politik und Verwaltung. Sie war nach dem Prinzip des „demokratischen Zentralismus" aufgebaut und von einer strikten Parteidisziplin mitsamt ritueller Formen der Selbstkritik bestimmt. Die höchsten Parteigremien, das Zentralkomitee und darüber das Politbüro, bestimmten den Kurs. Stalin hatte seine Macht durch die Übernahme des Amtes des Generalsekretärs 1922 aufgebaut und dauerhaft gesichert. Er entschied damit über Aufnahme und Karriere in der Partei. Der Diktator besaß eine genaue Kenntnis der Personalien sowie der Schwächen seiner Helfer und Rivalen. Überall hatte Stalin seine Männer platziert und vor allem die höchsten Organe mit seinen Anhängern besetzt. Die Integration und Durchsetzung von Parteientscheidungen wurde durch die Parteiorganisation und den allgegenwärtigen politischen Terror des Geheimdienstes herbeigeführt und gesichert.

Die Partei

Stalins Macht stützte sich auf verschiedene Faktoren: auf die Beherrschung und Mobilisierung der Partei, auf die Planwirtschaft und Industrialisierung, die neue Apparate schufen und den totalitären Charakter des Regimes verstärkten, schließlich auf die eigene, von Misstrauen und einer Paranoia geprägten Persönlichkeitsstruktur. Einen Personen- oder gar Führerkult gab es anfangs nicht, allenfalls seit den 1930er Jahren im Wettstreit der Diktaturen und während des Krieges. Im Unterschied zum faschistischen, vor allem zum nationalsozialistischen Führerprinzip war eine charismatische Führerherrschaft kein notwendiges und essentielles Instrument der Herrschaft, und das sowjetische Herrschaftssystem konnte sich nach Stalins Tod auch durch ein kollektives Führungssystem einer Troika behaupten.

Die Führerherrschaft

Auch die totalitäre Praxis der Säuberungen und der Vernichtung war, einmal abgesehen von der gemeinsamen ideologischen Begründung durch ein Freund-Feind-Schema, Ausdruck des ideologischen Ziels einer neuen gesellschaftlichen Ordnung und zugleich Instrument der Steigerung der Macht. Das Herrschaftsziel des Nationalsozialismus, das ebenfalls in Terror und Vernichtung mündete, bestand hingegen in der Herstellung rassischer Homogenität als Schlüssel zur Lösung aller gesellschaftlichen Probleme der Gegenwart. Bei dem Versuch einer rücksichtslosen Industrialisierung und Umsetzung kommunistischer Gesellschaftsentwürfe verlor das kommunistische System sehr rasch jeden Ansatz von Rationalität und Kontrolle, und es entfaltete sich rasch eine nicht mehr zu bremsende Welle von terroristischer Gewalt. Der Absturz in Menschenverachtung und Gewalt war jedoch keine Perversion von Prinzipien, die zu Zeiten Lenins noch nicht bestanden, sondern lag in der Logik auch seiner Herrschaftsziele. Die Zahl der Opfer der Terrorwellen und Säuberungen übertraf alle bisherigen Erfahrungen in der Geschichte von politischer Gewalt. Zwischen 1937 und 1941 wurden etwa sieben Millionen Menschen in Straf- und Arbeitslager gebracht. Am Vorabend des deutschen Überfalls auf die Sowjetunion waren sogar 1,93 Millionen Menschen in den Lagern. Die Zahl der Toten betrug nach Schätzungen für die Zeit von 1934 bis 1940 300.000, dazu kommen noch 600.000 Tote durch Deportation und Flucht. In der Armee wurden im Zuge der Säuberungen drei von fünf Marschällen, 13 von 15 Armeegenerälen und 57 von 85 Korpskommandeuren hingerichtet – ein gewaltiger Aderlass in der Führung, der die internationalen Beobachter zu der Annahme verleitete, dass die Rote Armee 1939 völlig geschwächt sein müsste. Einzig die gewaltigen personellen und ökonomischen Ressourcen der Sowjetunion und die größere politische Anpassungsfähigkeit, vor allem während des Krieges, gaben dem stalinistisch-kommunistischen System eine längere Lebensdauer als dem nationalsozialistischen. Der militärische Sieg über Hitler und die gewaltige Expansion beziehungsweise Hegemonialstellung der Sowjetunion als Folge des Krieges verschafften auch Stalin eine größere Popularität und stärkten zusätzlich die Beharrungskraft des kommunistischen Systems.

Praxis der Säuberungen und Vernichtung

Krieg und Vernichtung

Das nationalsozialistische Deutschland stellte am Ende der 30er Jahre die größere Bedrohung der internationalen Ordnung dar. Der Krieg war das zentrale Herrschaftsziel des Nationalsozialismus, überdies lag die Vorbereitung eines Raub- und Eroberungskriegs in der Logik der nationalsozialistischen Wirtschafts- und Rüstungspolitik, deren Ziel der Autarkie und der Vorbereitung der Aggression in der wirtschaftlichen Praxis nicht zu erreichen und ohne den verstärkten Zufluss von Devisen und Rohstoffen durch eine Beutepolitik zu Lasten der Nachbarn für einen mittelfristigen Zeitraum nicht zu gewährleisten war, wollte man den Lebensstandard der Bevölkerung nicht drastisch einschränken. Das war aber nicht erwünscht, weil man sich für einen Krieg die Loyalität der Bevölkerung unbedingt sichern wollte, umgekehrt angesichts der ökonomischen Sackgasse, in die man sich durch die überhitzte Rüstungspolitik manövriert hatte, aber nicht auf die Kriegsvorbereitungen verzichten oder diese drosseln wollte. Es waren darum in erster Linie nicht ökonomische Zwänge, die den Entschluss zum Krieg auslösten, sondern die ideologischen Herrschaftsziele des Regimes, die auf einen Rassen- und Raumeroberungskrieg gerichtet waren. Freilich war die Art und Weise, wie das internationale System auf diese Bedrohung reagierte und beschaffen war, für die Ermöglichung von Hitlers Krieg nicht unwichtig. Von Stalins Dikta-

tur ging zumindest im Augenblick der Hitler'schen Kriegsvorbereitung noch keine Bedrohung aus, weil das System des Sowjetkommunismus stärker auf ein ökonomisches Kalkül und eine gewisse Rationalität ausgerichtet war und nach der eigenen Schwächung durch die gewaltsame Industrialisierung und Kollektivierung und durch die damit verbundenen politischen Säuberungen zu einem militärischen Angriff (noch) nicht in der Lage war.

Die Beschaffenheit der internationalen Ordnung am Ende der 30er Jahre bot wenig Anlass zur Zuversicht und zu einer Politik des Widerstandes gegen die nationalsozialistische Bedrohung. Die Gewalt, die Europa von der Iberischen Halbinsel bis nach Russland seit einem Jahrzehnt bestimmt und gelähmt hatte, war im Gegenteil eine günstige Voraussetzung für eine Atmosphäre der Aggression auf der einen Seite und der Resignation auf der Seite der wenigen verbliebenen liberalen Demokratien. Der Völkerbund hatte seit den japanischen bewaffneten Übergriffen auf die Mandschurei, seit Mussolinis Angriff auf Äthiopien 1935 und schließlich seit Hitlers Einmarsch in das Rheinland 1936 der gezielten Zerstörung des Systems der kollektiven Friedenssicherung nichts mehr entgegenzusetzen, auch weil die eigentlichen Garantiemächte des Versailler Systems und des Völkerbundes, England und Frankreich, durch die Folgen der Weltwirtschaftskrise und ihrer inneren Instabilität politisch zu sehr geschwächt und mit sich selbst beschäftigt waren. Auch als Hitler mit dem Einmarsch in Prag und damit der Zerstörung der Rest-Tschechei die dürftige Verschleierung seiner Aggressionspolitik hinter den Forderungen nach einer Revision des Versailler Vertrags und der Anerkennung des Selbstbestimmungsrechtes der Deutschen selbst aufgegeben hatte, blieb eine geschlossene Reaktion der internationalen Staatenwelt aus. Zwar garantierte London in einer bemerkenswerten Korrektur seiner bisherigen außenpolitischen Prinzipien die nationale Integrität Polens, das nun von Hitler bedroht wurde, doch mit dem Hitler-Stalin-Pakt vom 23. August 1939 betrieb Moskau eine Politik, die kurzfristig Hitlers Aggressionspolitik zuarbeiten musste und sich allzu schamlos von den eigenen Expansionsgelüsten auf Ostpolen sowie einer völligen Zerschlagung der polnischen Souveränität leiten ließ. Stalin suchte die internationale Spannungslage zwischen den „kapitalistischen" Staaten für sich auszunutzen und stellte damit für Hitler, der seinen Krieg unbedingt führen wollte – koste es, was es wolle –, das Signal auf freie Fahrt. Hitlers Wille zum Krieg ließ sich auch nicht von dem Gedanken abhalten, dass er dazu zumindest kurzfristig einen Pakt mit seinem ideologischen Hauptgegner abschließen musste.

Internationale Ordnung Ende der 30er Jahre

Der Zweite Weltkrieg war die Fortsetzung des Ersten und bedeutete den Schlusspunkt in einer langen Periode eines fragilen Waffenstillstandes. Der Krieg war vor allem von Hitler und seiner Führungsclique gewollt, doch in einer international anderen Konstellation, als er sich tatsächlich seit dem 3. September 1939 entwickelte. Denn Hitler wollte noch einmal einen isolierten Angriff auf Polen – in der Hoffnung auf rasche Eroberung und Beute – führen und den großen Krieg auf später verschieben. Doch nun mündete er bereits nach zwei Tagen in einen europäischen Krieg, der für das Deutsche Reich, das für einen längeren Krieg nicht hinreichend gerüstet war, sich zu einem Zweifrontenkrieg auszuweiten drohte. Erst mit dem Krieg gegen die Sowjetunion 1941 nahm der nun zur globalen Auseinandersetzung ausgeweitete Krieg den Verlauf, den sich der Ideologe Hitler als den Krieg um Raumeroberung und Rassenkampf vorgestellt hatte, auch wenn der erträumte Bündnispartner England sich zwischen dem Sommer 1940, nach der Niederlage Frankreichs, und dem Sommer 1941 nicht nur alleine der deutschen Aggression widersetzt, sondern sich auch geweigert hatte, sich Hitlers Verlockungen einer globalen Aufteilung der Welt in Interessensphären zwischen einer britischen Seemacht und einer deutschen Festlandsmacht anzuschließen. Damit wurden die Aussichten auf einen deutschen Sieg immer geringer, vor allem nachdem die Blitzkriegspläne im Gefecht gegen die Sowjetunion im Dezember 1941 vor Moskau gescheitet waren. Anfang Dezember hatten zwei Ereignisse bereits die Wende des Krieges angedeutet: Die Sowjetunion konnte sich gegen die deutsche Invasion behaupten sowie nach dem Schock der ersten Monate und des permanenten Rückzugs einen Gegenangriff starten und den Belagerungsring um Moskau sprengen, auch wenn die Wehrmacht dadurch nicht in die Flucht geschlagen, sondern in einen langen Krieg im Osten gezwungen wurde. Das andere einschneidende Ereignis, das den Krieg nicht nur endgültig zum Weltkrieg machte, sondern aus strategischer Sicht auch seine Wende ankündigte, war der japanische Angriff auf Pearl Harbor und als Reaktion darauf Hitlers nur schwer nachvollziehbare Kriegserklärung an die USA am 11. Dezember 1941, mit der er offenbar den japanischen Verbündeten in sein Kalkül einbinden und einen Weltblitzkrieg führen wollte, bevor die USA wirklich kriegsbereit wären und auch auf dem europäischen Kontinent in den Krieg eingreifen würden. Das Überleben der Sowjetunion und der Kriegseintritt der USA ließen eine deutsche Niederlage zum ersten Mal seit 1939 in den Bereich des Möglichen rücken, auch wenn tatsächlich zwischen dem Dezember 1941 und der Niederlage in Stalingrad Ende Januar 1943 noch eine Phase einer weiteren deutschen Expansion im Osten und auch in Afrika lag, die sich auf Grund der ungleichen Verteilung der Ressourcen zwar mittelfristig als eine trügerische Dominanz und kurze Phase der deutschen Illusionen erweisen sollte, die aber lang genug war, um das andere deutsche Kriegsziel, den Vernichtungskrieg gegen die europäischen Juden, in einem entsetzlichen Ausmaß in die Tat umzusetzen.

Der Zweite Weltkrieg

Nicht das militärische und diplomatisch-politische Geschehen des Zweiten Weltkriegs soll uns hier interessieren, sondern die andere Seite des Krieges, der im Zeitalter der Extreme und der Ideologien auch ein Weltanschauungs- und Vernichtungskrieg war und damit eine neue Dimension eröffnete. Rhetorisch hatte Hitler das schon in seiner Reichstagsrede vom 30. Januar 1939 angekündigt, als er damit drohte, dass ein künftiger Weltkrieg, der aus seiner ideologischen Weltsicht nur vom „internationalen Judentum" angezettelt werden würde, mit der Vernichtung des Judentums enden könnte. Nur aus dem Rückblick erhält diese Prophetie des 30. Januar, die Hitler später gelegentlich wiederholen sollte, eine unheimliche Konsequenz. In der Wahrnehmung des Jahres 1939 wurde sie in ihrer

Weltanschauungs- und Vernichtungskrieg

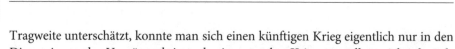

Tragweite unterschätzt, konnte man sich einen künftigen Krieg eigentlich nur in den Dimensionen des Vorgängerkriegs als einen totalen Krieg vorstellen, nicht aber als einen Rassen- und Vernichtungskrieg.

Mit dem „Unternehmen Barbarossa" waren jedoch die Verwirklichung und der Höhepunkt von Hitlers ideologischen Obsessionen erreicht: Erstens sollten ausgedehnte Territorien im Osten als koloniale Ersatzräume zur Sicherung des Raum- und Rohstoffbedarfs der Deutschen erobert werden; zweitens sollte der Gefahr des internationalen Kommunismus begegnet und dieser möglichst ausgeschaltet werden; es sollte drittens, in enger Verzahnung damit, ein Rassekrieg gegen Juden, Slawen und andere minderwertige Völker geführt werden – mit dem Ziel, wieder einen „gesunden Rassekörper" herzustellen. Vermutlich besaßen diese Weltanschauungsziele nur für einen kleinen Kreis von NS-Ideologen höchste Verbindlichkeit. Doch reichte erstens Hitlers unbegrenzte Macht aus, um diese Pläne in die Tat umzusetzen, und zweitens gab es genügend Schnittmengen mit imperialistischen Eroberungsvorstellungen in den übrigen Führungsgruppen und Machteliten, die sich noch aus der Spätphase des Ersten Weltkriegs und des Ostkrieges von 1918 ableiteten, und mit tiefsitzenden antibolschewistischen Ängsten, um die militärische Führung und die traditionellen Verwaltungs- und Wirtschaftseliten zur Unterstützung beziehungsweise zum Mitmachen zu bewegen. Auf jeden Fall wirkte die Führung der Wehrmacht bei der Vorbereitung des Weltanschauungskriegs und der entsprechenden Erlasse mit, die in Form des Kommissarbefehls und des Erlasses zur Gerichtsbarkeit im Bereich des „Unternehmens Barbarossa" gegen alle Bestimmungen des Kriegsvölkerrechts verstießen und die Wehrmacht tief in den Vernichtungskrieg auch gegen die Zivilbevölkerung der besetzten Sowjetunion verstricken musste.

Das „Unternehmen Barbarossa"

Spätestens mit dem Lebensraumkrieg gegen die Sowjetunion wurde der Vernichtungswille des Nationalsozialismus handlungsleitend und trat unverkennbar zu Tage. Zur ideologischen Bereitschaft zur Judenvernichtung, die programmatisch längst angelegt war, kamen die notwendigen Umstände zur ideologischen Tat, vor allem der Krieg und die sich in Schüben vollziehende deutsche Expansion, aber auch die Extremsituation deutscher Besatzungspolitik und die Ausdehnung des Herrschaftsbereichs der SS sowie die operativen Widersprüche zwischen der Ausbeutung der fremden Territorien im Osten und der kaum zu bewältigenden organisatorischen Probleme durch die massenhaften Deportationen deutscher und europäischer Juden seit 1941. Diese Umstände ergaben sich aus dem besonderen Charakter des NS-Regimes wie aus den Zwängen, in die man sich selbst hineinmanövriert hatte. Der Beginn des Krieges im September 1939 bedeutete nicht nur einen weiteren Schub in der allgemeinen Radikalisierung des Nationalsozialismus, der im Krieg gleichsam zu sich selbst kam, sondern auch speziell in der Besatzungs- und Judenverfolgung begann ein neuer Abschnitt. Die Pläne zu einer geregelten Auswanderung der unerwünschten Minderheiten ließen sich nicht mehr realisieren, mit der Blockierung der Auswanderung wurden die verbrecherischen

Beginn der Vertreibungen

Energien des Regimes auf die Vertreibungen und Deportationen der Juden nach Osten umgelenkt, gleichzeitig wollten die übereifrigen NS-Gauleiter in den neuen Herrschaftsgebieten etwa des Warthegaus, der ein NS-Mustergau werden sollte, mit den Umsiedlungsaktionen für Volksdeutsche aus Südosteuropa oder Südtirol starten, während im besetzten polnischen Generalgouvernement die vertriebenen Juden vorerst in Ghettos zusammengetrieben werden sollten. Zur selben Zeit starteten die deutschen Einsatzgruppen von Sicherheits- und Ordnungspolizei in Polen mit gezielten Mordkampagnen gegen die „polnische Intelligenz", ähnlich wie die sowjetischen Besatzungsbehörden in ihren neuen Herrschaftsgebieten in Ostpolen die polnischen Führungsschichten auszurotten begannen.

Mit dem Polenfeldzug begann ein polykratischer Kompetenzwettbewerb zwischen den verschiedenen NS-Dienststellen, Ministerien und Forschungseinrichtungen um die Gestaltungsmacht bei der „Entpolonisierung" der annektierten Gebiete. Der Reichsführer-SS, Heinrich Himmler, konnte sich mit seiner Ernennung zum „Reichskommissar für die Festigung des deutschen Volkstums" eine Oberkompetenz und einen neuen zusätzlichen Herrschaftsapparat für die Umsiedlungs- und Germanisierungspolitik sichern. Mit den Vorbereitungen zum Russlandfeldzug ordnete Himmler ein weiteres Konzept für die „Umsiedlung" und „Ansiedlung" in Osteuropa an, das als „Generalplan Ost" an der Jahreswende 1941/1942 von verschiedenen deutschen Forschungseinrichtungen fertiggestellt wurde. Es sah die „Umsiedlung" von ca. 30 bis 50 Millionen Menschen slawischer Herkunft vor, an ihrer Stelle sollten deutsche „Wehrbauern" angesiedelt werden. Auch der Völkermord an den Juden begann, ähnlich wie die Umsiedlungspolitik, bereits im Zuge der Eroberung Polens, der gleichsam zu einem Testfall für die Vernichtungspolitik wurde. Mit der Errichtung von Ghettos in den polnischen Gebieten wurden die dort lebenden Juden zunächst von der übrigen Bevölkerung isoliert und ihr Abtransport vorbereitet. In Warschau allein starben bis Herbst 1942 etwa 100.000 Juden infolge der katastrophalen Lebensbedingungen auf engstem Raum, besonders durch Hunger und Seuchen.

„Entpolonisierung"

Mit Kriegsbeginn hatten sich auch im deutschen „Altreich" die Maßnahmen der Judenverfolgung verschärft: Sie wurden in Städten und Dörfern in sogenannten „Judenhäusern" zusammengetrieben. Diejenigen, die keine Arbeit hatten, wurden in Arbeitslager gebracht, und jüdische Insassen von Heil- und Pflegeanstalten wurden die ersten Opfer der bei Kriegsbeginn angeordneten Tötungsaktionen, der sogenannten „Euthanasie". Seit September 1941 wurden die Juden aus dem Reich und dem „Protektorat Böhmen und Mähren", die vor aller Augen in Sammelstellen gebracht wurden, mit Güterzügen nach Osten deportiert. Seit Beginn des Russlandkrieges liefen die verschiedensten Verfolgungs- und Vernichtungsaktionen zunächst nebeneinander, um dann – gebündelt und sich gegenseitig verstärkend – koordiniert zu werden: Die SS- und Polizeieinheiten begannen unmittelbar nach dem deutschen Angriff mit Massenerschießungen jüdischer Männer im wehrfähigen Alter. Der Massenmord in den Besatzungsgebieten weitete sich immer mehr

Verfolgung, Deportation, Vernichtung

aus und wurde von blutigen Pogromen und Mordaktionen durch einheimische nationalistische und antikommunistische Milizen begleitet. Seit August 1941 erhielten die vier Einsatzgruppen und andere Polizeieinheiten vor Ort den Auftrag zur systematischen Erfassung und Vernichtung aller dort lebenden Juden. Begründet wurde die Aktion mit der Ausrottung unnützer Esser. Erste größere Mordaktionen gab es im Baltikum, wo Einsatzgruppen Juden aus den Ghettos trieben und erschossen. Bis März 1942 hatten auf diese Weise die SS und die Polizei, unterstützt von einzelnen Wehrmachtsverbänden, etwa 600.000 Juden in den besetzten russischen Gebieten umgebracht.

Seit Juli 1941 existierten Projekte zur „Endlösung der Judenfrage". Der Chef des Reichssicherheitshauptamtes der SS, Reinhard Heydrich, erhielt am 31. Juli von Hermann Göring die Ermächtigung zur Planung der Endlösung und bündelte nun die verschiedenen Einrichtungen sowie Erfahrungen der bisherigen Vernichtungspraxis. Vermutlich hat Hitler im September oder Anfang Oktober dann Weisungen für die Durchführung des Mordes an den europäischen Juden gegeben, seit Ende 1941 liefen die Vorbereitungen jedenfalls auf Hochtouren, da mit der Kriegserklärung an die USA die Verschwörungstheorie eine neue pathologische Aufladung erhielt, denn in Hitlers Phantasie waren die Juden eine internationale Macht, gegen die man jetzt auf zwei Kriegsschauplätzen vorgehen müsse: gegen den Bolschewismus im Osten und gegen die westlichen Plutokratien, die auch unter jüdischem Einfluss stünden. Überall in der NS-Propaganda wurden die neuen Feindbilder verbreitet. Hitler erklärte, dass die „Endphase des Krieges gegen die Juden" nun angebrochen sei.

„Endlösung der Judenfrage"

Wie die Entscheidung zur Auslösung des Holocaust tatsächlich zustande gekommen ist, bleibt weiterhin umstritten. Immerhin häufen sich für den Dezember 1941 die Hinweise auf verstärkte Aktivitäten und interne Besprechungen. Sie deuten darauf hin, dass in diesem Zeitraum die Entscheidung sich schubweise umgesetzt hat. Heydrich, der mit dem Reichssicherheitshauptamt nun die Koordination der Verfolgungs- und Vernichtungsapparate übernommen hatte, wollte bereits für den Dezember zur Wannseekonferenz einladen, musste das aber auf den 20. Januar verschieben. Doch kam der Konferenz, an der Vertreter der verschiedensten Ministerien und Dienststellen beteiligt waren, vor allem die „Bedeutung einer institutionellen Legitimation des Tötungsverfahrens" (Dan Diner) zu. Sie war allenfalls das Zeichen dafür, dass der Holocaust nun ins Werk gesetzt wurde, nicht aber das eigentliche Beschlussgremium. Mit dem Bau der ersten Vernichtungslager begann man im Spätherbst in Chełmno, es folgten im Frühjahr 1942 die Fertigstellung der beiden Todeslager in Bełżec und Sobibor. Abgeschlossen waren die Planungen zur Durchführung der „Endlösung der Judenfrage" im Mai beziehungsweise Juni 1942. Das bedeutet, der welthistorisch dramatische und singuläre Vorgang einer bürokratischen Planung eines Massenmordes vollzog sich zwar in einer schubweisen Eskalation, aber war bewusst intendiert und ausgelöst, allerdings nur gleitend in die Praxis umgesetzt, was möglicherweise die Realisierung des ungeheuerlichen Vorgan-

Planung und Durchführung des Holocaust

ges erleichtert hat. Die Ermordung der europäischen Juden ist ohne die Ermächtigung Hitlers nicht denkbar, auch wenn er scheinbar im Hintergrund blieb. Der Vorgang wurde umgesetzt durch die Kombination von zentralen ideologischen Anstößen und Weisungen beziehungsweise entsprechenden mentalen Dispositionen unter den Tätern, durch die polykratischen Machtstrukturen, die die Verantwortung scheinbar aufteilten, und durch die situativen politischen Rahmenbedingungen, die die schubweise Radikalisierung auslösten. Entsprechende Weisungen Hitlers waren umsetzbar, weil die Entscheidungsprozesse und institutionellen Regelungen zu diesem Zeitpunkt so weit zerfasert waren.

Auch die Tötungspraxis wurde schubweise in Gang gesetzt, so dass der geläufige Begriff des „fabrikmäßigen" Massenmordes in die Irre führt. Die Vernichtungslager in Polen begannen ihre Arbeit im Dezember 1941 zunächst im provisorischen Verfahren der Ermordung in „Gaswagen". Seit März 1942 wurden die Ghettos geräumt und die jüdischen Opfer in die nun aufnahmebereiten Vernichtungslager mit Güterwagen der deutschen Reichsbahn nach Bełżec, Sobibor und Treblinka gebracht. Ein weiterer Radikalisierungsschub zeichnete sich seit März beziehungsweise April 1942 ab, als die aus dem Reich deportierten Juden in den Lagern umgebracht wurden. Ab Dezember 1942 führten viele der Deportationen direkt in das Vernichtungslager Auschwitz II, das seither zum Zentrum der „Endlösung" wurde. Auschwitz fungierte als Konzentrations- und zugleich als Vernichtungslager, wo die Häftlinge einerseits als Arbeitssklaven ausgebeutet und durch Arbeit vernichtet, andererseits in den Gaskammern sofort getötet wurden. Anfang September hatte man an sowjetischen Kriegsgefangenen die Wirkung des Giftgases Zyklon B erprobt, das dann massenhaft eingesetzt wurde. Der Mord an den europäischen Juden nimmt unter den NS-Gewaltverbrechen eine besondere Stellung ein, nicht nur durch seine massenhafte Dimension, sondern auch durch die Tatsache, das ausschließlich für den Mord an den Juden ein staatliches Programm entwickelt wurde und dass dieses ohne interne Vorbehalte und Widersprüche umgesetzt werden konnte, weil die Täter in den weltanschaulichen Grundüberzeugungen und in ihrer Loyalität zu Hitler übereinstimmten. Die Bilanz der Opfer bleibt erschreckend: Mindestens 5,6 bis 5,7 Millionen europäischer Juden wurden ermordet, davon stammte die größte Opfergruppe aus Polen.

Massenvernichtung

Auschwitz wurde zum Synonym für das Böse, das sich in der sofortigen massenhaften Ermordung nach der Selektion an der Rampe manifestiert hatte, an der bewussten Erniedrigung und Entmenschlichung der Opfer, denen aus ideologischen Gründen jedes Recht auf Leben und Menschenwürde abgesprochen wurde. Erst allmählich wurde deutlich, dass Auschwitz und die Judenvernichtung nicht nur das Werk einer radikalen ideologischen Minderheit aus SS und NSDAP waren, sondern dass bei der Vorbereitung und Durchführung des Genozids viele Gruppen und Individuen aus der deutschen Gesellschaft und Wirtschaft beteiligt waren und Auschwitz keineswegs ein abgeschlossener Ort für wenige Geheimnisträger war, sondern als deutsche Stadt mit zahlreichen dort lebenden Zivilisten geplant

Auschwitz

war sowie als deutsche Musterstadt ausgebaut wurde. Informationen darüber, was in den Konzentrations- und Vernichtungslagern in den deutschen Besatzungsgebieten in Osteuropa vorging, drangen auch in andere Länder, bis hin zu den westlichen Alliierten. Die Kriegssituation und die begrenzten militärischen Möglichkeiten boten vermutlich wenige Möglichkeiten, um das Morden zu beenden. Es blieb nur die Hoffnung, den Krieg möglichst rasch zu beenden und die Lager befreien zu können.

Wenn sich die Erinnerung an die nationalsozialistischen Massenverbrechen mittlerweile tief in unser kollektives Gedenken als Verbrechen der Deutschen eingegraben hat, so gilt das nicht oder nur in anderer Form für das Gedenken an die Opfer der stalinistischen Herrschaft in der ehemaligen Sowjetunion. Das hat nach einer Beobachtung von Dan Diner damit zu tun, dass es den Nationalsozialisten gelang, „Nation und Regime eng miteinander zu verschmelzen und seine Opfer vornehmlich außerhalb der Volksgemeinschaft auszumachen, [während] die sowjetische Bevölkerung selbst zum Opfer des sowjetischen Regimes [wurde]. Und während Hitler seinen Krieg als deutschen Krieg vornehmlich nach außen lenkte, führte Stalin einen Krieg nach innen – eine vorgeblich als soziale Umwälzung eingeleitete Katastrophe, die sich der Sprache von Klassenkampf und Bürgerkrieg bediente". Dadurch dass die Massenverbrechen Stalins an der eigenen Bevölkerung im Namen einer sozialen Konstruktion und nicht eines nationalen Kollektivs, zu dem man sich überdies in einer gewissen Kontinuität fühlte, verübt wurden, können sie, so Diner, nicht angemessen erinnert werden. Neben den ideologischen und mentalen Gemeinsamkeiten zwischen beiden totalitären Regimen des Nationalsozialismus und des Stalinismus gibt es in den Todesumständen der Massenmorde deutliche Unterschiede: Während die Opfer Stalins und seines zuständigen Kommissariats des Inneren als vorgebliche Angehörige einer systemfeindlichen Klasse durch die Willkür von Zwangsarbeit und Hunger ermordet wurden beziehungsweise ihr Tod billigend in Kauf genommen wurde, vernichteten die Nationalsozialisten – jenseits ihrer ebenfalls zu beobachtenden Praxis der Vernichtung durch Arbeit – vor allem „um der Vernichtung willen".

Nationalsozialistische und stalinistische Verbrechen

Mit dem Rassenkrieg, den Hitler und die Nationalsozialisten als zweiten Krieg im Weltkrieg von Anfang an geplant und eröffnet hatten, eng verbunden oder mehrheitlich durch die deutsche Besatzungspolitik ausgelöst waren zahlreiche ethnische Konflikte in vielen Ländern Europas. Gewaltsame Konflikte brachen zwischen Flamen und Wallonen, zwischen Bretonen und Franzosen, zwischen Polen und Ukrainern auf. Tschechen und Slowaken, Griechen und Albaner, Serben, Kroaten und Bosnier versuchten umstrittene Grenzen im Schatten der deutschen Besatzungsmacht zu verändern oder mit deren Hilfe zu behaupten. Himmler verfocht in einer Denkschrift über die »Behandlung der Fremdvölkischen im Osten« die zynische Empfehlung, die Entwicklung einzelner ethnischer Gruppen so zu fördern, „dass sie sich in unzählige kleine Splitter und Partikel" auflösten. Andererseits nutzte er ethnische Gegensätze oder auch nur soziale Unzufriedenheit, um seine Waffen-SS in seinem „Kreuzzug gegen den Bolschewismus" durch ethnische Einheiten aufzufül-

Ethnische Konflikte

len, denen er ein „germanisches Erbe“ oder ein entsprechendes „rassisches“ Potential zuerkannte. Holländer, Dänen, Norweger und Flamen, aber auch Letten, Ukrainer und Kroaten wurden angeworben und zu ethnisch einheitlichen Einheiten geformt. Im März 1945 waren nur knapp 40 Prozent der 830.000 Männer in der Waffen-SS deutscher Herkunft.

Die deutsche Besatzungsherrschaft über Europa, die im Jahre 1942 ihre größte Ausdehnung erreichen sollte, war darauf ausgerichtet, die eigene Herrschaft durch ein rücksichtsloses Terrorregime vor allem in Osteuropa zu sichern und Produktionsanlagen sowie Arbeitskräfte in die eigene Kriegswirtschaft einzuverleiben. In anderen Regionen vor allem Westeuropas konnte sich die NS-Herrschaft auf einheimische Eliten und Regierungen stützen, die aus ökonomischen wie aus politischen Motiven oder aus Opportunismus zur Kollaboration bereit waren. Andere Länder waren mit Hitlerdeutschland verbündet und wurden nur indirekt beherrscht. Frankreich war nach dem Waffenstillstand mit dem Deutschen Reich am 22. Juni 1940 in eine besetzte und unbesetzte Zone geteilt und auch in seiner politischen Kultur tief gespalten zwischen Kollaboration und Widerstand, der sich freilich erst seit 1943 stärker entfaltete. In der „freien“ Zone im Süden Frankreichs hatte sich eine autoritäre Diktatur unter Marschall Philippe Pétain gebildet, die unter der Parole „Arbeit, Familie, Vaterland“ ganz im Sprachgebrauch der zeitgenössischen Diktaturen eine „nationale Revolution“ als Gegenmodell zur gescheiterten Republik – gestützt auf Polizei und politische Rechte – und auch faschistische Gruppen gebildet hatte, die jedwede Opposition ausschalten wollten und auch deutlich antisemitisch ausgerichtet waren. Obwohl man mit dem siegreichen „Dritten Reich“ kollaborierte, konnte man vermeiden, in den Status eines Satellitenstaates herabzusinken, was erst nach der Besetzung des ganzen Landes als Reaktion auf die Landung der Alliierten in Nordafrika im November 1942 eintrat. Damit wuchs auch die Herrschaft von Gestapo und SS, während sich dagegen der Widerstand der *Résistance* formierte.

Deutsche Besatzungsherrschaft

In den besetzten skandinavischen Ländern versuchte Dänemark durch eine „Politik der Zusammenarbeit“ das Land vor der direkten Herrschaft der Deutschen zu bewahren, während sich in Norwegen, dem Land einer faschistischen Kollaborationsregierung unter Vidkun Quisling, sehr viel stärker Widerstand regte. In zunehmender Abhängigkeit von der deutschen Großmacht existierten die Verbündeten Rumänien, Bulgarien, die Slowakei und Ungarn, die auch Truppenkontingente für den Ostkrieg stellen mussten. Der Balkan wurde freilich bald zu einem Zentrum des Partisanenkampfes gegen die deutsche Okkupationsmacht.

Das Verhältnis zum italienischen Bündnispartner zeigte immer deutlicher die Züge einer „brutalen Freundschaft“ (Frederick W. Deakin), um nach der Absetzung Mussolinis am 24./25. Juli 1943 und der Bildung der Regierung um Marschall Pietro Badoglio, der sein Land retten wollte, Objekt direkter deutscher Herrschaft und einer rassistisch definierten Internierungspolitik gegenüber italienischen Soldaten zu werden. Gerade das Beispiel Italiens erschütterte die Unterstützung, die Hitler bisher in Europa erfahren hatte. Bis dahin hatten die deutschen

Verhältnis zu Italien

„Herren", ob in Form der Militärverwaltung durch die Wehrmacht oder als Zivilverwaltung durch NS-Funktionäre und SS-Einheiten, im Falle der Bereitschaft zur Kooperation mildere Formen der Besatzungsverwaltung entwickelt als im Osten. Es gehört jedoch zum destruktiven Charakter nationalsozialistischer Politik, dass die NS-Ideologie wie die Herrschaftspraxis in den besetzten Ländern unfähig beziehungsweise unwillig zu einer konstruktiven Neuordnung waren, sondern selbst zu dem Verfall der NS-Herrschaft und zur Entstehung eines Widerstandes unter den Beherrschten beitrugen.

Der totale Krieg hatte schließlich eine meist gewaltsame, historisch beispiellose Bevölkerungsbewegung erzwungen, die die europäische und die deutsche Gesellschaft tief durcheinanderwirbelte und lange Schatten auf die Nachkriegszeit warf. Neben den Umsiedlungen und Deportationen, vor allem in Ostmitteleuropa, stand die Anwerbung von ausländischen Zivilarbeitern im gesamten deutschen Herrschaftsgebiet, die einer brutalen völkisch-rassistischen Hierarchie im Deutschen Reich untergeordnet und als Arbeitskräfte in Landwirtschaft und Industrie eingesetzt wurden. 2,8 Millionen Männer und Frauen wurden als zivile „Ostarbeiter" in das Reich gebracht; dazu kamen 5,7 Millionen Kriegsgefangene der Roten Armee in deutscher Hand, die ebenfalls zu Zwangsarbeit eingesetzt wurden. Insgesamt waren ca. 7 Millionen „Fremdarbeiter" in der deutschen Kriegswirtschaft beschäftigt und entlasteten den deutschen Arbeitsmarkt – vor allem den Arbeitseinsatz von Frauen, der im Vergleich zu Großbritannien relativ niedrig war. Die Behandlung der ausländischen Zivilarbeiter und Kriegsgefangenen durch deutsche Behörden und die Bevölkerung hing von ihrer geographischen und ethnisch-kulturellen Herkunft ab. „Ostarbeiter" waren im Unterschied zu Franzosen und Niederländern in der Regel weit unten in der Rangfolge von Ausbeutung und Disziplinierung eingeordnet, darunter befand sich nur noch das große „Heer" der sowjetischen Kriegsgefangenen und jüdischen Häftlinge, die als Arbeitssklaven Ausbeutung und Misshandlungen ausgesetzt waren. Das Millionenheer der Deportierten, Kriegsgefangenen und Zivilarbeiter sollte am Ende des Kriegs eine erste Welle der neuen Völkerwanderung der sogenannten *Displaced Persons* (DP) bilden, die nun einsetzte. Eine zweite, noch sehr viel größere Welle – ohne alliierte oder staatliche Hilfe – bewegte sich von Ost nach West auf das Territorium der vier alliierten Besatzungszonen, die sich im Sommer 1945 bildeten: die deutschen Flüchtlinge und Vertriebenen, die sich vor den Morden, Plünderungen und Vergewaltigungen der Roten Armee und den Racheakten der Polen und Tschechen in Sicherheit bringen wollten und aus den deutschen Siedlungsgebieten in Südost- und Ostmitteleuropa, aus den Gebieten östlich von Oder und Neiße kamen. Einige von ihnen waren gerade von den nationalsozialistischen Umsiedlungsmaßnahmen in die geplanten Mustergaue in dem annektierten polnischen Territorium gebracht worden und mussten nun eine zweite Vertreibung erleben. Ihr Schicksal verdeutlicht auch den politischen Zusammenhang zwischen den verschiedenen Zwangsmigrationen, die zwischen 1939 und 1945/1946 in Ostmitteleuropa und auch in Südosteuropa aus unterschiedlichen Verantwortun-

Gewaltsame Bevölkerungsbewegung

gen und Motiven, aber immer zu Lasten eines Millionenheeres von Entwurzelten und Heimatlosen veranlasst wurden (s. auch S. 211).

Das Verhalten der neutralen Länder gegenüber der deutschen Hegemonialmacht war sehr unterschiedlich, je nach geopolitischer Lage und politisch-weltanschaulichen Ausrichtungen, denen freilich eine geringere Bedeutung zukam als nationalen strategischen Interessen. Das gilt etwa für die beiden autoritären iberischen Staaten Spanien und Portugal, die alles vermieden, um einseitig in den Machtbereich Hitlers zu geraten, und stattdessen eine Schaukelpolitik betrieben, die das Überleben ihrer Systeme auch nach 1945 sichern sollte. Ähnlich verhielt sich die Türkei, die auf ihre strikte Neutralität achtete, um der Gefahr einer Invasion durch die Macht zu entgehen, die sich durch eine bestimmte Präferenz für die eine oder andere Seite benachteiligt fühlte. Komplexer war das Verhalten der Schweiz, die politisch durchaus starke Sympathien für das Regime Mussolinis entwickelte, sich aber wegen der geographische Nähe zu Deutschland in den 30er Jahren als Ziel deutscher Flüchtlinge und Emigranten offengehalten hatte, bis man 1938 sich mehr gegen deutsche Flüchtlinge abschottete und 1942 alle Grenzen schloss. Andererseits fühlte sich die Schweiz, wo man sehr gute Kenntnisse über das deutsche Unrechtsregime besaß, ökonomisch in einer deutlichen Abhängigkeit von Deutschland, so dass der Handel mit dem großen Nachbarn ausgeweitet wurde, dafür aber auch die Bereitschaft wuchs, durch Kredite den deutschen Kauf von Waffen großzügig zu unterstützen. Auch erwarb man Gold von der deutschen Reichsbank, obwohl man wusste, dass dieses Geld auch von verfolgten Juden geraubt war.

Verhalten der neutralen Länder

Unter Hitlers Gegnern kam dem britischen Premierminister Winston Churchill eine besondere Rolle und historische Bedeutung zu. Nach dem Debakel der gescheiterten Landung im norwegischen Narvik im Mai 1940 und dem politisch-moralischen Scheitern der *Appeasement*-Politik seines Vorgängers Neville Chamberlain nach der Niederlage der Alliierten in Frankreich hatte er als Einziger durchgehalten und der deutschen Expansion beziehungsweise den Invasionsversuchen getrotzt. Das brachte ihm nach der Wende des Kriegs einen großen Vertrauensbonus ein, und zusammen mit dem amerikanischen Präsidenten Franklin D. Roosevelt entwickelte er gegen die nationalsozialistische Bedrohung eine politische Vision beziehungsweise eine politisch-militärische Strategie, die zunächst alle Kräfte für die Abwehr gegen Hitler mobilisierte – auch auf die Gefahr, dass durch diese Belastungen das britische Empire endgültig zerfallen würde. Seit der Atlantik-Charta vom August 1941 und der Konferenz von Casablanca konzipierten beide Staatsmänner, die auch im totalen Krieg in ihren Nationen die demokratischen Spielregeln grundsätzlich nicht außer Kraft setzten, das Gegenbild zur Herrschaft der Diktatoren und die Grundmuster einer internationalen politischen Neuordnung, bei der sie nach dem Dezember 1941 und vollends nach Stalingrad nicht mehr ohne Stalin planen konnten. Was jedoch im Krieg das Verhältnis der beiden Staaten und ihrer politische Führer vor allem ausmachte, war die enge Abstimmung in allen politisch-militärischen strategischen Fragen, auch wenn der Krieg letztend-

Churchill und Roosevelt

lich durch die überragende technische und wirtschaftliche Leistungsfähigkeit der USA entschieden wurde.

Während Hitlers Herrschaft und das Deutsche Reich, die nach außen völlig identisch waren, aber auch von der Mehrheit der Deutschen längst miteinander identifiziert worden waren, durch die militärische Niederlage, aber auch die Selbstauflösung der NS-Herrschaft und schließlich durch die vollständige Besetzung durch die Truppen der Sieger am 8. Mai 1945 durch die bedingungslose Kapitulation untergegangen war und Hitler sich durch Selbstmord am 30. April 1945 seiner Verantwortung entzogen hatte, ging der mörderische Krieg im Pazifik noch weiter und wurde erst durch den Abwurf von zwei amerikanischen Atombomben (6./9. 8. 1945) mit der japanischen Kapitulation auf dem Schlachtschiff „Missouri" am 2. September beendet. Damit fand auch ein autoritärer Militärstaat sein Ende, der mit dem Ziel, einen japanisch dominierten pazifischen Großraum zu errichten, seit 1931 die politische Ordnung in Ostasien durch Krieg und Gewalt völlig durcheinandergebracht hatte. Auch der japanische Militärstaat, der im Zeichen des Antikommunismus Hitlers Bündnispartner geworden war, hatte seinen militärischen Angriff auf China mit gewaltigen Massakern unter der chinesischen Zivilbevölkerung verbunden. Allein in Nanking wurden im Dezember 1937 über 200.000 Menschen getötet. In Nordchina brachten japanische Militärs 2,3 Millionen Menschen um. Anders als in Europa ging es im Fernen Osten nicht darum, eine bestimmte ethnische Gruppe umzubringen oder einen geplanten Vernichtungskrieg zu führen. Die grausamen Bestrafungsaktionen der Japaner durch systematische Misshandlungen und Tötungen von Kriegsgefangenen, systematisches Foltern, Deportationen und Vertreibungen waren Ausdruck eines Überlegenheitsgefühls des japanischen Nationalismus und der unbedingten Unterwerfungspolitik einer Militärkaste.

Krieg im Pazifik

Von den Vereinten Nationen zum Kalten Krieg

Die Folgen des Zweiten Weltkriegs für die internationale Politik wie für die europäischen Gesellschaften waren gewaltig. Einige Langzeitwirkungen wurden erst 1989 aufgehoben. Der Zweite Weltkrieg endete mit dem Niedergang des britischen Empire, Frankreich verlor seinen Status als *Grande Nation*, auch wenn nationale Politiker diese immer wieder beschworen. Die USA waren im Westen die einzige Weltmacht, und die Sowjetunion konnte sich nur unter riesigen Opfern als zweite Supermacht behaupten. In Ostasien brach zunächst der chinesische Bürgerkrieg, der von der japanischen Invasion überlagert worden war, wieder auf, doch er endete bereits 1949 mit dem Sieg von Mao Zedong und der Gründung der kommunistischen Volksrepublik China, die auf dem Sprung zur neuen Großmacht war. Am Ende des Krieges gelang es in einigen Regionen, einen Friedensvertrag zu vereinbaren: zwischen den Alliierten und Italien, Bulgarien, Rumänien, Ungarn und Finnland im Jahre 1947, später mit Japan (1951) und mit Österreich (1955). Ein

Folgen des Zweiten Weltkriegs

Friedensvertag mit dem besiegten Deutschland kam nicht zustande, lediglich die Beendigung des Kriegszustandes durch gegenseitige Erklärungen, da Deutschland als Völkerrechtssubjekt zunächst handlungsunfähig war. Bereits auf der Potsdamer Konferenz im August 1945, der letzten Kriegskonferenz, kam in der deutschen Frage kein gemeinsamer Beschluss der alliierten Sieger zustande, da die weltpolitischen Gegensätze schon sehr groß waren. Immerhin einigte man sich auf gemeinsame Richtlinien zur Behandlung Deutschlands als Ganzes, die sich freilich als Formelkompromisse herausstellten und in der Anwendung bereits die Frontlinien der politisch-gesellschaftlichen Gegensätze zwischen den Großen Vier erkennen ließen.

Dennoch fallen im Vergleich der zweiten Nachkriegszeit nach 1945 zur ersten nach 1918 die insgesamt günstigeren Ausgangsbedingungen auf, die sich nach der Katastrophe von 1945 ergaben. Die Welt hatte sich in der Zwischenkriegszeit und durch die Auswirkungen des globalen Krieges zwischen 1939 und 1945 grundlegend verändert. Dadurch waren die Ausgangsbedingungen für eine Neuordnung der Staatenwelt und der inneren Verfassungen günstiger als 1919. Die extreme Politisierung und Polarisierung, die 1917/1918 zu schweren Nachkriegskrisen geführt hatte, blieb in Europa und anderswo aus. Kaum jemand wollte in den Trümmerfeldern Mitteleuropas und angesichts der Millionen Menschen, die unbehaust umherziehen mussten, das Kriegserlebnis romantisch heroisieren. Es überwog vielmehr eine Stimmung des „Nie wieder Krieg“, was sich tatsächlich auch in der Grunderfahrung der europäischen Nachkriegsordnung, die nur noch Staaten ohne Krieg kennen sollte, auch fortsetzte. Das Bedürfnis, den Krieg in eine Bürgerkriegssituation zu verlängern, blieb ebenso unbekannt wie eine politische Mobilisierung und Radikalisierung der Enttäuschten und Entwurzelten, der Evakuierten und Flüchtlinge, der Opfer von Krieg und Verfolgung. Der Krater des Krieges war ausgebrannt, die Katastrophen von Zusammenbruch, Vertreibung und von Zerstörung waren so gewaltig und trafen so viele Menschen, dass die Suche nach Sündenböcken kaum aussichtsreich gewesen wäre. Die rasche wirtschaftliche Erholung führte zur gesellschaftlichen Konsolidierung und gab den wiedererstandenen Demokratien günstige Voraussetzungen.

Günstigere Ausgangsbedingungen

Auch war überall das Bemühen zu erkennen, im zweiten Anlauf eine Nachkriegsordnung zu schaffen, die die Lehren aus dem Scheitern der ersten Neuordnung 1918/1919 ziehen sollte. Das war bei der Neukonstruktion der Vereinten Nationen wie bei der Behandlung der Deutschen Frage zu erkennen. Roosevelt wollte vermeiden, dass die Neukonstruktion der Vereinten Nationen wieder zu einem Instrument der Kriegsallianz werden könnte. Stattdessen sollte eine wirkliche Weltregierung entstehen, und in der Vollversammlung, der Legislative, sollten auch die kleinen Staaten eine Stimme haben. Vor allem aber sollten die Vereinten Nationen die Vollmacht zur militärischen Intervention und Konfliktregelung bekommen, obwohl dazu auf Drängen der Sowjetunion die Einstimmigkeit des Sicherheitsrates erforderlich war. Schließlich sollte es einen Internationalen Gerichtshof geben, der Zwistigkeiten und Rechtsverstöße zwischen den Mitgliedsstaaten ver-

Neukonstruktion der Vereinten Nationen

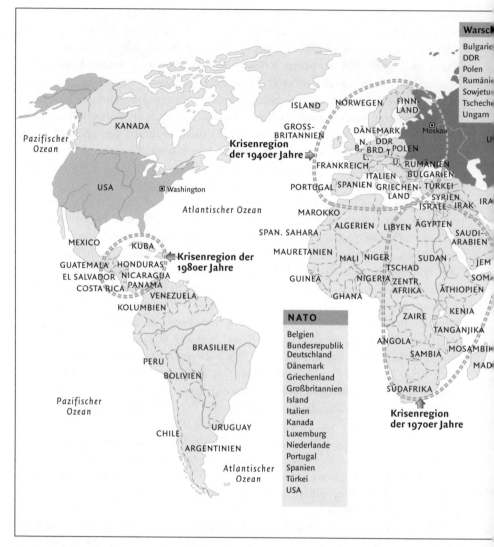

Die Bipolare Weltordnung.

handeln sollte. Solange es zwischen den Mitgliedern des Sicherheitsrates (China, Frankreich, Großbritannien und der Sowjetunion) Konsens gab, konnten die Vereinten Nationen eine mächtige Agentur zur Kontrolle internationaler Probleme und Konflikte sein.

Eben das wurde jedoch sehr bald mit der Verschärfung der Ost-West-Gegensätze und dem entstehenden Kalten Krieg weitgehend ausgeschlossen. Bereits im März sprach der britische Kriegspremier Churchill von einem Eisernen Vorhang, der an der Elbe heruntergegangen war. Die weltpolitische Konfliktlinie sollte quer durch

Deutschland gehen und die sich vertiefende deutsche Teilung von der Entwicklung der Ost-West-Politik abhängig machen. Die Sowjetunion formte die ost- und mitteleuropäischen Gebiete, die von der Roten Armee besetzt waren, nach sowjetischem Muster um. Überall zwischen Elbe und Bug wurden die nationalen politischen und gesellschaftlichen Führungsschichten, sofern sie den Krieg überlebt hatten, ausgeschaltet, die wiederentstandenen Parteien gleichgeschaltet, die Ministerien durch Kommunisten oder Sympathisanten besetzt, eine Bodenreform und Verstaatlichung von Banken und Industrie vorgenommen, um mit der Umwälzung der Gesellschaft auch die politische Macht der kommunistischen Parteien zu sichern und die Stabilität sowie die wirtschafts- und gesellschaftspolitische Homogenität des von Moskau dirigierten und zu seinen Gunsten ökonomisch ausgerichteten Ostblocks herzustellen. Die Sowjetisierung war Spiegelbild der inneren Situation der Sowjetunion und des gestiegenen Machtbewusstseins Stalins, aber auch Ausdruck des Sicherheitsbedürfnisses eines Landes, das an den Folgen des Krieges schwer zu tragen hatte und das durch Reparationen einen Teil der Schäden wiedergutgemacht wissen wollte. Umgekehrt fühlte sich auch der Westen bald nicht mehr den Verabredungen der Anti-Hitler-Koalition verpflichtet und begann mit der Konsolidierung seines Einflussbereichs sowie der Eindämmung des Kommunismus. Präsident Harry S. Truman legte auf die Nachricht kommunistischer Untergrundaktivitäten in Griechenland und in der Türkei in seiner Rede vom März 1947 die neue politische Doktrin fest, nach der jede Nation die Wahl zwischen Demokratie und kommunistischer Diktatur habe und sich im Falle einer Entscheidung für die Demokratie auf die Unterstützung durch die USA verlassen könne. Der amerikanischen Strategie des *Roll-back* folgte als ökonomische Ergänzung zur Stabilisierung der kriegs- und krisengeschüttelten Gesellschaften Europas der Marshallplan, der umfangreiche wirtschaftliche Hilfsmaßnahmen für Europa vorsah. Das Angebot, auch osteuropäische Länder könnten an diesen Maßnahmen teilhaben, wurde von der

Ost-West-Konflikt

Sowjetunion prompt zurückgewiesen und zeigte, wie tief der Riss bereits war. Auch Stalin ging bald von dem Gegensatz zum Westen aus und begann mit der Bildung des Kommunistischen Informationsbüros seinerseits, eine Propaganda- und Revolutionierungsaktion in Richtung Westen zu starten. Nach der Moskauer Zwei-Lager-Theorie standen sich nun zwei Systeme unversöhnlich gegenüber, das kapitalistische und das kommunistische Lager.

Aus der Vision der Vereinten Nation und eines unbeschränkten Warenaustausches in der Einen Welt, von der kurzfristig sicherlich die USA mit ihren Handels- und Kapitalüberschüssen profitiert hätten, war in kürzester Zeit eine Zweiteilung der Welt entstanden, die sich bald in einer militärisch-politischen Blockbildung um die beiden Supermächte herum niederschlagen sollte.

Über die Ursachen des Kalten Kriegs gab es seit seiner Entstehung viele Deutungen und Schuldzuweisungen. Sicher hat er seine Wurzeln bereits in der Zwischenkriegszeit, genauer in dem politisch-ideologischen Gegensatz, der sich mit der sozialrevolutionären Herausforderung durch die bolschewistische Revolution ergeben hatte. Doch war der daraus entstehende Gegensatz zwischen Demokratie und Diktatur in der Zwischenkriegszeit von machtpolitischen und nationalen Gegensätzen und Konflikten überlagert worden, und die faschistische Herausforderung mit ihrer tendenziellen „Allfeindschaft" (Ernst Nolte) gegen Kommunismus und Kapitalismus hatte zu der fragilen Anti-Hitler-Koalition geführt, die im Augenblick des weltpolitischen Sieges 1945 auch schon wieder zerbrach. Erst dann waren die Karten neu gemischt und die Bühne für den Ost-West-Gegensatz geöffnet, seitdem die Sowjetunion ihren Großmachtstatus behauptet und ausgebaut hatte. Das bedeutet auch, dass neben den ideologischen Gegensätzen zwischen den demokratisch-kapitalistischen und totalitär-kommunistischen Systemen, wie sie nach 1945 vor allem in den Hochzeiten des Kalten Krieges in einer gegenseitigen Propagandaschlacht mitunter holzschnittartig formuliert wurden, auch macht- und systempolitische Interessen und Gegensätze bei der Stabilisierung der eigenen Lager und der Ausdehnung der eigenen Interessensphäre über den Globus aufeinanderprallten, die erst die Auslösung und Schärfe des Gegensatzes erklären können. Lange galt es im Westen als ausgemacht, dass allein das sowjetische Expansionsstreben, das nach 1945 erst in der Sowjetisierung des eigenen Einflussbereichs, dann in weiteren Akten der politisch-ideologischen Unterminierung anderer Staaten zum Ausdruck kam, die alleinige Ursache des Konfliktes sei. Seit den ersten Phasen der internationalen Entspannung in den 1960er Jahren kamen unter westlichen Experten Zweifel an dieser monokausalen Deutung auf, da man einsah, dass die Sowjetunion durch den Krieg und seine Folgen viel zu geschwächt war, um nach der Weltherrschaft zu greifen und primär Interessen der eigenen Stabilisierung und Sicherheit hatte. Stattdessen kam die Gegenthese auf, dass die amerikanische Politik und vor allem die amerikanischen außenwirtschaftlichen Interessen den Konflikt provoziert hätten. Heute lässt sich sehr viel nüchterner feststellen, dass der Ost-West-Konflikt in seiner Genese ein Prozess der gegenseitigen Fehlwahrnehmung war, von politischen Weichenstellungen, die

Ursachen des Kalten Kriegs

den Interessen der anderen Seite nicht gerecht wurden, weil man auf beiden Seiten von einem missionarischen Eifer beseelt sowie von ideologischen Übersteigerungen verblendet war, was die Fortsetzung der sehr viel mühsameren Kooperationspolitik erschwerte. Es kam immer wieder, vor allem bei politischen Veränderungen und Umstürzen außerhalb des unmittelbaren Machtbereichs der beiden Kontrahenten und als Reaktion auf technologische Erfolge und mögliche Vorteile der anderen Seite (Atombombe, Eroberung des Weltraums) zu einer Eskalation der Ängste, und darauf reagierte die andere Seite mit Präventivmaßnahmen. Strategische Pläne und Schlagworte wie „Strategie der Abschreckung", „Gleichgewicht des Schreckens" und „atomare *Overkill*-Kapazität" spiegeln diese Eskalation der Drohungen und der Ängste, die dann ihren Niederschlag in den gewandelten militärstrategischen Konzepten und Aktionen der beiden feindlichen Blöcke und Militärsysteme fanden.

Nachdem Truman im März 1947 die neue amerikanische Strategie in Umrissen festgelegt hatte, verwandelte sich im Jahr 1947 auch Stalins Taktik. Nach dem gescheiterten Versuch, Einfluss auf die Politik des gesamten europäischen Kontinents zu behalten, konzentrierte sich Moskau ganz auf die Konsolidierung des sowjetischen Herrschaftsbereichs. Bis zum Jahresbeginn 1947 hatten die kommunistischen Parteien in Osteuropa wie in einzelnen Staaten des Westens, wenn auch in unterschiedlicher Stärke, Koalitionsregierungen angehört. In Italien und Frankreich zerbrachen diese Koalitionen, und die dortigen kommunistischen Parteien, deren Stärke sich aus der jeweiligen nationalen Tradition des Widerstandes gegen Faschismus und NS-Herrschaft, aber auch aus den sozialen Krisen der Nachkriegsnot ableitete, gingen (für immer) in die Opposition. Im Osten wurden unter sowjetischem Druck und mit massiver Gewalt Einparteienherrschaften unter kommunistischer Führung eingerichtet. Als die Sowjets und ihre nationalen kommunistischen Gefolgsleute aus der Einsicht, dass sie bei freien Wahlen keine Mehrheiten erzielen würden, unter gewaltsamer Verletzung demokratischer Institutionen ein kommunistisches Parteiregime in der Tschechoslowakei errichteten, weckte das im Westen wiederum neue Ängste vor einer weiteren Expansion der Sowjets und führte zu Abwehrreaktionen mit weitreichenden Folgen. Im März 1948 unterzeichneten England, Frankreich, Belgien, die Niederlande und Luxemburg einen Militärpakt in Brüssel. Während der Blockade Berlins entstand daraus der Nordatlantikpakt, der im April 1949 in Washington unterzeichnet wurde. Mit der Gründung der NATO engagierte sich die amerikanische Politik, ganz im Gegensatz zur ersten Nachkriegszeit, langfristig militärisch und politisch in Europa. Damit hatten die USA zugleich sichtbar die Führungsrolle und auch die imperialen Ansprüche und Aufgaben übernommen, die einst von Großbritannien beansprucht worden waren. Das bedeutete auch die Abkehr von einem amerikanischen politischen Selbstverständnis, das freihändlerisch und antikolonialistisch ausgerichtet war.

Ausbreitung des Kommunismus

Schlüssel zur europäischen Sicherheit und Nahtstelle des Ost-West-Konflikts war spätestens seit 1948 Deutschland, dessen Teilung sich mit der Zunahme der Ost-West-Spannungen vertiefte. Deutschland hatte nach 1945 seine Souveränität verloren

und unterstand der Viermächtekontrolle der Alliierten, die sich zunächst noch darin einig waren, dass von Deutschland nie wieder eine Bedrohung des Friedens ausgehen dürfe. Briten und Amerikaner zeigten sich darum auch bereit, die Übertragung der deutschen Ostgebiete an Polen hinzunehmen, mit denen Stalin die Polen für den Verlust eigener Territorien in Ostpolen entschädigen und in einem Abhängigkeitsverhältnis zur Sowjetunion halten wollte. Ein Versuch, diese Grenzziehung zu verändern, wäre überdies an den realen Machtverhältnissen gescheitert und hätte neue Konflikte hervorgerufen, da das Gebiet östlich von Oder und Neiße wie auch die sowjetische Zone Deutschlands längst von der Roten Armee seit dem Frühjahr 1945 besetzt war.

Deutschland: Nahtstelle des Konflikts

Auch die Deutschlandpolitik Stalins war von einer widersprüchlichen Strategie bestimmt. Auf lange Sicht träumte er sicherlich noch den Traum Lenins von einem kommunistischen Deutschland als Schlüssel zu einem kommunistischen Europa, doch im Augenblick hielt er sich an das Machbare und damit an die Konsolidierung seines Herrschaftsbereichs, wie ihn die Rote Armee erobert hatte. Ob der Traum vom kommunistischen Deutschland auch den vorübergehenden Verzicht auf eine sowjetisierte Besatzungszone in der späteren DDR beinhaltete und sogar die Bereitschaft impliziert hätte, ein neutrales und demokratisches Gesamtdeutschland (ohne die Gebiete östlich von Oder und Neiße) zu akzeptieren, bleibt auch heute noch schwer zu durchschauen und damit offen. Stalin war einstweilen vor allem an Reparationsleistungen aus Deutschland, vor allem seiner industriellen Kerngebiete (die in den Westzonen lagen), interessiert. Darum wollte er unbedingt durchsetzen, dass Deutschland nach wie vor als Einheit – trotz der vier bestehenden Besatzungszonen – von einem Alliierten Kontrollrat verwaltet werden sollte, um damit umgekehrt auch den Zugriff auf den Westen und seine Ressourcen zu behalten. Hier lag der eigentliche Konfliktpunkt, der die deutsche Teilung vertiefen sollte. Jeder Schritt des Westens, die eigenen Besatzungszonen administrativ und politisch zusammenzulegen – etwa durch die Gründung der Bizone zwischen den USA und Großbritannien – und für den deutschen wirtschaftlichen Wiederaufbau als Voraussetzung einer europäischen Wohlstands- und Stabilitätszone zu sorgen, musste die Abtrennung von der östlichen Besatzungszone verstärken und das Misstrauen der Sowjets erhöhen. Darum reagierten die Sowjets auf die Währungsreform im Westen (Juni 1948), die Vorbedingung für einen wirtschaftlichen Wiederaufbau war, mit der Berlin-Blockade, die die Westmächte mit der technisch-administrativen Großanstrengung der Luftbrücke beantworteten, indem sie für elf Monate West-Berlin aus der Luft versorgten. Damit demonstrierten die Westalliierten nicht nur ihren Willen, die wirtschaftliche Erholung Deutschlands zu unterstützen, sondern sie trugen zu einem dramatischen Wandel der öffentlichen Meinung in den USA wie in Deutschland bei, die ihren wechselseitigen Standpunkt voneinander deutlich korrigierten. Vor allem in Berlin erschienen die Amerikaner nun nicht mehr als Besatzungs-, sondern als Schutzmacht, und die wachsende ökonomische Leistungsfähigkeit des Westens machte West-Berlin im Wettbewerb der Systeme bald zu einem Schaufenster nach Osten.

Deutschlandpolitik Stalins

Von der Erfahrung der Berlin-Blockade führte überdies ein direkter Weg zur Gründung der Bundesrepublik, obwohl noch viele Westdeutsche darin einen weiteren vermeidlichen oder unvermeidlichen Schritt zur deutschen Teilung sahen. Doch überwog allmählich die Einsicht in den von den politischen Rahmenbedingungen gegebenen Vorrang einer Sicherung demokratischer Freiheiten vor einer wünschbaren, möglicherweise aber sicherheitsgefährdenden Einheit. Nach der Gründung der Bundesrepublik Deutschland im Mai 1949 folgte sehr schnell die Gründung der Deutschen Demokratischen Republik im Osten. Die sowjetische Besatzungsmacht und die schon seit 1946 zu einer sozialistischen Einheitspartei (SED) vereinigten Kommunisten und Sozialisten in der SBZ/DDR folgten damit der seit einigen Jahren üblichen Taktik, eigene deutschlandpolitische Entscheidungen und Weichenstellungen nach außen immer als Reaktion auf einseitige Maßnahmen des Westens darzustellen, während tatsächlich entsprechende Schritte – von der Zentralisierung der Verwaltung über die Gleichschaltung des Parteiensystems bis zur Militarisierung der Sowjetischen Besatzungszone – schon längst im Osten eingeleitet waren.

BRD und DDR

Mit der Bildung der beiden deutschen Staaten waren die Grundlagen der Nachkriegswelt geschaffen und in Ost und West für lange Zeit festgelegt. Im Westen bildeten und festigten sich parlamentarische Demokratien, im Osten entstanden kommunistische „Volksdemokratien", die hinter einem demokratischen Scheinsystem eine Parteidiktatur stalinistischen Musters verbargen. Doch während im Westen die Wirtschaft seit den frühen 1950er Jahren rasch in Schwung kam, war das Wachstum im Osten äußerst bescheiden. Die Wohltaten des Wirtschaftswunders erreichten im Westen schrittweise durch zunehmende Vollbeschäftigung und steigende Löhne wie durch verbesserte Gesundheits- und Sozialleistungen immer weitere gesellschaftliche Schichten, während im Osten die Interessen von Arbeitern und Konsumenten denen des Staates untergeordnet wurden.

Mit der Festigung der politischen Systeme in West und Ost verbunden war der Ausbau der beiden Militärsysteme der NATO und des Warschauer Paktes, deren Gegensatz die Welt bis 1989 bestimmen sollte. Beide kollektiven Bündnisse spiegelten die jeweiligen inneren politischen Verfassungen und unterschieden sich in vielen Punkten von politisch-militärischen Bündnissen früherer Jahrzehnte. Neben ihrer permanenten Kommandostruktur, die auch in Friedenszeiten bestand, waren sie vor allem durch ihre enge Verflechtung militärischer Ziele mit ideologischen, ökonomischen und gesellschaftpolitischen Strukturen und Interessen charakterisiert. Sie dienten überdies beiden Weltmächten zur Absicherung ihrer Hegemonialansprüche nach innen und außen. Angesichts der tiefen Polarisierung und Bedrohung der Sicherheitslage erschien es den Mitgliedstaaten der beiden Bündnisse kaum sinnvoll und möglich, den jeweiligen Block zu verlassen. Drohenden innenpolitischen Veränderungen in den Mitgliedstaaten wurde auf je unterschiedliche und systemspezifische Weise begegnet. Während die Sowjetunion, was charakteristisch für ihr Politikverständnis war, in der Regel schnell auf offene militärische Interventionsmaßnahmen zurückgriff und Truppen einsetzte, wie beim

Gegensätze von NATO und Warschauer Pakt

Neue unabhängige Nationen
Kolonialbesitzungen (1953)
Ort und Zeitraum von Kolonial- und Bürgerkriegen (1945–53)
Gebiete unter kommunistischer Kontrolle bis 1938

Kolonial- und Bürgerkriege in Südostasien.

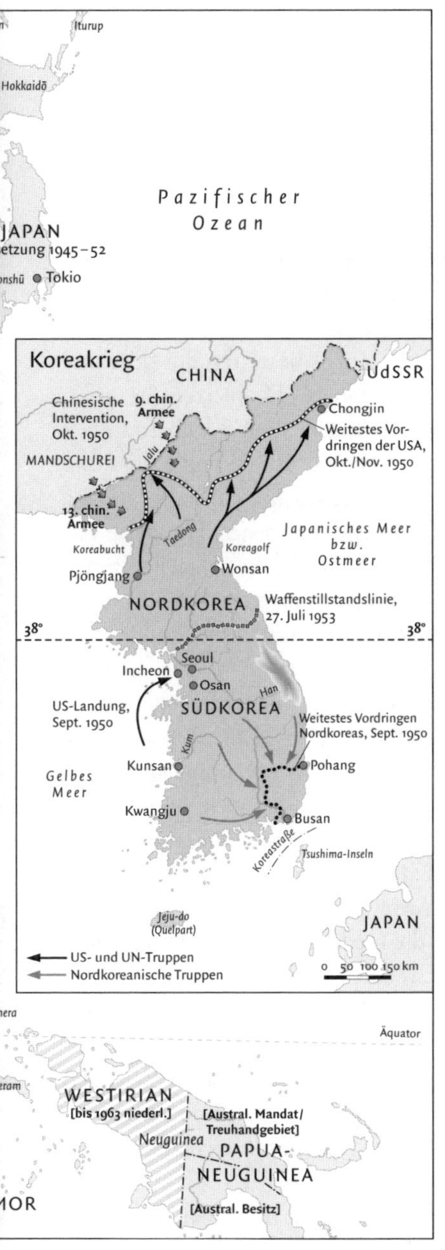

Arbeiteraufstand im Juni 1953 in der DDR oder bei der Intervention der Warschauer-Pakt-Staaten in der ČSSR zur Verhinderung der inneren Reformen in der Folge des Prager Frühlings im August 1968, beschränkten sich die USA und ihre Geheimdienste auf sehr viel subtilere Maßnahmen und Warnungen, etwa im Falle Italiens, wo in den 70er Jahren Tendenzen eines Eurokommunismus im Falle einer Regierungsbeteiligung der Kommunistischen Partei zu einer Aufkündigung der italienischen Bündnisverpflichtungen hätten führen können.

Während die NATO im April 1949 in Washington endgültig gegründet wurde, schob die Sowjetunion ihre Gegenaktion der Gründung des Warschauer Paktes offiziell auf das Jahr 1955 hinaus, während militärstrategisch und technisch schon längst eine intensive Bewaffnung und Unterstellung der osteuropäischen Truppen unter das Kommando der Roten Armee stattgefunden hatte, an dem sich auch danach nichts ändern sollte. Mit dem Warschauer Pakt reagierte die Sowjetunion demonstrativ auf die Einbeziehung der Bundesrepublik in die NATO und damit auch auf die deutsche Wiederbewaffnung, die in den Jahren zuvor für heftige innenpolitische Kontroversen in der Bundesrepublik und für politisch-propagandistische Lockangebote beziehungsweise Störmanöver aus Moskau gesorgt hatte. Mit der Integration der nunmehr teilsouveränen Bundesrepublik in die NATO war zugleich die wirtschaftliche Integration in die Europäische Gemeinschaft verbunden und die erste Etappe der Westintegration der Bundesrepublik abgeschlossen. Die Rückgabe einer – wenn auch eingeschränkten – Souveränität an die Bundesrepublik zehn Jahre nach Kriegsende war sicherlich eine Anerkennung der wichtigen Rolle, welche die Bundesrepublik in der westeuropäischen Sicherheitsgemeinschaft spielen sollte. Aber auch die wirtschaftliche Integration von der Montanunion (1952)

Integration der Bundesrepublik

bis zur Europäischen Wirtschaftsgemeinschaft (1957) war ebenso wie die militärische Einbindung der jungen Bundesrepublik gerade angesichts ihrer früher bedrohlich wirkenden wirtschaftlichen Stärke und ihrer wechselvollen Militärtradition ein Akt der Kontrolle durch Integration, die die Phase einer direkten politischen Kontrolle ablöste. Die Bundesrepublik verpflichtete sich darum im Deutschlandvertrag vom 5. Mai 1955 auf die demokratischen Werte sowie die Westintegration und akzeptierte das Recht der früheren Besatzungsmächte, weiterhin Truppen auf ihrem Boden zu stationieren, die nun nicht mehr Besatzungstruppen, sondern Bündnistruppen waren.

Der Kalte Krieg hatte in Europa begonnen, aber er erfasste auch Asien. Der Konflikt entzündete sich – ähnlich wie in Europa – in Ländern, die im Zweiten Weltkrieg besetzt und umkämpft waren. Nach der Kapitulation Japans besetzten die USA und die Sowjetunion Teile des japanischen Reiches: Die Sowjets okkupierten die Mandschurei und die nördliche Hälfte der koreanischen Halbinsel, die USA übernahmen die Kontrolle über die japanischen Hauptinseln, die südliche Hälfte von Korea und die pazifischen Besitzungen. Die Alliierten zwangen Japan zur Entwaffnung, stellten die Hauptkriegsverbrecher vor Gericht, während die Sowjets Hunderte von japanischen Offizieren und Beamten hinrichteten oder in Arbeitslager verschleppten. Die amerikanische Besatzung brachte dem Land neben materieller Unterstützung eine neue demokratische Verfassungsordnung und versuchte, durch wirtschaftliche Initiativen eine stabile soziale Mittelschicht heranzubilden, die – letztlich erfolgreich – zur Stabilisierung der neuen Ordnung beitragen sollte. In allen anderen asiatischen Ländern waren weder Frieden noch Demokratie so leicht zu installieren. Die japanische Besetzung hatte in vielen Ländern Asiens einen Nationalismus entfacht, der sich nun in nationale Befreiungsbewegungen gegen die noch verbliebenen oder zurückgekehrten Kolonialmächte, Frankreich und die Niederlande, richtete, die ihre alten Besitzansprüche mit aller Härte zu verteidigen versuchten.

Der Kalte Krieg in Japan

Bereits während des Kampfes von Ho Chi Minh gegen Frankreich hatte eine andere nationale Befreiungsbewegung erfolgreich die niederländische Kolonialmacht aus Indonesien vertrieben und in einem weit verzweigten Inselreich einen Staat gegründet, dessen staatliche Identität erst durch die niederländische Herrschaft entstanden war.

Während die britische Regierung es in Asien wie in Afrika schaffte, in einem relativ gewaltfreien und geregelten Übergang ihre Kolonien nach dem Ende des Zweiten Weltkriegs in die Unabhängigkeit zu entlassen, verpasste Frankreich zunächst in Indochina und später in Algerien den geeigneten Zeitpunkt. Zwar gab es in Indochina schon in der Zwischenkriegszeit erste Ansätze zur Erlangung der Unabhängigkeit, doch wurden die politischen Verhältnisse mit der japanischen Invasion erst einmal durcheinandergebracht. Nach dem Ende der japanischen Besetzung rief Ho Chi Minh, marxistischer Führer der Befreiungsbewegung *Viet Minh*, die „Demokratische Republik Vietnam" aus, doch wurden Hos Anhänger von westalliierten Truppen sehr bald aus dem Süden des Landes vertrieben. Frankreich schickte eigene Truppen ins Land und zwang vorerst die Truppen des *Viet*

Vietnam und Kambodscha

Der vietnamesische Revolutionär und Politiker Ho Chi Minh 1946.

Minh in die Defensive. Es folgte ein blutiger Guerilla-Krieg, in dem der *Viet Minh* immer weiter vorrückte und nach fast acht Jahren Krieg in einer siegreichen Schlacht bei Dien Bien Phu am 7. Mai 1954 Frankreichs Herrschaft in Indochina beendete. Auf der Genfer Vietnam-Konferenz wurde das Land in einen kommunistischen Nordstaat und einen kapitalistisch-autoritären Südstaat geteilt – Laos und Kambodscha wurden unabhängig. Die versprochenen Wahlen in Südvietnam fanden nicht statt, es etablierte sich vielmehr eine Militärherrschaft unter General Ngo Dinh Diem. Mit der Teilung Vietnams, welche die *Viet Minh* ablehnten, setzte sich der nun immer mehr von den USA getragene Bürgerkrieg zunächst durch Militärberater, später durch den Einsatz eigener Truppen fort. Nach zwei weiteren, von Krieg gekennzeichneten Dekaden gelang es den Nordvietnamesen, ihren Traum von der Einheit des Landes zu verwirklichen und den USA die erste schwere Niederlage mit heftigen Rückwirkungen auf die politische Kultur der USA und die Weltöffentlichkeit beizubringen. Der Kalte Krieg hatte dazu geführt, dass auch der Vietnamkrieg politisch und propagandistisch zu einem internationalen Konflikt zwischen dem freien Westen und dem kommunistischen Osten wurde und die USA mit dem Verweis auf die Domino-Theorie den Krieg mit dem Anspruch verbanden, die Ausbreitung des Kommunismus weltweit zu verhindern, obwohl die Spannungen und Risse innerhalb des

Ostblocks zwischen der Sowjetunion und China längst erkennbar waren. Nachdem die Antikriegspropaganda die USA tief gespalten hatte und die US-Armee bei der Tet-Offensive 1968 schwere Verluste hinnehmen musste, blieb nur noch eine Frage, wie sich die USA ohne größeren politischen Schaden aus diesem verlustreichen Krieg herausziehen könnten, was 1973 umgesetzt wurde. Südvietnam musste schließlich 1974 kapitulieren, Vietnam wurde „Sozialistische Republik", und auch die Nachbarstaaten Laos und Kambodscha gerieten unter kommunistische Herrschaft. In Kambodscha brachte die Schreckensherrschaft der Roten Khmer die völlige Zerstörung der Zivilisation und kostete zwischen 1975 und 1979 über drei Millionen Menschen das Leben, davon knapp die Hälfte der Einwohner Kambodschas.

Der Kalte Krieg hatte sich gleichzeitig in den frühen 1950er Jahren, nun unter Einsatz von Nuklearwaffen, fast an der Nordostflanke Asiens zu einem dritten Weltkrieg ausgeweitet. Truppen des kommunistischen Nordkorea überschritten am 25. Juni 1950 mit starker Unterstützung der Sowjetunion und Chinas die Demarkationslinie am 38. Breitengrad nach Süden. Für den Westen war damit der Beweis für den aggressiven Charakter des kommunistischen Blocks evident. In den Vereinten

Der Koreakrieg

Nationen gelang es den USA, ein Mandat für einen Militäreinsatz zu erhalten. In einem dreijährigen Krieg schafften es die Nordkoreaner mit der Unterstützung chinesischer Truppen, die Amerikaner – nach deren anfänglichen militärischen Erfolgen – zunächst auf den 38. Breitengrad zurückzudrängen und dann in einen Stellungskrieg zu zwingen. Im Waffenstillstand wurde der Staus quo wiederhergestellt, das Land bleibt bis heute geteilt. Zu den heftigen politischen Rückwirkungen des Koreakriegs gehörten die Ankündigung der Wiederbewaffnung der Bundesrepublik gut fünf Jahre nach Kriegsende und ihre schrittweise Einbindung in die westeuropäische Gemeinschaft.

Während sich die antagonistischen Lager auf der Welt ausweiteten und dies zu erbitterten politisch-propagandistischen Stellungskämpfen führte, in die immer mehr Länder hineingezogen wurden, entstand eine Bewegung der Blockfreien Staaten mit Jugoslawien an der Spitze, dessen kommunistischer Staatsführer Josip Broz Tito – durch seine aktive Rolle in der Partisanen-Bewegung hinreichend legitimiert – sich

Blockfreie Staaten

schrittweise von Moskau lossagte und einen eigenen „dritten Weg" zum Sozialismus unter vorsichtiger Öffnung zum Westen proklamierte. 1955 trafen sich auf Anregung des indischen Ministerpräsidenten Jawaharlal Nehru Vertreter 23 asiatischer und sechs afrikanischer Staaten auf der Insel Java zu einem Gipfeltreffen der Blockfreien, deren Hauptziel es war, sich nicht in den Ost-West-Konflikt hineinziehen zu lassen. Eine einheitliche politische Linie, die darüber hinausging, konnte man allerdings nicht finden. Dazu war und blieb die Bewegung politisch zu heterogen.

Der zweite Frühling der Demokratie

Die Überwindung der europäischen Krise vollzog sich – im Unterschied zur Zwischenkriegszeit – unter veränderten weltpolitischen Bedingungen und orientierte sich nun an Leitvorstellungen aus den USA oder der Sowjetunion, den beiden Siegermächten. Dabei wirkten die tiefgreifenden Veränderungen der internationalen Lage Europas, das nun endgültig seine globale Führungsrolle verloren hatte, unmittelbar auf die inneren Strukturen von Politik, Wirtschaft und Gesellschaft der europäischen Länder zurück. Damit eng verbunden waren die sozioökonomischen und kulturellen Wandlungen, die sich indirekt durch die Abschleifung alter Strukturen in den Zusammenbruchs- und Trümmergesellschaften vor allem Mitteleuropas, aber auch als Folge des Rückzugs von europäischen Mächten aus den ehemaligen kolonialen Herrschaftsgebieten ergeben hatten und die für eine Politik der Industrialisierung und Modernisierung durchaus förderlich waren. Das wiederum wirkte sich stabilisierend auf die Demokratiegründungen beziehungsweise die Regeneration der westlichen Demokratien aus. Mit der Auflockerung alter gesellschaftlicher Strukturen und Milieubindungen wuchsen beispielsweise die Chancen für eine Entideologisierung und Pluralisierung der Politik. Dadurch wuchs die Kooperationsfähigkeit ursprünglicher antagonistischer sozialer und politischer Gruppen, was durch die Verstärkung und Ausweitung sozialstaatlicher Sicherheits- und Leistungsangebote entscheidend unterstützt wurde. So gelang beispielsweise die Eingliederung von knapp zehn Millionen Flüchtlingen und Vertriebenen in der Bundesrepublik, aber auch die von französischen oder britischen Staatsbürgern bei ihrer Rückkehr aus den Kolonien, ohne dass dadurch eine nennenswerte politische Radikalisierung entstanden wäre.

Veränderung innerer Strukturen

Das Regierungssystem der parlamentarischen Demokratie, das in der Zwischenkriegszeit schwer erschüttert und zu einem großen Teil zerstört worden war, zeigte sich – auch durch die Initiative und Assistenz der Westalliierten und ihrer wirtschaftlichen Stützungsmaßnahmen – wiederbelebungsfähig und erwies sich auch dort, wo es unpopulär beziehungsweise kaum implementiert war, auf die Dauer als attraktiv. Die raschen Erfolge bei der Wiedererlangung der Souveränität der Bundesrepublik Deutschland und – umgekehrt – bei ihrer Einbindung in ein europäisches Sicherheits- und Wirtschaftssystem haben diesen Prozess verstärkt und einen Rückfall in einen aggressiven Nationalismus und auch dank der supranationalen Einbindungen eine Wiederholung der Systemkrisen verhindert.

Wiederbelebung der Demokratie

Unabhängig von allen nationalen Traditionen der jeweiligen politischen Kulturen und den spezifischen politisch-geographischen Konstellationen der einzelnen Länder gab es in der inneren Entwicklung der westeuropäischen Demokratien gemeinsame Merkmale, die sich aus einer kollektiven politisch-ideengeschichtlichen Geschichte wie aus den sich verändernden und zunehmend homogenisierend wirkenden Rahmenbedingungen moderner technischer und industrieller Zivilisationen und Massenkulturen ergeben. Es entstanden erstens mit den christlichen Parteien

überall – teils in Fortführung früherer Parteistrukturen, teils in bewusster Öffnung zu anderen Konfessionen – bürgerliche Sammlungsbewegungen mit einer deutlichen Öffnung zur Arbeiterschaft. Daneben verkörperten zweitens sozialdemokratische oder sozialistische Parteien ein Element der Kontinuität im Parteiensystem, nur dass sie nun in der Regel eine erhebliche politische Stärkung erlebt hatten, zugleich sich aber nach wie vor auf dem linken Flügel von kommunistischen Parteien herausgefordert fühlen mussten. Das galt nur für die Bundesrepublik nicht, weil die kommunistische Partei gleichsam in die DDR ausgewandert war und umgekehrt die Existenz der DDR für die Bundesrepublik sowie die dortige politische Linke ein abstoßendes Beispiel der Stalinisierung und des Freiheitsverlustes beziehungsweise der Planwirtschaft darstellte. Drittens erfuhr die politische Rechte durch die Erfahrung von Faschismus und Nationalsozialismus eine erhebliche politische Diskreditierung, was entsprechende Parteigründungen immer wieder an den politischen Rand brachte oder zu einem Anpassungsprozess zwang.

Gemeinsame Merkmale in der Demokratieentwicklung

Nach den anfänglichen Erfolgen der politischen Linken, etwa mit dem Wahlsieg der Labour-Partei im Juli 1945, und der Regierungsbeteiligung von Sozialisten und Kommunisten in Frankreich und Italien haben sich die politischen Gewichte angesichts der Konsolidierung von Wirtschaft und Gesellschaft, aber auch als Kontrast zu den Ländern hinter dem Eisernen Vorhang mehr in die Mitte und nach rechts verschoben. Mit dem Aufstieg der christlich-demokratischen Parteien in Westeuropa bildete sich der neue Typus der Volkspartei der Mitte heraus, die nach allen Seiten koalitionsfähig war und vor allem bürgerliche Schichten integrieren konnte, die teilweise durch die faschistisch-nationalistische Versuchung, der sie allzu sehr erlegen waren, diskreditiert waren oder einer pluralistischen Demokratie ursprünglich ablehnend gegenüberstanden. Schließlich zeigten sich gerade die Parteien der bürgerlichen Mitte, wie schon vorher die Parteien der demokratischen Linken, als überzeugte Anhänger und Verfechter einer supranationalen europäischen Politik oder zumindest einer europäischen Integration.

Volkspartei der Mitte

Vergleicht man die Unterschiede und die Vielfalt, die trotz dieser gemeinsamen Entwicklungslinien in den ersten Jahrzehnten der Nachkriegszeit in den einzelnen Ländern Westeuropas bestanden, mit der mittlerweile nach fünf Jahrzehnten eingetretenen Situation der politischen und sozialen Kulturen, dann werden die starken Wandlungsvorgänge erkennbar, die überall stattgefunden haben. Auch wenn die Not und die physische wie die kulturelle beziehungsweise mentale Zerstörung in Westeuropa nach 1945 trotz aller Unterschiede zu den Trümmerlandschaften deutscher Städte ebenfalls sehr groß waren, gab es doch den entscheidenden Unterschied einer festen nationalen Orientierung in den intakten Nationalstaaten Westeuropas zur besonderen Situation des geteilten Deutschland, wo zusätzlich zu den ideologischen Schuttbergen der Vergangenheit viele offene Fragen nach der künftigen Staatlichkeit, ihrer Verfassung und ihrer Identität anstanden und für gut zwei Jahrzehnte die politischen Debatten bestimmten. Umso auffälliger ist der Kontrast in der parteipolitischen Stabilität zwischen Frankreich und Deutschland: Bildeten sich jenseits des

Rheins bald sehr stabile politische Mehrheitsverhältnisse heraus, so war Frankreich anfangs ein politisch und kulturell zerrissenes Land, in dem eine Art Bürgerkrieg zwischen den ehemaligen Kollaborateuren und den Mitgliedern der *Résistance* herrschte, der sich in gewalttätigen Säuberungsaktionen vor allem gegen Frauen entlud, die man der sexuellen Kollaboration bezichtigte, aber auch gegen die gesellschaftlichen Eliten und Regierungsvertreter gerichtet war, denen man staatlich-administrative Kollaboration vorwarf. Die Provisorische Regierung unter General Charles de Gaulle und auch seine Nachfolger versuchten, die gefährlichen Risse in der französischen Gesellschaft durch das Beschwören einer nationalen Größe zu kitten, was freilich nur mäßigen Erfolg zeigte. Denn das politische System der Vierten Republik war von häufigen Regierungskrisen und Koalitionswechseln getroffen, was schließlich zu einer blockierten Gesellschaft und Politik führte, die immer weniger die großen Probleme des Landes bei der Modernisierung, aber auch bei der Lösung der Dekolonisation und der Integration der Franzosen, die aus den Kolonien kamen, anging.

Parteipolitische Stabilität in Frankreich und Deutschland

Die politischen Mehrheitsverhältnisse in Frankreich blieben lange kompliziert. Das Parteiensystem wie die Gewerkschaften waren dreigeteilt: Kommunisten und christlich-bürgerliche Volksrepublikaner (MRP) bildeten zusammen mit den etwas schwächeren Sozialisten drei Blöcke, unter denen die christlich-demokratische Sammlungsbewegung neben bürgerlich-konservativen Schichten unter Berufung auf die Tradition des Widerstandes auch liberale und linke Kräfte anziehen konnte. Nach dem Ausscheiden der Kommunisten aus den Regierungskoalitionen und dem Niedergang der Sozialisten konnte die MRP unter Robert Schuman in den 50er Jahren eine europäische Politik betreiben und dafür eine wachsende Unterstützung aus der Gesellschaft bekommen, bis die Partei angesichts der vielfältigen Probleme, vor denen das Land stand – von den Kriegen in Indochina und Algerien bis zur Modernisierung des Landes –, zwischen zwei Systemgegnern, den Kommunisten von links und den nationalistischen Gaullisten von rechts, zerrieben wurde. Die Folge der dadurch entstandenen häufigen Regierungskrisen war eine Destabilisierung, die 1958 zu einem dramatischen Machtwechsel und zur Rückkehr de Gaulles in die Regierungsverantwortung führte. Doch gelang es ihm, die bonapartistische nationalistische Militärtradition, die er verkörperte, mit einer starken präsidialen Demokratie zu verbinden und die putschbereite Armee wieder zu beruhigen. Die von de Gaulle schließlich geschaffene Fünfte Republik sollte sich, nachdem die verschiedenen Integrationsprobleme gelöst waren, als eine stabile und modernisierungsfähige Ordnung erweisen, die freilich noch immer auf eine Politik nationaler Größe setzte, um von innenpolitischen Problemen abzulenken.

Parteiensystem in Frankreich

Auch in Belgien hatten die deutsche Besatzungsherrschaft und die Kollaboration ihre Spuren hinterlassen. Die politischen Säuberungen verbanden sich dort zusätzlich mit dem alten Konflikt zwischen Flamen und Wallonen und stellten zudem die Legitimation des Könighauses in Frage. Erst mit dem Thronverzicht König Leopolds III. zugunsten seines Sohnes, Baudouins I., konnte der Streit beendet und das Land be-

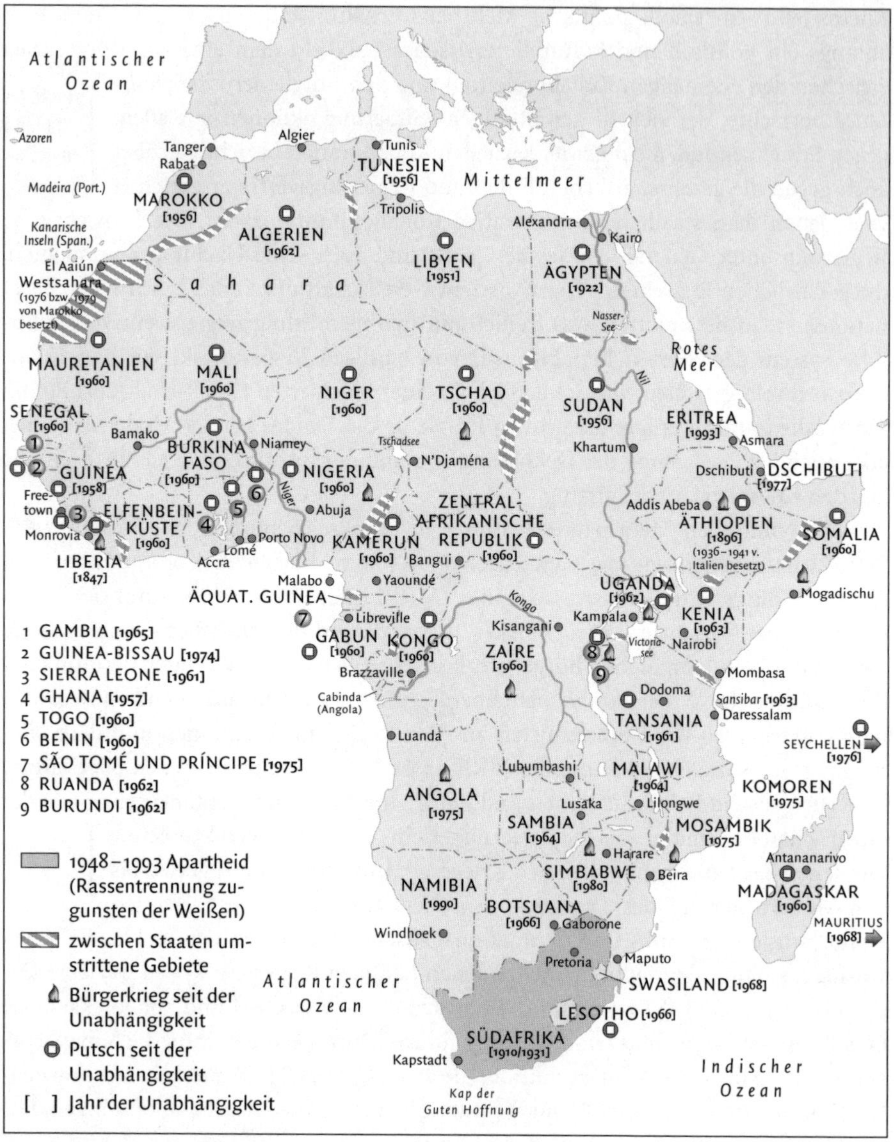

1 GAMBIA [1965]
2 GUINEA-BISSAU [1974]
3 SIERRA LEONE [1961]
4 GHANA [1957]
5 TOGO [1960]
6 BENIN [1960]
7 SÃO TOMÉ UND PRÍNCIPE [1975]
8 RUANDA [1962]
9 BURUNDI [1962]

1948–1993 Apartheid (Rassentrennung zugunsten der Weißen)
zwischen Staaten umstrittene Gebiete
Bürgerkrieg seit der Unabhängigkeit
Putsch seit der Unabhängigkeit
[ ] Jahr der Unabhängigkeit

Unabhängigkeitsprozesse in den afrikanischen Staaten.

Diktaturen in Südamerika.

Politische Säuberungen in Belgien und Italien

ruhigt werden. Noch komplizierter waren die politischen Säuberungen und der Übergang in die Nachkriegsdemokratie in Italien, wo erst mit der Stilisierung der *Resistenza* zu einer zweiten Nationalbewegung ein tragfähiger Mythos beziehungsweise ein politischer Konsens hergestellt werden konnte, der zwar die tragischen und widersprüchlichen Aspekte der italienischen Widerstandsbewegung verdeckte, aber den Übergang in eine parlamentarische Demokratie und deren Stabilisierung unter christdemokratischer Führung erleichterte. Auch hier haben zahlreiche Regierungskrisen und anhaltende ökonomische und soziale Strukturprobleme, die durch die Nord-Süd-Differenzen noch verstärkt waren, die innere Modernisierung des Landes erschwert. Erst eine verstärkte Hinwendung nach Europa förderte den wirtschaftlichen Aufschwung des Landes, dessen Früchte aber sehr ungleichmäßig verteilt blieben und keineswegs zum Abbau sozialer Spannungen führten. So entstand auch im italienischen Mehrparteiensystem angesichts der häufigen Regierungskrisen zunehmend der Eindruck einer politischen Blockade, die auch von den unerfüllten Visionen und Strategien eines historischen Kompromisses zwischen Christdemokraten und Kommunisten in den 70er Jahren nicht gelöst wurde.

Auch der Preis, den England für den Verlust des Empire zahlen musste, war hoch, aber es gelang der Regierung in London, den Prozess der Dekolonisierung geordnet durchzuführen. Innenpolitisch und wirtschaftlich lasteten das Erbe der Kriegskosten und der Ausverkauf überseeischer Besitzungen und Interessen auf der Insel. Die Vereinigten Staaten, die der Idee eines Kolonialreichs weitgehend ablehnend gegenüberstanden, übten Druck auf das geschwächte London aus, sich von den Kolonien zu trennen. Der schwierigste Schritt, das indische Problem zu lösen, fiel dann in relativ kurzer Zeit: Das Juwel der britischen Krone wurde 1947 in die Unabhängigkeit entlassen, der Subkontinent wurde dabei in zwei Staaten, einen muslimischen und einen multiethnischen, hinduistisch dominierten, geteilt. Ökonomisch bedrohlicher war die Aufgabe britischer Interessen im Iran und in Ägypten, ging es doch hier um den wichtigen Zugang zum Öl, von dem man erwartete, dass es mit steigender Motorisierung zu dem entscheidenden Rohstofffaktor würde. Die größte Bedrohung ging vom arabischen Nationalismus aus. Dass die USA England sehr bald zur Ordnung und zum Rückzug rufen konnten, verdeutlichte jedermann den Machtverlust der einstigen Welt- und Großmacht. Zusammen mit den anstehenden inneren Reformproblemen führten die Kolonialprobleme zu einem Niedergang des britischen Einflusses.

Kolonialprobleme Englands

Innenpolitisch hatte schon die erste Nachkriegsregierung, die Labour-Regierung unter Clement Attlee, versucht, eine politische Stabilisierung durch die Fortsetzung der wohlfahrtsstaatlichen Politik der Kriegszeit zu erreichen, was zum Ausbau des Gesundheitssystems und zur Verstaatlichung einiger wichtiger Industrien führte. Aber auch die Konservativen unter Winston Churchill, die 1951 wieder an die Macht kamen, wollten die sozialen Errungenschaften der Vorgängerregierung nicht rückgängig machen. Sie entsprachen zu sehr den politischen Leitlinien der Zeit und konnten sich vor dem Hintergrund der wirtschaftlichen Erholung der Nachkriegszeit behaupten. Doch sollten die Ideen einer gesellschaftlichen Planung, die den politischen Diskurs der 50er und frühen 60er Jahre bestimmten, bald durch Vorstellungen einer konsumorientierten Wirtschaft nach dem Vorbild der USA abgelöst werden, ohne dass Großbritannien mit einigen kontinentaleuropäischen Ländern, vor allem der Bundesrepublik und ihrem Wirtschaftswunder, mithalten konnte. Während man in anderen europäischen Staaten ein Defizit an sozialer Reform beklagte, wurde in England die Kehrseite deutlich und immer lauter beklagt: Bürokratisierung und Stagnation bremsten die Modernisierung und das Wirtschaftswunder.

Sozial- und Wirtschaftspolitik Englands

Entkolonisierung und „Dritte Welt“

Das Ende des Imperialismus in seiner kolonialistischen Ausprägung vollzog sich, wie schon an einigen Beispielen angedeutet, relativ rasch und umfassend. Der Zweite Weltkrieg und seine Folgen hatten diesem europäisch dominierten Machtkomplex den letzten entscheidenden Stoß versetzt. Zwischen 1940 und 1980 wurden über 80 Überseebesitzungen der europäischen Mächte unabhängig, die von 40 Prozent der Weltbevölkerung bewohnt wurden. Der Prozess der Entkolonialisierung verlief teilweise friedlich, anderswo blutig. In einigen Fällen wandten die Kolonialmächte massive Gewalt an, um ihre Herrschaft zu verlängern, wie das Beispiel Indonesien und Indochina gezeigt hat. Oft brachen Gewalt und langwierige kriegerische Konflikte im Inneren der jungen Staaten erst nach der Unabhängigkeit aus, wenn durch den Abzug der europäischen Mächte ein Machtvakuum entstanden war, in das nun rivalisierende einheimische Machtgruppen eindrangen. Oft hatten die ethnischen und religiösen Konflikte ältere Wurzeln und waren ein Relikt der Kolonialzeit. Ein klassischer Fall für ein gewaltsames Ende eines Kolonialreiches war Algerien, wo die Rebellen sieben Jahre lang gegen die französische Herrschaft kämpften und die politischen und sozialen Auswirkungen auch auf die französische Politik durchschlugen. Der Erfolg der algerischen Unabhängigkeitsbewegung wirkte überdies ermutigend auf andere afrikanische Nationalbewegungen. Nelson Mandela, der nach Jahrzehnten der Ausgrenzung und Verfolgung erst gegen Ende des Jahrhunderts Südafrika aus der Apartheid führen sollte, verstand die algerischen Nationalisten als Vorbild für den *African National Congress* (ANC). Auch Jassir Arafat, der spätere Führer des palästinensischen Widerstandes gegen Israel, ließ sich von der Begeisterung für Algerien anstecken und sah in Algier das „Mekka der Revolutionäre“.

Unabhängigkeitsbewegungen

Einen Durchbruch der Unabhängigkeitsbestrebungen erlebte das Jahr 1960, in dem die Zahl der unabhängigen Staaten Afrika auf 27 anstieg. Dort wo es keine vorkolonialen Eliten gab, die in einem neuen Nationalstaat zum Träger der nationalen Bewegung wurden, folgten der Unabhängigkeit blutige Konflikte. Oft hatten willkürliche Grenzziehungen der Kolonialmächte, vor allem in Zentralafrika, ethnische

Unabhängigkeitsbestrebungen in Afrika

Gruppen in eine staatliche Ordnung gezwängt, die keine eigene Identität und keine allgemein anerkannten Führungsgruppen besaßen. In Kenia kam es zu den Mau-Mau-Aufständen gegen die Briten, in der seit 1960 unabhängigen Republik Kongo fiel der Ministerpräsident Patrice É. Lumumba einem Militärputsch zum Opfer – ein Muster politischer Machtkämpfe, das sich vielfach wiederholen sollte. Erst mit der portugiesischen „Nelkenrevolution" von 1974/1975 zerbrachen die letzten Bastionen kolonialer (portugiesischer) Herrschaft in Afrika, nämlich Angola, Guinea-Bissau und Mosambik. Mit dem Ende der Apartheid-Regime in Namibia und Südafrika seit 1990 folgte der letzte Schritt der Unabhängigkeit der Afrikaner von weißer Herrschaft.

Auf eine sehr viel längere Tradition der Unabhängigkeit von Kolonialmächten, überwiegend seit dem 19. Jahrhundert, konnten die Staaten Mittel- und Südamerikas zurückblicken. Sowohl in den beiden Weltkriegen, als auch in der Nachkriegszeit war die weltpolitische Rolle der Staaten Lateinamerikas eher gering gewesen. Dafür erlebten sie eine unübersichtliche und verworrene innenpolitische Entwicklung zwischen oligarchischen und diktatorischen Herrschaftssystemen. Die Industrialisierung, die in der Zwischenkriegszeit in einzelnen Ländern mit ausländischem Kapital vorangetrieben worden war, hatte zu einer Verschärfung der sozialen Spannungslagen zwischen den agrarwirtschaftlich verfassten Staaten mit ihren inneren Gegensätzen zwischen Großgrundbesitzern und einem landwirtschaftlichen Proletariat einerseits und wachsenden städtischen Bevölkerungsgruppen, zu denen auch eine Arbeiterklasse und anwachsende Mittelklassen gehörten, andererseits geführt. Die Differenz zwischen den Kräften der Modernisierung und der traditionellen Beharrung nahm überall zu und führte zu revolutionären Spannungen, Aufständen und Revolten. Mit der Forderung nach einschneidenden Sozialreformen in Stadt und Land rechtfertigte sich eine stärker werdende sozialistische Bewegung. Die Liste der Verfassungsänderungen und -umstürze, der wechselnden Regierungsformen und Militärdiktaturen, die sich in den Staaten Lateinamerikas ablösten, ist sehr lang und von der Kontinuität der Diskontinuität geprägt. Es fehlte ein stabiles, funktionierendes Parteiensystem, das zu dauerhafter Politik fähig gewesen wäre. Stattdessen bestimmte ein Cliquen- und Klientelsystem das politische Leben und überdauerte die permanenten Regierungswechsel. Darum stagnierte die gesellschaftliche Entwicklung lange Zeit, obwohl das Potential für wirtschaftliches Wachstum in einigen Ländern vorhanden war und erst neuerdings, wie das Beispiel Brasilien zeigt, den großen Sprung schaffen kann.

Unabhängigkeit in Mittel- und Südamerika

In den Widersprüchen zwischen Tradition und Aufbruch gefangen, erlebten die Gesellschaften Lateinamerikas ihr Verhältnis zu den Industriemächten, vor allem den USA, auch nach 1945 als informelle Abhängigkeit von einem „Dollarimperialismus". Gegen den Versuch der Sowjetunion, dieses Gefühl der Abhängigkeit in den lateinamerikanischen Staaten im Verein mit den einheimischen sozialistisch-kommunistischen Revolutionsbewegungen politisch zu nutzen und einen eigenen Einflussbereich in Mittel- und Südamerika zu etablieren, richtete

Verhältnis zu den Industriemächten

Kubas Ministerpräsident Fidel Castro und Ché Guevara beobachten im August 1960 auf dem Fliegerstützpunkt San Julián eine Bauern-Militärparade.

sich die Gründung der „Organisation Amerikanischer Staaten" (OAS) im April 1948. Ihr Ziel war die Förderung von Menschenrechten, die Bekämpfung von Kriminalität und Drogen, die Sicherung des Friedens und die Etablierung beziehungsweise Erhaltung einer panamerikanischen Freihandelszone. Das änderte zunächst nichts daran, dass die lateinamerikanischen Staaten, die im Unterschied zu Westeuropa keine Wirtschaftshilfe der USA bekommen hatten, dafür aber mit hohen Armutsraten vor allem unter der Landbevölkerung leben mussten, immer anfällig für politische Bewegungen blieben, die radikale Gesellschaftsreformen oder eine sozialistische Umgestaltung versprachen oder versuchten. Dort galten die USA nach wie vor als Quelle der wirtschaftlichen und sozialen Missstände, auch weil sie die nationalen traditionellen Machteliten unterstützten.

Krisenherd Kuba

Eklatantes Beispiel für diese sozialen Krisenherde und ihre politische Radikalisierung war Kuba, das seit dem Sturz des autokratischen Regimes unter Fulgencio Batista y Zaldívar durch eine Guerilla-Bewegung 1959 sich in ein sozialrevolutionäres Regime unter Fidel Castro verwandelte. Als die USA darauf mit einem rigiden Wirtschaftsembargo reagierten, geriet die Insel vor der Haustür der USA zunehmend unter sowjetischen Einfluss und drohte – dank der sowjetischen Wirtschaftshilfe – zu einem Einfalltor der sowjetischen Einflussnahme und Militär-

politik in Lateinamerika zu werden. Als schließlich ein militärischer Versuch kubanischer Exilanten, die in den USA ausgebildet worden waren, zur Invasion ihres Heimatlandes kläglich scheiterte, reagierte Castro mit einem Hilfegesuch an die Sowjetunion, die mit der Stationierung von Mittel- und Langstreckenraketen auf der Insel antwortete. Die politisch-militärische Eskalation spitzte sich zu einer drohenden militärischen Konfrontation mit den USA zu, die eine solche Einmischung in ihre Hemisphäre nicht hinnehmen konnten. Die Welt stand im Oktober 1962 für zehn Tage am Rande eines Raketen- und Atomkriegs, bis die sowjetische Regierung einlenkte und die Einsicht der extremen Gefährdung der Interessen aller Beteiligten in diesem „Gleichgewicht des Schreckens" vom drohenden Heißen Krieg sehr rasch in eine internationale Entspannungsphase überging. Dessen Symbolfigur wurde der amerikanische Präsident John F. Kennedy. Er hatte sich zuvor auch schon als Vorreiter sozialer Reformen und ökonomischer Modernisierung auch um eine Verbesserung der Beziehungen zu Lateinamerika bemüht. Dennoch blieb Kuba, das mit einer kostspieligen Gesundheitsreform grundstürzende innere soziale Reformen eingeführt hatte, für viele Jahre Bezugspunkt vieler Emanzipations- und Sozialisierungshoffnungen in Lateinamerika, umgekehrt aber auch Schreckbild für alle etablierten Mächte, bis der ökonomische Niedergang Kubas seit den 1980er Jahren zwar nicht zu einem Sturz des Regimes, aber zu einem deutlichen Prestige- und Einflussverlust des vermeintlichen sozialistischen Modellstaats führte.

Der Erfolg der Entkolonialisierung war auch ein Reflex veränderter politischer Einstellungen in den europäischen Metropolen, in denen man sich die Frage zu stellen begann, ob der Preis für die Aufrechterhaltung kolonialer Herrschaft nicht zu hoch sei. Für die entwickelten Länder, so eine häufige Meinung, brachte der Kolonialismus keine besonderen Vorteile, für die unterentwickelten sei er weiterhin ruinös. Der Wert von nationaler Größe wurde vor allem für die Mächte, die nun ihr Kolonialreich verloren hatten, aber auch anderswo von den politischen Zielen verdrängt, die auch mit einer Phase wachsender Prosperität in den westlichen Industriestaaten und einem beginnenden Massenkonsum korrelierten. Wachstum und soziale Stabilität beziehungsweise Aufstieg wurden nun sehr viel wichtiger. Koloniale Gewalt galt als anachronistisch und illegitim. Der zivile Staat nahm seinen Aufstieg.

Aufstieg des zivilen Staats

Die breite nationale Unabhängigkeitsbewegung in Asien und Afrika machte die Welt vielfältiger und gab der Idee der Nationalstaatsbildung, die sich seit dem ausgehenden 18. Jahrhundert anfangs auf die europäisch-amerikanische Welt bezogen hatte, zunächst einen neuerlichen kräftigen Schub, und auch die Zahl der Mitgliedstaaten der Vereinten Nationen wuchs rasch an. Die Weltorganisation wurde für die jungen Staaten oft eine Bühne ihrer Interessen, auch wenn bis zum Ende des Kalten Kriegs dies oft nur eine Hoffnung blieb. Mit dem Siegeszug der Unabhängigkeitsbewegungen wuchs auch die internationale Tendenz zu einem Polyzentrismus, die sich neben und zwischen die bipolare Weltordnung des Ost-West-Konflikts schob und vor allem den Staaten der Dritten Welt zu ihrem

Folgen der Unabhängigkeitsbewegungen

Mao Zedong war als Staatspräsident der Volksrepublik China der führende chinesische Politiker des 20. Jahrhunderts.

Recht auf eigene Entwicklung verhalf. In den Vereinten Nationen wurde das Recht auf Entwicklung als verbrieftes Menschenrecht proklamiert, während trotz der fortschreitenden Modernisierung die Schere zwischen armen und reichen Gesellschaften beziehungsweise Staaten immer weiter auseinanderging. Noch blieb der westliche Weg in die Moderne jedoch Leitziel, was sich auch in Begriffen wie dem der „Dritten Welt" niederschlug. Bald jedoch erlebte auch die „Dritte Welt" eine Auseinanderentwicklung, was sich mit der Ausbildung von Schwellenländern, die sich im Übergang zu Industrienationen befanden, ausdrückte. Die „Tigerstaaten" in Südostasien, die sehr westlich wurden, beharrten jedoch darauf, in der asiatischen Tradition zu verbleiben, und bezeichneten sich darum als „Kleine Tiger".

Aufschwung Chinas

Zu den Ländern, die einen besonders rasanten Aufschwung erleben sollten, gehörte neben Indien auch China, dessen Entwicklung seit den 1940er Jahren nun verfolgt werden soll. Doch bis zum chinesischen Wirtschaftswunder der Gegenwart war ein langer Weg von der kommunistischen Machtergreifung, zahlreichen Sozialisierungswellen und vorübergehender sowjetischer Dominanz und einer Ablösung von Moskau bis zu radikalen Experimenten wie der maoistischen

„Kulturrevolution" und einer raschen Reform- und Transformationspolitik zurückzulegen. Langsam und in Europa zunächst kaum bemerkt, hatten sich auch die Risse im Lager des Weltkommunismus gebildet, und mit der Volksrepublik China entstand für Moskau ein Rivale mit einer abweichenden Ideologiebildung und eigenen machtpolitischen und ökonomischen Interessen, der schließlich parallel zum wirtschaftlich-technischen Machtverlust der Sowjetunion den Versuch einer ökonomischem Modernisierung im Gehäuse einer kommunistischen Einparteienherrschaft unternehmen sollte.

Die Gründung der Volksrepublik China am 1. Oktober 1949 war für den Westen zunächst ein weiterer Schritt zur Ausbreitung des Kommunismus. Unter ihrem Führer Mao Zedong hatten die Kommunisten zwischen 1946 und 1949 in einem langen Bürgerkrieg mit der Nationalregierung die Macht erobert und den Führer von National-China, Chiang Kai-shek, zur Flucht auf die Insel Taiwan getrieben, wo er – unterstützt von den USA – 1950 die „Republik China" ausrief. Die Existenz des „zweiten Chinas" sollte für viele Jahrzehnte ständiger Herd von diplomatischen und militärischen Spannungen sein. Während Taiwan als Billigproduzent einen ökonomischen Aufschwung nahm, stand die Volksrepublik auf dem riesigen Festland vor enormen politisch-sozialen Umwälzungen, die zunächst an das sowjetische Vorbild erinnerten. Die Verstaatlichung des Landes im Rahmen einer umfassenden Bodenreform wie die Umerziehung der ehemaligen „bürgerlichen Kreise" gehörten dazu und wurden rasch und rücksichtslos betrieben. Eine ökonomisch-soziale Krise und Katastrophe sollte der anderen folgen. Das ehrgeizige Ziel, in einem „Großen Sprung nach vorn" Industrie und Landwirtschaft in den 1960er Jahren in eine kommunistische Gesellschaft zu überführen, scheiterte. Nun sollte eine Massenerziehung einsetzen, und die Bevölkerung des Landes wurde zu einer „Produktionsarmee" erklärt. Durch eine „permanente Revolution" sollte das ideologisch-mental herbeigeführt werden, was realpolitisch misslang. Die Folge war eine neuerliche ökonomisch-soziale Katastrophe, die sogenannten „bitteren Jahre" zwischen 1959 und 1962, die zu Hungersnöten, Seuchen und in deren Gefolge zu einer Zahl von fast 25 Millionen Toten führten.

Die Volksrepublik China

Das China Maos war durch „Freundschaftsverträge" in wirtschaftlicher, politischer und militärischer Hinsicht für lange Zeit auf die Zusammenarbeit mit Moskau angewiesen. Auch betrieb Peking eine rücksichtslose Zerstörung regionaler und religiöser Autonomieformen, wie das Beispiel Tibets zeigt, das nach den Unabhängigkeitsbemühungen 1950 gewaltsam angeschlossen und in die Volksrepublik integriert wurde. Das geistliche Oberhaupt, der Dalai-Lama, floh angesichts der sozialistischen Umgestaltungsmaßnahmen 1959 nach Indien. Aufstandsversuche der tibetanischen Bevölkerung konnten damit nicht endgültig ausgeschaltet werden und halten bis heute an.

Anschluss Tibets

Trotz dieser Parallelen zwischen der Politik Moskaus und Pekings in der Innen- und Außenpolitik begann die chinesische Führung, sich allmählich ideologisch vom sowjetischen Vorbild zu emanzipieren. Der Maoismus wurde zu einer eigenen Ideologie, und die entstehende ideologische Kluft hatte ihre Entsprechung in einer wachsenden politischen Entfremdung, bis diese zu Grenzkonflikten führte. Vor allem wurde China ökonomisch zu einer Konkurrenz für die Sowjetunion.

Prosperität, Protest und Zivilgesellschaft

Was den freudig überraschten Zeitgenossen im Westen bald als Wirtschaftswunder erschien, stellt sich im Rückblick als ein „goldenes Zeitalter“ (Eric Hobsbawm) dar, das nach knapp 20 Jahren wieder vergangen war. Gleichwohl gab es Anlass zu einem schier unbegrenzten Fortschrittsoptimismus und auch zu einer Konsolidierung der politischen Systeme in Ost und West, die sich auf den Dauerkonflikt einrichteten und die gegenseitigen Interessensphären zu respektieren begannen. Angefangen hatte das goldene Zeitalter mit der wirtschaftlichen Erholung und gesellschaftlichen Rekonstruktion in den 1950er Jahren; Ende der 1950er Jahre hatte sich der Wirtschaftsboom verfestigt, und der britische Premierminister, Harold Macmillan, konnte 1959 mit guten Gründen feststellen: „You've never had it so good.“ Der Lebensstandard erreichte nie gekannte Höhen. Das westdeutsche Wirtschaftswachstum stieg besonders stark an, allein die Löhne erlebten zwischen 1950 und 1960 eine reale Steigerung um fast 70 Prozent.

Gleichwohl bewegte sich der Boom im Schatten des Kalten Krieges, ja er profitierte sogar davon. Die rasanten technisch-kulturellen Veränderungen der 1950er und langen 1960er Jahre waren von inneren Reformen im Bereich der Bildungs-, Familien-, Sozial- und Wirtschaftpolitik begleitet. Der Ausbau des Sozialstaats erlebte in allen Industriestaaten, wenn auch in unterschiedlicher Ausprägung, so doch vor allem in Europa seinen Höhepunkt und gab der politischen Verfassung des demokratischen und sozialen Rechtsstaates eine zusätzliche und stabile Legitimation. Die inneren Reformen, die von fast allen europäischen Regierungen, vor allem aber auch in den USA propagiert wurden, sollten mehr Teilhabe der Bürger an politischen und gesellschaftlichen Entscheidungen, mehr soziale Chancengleichheit bringen und Politik durch die Verstärkung der Planung zukunftssicherer und kalkulierbarer machen. Entspannung sollte auch die Außenpolitik leitmotivisch prägen und Hoffnungen auf ein Ende des Wettrüstens sowie des Ost-West-Konfliktes wecken. Es wurde die hohe Zeit der Utopien sowohl älterer Denkmuster, die wie der Neomarxismus eine kurzfristige Renaissance in Westeuropa erlebten, als auch neuerer Konzepte, die auf den technisch-wissenschaftlichen Fortschritt und auf dessen Planbarkeit setzten und ihr Symbol in der Weltraumfahrt und der Landung der ersten Menschen auf dem Mond 1969 fanden.

Reformen und Veränderungen

Die USA, die ihre Innen- und Außenpolitik kontinuierlich fortsetzten und den Veränderungen anpassten, waren längst auch zur politisch-kulturellen Führungsmacht aufgestiegen und hatten von dem internationalen Aufschwung am meisten profitiert. Die Vereinigten Staaten hatten keine Nachkriegsdepression erlebt und konnten stattdessen in den Jahren danach ihr Bruttosozialprodukt um zwei Drittel steigern, während anschließend ihr Wachstum – gemessen an anderen Staaten in Westeuropa und Japan, die nach den Kriegszerstörungen einen gewaltigen Nachholbedarf hatten – abflachte. Dennoch stieg auch der Durchschnittslohn der US-Bürger zwischen 1945 und 1960 um 35 Prozent an. Zahlreiche Sozialreformgesetze versuchten vor allem den Erwartungen der Mittelklassen gerecht zu werden. Autos und Fernsehgeräte wurden in den USA, sehr viel früher als in Europa, zum Symbol eines breiten Wohlstandes (s. S. 312). Die Rückwirkungen für das Alltags- und Familienleben und die politische Kultur blieben nicht aus. Sehr viel rascher als in Europa breitete sich eine Mediendemokratie aus, die auch die amerikanischen Wahlkämpfe veränderte und von europäischen politischen Beobachtern sorgfältig und meistens bewundernd verfolgt wurde.

Führungsmacht: USA

Der Wirtschaftsboom bedeutete die Anpassung an bestehende amerikanische Trends, und auch die USA erlebten hier eine sprunghafte Weiterentwicklung. Das reichte von der Ausweitung der Massenproduktion von Automobilen und der damit verbundenen Steigerung des Individualverkehrs mit dem privaten PKW über die Steigerung des Massenkonsums sowie die Einführung von technischen Geräten im Haushalt, Büros und in Wirtschaftsbetrieben. Die neuen Technologien revolutionierten das Alltagsleben und machten den *american way of life* zu einem weltweit nachgeahmten Lebensmuster der sogenannten Amerikanisierung, auch wenn die materiellen und sozialen Segnungen des goldenen Zeitalters sich vor allem auf die fortgeschrittenen westlichen Industriegesellschaften beschränkten und außerdem bald auch Gegenstand heftiger Zivilisationskritik mit deutlichen antiamerikanischen Untertönen wurden.

Amerikanisierung

Auch für die USA wurden die 1960er Jahre innenpolitisch zu turbulenten Jahren. Bestimmt waren sie von der kurzen, aber charismatischen Präsidentschaft John F. Kennedys (1961–1963), der deutlich anschwellenden Bürgerrechtsbewegung mit ihrem charismatischen Führer Martin Luther King und einer Umsetzung der Reformeuphorie, die Kennedy ausgelöst hatte, durch den Ausbau der Sozialpolitik und durch ein Bürgerrechtsgesetz seines Nachfolgers Lyndon B. Johnson. Die Massenmobilisierung, die die *Turbulent Sixties* erlebten, war aber auch von heftigen sozialen Unruhen, besonders von Rassenunruhen und politischen Mordanschlägen, begleitet. Nach dem tödlichen Attentat auf Präsident Kennedy und später auf seinen Bruder Robert erschütterte der Mord an Martin Luther King das Land, der nicht nur Symbolfigur des schwarzen Protests, sondern auch Zielscheibe des weißen Widerstandes, angeführt vom rassistischen Ku-Klux-Klan, wurde. Nicht nur die immer wieder aufflammenden Rassenunruhen zeigten, wie wenig trotz aller Reformbemühungen eine Veränderung der realen Lebensverhältnisse eingetreten war, auch im durchschnittlichen Jahreseinkommen war der Unterschied zwischen den Afroamerikanern und den Weißen nach wie vor sehr groß. Die politischen Proteste und Erschütterungen durch den Vietnamkrieg taten ein Übriges, um das Bild der unruhigen Jahre auch für die USA zu verstetigen. Verstärkt wurden die

Die USA in den 1960er Jahren

Die Brüder Robert F. (1925–1968), Edward (1932–2009) und John F. Kennedy (1917–1963).

finanziellen und politisch-kulturellen Kosten des Vietnamkriegs durch eine schwere wirtschaftliche Depression, die ihre Ursachen auch in der Ölpreiskrise des Jahres 1973 hatte. Der Krieg, aus dem die USA erst nach einem knappen Jahrzehnt herauskommen konnten, hatte ein großes Haushaltsdefizit verursacht und die wirtschaftliche Führungsrolle des Landes im Westen beschädigt.

Neben Westdeutschland zählte Japan zu den ökonomischen Aufsteigern und relativ stabilen politischen Verfassungsordnungen der Boomjahre seit den späten 1950er Jahren. Japan hatte aus strategischen Gründen die besondere Unterstützung der USA erfahren und auch vom Koreakrieg profitiert. Die militärpolitische Abhängigkeit Japans von den USA, die den Aufbau einer eigenen starken und großen Armee nicht zuließen und dafür die Verteidigungspolitik Japans garantierten, traf zwar den nationalen Stolz manches japanischen Bürgers, aber gab dem Land die Chance, seine Energien in den Wirtschaftsaufbau zu stecken und mögliche psychologische Belastungen und innere Auseinandersetzungen über eine Wiederbewaffnung, wie das in Deutschland in den 1950er Jahren geschehen war, zu vermeiden. Auch die politischen Strukturen, die nach außen von einer großen Stabi-

Westdeutschland und Japan

lität durch die Dauerregierung der liberal-demokratischen Partei charakterisiert zu sein schienen, steckten voller Widersprüche zwischen einem sozioökonomischen Pragmatismus, einer rückwärtsorientierten Lebens- und Gesellschaftsformation bei gleichzeitiger Förderung von technisch-zivilisatorischen Modernisierungsstrategien. Die gemeinsam regierenden Parteigruppen, die Liberalen, Demokraten und Progressiven, repräsentierten in sich diese Widersprüche und dominierten die politische Landschaft, in der die Opposition kaum über 35 Prozent kam und zudem in sich gespalten war. Die entschlossene Stabilitätspolitik der Regierung musste umgekehrt die Frustration der Linken und Intellektuellen ob ihrer Chancenlosigkeit provozieren, was gelegentliche Ausbrüche von einer Radikalität des Protestes erklären hilft. Die Regierungskrisen wurden innerhalb des liberal-demokratischen Blocks ausgetragen, während die Opposition – gestützt auf die Gewerkschaften – antiamerikanische und traditional-antiwestliche Emotionen mobilisierte, ohne damit mehrheitsfähig zu werden.

Die hohe Wachstumsphase Japans – mit einer Steigerung des Bruttosozialprodukts um jährlich 10 Prozent –, die bis zum Anfang der 1970er Jahre anhielt, wurde allerdings erst sehr spät von einem Ausbau des Sozialsystems begleitet. Die Ölpreiskrise von 1973 löste mehrere Nöte aus: Umweltschäden traten verstärkt auf, die Energieversorgung verteuerte sich massiv, das Land entwickelte in Abkopplung von dem europäischen Sozialstaatsmodell ein eigenes Leitbild einer „Wohlstandsgesellschaft", in dem weniger dem Staat, dafür Familien und Nachbarschaften verstärkte Unterstützungsaufgaben zukamen. Die Gesellschaft sollte die Aufgaben der Wohlfahrtspflege in größerem Maße übernehmen. Stattdessen konzentrierte sich die japanische Wirtschaft auf den Ausbau von Zukunftsindustrien mit neuen Technologien, die bald den Weltmarkt eroberten und Japan besser als andere westliche Industriestaaten aus der ersten ökonomischen Krise nach den Jahren des Booms herauskommen ließen. Durch die enge Verschränkung von Wirtschaft, Politik und Bürokratie erklärt sich nach der Meinung vieler Ökonomen der ökonomische Erfolg des Landes, ohne dass dadurch weitere Krisen, wie die verheerenden Auswirkungen der Aufwertung des Yen gegenüber dem Dollar im Jahre 1985, vermieden werden konnten.

Wirtschaft, Politik und Bürokratie in Japan

Zu der mitunter rasanten Modernisierung von Ökonomie, Technologie und Gesellschaft, die – in unterschiedlicher Ausprägung und keineswegs nach einem einheitlichen Muster – besonders die Industriestaaten unter starker Anlehnung an das amerikanische Modell endgültig in den 1960er Jahren erfasste, gehörten auch die nun erkennbaren Widersprüche der Moderne. Damit geriet auch, verstärkt durch den Generationenkonflikt, ein Modernisierungskonzept politisch-legitimatorisch in Bedrängnis, das zunächst durchaus auch in einen konservativen politischen Kontext passte oder sich auf eine liberale Reformpolitik richtete. Die Veränderungen in der Gesellschaft und ihren zivilisatorischen Lebensformen bewirkten auch einen Wertewandel und führten zur Ausprägung einer Jugendkultur, die über den unbeschwerten Konsum und Genuss hinaus sich auch politisieren ließ. Die veränderten Umgangsformen und – als Folge der Medienrevolution – die eintretenden Veränderungen im Konsum- und Freizeitverhalten, aber auch in Familienformen und Fragen der Sexualität wurden vor allem als Befreiung und Chance der Selbstverwirklichung verstanden, teilweise aber auch als Verlust, für den freilich „das System" verantwortlich gemacht wurde. Dann wurden diese Erfahrungen vor dem Hintergrund eines traditionellen bürgerlichen Bildungsbegriffs und eines traditionalen Kulturkonzepts mit einer scharfen Konsumkritik verbunden und unter dem Einfluss neomarxistischer Diskurse in eine scharfe Gesellschaftskritik verwandelt. Diese richtete sich bezeichnenderweise gegen einzelne Erscheinungsformen einer ökonomischen, konsumorientierten zivilisatorischen Moderne, während andere Elemente des komplexen Modernisierungsvorgangs, wie der Gedanke von Emanzipation und Partizipation, gerade von der jüngeren Generation emphatisch bejaht wurden. Der wachsende Protest von Teilen einer jungen, vorwiegend bürgerlich-akademischen Jugend gegen die als einseitig und zerstörerisch empfundene ökonomische Wachstums- und Konsumorientierung war keineswegs ein bloßer „romantischer Rückfall" (Richard Löwenthal), sondern dialektischer Teil eines tiefgreifenden Modernisierungsvorgangs, der die Widersprüche dieses Prozesses anspricht und darum Teil des starken Schubs in die Moderne ist. Der Protest sollte noch zusätzliche politisch-soziale Energien entfalten, als er sich auch auf Fragen der Umwelt und des Friedens richtete, wie das sich seit den späten 1970er Jahren abzeichnete, als die Ölpreiskrise von 1973 zugleich eine erste Verunsicherung in dem bis dahin ungebremsten Fortschrittsoptimismus auslöste. Vorerst, seit der Mitte der 1960er Jahre, waren der Protest gegen den amerikanischen Vietnamkrieg, der überall in den großen Städten und Universitäten von der amerikanischen Westküste über Paris nach Berlin aufflammte, sowie die Kritik an dem vermeintlich autoritären Stil einer bürgerlichen Gesellschaft Anlass für eine breite jugendliche Protestbewegung, die anfangs vielfach auch Sympathien in der älteren, politisch-liberalen Generation und politischen Klasse gefunden hatte, weil auch dort der autoritäre Überhang in den politisch-sozialen Verhaltensformen, wie er sich über den Krieg und die Nachkriegszeit bewahrt hatte, als unzeitgemäß empfunden wurde. Die dort gültigen Werte von Disziplin, Gehorsam und Leistung, die auch die Industriegesellschaft trugen, wurden im Namen der neuen Vorstellungen von Selbstbestimmung und Selbstentfaltung, von antiautoritärer Erziehung und von sexueller Befreiung heftig angegriffen.

Veränderungen in der Gesellschaft

Bis in den Vatikan wehte der Wind des Wandels, als mit dem zweiten Vatikanischen Konzil, das zwischen 1962 und 1965 tagte, durch Papst Johannes XXIII. eine Erneuerung der katholischen Kirche in Lehre und Leben propagiert und umgesetzt wurde, die die Abschottung der katholischen Kirche von den Veränderungen der modernen Gesellschaften beenden sollte. Damit reagierte die Kirche nicht nur auf den Wertewandel, sondern unterstützte ihn tendenziell, bis im Bereich von Frauen- und Familienbild deutliche Grenzen zur Verteidigung überkommener Werte gezogen wurden, was auch ein Stück Angst vor einer weiteren Ausbreitung der Unruhe und der Gärung in der Gesellschaft signalisierte.

Reaktion der Kirche

Ein Wertewandel kündigte sich an, der dank der materiellen Existenzgarantie der Wohlstandsgesellschaften und des wachsenden Massenkonsums tief in die Gesellschaft reichte und langfristig zu einem Verhaltenswechsel führte, der oft sehr verkürzt als Werk der 1968er-Revolte missverstanden wird, wo er doch tiefere Gründe im gesellschaftlichen Veränderungsprozess und im wachsenden Legitimations- und Vertrauensschwund der alten gesellschaftlichen Ordnung hatte, die sich gerade nach den Katastrophen der Diktaturen und des Krieges wieder restituiert hatte und meistens mit Unverständnis auf Protest und Kritik reagierte. Doch waren Protest und alternative Verhaltensformen auch dort anzutreffen, wo es keine oder kaum eine neomarxistische Fundamentalopposition, getragen von einer Studenten- und Jugendbewegung, gab.

Wertewandel

Eine besondere Dynamik, aber auch eine Tendenz zum Abgleiten in einen politischen und sozialen Radikalismus bis zu terroristischer Gewalt erhielt der antibürgerliche Protest der jungen Generation dort, wo es in der älteren Generation noch besondere politische und psychologische Belastungen durch eine nicht hinreichend aufgearbeitete diktatorische Vergangenheit (Deutschland, Italien) oder eine Komplizenschaft mit den Diktatoren gab. Diese individuellen und kollektiven Vergangenheitsbelastungen und sozialen Kontinuitäten wurden von der radikalen Gesellschaftskritik zum Anlass genommen, der Nachkriegsgesellschaft die Fortexistenz autoritärer oder faschistischer Tendenzen vorzuhalten und um im Namen eines antifaschistischen Widerstandes, den die Eltern nicht geleistet hatten, den bestehenden Gesellschaften und politischen Kulturen, die gerade auf dem Wege zu einer Fundamentalliberalisierung waren, den Prozess zu machen. Das hat in Deutschland und Frankreich vor allem, später auch in Italien, zu heftigen Verunsicherungen und teilweise auch Verwerfungen im politischen System beziehungsweise zu Belastungen des Rechtsstates geführt, die allerdings nach einigen Jahren überwunden waren.

Rolle der Vergangenheitsbelastungen

Eine ernstzunehmende Gefahr für die jeweilige Regierung stellte die 1968er-Bewegung nur in Frankreich dar. Die Lage spitze sich dort in wenigen Tagen zu, weil der alternde Staatspräsident Charles de Gaulle Nerven und wenig Flexibilität zeigte. Eine konkrete Gefahr bestand nicht, vor allem nicht mehr, als die Neue Linke der Studenten und Intellektuellen keine Unterstützung der traditionellen Gewerkschaften und Kommunisten fanden. Aber auch diese Blöcke waren in sich gespalten, so dass das Scheitern des gewalttätigen Pariser Mais 1968 mit seinen Barrikaden und Massendemonstrationen weniger auf das taktische Geschick der Regierenden, neben de Gaulle vor allem Georges Pompidou, zurückzuführen war, als vielmehr auf den mangelnden Realismus der 68er-Bewegung. Auch wenn 1968 also auch in Paris scheiterte, haben die Ereignisse dieses Jahres der politischen und sozialen Kultur der westlichen Welt ihren Stempel aufgedrückt.

1968er-Bewegung in Frankreich

Ausläufer der Protest- und Liberalisierungswelle reichten auch in den Ostblock, vor allem in die unmittelbaren Anrainerstaaten des Westens, von der DDR über Polen in die Tschechoslowakei. Dort hatten sie die größten Auswirkungen in Form

Mehrere hunderttausend Menschen folgten am 29. Mai 1968 der Aufforderung der Gewerkschaft CGT und demonstrierten in Paris sowie in anderen Städten gegen die Regierung Charles de Gaulles.

der Reformpolitik der tschechischen kommunistischen Parteiführung um Alexander Dubček, bis die Sowjetunion darin eine Gefährdung ihrer Politik- und Herrschaftsordnung sah und mit der ihr vertrauten Form der Militärintervention reagierte, die Parteiführung in Prag absetzte und verhaftete. Das Niederschlagen des Prager Frühlings im August 1968 zeigte die Grenzen der Entspannungs- und Reformpolitik, auf die man in den 1960er Jahren überall gesetzt hatte, und erinnerte an das Niederschlagen der Aufstände in der DDR 1953, in Ungarn 1956 und in Polen. Zarte Ansätze des Protestes in der DDR wurden ebenso brutal von den kommunistischen Machthabern zurückgeschlagen, was andeutete, dass die internationale Politik sich nach wie vor an die starren Systemgrenzen halten musste, zumal dies 1961 in Berlin mit dem Bau der Mauer in Stein und Zement gesetzt worden war.

In der Folgezeit drifteten die politischen Kulturen und sozialen Verfassungen in Ost und West, in der Bundesrepublik Deutschland (BRD) und in der Deutschen Demokratischen Republik (DDR), weiter auseinander. Während im Osten sich das diktatorische kommunistische System, das nach wie vor deutliche totalitäre Züge hatte, wieder festigte und nur schwache Ansätze einer Lockerung vor allem durch eine Verstärkung der Konsumwirtschaft zuließ, beschleunigte sich überall im Westen,

mit erkennbarer Auswirkung auch auf die außereuropäischen und außeramerikanischen Staaten, der Prozess der Liberalisierung und der demokratischen Reform. Denn unabhängig von der vorübergehenden Radikalisierung und dem Absturz in den politischen Terrorismus brachten die späten 1960er und dann die 1970er Jahre eine breite Welle der Reform von der Sozialpolitik bis hin zum Justizsystem, von der Psychiatrie bis zur Erziehungs- und Bildungspolitik. Dies war eine Fundamentalveränderung, die bereits vor 1968 angelegt war und durch die unruhigen Jahre um 1968 allenfalls eine Beschleunigung erfahren hat. Denn Liberalisierung und Demokratisierung in der politischen Theorie wie in der Praxis sind überall in den Industriegesellschaften zu beobachten und führten allerorts zur Ausbildung einer Zivilgesellschaft, die einen mentalen und kulturellen Bruch mit autoritären und etatistischen Traditionen bedeutet, die sich über die Zeiten erhalten hatten. Auf eine griffige Formel brachte diese neue Politik der erste bundesrepublikanische sozialdemokratische Bundeskanzler Willy Brandt, als er in seiner Regierungserklärung vom September 1969 verkündete, man wolle „mehr Demokratie wagen" und eine „Regierung der inneren Reformen" bilden. Auch wenn dies anfangs heftige innenpolitische Kontroversen auslöste, hat sich diese Politik schließlich durchgesetzt und überall im Westen politische Entsprechungen ausgelöst. Das führte in den 1970er Jahren vorübergehend zu einer Verschiebung der politischen Mehrheiten in den einzelnen Staaten weg von konservativen Regierungen und hin zu links-liberalen und sozialdemokratischen Bündnissen. Das Ergebnis war eine Ausweitung sozialstaatlicher Interventionsmaßnahmen und -strategien, aber auch eine Verstärkung des langen Wegs zur Zivilgesellschaft.

Liberalisierung und Demokratisierung

Zur Ausweitung der sozialstaatlichen Daseinsvorsorge und Intervention gehörte ein Ausbau des Bildungssystems mit dem Ziel einer höheren Chancengleichheit und einer Ausweitung der sekundären und tertiären Bildung, ferner eine Gesundheitsreform mit einem verstärkten Leistungs- und Sicherungsangebot, eine Dynamisierung der Rentensysteme und die Verbesserung betrieblicher Mitbestimmung sowie des Versicherungs- und Kündigungsschutzes. Nach dem ersten Schock der Ölpreiskrise 1973 wurden die finanziellen Ressourcen knapper, die gesellschaftspolitischen Auseinandersetzungen um den Ausbau und die Finanzierung des Sozialstaates nahmen zu und wurden oft zum Anlass von Regierungswechseln mit einer deutlichen Tendenz zu einer konservativen und wirtschaftlich neoliberalen Politik. Der Wahlsieg von Margaret Thatcher in Großbritannien im Mai 1979 nach einer Phase der Labour-Regierungen und ihre anschließenden Kurskorrekturen in der Wirtschafts- und Sozialpolitik waren ein ausgeprägtes Signal mit einer langfristigen Wirkung. Der Handlungsspielraum für eine solche Abkehr von einem sozialen Interventionsstaat war teilweise gering, weil die gesellschaftlichen Ansprüche gewachsen waren und sich zugleich neue soziale Bewegungen bildeten, die in bislang unbekannter Form gesellschaftliche Krisen- und Konfliktsituationen aufgriffen, um durch eine Mobilisierung der Basis Protest gegen bestimmte Missstände, vor allem die Umweltzerstörung, aber auch gegen politische und wirtschaftliche Maßnahmen

Daseinsvorsorge und weitere Proteste

von der Nutzung der Atomenergie, einer forcierten Rüstungspolitik bis zum Ausbau von Verkehrsnetzen, schließlich aber auch zur Erweiterung von sozialen Rechten und der Gleichstellung von gesellschaftlichen Gruppen, die sich benachteiligt fühlten, zu schüren. Zuerst waren es Ansätze einer Ökologiebewegung, die sich als Gegenkultur aus der Neuen Linken entwickelte und dann andere Themen und Gruppen nach sich zog, wie die Friedens- und Frauenbewegung. Es ging nicht mehr um materielle Werte, wie in den klassischen sozialen Bewegungen, sondern um kulturelle Grundwerte, wie Menschenrechte und die Erhaltung der Lebens- und Umweltbedingungen, die zu einer Massenbewegung führten. Am 22. April 1970 versammelten sich in den USA fast 20 Millionen Menschen, darunter sehr viele College-Schüler, zum *Earth Day*.

Die Netzwerke dieser neuen sozialen Bewegungen, die sich überall in Europa und den USA, aber auch in anderen Industriegesellschaften ausbildeten, zeigten den verstärkten politischen Mobilisierungsgrad, aber auch eine schrittweise Abkehr von bisherigen Formen der politischen Willensbildung in Form von fest organsierten Parteien, denen man oligarchische Verfilzung mit dem Staat und einem neokorporativen System aus Politik, wirtschaftlichen Interesen und Bürokratien vorwarf.

Die Ausbildung neuer sozialer Bewegungen, die oft sehr kurzlebig waren und ohne feste Organisationsformen eher dezentral agierten, signalisierte schließlich auch die Entfaltung einer Zivilgesellschaft als neuer Organisations- und Verhaltensform, die sich immer weiter ausbreitete. Gesellschaftliche Selbstorganisation statt staatlicher Intervention und Reglementierung, die Erwartung verstärkter Anstrengungen des Gemeinwesens bei der sozialen Daseinsvorsorge und Dienstleistung, ein zurückgehendes Interesse des Bürgers an Sicherheitsfragen und militärischen Leistungen bis hin zur Abkehr von der allgemeine Wehrpflicht, die freilich nie überall bestand: All das sind Merkmale der entstehenden Zivilgesellschaft. Dazu gehört schließlich auch eine verstärkte Entmilitarisierung vor allem der europäischen Gesellschaften, die sich durch das Ende des Kalten Kriegs 1989/1990 sogar einen Zustand einer langfristigen Friedenssicherung erträumten, bis dies durch die Kriege auf dem Balkan, im Nahen Osten und die Ausbildung eines internationalen Netzwerkes des Terrorismus zerplatzte.

Merkmale der entstehenden Zivilgesellschaft

Die Ära der Entspannung – Systemstabilisierung und regionale Konflikte

Die vielfältigen Visionen innerer Reformen und politischer Planungen in den 1960er Jahren korrelierten mit einer internationalen Politik der Entspannung, die ein Ende des Kalten Kriegs versprach, tatsächlich aber immer wieder von politischen und kriegerischen Rückschlägen begleitet und auf den Boden realpolitischer Tatsachen geworfen wurde. Begonnen hatte die Phase der Entspannungspolitik mit einer visionären Rede von Präsident John F. Kennedy im Juni 1963. Seine „Strategie des Friedens“ sollte Frieden für alle bringen und auch das sowjetische Imperium mit einschließen.

Die Voraussetzungen waren günstig: Die Kubakrise hatte beide Supermächte und die übrige Welt einen Blick in den Abgrund eines atomaren Krieges werfen und eine Politik der Status-quo-Sicherung beziehungsweise Anerkennung als vernünftige Alternative erscheinen lassen. Das war zwei Jahre zuvor auch schon die Lehre aus dem Bau der Berliner Mauer, der politisch zu einem Abstecken der gegenseitigen Interessen geführt hatte.

Umgekehrt war auch der sowjetische Diktator Nikita Chruschtschow politisch geschwächt aus der Kubakrise herausgekommen, nachdem er vorher großspurig und ultimativ gedroht hatte, die sozialistische Sowjetunion werde den kapitalistischen Westen bald überholen und West-Berlin in eine neutrale Stadt verwandelt. Dass sein temperamentvolles und prahlerisches Auftreten eher eine fragile Herrschaftssituation verbarg, wurde bei seinem plötzlichen Sturz im Herbst 1964 erkennbar, als sich seine innerparteilichen Gegner durchgesetzt hatten. Chruschtschow hatte trotz seiner Politik der Entspannung wie der innenpolitischen Lockerungen – verbunden mit einer Stärkung der Konsumgüterindustrie – an den Grundmustern der sowjetischen Diktatur nichts verändert. Seine Macht beruhte auf einer geschickten Personalpolitik und auf einem Bündnis mit den mächtigen Armeegenerälen, die dann wieder fallen gelassen wurden. Auf diese Weise hatte er sich nach der anfänglichen Phase einer Führungstroika, die nach Stalins Tod 1953 die Zügel in die Hand genommen hatte, seit 1958 als Alleinherrscher durchgesetzt und diese Stellung über sechs Jahre behauptet. Doch bedeutete diese Rückkehr zu einer politischen Monopolstellung keine Rückkehr zum Stalinismus, wurden doch die Opfer der stalinistischen Verfolgung rehabilitiert und die Herrschaftsmethoden Stalins kritisiert; dennoch blieben der Liberalisierung enge Grenzen gesetzt. Auch die neuerliche Ablösung der Einmanndiktatur und ihre Restitution durch eine neue kollektive Führung bedeutete keine grundsätzliche Systemänderung, vielmehr entwickelte sich daraus ein neues, altes Herrschaftsmuster, das mit der Durchsetzung von Generalsekretär Leonid Iljitsch Breschnew 1966 eine neue Runde im Machtpoker eröffnete. Der Wandel in der Politik von Breschnew bezog sich auf eine realistischere Wirtschaftspolitik, um die technisch-wirtschaftlichen Bedürfnisse der Sowjetunion zu erfüllen. Das veranlasste den Generalsekretär, die Entspannungspolitik mit dem Westen fortzusetzen und auch eine Normalisierung in den Beziehungen mit der wirtschaftlich potenten Bundesrepublik Deutschland zu akzeptieren, die seit 1969 von der sozial-liberalen Regierung Willy Brandts eingeleitet worden war. Auch die Bereitschaft der Sowjetunion, die Beziehungen zwischen Washington und Moskau weiterhin zu verbessern und auch an einer multilateralen europäischen Sicherheitskonferenz mitzuwirken, entsprang einer solchen pragmatischen Politik der Systemkonsolidierung. Das war auch das Motiv der sowjetischen Intervention in Prag 1968, auch wenn umgekehrt in der Wahrnehmung des Westens dem Entspannungsprozess ein erster schwerer Rückschlag wiederfahren war. Weitere politische Abenteuer, die im sowjetischen Denken auch der Machtsicherung geschuldet waren, wie die Intervention in Afghanistan im Dezember 1979, endeten in einem Desaster und sollten bei Breschnews Tod

Chruschtschow und Breschnew

im November 1982 eine Großmacht hinterlassen, die politisch und wirtschaftlich deutlich geschwächt war.

Nicht nur der Vietnamkrieg, der fast zehn Jahre dauerte und für die Supermacht USA die erste militärische Niederlage brachte, bedeutete zunächst eine weitere Belastung, dann aber auch wieder eine Chance für die Politik der friedlichen Koexistenz zwischen den beiden Weltmächten und ihren Blöcken. Einerseits hatten die USA auf eine ernsthafte Reaktion auf den Einmarsch der Truppen des Warschauer Paktes im August 1968 in Prag verzichtet, weil sie mit dem Vietnamkrieg politisch stark belastet waren und ihre Beziehungen zur Sowjetunion nicht noch weiter verschlechtern wollten, die man schließlich für eine Vermittlung in Vietnam brauchte. Andererseits verschaffte der zunehmende Konflikt zwischen den beiden kommunistischen Mächten in Peking und Moskau den USA einen diplomatischen Vorteil, da sich die beiden verfeindeten Brüder gegenseitig neutralisierten. Um aber eine weitere Annäherung der USA an Peking zu unterbinden, zeigte man sich in der internationalen Politik verständigungsbereit. Der entstehende Polyzentrismus machte Geschäfte auf Gegenseitigkeit und eine Politik der Dreiecksverhältnisse wieder möglich, nachdem dies unter den Bedingungen der schroffen Ost-West-Konfrontation so gut wie unmöglich war. Es war wieder die Diplomatie gefragt.

Politik der Dreiecksverhältnisse

Als die letzten amerikanischen Soldaten Ende März 1973 die Schlachtfelder Südostasiens verlassen hatten, hatten die USA, die schließlich auf eine Vietnamisierung des Krieges gesetzt hatten – wohlwissend, dass das nur eine kurze Atempause für das Überleben des südvietnamesischen Regimes bedeuten würde –, immerhin ihr Gesicht gewahrt und der innenpolitischen Krise ihre Sprengkraft genommen. Die beiden Unterhändler, der Vertreter Nordvietnams Le Duc Tho und der amerikanische Außenminister Henry Kissinger, erhielten für ihr Konfliktmanagement den Friedensnobelpreis, was einmal mehr beweist, wie hoch inzwischen der Wert von Entspannung und Frieden im Gegensatz zu allen machtpolitischen Überlegungen und Prestigefragen international und national eingeschätzt wurde.

In dieser Phase der internationalen Entspannung ergriff die westdeutsche Politik unter Willy Brandt die Initiative und bestimmte mit der „Neuen Ostpolitik“ für kurze Zeit das Gesicht westlicher Außen- und Entspannungspolitik. Die Regierung Brandt versuchte mit der Aussöhnung mit dem Osten sowohl die von Konrad Adenauer betriebene Westbindung nun in Richtung Osten politisch fortzusetzen und zugleich den außenpolitischen Interessen der Bundesrepublik dadurch zu entsprechen, dass man sich mit dem ungelösten Problem der deutschen Frage nicht in einen Gegensatz zur internationalen Entspannungspolitik setzen dürfe, sondern an deren Spitze. Die Ostverträge mit Sowjetrussland, Polen und der Tschechoslowakei, die kurz hintereinander abgeschlossen wurden, dienten der politischen Normalisierung und sollten sowohl die Belastungen des Zweiten Weltkriegs abbauen, als auch politische Handlungsfähigkeit gegenüber den östlichen Nachbarn wiederherstellen, um am Ende der Einheit der Nation ein Stück näherzukommen. Tatsächlich sollte der Prozess der Wiedervereinigung nach dem Zusammenbruch der DDR und

Konflikte im Nahen und Mittleren Osten

des sowjetischen Imperiums insgesamt zeigen, dass dies ein sinnvoller Weg war, freilich unter völlig veränderten Rahmenbedingungen, die 1969 nicht absehbar waren und der Ostpolitik Brandts etwas Visionäres verliehen, was dem Geist der Zeit entsprach. Vorerst war die Ostpolitik nach Regierungsantritt der sozial-liberalen Koalition 1969, dem ersten Machtwechsel in der jungen Verfassungsgeschichte der Bundesrepublik, Gegenstand heftiger innenpolitischer Kontroversen, an deren Ende die Ratifizierung der Verträge und die Akzeptanz eines praktizierten politisch-parlamentarischen Pluralismus standen. Der Schlüssel zur Durchsetzung des Normalisierungsverfahrens lag in Moskau, wo es wiederum wirtschaftliche Motive waren, welche die Verhandlungen leiteten. In dem Vertrag von Moskau vom 12. August 1970 wurden die bestehenden Grenzen in Osteuropa als „unverletzlich", nicht als „unveränderlich" bezeichnet, was den deutschen Verzicht auf die ehemaligen Ostgebiete und die Anerkennung der Oder-Neiße-Linie wie der Grenze zur DDR einschloss. Damit war zugleich der Weg für die weiteren Grenzverträge mit Warschau (1970) und Prag (1973), aber auch zu einem Grundlagenvertrag mit der DDR (1972) geebnet, deren staatliche Existenz damit zum ersten Mal vom Westen – wenn auch nicht im völkerrechtlichen Sinne – anerkannt wurde, ohne dass man den Anspruch auf Wiedervereinigung aufgab. Angesichts der besonderen Probleme zwischen den beiden Staaten blieb das Vertragswerk ein Torso, aber gleichwohl war es ein tiefer Einschnitt in der Nachkriegspolitik. Nicht gelöst wurde die Frage der Staatsbürgerschaft und der Nation; für die Anerkennung der Zweistaatlichkeit versprach die DDR als Gegenleistung die Lösung praktischer und humanitärer Fragen vom gegenseitigen Handel bis zur Erleichterung von Familienzusammenführungen. Das war ein Erfolg der Politik der kleinen Schritte, aber die DDR reagierte auf die Zugeständnisse, die sie machen musste und die auch den Transitverkehr zwischen der Bundesrepublik und West-Berlin einschlossen, mit neuerlichen Abgrenzungen und Verschärfungen der Kontrolle im Inneren ihrer Partei-Diktatur. Immerhin war damit die nationale Frage, kurz bevor die DDR sie einseitig aus ihrer Verfassung gestrichen hatte, in einem internationalen Vertrag festgeschrieben. Mit dem Grundlagenvertag mit der DDR war der Weg auch für zwei weitere – wie sich 1989 zeigen sollte – wichtige Vertragswerke geebnet: für das Vier-Mächte-Abkommen über Berlin von 1971, in dem die Ostpolitik mit der internationalen Entspannungspolitik verflochten und die deutsche Frage weiterhin offengehalten wurde; ferner für den KSZE-Prozess, der mit der Unterzeichnung der Schlussakte der „Konferenz für Sicherheit und Zusammenarbeit in Europa" (KSZE) den Höhepunkt der Entspannungspolitik zwischen Ost und West bedeutete und an dem die beiden deutschen Staaten gleichberechtigt teilnahmen. Die DDR musste auch für diesen außenpolitischen Erfolg auf internationaler politischer Bühne Zugeständnisse machen, die sich im Korb 3 auf humanitäre Fragen und Erleichterungen im Informations- und Kulturaustausch bezogen. Das sollte ein Ansatzpunkt für Ausreiseanträge von Bürgern der DDR und für Friedensaktivitäten in der Gesellschaft sein, woraus sich später für die Opposition in der DDR mühsam und unter schwierigsten Bedingungen ein Argu-

Deutsche Politik während der internationalen Entspannung

ment für eine alternative Politik ableiten ließ. Vorerst wurde auch diese Lockerung mit einer Verschärfung der Überwachungs- und Repressionspraxis von der DDR konterkariert, die ihr Kontrollsystem der Staatssicherheit (Stasi) immer weiter ausbaute, dafür aber davon ausgehen konnte, dass der Westen damit die Herrschaftsmechanismen einer Diktatur bis auf weiteres anerkannte. Wie wichtig umgekehrt die Helsinki-Politik auch für eine Politik der Verweigerung und Opposition im Ostblock war, zeigt auch die Gründung der Gruppe „Charta 77“ in Prag, die sich ebenfalls auf die Helsinki-Akte und die dort verbrieften Menschen- und Bürgerrechte berief und unter Führung des Schriftstellers Václav Havel zu einer der wichtigsten Dissidentenbewegungen im Ostblock wurde. Sie konnte immer wieder die Verletzung von Menschenrechten nachweisen und trug mittelfristig zur Delegitimierung der autoritären und repressiven kommunistischen Herrschaft bei.

Noch vor dem Höhepunkt der internationalen Entspannungspolitik Mitte der 1970er Jahre hatte die Vision einer friedlichen Welt zahlreiche Einschränkungen und Rückschläge vor allem in Form von regionalen Konflikten und der Beharrungskraft von Diktaturen erleben müssen. Mit dem Jom-Kippur-Krieg zwischen den arabischen Staaten und Israel war der Nahostkonflikt nach dem Sinai-Krieg von 1956/1957 und dem Sechs-Tage-Krieg von 1967 wieder offen ausgebrochen. Indem die arabischen Staaten mit einem totalen Erdöl-Embargo gegen die USA und westeuropäische Staaten reagierten, erprobten sie eine neue Dimension internationaler Politik. Sie nutzten die Abhängigkeit der Industriestaaten von der Rohstoff- und Energieversorgung, um daraus eine politische Waffe der Schwächeren zu machen.

Rückschläge für die Entspannungspolitik

Für den Nahen und Mittleren Osten war damit eine Serie von Konflikten eröffnet, die immer wieder von wirtschaftlichen Pressionen begleitet waren und neben der politischen Instabilität in den betreffenden Regionen auch zu weltwirtschaftlichen Krisen führten. Sehr viel folgenreicher war am Ende des Jahrzehnts der Zusammenbruch der Herrschaft des Schahs Mohammad Reza Pahlavi, der – von den Westmächten unterstützt und in den westlichen Medien hofiert – im Iran eine rücksichtslose Modernisierungs-Diktatur ausübte, die deswegen seit den 1960er Jahren bereits in der kritischen Öffentlichkeit Westeuropas angeprangert wurde. Mit einer Landreform, die zu Lasten der Mullahs ging, riefen diese zu Gegendemonstrationen und einer muslimischen Opposition auf. Obwohl der Anführer der Mullahs, Ajatollah Chomeini, ins französische Exil ausweichen musste, gelang es ihm, von dort – auch unter Zuhilfenahme der modernen Medien – in seiner Heimat eine starke Massenbewegung gegen den Schah zu mobilisieren, dessen Repressionsinstrumente (Geheimpolizei und Militär) sich gegen die religiös-fundamentalistische Bewegung als hilflos erwiesen. Der Schah musste im Januar 1979 das Land verlassen; die Mullahs errichteten nach blutigen Säuberungen gegen die im Land verbliebenen Anhänger des Schahs bereits im März 1979 eine „Islamische Republik“, die sich als religiöse Ordnung auf die strengen traditionalistischen muslimischen Rechtslehren und -praktiken gründete und das Land gestützt auf eine Massenzustimmung und auf Terror in eine

religiös-fundamentalistische Diktatur mit einer schroffen anti-westlichen Ausrichtung verwandelte. Als im November 1979 islamische Studenten die amerikanische Botschaft besetzten und dort über 100 Menschen als Geiseln nahmen, kam es zum politischen Konflikt mit den USA, deren militärische Befreiungsaktion fehlschlug und den radikalen Kräften, die religiöse Lehren zur Begründung einer sozialradikalen Bewegung verbreiteten, zusätzlichen Auftrieb verschaffte. Der Iran der Ajatollahs wurde immer mehr zum Ausgangspunkt religiös-fundamentalistischer Bewegungen, die mit frommen Gebeten und Terroraktionen nicht nur die überkommenen Bilder von politischen Bewegungen und Aktionen durcheinanderbrachten, sondern auch zu einem Faktor wachsender Instabilität in der Region und darüber hinaus wurden. Seither wächst die Sorge, dass die weltpolitischen Konflikte, die durch den Einsatz wirtschaftlicher Interessen und einer praktischen politischen Vernunft mit kollektiven Krisen- und Konfliktlösungsstrategien eingedämmt werden sollten und in den 1970er Jahren es immerhin zu einigen bescheidenen Erfolgen gebracht hatten, nun in neuer Form als Kampf der Kulturen neu und gefährlicher wieder aufflammen könnten.

Auch in Afghanistan, das als rückständiges Land bisher im Schatten des Kalten Krieges existiert hatte, spitzten sich politisch-soziale Konflikte in den 1970er Jahren zu, so dass sich plötzlich die Alternative zwischen einer marxistischen, radikal-säkularen Herrschaft mit sowjetischer Unterstützung und einer wachsenden islamisch-fundamentalistischen Bewegung zu stellen schien. Der Konflikt eskalierte, als nach einem Putsch der Armee das neue Regime einen Vertrag über Freundschaft und Zusammenarbeit mit der Sowjetunion abschloss. Als sich dagegen der Widerstand der traditionsorientierten Stämme und einzelner Einheiten der Armee regte, marschierten im Dezember 1979 sowjetische Truppen ein und etablierten eine sowjetfreundliche Regierung unter Babrak Karmal. Die Folge war eine erneute Unterbrechung der Entspannungspolitik sowie im Landesinnern ein heftiger Bürgerkrieg zwischen der Regierung und den muslimischen Glaubenskriegern, die auf Unterstützung des Westens setzen konnten. Diese eigentümliche Konstellation hatte ihre Ursachen in der Sorge der USA vor einer verstärkten Einflussnahme der Sowjetunion in der gesamten Region, wobei Afghanistan gleichsam als Sprungbrett hätte dienen können. Für die Sowjetunion führte der Krieg, der fast ein Jahrzehnt dauerte, zu hohen Opfern und innenpolitischen Belastungen, aber auch zu einer verstärkten Sorge um die muslimischen Völker in der Sowjetunion. Der Westen reagierte auf die sowjetische Intervention mit einem Boykott der Olympischen Spiele, die 1980 in Moskau stattfanden; Moskau sah sich schließlich gezwungen, den Rückzug anzutreten, nachdem die neue Politik der Perestroika unter Michail Gorbatschow erkennen musste, dass die militärische und politische Überdehnung der sowjetischen Herrschaft als Erbe der Politik Breschnews große Belastungen für die Wirtschaftskraft und Stabilität des Landes bringen würde. Nach dem Rückzug der sowjetischen Truppen 1989 war Afghanistan freilich noch instabiler als vor dem russischen Einmarsch. Das Land wurde wieder Schauplatz eines Bürgerkriegs und des Vormarsches

Konflikte in Afghanistan

der radikal-islamischen Taliban-Milizen, die, einst mit westlichen Waffen ausgestattet, schließlich im Herbst 1996 die Hauptstadt Kabul eroberten und eine terroristische Herrschaft eines religiösen Fundamentalismus und Antimodernismus errichteten.

Im Schatten des Kalten Krieges und teilweise unberührt von der Entspannungspolitik hatten sich in Südeuropa und in Lateinamerika Diktaturen behauptet oder als Reaktion auf innere Macht- und Cliquenkämpfe immer wieder etablieren können, ohne dass das in das Bild einer friedlichen Welt passte, wie es Präsident John F. Kennedy 1963 entworfen hatte. In Spanien und Portugal, vorübergehend auch in Griechenland, hatten sie sich gleichsam als Überreste der Diktaturen und autoritären Regime der Zwischenkriegszeit behaupten können, weil sie selbst eine gewisse außen- und innenpolitische Anpassungsfähigkeit gezeigt hatten und sie aus strategischen Gründen für den Westen, insbesondere für die USA, von Interesse waren, solange sie die gewünschte innere Stabilität zeigten. Die Kontinuität der Diktatur Francos von 1938 bis 1945 bedeutete für die spanische Politik und Gesellschaft politischen Immobilismus und internationale Isolierung, aber auch finanzielle Unterstützung durch die USA in Form von Militärhilfen und die Zahlung von Stationierungskosten für die amerikanischen Truppen. Bei dem Versuch der Stabilisierung seiner Diktatur konnte Franco sich in den 50er Jahren vor allem auf die katholische Kirche stützen, was nach außen auch den Eindruck widerlegen konnte, es handele sich bei seinem Regime um eine Fortführung faschistischer Traditionen. Stattdessen stilisierte sich das Land als christliche Nation inmitten christlicher Demokratien. Seit 1957 setzte ein Wechsel in der Wirtschaftspolitik ein, was dem Land eine Modernisierung der Wirtschaft und einen bescheidenen Wohlstand bescherte. Die Jahre zwischen 1957 und 1965 galten dann auch als die „goldenen Jahre" des Aufschwungs und der Stabilität, was dem Regime erlaubte, den Mythos vom „guten Diktator" zu pflegen und die politische Opposition weiterhin zu unterdrücken. Mit den wachsenden inneren Problemen, nämlich den terroristischen Aktionen der separatistischen baskischen ETA und den immer wieder ausbrechenden Streikbewegungen in den traditionellen Arbeiterregionen von Asturien, Katalonien, dem Baskenland und Madrid, verschärfte sich der repressive Charakter des Regimes erneut, gleichzeitig setzte aber mit der langen Krankheit von Franco seit 1969 eine permanente Regierungskrise und schließlich ein Schwebezustand zwischen Transition und Fortsetzung der franquistischen Diktatur ein, der erst mit dem Tod Francos im November 1975 endete. Mit der anschließenden Proklamation von Juan Carlos de Borbón zum spanischen König begann danach ein rascher und erstaunlicher Anpassungsprozess der traditionellen Eliten an die neue Verfassungsform der parlamentarischen Monarchie, freilich mit dem Preis des Schweigens über die Diktatur und die Verstrickung der Gesellschaft in die Herrschaft Francos. Eine ähnliche Entwicklung nahm die autoritäre Herrschaft von António de Oliveira Salazar in Portugal, deren Ende 1974 durch Konflikte in den letzten portugiesischen Kolonien und eine Befehlsverweigerung jüngerer Offiziere verursacht wurde. Freilich war der Übergang zur parlamentarischen Demokratie in Portugal erst nach einer Phase heftiger innenpolitischer Konflikte

Überreste der Diktaturen

Spanien und Portugal

möglich, die sich zwischen der Revolutionsdrohung der sogenannten „Nelkenrevolution" und einer gegenrevolutionären Militäropposition bewegten.

Auch in Griechenland brach die Diktatur der Obristen, die 1967 geputscht und die demokratische Regierung vertrieben hatten, angesichts eines außenpolitischen Konfliktes (um Zypern), auf den die Offiziere mit einer überstürzten Mobilmachung reagierten, schließlich 1974 zusammen, nachdem sie international isoliert waren. Es ist auffällig und möglicherweise auf die veränderte internationale politische Situation, aber auch auf die allgemeine politische und wirtschaftliche Stabilisierung und Wachstumsphase überall in Europa zurückzuführen, dass alle nichtkommunistischen autoritären Regime in der Mitte der 1970er Jahre zusammenbrachen und sich ein rascher Übergang zu parlamentarischen Verfassungsformen herstellen ließ.

Griechenland

Eine andere, teilweise gegenläufige Entwicklung der Verfassungsformen in den 1960er und 1970er Jahren lässt sich in Lateinamerika beobachten. Diktaturen vorwiegend autoritärer Prägung waren dort bis zum Ende der 1970er Jahre die vorherrschende Regierungsform. Sie waren politisch und gesellschaftspolitisch meistens rechtsgerichtet und wurden von den traditionellen gesellschaftlichen Eliten dominiert sowie von Militär und Bürokratie getragen. Sie konnten sich kaum als Reaktion auf Rebellenbewegungen rechtfertigen, sondern dienten seit eh und je der Aufrechterhaltung der gesellschaftlichen Macht traditioneller Eliten. In Argentinien hatte das Militär den populistischen Führer Juan Perón unterstützt, der sich auf Kräfte der Arbeiterbewegung und der Armee stützen konnte. Da die peronistische Massenbewegung einerseits unzerstörbar war, aber keine stabile zivile Alternative aufbauen konnte, übernahm das Militär immer wieder die Macht, um sich dann wieder scheinbar zurückzuziehen. Erst nach dem militärisch und nationalpolitisch sinnlosen, aber für die Region und die Herrschaftsordnung entscheidenden Englisch-Argentinischen Krieg um die Falklandinseln zog sich die Armee in die Kasernen zurück. Ähnlich nutzte in Brasilien das Militär die Existenz linkspopulistischer Massenbewegungen, um in die Politik einzugreifen.

Argentinien

Die politischen Verhältnisse in Lateinamerika waren auch trotz der internationalen Entspannung nicht friedlich, sondern auch in den 1970er Jahren von heftigen inneren Konflikten zwischen rechten Militärdiktaturen und linken Volksfrontbewegungen bestimmt. Das galt besonders für Chile, wo bei den Wahlen 1970 eine Volksfrontgruppierung unter dem Sozialisten Salvador Allende antrat und die Präsidentschaft gewann. Allerdings verfügte er über keine parlamentarische Mehrheit, was die politische Situation des tief gespaltenen Landes spiegelte und Ausgangspunkt für heftige politische Kämpfe sowie bürgerkriegsähnliche Zustände sein musste, als es der frei gewählte marxistische Präsident mit seinen Wahlversprechen ernst meinte. Die heftige Reaktion der Gegner mündete in einen Militärputsch, der vom amerikanischen Geheimdienst unterstützt worden war und Formen der Verfolgung und des Terrors annahm, die mit Massenverhaftungen, -erschießungen und systematischer Folter alle Menschenrechte verachteten und das Land politisch-mora-

Chile

lisch völlig verwüsteten. Augusto Pinochet nutzte die 17 Jahre seiner blutigen Militärdiktatur, um dem Land eine ultraliberale Wirtschaftspolitik aufzuzwingen, die ganz den Vorstellungen der Wirtschaftseliten entsprach und eine autoritäre Variante einer partiellen Modernisierungspolitik darstellte.

Erst in den 1980er Jahren befand sich auch die lateinamerikanische Welt auf dem Weg zu liberalen beziehungsweise demokratischen Verfassungsformen. Die verkrusteten Sozialstrukturen und überkommenen Politikmuster brachen auf oder galten als nicht mehr effizient. Eine Welle von Demokratisierungsbewegungen drückte die autoritären Diktaturen, die sich immer mehr gezwungen sahen, nach außen scheindemokratische Spielregeln einzuhalten, und die keine Massenunterstützung mehr besaßen, in die Defensive. Eine verfehlte oder einseitige Wirtschaftspolitik, die zur Verarmung großer Teile der Bevölkerung geführt hatte, führte zu wachsendem Protest, der sich durch die Erfahrung der Menschenrechtsverletzung noch verstärkte. Die Übergänge in die Demokratie, die sich in den 1980er Jahren beobachten lassen, verliefen recht unterschiedlich. In Chile votierte die große Mehrheit der Bevölkerung bei einem Referendum gegen eine weitere Amtszeit von Diktator Pinochet; in Argentinien, wo die Militärdiktatur über 30.000 politische Gegner verschleppt und offensichtlich liquidiert hatte, führte die militärische Niederlage im Falklandkrieg zu einem heftigen Legitimationsverfall der Militärdiktatur, so dass das Land ein Jahr danach zur Demokratie zurückkehren konnte, ohne dass damit die Chance einer juristischen und politisch-moralischen Aufarbeitung der Diktatur möglich gewesen wäre. Denn nicht selten war das kollektive Beschweigen der diktatorischen Vergangenheit eine Voraussetzung für den Übergang in die nachdiktatorische Demokratie.

Das Ende des Kalten Krieges und die neue globale Ordnung

Der Zusammenbruch des Kommunismus in Osteuropa und in der Sowjetunion beendete nicht nur den Kalten Krieg, sondern gab dem Wind des Wandels, der schon seit den 1980er Jahren wehte, neue Schubkräfte und setzte in den verschiedensten politischen Lagern und ethnischen Gruppen ganz unterschiedliche Wünsche frei. Die Kommandowirtschaft starb und mit ihr die Einparteienherrschaft, ohne dass sicher war, was an ihre Stelle treten würde. In vielen Regionen der Welt wuchs mit dem Rückzug des Kommunismus der Wunsch nach Demokratie, in Lateinamerika und Afrika zeigten sich plötzlich Militärherrscher bereit, die Macht gewählten Führern zu übertragen. Vielfach weckte die Befreiung vom sowjetischen Imperium Vorstellungen von regionaler und ethnischer Identität und Selbstbestimmung. Die Folgen davon konnten nicht nur ein neuer Nationalstaat sein, sondern ein neues Durcheinander und neue Machtkämpfe. Denn es stellte sich wieder einmal heraus, dass der Nationalstaat nicht immer ein passendes Gehäuse für unterschiedliche Herkunftsprägungen und Lebensformen ist.

Die großen Umwälzungen des Jahres 1989 waren dort, wo sie ihren Ausgang

genommen hatten, von zwei Leitideen geprägt: Die osteuropäischen Staaten, die von der Sowjetunion beherrscht worden waren, kehrten nach Europa zurück und wollten Anschluss an die westeuropäische Entwicklung der demokratischen Zivilgesellschaft finden, die sich im Kampf der Systeme offenbar als die erfolgreichere erwiesen hatte. Doch brachen bald politische Machtkämpfe in Osteuropa und in Asien über die Frage aus, wie die neuen politischen und gesellschaftlichen Bauformen, die dort das System der sowjetischen Diktatur ersetzten, aussehen sollten. Neben den großen Schwierigkeiten, die der Transformationsprozess für die neuen Verfassungsstaaten bei der Einführung der kapitalistischen Marktwirtschaft und einer pluralistischen Gesellschaft brachten, standen die Staaten Osteuropas zugleich vor ähnlichen Problemen, die auch die westlichen Staaten zu meistern hatten: Gemeint sind die Herausforderungen der Globalisierung, die sich überall für Wirtschaft und Gesellschaft, aber auch für die Politik stellten. Diese hatten sich schon längst vor 1989 angekündigt und auch zum Zusammenbruch des „real existierenden Sozialismus" beigetragen. Nun spürten aber alle den *wind of change*, der eine Normalisierung so schwer machte.

Umwälzungen des Jahres 1989

Schon seit den 1980er Jahren waren im Sowjetimperium Risse und Auflösungserscheinungen zu beobachten, die in Moskau mit der Amtsübernahme von Michail Gorbatschow als neuem Generalsekretär der KPdSU im Jahre 1985 einen umfassenden Reformversuch auslösten, um mit den Forderungen nach „Glasnost" (Informationsfreiheit) und „Perestroika" (Umbau) Wirtschaft, Gesellschaft und Politik der Sowjetunion transparenter und effizienter zu machen, um so den Kern des Imperiums zu bewahren. Zuvor hatte schon eine massive Streik- und Demonstrationswelle in Polen, die sich 1980 an Versorgungsschwierigkeiten und Preiserhöhungen für Lebensmittel entzündet hatte, die Forderung nach freien Gewerkschaften laut werden lassen. Anführer der neuen Bewegung war der Elektriker auf der Danziger Lenin-Werft Lech Wałęsa, der bald zur Symbolfigur des Widerstandes und der unabhängigen Gewerkschaft *Solidarność* wurde, die im Herbst 1980 zugelassen wurde. Auf die wachsende Konfrontation mit der Gewerkschaft reagierte die kommunistische polnische Regierung im Dezember 1981 mit der Verhängung des Kriegszustandes. Auch in dem Untergrund konnte sich *Solidarność* dank der Unterstützung durch die katholische Kirche und den polnischen Papst Johannes Paul II. behaupten, bis die Regierung 1983 das Kriegsrecht wieder aufhob und die Mitglieder der unabhängigen Gewerkschaft 1985 teilweise amnestierte. Schließlich trafen sich *Solidarność* und Regierung im Februar 1989 an einem „runden Tisch", um über Reformen nach dem Vorbild Gorbatschows zu verhandeln. Bei den Parlamentswahlen im Juni 1989, die den Grundsätzen freier Wahlen nur unvollständig entsprachen, siegte dennoch das Bürgerkomitee von *Solidarność*, und am 9. Dezember 1989 wurde schließlich deren Führer Wałęsa zum polnischen Staatspräsidenten gewählt.

Reformpolitik in der Sowjetunion

Im Gegensatz zu dieser Reformpolitik, die bald ihre eigene Dynamik entwickeln sollte, hatten sich die kommunistischen Systeme im übrigen Ostblock, von der DDR bis nach Rumänien, starr und reformfeindlich gezeigt. Die alten Herren in dem Ost-

Berliner Zentralkomitee der SED versuchten, ihre Einparteienherrschaft durch Wahlfälschungen und trotzige Durchhalteparolen zu erhalten, bis Tausende von DDR-Bürgern in den Sommerferien 1989 in osteuropäischen Nachbarstaaten, vor allem in Ungarn, ein Schlupfloch im Eisernen Vorhang zu einer Massenflucht nutzten beziehungsweise in bundesdeutsche Botschaften in Warschau, Prag und Budapest flüchteten, um von dort nach zähen Verhandlungen mit der DDR in Sonderzügen in die BRD ausreisen zu dürfen. Die Ausreisewelle machte die Staats- und Gesellschaftskrise der DDR und vor allem die mangelnde Anpassungs- und Reformbereitschaft der SED-Führung sichtbar, was – ausgerechnet zum 40. Geburtstag der DDR – in Leipzig und anderswo sich in größeren (Montags-)Demonstrationen mit massenhafter Beteiligung der Bevölkerung Luft machte. Die politische Opposition, die sich zunächst im Schutzraum der Kirchen gebildet hatte, wagte sich nun an die Öffentlichkeit – unterstützt von westlichen Medien, deren Berichterstattung im Westen nun zur politischen Rückversicherung der Opposition wurde und die langfristige Bedeutung der Helsinki-Akte bewies. Die Führungsriege der SED kam, obwohl sie schließlich noch den allmächtigen, aber todkranken Generalsekretär Erich Honecker stürzte, mit ihren Anpassungsleistungen zu spät und konnte sich, nachdem sie am 9. November 1989 durch ihren Pressesprecher eher „versehentlich" die Öffnung der Grenze verkündet hatte, nicht mehr gegen die Dynamik der Massenbewegung behaupten. Aus den Rufen „Wir sind das Volk" war inzwischen die Forderung „Wir sind ein Volk" geworden, das heißt, die politische Umwälzung, die sich freilich unter dem Schutz der Politik Gorbatschows in den folgenden Wochen vollzog, wiederholte den Ablauf der Systemveränderung, wie er sich zuvor in Polen herausgebildet hatte – freilich mit dem entscheidenden Unterschied, dass zum Prozess der Freiheit der Prozess der Einheit hinzukam. Bei nunmehr freien Neuwahlen zur Volkskammer der DDR im März 1990, die teilweise von den westdeutschen Parteien organisiert wurden, wurde der CDU-Kandidat Lothar de Maizière zum neuen Regierungschef gewählt, der seine Hauptaufgabe in der raschen Wiedervereinigung sah. Was sich in Berlin und Leipzig mit wachsender Beschleunigung und ohne Blutvergießen ereignete, wiederholte sich in Prag; nur in Bukarest kam es zu gewaltsamen Auseinandersetzungen mit einer Staats- und Parteiführung, die sich zäh an ihre restliche Macht klammerte.

Ausreisewelle und Grenzenöffnung

In dem Zyklus der europäischen Revolutionen bedeutete 1989, zufälligerweise 200 Jahre nach der Französischen Revolution von 1789, eine neue Form dieser Bewegung. Sie war meist friedlich und nicht gewaltsam, sie wollte die verwehrte Freiheit (und Einheit) nachholen und Anschluss an die westliche Markt- und Zivilgesellschaft finden. Sie war Teil eines weltweiten Wandlungs- und inneren Zerfallsprozesses des kommunistischen Weltsystems und vollzog sich unter den Bedingungen einer völkerrechtlichen Vereinbarung, die ihre Wurzeln in der Entspannungspolitik der 1970er Jahre hatte. Auch die Europäische Union, an deren Zustandekommen die Bundesrepublik eine langen und großen Anteil hatte, erwies sich nun als hilfreiche Stütze und Kontrolleinrichtung, um den Ängsten der europäischen Nachbarn vor einer neuen deutschen Hegemonie die Spitze zu nehmen. Schließlich war die deutsche Wirtschaftskraft, von der man bei einer Wiedervereinigung noch – zu Unrecht – eine zusätzliche Schubkraft erwartete, in den europäischen Markt und in eine künftige Währungsunion eingebunden. Nachdem Michail Gorbatschow bereits im Februar 1990 gegenüber Bundeskanzler Helmut Kohl, der den Prozess der Wiedervereinigung mit großem Geschick und Entschlossenheit betrieb, die Zustimmung der UdSSR zu einer deutschen Einigung signalisierte und der amerikanische Präsident George Bush die deutschen Wünsche entschieden unterstützte, konnten auch die beiden westeuropäische Nachbarn, die zögerlich und misstrauisch gegenüber der deutschen Einheit waren, eingebunden werden. In einem Verfahren der vier Siegermächte des Zweiten Weltkriegs zusammen mit den beiden Staaten wurde im Sommer 1990 in dem „Zwei-plus-Vier-Vertrag" die Wiedervereinigung diplomatisch abgesegnet, die deutsch-polnische Grenze festgeschrieben und offiziell die Viermächteverantwortung für Deutschland und Berlin beendet. Damit war nach 45 Jahren auch völkerrechtlich ein dem seit 1945 ausstehenden Friedensvertrag adäquates völkerrechtliches Verfahren gefunden, das die Nachkriegszeit endgültig beendete und die deutsche Souveränität ohne jede Einschränkung herstellte. Ein Einigungsvertrag vom 31. August 1990 zwischen den beiden deutschen Staaten besiegelte die deutsche Einheit, die am 3. Oktober 1990 nach einem aufwendigen wirtschafts- und sozialpolitischen, militärpolitischen und rechtlich-administrativen Vertragswerk politisch-rechtlich vollzogen wurde. Deutschland war mit dem Prozess der Auflösung des Kommunismus und der deutschen Wiedervereinigung, die sich in voller Übereinstimmung mit der internationalen Staatenwelt vollzog, noch einmal Brennpunkt welthistorischer Prozesse, um dann in die Normalität eines schwierigen inneren Vereinigungsprozesses zu wechseln und auf der internationalen Bühne die Rolle einer Mittelmacht zu spielen, ohne einen ständigen Sitz im Sicherheitsrat der Vereinten Nationen zu haben.

Prozess der Wiedervereinigung

In der Dynamik der Umwälzung und Auflösung an der Peripherie des sowjetischen Imperiums gelang es der sowjetischen Führung nicht mehr, den kontrollierten Übergang in eine reformierte sozialistische Ordnung zu vollziehen. Vor allem unter dem Druck der nach Unabhängigkeit strebenden Nationalitäten in dem sowjetischen Vielvölkerreich und vor dem Hintergrund eines dramatischen wirtschaftlichen und machtpolitischen Niedergangs war der Zerfall der Sowjetunion nicht mehr zu verhindern, was Gorbatschow anfangs nicht begreifen wollte, bis er von seinem Rivalen Boris Jelzin, der ganz auf die Karte des russischen Nationalstaates und auf die Unabhängigkeit der anderen Nachfolgestaaten setzte, dazu gezwungen wurde und sich zurückziehen musste. Nur in Deutschland genoss er nach wie vor großes Ansehen als Staatsmann, der den Prozess der deutschen Wiedervereinigung nicht behindert und dann auch durch diplomatische Verhandlungen sowie den vertragsgemäßen Abzug der Roten Armee aus Ostdeutschland ermöglicht hat.

Zerfall der Sowjetunion

Wenn die europäischen Revolutionen von 1989 nicht nur durch den Zusammenbruch einer gescheiterten Gesellschafts- und Wirtschaftsordnung, sondern auch durch die Mobilisierung der städtischen Massen ihren Erfolg und ihren Charakter erhielten, dann zeigen die Massenkundgebungen und die Demokratiebewegung in Peking im Frühsommer 1989, die mit deren blutiger Niederschlagung endeten, auch den Unterschied in den kommunistischen Herrschaftssystemen und Gesellschaften. Die chinesische Führung hatte frühzeitig auf wirtschaftliche Reformen gesetzt, um ihr Herrschaftssystem zu bewahren und den massenhaften Aufstiegs- und Wohlstandswünschen Raum zu geben. So konnte sich das Regime, obwohl es nach dem Massaker auf dem „Platz des himmlischen Friedens" zunächst international isoliert wurde und es sich in der Menschenrechtspolitik nach wie vor unnachgiebig zeigt, politisch und wirtschaftlich als Großmacht behaupten und an seinem Versuch festhalten, eine wirtschaftliche Öffnung hin zu Formen des marktwirtschaftlichen Kapitalismus mit der Aufrechterhaltung einer autoritären Einparteienherrschaft zu verbinden.

Das chinesische Regime

Bald nach dem Zusammenbruch des Kommunismus und dem Ende des Kalten Krieges, die den Sieg der politischen Demokratie und der freiheitlichen Markwirtschaft gebracht hatten und nur noch eine Supermacht auf der Weltbühne übrig ließen, meinte der amerikanische Politikwissenschaftler Francis Fukuyama, das „Ende der Geschichte" prognostizieren zu können. Nach dem Zusammenbruch der UdSSR und der von ihr abhängigen sozialistischen Staaten würden sich die Prinzipien des Liberalismus und der Demokratie endgültig und überall durchsetzen. Ganz im Sinne der Philosophie Georg Wilhelm Friedrich Hegels würde nun ein Ende der Geschichte bevorstehen, wenn die großen weltpolitischen Widersprüche aufgelöst würden und eine Synthese bevorstünde. Selten ist eine Prognose, so populär und dem Zeitgeist entsprechend sie auch war, so rasch durch den Gang der weiteren Geschichte widerlegt worden. Auch die Hoffnung großer Teile vor allem der europäischen Öffentlichkeit, es bräche nun eine Ära des Friedens an, wurde schon von den beiden Golfkriegen der Jahre 1988 und 1991 jäh enttäuscht. Vor allem aber musste schon Fukuyama selbst sehr bald eingestehen, dass er das Erstarken des Islams und einer islamischen Staatenwelt, die sich gegen den Gewinner des Kalten Krieges, nämlich das liberale christliche Bürgertum, stellen würde, völlig unterschätzt habe. Denn in den islamischen Ländern, wie zum Beispiel in Saudi-Arabien, herrsche eine andere Dynamik und, so ließe sich hinzufügen, entfaltet sich eine andere Moderne, die nicht in allem den westlichen Mustern folgt.

Endgültiges Durchsetzen der Demokratie?

Die „Sehnsucht nach Normalität" (Harold James), die in Deutschland und im übrigen Europa nach den Jahren des dramatischen Wandels besonders groß war, erfüllte sich nicht, denn die Veränderungen in Wirtschaft und internationaler Politik, aber auch in Migration, Demographie und in der Ökologie, die sich schon längst angekündigt hatten, beschleunigten sich mit dem Wachstum und den politische Freiräumen, die nun entstanden. Auch fielen nicht wenige Faktoren weg, die durchaus zur Stabilisierung der europäischen und globalen Situation beigetragen hatten. Die ideologischen Beschränkungen des Kalten Kriegs, die entfallen waren, gaben neuen Weltdeutungen und politischen Religionen mit teilweise zerstörerischer Wirkung

Entfaltungsmöglichkeiten; die bisherigen Sicherheitssysteme hatten keinen Bestand mehr und mussten neu justiert werden, vor allem angesichts der Gefahr des unkontrollierten Zugangs zur Kernenergie und damit auch zu Atomwaffen; die neuen osteuropäischen National- und Verfassungsstaaten brauchten ihre Zeit, um sich an die Spielregeln parlamentarischer Politik und des politischen Ausgleichs zu gewöhnen. Vor allem erkannten die Politiker und Bürger in den europäischen und amerikanischen Verfassungsstaaten bald, dass ihr politischer Gestaltungsraum angesichts der grenzüberschreitenden wirtschaftlichen Verflechtung und Kommunikation (Globalisierung) und auch der fortschreitenden europäischen Integration auf nationaler Ebene geringer geworden war, was zum Erstarken radikaler Parteien und zum häufigen Politikwechsel führte.

Beschleunigte Veränderungen

Neue Konfliktherde und regionale Kriege, deren Ursache im Verfall des sowjetischen Imperiums und Entstehen eines politischen Vakuums sowie in der Renaissance regionaler und ethnischer Identitäten beziehungsweise alter Grenzziehungen zu finden ist, entstanden auf dem Balkan, an der Peripherie Russlands und im Nahen Osten. Die Auflösung des Vielvölkerstates Jugoslawien, dem die Integrationsfigur Tito und die zwangsvereinigende Kraft der marxistischen Ideologie wie der Erinnerung an die Partisanentradition fehlte, ließ sich nicht verhindern. In das Vakuum traten extrem nationalistische Bewegungen, die den Zerfall in rivalisierende, ethnisch homogene Staaten betrieben und sich dabei an uralten Geschichtsmythen orientierten. Nach den ersten demokratischen Wahlen 1989/1990 in allen Teilstaaten bildeten bürgerlich-nationalistische Kräfte die Regierungen und betrieben ihre Unabhängigkeit, was nicht ohne militärische Konflikte und Bürgerkrieg abging. Besonders in Kroatien führten die Konflikte zu Grausamkeiten an der Zivilbevölkerung, die im Kernraum des ehemaligen Jugoslawien zu Bürgerkrieg und „ethnischen Säuberungen“ sowie mithin zu Bildern führten, die nicht wenige Mitteleuropäer an Flucht und Vertreibung der Jahre 1945/1946 erinnerten. Mit dem Eingreifen der NATO 1999 erlebte auch die deutsche Bundeswehr ihren ersten größeren militärischen Einsatz außerhalb des Territoriums der NATO – auch dies war eine neue Politik und Erfahrung, die mit der Militärpolitik der alten Bundesrepublik brach.

Konflikte auf dem Balkan

Auch für die afrikanischen Staaten hatte das Ende des Kalten Kriegs widersprüchliche Folgen. Einige hatten sich eng mit der ehemaligen Supermacht UdSSR politisch und ideologisch eingelassen, wie Angola, Äthiopien, Kongo und Mosambik. Andere hatten im Kampf gegen den Marxismus ihre entscheidende Rechtfertigung gefunden und ihre Einparteienherrschaft damit begründet. Die Neuorientierung, die nun anstand, ging nicht ohne Turbulenzen ab. Die 1990er Jahre waren von einer starken Tendenz zu Formen politischer Partizipation gekennzeichnet, nachdem die autokratischen Herrschaftsformen sich nun in der Defensive befanden. In Südafrika kam das Ende der Apartheid, und der *African National Congress* (ANC) gewann die ersten freien Wahlen. Nelson Mandela wurde Präsident und zur Symbolfigur eines friedlichen Übergangs in eine offene Gesellschaft. Das änderte nichts daran, dass einige afrikanische Länder weiterhin zu den ärmsten Staaten der

Neuorientierung in Afrika

Der erste schwarze Präsident Südafrikas: Nelson Mandela, 1990.

Welt gehörten und dass in multiethnischen Staaten vor allem Zentralafrikas bald wieder neue Bürgerkriege, Massenvertreibungen und Genozide stattfanden.

Die Einrichtung eines Internationalen Gerichtshofes, der über Vorgänge von Völkermord, Verbrechen gegen die Menschlichkeit, Kriegsverbrechen und Aggression urteilen soll, war Reaktion auf diese neuen Erfahrungen und eine Herausforderung für die Internationalen Organisationen, die an die Praxis der Kriegsverbrecherprozesse nach dem Zweiten Weltkrieg anknüpften, aber daraus eine völkerrechtlich begründete, dauerhafte Einrichtung machen wollten – in einer Welt, die kaum Aussicht auf die friedliche Beilegung der vielen Konflikte und neuen Kriege bot und bietet.

Entluden sich diese Konflikte und regionalen Kriege zwar vor der europäischen Haustür, so bekam die Bedrohung der fragilen Ordnung in der globalisierten Welt nach 1989/1990 mit dem internationalen Terrorismus und seinen Anschlägen, die mitten in die Zivilgesellschaften der Industriestaaten zielten und zielen, seit dem 11. September 2001 eine neue Dimension, als mit zwei gekaperten Verkehrsflugzeugen arabische Terroristen, die zum Netzwerk al-Qaida gehörten, die Türme des *World Trade Center* in New York, die als Symbol der amerikanischen Wirtschaftsmacht galten, zerstörten und dabei über 3000 Menschen in den Tod schickten. Die

Welt stand unter Schock und konnte die furchtbaren Anschläge noch in den elektronischen Medien in Echtzeit miterleben. Der amerikanische Präsident, George W. Bush, erklärte neun Tage später dem internationalen Terrorismus den Krieg und eröffnete damit einen neuartigen asymmetrischen Krieg, der neben allen militärischen Aspekten auch Auswirkungen auf Politik und Rechtsstaatlichkeit der freien Welt hat. Am 2. Oktober 2001 rief die NATO zum ersten Mal in ihrer Geschichte den Bündnisfall aus: Noch im gleichen Monat begannen die USA mit massiven Luftangriffen auf Afghanistan, wo die Terroristen unter ihrem Führer Osama bin Laden Unterschlupf und ihre logistische Basis (vermeintlich) hatten. Nach dem Einsatz von Bodentruppen konnten die fundamentalistischen Taliban vorerst vertrieben werden. Eine internationale Schutzmacht, wiederum unter Einbeziehung der deutschen Bundeswehr, soll – freilich mit immer geringerem Erfolg – für den Aufbau einer friedlichen Ordnung und einer demokratischen Verfassung sorgen. Mittlerweile scheint das Hauptziel, ein Erstarken des islamischen Fundamentalismus zu verhindern, weit weg von seiner Erfüllung zu sein. Auch der zweite Krieg gegen den Terrorismus, den die amerikanische Führungsmacht unter ihrem Präsidenten im Irak eröffnet hat, endete zwar vorerst mit der Verfolgung und Verurteilung des irakischen Diktators Saddam Hussein im Dezember 2003, doch kommt auch der Irak trotz der Bildung einer neuen parlamentarischen Regierung und massiver Präsenz amerikanischer und britischer Truppen nicht zu einer politisch-gesellschaftlichen Konsolidierung, auch weil der Krieg und der Sturz der Diktatur die inneren religiösen Gegensätze des Landes aufgerissen hat und weil der Export des westlichen Demokratiemodells in eine Gesellschaft, der die wichtigsten kulturellen und politischen Voraussetzungen für deren Adaption fehlen, misslingt. Das Beispiel belegt, dass wir uns daran gewöhnen müssen, dass es verschiedene und widersprüchliche Wege in die Moderne geben kann und wird.

Internationaler Terrorismus

Der Blick auf die außereuropäische und außeramerikanische Welt zeigt mithin, dass die weltgeschichtliche Zäsur des Jahres 1989/1990 wie alle Zäsuren, mit denen wir geschichtliche Prozesse zu ordnen und zu verstehen versuchen, sehr relativ ist, vor allem wenn man eine fremde Perspektive einnimmt. Die Welt ist seither nicht nur sehr viel bunter und polyzentrischer geworden, sie hat eine Beschleunigung in ihren vielfältigen ökonomischen und kulturellen Wandlungen, ihren Möglichkeiten und Widersprüchen beziehungsweise Gefährdungen genommen, die einfache Urteile unmöglich machen und die am Anfang des Jahrhunderts kaum vorhersehbar waren. Vor allem hat sich die Welt global entfaltet und die eurozentrische Perspektive, die um 1900 noch dominierte, längst aufgegeben.

Krieg in der technisch-industriellen Welt

Johannes Hürter

Die Herrschaft Europas über weite Teile der Welt gründete vor allem auf einer Überlegenheit der Waffen und Verkehrsmittel, die sich in der Frühen Neuzeit herausbildete. Am Anfang stand die unerhörte Begebenheit, dass kleine Aufgebote spanischer und portugiesischer Abenteurer auf hochseetauglichen Schiffen zu fernen Kontinenten gelangten, mächtige Reiche in Amerika zerstörten und dauerhafte Stützpunkte in Afrika und Asien errichteten. Während in der Spätantike und im Mittelalter die eisenbewehrten Heere des Westens und Nahen Ostens in den Reitervölkern Asiens – den Hunnen, Arabern, Mamluken, Mongolen, Türken und anderen – einen zumindest ebenbürtigen Gegner fanden, konnten der europäischen Kriegstechnik und Logistik bei den neuzeitlichen Zusammenstößen der Zivilisationen immer weniger entgegengesetzt werden. Selbst jene asiatischen, meist islamischen Großreiche, die ihre Armeen frühzeitig mit Feuerwaffen ausstatteten, wie das Osmanische Reich oder das Mogulreich in Indien, wurden schließlich von der europäischen Konkurrenz verdrängt.

Einleitung

Das Militärwesen Europas wurde seit 1500 mehr und mehr zu einem bestimmenden Faktor der globalen Geschichte und ermöglichte dadurch den inneren Aufschwung der europäischen Mächte sowie die Expansion ihrer Verwaltung, Wirtschaft und Kultur nach Übersee. Allerdings waren die in Europa üblichen und von dort in die Welt exportierten Formen kriegerischer Gewalt selbst beträchtlichen Wandlungen unterworfen. Militärisch war der Beginn der Neuzeit durch weitreichende Innovationen gekennzeichnet, die in enger Wechselbeziehung zu den politischen, sozialen und ökonomischen Modernisierungen standen. Die neue Technologie effizienter Feuerwaffen gab dem professionell ausgebildeten und geführten Fußsoldaten einen klaren Vorteil gegenüber der schweren Reiterei des ausgehenden Mittelalters. Das führte zu einer sprunghaften Vergrößerung der Infanterieverbände, die wiederum einen erheblich gesteigerten Bedarf an Rüstung und Versorgung hatten. Zugleich verschafften sich die europäischen Kriegsmarinen einen so großen technischen und navigatorischen Vorsprung, dass der Kampf um die Seeherrschaft für Jahrhunderte zu einer rein europäischen Angelegenheit wurde.

Europas Militärwesen

Nach dem Durchbruch der Feuerwaffen und des hochseefähigen Kriegsschiffes gab es in der Militärtechnik bis zum 19. Jahrhundert keine grundlegenden, ähnlich revolutionären Veränderungen mehr. Dagegen erlebte die Organisation von Krieg

und Militär in Europa bereits im 17. Jahrhundert einen bedeutsamen Wandel. Bis dahin lagen größere militärische Operationen überwiegend in den Händen von privaten Kriegsunternehmern, die ihre Aufträge von jenen Fürsten erhielten, deren frühmoderne Staatsgebilde genügend Geld und Ressourcen hergaben, um sich einen Krieg leisten zu können. Das änderte sich nach dem Dreißigjährigen Krieg, in dem die Nachteile bewaffneter Konflikte mit schwer zu disziplinierenden und unzuverlässigen Söldnern besonders „verheerende" Folgen hatten. An Stelle des Condottiere und der Landsknechtshaufen trat eine neue militärische Ordnung mit loyalen Offizieren und stehenden Heeren, die in geschlossenen Formationen die Entscheidung auf dem Schlachtfeld suchten, anstatt die Zivilbevölkerung zu terrorisieren. Der Krieg wurde verstaatlicht, monopolisiert und eingehegt – eine Leistung des absolutistischen Staates, die trotz aller gegenläufiger Erscheinungen bis in das 20. Jahrhundert Bestand hatte, zumindest in Europa. Der symmetrische Staatenkrieg mit regulären Truppen wurde zum europäischen Normalkrieg.

Organisation von Krieg und Militär

Noch die größten militärischen Konflikte des 19. Jahrhunderts, die Napoleonischen Kriege, der Krimkrieg (1853–1856), der amerikanische Sezessionskrieg (1861–1865) und der Deutsch-Französische Krieg (1870/1871), waren konventionelle Staatenkriege. Zugleich zeigten sich in ihnen aber die Zeichen einer neuen Epoche, die von der Nationalisierung, Demokratisierung und Industrialisierung Europas und Nordamerikas bestimmt war. Massenheere von wehrpflichtigen Bürgern wurden mobilisiert, ausgerüstet und auf eine gemeinsame Idee eingeschworen. Die Staatenkriege entwickelten sich von begrenzten Kabinetts- und Fürstenkriegen zu National- und Volkskriegen, in denen sich die Unterschiede zwischen Soldaten und Zivilisten aufzulösen drohten. Der Guerillakrieg in Spanien nach 1808 oder die Verwüstungen und hohen Zivilopfer des Sezessionskriegs waren dafür ebenso ein Menetekel wie die gegenseitigen Grausamkeiten deutscher Besatzungstruppen und französischer Freischärler im Krieg von 1870/1871. In der zweiten Hälfte des Jahrhunderts begann sich das Kriegsbild außerdem durch technische Fortschritte zu verändern. Hinterlader und gezogene Läufe erhöhten die Feuerkraft, Eisenbahn und Telegrafie revolutionierten Logistik und Kommunikation, dampfbetriebene Panzerschiffe begünstigten eine expansive Flottenpolitik. Kreativität, Produktivkraft und Machtstreben der Industriestaaten Europas und Nordamerikas ließen die bewaffneten Auseinandersetzungen intensiver und blutiger werden.

Veränderung der Staatenkriege

Die europäisch geprägten Militärmächte, zu denen Ende des 19. Jahrhunderts nach einem erstaunlichen Anpassungsprozess auch Japan zählte, führten untereinander Staatenkriege nach europäischer Art. Anders war es, wenn dieselben Mächte bei ihrer Expansion auf unterlegene außereuropäische Kriegskulturen trafen. Der Symmetrie der Kräfte, Mittel und Ziele in den militärischen Konflikten zwischen vergleichbaren und (nach eigener Deutung) gleichberechtigten Staaten stand die Asymmetrie der Kolonialkriege entgegen. Der im 19. Jahrhundert nochmals gesteigerte technologische Vorsprung der westlichen Welt führte zu einseitigen Gemetzeln gegen

Indianer, Zulu, Sudanesen, Inder, Chinesen und überall sonst, wo europäische Kriegstechnik die offene Gegenwehr brach. Selbst einem hochentwickelten Reich wie China gelang es trotz aller Bemühungen nicht, den ökonomischen und militärischen Rückstand aufzuholen. Auf andere Weise asymmetrisch und für die Aggressoren ungleich schwerer zu bewältigen war der Kleinkrieg, in dem viele außereuropäische Ethnien notgedrungen die letzte Möglichkeit zur Selbstbehauptung sahen. Schon im 19. Jahrhundert zeigte sich, dass die westlichen Militärs auf jede Form von Guerillataktik mit Repressalien und Vernichtungsfeldzügen reagierten, die sich von den in Europa ausgebildeten Regeln einer eingehegten Kriegführung stark unterschieden.

Asymmetrie von Kriegen

Was war vor dem Hintergrund der militärhistorischen Entwicklung seit 1500, die auch in globaler Perspektive von Europa dominiert wurde, das Spezifische und Neue am Krieg im 20. Jahrhundert? Was war Fortsetzung, was Anfang? Wurden die destruktiven Kräfte des technisch-industriellen Zeitalters lediglich fortgeschrieben und auf die Spitze getrieben, oder lassen sich eigenständige Tendenzen und Wendungen erkennen? Wie nähert man sich diesem besonders gewalttätigen Jahrhundert? Zunächst stellt sich das Problem der Periodisierung. In der Geschichtsschreibung ist es Mode geworden, die starren Grenzen zufälliger Jahreszahlen etwas aufzubrechen und von langen und kurzen Jahrzehnten und Jahrhunderten zu reden. Demnach folgte dem langen 19. Jahrhundert (1789–1914) von der Französischen Revolution bis zum Beginn des Ersten Weltkriegs das kurze 20. Jahrhundert, das sich auch militärgeschichtlich gut in eine Ära der Weltkriege (1914–1945) und eine Ära des Kalten Krieges (1945–1990) einteilen lässt. Was davor war, erscheint irgendwie älter, was danach kam, offenbar so neu, dass es schon zum gegenwärtigen Jahrhundert gehört.

Problem der Periodisierung

Diese Epochenabgrenzungen sind in vielerlei Hinsicht plausibel, verdecken allerdings Kontinuitäten und Renaissancen bestimmter Phänomene des Militärwesens. So sind etwa die „neuen Kriege“ der Gegenwart, die sich durch „Privatisierung“ und „Asymmetrisierung“ von den klassischen Staatenkriegen unterscheiden, alles andere als neu. Auch kann der Militärhistoriker mit derselben Berechtigung von einem langen 20. Jahrhundert sprechen, das in den 1880er Jahren mit der ersten wirklich revolutionären Steigerung der Feuerkraft seit 400 Jahren begann, in der Artillerie aus der Luft, schließlich der Atombombe den Zenit der Destruktion erreichte und nach Jahrzehnten der Erstarrung erst mit den Anschlägen vom 11. September 2001, dieser merkwürdigen Mischung aus moderner Technik und archaischer Gewalt, zu Ende ging. Oder befinden wir uns noch mitten im Zeitalter der Atombombe, deren Bedeutung wir vor lauter Fixierung auf die vermeintlich neuen Kriege genauso aus den Augen verlieren wie die Möglichkeit der Wiederkehr von Staatenkriegen? Unbestritten ist aber, dass im 20. Jahrhundert, ob kurz oder lang, ein Höhepunkt der militärischen Gewaltgeschichte europäischer Prägung erreicht wurde und im Übergang zum 21. Jahrhundert das System der traditionellen Militärmächte endgültig in eine Krise geraten ist.

Probleme der Epochenabgrenzungen

Um die übergreifenden Zusammenhänge und Entwicklungen deutlich zu machen, bietet sich eher als eine chronologische Einteilung in Epochen oder Teilepochen ein typologisches Vorgehen an. Um Kriege, also bewaffnete Großkonflikte zwischen planmäßig vorgehenden Kollektiven, zu klassifizieren, sollte vom Ordnungs- und Bezugssystem Staat ausgegangen werden. Der Typus, der im 20. Jahrhundert nicht von der Anzahl, aber von der Wirkung her weiterhin dominierte, war der meist symmetrisch geführte Krieg zwischen Staaten. Daneben spielten, wie im 19. Jahrhundert, aber doch quantitativ wie qualitativ deutlich gesteigert, die meist extrastaatlichen, in der Regel asymmetrischen Kriege der (Post-)Kolonialmächte gegen Unabhängigkeitsbewegungen eine bedeutsame Rolle, bis hin zum Vietnamkrieg und in gewisser Weise bis zum zweiten Irakkrieg. Das Zeitalter der Extreme, als das man das 20. Jahrhundert bezeichnete, erlebte außerdem besonders viele innerstaatliche Kriege. Diese drei Kriegstypen – Staatenkriege, Kolonialkriege, Bürgerkriege – konnten sich mischen und waren so häufig mit Gewalt gegen die Zivilbevölkerung oder gegen einzelne Gruppen und Minderheiten verbunden wie selten zuvor in der Geschichte. Die Militärgeschichte des 20. Jahrhunderts ist auch eine Geschichte von Massenverbrechen und Genozid außerhalb der eigentlichen Kampfhandlungen.

Grundlagen

Bevor näher auf die einzelnen Kriegstypen eingegangen wird, ist ein Überblick über die materiellen, sozioökonomischen und ideellen Grundlagen des modernen Krieges notwendig. Auch hier kann und muss die Sicht zunächst eurozentrisch sein, denn lange Zeit besaßen allein die (unterschiedlich weit) industrialisierten Großmächte Europas sowie die Vereinigten Staaten und Japan die notwendige Infrastruktur, um international konkurrenzfähige und angriffstaugliche Streitkräfte aufzustellen, auszurüsten und zu versorgen.

Auch nahezu alle waffentechnischen Innovationen gingen von diesen Staaten aus beziehungsweise wurden von ihnen zur Serienreife und effizienten Anwendung gebracht. Die technologische Entwicklung bestimmte viele Entscheidungen im militärischen wie im zivilen Bereich und determinierte die Kriegführung. Einige wichtige Veränderungen waren nicht grundsätzlich neu, sondern konnten an die enormen Fortschritte von Industrie und Technik im 19. Jahrhundert anknüpfen. Das galt besonders für den Bereich der Logistik, wo der Motor immer besser genutzt wurde. Der schnelle Truppenaufmarsch aller Mächte zu Beginn des Ersten Weltkriegs wäre ohne den perfektionierten Großeinsatz der Feldeisenbahnen nicht möglich gewesen. Neben die Dampfmaschine trat der ölbetriebene Verbrennungsmotor, später auch der Elektromotor, und löste sie schließlich ganz ab. Die Erfindung des Automobils (1886) führte nach und nach zur Motorisierung der Landstreitkräfte, allerdings in einem langwierigen Prozess – noch im Zweiten Weltkrieg waren Pferde und Marschstiefel unverzichtbar. Die wichtigste motorgestützte Innovation zu Lande

Logistik

war die Einführung des Panzerwagens im Ersten Weltkrieg, der beweglichen Operationen neue Möglichkeiten bot.

Motor und Stahl prägten auch die modernen Seestreitkräfte. Der entscheidende Weg vom Segel- zum Dampfschiff und vom Holz- zum Eisenschiff wurde bereits im 19. Jahrhundert bewältigt, so dass sich bei den Überwassereinheiten anschließend nur noch die Qualität der Panzerung und Bewaffnung sowie vor allem des Antriebsmotors änderte. Die Umstellung von Dampfkesseln auf Dieselturbinen und der Bau von Großkampfschiffen mit Einheitskalibern nach dem Vorbild der britischen *HMS Dreadnought*, die 1906 überraschend in Dienst gestellt wurde (*Dreadnought*-Sprung), waren hier die wichtigsten Entscheidungen. Während aber die Ära der großen Schlachtschiffe nach 1945 zu Ende ging, haben zwei neue Marinewaffensysteme des 20. Jahrhunderts bis heute ihre Bedeutung. Die Unterseeboote bewiesen zuerst im Ersten Weltkrieg, die Flugzeugträger im Zweiten Weltkrieg ihre Tauglichkeit als gefährliche Waffen. Allerdings modernisierten Erstere eigentlich nur die traditionelle Form der Kaperfahrten und sind heute vor allem als Raketenträger interessant, und Letztere waren viel eher eine Folge des Aufstieg der Luftfahrt als ein Ergebnis marinespezifischer Entwicklungen.

Motor und Stahl

Die Fortschritte im so wichtigen Sektor der Kommunikation zeigten ebenfalls, wie sehr sich in den jeweils zwei Jahrzehnten vor und nach der Jahrhundertwende die technische Entwicklung beschleunigte, ohne in jedem Fall etwas umwälzend Neues zu schaffen. Wie bei den Verkehrsmitteln mit der Wende von der Muskelkraft zur Maschine war auch in der Kommunikation der wichtigste Schritt bereits getan. Die Elektrifizierung der Nachrichtenübermittelung durch Kabeltelegrafen und Telefone bot eine überlegene Alternative zu optischen und akustischen Signalen sowie Kurieren, die bisher zur Aufklärung und Koordination militärischer Operationen eher schlecht als recht genutzt werden mussten. Die Einführung der kabellosen Telegrafie per Funk zu Beginn des Jahrhunderts brachte nochmals eine bedeutsame Verbesserung. Doch auch hier vergingen noch Jahrzehnte, ehe der Funk die militärischen Nachrichtenverbindungen monopolisierte. Seit den 1970er Jahren wurden die terrestrischen Netze außerdem um die Funkkommunikation über Satellit ergänzt.

Kommunikation

So wichtig Erfindungen wie das Automobil, der Panzer, das U-Boot und der Funk für das Militärwesen auch waren – wirklich revolutionär waren vor allem drei technische Innovationen: die dramatische Steigerung der Feuerkraft, die Eroberung der Luft und schließlich die Massenvernichtungswaffe Atombombe. Sie veränderten die Kriegführung grundlegend und gaben zumindest dem Staatenkrieg sowie seiner Vorbereitung einen epochenspezifischen Charakter.

Die erste dieser waffentechnischen Revolutionen begann 1886 mit einem französischen Infanteriegewehr, das nicht nur weiter und genauer schoss, sondern statt des seit vier Jahrhunderten verwendeten Schwarzpulvers ein fast rauch- und rückstandfreies Treibmittel (Schießbaumwolle) gebrauchte. Diese neue Technik ermöglichte die Konstruktion zuverlässiger und effizienter Schnellfeuerwaffen und Maschinengewehre. Das Ende der Schwarzpulver-Ära war vermutlich der wichtigste Einschnitt

in der Geschichte der Waffentechnik seit Einführung der Schusswaffen. Nur wenige Jahre später (1897) wurde, ebenfalls in Frankreich, als weitere Neuerung ein Feldgeschütz mit Rohrrücklauf in Wiegelafette vorgestellt, das nicht wie seit Jahrhunderten nach jedem Schuss neu ausgerichtet werden musste und daher viel schneller schießen konnte. Das neue Pulver und die neue Rückstoßmechanik erhöhten die Feuerkraft in einem Maße, dass Frontalangriffe, die bereits in den Kriegen des 19. Jahrhunderts zu äußerst hohen Verlusten, aber auch noch zu Erfolgen geführt hatten, im 20. Jahrhundert nahezu sinnlos wurden. Die Überlegenheit des Maschinengewehrs und mehr noch der Artillerie veränderte die Infanterietaktik und machte die Kavallerie als Offensivwaffe endgültig überflüssig. Die verheerende Wirkung von Schnellfeuer und Artillerie war eine militärische Eigenart des Jahrhunderts und ein Unterscheidungsmerkmal gegenüber der Zeit vor dem epochalen Sprung in der Ballistik und Feuergeschwindigkeit. Die Verwendung von Raketen und Lenkwaffen seit den 1940er Jahren war dann nur noch ein Zusatz, aber kein grundsätzlicher Wandel mehr.

Steigerung der Feuerkraft

Die zweite einschneidende Innovation erlebte ihren Durchbruch im Ersten Weltkrieg, der wie jeder große Krieg den Erfindungsgeist von Wissenschaft und Technik besonders inspirierte. Seit den ersten Aufstiegen lenkbarer Luftfahrzeuge mit dem Zeppelin (1900) und dem Flugzeug (1903) wurde eine militärische Verwendung dieser neuen Technologie geprüft. Im Kriegseinsatz entwickelte sich das Flugzeug von einem Aufklärungsinstrument zum vielseitig verwendbaren Waffenträger, während sich das leicht verwundbare und langsame Luftschiff nicht durchsetzen konnte. Der Luftkrieg ergänzte die jahrtausendealte Kriegführung zu Wasser und zu Lande um eine dritte Ebene. Das Revolutionäre dieser Weiterung sollte allerdings nicht überschätzt werden, denn die neuen Möglichkeiten einer Aufklärung, Logistik und Artillerie aus der Luft ließen sich fast nahtlos in diese traditionellen Sektoren des Militärwesens einfügen. Die größte Bedeutung erhielt die Luftwaffe als fliegende Gefechtsartillerie zur unmittelbaren Unterstützung der Bodentruppen, vor allem aber als hochmobile Fernartillerie, mit der – wie später zusätzlich mit Raketen und anderen unbemannten Flugkörpern – Ziele weit hinter der Front zerstört werden konnten. Von Flugzeugen transportierte Bomben waren eine deutlich wirksamere Waffe, den Krieg in die Etappe und Heimat des Feindes zu tragen, als etwa jene weitreichenden Kanonen, mit denen die Deutschen im Ersten Weltkrieg Paris beschossen. Der strategische Luftkrieg gegen die gegnerische Infrastruktur, und das hieß von vornherein nicht nur gegen Militäranlagen, Nachschublinien und Rüstungsbetriebe, sondern ebenso gegen die Moral der Bevölkerung, wurde zu einer Geißel des Jahrhunderts. Es lag im Trend, dass die Feuerwaffen nun immer weiter, genauer, schneller und massierter Tod und Zerstörung brachten – und dass davon im modernen Krieg der Staaten und Gesellschaften viel stärker als zuvor Zivilisten betroffen waren.

Eroberung der Luft

Die höchste und letzte Steigerung der militärischen Zerstörungskraft war die Massenvernichtungswaffe, die unterschiedslos das gesamte menschliche Leben in den von gegnerischen Truppen oder Produktionsmitteln belegten Räumen auslöschte. Dazu reichten und reichen die konventionellen Explosivstoffe selbst bei massivstem Einsatz nicht aus. Die Menschheit wandte viel Energie auf, um eine solche Waffe zu entwickeln. Dass ihr das schließlich mit der Atombombe gelang, war für die Kriegführung des 20. Jahrhunderts die dritte umwälzende Neuerung. Davor stand das Experimentieren mit B- und C-Waffen. Der Erste Weltkrieg erlebte mit dem deutschen Gasangriff bei Ypern am 22. April 1915 den ersten Einsatz von Massenvernichtungswaffen. Doch das bald von allen Seiten verwendete Kampfgas blieb insgesamt ohne die beabsichtigte Wirkung und spielte später, vor allem aus Selbstbeschränkung, militärisch kaum mehr eine Rolle, fand aber als Massentötungsmittel im Holocaust seine singuläre Verwendung. Bakterielle Kampfmittel wurden ebenfalls produziert und erprobt, jedoch anders als Gas nicht in größerem Umfang eingesetzt. Die Entdeckung der Uranspaltung durch Otto Hahn, Lise Meitner und Fritz Straßmann öffnete 1938 den Weg zu einer nuklearen Superbombe, deren Einsatz, da sie den herkömmlichen Sprengmitteln zumindest verwandt schien, den verantwortlichen Politikern und Militärs zunächst leichter fiel als Flächenangriffe mit „heimtückischen" und schwer zu lenkenden Gaswolken und Krankheitserregern. Sowohl deutsche als auch amerikanische und britische Physiker arbeiteten an der militärischen Nutzung der Kernenergie, doch das Projekt der Westmächte hatte deutlich bessere Rahmenbedingungen und gewann einen klaren Vorsprung. Am 16. Juli 1945 war ein erster Atomwaffentest in der Wüste von New Mexico erfolgreich, und am 6. und 9. August 1945 ebneten die amerikanischen Atombomben *Little Boy* und *Fat Man* die japanischen Städte Hiroshima und Nagasaki ein. Seitdem bestimmte „die Bombe" für viele Jahrzehnte das militärstrategische Denken der Menschheit – und beherrschte die Ängste vor dem letzten selbstzerstörerischen Akt einer Waffentechnik, die innerhalb von nur 50 Jahren an die äußerste Grenze der Feuerkraft vorgedrungen war und in den folgenden 50 Jahren vor allem darin fortschritt, die Nuklearsprengköpfe kleiner, leichter und vernichtender, die Trägersysteme weitreichender und nahezu unverwundbar zu machen.

Massenvernichtungswaffe

All die beschriebenen waffentechnischen Innovationen und Revolutionen schufen Fakten weit über den engeren militärischen Bereich von Gefecht und Logistik hinaus. Zugleich waren sie von Bedingungen und Entwicklungen jenseits des Militärischen abhängig. Zumindest die großen Staatenkriege und die auf sie ausgerichteten Streitkräfte stützten sich auf die Pfeiler industrielle Massenproduktion, gesellschaftliche Massenbasis und diskursive Massenkultur. Eine Spitzenposition in Wissenschaft, Technik und Industrie war die Voraussetzung, um im Wettbewerb der Kriegstechnologien mitzuhalten. Die Rekrutierung aller Bevölkerungsteile zum Waffendienst oder zu kriegsrelevanter Arbeit sicherte die personellen und materiellen Grundlagen. Mit Hilfe der Massenmedien konnte die Bevölkerung so weit beeinflusst und gezielt (des-)informiert werden, dass sie Rüstung und Krieg als ihr eigenes Anliegen, ja als eine Frage des eigenen Überlebens deutete. So war die moderne Kriegführung vor allem Sache jener Nationalstaaten, die den Weg zur Industrie- und Massengesellschaft am weitesten zurückgelegt beziehungsweise bereits abgeschlossen hatten.

Welche politischen und religiösen, sozialen und ökonomischen Ideen lagen den Kriegen im 20. Jahrhundert zugrunde? Um die Jahrhundertwende, in der Hochphase des Imperialismus, herrschte in den gerüsteten Staaten die Überzeugung, dass Menschen wie Nationen von unterschiedlichem Wert seien und die Stärkeren ein höheres Lebensrecht besäßen. Das biologistische Modell vom „Kampf ums Dasein" verband sich mit übersteigertem Nationalismus und extremem Rassismus. Die nationalsozialistische Rassenideologie mit ihrem Ziel, der germanischen „Herrenrasse" mehr „Lebensraum" zu erobern, war nur der radikalste Auswuchs eines Denkens, das für viele Jahrzehnte die Kriege der Welt beeinflusste. Nach den gängigen Legitimationsmustern waren die anderen Staaten, Ethnien und Kulturen immer die weniger oder gar nicht zivilisierten, besonders wenn sie außerhalb der westlichen oder nördlichen Hemisphäre existierten. Der sogenannte Sozialdarwinismus verlor in der zweiten Jahrhunderthälfte an Bedeutung. Nationalistische Konstruktionen dagegen bestanden weiter, lebten wieder auf oder wurden neu geschaffen und trugen immer wieder zu Ausgrenzung, Gewalt und Krieg bei. Doch auch die sich als international gebärdenden sozialrevolutionären Gesellschaftsentwürfe bewiesen immer wieder ihr aggressives Potential, zuerst vor allem in innerstaatlichen Konflikten, dann im Kampf gegen autoritäre oder totalitäre Antipoden und schließlich in der Auseinandersetzung mit westlichen Demokratien und ihren Satelliten in der Dritten Welt.

„Kampf ums Dasein"

Als vermutlich wichtigste Konstante unter den Triebfedern militärischer Expansion und Gewalt erwies sich aber der Anspruch der westlichen Industriegesellschaften, alle wesentlichen Ressourcen und Absatzmärkte der Welt in ihr ökonomisches System einzubinden. Idee und Ziel wirtschaftlicher Dominanz, ganz gleich ob freihändlerisch oder dirigistisch, scheinen heute wie vor 100 Jahren mit dem Hinweis auf überlegene zivilisatorische Werte – früher die „abendländische Kultur", jetzt Liberalismus, Demokratie und Menschenrechte – zusätzlich legitimiert. Gegen den globalen Ordnungsentwurf der europäischen Mächte, der USA und Japans, zeitweise auch des realsozialistischen Imperialismus sowjetischer Spielart, regten sich in den betroffenen Regionen von Anfang an antikolonialistische, antihegemoniale und indigen-traditionelle Widerstände. Die Dekolonisation führte die Gegenbewegung zum Erfolg, doch oft wandelte sich die formelle nur in eine informelle Herrschaft des Westens, die teilweise erneut auf gewalttätige Reaktionen traf. Seit den 1970er Jahren entwickelte sich der islamische Fundamentalismus in Teilen der Welt zum ernstzunehmenden Widerpart der westlichen Hegemonie, mit einer Gewaltbereitschaft, die zu neuen Kriegen beiträgt.

Ideologische Grundlagen

Konkreter als die Frage nach den allgemeinen ideologischen Grundlagen lässt sich jene nach den militärischen Ideen beantworten. Den Militärs der führenden Mächte war zu Beginn des Jahrhunderts bewusst, dass sich die Industrie- und Massengesellschaften mit ihren hochgerüsteten Massenheeren in einem langwierigen „Volkskrieg" gegenseitig zu erschöpfen drohten. Sie suchten den Ausweg in einer neuen Doktrin, die den Mut zum Angriff als überlegenen moralischen Faktor interpretierte. Durch ihn sollte der materielle Faktor militärischer Technisierung gebro-

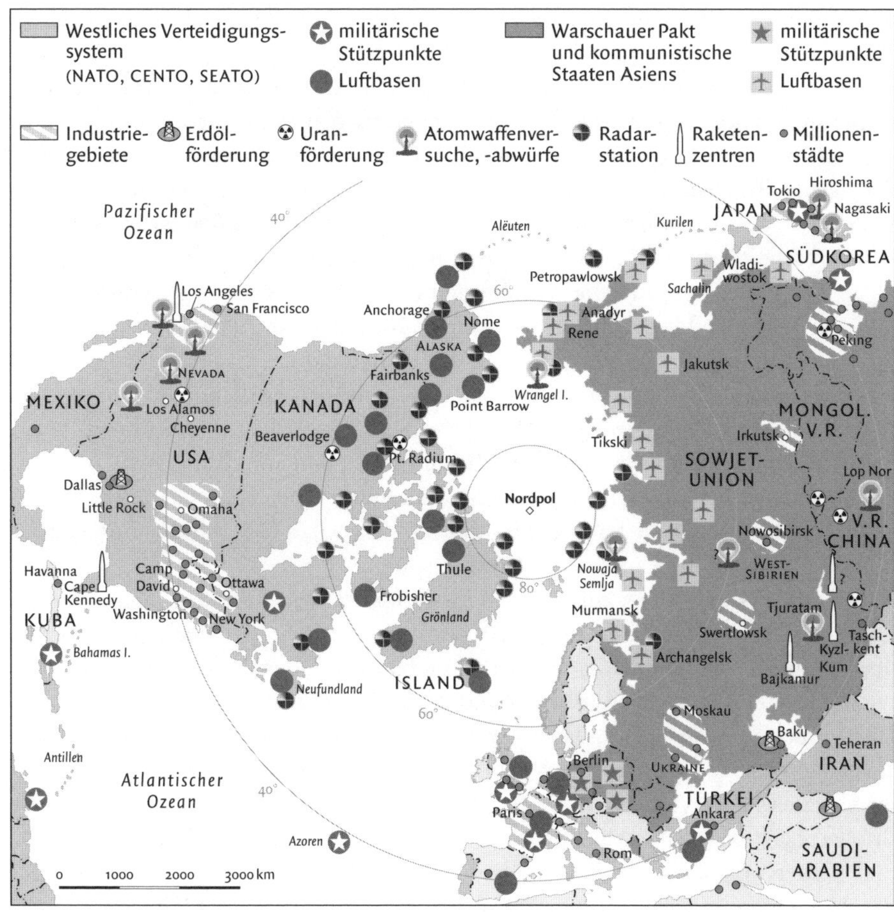

Die Weltmächte USA und UdSSR um 1960.

chen werden. Tatsächlich zerbrach aber im Ersten Weltkrieg der sozialdarwinistisch überhöhte Angriffsgeist der Infanterie am erreichten Standard der Feuerkraft, der noch keine vergleichbare offensive Waffentechnologie entgegengestellt werden konnte. Der jahrelange technisch-industrielle Abnutzungskrieg veränderte die vorherrschende Militärdoktrin. Stärker als zuvor setzte sich die Erkenntnis durch, dass der Krieg zwischen hochentwickelten Industriestaaten ein Existenzkampf sei, der den „restlosen Einsatz aller physischen, geistigen, moralischen und wirtschaftlichen Kräfte einer Nation erfordert“, wie es »Meyers Lexikon« im Jahr 1927 zusammenfasste. Die internationale Debatte über den Krieg der Zukunft thematisierte bereits alle Aspekte, die später mit dem Schlagwort „Totaler Krieg“ bezeichnet wurden und noch heute mit Hilfe dieses Begriffs erfasst werden: totale Mobilisierung, radikale Kriegsziele, rücksichtslose Kriegsmethoden und straffe Führung im Innern. Nach

Militärische Ideen

dieser Doktrin rechtfertigte der hohe Einsatz sowohl die Mittel als auch die Ziele. Beiden waren dann allerdings kaum mehr Grenzen gesetzt.

Dass der Kampf zwischen vollständig mobilisierten Gesellschaften je länger, desto (selbst-)zerstörerischer war, musste die militärischen Planer beunruhigen, zumal dadurch unberechenbare Faktoren wie die Widerstandskraft und Leidensfähigkeit der eigenen Bevölkerung eine kriegsentscheidende Rolle bekamen. Daher wurde nach 1918 unter den Militärexperten intensiv diskutiert, wie man einen weiteren langen Zermürbungskrieg durch neue Offensivstrategien verhindern könne. Dabei wurden große Hoffnungen in die jüngsten Innovationen der Kriegstechnologie gesetzt: Luftwaffe, Giftgas und Panzer. Nach dem Konzept des Italieners Giulio Douhet sollten riesige Bomberflotten das Hinterland des Gegners mit Feuer und Gas überziehen, seine Industrie zerstören, seine Bevölkerung demoralisieren, um ihn schnell zum Frieden zu zwingen. Die Idee eines strategischen Bombenkriegs gegen industrielle und zivile Ziele wurde von den britischen und amerikanischen Luftstreitkräften aufgegriffen und schließlich in die Praxis umgesetzt, während andere Staaten wie Deutschland und die Sowjetunion das Schwergewicht eher auf die unmittelbare Luftunterstützung des Landkriegs legten.

Neue Offensivstrategien

Für die Bodentruppen entwickelten Modernisierer wie die Briten John Frederick Fuller und Basil Liddell Hart die Offensivdoktrin, die Defensive durch schnelle und überraschende Operationen motorisierter Verbände zu überwinden. Hauptwaffe waren die Panzer, die zugleich massiert und flexibel eingesetzt werden sollten, um den Durchbruch zu erzwingen und den Gegner zu verwirren, ja Panik zu erzeugen. Diese Gedanken machten sich vor allem die Deutschen zu eigen, die mit ihren geschlossen eingesetzten Panzerverbänden in den „Blitzfeldzügen“ des Zweiten Weltkriegs große Erfolge erzielten. Doch letztlich wurde der Zweite Weltkrieg nicht durch Luftangriffe und Panzervorstöße gewonnen, sondern indem sich in einem langwierigen Prozess der Abnutzung und Zermürbung die überlegenen Ressourcen der Alliierten durchsetzten. Das galt auch für den Krieg in Ostasien, wo bereits vor dem Abwurf der Atombombe die Entscheidung über Sieg und Niederlage gefallen war.

Die „absolute Waffe“, wie die Atombombe auch genannt wurde, schuf eine völlig neue Situation, in der die Totalisierung des Krieges auf die Spitze getrieben und zugleich ad absurdum geführt war. Ein Nuklearkrieg zwischen beiden Supermächten drohte fast unweigerlich über kurz oder lang zur gegenseitigen Vernichtung, wenn nicht zum Ende der menschlichen Zivilisation zu führen. Die Militärblöcke bereiteten einen Krieg vor, der eigentlich undenkbar war. Dennoch zeigten sich gerade die amerikanischen Militärs sehr erfinderisch, immer neue Doktrinen für den Einsatz von Atomwaffen zu entwickeln. Gewissermaßen das Rückgrat war das Konzept gegenseitiger Abschreckung, der *Mutual Assured Destruction*. Außerdem zerbrach man sich den Kopf, wie der angeblichen konventionellen Überlegenheit des Warschauer Pakts durch selektive Nuklearangriffe oder sogar durch umfassende Erstschläge begegnet werden könne, ohne gleich den eigenen Untergang zu provozieren. Die Doktrin der *Flexible Response*, die von 1967 bis 1991 die NATO-

Atom- und Nuklearwaffen

Strategie bestimmte, hielt alle Optionen offen, vom konventionellen Gegenschlag über den Einsatz taktischer Atomwaffen bis zum nuklearen Erstschlag. In diese Konzeption ließ sich auch ein begrenzter Krieg gegen die „kommunistische Bedrohung“ an der Peripherie, wie in Vietnam, einfügen.

Das Gleichgewicht des Schreckens hielt bis zum Ende des Ost-West-Konflikts, ohne dass die Schwelle zum heißen Krieg der Nuklearpotentiale überschritten wurde. Das Verhältnis der NATO zur russischen Atommacht ist seither von Dialog und Kooperation bei anhaltender Verteidigungsbereitschaft bestimmt. Dem passte sich auch die Militärdoktrin an – auf beiden Seiten, wenn auch viel folgenreicher bei der verbliebenen Supermacht USA und ihren Verbündeten. Statt der nuklearen Abschreckung in Europa gerieten nun militärische Einsätze in Krisengebieten in den Mittelpunkt der Strategie. Damit verschob sich die Militärpolitik von der Vorbereitung des Großen Krieges auf den tatsächlichen Einsatz in kleinen Kriegen und bewaffneten Konflikten, denn neben infrastrukturellen und humanitären Hilfeleistungen kam es nach 1990 immer häufiger zum Kampf mit fremden Streitkräften und Aufständischen sowie mit substaatlichen, transnationalen Terroristen. Amerikanische und westeuropäische *Counterinsurgency*-Konzepte, die teils wiederaufgegriffen, teils neu entwickelt wurden, erhielten globale Bedeutung. Eine überzeugende Strategie, wie das westliche Ordnungsmodell in den Krisenzonen der Welt, etwa im Irak, in Afghanistan und gegen die internationalen Netzwerke islamistischer Terroristen, durchzusetzen wäre, fehlt allerdings bis heute.

Verschiebung der Militärpolitik

In den Diskussionen um Krieg und Gewalt im 20. Jahrhundert wird jüngst auch nach nationalen Militärkulturen und ihren Pfadabhängigkeiten gefragt. Gab es etwa eine spezifische deutsche Militärkultur, also ein bestimmtes Set von militärischen Deutungen und Praktiken, in dem ein Sonderweg zu Vernichtungskrieg und Völkermord angelegt war? Oder existierte eine spezifische amerikanische Gewaltkultur, mit der die Exzesse im Vietnamkrieg zu erklären wären? Trotz unbestreitbarer nationalstaatlicher Besonderheiten, etwa im politischen und soziokulturellen Verhältnis von Militär und Zivil, sollte man eher von einer Militärkultur westlicher Prägung reden, denn beim komparativen Blick auf vergleichbare Kriegsformen, Situationen und Funktionen schwinden die vermeintlichen Unterschiede im Verhalten europäischer, nordamerikanischer und auch japanischer Militärs doch beträchtlich. Das gilt auch für die symbolischen Kommunikationen und habituellen Praktiken des Offiziersberufsstands, der über die Grenzen hinweg seine Gemeinsamkeiten in ritualisierten Begegnungen und professionellen Diskursen pflegte – das internationale Networking einer Militärkaste, das den Krieg präformierte. Ältere Kriegskulturen außerhalb der modernen militärischen Organisationsformen des Westens kamen dagegen kaum mehr zur Geltung.

Militärkulturen?

Gegen Krieg, Militärkultur und „Militarismus“ formierten sich in den industriellen Massengesellschaften immer auch Gegenbewegungen, die sich zunächst vor allem auf die schrecklichen eigenen Erfahrungen in den Weltkriegen bezogen und dann immer stärker von den Bilderwelten der Massenmedien genährt wurden. Auf Phäno-

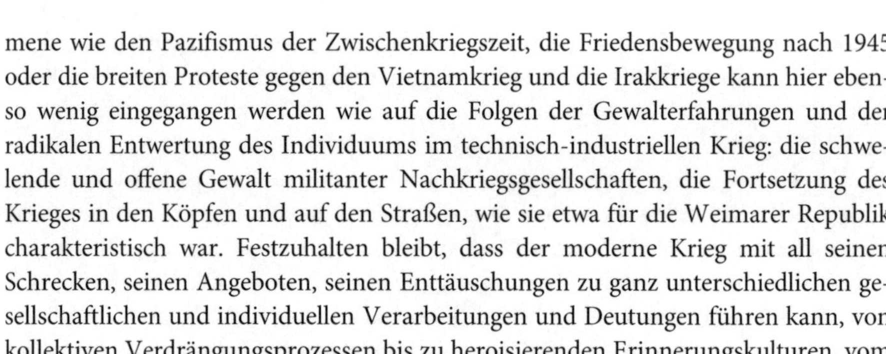

mene wie den Pazifismus der Zwischenkriegszeit, die Friedensbewegung nach 1945 oder die breiten Proteste gegen den Vietnamkrieg und die Irakkriege kann hier ebenso wenig eingegangen werden wie auf die Folgen der Gewalterfahrungen und der radikalen Entwertung des Individuums im technisch-industriellen Krieg: die schwelende und offene Gewalt militanter Nachkriegsgesellschaften, die Fortsetzung des Krieges in den Köpfen und auf den Straßen, wie sie etwa für die Weimarer Republik charakteristisch war. Festzuhalten bleibt, dass der moderne Krieg mit all seinen Schrecken, seinen Angeboten, seinen Enttäuschungen zu ganz unterschiedlichen gesellschaftlichen und individuellen Verarbeitungen und Deutungen führen kann, von kollektiven Verdrängungsprozessen bis zu heroisierenden Erinnerungskulturen, vom traumatisierten Kriegszitterer bis zum revanchistischen Kriegsverherrlicher.

Die pazifistischen Tendenzen in allen kriegsfähigen Staaten fanden eine gewisse Unterstützung in den weltweiten Bemühungen, die neuzeitliche Einhegung des Krieges, die immer durchlässiger zu werden drohte, in verbindliche rechtliche Formen zu fassen oder den Krieg sogar ganz zu verhindern, indem man die Rüstungen begrenzte und kriegerische Gewalt als Mittel der internationalen Beziehungen ächtete. Zu Beginn des Jahrhunderts gelang der – natürlich ganz von den großen Mächten dominierten – Gemeinschaft souveräner Staaten auf den Haager Konferenzen (1899–1907) die Kodifizierung eines Kriegsvölkerrechts, das die Kombattanten, Kriegsgefangenen und Zivilisten vor Willkür und Plünderung, Mord und Quälerei schützen sollte. Die Haager Landkriegsordnung von 1907 setzte der Anwendung militärischer Gewalt deutliche, wenn auch nicht immer eindeutige Grenzen.

Einhegungsziel

Dieses Einhegungsziel wurde aber schon im Ersten Weltkrieg nicht durchgehend erreicht, so dass in der Zwischenkriegszeit Versuche der Präzisierung unternommen wurden, etwa mit dem Genfer Protokoll gegen den Einsatz von Giftgas (1925) oder der Genfer Konvention zur Behandlung von Kriegsgefangenen (1929). Nach den noch schlimmeren Erfahrungen des Zweiten Weltkriegs intensivierte sich das Bemühen um internationale Regeln für Kriege und bewaffnete Konflikte. Die vier Genfer Abkommen von 1949 und ihre zwei Zusatzprotokolle von 1977 bilden heute den wichtigsten Bestandteil des Genfer und Haager Rechts über den Umgang mit Kombattanten und Nichtkombattanten sowie über die zulässigen Mittel und Methoden des Krieges. Insgesamt wurde das rechtliche und humanitäre Ideal einer Begrenzung militärischer Gewalt so häufig von der Wirklichkeit entgrenzter Kriegführung und Besatzungsherrschaft konterkariert, dass in der eher geringen Wirkung des Völkerrechts leider ebenso ein Epochenmerkmal zu sehen ist wie in den dauernden Anstrengungen, es zu kodifizieren und anzupassen.

Bemühen um internationale Kriegsregeln

Die zahllosen Brüche des Kriegsvölkerrechts liegen auch in der Tatsache begründet, dass es sich bei den internationalen Konventionen in erster Linie um freiwillige Selbstverpflichtungen handelt. Jenseits der nationalen Gerichtsbarkeit sind die Möglichkeiten, Kriegsverbrechen und im Krieg begangene Verbrechen gegen die Menschlichkeit wie Völkermord strafrechtlich zu verfolgen und zu ahnden, sehr bescheiden. Selbst die Sieger scheiterten immer wieder daran, die Verlierer wegen Völkerrechtsverstößen zur Verantwortung zu ziehen. Immerhin gelang es nach dem Zweiten Weltkrieg anders als nach 1918, nicht nur einige subalterne Täter, sondern zahlreiche Hauptverantwortliche zu verurteilen. Der von den Alliierten durchgeführte Nürnberger Kriegsverbrecherprozess (1945/1946) und die amerikanischen Nachfolgeprozesse setzten ein Zeichen, stießen aber auch auf berechtigte Kritik, die sich vor allem gegen die Einseitigkeit der Strafverfolgung richtete. Die Ad-hoc-Strafgerichtshöfe der 1990er Jahre für das ehemalige Jugoslawien und für Ruanda sind zweifellos Fortschritte, doch noch lange nicht die notwendige supranationale Instanz zur kontinuierlichen Verfolgung von Kriegsverbrechen. Ob der im Jahr 2002 eingesetzte Internationale Strafgerichtshof in Den Haag dazu werden kann, bleibt abzuwarten. Bisher haben so wichtige Staaten wie die USA, Russland, China, Indien, Pakistan, Iran und Israel den zugrunde liegenden Vertrag, das Rom-Statut, noch nicht ratifiziert.

Strafverfolgung

Mindestens ebenso schwer lassen sich völkerrechtliche Verträge durchsetzen, in denen der Verzicht auf Angriffskriege erklärt wurde. Sowohl der Kriegsächtungspakt von 1928 (Briand-Kellogg-Pakt) als auch das Gewaltverbot der UN-Charta von 1945 wurden immer wieder verletzt, ohne dass eine wie auch immer zusammengesetzte internationale Gemeinschaft wirksam dagegen aktiv geworden wäre. Größere Aussichten auf Friedenssicherung hatten und haben konkrete Übereinkünfte zur Rüstungskontrolle, Rüstungsbeschränkung und Abrüstung. Hervorzuheben sind die, letztlich allerdings erfolglose, große Genfer Abrüstungskonferenz von 1932 bis 1934 sowie der INF-Vertrag (1987) zwischen den USA und der Sowjetunion über die bilaterale Vernichtung aller Nuklearraketen kürzerer und mittlerer Reichweite – der seltene Fall einer tatsächlich durchgeführten Abrüstung. Doch letztlich bleibt es für die moderne Welt und ihre Akteure so bezeichnend wie entlarvend, dass nach 1945 wohl nur die globale Geiselnahme der Menschheit durch die Atombombe einen weiteren großen Krieg verhindern konnte.

Aussichten auf Friedenssicherung?

Staatenkriege

Zu Beginn des 20. Jahrhunderts wäre kaum jemand auf die Idee gekommen, dass sich das Zeitalter der großen Staatenkriege bald dem Ende zuneigen könnte. Seit dem Westfälischen Frieden von 1648 hatten die wenigen Großmächte, die überhaupt in der Lage waren, miteinander in einen Wettstreit um europäische und globale Herrschafts- und Wirtschaftsräume einzutreten, eine ganze Reihe von mehr oder weniger eingehegten Kriegen geführt, einzeln oder in Koalitionen, aus dynastischem, nationalem oder hegemonialem Interesse, aber auf jeden Fall als Veranstaltung vergleichbarer Fürstenstaaten, dann Nationalstaaten mit zentralem Gewaltmonopol. Nach dem Niedergang erst Spaniens und des Osmanischen Reichs, dann der Niederlande und Schwedens sowie mit dem Aufstieg Preußens bildete sich die Pentarchie der fünf europäischen Großmächte Großbritannien, Frankreich,

Europäische Großmächte

Österreich, Russland und Preußen/Deutschland heraus, die in der zweiten Hälfte des 19. Jahrhunderts noch um Italien – eher vom eigenen Anspruch her als in der Realität – ergänzt wurde. Die Militärmacht dieser Handvoll meist national verfasster und industrialisierter Staaten vergrößerte ihre Überlegenheit bis 1900 nochmals beträchtlich und bestimmte immer mehr die Geschicke der Welt.

Um die Jahrhundertwende traten zwei außereuropäische Staaten infolge von viel beachteten Kriegen in den Kreis der international agierenden Großmächte ein. 1898 besiegten die Vereinigten Staaten ohne Mühe die alte Kolonialmacht Spanien und übernahmen deren letzte bedeutende Überseebesitzungen Kuba, Puerto Rico, Guam und die Philippinen. Die Grundlage des Erfolgs legte die moderne amerikanische Flotte mit der Vernichtung der spanischen Geschwader vor Santiago de Cuba und Manila. Der *Splendid Little War* markierte den amerikanischen Übergang vom Isolationismus zur Weltpolitik. Dieses Ergebnis konnte nicht überraschen, galten die USA doch schon seit längerem als heimliche Großmacht mit riesigen Potentialen. Dagegen war der Aufstieg Japans vom mittelalterlichen Feudalstaat zur ostasiatischen Vormacht eine Sensation. Die Übernahme westlicher Ausbildung, Organisation und Ausrüstung hatte dem japanischen Kaiserreich innerhalb weniger Jahrzehnte die modernste Armee und Marine Asiens verschafft. Dieser Streitmacht konnte das viel größere, aber rückständige Kaiserreich China nicht standhalten, als Japan 1894/1895 seinen Einfluss in der Mandschurei und in Korea mit vergleichsweise geringen Verlusten militärisch durchsetzte und Taiwan annektierte.

Die Vereinigten Staaten und Japan

Wahrhaft spektakulär war aber erst der Krieg, den Russland und Japan 1904/1905 um diese Einflussräume führten. Er wurde im Westen sehr aufmerksam beobachtet, da sich hier erstmals seit 1870/1871 zwei große und modern ausgerüstete Streitkräfte auf der Basis allgemeiner Wehrpflicht gegenüberstanden; und tatsächlich entwickelte sich ein Kampf, der in seiner technisch-industriellen Erscheinungsform unter allen bisherigen militärischen Konflikten am meisten auf den Ersten Weltkrieg hindeutete. Bei der Belagerung der russischen Festung Port Arthur an der chinesischen Küste und in der Schlacht am mandschurischen Verkehrsknotenpunkt Mukden – mit 600.000 beteiligten Soldaten die bis dahin größte Feldschlacht der Geschichte – führten die militärtechnischen Neuerungen zu deutlich verbesserter Logistik und Telekommunikation, aber auch zu Grabenkrieg und extrem hohen Verlusten. Allein die ungedeckten Angriffe der japanischen Infanterie gegen russische Maschinengewehre und Schnellfeuergeschütze kosteten Zehntausende Tote. Entschieden wurde der Krieg letztlich durch die japanische Seeherrschaft, die schnell erlangt und dann im Mai 1905 durch die Vernichtung des russischen Entsatzgeschwaders in der Meerenge von Tsushima verteidigt wurde – das seltene Beispiel einer bis zum Ende durchgefochtenen Entscheidungsschlacht zwischen Großkampfschiffen.

Der Russisch-Japanische Krieg

Der Sieg Japans über das russische Zarenreich wurde mit Recht als einschneidendes Ereignis empfunden, denn zum ersten Mal in der jüngeren Geschichte hatte eine asiatische Regionalmacht eine europäische Großmacht geschlagen. Allerdings stand Japan in mancher Hinsicht und gerade militärisch nach einem rasanten Modernisierungsprozess auf einem höheren „westlichen" Niveau als Russland, so dass von einem für Asien erfolgreichen Zusammenstoß zwischen den Kontinenten und Kulturen kaum die Rede sein konnte, auch wenn das in den kolonialisierten Nationen so empfunden wurde und Hoffnungen weckte. Für die westlichen Militärs war vor allem die Erkenntnis wichtig, dass ein entschlossener und mit modernen Waffen vorgetragener Angriffskrieg eines potentiell unterlegenen Staates trotz großer eigener Verluste erfolgreich sein konnte, bevor es dem Gegner gelang, seine überlegenen Ressourcen zu entfalten. Diese Perzeption stärkte den zeittypischen Kult um die Faktoren Offensive und Moral, obwohl die erschreckende Wirkung der modernen Feuerkraft auf dem ostasiatischen Kriegsschauplatz auch das Gegenteil hätte lehren können.

Erkenntnisse aus dem Krieg

Das Beispiel Japan zeigt, wie sehr zu Beginn des 20. Jahrhunderts Kriege und militärische Stärke darüber entschieden, ob man als Großmacht anerkannt wurde oder nicht. Nach dem Russisch-Japanischen Krieg gab es acht Großmächte, denen zugetraut werden konnte, ihre überregionalen strategischen und ökonomischen Interessen militärisch zu wahren, auch in einem Krieg untereinander: Großbritannien, Deutschland, Frankreich, Russland, die USA, Japan sowie – wenn auch mit deutlichen Abstrichen – Österreich-Ungarn und Italien. Diese gewissermaßen satisfaktionsfähigen Militärstaaten sahen gebannt einem großen Krieg entgegen, der seit der Napoleonischen Zeit nicht mehr geführt worden war – der einzige Krieg zwischen 1815 und 1914, an dem sich mehr als zwei Großmächte beteiligt hatten, war der Krimkrieg (1853–1856), der aber trotz aller Risiken begrenzt geblieben war. Kriege zwischen mindermächtigen Staaten, in Lateinamerika, Nordafrika und selbst die beiden sehr intensiven wie blutigen Balkankriege 1912/1913, wurden in den Jahren vor dem Ersten Weltkrieg nur noch am Rande registriert – zu sehr war man auf die kommende Kraftprobe ebenbürtiger Ansprüche, Ressourcen und Waffen fixiert.

Als er dann im August 1914 kam, der große Krieg, den zunächst sechs, dann alle acht Mächte um die Hegemonie in Europa und der Welt führten, war er noch heftiger als befürchtet und alles andere als so kurz wie erhofft. Dem durch eine überlegene Waffentechnik gestoppten Bewegungskrieg folgte an der Westfront und dann auch im Osten und Süden ein langwieriger Stellungskrieg, der Hekatomben von Mensch und Material verschlang. Die Massenheere brachten sich mit in Massenproduktion gefertigten Waffen massenhafte Verluste bei. Der Kampf versank für Jahre in Gräben, Bombentrichtern und Schlamm. Verdun, die nordfranzösische Festung, wo 1916 auf engstem Raum eine Dreiviertelmillion Deutsche und Franzosen getötet oder verwundet wurden, gilt bis heute als Symbol für die technisch-industrielle Kriegführung. Nicht viel anders sah es auf den Schlachtfeldern in Flandern, an der Somme, in der Champagne, am Isonzo, bei Gallipoli, in Galizien und an anderen Hauptplätzen materieller, physischer und psychischer Verwüstung aus.

Der Erste Weltkrieg

Die neuen Dimensionen militärischer Gewalt erschütterten auch die Kriegs-

gesellschaften. Die Wirtschaft, die Wissenschaft und die Presse, überhaupt alle geistigen und materiellen Ressourcen und alle Teile der Gesellschaft wurden in den Dienst der Kriegsanstrengungen gestellt. Das führte zu einer eigentümlichen Mischung staatlicher Autorität und zentraler Lenkung mit demokratischen und egalitären Tendenzen, zugespitzt formuliert aus Kriegsdiktatur und Partizipation. Zugleich verschwammen die klaren Unterschiede zwischen Kämpfern und Zivilisten, auf die das Völkerrecht so viel Wert legte. Der Krieg der Maschinen erforderte den Masseneinsatz ziviler Arbeitskräfte, besonders in der Rüstungsindustrie, unter ihnen zahllose Frauen. Die Mobilisierung der gesamten Gesellschaft, wie sie in der zweiten Kriegshälfte in Deutschland, England und Frankreich angestrebt wurde, musste auch die sogenannte Heimatfront zu einem potentiellen Angriffsziel und Kriegsschauplatz machen. Völkerrechtlich höchst fragwürdige Maßnahmen wie die britische Seeblockade, die auch die hochgerüstete kaiserliche Marine nicht durchbrechen konnte, und der uneingeschränkte deutsche U-Boot-Krieg sollten die Bevölkerung des Feindes am Lebensnerv treffen, konnten sie aber auf keiner Seite kriegsentscheidend demoralisieren, auch wenn der Hunger den Mittelmächten schwer zu schaffen machte. Fernartillerie- und Luftangriffe gegen zivile Ziele kamen über erste Ansätze nicht hinaus, wiesen aber in die Zukunft.

Die Kriegsgesellschaften

Der Erste Weltkrieg war insgesamt noch kein Totaler Krieg. Zwar deuteten, besonders in der zweiten Kriegshälfte, die umfassende Mobilisierung der Ressourcen, die übersteigerten Kriegsziele, die aggressive Propaganda, die teilweise bedenkenlos angewandten Methoden und die autoritären Herrschaftspraktiken in diese Richtung, doch in vielen Kernbereichen wurde er nicht nur konventionell, sondern auch traditionell geführt. Der Waffenkrieg wurde nahezu ausschließlich von den regulären Armeen auf dem Schlachtfeld ausgetragen, während die direkte Einbeziehung des Hinterlands in die Kampfhandlungen durch Partisanen oder Bombardements noch unbedeutende Randerscheinungen blieben. Beide Seiten respektierten, ungeachtet aller Härte und vereinzelter Exzesse, prinzipiell das Lebensrecht der Kriegsgefangenen und der Zivilbevölkerung. In die Traditionen des hegemonialen Staatenkriegs europäischer Prägung passte auch, dass dieser große Konflikt wie manche Koalitionskriege des 18. und 19. Jahrhunderts zu Kämpfen in Übersee führte. Doch der eigentliche Kriegsschauplatz war und blieb Europa. Hier kämpften auch die amerikanischen, australischen und neuseeländischen Truppen, während beispielsweise die Besetzung der deutschen Kolonien, das kurze japanische Engagement oder die späten Kriegseintritte lateinamerikanischer und ostasiatischer Staaten für den Kriegsverlauf bedeutungslos waren. Die Bezeichnung „Weltkrieg" muss daher relativiert werden. Der „Große Krieg", wie er in Frankreich treffender genannt wird, war es aber gewiss in dem Sinne, dass auf den europäischen Schlachtfeldern über die Verteilung globaler Einflussräume entschieden wurde. Doch auch das war nicht neu.

„Weltkrieg" – „Großer Krieg"

Eine für die europäische Militärkaste schmerzhafte Erkenntnis war hingegen, dass in einem modernen Krieg solcher Ausmaße letztlich nicht mehr qualitative Faktoren wie operative Führungskunst und soldatisches Können den Ausschlag gaben, sondern die Quantität von Mensch und Material. Der technisch-industrielle Krieg wurde durch die jahrelange Zermürbung des Gegners entschieden, nicht durch geniale Feldherren und großartige Schlachtensiege. Selbst der Zusammenbruch des Zarenreichs nutzte den Mittelmächten wenig, da die Entente auch ohne Russland noch über eine deutlich höhere Bevölkerungszahl und leistungsfähigere Industrie verfügte. Die Einsicht der deutschen Heeresführung bereits Ende 1914, dass der Krieg nach dem Verpassen eines schnellen Sieges über die französische Armee (Schlieffen-Plan) nicht mehr zu gewinnen sei, sollte sich bestätigen, auch wenn es noch bis zum Herbst 1918 dauerte, bis die völlig erschöpften Mittelmächte aufgeben mussten.

Quantität als Siegesmittel

Das große Sterben und die allgemeine Erschöpfung trafen allerdings Sieger und Besiegte gleichermaßen. So schwerwiegend die Schäden und so hoch die Kosten der Materialschlachten auch waren, das eigentliche Drama dieses Krieges drückt sich in den bis dahin beispiellosen Zahlen getöteter Soldaten aus. In dieser Hinsicht sprengte der Erste Weltkrieg wahrlich den herkömmlichen Rahmen. Während etwa der amerikanische Sezessionskrieg ca. 600.000 Todesopfer forderte und die beiden letzten großen Kriege mit europäischer Beteiligung, der Deutsch-Französische von 1870/1871 und der Russisch-Japanische von 1904/1905, jeweils nicht mehr als 200.000 Soldaten und relativ wenigen Zivilisten das Leben kosteten, kamen zwischen 1914 und 1918 fast neun der insgesamt 66 Millionen eingesetzten Soldaten um. Die Zahl der Verwundeten wird mehr als doppelt so hoch gewesen sein. Viele blieben ihr Leben lang körperlich versehrt – von den seelischen Verletzungen ganz zu schweigen. Außerdem forderte der Krieg zahllose zivile Opfer, wenn auch weit weniger als der Zweite Weltkrieg – vermutlich an die sechs Millionen Menschen, überwiegend als Folge von Mangelernährung und durch den Genozid an den Armeniern. All dies war eine ungeheure Hypothek für die Nachkriegsgesellschaften, für die das kollektive Verarbeiten der Verluste, Wunden und Traumata zur zentralen Aufgabe wurde.

Todesopfer und Verwundete

Der Erste Weltkrieg hinterließ damit nicht nur einen riesigen Friedhof, sondern auch Massenheere von Entwurzelten und Geschädigten, von Heimkehrern, die sich in die neuen politischen und gesellschaftlichen Verhältnisse der Nachkriegszeit schwer einfanden. Der Werteverfall im zurückliegenden langen Krieg erhöhte auch im Frieden die Bereitschaft zur Gewalttätigkeit. Die individuellen und kollektiven Enttäuschungen verbanden sich miteinander, besonders in den Nationen, die zu den Verlierern gehörten oder sich zu ihnen zählten. Staaten wie Deutschland, Österreich, Ungarn, die Türkei, Russland beziehungsweise die Sowjetunion und Italien kamen kaum zur Ruhe und gerieten früher oder später in teils autoritäre, teils totalitäre, auf jeden Fall potentiell aggressive und militante Bahnen. Die schwelende Unruhe und Gewalt in weiten Teilen Europas – und in Ostasien durch das im Krieg unbefriedigte Hegemonialstreben Japans – war ein Signum der Zeit zwischen den Weltkriegen, die deshalb rückblickend oft als eine Phase des Waffenstillstands und nicht des Friedens

interpretiert wurde. Ob man aber für den gesamten Zeitraum von 1914 bis 1945 von einem „europäischen Bürgerkrieg" oder gar „Zweiten Dreißigjährigen Krieg" sprechen kann, darf bezweifelt werden. Geostrategisch waren beide Weltkriege eine Fortsetzung der hegemonialen Staatenkriege zwischen den weltweit den Ton angebenden Mächten seit dem ausgehenden 17. Jahrhundert, hatten also wenig mit innerstaatlichen oder konfessionellen Kriegen gemein. Von den acht Großmächten des Hochimperialismus war 1918 lediglich Österreich-Ungarn in der Versenkung verschwunden. Die übrigen sieben Staaten vereinten unverändert nahezu alle relevanten militärischen und ökonomischen Potentiale auf sich, die Vereinigten Staaten jetzt die meisten und Italien nach wie vor die wenigsten, während Japan, die Sowjetunion und, seit 1933, Deutschland immer stärker, Großbritannien und Frankreich dagegen schwächer wurden. Diese dominierenden Staaten führten zwischen 1918 und 1939 keinen einzigen Krieg untereinander. Überhaupt gab es nach den bewaffneten Konflikten in Fortsetzung und Abwicklung des Ersten Weltkriegs, vor allem zwischen Polen und Russland (1919/1920) sowie Griechenland und der Türkei (1919–1922), für fast 20 Jahre keinen Krieg in Europa – von der Ausnahme des Spanischen Bürgerkriegs abgesehen. Sofern man die Kriege Italiens gegen Abessinien und Japans gegen China zu den Kolonialkriegen zählt, kam es auch außerhalb Europas nur zu zwei eher unbedeutenden Staatenkriegen, 1934 zwischen Saudi-Arabien und dem Jemen sowie 1932 bis 1935 zum allerdings grausamen Chacokrieg zwischen Bolivien und Paraguay. So gesehen waren die 20 Jahre zwischen den Weltkriegen nicht nur europäisch, sondern auch global betrachtet trotz aller Konfliktherde eher eine Friedensperiode, in der Innenpolitik und Wirtschaft, Kultur und Sport in den meisten Teilen der Welt stärker wahrgenommen wurden als militärische Entwicklung und kriegerische Gewalt.

Die Zwischenkriegszeit

Der nächste große Krieg, in den die Krise des internationalen Staatensystems sowie die innere Dynamik militärisch verfasster, permanent mobilisierter Diktaturen wie Deutschland und Japan, wenn auch nicht zwangsläufig, mündeten, begann im September 1939 nicht als totaler Weltbürgerkrieg, sondern als begrenzter europäischer Staatenkrieg. Die Pläne Adolf Hitlers, dessen Politik den Krieg entfesselte, zielten allerdings von vornherein weit darüber hinaus, ging es ihm doch um nicht weniger als Weltmacht und „Lebensraum". Sein Antrieb bestand in einer radikalen Steigerung der Geißeln Nationalismus, Rassismus und Sozialdarwinismus. Die bio- und geopolitische Vision, die germanische „Rasse" zum Herrn Europas und der Welt zu machen, konnte, wenn überhaupt, nur durch Krieg realisiert werden – den dann die alten Eliten in Wehrmacht, Bürokratie, Polizei und Wirtschaft willig führten, einschließlich seiner von vornherein angelegten Völkerrechts- und Zivilisationsbrüche.

Der Zweite Weltkrieg

Schon der Polenfeldzug war mit Kriegsverbrechen und rassistischen Morden verbunden. Dagegen blieben die deutsche Kriegführung und Besatzungsherrschaft in Nord- und Westeuropa zunächst noch weitgehend im herkömmlichen Rahmen. Der Sieg über Frankreich gelang in einem überraschend kurzen „Blitzkrieg", der einen

Ausweg aus dem allseits befürchteten Totalen Krieg zu weisen schien. Solche Illusionen scheiterten am hartnäckigen Widerstand Großbritanniens. Daher wandte sich die deutsche Kriegsmaschinerie früher als vorgesehen gegen die Sowjetunion, mit der ein möglicher „Festlanddegen" Englands ausgeschaltet werden sollte. Dazu kamen Kalkül und Dogma des NS-Regimes, sich in der Sowjetunion eine ökonomische Basis für die Hegemonie in Europa zu sichern, den „jüdischen Bolschewismus" zu vernichten und „Lebensraum im Osten" zu erobern. Der deutsche Feldzug gegen die Sowjetunion ab Juni 1941 war der eigentliche Krieg des NS-Regimes und von Anfang an keine gewöhnliche militärische Kampagne, sondern ein rassenideologischer Vernichtungskrieg und wirtschaftlicher Raubzug. Er ragt in seiner militärischen Bedeutung und einzigartigen Radikalität unter allen Teilkonflikten des Zweiten Weltkriegs heraus. Anders als geplant entwickelte sich aus dem „Unternehmen Barbarossa" ein langwieriger Totaler Krieg, der für Deutschland mit einer totalen Niederlage endete. Nicht nur die Schlachten wurden mit höchsten Einsätzen und Verlusten geschlagen. Auf diesem Kriegsschauplatz wurden Kriegsverbrechen zum Alltag und Massenmorde zum Genozid.

Feldzug gegen die Sowjetunion

Erst im Dezember 1941 wurde der zweite Große Krieg zum Weltkrieg, als sich das Kriegsgeschehen durch den Eintritt der beiden außereuropäischen Mächte USA und Japan globalisierte. Damit und mit dem gleichzeitigen Scheitern der deutschen Angriffsdoktrin vor Moskau, wo – und nicht erst ein Jahr später in Stalingrad – die Wehrmacht die vorentscheidende Niederlage erlitt, bestanden so gut wie keine realistischen Aussichten mehr auf einen Erfolg der Achsenmächte – zu denen, mehr Last als Gewinn, bis 1943 auch Italien gehörte. Obwohl die beiden Aggressoren Deutschland und Japan versuchten, die gesamte Gesellschaft und Wirtschaft auf den totalen Kampf einzuschwören und umzustellen, mussten sie Schritt um Schritt vor den weit überlegenen Streitkräften der Alliierten zurückweichen, denn nicht nur sie, sondern alle fünf verbliebenen Großmächte mobilisierten die Massen und produzierten Waffen am Fließband, am erfolgreichsten die kommenden Supermächte, die USA und die Sowjetunion. Auch auf den Kriegsschauplätzen Süd- und Westeuropas sowie Ostasiens eskalierte nun zunehmend die Gewalt – im Gefecht und abseits davon –, ohne allerdings den Grad der Entgrenzung im deutsch-sowjetischen Krieg zu erreichen. Von den etwa 60 Millionen Toten, die der Zweite Weltkrieg durch Kampf, Kriegsfolgen wie Hunger und Seuchen, Völkermord und Vertreibung forderte, darunter deutlich mehr Zivilisten als Soldaten, kam der weitaus größte Teil in der zweiten Kriegshälfte um. Je weiter Deutschland und Japan in die Defensive gedrängt wurden, desto ungehemmter trieben sie ihre verbrecherische Politik voran. Die Mord- und Unterdrückungsaktionen in den besetzten Gebieten gaben dem totalen Kriegsziel der gegnerischen Koalition – *unconditional surrender* – seine Berechtigung. Doch auch auf die deutsche und japanische Bevölkerung schlug ein enthegter Krieg zurück, den ihre Führungen angezettelt hatten. Nicht nur die Rote Armee, sondern auch die britischen und amerikanischen Streitkräfte griffen zunehmend zu fragwürdigen Mitteln. Der strategische Luftkrieg der alliierten Bomberflotten zerstör-

Gewaltsteigerung

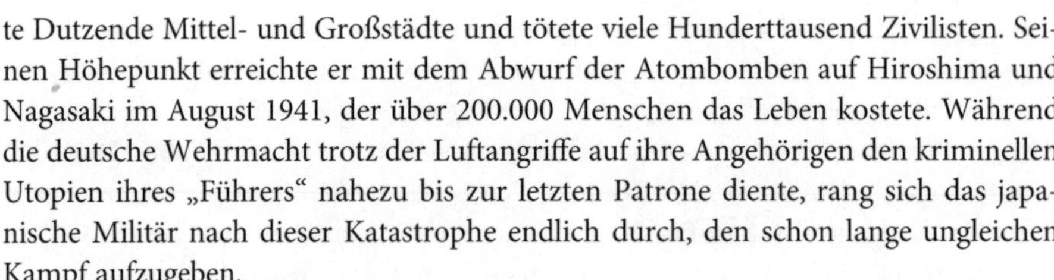

te Dutzende Mittel- und Großstädte und tötete viele Hunderttausend Zivilisten. Seinen Höhepunkt erreichte er mit dem Abwurf der Atombomben auf Hiroshima und Nagasaki im August 1941, der über 200.000 Menschen das Leben kostete. Während die deutsche Wehrmacht trotz der Luftangriffe auf ihre Angehörigen den kriminellen Utopien ihres „Führers“ nahezu bis zur letzten Patrone diente, rang sich das japanische Militär nach dieser Katastrophe endlich durch, den schon lange ungleichen Kampf aufzugeben.

Obwohl er von zahllosen Massenverbrechen geprägt war, mehr als frühere Kriege den Einsatz von irregulären Kämpfern (Partisanen) erlebte und durch eine ganz neuartige Nuklearwaffe beendet wurde, war der Zweite Weltkrieg ein bewaffneter Konflikt, der zwischen Staaten und Koalitionen mit weitgehend konventionellen Mitteln ausgetragen wurde. A-Waffen wurden erst ganz zum Schluss, B-Waffen überhaupt nicht eingesetzt, und selbst die reichlich vorhandenen C-Waffen blieben diesmal in den Depots. Vom militärischen Standpunkt war bemerkenswert, dass die Offensive gegenüber der im Ersten Weltkrieg dominierenden Defensive durch die Weiterentwicklung der Luftwaffe und Panzerwaffe wieder ein stärkeres Gewicht erhielt. Doch auch im Zweiten Weltkrieg gaben letztlich nicht Blitzoffensiven und Umfassungsschlachten den Ausschlag. Die Partei mit den schwächeren Ressourcen wurde allmählich so zerrieben und zerbombt, dass sie ihren „Endkampf“ mit teilweise geradezu primitiven Methoden weitgehend enttechnisiert und entmotorisiert führen musste. Ins Ungeheuerliche gesteigert wurde der Krieg vor allem durch den Fanatismus des NS-Regimes und der japanischen Militärdiktatur, der eine vorzeitige, gar verhandelte Beendigung des Weltkriegs unmöglich machte. Erst dadurch wurde der Krieg in seiner zweiten Hälfte zum Totalen Krieg – dem ersten der Neuzeit, in dem die Waffenarsenale schließlich genauso gigantisch waren wie die militärischen und zivilen Verluste.

Der Totale Krieg

Hiroshima markierte einen tiefen Einschnitt in der Gewaltgeschichte der Menschheit. Seit dieser Peripetie sind umfassende, „totale“ Kriege zwischen Großmächten kaum mehr denkbar, denn sie würden aller Voraussicht nach mit der ebenso totalen Vernichtung allen menschlichen Lebens enden. Die Kriegstechnik hatte sich innerhalb weniger Jahrzehnte so entwickelt, dass sich der große zwischenstaatliche Krieg quasi von selbst aufhob. Die Zahl der Großmächte, die seit Jahrhunderten immer mindestens eine Handvoll betragen hatte, war durch den Zweiten Weltkrieg ohnehin auf nur noch zwei Supermächte reduziert worden. Die USA und die Sowjetunion belauerten sich mit ihren gewaltigen Atomwaffenpotentialen in einem Kalten Krieg. Die übrigen Staaten waren militärisch nur zweitrangig wie selbst die Atommächte Großbritannien, Frankreich und dann China oder höchstens drittrangig, auch wenn sie im Laufe der Zeit ebenfalls über einige Nuklearwaffen verfügten wie Indien, Pakistan, Israel und Nordkorea.

Machtverschiebungen

Das atomare Patt zwischen den beiden Militärblöcken bedeutete nicht das Ende aller Kriege und den Anbruch des ewigen Friedens. Vermutlich erlitten in der zweiten Hälfte des 20. Jahrhunderts sogar mehr Menschen durch bewaffnete Konflikte und organisierte Massenmorde den Tod als in der ersten. Auch der klassische, symmetrische Staatenkrieg verschwand nicht von der Erdoberfläche, spielte jedoch nicht mehr die überragende und verheerende Rolle wie in den beiden Weltkriegen. Charakteristisch für den Staatenkrieg im Atomzeitalter war, dass er in der Regel von nachrangigen Staaten außerhalb Europas mit konventionellen, meist veralteten, ausgemusterten Waffen aus westlichen oder östlichen Arsenalen und mit bescheidenen Ressourcen geführt wurde. Die meisten dieser Kriege waren postkoloniale Konflikte, in denen es vor allem um Grenzstreitigkeiten zwischen jungen Nationalstaaten ging, die gerade erst ihre Unabhängigkeit erlangt hatten. Sie waren entweder kurz oder zogen sich auf niedrigem Niveau in die Länge, da den Kriegsparteien die administrativen und volkswirtschaftlichen Möglichkeiten für einen langen und zugleich intensiven Krieg fehlten. Entsprechend rückständig waren häufig die Kriegsmethoden, die etwa im Einsatz der Infanterie eher an den Ersten Weltkrieg erinnerten als an die erreichten technischen Standards des Westens.

Staatenkrieg im Atomzeitalter

Zu solchen Kriegen vergleichbar mindermächtiger Staaten außerhalb Europas zählen die militärischen Konflikte zwischen Indien und Pakistan um Kaschmir (1947/1948, 1965) und Bangladesch (1971), die Kriege Äthiopiens gegen Somalia (1977/1978) und Eritrea (1998–2000) sowie die fünf Kriege zwischen Israel und seinen arabischen Nachbarn (1948, 1956, 1967, 1970, 1973), in denen allerdings mehr als nur die Verschiebung von Grenzen, nämlich die Existenz des jüdischen Staates auf dem Spiel stand. Auch die chinesischen Grenzkriege gegen Indien (1962) und Vietnam (1979), die nur wenige Wochen dauerten, gehören in diese Kategorie, obwohl China bereits auf dem Weg zur Großmacht war. Einen besonderen Platz unter diesen Staatenkriegen nimmt der Irakisch-Iranische Krieg von 1980 bis 1988 ein, da er deutlich länger und opferreicher war als alle anderen. Der Ölreichtum gab beiden Staaten die Mittel, große Armeen zu mobilisieren, auszurüsten und zu versorgen – mit freundlicher Unterstützung der Supermächte und ihrer Waffenindustrien, die vor allem dem Irak zugute kam. Kennzeichnend für diesen grausamen Krieg waren der religiöse Fanatismus des Irans, der zu sinnlosen Massenangriffen gegen ausgebaute Stellungen führte, sowie die irakische Skrupellosigkeit, erstmals seit dem Ersten Weltkrieg wieder im großen Umfang Giftgas einzusetzen. Der Konflikt kostete insgesamt etwa eine Million Tote und behauptet damit unter den bilateralen Kriegen der Weltgeschichte eine traurige Spitzenposition.

Erster Golfkrieg

Noch mehr Opfer forderte der Koreakrieg (1950–1953). Er war der bedeutendste „Stellvertreterkrieg", der als regionaler Konflikt zwischen zwei (Teil-)Staaten begann und dann zur Konfrontation der Blöcke wurde. Die erfolgreiche Offensive des von der UdSSR unterstützten Nordkorea provozierte den Kriegseintritt der Schutzmacht Südkoreas, der USA, mit deren Hilfe die nordkoreanischen Aggressoren bis zur chinesischen Grenze zurückgedrängt werden konnten. Die Militärintervention Chinas führte zum erneuten Rollback und schließlich zum Stellungskrieg etwa in der Mitte des geteilten Landes. In diesem Konflikt, der von den involvierten Mächten eher heruntergespielt wurde, da niemand einen Dritten Weltkrieg riskieren wollte, standen sich sowjetische Militärberater und Waffen, chinesische Massenheere und US-amerikanische Bodentruppen, Kriegsschiffe und Bomberflotten gegenüber. Für Korea und seine Bevölkerung wurde der Krieg zum Totalen Krieg, der nicht nur den Einsatz aller Menschen und Produktionsmittel mit sich brachte, sondern durch das Hin- und Herrollen der Front und die amerikanischen Flächenbombardements, auch schon mit Napalm, erschreckend hohe Verluste und Schäden verursachte. Vermutlich starben an die drei Millionen, überwiegend nordkoreanische Zivilisten, dazu etwa 900.000 chinesische, 600.000 koreanische und 50.000 amerikanische Soldaten. Der von führenden US-Militärs geforderte Einsatz taktischer Atomwaffen gegen China hätte diese Zahlen noch deutlich erhöht, unterblieb aber.

Koreakrieg

Anders als Afrika und Asien erlebten Europa und überhaupt die nördliche Hemisphäre nach 1945 zwar keine friedlichen, aber zumindest kriegslose Jahrzehnte. Es ergab sich die paradoxe Situation, dass die längste Periode ohne Kriege in der europäischen Geschichte mit einer Ära der atomaren, konventionellen und ideologischen Hochrüstung zusammenfiel, die ebenfalls ihresgleichen sucht. Während der Kubakrise von 1962 standen die beiden Supermächte kurz vor der Eskalation, doch es blieb bis zum Ende der bipolaren Weltordnung 1989/1990 beim kalten Als-ob-Krieg. Wenn man von den Scharmützeln zwischen Griechen, Türken und Zyprioten sowie dem merkwürdig anachronistischen und sehr begrenzten Krieg zwischen Großbritannien und Argentinien um die Falklandinseln (1982) absieht, kam es auch innerhalb der westlichen Welt zu keinem einzigen Krieg mehr. Nach 1991 erschreckten die Kriege im zerbrechenden Jugoslawien die kriegsentwöhnten Europäer, doch handelte es sich dabei eher um innerstaatliche als um reguläre Kriege. Der europäische Staatenkrieg, der den Kontinent in der ersten Jahrhunderthälfte zweimal verwüstet hatte, scheint seither verschwunden zu sein. Zugleich aber bestimmen Militärwesen und Waffentechnik Europas und Nordamerikas nach wie vor die globale Kriegs- und Konfliktgeschichte – wie schon in den Jahrzehnten vor und nach Beginn der „Nachkriegszeit", die in der Dritten Welt auch jenseits des Staatenkriegs alles andere als eine Friedenszeit war.

Die Zeit nach 1945

Kolonialkriege

Neben den „Normalkriegen" zwischen souveränen Staaten, die sich trotz aller gegenseitigen Delegitimierungsversuche als völkerrechtlich (und kulturell) gleichwertig anerkannten und die sich mit vergleichbaren Mitteln und Methoden begegneten, spielten im 20. Jahrhundert zwei andere Kriegstypen eine große Rolle: innerstaatliche Kriege und die Kriege, die von den Mächten an der kolonialen oder postkolonialen Peripherie meist gegen nichtstaatliche Akteure, manchmal auch gegen strukturell weit unterlegene indigene Staatswesen, also häufiger extrastaatlich als zwischenstaatlich geführt wurden, um Vorherrschaft aufzurichten oder aufrechtzuerhalten. Im Kern ging es immer um die Einbindung von Regionen in das expandierende westliche

Politik- und Wirtschaftssystem, entweder formell durch die Errichtung von Kolonien oder informell durch Einfluss und Dominanz. Man kann Kriege zu diesem Zweck auch auf den schillernden Begriff „Imperialismus“ beziehen und imperiale Kriege nennen. Hier wird die übergeordnete Bezeichnung als Kolonialkriege bevorzugt, denn zu offensichtlich sind die Gemeinsamkeiten zwischen den „klassischen“ Kolonialkriegen bis zum italienischen Abessinienkrieg von 1935/1936, den Dekolonisationskriegen von den 1940er bis in die 1970er Jahre und beispielsweise den militärischen Interventionen der USA in Vietnam und im Irak.

Ziel der Kolonialkriege

Diese Übereinstimmungen betreffen nicht nur das Ziel, globalstrategische Positionen, Rohstoffe und Absatzmärkte zu gewinnen und zu behaupten, sondern auch die Erscheinungsformen militärischer Konflikte, in denen solch hegemoniale Ansprüche durchgesetzt werden sollten und auf Widerstand stießen. Die indigenen Bevölkerungen und ihre Organisationen zeigten sich der Militärmacht des Westens im offenen Aufeinandertreffen bis auf wenige Ausnahmen – vor allem die italienische Niederlage von Adua in Äthiopien (1896) und das spanische Desaster von Anual in Marokko (1921) – hoffnungslos unterlegen. Nahezu alle antikolonialen Unabhängigkeits- und Befreiungsbewegungen suchten daher früher oder später einen Ausweg in den Kampfmethoden des verdeckten Guerillakriegs. Der Kolonialkrieg wurde hauptsächlich „klein“, „unzivilisiert“, asymmetrisch geführt und stand damit im Gegensatz zum „großen“, „zivilisierten“, symmetrischen Staatenkrieg europäischer Tradition.

Umso leichter fiel es den Kolonialmächten, dem Widerpart das westliche Exklusivrecht auf staatlich, rechtlich und moralisch gehegte Kriege zu verweigern und sich in ihren Gewaltmaßnahmen kaum an die in der europäischen Neuzeit herausgebildeten Regeln zu halten. Ein deutsches Militärlexikon brachte diese Sicht im Jahr 1913 auf den Punkt: „Als Bestandteil des Völkerrechts herrscht Kriegsrecht nur dort, wo überhaupt Völkerrecht herrscht, also nur innerhalb des Bereichs der Staaten, die sich als gleichberechtigte Genossen einer umfassenden Rechts- und Kulturgemeinschaft anerkennen. Zwischen einem europäischen Staate und einem unzivilisierten Negerstamme gilt daher kein Kriegsrecht.“ Auch wenn sich die völkerrechtlichen Grundlagen nach 1945 zugunsten der einheimischen Widerstandsbewegungen verschoben, beanspruchten die Militärs fremder Mächte bis in die Gegenwart hinein für ihre Kriegführung an der Peripherie außerordentliche Methoden und quasi rechtsfreie Räume. Das US-Gefangenenlager von Guantánamo ist das jüngste Symbol für diese im Kern rassistische Anmaßung.

Völkerrecht – Kriegsrecht

Die Überfälle der – um nur einige der zahlreichen Fremd- und Selbstbezeichnungen zu nennen – „Rebellen“, „Terroristen“, „Guerilleros“, „Freiheitskämpfer“ auf logistische und symbolische (menschliche oder materielle) Ziele wurden mit extremen Militäraktionen beantwortet. Um dem Widerstand gegen die Kolonialmacht die personelle und materielle Basis zu entziehen, wurden die einheimischen Zivilisten gezielt eingeschüchtert, dezimiert, in Lager gesperrt, vertrieben, ihre Lebensgrundlagen systematisch geplündert, reduziert, verwüstet, zerstört. Beide Parteien versuchten in erster Linie, die Infrastruktur und die Moral des Gegners zu treffen, viel weniger die

Elemente des Kolonialkriegs

kämpfenden Truppen selbst, die für die eine Seite schwer zu stellen waren und von der anderen Seite kaum direkt angegriffen werden konnten. Die Anti-Guerilla-Strategie, die auf eine rücksichtslose Kriegführung gegen die Bevölkerung setzte, wurde teilweise und im Laufe des Jahrhunderts immer mehr durch deeskalierende Ansätze ergänzt. Denn auch die härtesten Kolonialherren mussten irgendwann erkennen, dass brutale Repressalien und Zwangsmaßnahmen die Bevölkerung in die Arme der Widerstandsbewegung trieben. Allerdings scheiterten letztlich fast alle Bemühungen, die „Kolonialvölker" und „befreiten" Nationen für die Vorzüge westlicher Fremd- und Vorherrschaft zu gewinnen.

Diese charakteristischen Elemente des Kolonialkriegs können an zahllosen Beispielen beschrieben werden. Wieder müssen die in der zweiten Hälfte des 19. Jahrhunderts enorm gesteigerten waffentechnischen und logistischen Möglichkeiten der industrialisierten Gesellschaften am Anfang stehen. Dass sie ihre Streitkräfte mit Schnellfeuerwaffen ausrüsten und mit Dampfschiffen, teilweise auch mit Eisenbahnen schnell und in großer Zahl in die überseeischen Expansions- und Krisengebiete transportieren konnten, potenzierte ihre Überlegenheit und trug erheblich zur rasanten Globalisierung ihrer Macht bei. Ein besonders drastisches Beispiel für den militärischen Vorsprung des Westens im Übergang zum 20. Jahrhundert ist die Schlacht von Omdurman im September 1898, in der zahlenmäßig unterlegene anglo-ägyptische Truppen mit Maschinengewehren und moderner Artillerie die große Armee einer religiösen Aufstandsbewegung im Sudan (Mahdisten) vernichteten. Fast überall dort, wo in diesen Jahren und kommenden Jahrzehnten gut ausgebildete, versorgte und bewaffnete Streitkräfte auf die Aufgebote überseeischer Militärkulturen trafen, war das Ergebnis ein deprimierendes Gemetzel. Die Erkenntnis, in größeren offenen Gefechten chancenlos zu sein, musste zwingend zu einem Strategiewechsel des antikolonialen Widerstands führen.

Militärischer Vorsprung des Westens

Symptomatisch für diesen Lernprozess und überhaupt für den modernen Kolonialkrieg ist der lange wie grausame Krieg, den die USA seit 1899 zur „Befriedung" der eben erst von ihr annektierten Philippinen führten. In der Anfangsphase suchte die Unabhängigkeitsbewegung der Filipinos, die sich in einer Republik mit provisorischer Regierung und Armee nationalstaatlich zu organisieren begannen, ihr Heil in offenen Feldschlachten, in denen sich die US-Truppen aber leicht durchsetzten. Daher wechselte die philippinische Seite bald zu einer Abnutzungsstrategie mit Angriffen aus dem Hinterhalt. Auf die Guerillakriegführung reagierten die amerikanischen Eroberer mit Verwüstungsfeldzügen, Zwangsumsiedlungen und Hinrichtungen, die den philippinischen Kämpfern die Versorgungsbasen und Rekrutierungspotentiale nehmen sollten. Ganze Landstriche wurden verheert und ihre „verdächtigen" Bewohner zu Zielen der militärischen Aktionen. Mehrere Hunderttausend Zivilisten verloren ihr Leben. Die Terrorisierung der Bevölkerung zur „Bestrafung" oder Abschreckung war aber nur der eine Teil einer Strategie, die zugleich auch – je nach Situation unterschiedlich intensiv – auf die Werbekraft sozialtechnischer Vorzüge der westlichen Zivilisation (Gesundheitswesen, Bildungswesen, Stra-

Philippinisch-Amerikanischer Krieg

ßenbau etc.) und die Assimilierung einheimischer Eliten setzte. Das trug vermutlich dazu bei, dass die Hauptkräfte der Unabhängigkeitsbewegung 1902 aufgaben, konnte aber das jahrelange Weiterschwelen des bewaffneten Widerstands nicht verhindern.

Diese Muster der kriegerischen Auseinandersetzungen zwischen westlichen Mächten und indigenen Gesellschaften wiederholten sich überall: hier die Flucht in den Guerillakrieg, dort die Gegenmittel blanker Gewalt, meist ergänzt durch werbende sozialtechnische Maßnahmen. Das Vorgehen der einzelnen Kolonialmächte unterschied sich im Wesentlichen nicht voneinander, und wenn sie wie im Boxerkrieg in China (1900/1901) gemeinsam vorgingen, zogen sie auch gemeinsam alle Register einer entgrenzten, inhumanen und für außereuropäische Kulturen demütigenden Kolonialkriegführung. Es machte auch keinen großen Unterschied, ob diese Kriege von vornherein gegen nichtstaatliche Unabhängigkeitsbewegungen oder zunächst noch gegen formal souveräne Staaten geführt wurden.

Bis zum Zweiten Weltkrieg gab es neben den lateinamerikanischen Ländern nur eine geringe Zahl mehr oder weniger unabhängiger Staaten außerhalb der nördlichen Hemisphäre: Liberia, Äthiopien, Jemen, Saudi-Arabien, Iran, Afghanistan, Nepal, Thailand und China. Doch auch sie wurden überwiegend in die globale Vorherrschaft der Großmächte gezwungen, wenn nicht friedlich, dann in Kriegen: China im Boxerkrieg und durch die japanische Aggression seit 1931, Äthiopien im italienischen Abessinienkrieg (1935/1936). Trotz aller rudimentären Charakterzüge von „normalen" Staatenkriegen wiesen auch diese Konflikte alle erwähnten Eigenschaften des Kolonialkriegs auf. Allein die chinesisch-japanische Konfrontation forderte Millionen Opfer, durch die Kriegsverbrechen der Japaner, die teilweise Gas und Bakterien einsetzten, durch die Deichöffnungen der Nationalchinesen und durch den Partisanenkrieg der Kommunisten.

Eine weitere Beschreibung der einzelnen Kolonialkonflikte vor Beginn der Dekolonisation müsste redundant wirken, so interessant die Kriege der Briten, Franzosen, Deutschen, Italiener, Spanier und anderer in Süd- und Ostafrika, in Marokko, Libyen, Syrien, Irak und anderswo im Detail auch sind. Eine gewisse Ausnahme bildete der Burenkrieg (1899–1902), der zunächst wie ein regulärer Krieg zwischen Weißen geführt wurde, bevor er sich zum Guerillakrieg entwickelte. Dass die Briten auch gegen europäische Soldaten und Siedler mit den Methoden des Kolonialkriegs vorgingen, einschließlich einer Strategie der „verbrannten Erde" und Internierungen von Zivilisten in den berüchtigten *Concentration Camps*, empörte die Öffentlichkeit in den „zivilisierten" Staaten, auch in Großbritannien selbst. Die hohen Opfer der Afrikaner, die wie üblich als billige Helfer instrumentalisiert wurden und am meisten unter dem Krieg gegen die Zivilbevölkerung zu leiden hatten, wurden dagegen kaum registriert. Selbst in der Kritik am britischen Vorgehen in Südafrika zeigte sich die rassistische Grundlage aller Kolonialkriege.

Zweiter Burenkrieg

Der Zweite Weltkrieg bedeutete auch für die westliche Herrschaft in Übersee einen Wendepunkt. Während sich die fremden Mächte bis dahin, meist zwar mühsam und in nicht enden wollenden Kleinkriegen, gegen die Befreiungsbewegungen

Grönland
(dän.)
Europäisc
Nordme
Alaska
(USA)
Hudson
Bay
KANADA
1931
GROSS
BRITANN
IRLAND
1937
FRANKRE
PORTUGAL
SPAN
VEREINIGTE STAATEN
(USA)
Atlantischer
Ozean
Gibraltar
(brit.)
MAROKKO
1956 (franz.)
ALG
196
Span.-Sahara
Golf von
Mexiko
BAHAMAS
1973 (brit.)
MEXIKO
KUBA
HAITI
DOMINIKANISCHE
REPUBLIK
Belize
JAMAIKA
1962 (brit.)
MAURETANIEN
1960 (franz.)
MA
1960
KAP VERDE
1975 (port.)
GUATEMALA
HONDURAS
EL SAL.
NICARAGUA
BARBADOS 1966 (brit.)
TRINIDAD U. TOBAGO 1962 (brit.)
COSTA RICA
PANAMA
VENEZUELA
SURINAM 1975 (ndl.)
GUYANA
1966
(brit.)
Franz.-Guayana
KOLUMBIEN
Pazifischer
Ozean
ECUADOR
BRASILIEN
PERU
BOLIVIEN
PARAGUAY
San Félix
Juan-Fernández-In.
CHILE
URUGUAY
ARGENTINIEN

1 Senegal 1960 (franz.)
2 Gambia 1965 (brit.)
3 Guinea-Bissau 1973/74 (p
4 Guinea 1958 (franz.)
5 Sierra Leone 1961 (brit.)
6 Liberia 1847
7 Elfenbeinküste 1960 (fran
8 Obervolta 1960 (franz.)
9 Ghana 1957 (brit.)
10 Togo 1960 (franz.)
11 Benin 1960 (franz.)
12 Nigeria 1960 (brit.)
13 Äquatorial-Guinea 1968 (
14 Gabun 1960 (franz.)
15 Kongo 1960 (franz.)
16 Tunesien 1956 (franz.)
17 Uganda 1962 (brit.)
18 Ruanda 1962 (belg.)
19 Burundi 1962 (belg.)
20 Malawi 1964 (brit.)
21 Jordanien 1946 (brit.)
22 Israel 1948 (brit.)
23 Libanon 1941/43 (franz.)
24 Syrien 1946 (franz.)

Staatsgruppen

- Europäische Staaten mit überseeischen Besitzungen im Zeitraum 1920–1975
- Staaten Asiens und Afrikas, die von längerer kolonialer oder protektoraler Abhängigkeit freiblieben
- Staaten Asiens, die sich 1920–1975 aus der kolonialen oder protektoralen Abhängigkeit von außereuropäischen Mächten lösten

Die Auflösung der europäischen Überseeherrschaft 1920 bis 1975.

Barents-
see
SOWJETUNION
Bering-
meer
Ochotskisches
Meer
MONGOLISCHE VR.
1921/24 (chin.)
Mand-
schurei
Schwarzes
Meer
Kaspisches
Meer
TÜRKEI
IRAK
1932 (brit.)
IRAN
AFGHANI-
STAN
CHINA
NORDKOREA
1945/48
(japan.)
SÜDKOREA
JAPAN
KUWAIT
1961 (brit.)
PAKISTAN
1947
(brit.)
NEPAL
BHUTAN
Ost-
chinesisches
Meer
SAUDI-
ARABIEN
1926/32 (brit.)
V.A.E.
OMAN
INDIEN
1947 (brit.)
BANG.
1947
(brit.)
BURMA
1948
(brit.)
LAOS
1954
(franz.)
NORD-
VIETNAM
1945/46
(franz.)
TAIWAN 1945/50
(Formosa) (japan.)
Pazifischer
Ozean
A.R.
JEM.
D.VR.JEMEN
1967 (brit.)
Eritrea
1952 (brit.)
THAI-
LAND
SÜD-
VIETNAM
PHILIPPINEN
1946 (USA)
ÄTHIOPIEN
SRI LANKA
1948 (brit.)
KAM-
BODSCHA
1945/54
(franz.)
MALAYSIA
1957 (brit.)
Singapur
1965 (brit.)
PAPUA-
NEUGUINEA
[1931] 1975
(austral.)
SOMALIA
1960 (ital./brit.)
KENIA
1963 (brit.)
TANSANIA
1961 (brit.)
MALEDIVEN
1965 (brit.)
INDONESIEN
1945/49 (ndl.)
KOMOREN 1975 (franz.)
MOSAMBIK
1975 (port.)
MADAGASKAR
1960 (franz.)
MAURITIUS
1966 (brit.)
AUSTRALIEN
1931
SWASILAND 1968 (brit.)
LESOTHO
1966 (brit.)
Indischer
Ozean
NEUSEELAND
1931
17
18
19
20
21
22
23
24
ND
UDAN
PTEN
naftsformen
olonialherrschaft über abhängige Gebiete
rotektoratsherrschaft über abhängige Staaten
ominion im Britischen Reich

behaupten konnten, brachen von nun an nach und nach alle Kolonialreiche zusammen. Die Entkolonialisierung vollzog sich teils relativ friedlich wie zuerst 1947 mit der Unabhängigkeit Indiens, musste aber teils in Kriegen hart erkämpft werden. Anders als zuvor wurde die militärische Verteidigung der Überseebesitzungen schließlich überwunden, auch wenn sie noch so erbittert war. Woran lag das? Eine nicht zu unterschätzende Rolle spielte, dass der Antikolonialismus in der immer stärker durch die modernen Massenmedien beeinflussten „Weltöffentlichkeit" und im Völkerrecht eine positive Umdeutung erlebte. Er wurde jetzt als legitim anerkannt. Hinzu kamen die viel besseren Möglichkeiten, an Waffen zu kommen, da der Weltkrieg riesige Arsenale hinterlassen hatte, sowie die Schwächung der europäischen Staaten, die hinter die USA und die UdSSR auf einen zweiten oder dritten Rang zurückfielen. Das galt selbst für Großbritannien. Von großer Bedeutung war außerdem, dass die Großmächte nicht mehr wie seit dem 19. Jahrhundert in der Unterdrückung der Dritten Welt übereinstimmten, sondern wegen der bipolaren Systemkonfrontation zwischen Ost und West von den Kolonisierten gegeneinander ausgespielt werden konnten. Es war beinahe ein Automatismus, vom globalen Gegenspieler des Machtblocks, dem die bekämpfte Kolonialmacht angehörte, Waffen und Munition, Militärberater, Wirtschaftsgüter und diplomatische Anerkennung zu erhalten. Auch die „heißen" Kolonialkriege wurden während des Kalten Krieges in der Regel zu Stellvertreterkriegen.

Wendepunkt in der Überseeherrschaft

Die Dekolonisationskriege waren eine einzige Serie von europäischen Niederlagen. Die Briten zogen in Palästina, Malaysia, Kenia und Aden (Südjemen) den Kürzeren, die Niederländer in Indonesien, die Franzosen in Indochina, Madagaskar, Marokko, Algerien, Kamerun und als Letzte die Portugiesen erst in den 1970er Jahren in Angola, Mosambik und Guinea-Bissau. Nahezu alle diese Kriege zeigten das altbekannte Erscheinungsbild der Eskalationsschraube von Guerillakampf, Anschlägen auf die gegnerische Moral, die man heute als terroristisch bezeichnen würde, und massivem Gegenterror, der vor allem die Zivilbevölkerung traf. Allein die „zivilisierten" Juden in Palästina wurden vergleichsweise human behandelt. Überall sonst führten die brutalen Militäraktionen der Kolonialmächte zu unverhältnismäßig hohen Opfern. Großbritannien bemühte sich daneben noch am meisten um eine Politik des *winning the hearts and minds*, während Frankreich in Algerien wohl am stärksten auf nackte Gewalt setzte. Das Ergebnis war aber immer gleich. Trotz des krassen Ungleichgewichts zwischen den westlichen und indigenen Opferzahlen mussten die Kolonien in die Unabhängigkeit entlassen werden. Häufig wandelte sich die direkte Herrschaft jedoch nur in eine informelle Dominanz. Wenigstens diese zu behaupten, war für die Europäer ein motivierendes Ziel in den blutigen Abwicklungskämpfen gewesen.

Dekolonisationskriege

Dass nach der Dekolonisierung einige ehemalige Kolonien – etwa Südafrika in Namibia, Äthiopien in Eritrea, Israel im Libanon, Indien in Sri Lanka, Indonesien in Osttimor – ihrerseits nicht anders als ihre früheren kolonialistischen Unterdrücker handelten und langfristig ebenso scheiterten, sei hier nur am Rande erwähnt. Von größerer, nämlich globaler Bedeutung waren und sind die Kriege der Supermacht USA zur Behauptung ihrer Hegemonie in der Dritten Welt. Unter ihnen ragt der Vietnamkrieg (1965–1973) hervor, der von Umfang und Wirkung sowie in der Mischung verschiedener Kriegsformen ohnehin eine besondere Stellung in der Militärgeschichte des 20. Jahrhunderts einnimmt. Der Krieg gegen das kommunistische Nordvietnam und die von ihm unterstützte Revolutionsbewegung in Südvietnam (FNL, „Vietcong") sollte nach der Logik des Kalten Kriegs den westlichen Machtverlust in Südostasien – nach Abzug der Franzosen und Briten – stoppen und den sowjetischen (und chinesischen) Einfluss zurückdrängen. Damit war er von vornherein ein wichtiger Schauplatz des globalen Kampfes um die Vorherrschaft. Entsprechend intensiv wurde er von den Vereinigten Staaten und ihren vietnamesischen Verbündeten und Feinden geführt – im Dschungel, in Reisfeldern, in Städten, in Stellungsgräben, aus der Luft, als Guerillakrieg, gegen die Zivilbevölkerung, total, auf jeden Fall asymmetrisch wie fast alle Kolonialkriege, da natürlich nur die US-Streitkräfte die Feuerkraft von sieben Millionen Tonnen Bomben und Granaten aufbieten, transportieren und einsetzen konnten. Mindestens 700.000 Soldaten, darunter 56.000 Amerikaner, und je nach Schätzungen zwischen 600.000 und zwei Millionen Zivilisten wurden getötet. Damit war der Vietnamkrieg neben dem Koreakrieg der blutigste Krieg nach 1945. Beide Seiten bedienten sich der Mittel exzessiver Gewalt, gerade auch gegen Unbewaffnete – das schwächere Nordvietnam, um den Krieg zu verlängern und den Gegner zu delegitimieren, die stärkeren USA, um eine Entscheidung zu erzwingen. Auch das war ein bekanntes Muster enthegter Kriege an der Peripherie. Denn die Faktoren Zeit und Glaubwürdigkeit arbeiteten gegen die USA. Je mehr von den zwei Millionen in Vietnam eingesetzten Wehrpflichtigen fielen oder tief verstört nach Hause zurückkehrten, je öfter die Massenmedien von Gräueltaten an G.I.s oder von Massakern, Flächenbombardements, Entlaubungsaktionen der US-Streitkräfte berichteten, desto stärker sah sich die amerikanische Kriegführung im eigenen Land und in der ganzen Welt diskreditiert. Statt der materiellen Zermürbung des Gegners erfolgte die eigene psychologische Abnutzung, schließlich die Demoralisierung.

Vietnamkrieg

Eine vergleichbare Niederlage erlitt die Sowjetunion, als sie zwischen 1979 und 1989 ihren Satelliten in Kabul gegen rebellierende afghanische Stämme zu erhalten versuchte. Auch diesen mit allen Mitteln geführten und opferreichen Krieg, in dem der Aufstand der Mudschaheddin immer wirksamer mit westlichen Waffen genährt wurde, musste letztlich, noch bevor der Ost-West-Konflikt zu Ende ging, von der Armee einer Supermacht verloren gegeben werden. Der äußere Ansehensverlust und die innere Depression waren auch hier mitentscheidend. Dagegen wurde die kurze und mit großem medialem Aufwand inszenierte Operation *Desert Storm* einer von den USA geführten Koalition gegen den Irak 1991 international gebilligt und von der UNO sanktioniert, da sich das Regime Saddam Husseins durch die Besetzung Kuwaits ins Unrecht gesetzt hatte und der Konflikt wie ein traditioneller Staatenkrieg geführt und beendet wurde.

Wie sind aber die militärischen Interventionen der USA und ihrer Verbündeten seit 2001 in Afghanistan und im Irak einzuordnen? Ihr Anlass waren der „Krieg" gegen den internationalen islamistischen Terrorismus als Reaktion auf den Anschlag vom 11. September 2001 und die (angebliche) Sorge vor tatsächlich gar nicht existenten Massenvernichtungswaffen in den Händen von Saddam Hussein. Die tieferen Gründe sind jedoch im immergleichen Bestreben des Westens zu suchen, strategisch und ökonomisch relevante Weltregionen in ihrem Ordnungssystem zu halten, diesmal mit den selbstlegitimierenden Schlagworten Antiterrorismus, Demokratie und Menschenrechte, die dann von den Interventionsmächten teilweise selbst missachtet wurden – ein Déjà-vu auch beim Kriegsverlauf: Den amerikanischen und verbündeten High-Tech-Streitkräften gelang es schnell und leicht, die regulären Truppen des Gegners zu besiegen, doch ist es Zehntausenden mit modernstem Gerät ausgerüsteten Soldaten unmöglich, den Guerilla-Widerstand in beiden Ländern zu brechen; und auch das Werben um die Herzen und Köpfe der Bevölkerung wird mit jedem von Amerikanern und Briten zerstörten Ort und getöteten Zivilisten schwieriger. Wieder scheint sich der Satz Henry Kissingers zu bewahrheiten, dass die Guerilla gewinnt, wenn sie nicht verliert, und die konventionelle Armee verliert, wenn sie nicht gewinnt.

Afghanistan und Irak

Diese Momentaufnahme lässt es als zweifelhaft erscheinen, dass die Mächte der nördlichen Hemisphäre jemals etwas aus den militärischen Konflikten mit außereuropäischen Ethnien, Staaten, Kulturen und Religionen gelernt haben. Die Kolonialkriege in der ersten Hälfte des 20. Jahrhunderts, die aus heutiger Sicht besonders interessant, ja zukunftsweisend sind, wurden von den westlichen Militärs eher als unliebsame Randerscheinung wahrgenommen, zu sehr waren sie, die Briten noch am wenigsten, auf den europäischen Großmachtkrieg fixiert. Das begann sich nach 1945 teilweise, nach 1990 grundlegend zu ändern, aber eine wirklich neue Militärdoktrin oder eine überzeugende Strategie zur Bewältigung asymmetrischer bewaffneter Konflikte in der Dritten Welt muss erst noch gefunden werden.

Eine andere Frage ist, ob es eine Verbindung zwischen den Kolonialkriegen und den europäischen Kriegen gab. Wurden überhaupt Lehren aus den Kämpfen an der Peripherie für die Kriegführung zwischen den Großmächten gezogen? Zweifellos dienten die überseeischen Schauplätze häufig als Experimentierfelder für neue Waffentechnologien, beispielsweise für das Maschinengewehr, das Bombenflugzeug und aktuell für computergestützte Waffensysteme. Schwieriger ist es, in den Kolonialkriegen auch insofern Laboratorien der Gewalt zu sehen, dass sie die Entgrenzung der Kriege in Europa oder Ostasien vorwegnahmen oder sogar präformierten. Vom Hererokrieg des Kaiserreichs zu den Kriegsverbrechen der Wehrmacht in Osteuropa oder gar zum Holocaust ist ebenso wenig ein direkter Weg zu erkennen wie von der britischen und amerikanischen „Verbrannte Erde"-Strategie in Südafrika und auf den Philippinen zu den Flächenbombardements auf Großstädte im Zweiten Weltkrieg. Die beiden großen Kriege in Europa besaßen genügend immanentes Potential zur Radikalisierung und Brutalisierung. So ist etwa

Verbindung zwischen Kolonial- und europäischen Kriegen?

der deutsche Vernichtungs- und Ausbeutungsfeldzug gegen die Sowjetunion auch ohne fragwürdige Analogbildungen zu den Kolonialkriegen mit durchaus eigenständigen ideologischen und pragmatischen Motivlagen zu erklären. Eine direkte Verbindung bestand allerdings in den relativ seltenen Fällen, dass Streitkräfte aus Kolonialkriegen direkt auf einen europäischen Kriegsschauplatz verlegt wurden. Das bekannteste Beispiel ist die spanische Kolonialarmee, die 1936 aus Marokko eingeschifft wurde und das militärische Rückgrat der Franquisten im spanischen Bürgerkrieg bildete. Ob dieser innerstaatliche Krieg allerdings ohne einen solchen „kolonialen" Zusatz weniger grausam gewesen wäre, ist fraglich. Die Geschichte der Bürgerkriege in den letzten 100 Jahren spricht eher dagegen.

Bürgerkriege

Das 20. Jahrhundert war auch ein Jahrhundert der Bürgerkriege, denn der häufigste Kriegstypus war weder der zwischenstaatliche noch der extrastaatliche, sondern der innerstaatliche Krieg, der seit dem Zweiten Weltkrieg nach Anzahl der Konflikte und Opfer sogar eindeutig dominierte. Es wurde geschätzt, dass zwischen 1945 und 1999 in Bürgerkriegen etwa fünfmal so viele Menschen umkamen wie in Staatenkriegen. Allerdings bleiben alle Berechnungen schwierig, da sich Staatenkriege, Kolonialkriege und Bürgerkriege, anders formuliert internationale und innere Kriege oft mischten, ablösten, ergänzten.

Innerstaatliche Kriege entstehen in der Regel, wenn eine politische, soziale, kulturelle, ethnische oder religiöse Gruppe (oft auch mehrere Gruppen) mit militärisch organisierter Gewalt die Regierungsmacht erobern, verändern, bewahren oder aber Partizipation, Autonomie, Sezession erzwingen will. Ganz gleich, ob diese Kriege um die Macht im Staatsverband, um Eigenstaatlichkeit oder um Anschluss an einen Nachbarstaat geführt werden – die wichtigste Voraussetzung ist die Instabilität und Delegitimierung des Regimes und Staatswesens infolge von Kriegen, Revolutionen, Putschen, Regierungswechseln, Systemumbrüchen, Wirtschaftskrisen, gesellschaftlichen Konflikten oder schlichtweg dadurch, dass, wie so oft seit der Schlussphase des Zweiten Weltkriegs, die inneren Strukturen neuer Staaten nach dem Ende der Fremdherrschaften noch höchst labil sind. Genau diese doppelte Schwächung erst durch instabile, dann durch kriegerische Situationen im Innern schafft Anreize für äußere Mächte, sich auf die Seite einer Bürgerkriegspartei zu schlagen. Völkerrechtlich gelten Bürgerkriege nicht als Kriege, sondern nur als bewaffnete Konflikte und innere Angelegenheiten eines Staates, in die sich fremde Staaten nicht einmischen dürfen. In ihnen muss daher auch nicht das Kriegsvölkerrecht beachtet werden, was für die humanitäre Gestaltung der Auseinandersetzungen ebenso negative Folgen haben kann wie das übliche Ritual der Konfliktparteien, sich gegenseitig Legitimität und Legalität abzusprechen.

Innerstaatliche Kriege

Die Einmischung auswärtiger Mächte und eine enthegte Kriegführung zeigten

sich als Hauptmerkmale moderner Bürgerkriege, die damit viele Gemeinsamkeiten mit den Kolonialkriegen hatten. Die Kriegsformen glichen sich auch dadurch, dass häufig reguläre Regierungstruppen einer irregulären Guerilla der Rebellen gegenüberstanden. Daneben gab es Bürgerkriege (deutlich mehr als Kolonialkriege), in denen wie in Staatenkriegen große Armeen aufeinandertrafen und die üblichen Regeln des Krieges nicht anders eingehalten und gebrochen wurden als in manchen „zivilisierten" Kriegen zwischen europäischen Staaten. In Bürgerkriegen mischten sich oft nicht nur die Kriegstypen, sondern auch alle Erscheinungsformen der modernen Kriegführung, ob begrenzt oder total, symmetrisch oder asymmetrisch. Gemein hatten aber die meisten von ihnen, dass sie besonders intensiv und erbittert, langwierig und opferreich waren, entsprechend dem naheliegenden Ziel, den inneren Feind vollständig zu besiegen oder sogar zu vernichten, um die eigene Herrschaft im Land durchzusetzen und langfristig zu sichern. Doch anschaulicher als alle Theorie sind einige konkrete Beispiele.

Hauptmerkmale der Bürgerkriege

Die drei großen innerstaatlichen Kriege Eurasiens in der ersten Jahrhunderthälfte waren der Russische (1917–1921), der Spanische (1936–1939) und der Chinesische Bürgerkrieg, der über zwei Jahrzehnte von 1927 bis 1949 währte. Alle drei Konflikte hatten Bestandteile regulärer und irregulärer Kriegführung, machten kaum Unterschiede zwischen Kombattanten und Nichtkombattanten, wurden mit riesigen Kosten und Verlusten bis zur totalen Niederlage des Gegners geführt, erlebten unverhüllte Interventionen fremder Mächte und fügten sich in einen globalen Wettstreit der Interessen und Ideologien ein.

Die Ereignisse in Russland und China standen dabei in engem Zusammenhang zu internationalen Kriegen. Der Erste Weltkrieg schwächte das russische Zarenreich, ermöglichte den Sieg der Revolution und bedingte zugleich den Bürgerkrieg, der ihr folgte. Die Logik des Krieges zwischen den Großmächten schien zu erfordern, dass – fast mit vertauschten Fronten – das kaiserliche Deutschland die „roten" Bolschewiki, die Entente die „weißen" liberalen und monarchistischen Gegenkräfte unterstützte. In China meinten dann die USA auf die nationalistische Kuomintang unter Chiang Kai-shek und die Sowjetunion auf die Kommunisten Mao Zedongs setzen zu müssen, während Japan seine aggressive Interessenpolitik gegen beide Bürgerkriegsparteien richtete. So verbanden sich der chinesische Bürgerkrieg, der japanische Kolonialkrieg, der globale Staatenkrieg und der Kalte Krieg zu einer kaum zu überblickenden Gemengelage, aus der die Kommunisten nach blutigsten Schlachten und Guerillakämpfen ebenso wie in Russland am Ende als Sieger hervorgingen.

Russischer und Chinesischer Bürgerkrieg

Der Bürgerkrieg in Spanien ist von besonderem Interesse, da er teilweise die Radikalisierung und Ideologisierung der Kriegführung im Zweiten Weltkrieg vorwegnahm. Er entwickelte sich in gewisser Hinsicht zu einem Stellvertreterkrieg zwischen den rechtsextremen und den kommunistischen Totalitarismen in Europa. Dabei hatte er seinen Ursprung in sehr nationalspezifischen Kämpfen um die Reform der rückständigen politischen und sozialökonomischen Strukturen Spaniens. Nach dem Aufstand der Militärs gegen die republikanische Regierung setzten sich in beiden Lagern die Radikalen durch, hier die Faschisten, dort die Kommunisten. Das spiegelte sich in der Internationalisierung des Konflikts. Die Erfolge Francos waren wesentlich von der Waffen- und Truppenhilfe Deutschlands (Legion Condor) und Italiens abhängig, während die Republikaner von den Internationalen Brigaden unterstützt und von der Sowjetunion ausgerüstet wurden. Der Zusammenstoß der Weltanschauungen hatte schon in Spanien verheerende Folgen. Große Teile des Landes wurden verwüstet, etwa eine halbe Million Menschen starb bei Kampfhandlungen, Bombardements und Kriegsverbrechen, in Lagern und Gefängnissen. Der Spanische Bürgerkrieg zeigte, wie das an sich schon beträchtliche Gewaltpotential innerstaatlicher Kriege durch die Ideologisierung der Gegensätze im Kontext des globalen Konflikts zwischen Demokratie und Diktatur sowie rechtem und linkem Totalitarismus noch erheblich gesteigert und von außen zusätzlich entfesselt wurde.

Spanischer Bürgerkrieg

Eine ähnliche Sprengkraft hatten nach dem Zweiten Weltkrieg ethnische (und teilweise auch religiöse) Gegensätze und die Konfrontation westlich-kapitalistischer mit indigen-traditionellen Gesellschaftsentwürfen. Dass sich der Widerstand gegen Kolonial- und Hegemonialmächte beziehungsweise gegen die von ihnen beeinflussten einheimischen Eliten häufig mit einer kommunistischen Ausrichtung nach Moskau oder Peking verband, war oft nicht mehr als eine oberflächliche ideologische Selbstlegitimierung und diente vor allem dem Ziel, starke auswärtige Verbündete zu gewinnen. Die Dekolonisierung führte zu Staatsgrenzen, die den alten kolonialen Grenzziehungen entsprachen und somit keine Rücksichten auf die Siedlungsgebiete der verschiedenen Ethnien nahmen. Vielerorts wurden multiethnische Staaten geschaffen und die Territorien einzelner Gruppen zerschnitten. Die Konflikte, die aus dieser Erblast der Kolonialreiche entstanden, waren in Asien und noch häufiger in Afrika ein wesentlicher Grund der zahlreichen postkolonialen Bürgerkriege.

Dekolonisierung

Ein charakteristisches Beispiel ist Angola, das erst 1975 seine Unabhängigkeit von Portugal erlangte. Der jahrzehntelange Kampf gegen den Kolonialherrn ging noch während der Machtübergabe in einen Bürgerkrieg zwischen den drei wichtigsten Befreiungsbewegungen über, die drei verschiedene ethnische Gruppen vertraten: die kommunistisch orientierte MPLA die Kimbundu um die Hauptstadt Luanda, die UNITA die Ovimbundu im Süden, die FNLA die Bakongo im Norden, die auch in Zaïre und Gabun lebten. Die Sowjetunion und ihre Verbündeten unterstützten die MPLA-Regierung, die USA und Südafrika die FNLA und dann vor allem die stärkere UNITA. Angola wurde zu einem Hauptschauplatz der Ost-West-Konfrontation. Kuba, das sich bereits 1975 aus eigenem Antrieb zur direkten Intervention entschlossen hatte, und das südafrikanische Apartheid-Regime setzten in großem Umfang reguläre Truppen ein, so dass auch dieser Bürgerkrieg gleichzeitig ein verdeckter Staatenkrieg war. Das Ende des Kalten Krieges und ein Abkommen zwischen Angola, Kuba und Südafrika im Jahr 1988 führten keineswegs zum Frieden, sondern verwandelten den Stellvertreterkrieg lediglich in einen regionalen afrikani-

Bürgerkrieg in Angola

schen Bürgerkrieg. Erst 2002 streckten die UNITA-Rebellen nach dem Tod ihres Führers Jonas Savimbi die Waffen. Bis dahin hatte der Bürgerkrieg in Angola ungefähr eine halbe Million Menschen das Leben gekostet, weitere 2,5 Millionen vertrieben und das an Öl, Diamanten und anderen Rohstoffen reiche Land dermaßen ruiniert, verwüstet und mit Minen verseucht, dass der Wiederaufbau der Infrastruktur und die Bekämpfung des Hungers noch immer nicht bewältigt sind.

So und ähnlich verliefen viele andere Bürgerkriege in Asien und Afrika, sei es im Kongo, in Burma, im Jemen, im Tschad, in Kambodscha, auf den Philippinen, in Simbabwe, im Libanon, in Äthiopien, in Sri Lanka oder im Sudan, um nur einige besonders langwierige und grausame Konflikte zu nennen. Auch die innerstaatlichen Kriege in Südvietnam und Afghanistan vor und während der amerikanischen beziehungsweise sowjetischen Intervention gehören in die bis heute nicht abreißende Kette von Bürgerkriegen, die weite Teile Asiens und die meisten afrikanischen Staaten erschütterten. Das vielleicht schrecklichste Erscheinungsbild dieser Kriege waren und sind die als Soldaten eingesetzten Kinder und Jugendlichen, die in den militärischen Auseinandersetzungen der Erwachsenen massenhaft zu Mördern und Sexualtätern manipuliert wurden.

Gesondert müssen die Verhältnisse in Lateinamerika betrachtet werden. Hier ging es nur noch bedingt um die Machtverteilung im postkolonialen Prozess des *Nation Building* und vielmehr um den Kampf gegen einheimische Militärdiktaturen und soziale Ungleichheiten. Das waren schon die Triebfedern des bekanntesten lateinamerikanischen Bürgerkriegs im 20. Jahrhundert, des Mexikanischen (1910–1920). Auch nach 1945 verstanden sich die Widerstandsbewegungen vor allem als sozialrevolutionär. Sie fanden daher die Unterstützung der UdSSR und das umso tiefere Misstrauen der USA, die nicht nur ihre strategischen, sondern auch ihre wirtschaftlichen Interessen gefährdet sahen und ihre Geheimdienste gegen den drohenden Verlust informeller Macht operieren ließen. Besonders vor der Haustür der Vereinigten Staaten, in Mittelamerika, waren die Bürgerkriege immer auch ein Teil des globalen Konflikts der beiden Supermächte. Die Internationalisierung verschärfte die inneren Kriege in Guatemala, Kuba, Nicaragua und El Salvador erheblich. Insgesamt wurde Lateinamerika aber seit dem Zweiten Weltkrieg nicht in dem Maße von Bürgerkriegen in Mitleidenschaft gezogen wie Afrika und Asien. Eine Ausnahme ist Kolumbien, wo der Bürgerkrieg von 1946 bis 1958 *(La Violencia)* etwa 200.000 Menschenleben kostete und die Gewalttätigkeit bis heute grassiert.

Bürgerkriege in Lateinamerika

Und Europa? Die Dominanz der Militärblöcke verhinderte jahrzehntelang nicht nur jeden zwischenstaatlichen, sondern auch jeden innerstaatlichen Krieg. Die Ansätze dazu in Ungarn sowie – weit weniger ausgeprägt – in der DDR und der Tschechoslowakei wurden sofort von der sowjetischen Vormacht unterdrückt. Die Konflikte im britischen Nordirland und im spanischen Baskenland interpretierte man eher als polizeiliche Probleme. Mit gewissem rassistischem Hochmut blickten die meisten Europäer auf die „Bananenrepubliken“ Lateinamerikas, auf das „unreife“

wie „wilde" Afrika, das nicht mit seiner Freiheit umgehen könne, und auf vermeintlich altbekannte „asiatische" Grausamkeiten im Umgang miteinander. Auch wenn die Befreiungsbewegungen der Dritten Welt in den Studentenrevolten von 1968 und überhaupt in der Linken einige Sympathien fanden, galten doch solche bewaffneten inneren Konflikte im Grunde als ein außereuropäisches Phänomen, das man in der zivilisierten Hemisphäre hochorganisierter kapitalistischer oder realsozialistischer Gesellschaften überwunden habe.

Bürgerkriege in Europa?

Umso konsternierter war man, als sich beim Zerfall des kommunistischen Vielvölkerstaats Jugoslawien innerhalb seiner Grenzen Kriege entwickelten, die mit „rückständigen", völkerrechtswidrigen Methoden geführt wurden, mit Massakern, Massenhinrichtungen, Konzentrationslagern, Vertreibungen, Deportationen, systematischen Zerstörungen. Schon der Kroatienkrieg (1991–1995), der als Sezessionskrieg eher ein Krieg zwischen Staaten als ein Bürgerkrieg war, hatte ein äußerst gewalttätiges Antlitz. Doch schlimmer war der Bürgerkrieg innerhalb der ehemaligen jugoslawischen Teilrepublik Bosnien-Herzegowina, nachdem sie sich 1992 unter weitgehendem Boykott durch den serbischen Bevölkerungsteil für unabhängig erklärt hatte. Die Kämpfe zwischen muslimischen Bosniaken, orthodoxen Serben und katholischen Kroaten führten zu Massenverbrechen, wie man sie zuletzt im Zweiten Weltkrieg in Europa erlebt hatte. Zur internationalen Chiffre für die „ethnischen Säuberungen", Massenvergewaltigungen und Gefangenenerschießungen wurde die Stadt Srebrenica, wo bosnisch-serbische Truppen im Juli 1995 bis zu 8000 Bosniaken ermordeten. Als dieser blutige Krieg kurz darauf auf Druck der NATO mit dem Dayton-Vertrag beendet wurde, waren von den etwa viereinhalb Millionen Einwohnern Bosniens und der Herzegowina mindestens 100.000 Menschen getötet und 2,2 Millionen vertrieben worden oder geflohen.

Vielvölkerstaat Jugoslawien

Der Bosnienkrieg bewies, welche Konflikt- und Gewaltpotentiale in Europa, namentlich in der ethnisch-religiösen Gemengelage seines südöstlichen Teils, noch vorhanden waren und vorher durch übergeordnete Machtsysteme lediglich unterdrückt wurden. Dieser Krieg zeigte neben dem leidvoll vertrauten auch ein neues Gesicht, denn anders als frühere europäische Bürgerkriege konnte man ihn kaum mehr als innerstaatlich bezeichnen, da es in Bosnien-Herzegowina einen Staat im herkömmlichen Sinn mit Gewaltmonopol und Verwaltung gar nicht mehr gab. Die „Regierungstruppen" der Bosniaken konnten sich ebenso wenig auf ein funktionierendes Staatswesen stützen wie die irregulären Verbände der bosnischen Serben und Kroaten.

Hier handelte es sich also eher um einen substaatlichen Kriegstypus, der seit den 1990er Jahren die herkömmlichen Formen der zwischenstaatlichen, extrastaatlichen und innerstaatlichen Kriege zunehmend zu ergänzen scheint. Sein Merkmal ist der militärisch organisierte Kampf zwischen nichtstaatlichen Akteuren in staatsfreien oder staatsfernen Räumen, die entweder durch den völligen Zerfall der staatlichen Ordnung oder durch den Verzicht beziehungsweise die Unfähigkeit des Staats entstehen, Sicherheits- und Herrschaftsstrukturen auf-

Substaatlicher Kriegstypus

rechtzuerhalten. Die markantesten Fälle für substaatliche Bürgerkriege sind die chaotischen Kämpfe zwischen Milizen und Clans im Libanon und in Somalia sowie die grenzüberschreitenden Warlord-Konflikte in Westafrika (Sierra Leone, Liberia) und in Afghanistan. Diese neuen – oder in gewisser Weise sehr alten, nur wieder häufiger auftretenden – Kriege jenseits von Staatlichkeit haben die Tendenz, besonders ungeregelt, grausam und mit hohen Zivilopfern ausgetragen zu werden. Allerdings sollte nicht übersehen werden, dass es keiner wie auch immer „neuen" Kriegsform bedurfte, um im gewalttätigen 20. Jahrhundert Kriege vor allem auf Kosten und zum Leidwesen von Zivilisten führen zu lassen.

Massenverbrechen

Die Kriegführung gegen die Zivilbevölkerung war ein wesentlicher Bestandteil fast aller Kriege des in dieser Hinsicht langen 20. Jahrhunderts, von den Verwüstungen und Deportationen durch die Kolonialmächte in Afrika und Ostasien zu Beginn bis zu den „Kollateralschäden" bei westlichen Luftangriffen in Serbien (Kosovokrieg 1999), im Irak und in Afghanistan an seinem Ende. Selbst dort, wo die Bevölkerung nicht systematisch in die militärischen Aktionen einbezogen wurde, kam es immer wieder zu hohen zivilen Verlusten. Letztlich erwies sich der Anspruch, durch eingehegte Kämpfe zwischen den staatlichen Gewaltakteuren nach Vorbild der Kabinettskriege oder durch „chirurgische" Operationen mit „intelligenten" computergelenkten Waffen Opfer in der Zivilbevölkerung auszuschließen, bis heute entweder als illusionär oder als Mittel der Kriegspropaganda. Alle militärischen Euphemismen unserer Zeit können nicht verdecken, dass im Kalkül des Militärs traditionell die „Kriegsnotwendigkeiten" höher stehen als Rücksichten auf Zivilisten. Doch nicht nur Nützlichkeitsdenken führt bei Kriegshandlungen zu „begleitenden" Opfern und Schäden, sondern auch situative Konfliktlagen. Anspannung, Erschöpfung, Frustration oder Vergeltungssucht der Truppe machten sich wiederholt in exzessiver Gewalt Luft, besonders wenn sich Extremsituationen mit rassistischem Denken verbanden wie bei deutschen Landsern in Osteuropa oder bei amerikanischen G.I.s in Vietnam.

Zivile Verluste

Die größte Geißel des modernen Krieges sind aber nicht die spontanen Exzesse auf dem Gefechtsfeld und gegen Zivilisten, sondern die kühl vorbereiteten, systematischen Gewaltmaßnahmen gegen die zum Feind erklärte Bevölkerung. Die Unterscheidung von Militär und Zivil, um die sich das Völkerrecht so sehr bemühte, wurde faktisch aufgehoben – ein Merkmal der Kriege im 20. Jahrhundert. Es begann damit, dass die europäischen Militärmächte, die untereinander noch das Ideal „ritterlicher" Kriege beschworen, an der kolonialen Peripherie ganze Weltgegenden zu „rechtsfreien Räumen" jenseits gehegter Staatenkriege erklärten und Guerillakrieg mit Terror gegen die Bevölkerung beantworteten.

Jedoch blieb diese Art der Kriegführung keineswegs auf asymmetrische Kolonial-

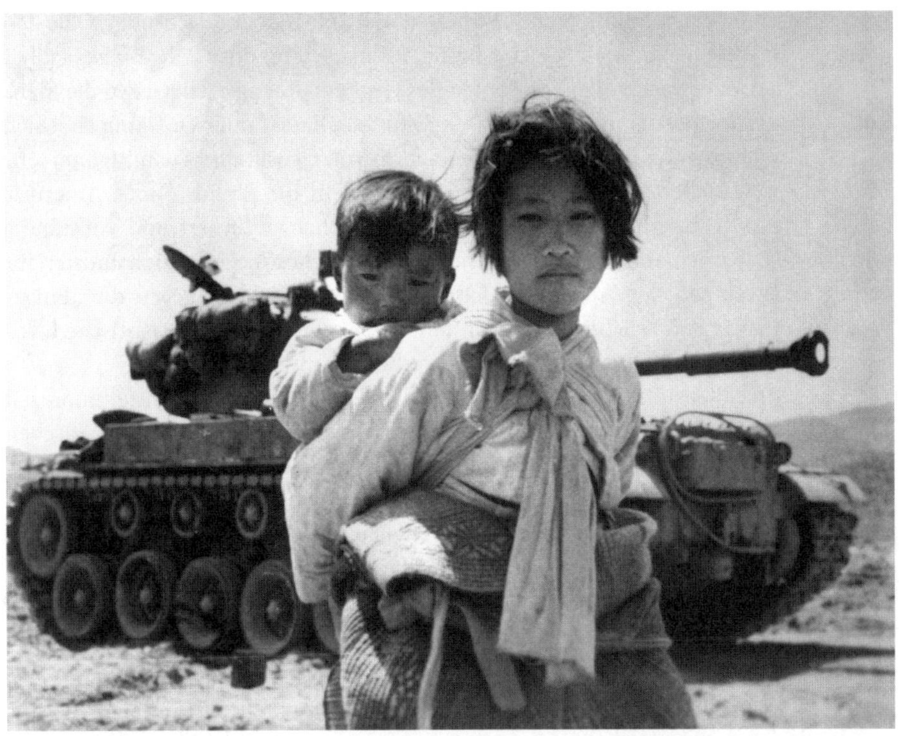

Koreanisches Mädchen mit seinem Bruder vor einem amerikanischen Kampfpanzer M-26 in Haengju, Südkorea, Juni 1951.

konflikte beschränkt. Bereits im Ersten Weltkrieg geriet die Zivilbevölkerung auch in Europa stärker ins militärische Visier als zuvor, allein, es fehlten neben dem Mittel der Seeblockade noch die Bomberflotten, um die Konzepte eines Totalen Krieges gegen die gegnerische Bevölkerung umzusetzen. Das wurde dann im Zweiten Weltkrieg umso intensiver in den strategischen Luftangriffen bis zu ihren traurigen Höhepunkten in Dresden, Tokio und Hiroshima nachgeholt. Die Totalisierung des Staatenkriegs forderte in beiden Weltkriegen viele Millionen Zivilopfer durch Hunger, Erschöpfung, Feuer und Mord. Die Tendenz, dass sich der Anteil der Opfer prozentual immer mehr von den Kombattanten zu den Zivilisten verschob, wäre mit dem globalen Atomkrieg auf die Spitze getrieben worden, doch auch die besonders heftig geführten konventionellen Kriege nach 1945 wie der Koreakrieg oder der Vietnamkrieg forderten zahllose Zivilopfer infolge von Angriffen auf die Lebensgrundlagen des Gegners – von den Gräueln der Dekolonisationskonflikte und Bürgerkriege ganz zu schweigen.

Totalisierung des Staatenkriegs

Die gezielte wie rücksichtslose Einbeziehung der Zivilbevölkerung in militärische Gewalt entsprang der Logik und Dynamik sowohl rassistischer Kolonialkriege und asymmetrischer Guerillakriege als auch totaler Staatenkriege und entgrenzter Bürger-

kriege. Sie findet einen besonderen Nährboden in Ideologien und Deutungen, die den überlegenen Wert der eigenen Sozialordnung, Ethnie, Kultur oder Religion gegenüber den entsprechenden Angeboten des Gegners propagieren. Gegen die Menschen einer als minderwertig eingestuften „Rasse" oder Ordnung lässt sich leichter grausam sein, durch jede Form von Gewalt und Demütigung, sehr häufig auch sexuelle Gewalt gegen Frauen. Nachdem die Ureinwohner Amerikas bereits in den vorhergehenden Jahrhunderten erheblich dezimiert und vollständig unterworfen worden waren, richteten sich die westlichen Legitimationsmuster für enthegte Gewalt seit dem späten 19. Jahrhundert hauptsächlich gegen die „Eingeborenen" Afrikas und Asiens. Doch auch in Europa selbst konnten rassistische Ideologien den Krieg gegen die Zivilbevölkerung erheblich radikalisieren.

Nährboden für Massenverbrechen

Das schrecklichste Beispiel dafür ist der deutsche Krieg in der Sowjetunion seit Juni 1941. Die Wehrmacht verübte nicht nur Kriegsverbrechen an den sowjetischen Soldaten, indem sie etwa die Kommissare der Roten Armee ermordete und das Massensterben von Kriegsgefangenen verantwortete, sondern saugte die besetzten Gebiete aus und terrorisierte die völlig entrechtete Zivilbevölkerung, die millionenfach dem Hunger preisgegeben, zur Zwangsarbeit versklavt, in unwirtliche Gebiete deportiert oder im Partisanenkrieg getötet wurde. Die vier wichtigsten Strategien einer systematischen Kriegführung gegen die Zivilbevölkerung kamen hier geradezu idealtypisch zur Anwendung: die Zerstörung der materiellen Grundlagen des Widerstands; die Deportation und Vertreibung, um dem Widerstand die personelle Basis zu entziehen; der Terror gegen Personen und Orte, die irgendwie dem Widerstand zugerechnet wurden; die Ausbeutung der Ressourcen ohne Rücksicht auf die Bedürfnisse der einheimischen Bevölkerung. Wo mit den vier Kernelementen Verwüstung, Deportation, Terror und Ausbeutung Krieg gegen Zivilisten geführt wird, ist in letzter Konsequenz auch der Genozid möglich, denn von der physischen Vernichtung von Zivilisten durch Unterversorgung und Repressalien bis zur kompletten Auslöschung einer bestimmten Gruppe der Bevölkerung führt kein leichter, aber ein gehbarer Weg.

„Strategien" für Massenverbrechen

Das zeigt vor allem der singuläre Völkermord an den europäischen Juden, der im deutschen Feldzug gegen die Sowjetunion begann, indem Polizei- und SS-Formationen mit Unterstützung der Wehrmacht unmittelbar hinter der Front eine halbe Million Juden erschossen. Dass mit der Radikalisierung der Kriegführung nach dem Überfall auf die Sowjetunion auch der nationalsozialistische Judenhass nochmals eskalierte, belegt den engen Zusammenhang zwischen entgrenztem Krieg und genozidalem Massenverbrechen. Dabei wirkten offenbar dynamische Prozesse vor Ort im Kontext des hochideologisierten Krieges gegen das „jüdisch-bolschewistische" Russland und Grundsatzentscheidungen der Staatsführung zusammen. Vermutlich erteilte Hitler erst nach mehreren Eskalationsstufen im Spätsommer 1941 die Ermächtigung zur systematischen Ermordung aller Juden im deutsch beherrschten Europa. Anstelle der Massenerschießungen trat im Laufe des Jahres 1942 der nahezu entpersonalisierte Massenmord in Tötungsfabriken wie

Völkermord an europäischen Juden

Auschwitz oder Treblinka. Der Industrialisierung, Technisierung und Totalisierung des Krieges entsprachen vergleichbare Phänomene im totalen Völkermord gegen die Juden. Giftgas, das Massenvernichtungsmittel des Ersten Weltkriegs, vernichtete nun Millionen Zivilisten. Der Holocaust kostete mehr als 5,6 Millionen Menschen das Leben. So gut wie alle staatlichen Institutionen Deutschlands waren in dieses Massenverbrechen eingebunden, wobei der Duldung und Unterstützung durch die militärische Führung eine besondere Bedeutung zukam.

Schon der Erste Weltkrieg hatte an seiner Peripherie zu einer Verbindung von Krieg und Genozid geführt. Nach seinem Kriegseintritt ließ der türkische Staat 1915/1916 bis zu 1,5 Millionen Armenier systematisch ermorden. Auch an diesem Beispiel lässt sich zeigen, wie ältere nationalistische und rassistische Unterdrückungspläne gegen eine ethnische Minderheit im Krieg eine neue mörderische Dynamik erhalten können. Je existenzieller der Kampf gegen den äußeren Feind empfunden wird, desto schärfer werden auch die Maßnahmen gegen den vermeintlichen inneren Feind. Dem Totalen Krieg entspricht die ebenfalls totale Einteilung in Freund und Feind, die konsequente Inklusion und Exklusion. Und wenn nicht nur begrenzte politische, sondern große ethnische oder religiöse Gruppen ins Visier geraten und der Vernichtungswille weder durch Recht noch Moral noch durch eine auswärtige Macht eingedämmt wird, dann droht der Genozid.

Neue mörderische Dynamik

Auch der dritte eindeutige Fall eines Genozids im 20. Jahrhundert fand im Zusammenhang mit einem Krieg statt. Der ruandische Bürgerkrieg zwischen Hutu-Regierung und Tutsi-Rebellen stand in der Folge jahrzehntelanger Konflikte und wechselseitiger Massaker zwischen beiden Gruppen in Ruanda und Burundi. Die Grundlage des Hasses waren hier weniger reale ethnisch-kulturelle Unterschiede, die es kaum gab, sondern eine künstliche Ethnisierung nach sozialen Zuordnungen, die vor allem von der belgischen Kolonialverwaltung vorgenommen worden waren. Die Hutu waren die Bevölkerungsmehrheit der Ackerbauern, die Tutsi die reicheren Viehzüchter. Die sozialen Spannungen wurden von einer ethnischen Fiktion überlagert, die von den Hutu-Ideologen immer weiter getrieben wurde. Ein Attentat auf den Staatspräsidenten von Ruanda, einen Hutu, bot im April 1994 den Anlass zum offenbar lange vorbereiteten Genozid an den Tutsi. Etwa eine Million Menschen wurde ermordet. Als kurze Zeit später die Tutsi-Milizen im Bürgerkrieg die Oberhand gewannen, flohen 1,5 Millionen Hutu aus dem Land oder wurden vertrieben. Die Spirale der Gewalt drehte sich noch jahrelang weiter, auch in den ostafrikanischen Nachbarländern. Im Konflikt zwischen Hutu und Tutsi waren Massenmord, Flucht und Vertreibung die ständigen Begleiter des Bürgerkriegs.

Völkermord in Ruanda

Es ist umstritten, welche weiteren staatlichen Massenverbrechen im 20. Jahrhundert als Genozid bezeichnet werden können – die Vereinten Nationen hatten den Begriff 1948 auf Handlungen eingegrenzt, „die in der Absicht begangen werden, eine nationale, ethnische, rassische oder religiöse Gruppe als solche ganz oder teilweise zu zerstören" (UN-Völkermordkonvention vom 9. 12. 1948). Der Terror in kommunistischen Diktaturen wie der Sowjetunion unter Stalin, China unter Mao und Kambo-

Weitere staatliche Massenverbrechen

dscha unter Pol Pot oder in nationalistischen Despotien wie Uganda unter Idi Amin und Äquatorial-Guinea unter Macías konnte genozidale Züge annehmen, war aber vor allem politisch motivierter Massenmord. Anders als in diesen Fällen, die nicht in unmittelbarem Zusammenhang mit Kriegen standen, kam es in Kolonialkriegen wiederholt zu extremen Gewaltmaßnahmen gegen einheimische Bevölkerungsgruppen, die ihre physische Existenz bedrohten und einem vorsätzlichen Völkermord ähnlich werden konnten. So führte der deutsche General Lothar von Trotha im Jahr 1904 einen Vernichtungsfeldzug gegen die aufständischen Herero, der vielleicht den Untergang des südwestafrikanischen Hirtenvolks verursacht hätte, wenn die grausame Strategie des lokalen Befehlshabers nicht von den deutschen Zentralstellen revidiert worden wäre.

Ethnische „Säuberungen" wurden nicht nur durch Genozid und Massenmord, sondern auch durch Deportation und Vertreibung vollzogen, oft in Verbindung mit ihnen. Wie eng verwandt diese Verbrechen waren, erwies sich etwa an den Armeniern, Juden und Tutsi, die nicht nur massenhaft ermordet, sondern daneben auch massenhaft vertrieben wurden. Deportation, Flucht und Vertreibung ereigneten sich vor allem im Rahmen und als Folge der beiden Weltkriege sowie in nahezu allen Bürgerkriegen, die wegen konstruierter ethnischer oder religiöser Gegensätze geführt wurden. Die Ursachen, Ereignisse und Mechanismen dieser Art von Gewalt gegen Zivilisten im Gefolge des Krieges sind ein eigenes Kapitel. Die Zwangsumsiedlungen von einer halben Million griechischen Türken und 1,24 Millionen kleinasiatischen Griechen von 1923, die Vertreibung von zwölf Millionen Deutschen aus dem Osten seit 1944 sowie die gewaltsamen Bevölkerungsverschiebungen im ehemaligen Jugoslawien nach 1991, zuletzt 1999 die Vertreibung einer halben Million Kosovo-Albaner, seien hier lediglich als wenige von vielen Beispielen erwähnt.

Deportation und Vertreibung

Auch solche staatlichen Massenverbrechen stehen in einer langen Tradition, Teile der eigenen oder fremden Bevölkerung als inneren oder äußeren Feind in die kriegerischen und kriegsbedingten Handlungen einzubeziehen. Dabei nahmen die Verbrechen im technisch-industriellen Zeitalter – geleitet durch radikale Ideologien und rationale Ordnungsentwürfe, begünstigt durch moderne Technik, Kommunikation und Logistik – Dimensionen an, die in dieser extremen Verdichtung und globalen Häufung wohl einmalig in der Menschheitsgeschichte sind.

Ist die Entgrenzung kriegerischer Gewalt gegen Soldaten und Zivilisten ein besonderes Merkmal nur des 20. Jahrhunderts oder auch unserer Gegenwart und Zukunft? Heute scheinen sich Militärwesen und Kriegführung westlicher Prägung in einer noch nicht klar zu bestimmenden Phase des Umbruchs und der Neuorientierung zu befinden.

Die Bildung moderner Staaten in Europa nach dem Westfälischen Frieden von 1648 war mit dem Bemühen verbunden gewesen, den Krieg als staatliches Unternehmen einzuhegen und bestimmten Regeln zu unterwerfen. Dieses Konzept wurde

Terroranschläge in New York, bei denen am 11. September 2001 zwei Passagierflugzeuge von al-Quaida-Anhängern in die beiden Türme des World Trade Center gelenkt wurden.

jedoch in den Kolonialkriegen von Anfang an ignoriert und scheiterte im Zeitalter der beiden Weltkriege, als auch in Europa die staatliche Kriegführung die modernen Gewaltmittel zu exzessiver Gewalt gegen das gegnerische Militär und vor allem auch gegen Zivilisten missbrauchte. Die Dialektik zwischen zivilisatorischen Ansprüchen und überschießender Gewalttätigkeit zeigte sich gerade bei europäischen und am Vorbild Europas orientierten Staaten, die im Prozess der Industrialisierung und Nationenbildung nicht nur die technischen wie bürokratischen Fähigkeiten zu großen Kriegen deutlich verbessert, sondern auch mit den Umdeutungen solcher Begriffe wie „Staat", „Nation" oder „Lebensraum" neue Kategorien zur Einteilung von Freund und Feind entwickelt hatten. Die Bereitschaft zu massenhafter und bei Bedarf fast unbegrenzter Anwendung von Gewalt fand sich dabei keineswegs nur in radikal militanten Gesellschaften wie NS-Deutschland, der Sowjetunion oder Japan, sondern auch in liberalen westlichen Staaten, sofern sie ihre Ansprüche gegenüber Konkurrenten oder in der Dritten Welt militärisch durchsetzen wollten.

Krieg und kein Ende?

Die Gewaltexzesse in den Weltkriegen und die finale Bedrohung durch die Atombombe delegitimierten den Krieg. Europa, Nordamerika und Japan wurden nach 1945 zu Regionen, in denen heiße Kriege nicht mehr möglich schienen. Während sich die materielle Rüstung weiter intensivierte, verschwand der Krieg aus der nördlichen Hemisphäre, teilweise endlich auch aus den Köpfen ihrer Bevölkerungen, in deren Mitte Friedensbewegungen und pazifistische Ideale bisher nicht gekannten Ausmaßes entstanden. Allerdings war dies alles keine globale Erscheinung, sondern

blieb auf die Industriestaaten und ihre Militärblöcke beschränkt. Außerhalb jener scheinbar befriedeten Weltbezirke wurden von eben diesen Staaten Kriege geführt oder mit Waffen, Geld und Beratern genährt, die nicht weniger Opfer forderten, Schäden verursachten und Massenverbrechen mit sich brachten als in der so gewalttätigen Zeit davor. In globaler Perspektive verlagerte sich der Schrecken moderner Massengewalt im Krieg lediglich um einige Breitengrade nach Süden, wurde aber weiterhin mit den Methoden und Mitteln des europäischen Militärwesens verbreitet – und zum großen Teil durch die Politik oder das Erbe westlicher Kolonial- und Hegemonialmächte verursacht.

Verschiebung moderner Massengewalt

Nach dem Ende der Ost-West-Konfrontation kam der Krieg zurück in die westliche Welt. Der Zusammenbruch der realsozialistischen Ordnung in Osteuropa schuf eine labile Lage, die Kriege wieder in den Bereich des Denkbaren rückte und in Jugoslawien auch tatsächlich zu erbitterten Kriegen führte. Ebenso einschneidend war der Anschlag islamistischer Terroristen, der am 11. September 2001 mit dem Pentagon in Washington und dem World Trade Center in New York zwei Symbole der militärischen und ökonomischen Vorherrschaft des Westens traf – und mit 3000 Menschen so viele Zivilisten in den USA tötete wie seit dem Sezessionskrieg nicht mehr. Diese epochale Gewalttat provozierte den „Krieg gegen den internationalen Terrorismus", der zwar kaum ernsthaft als Krieg bezeichnet werden kann, aber doch eine wichtige Rolle als Motivation und Legitimation militärischer Interventionen der amerikanischen Supermacht und ihrer Verbündeten spielt.

11. September 2001

Der Schutz der westlich geprägten Ordnung in Europa und auf der Welt sowie der Kampf gegen einen neuen, weltweit vernetzten antiwestlichen und religiös fundierten Widerstand haben die Akzeptanz von Kriegen als legitimes Mittel zum Erreichen politischer und humanitärer Ziele selbst in jenen westlichen Staaten restituiert, die sich vorher besonders dezidiert von den Konzepten militärischer Konfliktbewältigung verabschiedet hatten, wie etwa die Bundesrepublik. Ob die liberale Demokratie wirklich „am Hindukusch verteidigt" werden muss, ist jedoch ebenso fragwürdig wie das nach wie vor wie selbstverständlich beanspruchte Vorrecht der Militärmächte, in ihren Akten imaginierter Selbstverteidigung völkerrechtliche Kriterien zu brechen – wobei die UNO als Kontrollinstanz wiederholt versagt hat.

Ausblick

Ein Grundproblem und untrügliches Anzeichen für eine militärgeschichtliche Umbruchszeit ist, dass zwar seit Jahren von den „neuen Kriegen" geredet wird, gleichzeitig aber die militärischen Konflikte vom Westen immer noch mit den alten nationalstaatlichen Streitkräften und Methoden geführt werden, die sich immer wieder als völlig ungeeignet erweisen und zur Eskalation beitragen anstatt zu deeskalieren. Ein grundlegender Strategiewechsel ist bisher noch nicht erkennbar, aber dringend notwendig. Er hätte zu berücksichtigen, dass eine zivile Weltgesellschaft militärisch wohl nur auf der Grundlage supranationaler Strukturen und international anerkannter Legitimitäten durchgesetzt und verteidigt werden kann. Die Geschichte gerade des 20. Jahrhunderts belegt, dass nationalstaatlich orientierte Hegemoniepolitik und rücksichtslose Kriegführung häufig als gewalttätiger Reimport auf die Herkunftsländer und ihre Gesellschaften zurückfallen. So zeigten etwa in den Weltkriegen einige in den Kolonien getestete Tötungstechniken in den Kernstaaten des europäischen Militärwesens eine verheerende Wirkung. Das sollte zu denken geben. Mit der Entfesselung kriegerischer Gewalt ist es wie mit der Büchse der Pandora.

Demographie und Wirtschaft

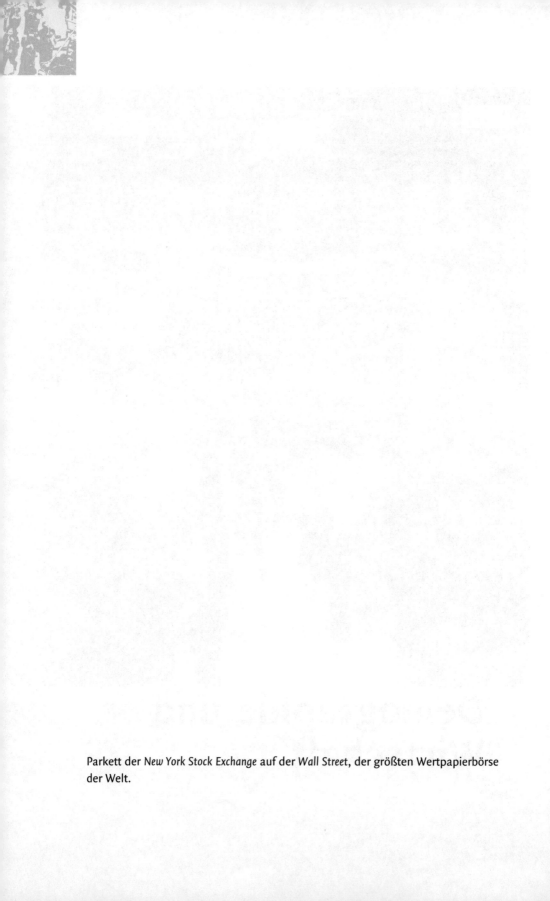

Parkett der *New York Stock Exchange* auf der *Wall Street*, der größten Wertpapierbörse der Welt.

Migration im Kontext von Globalisierung, Kolonialismus und Weltkriegen

Jochen Oltmer

Menschheitsgeschichte ist Migrationsgeschichte. Die Beobachtung der Genese globaler Migrationsmuster seit dem späten Mittelalter leistet einen Beitrag, die vielfältigen wirtschaftlichen, gesellschaftlichen, politischen und kulturellen Prozesse zu erschließen, die sich unter dem Begriff Globalisierung zusammenfassen lassen. Die politisch-territoriale Expansion Europas über die Grenzen des Kontinents hinaus korrespondierte mit der Ausbreitung des Europäers über die Welt. Sie führte zu einem weitreichenden Wandel in der Zusammensetzung der Bevölkerungen vor allem in den Amerikas, im südlichen Pazifik, aber auch in Teilen Afrikas und Asiens. Ein zentrales Element weltwirtschaftlichen Wachstums, weltwirtschaftlicher Integration und Transformation bildete die Verfügbarkeit des Produktionsfaktors Arbeit und die Bewegung von Arbeitskräften im Raum zur Erschließung standortgebundener natürlicher Ressourcen. Arbeitswanderungen waren zudem immer Konjunktur- und Krisensymptome; die Veränderung ihrer Dimensionen und Verläufe spiegelt wie auf einem Barometer die Entwicklung globaler, nationaler und regionaler Ökonomien.

Bedingungen von Migration

Die Entwicklung räumlicher Bevölkerungsbewegungen geht aber auch einher mit der Genese von Herrschaftsverhältnissen und politischen Prozessen. Migration wird von Obrigkeiten und Staaten, politischen Parteiungen und Akteuren unterschiedlich verstanden sowie unter verschiedenen Prämissen verhandelt. Zwangsmigrationen wiederum sind Ausdruck der staatlichen und gesellschaftlichen Akzeptanz der Beschränkung von Freiheit und körperlicher Unversehrtheit. Menschen reagieren auf bewaffnete Konflikte zwischen Kollektiven mit Bewegungen im Raum. Bis in die Gegenwart ist die Vorstellung verbreitet, durch die Nötigung zur Migration ließe sich staatliche Herrschaft stabilisieren oder das politische Interesse spezifischer Kreise innerhalb eines Kollektivs durchsetzen.

Staat und Migration

Migration kann definiert werden als die auf einen längerfristigen Aufenthalt angelegte räumliche Verlagerung des Lebensmittelpunktes von Individuen, Familien, Gruppen oder auch ganzen Bevölkerungen. Unterscheiden lassen sich in der Neuzeit verschiedene Erscheinungsformen räumlicher Bevölkerungsbewegungen. Dazu zählen vor allem Arbeits- und Siedlungswanderungen, Nomadismus, Bildungs-, Ausbildungs- und Heiratswanderungen sowie Zwangswanderungen. Sieht man von den Zwangswanderungen ab, streben Individuen, Familien oder Gruppen danach, durch Bewegungen zwischen geographischen und sozialen Räumen Erwerbs- oder Siedlungsmöglichkeiten, Arbeitsmarkt-, Bildungs-, Ausbildungs- oder Heiratschancen zu verbessern beziehungsweise sich neue Chancen zu erschließen. Zwangsmigration wiederum ist durch eine Nötigung zur Abwanderung verursacht, die keine realistische Handlungsalternative zulässt. Sie kann Flucht vor Gewalt sein, die Leben und Freiheit direkt oder erwartbar bedroht, zumeist aus politischen, ethnonationalen, rassistischen oder religiösen Gründen. Zwangsmigration kann aber auch gewaltsame Vertreibung, Deportation oder Umsiedlung bedeuten, die sich oft auf ganze Bevölkerungsgruppen erstreckte.

Definition Migration

Der folgende Aufriss erarbeitet zentrale Strukturmuster globaler Migrationen und verfolgt markante sowie grundlegende Entwicklungen im Wanderungsgeschehen vom Ende des 19. Jahrhunderts bis in die Gegenwart. Gelegentlich muss für das Verständnis der Hintergründe oder des Ablaufs von räumlichen Bevölkerungsbewegungen weiter in das 19. Jahrhundert zurückgegriffen werden. Die Gliederung orientiert sich an zwei Makroprozessen, die für die globale Entwicklung seit dem späten 19. Jahrhundert von zentraler Bedeutung waren: erstens an Migration im Spannungsfeld von kolonialer Expansion und weltwirtschaftlicher Globalisierung sowie zweitens an Migration und globalen Kriegen. Ein knapper Schlussabschnitt fasst Muster der aktuellen Migrationssituation zusammen und bietet einen kurzen Ausblick.

Ziel der Darstellung

Migration, koloniale Expansion und wirtschaftliche Globalisierung

Die europäische koloniale Expansion erreichte in den drei, vier Jahrzehnten vor dem Ersten Weltkrieg ihren Zenit. Deren Dynamik ließ vor allem der „Wettlauf um Afrika" in den 1880er Jahren als Erschließung des letzten, bis dahin kaum von kolonialer Herrschaft berührten Kontinents erkennen (s. auch Band V, S. 393 ff.). Neue europäische Rivalen (Deutschland, Belgien und Italien) und nun auch außereuropäische Konkurrenten (USA, Japan) traten weltweit gegen die europäischen Mächte Großbritannien, Frankreich, die Niederlande, Russland, Spanien und Portugal an, deren Kontinente übergreifende Imperien bereits seit langem existierten. Das Streben der Kolonialmächte nach der Erschließung von Absatzmärkten für Erzeugnisse der eigenen Industrie, Rohstoffquellen und Siedlungsmöglichkeiten führte unter erheblichen Anstrengungen zur Ausrichtung von Wirtschaft und Gesellschaft in den kolonialen Herrschaftsräumen nach ihren Vorstellungen, Bedürfnissen und Interessen. Die Phase verstärkter kolonialer Expansion bildete zugleich eine Zeit beschleunigter internationaler ökonomischer Vernetzung, die weitreichende wirtschaftliche Transformationen hervorrief: Das Volumen des Welthan-

Kolonialismus und Globalisierung

dels stieg von den späten 1870er Jahren bis 1913 um mehr als das Dreifache. Agrarische und industrielle Produktion und Produktivität wuchsen rasch, neue Märkte wurden beschleunigt erschlossen, Rohstoffe, Nahrungsmittel, Halbfertig- und Fertigprodukte stark nachgefragt.

Die Verkehrs- und Kommunikationsrevolution führte vor allem gegen Ende des 19. Jahrhunderts zu einem beachtlichen Rückgang der Transportkosten. Massengüter mit hohem Volumen konnten über zunehmend größere Distanzen transportiert werden. Den transozeanischen Verkehr mit Dampfschiffen betrieben die Reedereien immer häufiger als eng vernetzten Liniendienst, die kontinentalen Eisenbahnen verzeichneten spektakuläre Anstiege der Personen- und Tonnenkilometerzahlen bei immer kürzeren Fahrtzeiten. Hatte das Segelschiff Mitte des 19. Jahrhunderts noch an die sechs Wochen für die Transatlantikpassage benötigt, brauchte der Schnelldampfer zu Beginn des 20. Jahrhunderts nur noch eine Woche. Immer mehr Menschen überwanden immer größere Distanzen. Kommunikationsverbindungen wurden rasch ausgebaut, zur billigen Nachrichtenquelle entwickelten sich die Zeitungen auf Grund einer rasanten Zunahme an Zahl und Auflage. Damit verbesserten sich auch die Möglichkeiten der Information über Chancen der Ansiedlung oder Arbeitnahme andernorts, verringerte sich das Gewicht kommunikationsbedingter Migrationsbarrieren. Der beschleunigte Ausbau von Verkehrs- und Kommunikationsverbindungen erleichterte zudem die Marktbildung im Migrationsbereich: Die global agierenden und untereinander konkurrierenden Schifffahrtsgesellschaften Europas und Nordamerikas erschlossen mit Hilfe modernster Werbemethoden und eines Systems von Agenten immer neue Abwanderungsregionen, um ihre Dampfschiffe mit Migranten zu füllen.

Verkehr und Kommunikation

Unter den interkontinentalen Migrationen des 19. und frühen 20. Jahrhunderts dominierten jene der Europäer. In den ersten 300 Jahren der europäischen Kolonisation seit dem späten 15. Jahrhundert hatten 8 bis 9 Millionen Europäer den Kontinent verlassen. Seit dem frühen 19. Jahrhundert wuchs die Zahl der Menschen rapide an, die Europa den Rücken kehrten. Die Phase beschleunigter kolonialer Erschließung und ökonomischer Globalisierung in den 40 Jahren vor Beginn des Ersten Weltkriegs bildete den Höhepunkt. Der kleinere Teil der europäischen Interkontinentalwanderer nahm Pfade über Land und siedelte sich vornehmlich in den asiatischen Gebieten des Zarenreichs an. Der überwiegende Teil überwand die maritimen Grenzen des Kontinents: Von den 55 bis 60 Millionen Europäern, die 1815 bis 1930 nach Übersee zogen, gingen mehr als zwei Drittel nach Nordamerika, wobei die USA gegenüber Kanada mit einer um mehr als das Sechsfache höheren Zuwandererzahl dominierten. Rund ein Fünftel wanderte nach Südamerika ab, ca. 7 % erreichten Australien und Neuseeland. Nordamerika, Australien, Neuseeland, große Teile Lateinamerikas sowie Sibirien bildeten als europäische Siedlungsgebiete Neo-Europas. Den Höhepunkt der europäischen Zuwanderung erlebten diese im dritten Drittel des 19. und ersten Drittel des 20. Jahrhunderts.

Umfang europäischer Abwanderung

Die Besiedlung der Neo-Europas bedeutete eine Verdrängung der einheimischen

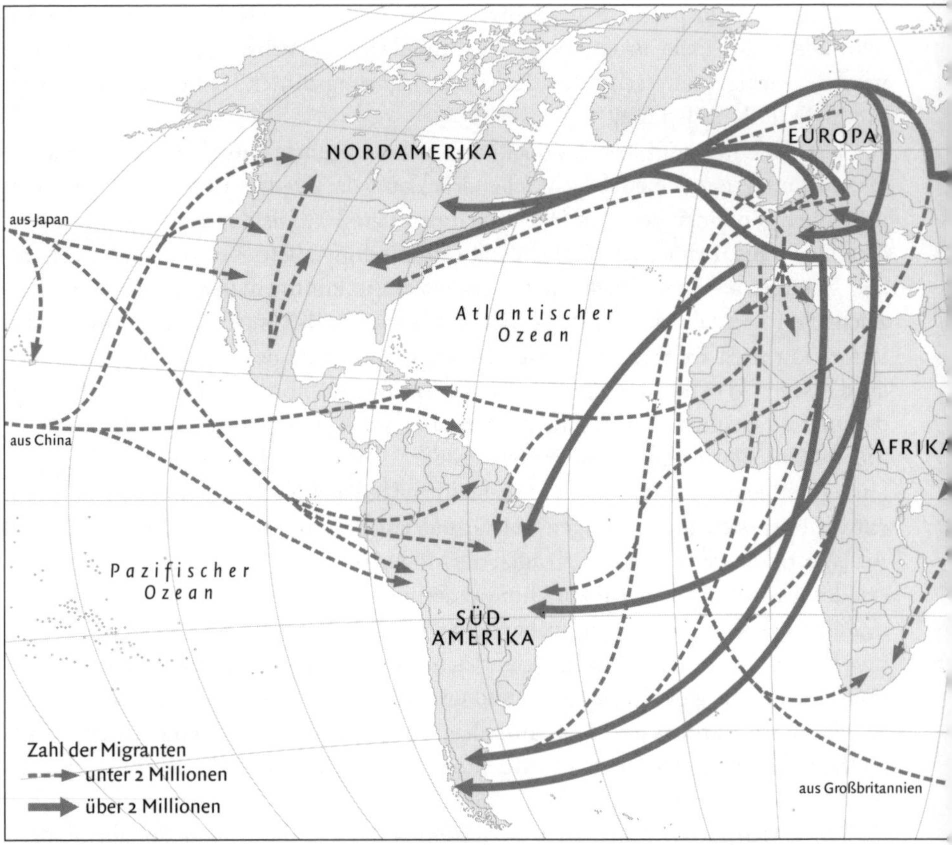

Globale Arbeits- und Siedlungswanderungen 1815 bis 1914 (politisch-territoriale Situation des Jahres 2000).

Bevölkerung in periphere Räume bis hin zu Genoziden. Sie führte zur Marginalisierung der überkommenen ökonomischen und sozialen Systeme, Herrschaftsgefüge und kulturellen Muster. Den zentralen Anstoß für eine verstärkte europäische Zuwanderung bildete im 19. Jahrhundert die Einbindung der Siedlungsräume in den Weltmarkt, die an günstige Verkehrsverbindungen in Wechselwirkung mit der Erschließung solcher Produkte gebunden war, die im kontinentalen und interkontinentalen Warenverkehr eine hohe Nachfrage entwickelten.

Entwicklung eines Weltmarkts

Die USA befanden sich seit ihrer Unabhängigkeit in einem dauernden Prozess der kontinentalen Expansion. Mit der Aufnahme Kaliforniens in die Union hatte die Westgrenze 1850 den Pazifik erreicht. 1790 bis 1860 war die US-Bevölkerungszahl von 3,9 auf 31,4 Millionen – um das Achtfache – gestiegen, hohe Geburten-, niedrige Sterberaten und eine starke Einwanderung wirkten zusammen. Bevölkerungswachstum und territoriale Expansion beschleunigten die rasche ökonomische Erschließung

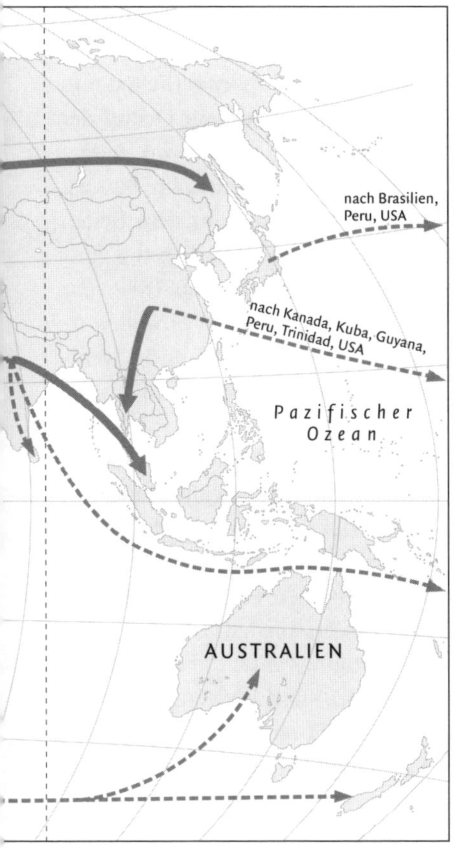

des Landes. 1860 bildeten die USA nach Großbritannien die am stärksten industrialisierte Wirtschaftsmacht der Welt, die zugleich über einen produktiven und exportstarken Agrarsektor verfügte, bereits früh ein weitverzweigtes Verkehrsnetz aufwies und in Zeiten günstiger Konjunktur permanent eine große Zahl neuer Arbeitskräfte benötigte. Sie kamen bis zum Ersten Weltkrieg in aller Regel aus Europa. Durchschnittlich 50.000 Menschen verließen zu Anfang des 19. Jahrhunderts jährlich Europa über das Meer. Die 1840er Jahre bildeten eine Zäsur: 1846 bis 1850 gab es im Durchschnitt Jahr um Jahr bereits über 250.000 Transatlantikwanderer, davon gingen rund 80 % in die USA und 16 % nach Kanada. 1851 bis 1855 stieg diese Zahl auf 340.000 und damit auf das Siebenfache des Jahresdurchschnitts der ersten Jahrzehnte des 19. Jahrhunderts. Weiterhin dominierten die USA mit 77 % als wichtigstes Ziel gegenüber 9 %, die sich nach Kanada, und 4 %, die sich nach Brasilien wandten.

Ziele europäischer Abwanderung

Mit der Weltwirtschaftskrise der späten 1850er Jahre und dem Amerikanischen Bürgerkrieg 1861 bis 1865 ging zwar die europäische Zuwanderung in die USA deutlich zurück, sie überstieg mit dem Ende des Krieges aber sogleich wieder das Niveau der frühen 1850er Jahre, um in der Weltwirtschaftskrise der 1870er Jahre erneut abzusinken. Die Zuwanderung aus anderen Teilen der Welt blieb demgegenüber gering. Aus China kamen im gesamten Zeitraum von 1849 (Beginn des „Goldrausches“ in Kalifornien) bis 1882 (Zuwanderungsverbot für Chinesen durch den *Chinese Exclusion Act*) nur rund 300.000 Menschen in die USA, die vor allem auf den Goldfeldern, später auch beim Eisenbahnbau arbeiteten.

Seit den 1880er Jahren folgten die Höhepunkte der europäischen überseeischen Migration. Die USA waren zur weltweit größten Industriemacht aufgestiegen, deren Kohleförderung zum Beispiel höher lag als die Europas insgesamt. Auch die US-Landwirtschaft erreichte Produktionsrekorde. Die Nachfrage nach ungelernten, billigen Arbeitskräften wuchs weiter. In der zweiten Hälfte der 1880er Jahre umfasste

die europäische Überseemigration durchschnittlich fast 800.000 Menschen pro Jahr, 70 % gingen in die USA. Spitzenwerte erzielte sie in den anderthalb Jahrzehnten vor dem Ausbruch des Ersten Weltkriegs. Mehr als 1,3 Millionen Europäer verließen nun im Durchschnitt Jahr um Jahr die Alte Welt. Nur noch ein Drittel der Abwanderer kam jetzt aus West-, Nord- und Mitteleuropa, wo Agrarmodernisierung und Industrialisierung immer mehr Arbeitskräfte banden und das Lohnniveau angestiegen war. Zwei Drittel aber stammten aus dem Süden sowie dem Osten des Kontinents und damit aus Gebieten, die hinsichtlich des Entwicklungsstandes der Wirtschaft zurückblieben. Während in den USA bis 1880 zum Beispiel nur 150.000 Zuwanderer aus Russland und Österreich-Ungarn gezählt worden waren, registrierten die US-Einwanderungsbehörden 1900 bis 1910 nicht weniger als 2,1 Millionen Zuwanderer aus der Habsburgermonarchie sowie 1,6 Millionen aus dem Zarenreich.

Wandel der Herkunftsräume

Transatlantische Migration von Europäern war nie eine Einbahnstraße. Je stärker im 19. Jahrhundert die lange dominierende Familienmigration zur Realisierung von Chancen landwirtschaftlicher Ansiedlung an Gewicht verlor und die individuelle Arbeitsmigration in industrielle Beschäftigungsverhältnisse anstieg, desto höher lag die Rückwanderung. 1880 bis 1930 kehrten 4 Millionen Menschen aus den USA nach Europa zurück, wenn auch mit riesigen Unterschieden zwischen den Gruppen: Nur 5 % der jüdischen Transatlantikmigranten, aber 89 % der Bulgaren und Serben kehrten zurück. Bei den Mittel-, Nord- und Westeuropäern lag der Durchschnitt bei 22 %. Vor allem die Abwanderung über das Meer aus Ost-, Ostmittel- und Südeuropa, die seit der Wende zum 20. Jahrhundert dominierte, prägte immer weniger definitive Auswanderung und immer stärker Rückkehr sowie zirkuläre Migration. Die Hälfte der Italiener, die 1905 bis 1915 Nord- und Südamerika erreichten, kehrte nach Italien zurück.

Rückwanderung

Gegenüber der Nordamerikawanderung gewannen andere Neo-Europas an Gewicht, darunter vor allem Australien, Brasilien und Argentinien, aber auch Neuseeland, Uruguay oder Chile. Vor 1850 hatten die USA ca. vier Fünftel aller Europäer aufgenommen, in der zweiten Hälfte des 19. Jahrhunderts waren es ca. drei Viertel, seit der Jahrhundertwende noch rund die Hälfte. Der Bedeutungsgewinn der Ziele außerhalb Nordamerikas war vornehmlich ein Ergebnis der Öffnung großer neuer Siedlungszonen für europäische Landwirte und der Entdeckung von Rohstoffvorkommen, deren Erschließung viele Arbeitskräfte erforderte.

Die Zuwanderung von Europäern nach Australien hatte 1787/1788 mit dem ersten Transport britischer Strafgefangener auf den Südkontinent begonnen. Ein neues Deportationsziel war nötig geworden, weil mit der Unabhängigkeit der USA kein Aufnahmeraum mehr für jene Angehörigen der Unterschichten auf den Britischen Inseln zur Verfügung stand, die mit dem Gesetz in Konflikt geraten waren. Bis zu ihrer Beendigung in den späten 1860er Jahren umfassten die Transporte rund 160.000 Gefangene, die allerdings nicht alle auf Dauer blieben. Die Gefangenen stellten aber nicht nur wegen der Rückwanderung einen abnehmenden Teil der

Bevölkerung, vielmehr begann bereits an der Wende vom 18. zum 19. Jahrhundert die Geschichte Australiens als europäische Siedlungskolonie: 1831 bis 1840 wurden 50.000 Sträflinge nach Australien deportiert, zeitgleich kamen 65.000 freie Einwanderer, im folgenden Jahrzehnt überstieg deren Zahl mit 105.000 die der neuangekommenen Sträflinge dann bereits um ein Vielfaches. Solange allerdings in der ersten Hälfte des 19. Jahrhunderts die Zucht von Merinoschafen und der Export von Wolle für die britische Textilindustrie den ökonomischen Leitsektor bildeten, blieb der Umfang der europäischen Einwanderung moderat. Mitte des 19. Jahrhunderts lag die Bevölkerungszahl des Kontinents bei rund 400.000. Erst die Goldfunde 1851 in verschiedenen Teilen des Südkontinents veränderten rasch ökonomische Struktur und Dynamik der Bevölkerungsentwicklung. Australien wurde zu einer britischen Bergbaukolonie. Der „Goldrausch" führte innerhalb eines Jahrzehnts beinahe zur Verdreifachung der Bevölkerung und ließ nicht nur die europäische Zuwanderung an Fahrt gewinnen, sondern war zu einem kleineren Teil auch Ergebnis der Weiterwanderung aus Nordamerika. Hinzu kam bereits früh eine beachtliche chinesische Zuwanderung: 1857 zählten die Goldfelder der Provinz Victoria 24.000 chinesische Arbeitskräfte, und 1861 stellten Asiaten mehr als 3 % der Bevölkerung. Erst das Verbot nicht-europäischer Einwanderung 1901 – im Jahr der Gründung des *Commonwealth of Australia*, der Verfassungsgebung und den Wahlen zum ersten Parlament – ließ ihren Anteil sinken. Von den 55 bis 60 Millionen Menschen, die Europa 1815 bis 1930 verließen, erreichten 3,5 Millionen Australien.

Australien

Landwirtschaftliche Modernisierung, Erschließung wertvoller Bergbauprodukte und vermehrte Beteiligung am Welthandel verstärkten in der zweiten Hälfte des 19. Jahrhunderts auch in weiten Teilen Lateinamerikas die Zuwanderung europäischer Siedler und Arbeitskräfte. Argentinien entwickelte sich seit den 1870er Jahren zu einem der wichtigsten globalen Exporteure von Rindfleisch, Weizen und Mais. Allein 1872 bis 1895 wuchs die Getreideanbaufläche um das 15fache, weil Grassteppe in Ackerland umgewandelt wurde. Realisiert werden konnten die Exporte durch den raschen Ausbau der Eisenbahnen, die auf Buenos Aires als wichtigstem Umschlagplatz ausgerichtet waren. Kaum anders verlief die Entwicklung in Uruguay mit seiner expandierenden Viehwirtschaft; demgegenüber ließ in Chile die Ausbeutung von Kupfer und Nitrat den Bergbau zum Leitsektor werden. Alle drei Länder wurden zu Magneten für europäische Zuwanderer und erlebten in der zweiten Hälfte des 19. Jahrhunderts einen Prozess der Europäisierung, der den Anteil der Bevölkerung indianischen, afrikanischen und kreolischen Ursprungs stark absinken ließ. Argentinien ragte dabei heraus: 1870 zählte es 1,8 Millionen Bewohner. Bis zum Ersten Weltkrieg wanderten 5,5 Millionen Europäer zu, von denen sich 3 Millionen auf Dauer ansiedelten. Argentinien zählte 1914 insgesamt 7,5 Millionen Einwohner. Italiener, Spanier und Portugiesen dominierten mit drei Vierteln aller Zuwanderer. Insgesamt kamen unter den 55 bis 60 Millionen Europäern, die ihren Kontinent 1815 bis 1930 verließen, 6,5 Millionen nach Argentinien. Nach den USA bildete damit Argentinien das weltweit wichtigste Ziel europäischer Überseemigration, allerdings

Argentinien

mit erheblichem Abstand, überstieg doch die Zuwanderung in die Vereinigten Staaten jene nach Argentinien um mehr als das Fünffache.

Wegen der hohen Nachfrage der argentinischen Landwirtschaft nach Saisonarbeitskräften wuchs parallel zum Anstieg der dauerhaften Einwanderung die auf einige Monate im Jahr begrenzte saisonale Zuwanderung. Vornehmlich junge Männer aus Italien, *Golondrinas* („Schwalben") genannt, prägten das in den 1880er Jahren entwickelte System transatlantischer Saisonwanderungen: Bei sinkenden Preisen für die Transatlantikpassage und immer kürzeren Reisezeiten nutzten die *Golondrinas* die Tatsache, dass auf der Süd- und auf der Nordhalbkugel der Erde jeweils entgegengesetzte Jahreszeiten herrschen: Sie verdienten ihr Geld bis in den Oktober/November hinein als Erntearbeiter in Italien, bestiegen ein Schiff nach Buenos Aires und trafen zu Beginn der landwirtschaftlichen Außenarbeiten im späten Frühjahr in Argentinien ein. Den Sommer und den Herbst über arbeiteten sie in Südamerika und kehrten zu den Bestellungsarbeiten nach Italien im Februar/März zurück. In der Hochphase 1908 bis 1912 sollen jährlich 30.000 bis 35.000 *Golondrinas* aus Italien in Argentinien gearbeitet haben, andere Angaben gehen sogar von einem Anstieg des Umfangs dieser Gruppe von 1880 rund 25.000 auf 1914 ca. 100.000 aus. Nachgewiesen sind Fälle einiger *Golondrinas*, die 17 Jahre lang zwischen Argentinien und Italien hin- und herpendelten. Oft mündete die interkontinentale Arbeitswanderung in eine dauerhafte Einwanderung, sofern sich Chancen ergaben, über die saisonalen Beschäftigungen hinaus Arbeit zu finden.

Saisonale Zuwanderung

Ganz ähnliche Hintergründe kennzeichneten die Besiedlung Sibiriens. In diesem eurasischen Großraum, der vom Uralgebirge bis zum Pazifik reicht, war zwar bereits im späten 16. und frühen 17. Jahrhundert ein Netz kleiner Stützpunkte entlang der Flüsse zur militärischen Sicherung und zur Abwicklung des Handels mit Pelzen und Fellen entstanden. Sibirien blieb aber in der Folge eine reine Ausbeutungskolonie. Wie auch in anderen kolonialen Räumen dieses Typs kamen nur wenige Europäer, meist Verwaltungsbeamte und Priester, Offiziere und Soldaten, Händler und Pelzjäger, die oft zur Ausübung ihrer Tätigkeit entsandt worden waren und nur für einen kurzen Lebensabschnitt blieben. Mit Hilfe der Gewährung von Privilegien versuchten die zarischen Behörden, Bauern in der Umgebung der städtischen Stützpunkte anzusiedeln, um deren Versorgung zu gewährleisten. Allerdings verdichteten sich bäuerliche Ansiedlungen nur am Baikalsee sowie im Süden des westsibirischen Tieflandes, das unmittelbar an die geographische Scheide zwischen Europa und Asien anschließt. Immerhin stieg die europäische Bevölkerung zwischen 1709 und 1815 wahrscheinlich von 230.000 auf 1,1 Millionen an und reichte damit über den der indigenen Bevölkerung hinaus, deren Zahl nur von 200.000 auf 434.000 gewachsen sein soll. Innerhalb der folgenden vier Jahrzehnte verdoppelte sich die sibirische Gesamtbevölkerung bis auf 2,9 Millionen 1858. Die Zäsur aber bildete das späte 19. Jahrhundert: Die erste Volkszählung im Zarenreich von 1897 erfasste bereits 4,9 Millionen Europäer in Sibirien, 1911 waren es schon 8,4 Millionen Der Umfang der indigenen Bevölkerung wuchs demgegenüber nur von 870.000 auf 973.000.

Sibirien: Bevölkerung

Eisenbahnbau

Zentraler Antriebsfaktor für den Wandel war der Bau der über 9000 Kilometer langen Transsibirischen Eisenbahn. Er brachte nicht nur zahllose Arbeitskräfte nach Osten, sondern ließ auch eine Besiedlungsschneise quer durch Sibirien entstehen. Das Bauprojekt versprach vielfältige ökonomische Chancen: die land- und forstwirtschaftliche Erschließung weiter Landstriche und damit die Verminderung der Folgen des Landmangels im europäischen Teil des Reiches, aber auch den erleichterten Abtransport der wertvollen Bodenschätze. Zwischen der Grundsteinlegung in Wladiwostok im Fernen Osten 1891 und der endgültigen Fertigstellung der Gesamtstrecke 1916 verging ein Vierteljahrhundert; bereits 1903 allerdings waren die Verbindungen vom europäischen Teil des Zarenreichs bis zum Westufer des Baikalsees und von dessen Ostufer bis Wladiwostok fertiggestellt. Für die späten 1890er Jahre, dem Höhepunkt der Bautätigkeit, kann von 100.000 Bauarbeitern ausgegangen werden, die zu zwei Dritteln nicht aus Sibirien stammten. Neben Arbeitskräfte aus dem europäischen Teil des Reiches traten im Fernen Osten vor allem Chinesen, Japaner und Koreaner, in Westsibirien Perser und Bewohner des Osmanischen Reiches. Für die Spezialbauten wurden zudem Fachkräfte aus Westeuropa angeworben, darunter Italiener, die beinahe alle Steinmetzarbeiten durchführten. Zwar zahlte die staatliche Bauverwaltung hohe Löhne, wegen der großen Distanzen und der abgeschiedenen Lage, den daraus resultierenden hohen Kosten für die Versorgung mit Gütern des täglichen Bedarfs sowie der schwierigen Lebens- und Arbeitsbedingungen blieb die Arbeitskräftesituation aber durchgängig prekär. Auch deshalb wurden Baubataillone der Armee eingesetzt und 20.000 Sträflinge beschäftigt.

Wirtschaftswachstum

Der Bau erfüllte die ökonomischen Erwartungen: Der Güterverkehr wuchs exponentiell. Der Umfang des intensiv genutzten landwirtschaftlichen Bodens stieg in den anderthalb Jahrzehnten vor dem Ersten Weltkrieg um das Doppelte an, der Viehbestand verdreifachte sich. Sibirisches Getreide tauchte nach der Jahrhundertwende immer häufiger auf den westeuropäischen Märkten auf, der Wert des Exports sibirischer Butter stieg von 5000 Rubel 1894 über 9 Millionen Rubel 1897 bis auf 67 Millionen Rubel 1912. Auch die Förderung von Gold, Silber und Kohle gewann an Fahrt. Vom Baubeginn 1891 bis 1914 siedelten sich 4 bis 5 Millionen Menschen aus dem europäischen Teil des Zarenreiches in Sibirien an. Bis auf die Phasen des Russisch-Japanischen Krieges 1904/1905 und der Revolution 1905 bis 1907 kamen Jahr um Jahr immer mehr Zuwanderer: Von 90.000 im Jahr 1892 stieg ihre Zahl über 223.000 im Jahr 1899 auf 758.000 im Jahr 1908 an. Auch wenn es einen steten Strom von Rückwanderern in das europäische Gebiet des Reiches gab, blieb dessen Umfang deutlich unter der Zahl der Neuzuwanderer.

Das Wissen um Ansiedlungsmöglichkeiten in Sibirien verbreitete sich zwar rasch. Siedler, die ohne Inanspruchnahme staatlicher Organisationen nach Asien gingen, kamen allerdings zumeist aus den Gebieten unmittelbar westlich des Uralgebirges und verfügten bereits über (familiäre) Kontakte nach Sibirien. Siedler aus den europäischen Kernzonen des Zarenreiches hingegen mussten sich zunächst meist auf die Unterstützung des Staates verlassen: Seit dem Jahr 1896 förderte dies das

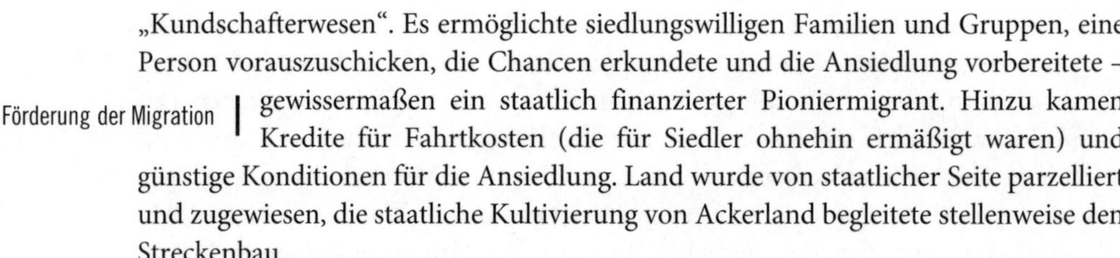

Förderung der Migration

„Kundschafterwesen“. Es ermöglichte siedlungswilligen Familien und Gruppen, eine Person vorauszuschicken, die Chancen erkundete und die Ansiedlung vorbereitete – gewissermaßen ein staatlich finanzierter Pioniermigrant. Hinzu kamen Kredite für Fahrtkosten (die für Siedler ohnehin ermäßigt waren) und günstige Konditionen für die Ansiedlung. Land wurde von staatlicher Seite parzelliert und zugewiesen, die staatliche Kultivierung von Ackerland begleitete stellenweise den Streckenbau.

Mit Bauprojekt und Förderung der Ansiedlung verbanden sich außerdem politische Überlegungen im Rahmen des zarischen „Eisenbahnimperialismus“: Sicherung der Vorherrschaft in den eroberten Gebieten, Hoffnung auf einen Prestigegewinn in der Staatenwelt sowie Verbesserung der Position in den Konflikten mit Großbritannien in Zentralasien sowie im Wettstreit mit anderen europäischen Mächten, Japan und den USA um die besten Chancen zur Erschließung Chinas. Zwar trug die Transsibirische Eisenbahn zur Sicherung der politisch-territorialen Position des Zarenreichs im Fernen Osten bei, die Erwartungen auf eine weitreichende Expansion in Richtung Süden und insbesondere im umstrittenen Grenzraum Mandschurei erfüllten sich aber nicht. Mit der Niederlage im Russisch-Japanischen Krieg 1904/1905 musste das Zarenreich sich aus den Gebieten südlich des Amur und westlich des Ussuri zurückziehen. Rohstoffe und Ackerland in der Inneren Mandschurei bleiben ihm und Siedlern aus dem europäischen Teil Russlands verschlossen.

Mandschurei

Neben Sibirien entwickelte sich die Mandschurei, übersetzt das „Land des Überflusses“, zu einem zentralen Siedlungsgebiet in Asien. Seit den 1880er Jahren nahm die Zuwanderung von Han-Chinesen vornehmlich aus den im Nordosten Chinas gelegenen Provinzen Shandong und Hebei stark zu, zumeist kamen sie im Familienverband oder mit Bekannten und Verwandten. Kettenwanderungen dominierten, eng geschlossene Herkunftsgemeinschaften in den Ansiedlungen der Han-Chinesen waren in der Mandschurei die Regel. Der weit ausgreifende Grenzraum des chinesischen Imperiums jenseits der Chinesischen Mauer war von der aus der Mandschurei stammenden Qing-Dynastie, die seit 1644 und bis zum Ende des Kaiserreichs 1911 in China herrschte, lange für Zuwanderungen gesperrt worden. Die Mandschurei versprach Arbeit bei der Erschließung von Bergwerken, dem Bau von Eisenbahnen, der Waldarbeit und dem Anbau von Sojabohnen. 1889 machte der Export von Sojabohnen und Sojaprodukten 81 % der Gesamtausfuhr der Mandschurei aus, 1929 waren es immer noch 60 %. Japan war das wichtigste Einfuhrland. Mit dem Ende des Ansiedlungsverbots und dem Ausbau des chinesischen Verkehrssystems verschwanden Migrationsbarrieren, vor allem Zuwanderer aus dem von wirtschaftlichen und politischen Krisen geschüttelten Nordostchina erschlossen sich in der Mandschurei neue wirtschaftliche und soziale Chancen. Von den frühen 1890er Jahren bis zu den späten 1930er Jahren kamen rund 25 Millionen Chinesen in die Mandschurei. Der größere Teil kehrte zwar zurück oder wanderte weiter, ca. 8 Millionen aber blieben auf Dauer. Während im ersten Jahrfünft der 1890er Jahre durchschnittlich nur 40.000 Han-Chinesen pro Jahr in die Mandschurei zogen, wurden in den späten 1920er Jahren Zuwanderungen im Umfang von jährlich 1 Million Menschen registriert.

Auch in anderen Teilen Asiens bot die Umstellung auf die Produktion von Agrarexportgütern im Zuge der „Inwertsetzung" kolonialen Besitzes ökonomische Chancen für Zuwanderer. Das galt seit den 1850er Jahren für die Erschließung des großen Mündungsdeltas des Irrawaddy im britischen Burma für den Reisanbau. Bis Mitte der 1930er Jahre verzehnfachte sich hier die Anbaufläche. Nach Hunderttausenden zählende landwirtschaftliche Siedler wanderten aus dem burmanischen Norden und anderen Teilen Britisch-Indiens zu. Allein 1881 bis 1901 stieg die Bevölkerung vornehmlich wegen der starken Zuwanderung von 2,6 auf 4,1 Millionen, darunter viele indische landwirtschaftliche Arbeitswanderer, die zumeist ein bis vier Jahre blieben. 1852 bis 1887 sollen 2,6 Millionen Inder zugewandert sein, von denen sich ein Viertel dauerhaft ansiedelte. Ein zumindest zum Teil vergleichbares Beispiel bietet die Erschließung des Mekong-Deltas im französischen Vietnam. Hier ging es allerdings kaum um bäuerliche Siedlungswanderungen, sondern ganz überwiegend um die Zuwanderung landwirtschaftlicher Arbeitskräfte aus dem Norden, die auf den Reisfeldern von Großgrundbesitzern arbeiteten. Neben Soja, wie in der Mandschurei, und Reis, wie in Burma und Vietnam, trat in anderen asiatischen Räumen Tee als wichtiges Exportprodukt: Vor allem die Teeplantagen in Assam und Darjiling (Darjeeling) in Britisch-Indien zogen sehr viele, überwiegend weibliche Arbeitskräfte an.

Nicht nur die Ansiedlung von Europäern in den kolonialen Räumen, sondern auch die vielgestaltigen und umfangreichen Migrationen besonders von Afrikanern und Asiaten waren unmittelbare oder mittelbare Folgen der Globalisierung europäischer politischer Macht: Sie waren als Flucht, Vertreibung oder Umsiedlung Resultat der Aufrichtung und Durchsetzung von Kolonialherrschaft. Sie waren als Deportation Ergebnis des in vielen Kolonialgebieten praktizierten Zwangs zum Anbau marktförmiger Produkte oder der weitreichenden Etablierung von Plantagenwirtschaften. Sie waren als Arbeitswanderungen Konsequenz der Veränderung ökonomischer Strukturen, darunter insbesondere der Exploration und raschen Ausbeutung von für die europäische Industrialisierung wichtigen Rohstoffvorkommen, der Umstellung der Landwirtschaft auf Handelspflanzen, des Wachstums urbaner Wirtschaftsräume oder des Ausbaus der Infrastruktur (Eisenbahn-, Kanal- und Hafenbau). Oder sie waren als landwirtschaftliche Siedlungswanderungen Ergebnis der Erschließung neuer Siedlungszonen zum Beispiel durch Kultivierungsmaßnahmen oder durch die Öffnung neuer Siedlungsgebiete auf Grund von Eroberung oder Erwerb.

Migration und Kolonialismus

Zu den neuen Bergbaukolonien, die auf die Arbeitskraft von Zuwanderern angewiesen waren, zählten vor allem Südafrika (Gold, Diamanten) und Nordrhodesien/Sambia (Kupfer). Der Aufstieg des Bergbaus als Leitsektor in Südafrika führte binnen kurzem zu grundsätzlichen Veränderungen in der Zusammensetzung der Bevölkerung: In den späten 1860er Jahren wurden im Gebiet des späteren Kimberley am Orange River Diamanten gefunden, Mitte der 1880er Jahre

Südafrika als Bergbaukolonie

folgten Goldfunde im Gebiet des Witwatersrand in der burischen Südafrikanischen Republik (Transvaal), die sich als das größte Goldvorkommen der Welt herausstellen sollte. In Südafrika wurden 1898 insgesamt 27,5 % des weltweit geförderten Goldes erzeugt. 1869 exportierte Südafrika Diamanten im Wert von 24.000 Pfund Sterling, kaum ein Jahrzehnt später waren es bereits 2,2 Millionen.

Innerhalb kürzester Zeit entwickelte sich ein hoher Bedarf an Arbeitskräften für den Bergbau selbst, aber auch für den Bau und die Unterhaltung von Verkehrswegen oder die Versorgung der Bergleute mit Gütern des täglichen Bedarfs. Der Gold- und Diamantenbergbau verdrängte in kurzer Frist Agrarprodukte von der ersten Position auf der Liste der Exportwaren. Außerdem verhinderte er den Ausbruch einer sich abzeichnenden gesamtwirtschaftlichen Krise wegen der Eröffnung des Sueskanals 1869, der die Zahl der Schiffe, die Südafrika auf dem Weg in den Indischen Ozean erreichten, massiv sinken ließ. Wie schon während des „Goldrausches" in Kalifornien 1848/1849, in Colorado seit den späten 1850er Jahren und im Australien der 1850er Jahre, kamen in kurzer Frist Goldsucher aus Europa, Nordamerika und Australien sowie eine Vielzahl afrikanischer Arbeitskräfte in die bis dahin kaum besiedelten südafrikanischen Gebiete. Das als Zelt- und Hüttendorf für Goldgräber 1886 gegründete Johannesburg am Witwatersrand entwickelte sich innerhalb nur eines Jahrzehnts zur Großstadt, 1899 bereits lebten im Großraum über 1 Million afrikanische Arbeiter.

„Goldrausch"

Die Arbeit in den Bergwerken verteilte sich entsprechend einer rassistischen Ordnung: Wenige europäische Ingenieure und Fachleute trafen auf eine große Zahl afrikanischer Arbeitskräfte, die jene – schlechtbezahlten – Tätigkeiten übernahmen, die mit hoher körperlicher Beanspruchung und Risiken für die Gesundheit verbunden waren. Unter den Beschäftigten im Goldbergbau gab es zwischen den 1910er und den 1950er Jahren im Durchschnitt 20.000 bis 40.000 Arbeitskräfte europäischer und 200.000 bis 300.000 afrikanischer Herkunft. Ein Großteil der Afrikaner kam nicht aus den britischen Besitzungen beziehungsweise der Südafrikanischen Republik, sondern aus der Exklave Basutoland/Lesotho, dem südostafrikanischen Njassaland/Malawi und vor allem aus der portugiesischen Kolonie Mosambik. Kurz vor der Wende vom 19. zum 20. Jahrhundert stammten rund 60 % aller afrikanischen Arbeitskräfte in den Goldminen aus Mosambik, 1906 waren es sogar ca. 65 %.

Zuwanderung von Bergleuten

Die Montanunternehmer erschlossen immer neue Arbeitskräftepotentiale im südlichen Afrika, um das Arbeitskräfteangebot hoch und die Löhne niedrig zu halten. Hinzu kamen innenpolitische Erwägungen, die auf Konflikte zwischen Land- sowie Minenbesitzern und damit zwischen burischen und britischen Interessen reagierten: Eine Beschäftigung einheimischer Afrikaner in den Minen hätte die Versorgung der Farmen mit Arbeitskräften gefährdet und deren Lohnkosten in die Höhe getrieben. Abkommen mit Portugal sicherten den mosambikanischen Arbeitsmarkt für die südafrikanischen Rohstoffkonzerne. Aus ihrer Sicht bildete eine verstärkte Beschäftigung von Arbeitskräften europäischer Herkunft keine Alternative – sie galt als lohntreibend. Afrikanische Bergarbeiter wanderten meist allein zu, in Phasen des Beschäftigungsmangels kehrten sie zurück, ihre Familien blieben im Herkunftsraum und versorgten weiter die landwirtschaftlichen Subsistenzbetriebe. Europäische Arbeitskräfte hingegen kamen meist im Familienverband und mussten folglich höheren Verdienst erzielen. Anders als die Europäer unterlagen die Afrikaner zudem scharfen rechtlichen Diskriminierungen und besaßen kein Wahlrecht, so dass die Möglichkeiten weiter reichten, sie zu disziplinieren. Aus Sicht der Unternehmer bewährte sich das System: Bis in die 1970er Jahre kamen die afrikanischen Bergleute in Südafrika meist aus dem benachbarten Ausland und den Reservaten, den späteren *homelands*.

Je weiter zu Beginn des 20. Jahrhunderts die Arbeitskräftepotentiale in den nördlich angrenzenden Gebieten ausgeschöpft waren, desto lauter wurden die unternehmerischen Stimmen nach der Anwerbung neuer Arbeitskräfte. 1904 bis 1907 wurden rund 64.000 Arbeitskräfte in den ostchinesischen Provinzen Shandong, Hebei und Henan für die südafrikanischen Bergwerke auf der Basis von Dreijahresverträgen angeworben. Wegen der miserablen Arbeits-, Lebens- und Lohnbedingungen wuchsen allerdings die politischen und öffentlichen Vorbehalte. Die Anwerbung blieb Episode: Bis auf wenige Ausnahmen wurden die Chinesen mit dem Auslaufen ihrer Verträge wieder nach China zurücktransportiert; in der Zwischenzeit war es den Minen gelungen, neue afrikanische Arbeitskräfte zu rekrutieren, ohne die Löhne erhöhen zu müssen. Nicht als Episode erwies sich demgegenüber die früher einsetzende und deutlich umfangreichere Anwerbung von Arbeitskräften vom Indischen Subkontinent. Ihre Zuwanderung begann in der Kolonie beziehungsweise späteren südafrikanischen Provinz Natal bereits 1860, bis 1866 stieg ihre Zahl auf rund 6300 an. Den Hintergrund für die Anwerbung bildete die verstärkte Nachfrage nach Arbeitskräften auf den seit den 1850er Jahren wachsenden großen Plantagen. Das subtropische Klima Natals schien für die Produktion exportfähiger landwirtschaftlicher Güter ideal zu sein: Zucker, Bestandteile der für die Lederverarbeitung und für medizinische Zwecke begehrten Gerber-Akazie, später auch Tee und Bananen. Allerdings standen kaum afrikanische Arbeitskräfte zur Verfügung, weil sie in Natal über ausreichend Land für die eigene Subsistenz verfügten; und Sklaverei war seit 1834 am Kap verboten. Indische Arbeitskräfte wurden für jeweils fünf Jahre angeworben, konnten aber die Vertragslaufzeit verlängern. Die Löhne waren konkurrenzlos niedrig.

Indische Zuwanderung

Nachdem in den späten 1860er und frühen 1870er Jahren zunächst wegen einer Rezession weitere Anwerbungen ausgesetzt worden waren, wuchs nach 1874 die Zahl der Inder rapide an. Bis 1911 verpflichteten sich 152.000 Inder (überwiegend Männer) zur Arbeit in Natal, die Hälfte kehrte nach Indien zurück, 1904 gab es in Natal knapp über 100.000 Inder. Jetzt ging es nicht mehr in erster Linie um die Arbeitskräfteversorgung der wachsenden Plantagenwirtschaft, die nun auch auf zahlreiche Afrikaner zurückgreifen konnte. Vielmehr hatten sich Wanderungstraditionen etabliert, denen seit 1875 auch Zuwanderer folgten, die nicht als angeworbene Landarbeitskräfte über den Indischen Ozean kamen, sondern als Kleinkaufleute, Eisenbahnarbeiter oder Bergleute in die Kohlereviere des nördlichen Natal.

Natal blieb das Hauptziel, weit vor Transvaal und der Kapkolonie. 82 % aller Inder lebten 1904 in Natal, 1960 waren es 83 %. Der burische Oranje-Freistaat verbot demgegenüber 1890 die indische Zuwanderung. Dieses Verbot blieb auch über das Ende der Unabhängigkeit im Burenkrieg und die Eingliederung als Provinz in die Südafrikanische Union 1910 erhalten und galt bis 1972. Die starke Zuwanderung aus Indien stieß nicht nur im Oranje-Freistaat auf Vorbehalte. Briten und Buren, die sich ohnehin in einer Minderheitensituation gegenüber den Afrikanern befanden, sahen ihre soziale und politische Position gefährdet – immerhin lag zu Beginn des 20. Jahrhunderts der Anteil von Menschen europäischer Herkunft in Natal bei 8,8 %, während jene indischer Herkunft 9,1 % ausmachten. Kritik gab es auch wegen der geringen Entlohnung indischer Arbeitskräfte, die dazu beitrug, dass das Lohnniveau in Südafrika niedrig blieb. Die indischen Händler galten zudem den etablierten Kaufleuten, die vornehmlich britischer Herkunft waren, als gewinnminimierende Konkurrenten.

Indische Kaufleute

Politische Reaktionen blieben nicht aus: Seit 1895 mussten alle Inder eine hohe Steuer entrichten, die nicht in einem Vertragsverhältnis als Landarbeitskräfte standen. Zwar konnte sich lange das unternehmerische Interesse an billigen indischen Arbeitskräften durchsetzen, 1911 aber kam schließlich das Verbot neuer Anwerbungen. Damit endeten allerdings die vielfältigen Konflikte in einer rassistisch hierarchisierten Gesellschaft nicht, in der eine Minderheit europäischer Herkunft eine gleichberechtigte gesellschaftliche, wirtschaftliche und politische Teilhabe afrikanischer und asiatischer Gruppen zu verhindern strebte. Ihren Höhepunkt erreichten sie 1913 mit einem Streik der Inder in der Folge einer langen Reihe von Protesten, die nicht zuletzt auch Ergebnis der Bemühungen des indischen Anwalts Mohandas Karamchand (Mahatma) Gandhi waren, die Inder im südlichen Afrika zu organisieren, um rechtliche und gesellschaftliche Diskriminierungen zu beseitigen. Ergebnis des Streiks war unter anderem die Abschaffung der Sondersteuer für Inder außerhalb der Landwirtschaft.

Konflikte um Zuwanderung

Der Erfolg des Streiks war begrenzt, im System der Rassenpolitik beziehungsweise seit dem Zweiten Weltkrieg der Apartheid blieb den Indern als „Mischlinge" politische Partizipation ebenso weithin verwehrt wie freie wirtschaftliche Entfaltung. Bis in die 1960er Jahre akzeptierte die südafrikanische Politik nicht, dass die indische Präsenz dauerhaft sein würde. Das migrationspolitische Kernziel blieb die Repatriierung, der sich allerdings nicht nur die Inder in Südafrika verweigerten, sondern die auch auf Widerstand der britisch-indischen und später der indischen Regierung stieß. Auffällig bleibt bis in die Gegenwart der hohe Anteil der indischen Einwanderer im Handel. 1936 schon waren rund 27 % aller erwerbstätigen Inder in Südafrika im Handel tätig – gegenüber rund 16 % der Erwerbstätigen europäischer und 0,2 % afrikanischer Herkunft. Den Hintergrund bildete das Streben der Inder, den sehr niedrigen Löhnen auf den Plantagen oder im Bergbau zu entgehen. Diverse Beschäftigungsbereiche blieben ihnen aber wegen der Rassenpolitik versperrt (Öffentlicher Sektor, industrielle Produktion, qualifizierte Beschäftigung im Bergbau), so dass eine echte Alternative nur die Selbstständigkeit bot. Kaufleute indischer Herkunft in Südafrika waren Teil der international agierenden, zumeist familiengebundenen Handelsnetzwerke von Indern, die vom Herkunftsland über Mauritius und Ostafrika bis nach Großbritannien reichten, wo nach dem Zweiten Weltkrieg die Bevölkerung südasiatischer Herkunft stark anwuchs. Den familienwirtschaftlich (mithin kostengünstig) operierenden Kleinunternehmen gelang es, über Generationen bestimmte Innenstadtlagen und Handelsprodukte zu monopolisieren, wie sich vor allem in Durban am Indischen Ozean beobachten lässt, der zweitgrößten Stadt Südafrikas.

Die Beschäftigung indischer Landarbeitskräfte in Natal seit den 1860er Jahren bildete ein Beispiel für die Etablierung eines globalen Systems von Arbeitsmigrationen auf der Basis restriktiver Verträge im 19. und frühen 20. Jahrhundert. Im Zuge des Verbots der Sklaverei in den britischen Besitzungen begab sich vor allem die Großlandwirtschaft auf die Suche nach neuen Arbeitskräftepotentialen. Seit 1834 wurden indische Kontraktarbeiter *(indentured labourers)* auf den Zuckerrohrplantagen der Insel Mauritius im Indischen Ozean beschäftigt, dann folgten, wie erwähnt, 1860 die Plantagenwirtschaften in Natal, aber auch in der Karibik (Jamaika, Trinidad, Guyana). Großgrundbesitzer in französischen Kolonien warben seit diesem Zeitpunkt ebenfalls indische Arbeitskräfte an: Martinique und Guadeloupe im karibischen Raum sowie die Insel Réunion im Indischen Ozean waren die Zentren. Mauritius erreichten von den 1840er Jahren bis 1917 insgesamt 450.000 indische Arbeitskräfte, Réunion 1829 bis 1924 ca. 118.000, Guadeloupe 1854 bis 1885 rund 43.000, Martinique mehr als 25.000.

Indische Kontraktarbeiter

Dem Beginn der Anwerbung in Mauritius, das dann Vorbild für andere Kolonien wurde, ging eine jahrzehntelange Experimentierphase britischer Autoritäten und lokaler Grundbesitzer voraus. Ein Element bildete dabei die Deportation und Zwangsarbeit indischer Sträflinge. Ihre Beschäftigung mündete in die Übernahme des Systems der *indentured labourers*, mit dem bis in das frühe 19. Jahrhundert viele Europäer in die Siedlungskolonien der beiden Amerikas gelangt waren. Angeworben wurde zumeist für drei bis fünf Jahre für einen Betrieb beziehungsweise einen Arbeitgeber, der die Passage finanzierte. An ihn blieben die Arbeitskräfte für die Dauer der Vertragslaufzeit gebunden, eine Vertragsverlängerung war möglich. 1871 erfolgte eine gesetzliche Regelung der Anwerbung. Seither mussten sich die Agenten als Vermittler der Kontrakte registrieren lassen, Aufsicht über die Anwerbe- und Transportbedingungen führten staatliche Kontrollbehörden in den Häfen von Kalkutta, Bombay und Madras. Gesundheitsprüfungen bei Abfahrt und Ankunft waren nunmehr obligatorisch.

Rekrutierung

Die Rechte der Vertragsarbeitskräfte blieben dennoch gering, die Möglichkeiten der Arbeitgeber, die Vertragsbedingungen durchzusetzen, hingegen sehr hoch, zumal sie mit der Unterstützung der Kolonialverwaltungen rechnen konnten. Niedrige Löhne, hohe Schulden, weil die Arbeitgeber die Passagenkosten vorstreckten, harte Arbeit und primitive Unterkünfte, die oft vorher Sklavenbehausungen gewesen waren, kennzeichneten die sozialen Verhältnisse. Die Abhängigkeit der Kontraktarbeiter war der-

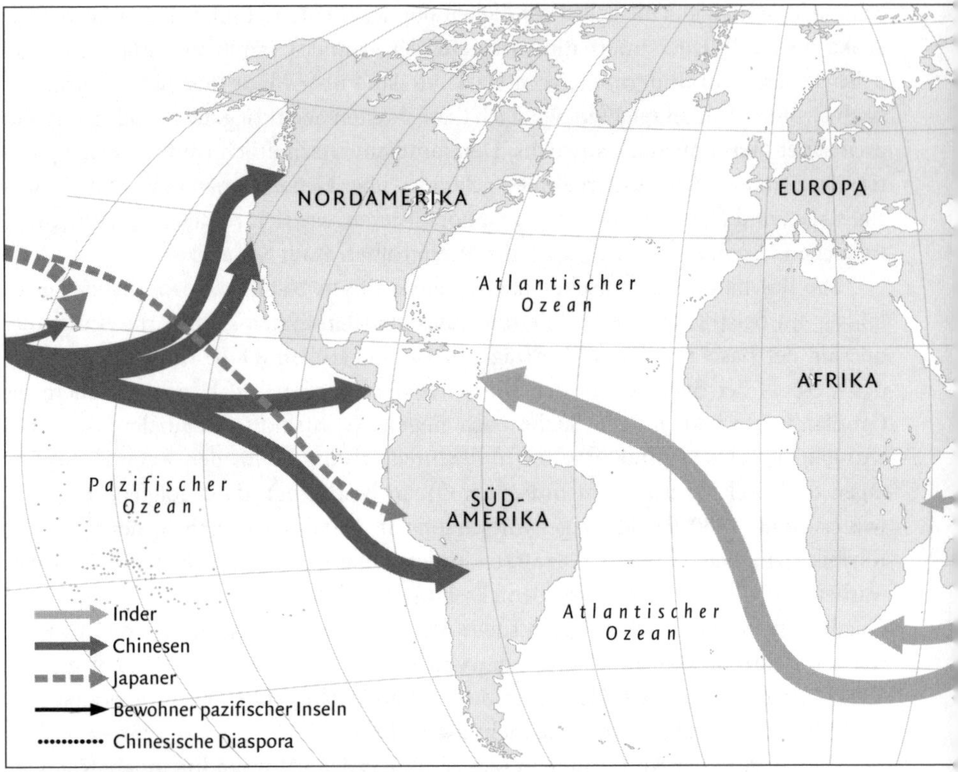

Asiatische Überseemigration von den 1830er Jahren bis zum Ersten Weltkrieg.

art groß, dass sie sich der Gewalt der Arbeitgeber kaum entziehen konnten und Übergriffe häufig vorkamen. Frauen traf das besonders hart: Ihre Löhne lagen besonders niedrig, ihre zunehmende Beschäftigung auf den Plantagen trug dazu bei, das Lohnniveau auch der männlichen Arbeitskräfte stabil zu halten oder sogar zu senken. Lebensverhältnisse | Zahlreiche Berichte verdeutlichen, dass sexuelle Gewalt an der Tagesordnung war, alleinreisende Frauen ohnehin als Prostituierte galten und sie sich nicht selten zur Prostitution genötigt sahen, weil ihre Löhne so niedrig lagen, dass sie ein Überleben nicht ermöglichten. Anfänglich war die Zuwanderung von Frauen auf die Plantagen zwar unerwünscht gewesen, rasch aber ergaben sich für die Besitzer nicht nur Vorteile, weil die Löhne gesenkt werden konnten, sondern auch, weil die Zuwanderung von Familien oder die Heirat der Arbeitswanderer die soziale Situation stabilisierten und Fluktuation verringerten.

Wegen der vielen Missstände und der harschen Kritik indischer Politiker an den Auswüchsen des Systems wurde diese Form der Kontraktarbeit 1917 im britischen Weltreich verboten. Trotz der Dimensionen darf nicht übersehen werden, dass die indische Migration außerhalb des Kontraktsystems wesentlich umfänglicher war:

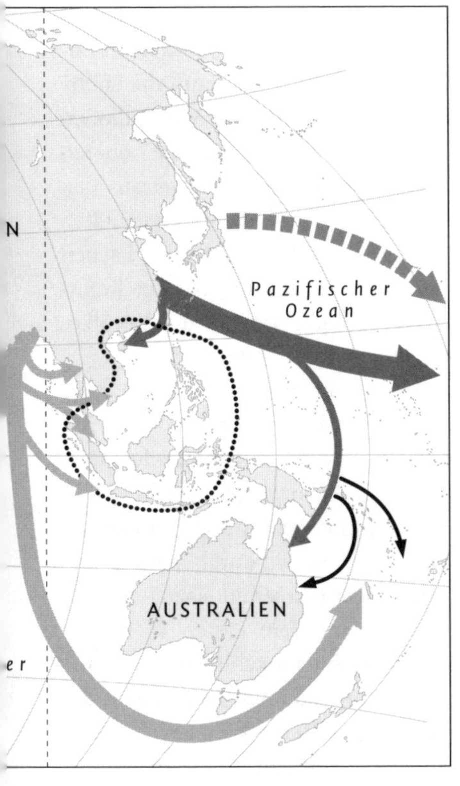

Unter den 28 Millionen Indern beiderlei Geschlechts, die 1846 bis 1932 den Subkontinent verließen, bildeten die Vertragsarbeitskräfte mit rund 10 % eine Minderheit. Wichtigste Ziele der indischen Migration bildeten Burma/Myanmar mit 15 Millionen Zuwanderern, die Insel Ceylon/Sri Lanka mit 8 Millionen und Malaysia mit 4 Millionen. Die höchsten Abwanderungsraten verzeichnete das letzte Jahrzehnt des 19. Jahrhunderts. 80 % der Migranten, die Britisch-Indien verließen, kehrten wieder zurück.

Indische Migration

Kontraktarbeitskräfte, im 19. und frühen 20. Jahrhundert gemeinhin *coolies* (Kulis) genannt, kamen in großer Zahl auch aus China, ihre Zahl blieb allerdings hinter jener der Inder zurück. Wohl rund 750.000 Chinesen gingen als Kontraktarbeitskräfte in andere Weltteile, rund ein Drittel von ihnen arbeitete in der Karibik und auf dem lateinamerikanischen Festland, ein weiteres Drittel kam zwischen den 1880er Jahren und dem Ersten Weltkrieg auf die Insel Sumatra in Niederländisch-Indien. Hinzu traten weitere Ziele im Pazifischen und Indischen Ozean sowie im bereits erwähnten Südafrika. Wie im Falle der indischen Migration war die Zahl der Chinesen, die sich außerhalb des restriktiven Kontraktsystems bewegten, wiederum viel höher. Von den 11 Millionen Migranten, die China verließen, ging mehr als ein Drittel nach Thailand, ein weiteres Drittel nach Niederländisch-Indien (vor allem nach Borneo), ein Viertel in das französische Indochina und an die 1 Million auf die Philippinen. Rund eine halbe Million erreichte Australien, Neuseeland sowie diverse Inseln im Pazifik und im Indischen Ozean. Zumeist stammten sie aus der südchinesischen Provinz Guangdong (Kanton) und dem benachbarten Fujian, die beide sehr hohe Migrationsraten aufwiesen.

Chinesische Migration

Koloniale Expansion umfasste nicht nur Massenwanderungen von Angehörigen der Unterschichten in die formell oder informell abhängige Peripherie. Ohne die Zuwanderung von Verwaltungsbeamten und Offizieren, Ingenieuren und Geschäftsleuten, Missionaren und Lehrern aus den imperialen Metropolen hätte sich Kolonialherrschaft weder etablieren noch aufrechterhalten oder ausbauen lassen. In aller

Regel blieb die Zahl der Europäer, US-Amerikaner oder Japaner in den Kolonien klein. In den französischen Teilen Westafrikas kam auf 27.000 Einheimische ein Europäer, im britischen Nigeria war die europäische Präsenz sogar noch um die Hälfte geringer. In Britisch-Indien gab es in der Zwischenkriegszeit unter den 340 Millionen Einwohnern nur rund 12.000 Briten. Der elitäre *Indian Civil Service*, der alle höheren Verwaltungspositionen umfasste, rekrutierte seine Mitglieder in der Regel aus den Absolventen der renommierten *Public Schools* und den Universitäten Cambridge und Oxford. Er umfasste nur rund 1000 Beamte. Sie wechselten zwar den geographischen, nicht aber den sozialen Raum, weil ein Kennzeichen kolonialer Herrschaftsverhältnisse die scharfe Abgrenzung zu der Bevölkerungsmehrheit der Kolonialisierten bildete.

Koloniale Elitenwanderung

Funktionsfähig war koloniale Herrschaft nur auf Grund eines großen Apparates einheimischer Verwaltungsbeamter des unteren und mittleren Dienstes sowie der vielen vor Ort angeworbenen Polizisten und Soldaten. Mit der zunehmenden Verdichtung kolonialer Herrschaft wuchs dieses Heer von Kollaborateuren noch. Erst in der Zwischenkriegszeit gelangten immer mehr einheimische Verwaltungsbeamte und Offiziere an die Spitze der kolonialen Verwaltungen. Selbst der durch scharfe Zugangsbarrieren gekennzeichnete und über viele Jahrzehnte sozial eng geschlossene *Indian Civil Service* öffnete sich nach dem Ersten Weltkrieg: 1939 umfasste die Verwaltungselite des Subkontinents schließlich 599 Briten und 589 Inder. Voraussetzung dafür war, dass zunehmend mehr Angehörige der kolonisierten Kollektive eine Ausbildung in den imperialen Metropolen absolvierten. Der Erwerb akademischer Qualifikationen bildete einen zentralen Kanal für die Zuwanderung von Pioniermigranten aus den kolonialen Räumen nach Europa. Daraus entwickelten sich spezifische Muster globaler Bildungsmigration, die zum Teil bis heute fortwirken.

Koloniale Bildungsmigration

Die französischen und vor allem die Pariser Universitäten waren zum Beispiel seit dem späten 19. Jahrhundert Ziel junger Menschen aus dem französischen subsaharischen Afrika. Noch in der Zwischenkriegszeit blieb ihre Zahl klein – mit durchschnittlich 100. Die Implementierung eines staatlichen Stipendienwesens nach dem Zweiten Weltkrieg ließ sie dann rasch wachsen: 1949/1950 gab es 2000 Studierende aus den subsaharischen Kolonien in Frankreich, drei Jahre später hatte sich ihre Zahl verdoppelt und war mit ca. 8000 am Ende des Jahrzehnts erneut auf das Doppelte angestiegen. Ein Zehntel aller Schülerinnen und Schüler höherer Schulen aus diesen Regionen soll in den 1950er Jahren ihren Bildungsweg in Frankreich weiterverfolgt haben. In Fortsetzung dieser Tradition zählten die französischen Universitäten im Akademischen Jahr 2000/2001 schließlich ca. 30.000 Studierende allein aus dem subsaharischen Afrika, die rund ein Fünftel aller ausländischen Studierenden stellten. Stipendien für Absolventen (und in geringerer Zahl Absolventinnen) höherer Schulen in den (ehemaligen) Kolonien, die einen Bildungsaufenthalt im „Mutterland" ermöglichten, verstand nicht nur Frankreich als eine Gelegenheit, künftige Führungskader an die Kolonialmacht zu binden beziehungsweise mit ihrer Hilfe nach der

Unabhängigkeit weiterhin Einfluss auf Politik, Wirtschaft, Gesellschaft und Kultur der neuen Staaten zu nehmen. Belgien zum Beispiel gewährte ebenfalls Stipendien und bot kongolesischen Studierenden Unterkunft im eigens für sie eingerichteten *La maison africaine* in Brüssel. 20 Jahre nach der Unabhängigkeit Belgisch-Kongos 1960 lag die Zahl der kongolesischen Studierenden in Belgien bei 2200.

Europa als Hauptakteur kolonialer Expansion und als Hauptexporteur von Menschen nach Amerika, Afrika, Asien und in den Raum des südlichen Pazifik war lange nur selten Ziel interkontinentaler Zuwanderungen. In Großbritannien als Zentrum des größten globalen Imperiums stieg zwar bereits im Zuge der Expansion des 17. bis 19. Jahrhunderts die Zahl der Menschen afrikanischer oder asiatischer Herkunft an, die aber relativ klein blieb. Für 1770 sind zum Beispiel 10.000 Menschen in Großbritannien ermittelt worden, die aus dem subsaharischen Raum stammten, die Hälfte von ihnen beherbergte London. Andernorts in Europa lebten wesentlich weniger außereuropäische Zuwanderer. In den letzten zwei Jahrzehnten vor dem Ersten Weltkrieg wuchs der Umfang der Bevölkerung außereuropäischer Herkunft stärker an. Neben dem erwähnten Erwerb akademischer Qualifikationen bildete die Schifffahrt einen weiteren frühen Pfad der Zuwanderung. Die im Zuge der Globalisierung rasch wachsenden europäischen Handelsmarinen rekrutierten seit dem Ende des 19. Jahrhunderts zunehmend häufiger asiatische und afrikanische Männer für die körperlich anstrengenden und gesundheitlich belastenden Tätigkeiten unter Deck. Sie erreichten die europäischen Hafenstädte, wo vor und nach dem Ersten Weltkrieg erste kleine Siedlungskerne entstanden.

Zuwanderung nach Europa

Aus Westafrika stammende Seeleute aus der Gruppe der Kru wurden zum Beispiel seit dem späten 19. Jahrhundert Teil der Bevölkerung Liverpools, Londons oder Cardiffs und blieben bis in die 1970er Jahre mit der Schifffahrt verbunden. In Britisch-Indien warb die Handelsmarine seit den 1880er Jahren Heizer an, einige Hundert arbeiteten bald in den britischen Häfen oder verdienten ihr Geld in den Niedriglohnbereichen der Textilindustrie. Chinesische Seeleute kamen nach London, Hamburg oder Rotterdam, arbeiteten dort weiter im Transportgewerbe oder gründeten die ersten chinesischen Lokale und Restaurants. Eine weitere Gruppe von Asiaten, Afrikanern oder Westindern, aus der Pioniermigranten hervorgingen, bildeten die von den Kolonialmächten rekrutierten Soldaten auf den europäischen Kriegsschauplätzen des Ersten und des Zweiten Weltkriegs, von denen einige Tausend nach dem Ende der Kampfhandlungen blieben. Die eigentliche Massenzuwanderung begann aber erst nach dem Ende des Zweiten Weltkriegs, gefördert vor allem vom Prozess der Dekolonisation.

Migrationskanäle

Anti-koloniale Befreiungsbewegungen gewannen vor allem nach dem Ersten Weltkrieg an Gewicht. Als „Totaler Krieg“ ließ er die Kolonialmächte wirtschaftliche und personelle Kapazitäten ihrer Imperien weitreichend mobilisieren. Das führte zu einem Schub in der Ausrichtung von Wirtschaft und Gesellschaft in den Kolonien auf die europäischen Interessen. Die Gegenbewegung wuchs; denn viele Kolonisierte hatten gehofft, der asiatische oder afrikanische Beitrag zum Krieg werde die Kolonial-

mächte dazu führen, mehr Autonomie zu gewähren. Im Zweiten Weltkrieg waren dann zwar einige abhängige Gebiete erneut als Rekrutierungsraum für Soldaten und Arbeitskräfte sowie als Finanziers der Kriegführung von großer Bedeutung. Mit den Niederlagen Frankreichs, Belgiens und der Niederlande in Europa aber, der extremen militärischen und ökonomischen Belastung Großbritanniens und der Eroberung weiterer Kolonialgebiete im pazifischen Raum durch Japan läutete der zweite globale Konflikt des 20. Jahrhunderts das Ende des langen Zeitalters des Kolonialismus ein.

Die politisch-ideologischen Vorstellungen der Unabhängigkeitsbewegungen, die Strategien zur Befreiung und zur Durchsetzung einer nach-kolonialen Ordnung waren auch ein Ergebnis intensiver Rezeption westlicher Ideen. Viele der anti-kolonialen Vorkämpfer verdankten zentrale Erfahrungen ihrer politischen Biographie dem Aufenthalt in Europa oder den USA. Beispiele für solche zumeist als Bildungs- oder Ausbildungswanderungen konzipierten lebensgeschichtlichen Abschnitte lassen sich nicht nur bei Gandhi als Zentralfigur der indischen Nationalbewegung finden, der 1888 bis 1891 in London Rechtswissenschaften studierte und durch seine bereits erwähnte Berufstätigkeit in den britischen Kolonien Südafrikas geprägt wurde. Auch die politische Sozialisation Ho Chi Minhs, dem Symbol der vietnamesischen Unabhängigkeit, in Frankreich 1917 bis 1923 und in der Folge in Moskau, das Studium des späteren ghanaischen Präsidenten Kwame Nkrumahs in den USA in den späten 1930er und frühen 1940er Jahren oder die Ausbildung und Berufstätigkeit des senegalischen Politikers und Schriftstellers Léopold Sédar Senghor in Frankreich von den späten 1920ern bis in die 1950er Jahre gehören in diesen Kontext. Die Migration der Protagonisten der Unabhängigkeitsbewegungen in den Westen beförderte die Dekolonisation.

Dekolonisation

Die Kolonialherrschaft lief zwar in vielen Gebieten Asiens, Afrikas und des pazifischen Raumes zwischen den späten 1940ern und den frühen 1970ern relativ friedlich aus, in einigen Fällen aber mündete das Streben nach Unabhängigkeit in einen langen und blutigen Konflikt mit den Kolonialmächten. Vor allem das Ende der globalen Imperien der Niederlande (in den späten 1940er Jahren), Frankreichs (in den 1950er und frühen 1960er Jahren) sowie Portugals (Anfang der 1970er Jahre) brachte umfangreiche Fluchtbewegungen und Vertreibungen mit sich. Während der Kämpfe selbst flüchteten zahlreiche Bewohner der Kolonien in nicht betroffene Gebiete oder wurden evakuiert und kehrten meist nach dem Ende der Konflikte wieder zurück. Europäische Siedler allerdings sowie koloniale Eliten oder Kolonisierte, die als Verwaltungsbeamte, Soldaten oder Polizisten die koloniale Herrschaft mitgetragen hatten oder den Einheimischen als Symbole extremer Ungleichheit in der kolonialen Gesellschaft galten, mussten nicht selten auf Dauer die ehemaligen Kolonien verlassen.

Migratorische Folgen

Aus Niederländisch-Ostindien beziehungsweise dem seit 1949 unabhängigen Indonesien zogen zwischen 1945, dem Beginn des Befreiungskrieges, und den späten 1960er Jahren insgesamt ca. 330.000 Menschen in die Niederlande. Dazu zählten nicht nur die wenigen Angehörigen der niederländischen Verwaltungselite sowie

Tausende europäischer Spezialisten, die die Kolonialherrschaft aufrechterhalten hatten, sondern auch niederländische beziehungsweise niederländisch-indonesische Kaufleute und Unternehmer, die nicht selten im Indonesischen Archipel geboren und zum Teil seit vielen Generationen ansässig gewesen waren. Zu denen, die die niederländische Herrschaft mitgetragen hatten und die sich nach dem raschen Ende der Kolonie bedroht sahen, gehörten auch die rund 12.500 Molukker – ehemalige Soldaten der „Königlich Niederländisch-Indischen Armee" und ihre Angehörigen, deren Aufnahme und Integration in den Niederlanden breite Diskussionen hervorriefen.

Niederlande

Wesentlich größere Dimensionen nahmen solche migratorischen Folgen der Dekolonisation in Frankreich an. Nach dem Ende der Kolonialherrschaft in Indochina und dem Beginn des Unabhängigkeitskrieges in Algerien 1954 nahm Frankreich innerhalb eines Jahrzehnts 1,8 Millionen Menschen auf, die wegen der Konflikte um die Dekolonisation entwurzelt wurden. Mit rund 1 Million stammte der größte Teil aus Algerien, von wo allein 1962, dem Jahr der Beendigung des Algerienkrieges und der Unabhängigkeit, rund 800.000 Menschen zuwanderten. Vor allem zwei Gruppen stachen hervor: Die *Pieds-Noirs*, Europäer, die sich seit 1848 in den drei Départements entlang der algerischen Mittelmeerküste angesiedelt hatten, sowie die muslimischen *Harkis*, die sich den abziehenden Franzosen verbunden fühlten oder der algerischen Unabhängigkeitsbewegung als Kollaborateure galten. Um die Aufnahme der *Harkis* zu bewältigen, richtete der französische Staat in aller Eile große Sammellager in den Départements Aveyron, Puy-de-Dôme, Pyrénées-Orientales, Lot-et-Garonne, Gard und Vienne im Süden ein, die 55.000 von ihnen für zum Teil viele Jahre beherbergten. 1968 zählten zu den nun offiziell „repatriierte muslimische Franzosen" genannten Gruppen an die 140.000 Menschen, von denen 88.000 in Algerien geboren waren. Im Verhältnis zur Bevölkerung des „Mutterlandes" noch umfänglicher war die Zuwanderung im Prozess der Dekolonisation in Portugal: Innerhalb eines Jahres kamen seit Herbst 1973 eine halbe Million *Retornados* aus den Besitzungen in Afrika (Mosambik, Angola, Kap Verde, Guinea-Bissau, São Tomé und Príncipe), Angola dominierte als Herkunftsraum.

Frankreich und Portugal

Das Schicksal, in die post-kolonialen Konflikte verwickelt zu werden, traf darüber hinaus auch zugewanderte Minderheiten, die mit den (ehemaligen) Kolonialmächten in Verbindung gebracht wurden oder als Symbol der Kolonialherrschaft galten. Menschen indischer Herkunft verließen vor dem Hintergrund diskriminierender Gesetze und Gewalttaten seit den 1960er Jahren Ostafrika (vor allem Kenia, Tansania) und siedelten sich zumeist in Großbritannien an, zuletzt die Hälfte der 60.000, die 1969 bis 1972 der ugandische Diktator Idi Amin in der Hoffnung auf eine populistische Stabilisierung seiner Herrschaft ausgewiesen hatte. Ihre Vorfahren waren zumeist aus Gujarat (Hindus) und dem Pandschab (Punjab; Sikhs und Muslime) nach Ostafrika gegangen, um seit den letzten Jahren des 19. Jahrhunderts die 1000 Kilometer lange Ugandabahn vom ugandischen Kampala bis zum kenianischen Mombasa am Indischen Ozean zu bauen. 37.000 indische Eisenarbeiter wurden ein-

Inder in Ostafrika

16. Oktober 1947, Pakistan: Flüchtlinge drängen auf die Bahnsteige und Gleise, während sie auf die Züge nach Indien warten.

gesetzt, von denen nach dem Abschluss der Bauarbeiten 80 % auf den Indischen Subkontinent zurückkehrten. Neben die indischen Eisenbahnarbeiter, die die Strecke durch zum Teil schwieriges Gelände unter katastrophalen Lebens- und Arbeitsbedingungen vorantrieben, traten die bereits erwähnten Kaufleute vom Indischen Subkontinent, denen es in den folgenden Jahrzehnten gelang, ihre Handelsnetze über große Teile Ostafrikas auszudehnen. Sie waren zum Teil schon in der vorkolonialen Zeit nach Ostafrika (erste Gruppen im 13. Jh.) gelangt und hatten dort zusammen mit arabischen Kaufleuten die wirtschaftliche Elite gebildet. In Uganda kontrollierten Hindus vor dem Zweiten Weltkrieg 90 % des Handels.

Zu den Folgen der Dekolonisierung zählten zudem Staatsbildungs- beziehungsweise Teilungskriege mit und nach dem Abzug der Kolonialmächte. Beginn und Höhepunkt bildete der rasche Rückzug Großbritanniens vom Indischen Subkontinent 1947. Die Unabhängigkeit erfolgte in einer Situation, in der die Gestaltung der politischen Zukunft noch weithin ungeklärt war. Der größere Teil Britisch-Indiens ging in der Republik Indien auf. Die Regionen des Subkontinents, in denen überwiegend Muslime lebten, wurden Teil des neuen Staates Pakistan – mit Westpakistan, dem Gebiet des heutigen Pakistans, sowie Ostpakistan, dem ehemaligen Ostbengalen, dem heutigen Staat Bangladesch. Diverse umstrittene Regionen wurden dabei in einer der letzten Amtshandlungen der britischen Kolonialmacht nach dem Kriterium des Anteils religiöser Mehrheiten entweder Pakistan oder Indien zugeschlagen. Die nationalistisch aufgeheizte, von zahllosen Gewalttaten gekennzeichnete Atmosphäre mündete in eine riesige Welle von Flucht und Vertreibung 1947/1948, die 14 bis 16 Millionen Menschen betraf, wobei sich der Umfang der Fluchtbewegungen aus Indien nach West- und Ostpakistan sowie aus West- und Ostpakistan nach Indien mehr oder minder entsprach.

Teilung Indiens

Delhi, das vor den Teilungen 950.000 Einwohner umfasste, verließen 1947/1948 rund 330.000 Muslime, ca. 600.000 Flüchtlinge erreichten die Stadt, so dass nach dem Abschluss der Teilung Britisch-Indiens etwa die Hälfte der Bevölkerung Flüchtlinge waren. Muslime hatten 1941 rund 40 % der Einwohner gestellt, 1951 waren es noch knapp 6 %, der Anteil der Hindus stieg zeitgleich von 53 auf 82 %. Ende 1947 lebten ca. 3 Millionen Flüchtlinge in Südasien in rasch eingerichteten Lagern, davon allein 1 Million im pakistanischen Westpandschab. Bis zu 1 Million Opfer soll der Teilungsprozess gekostet haben. Weltweit gab es bis dahin und danach niemals derart große Flucht- und Vertreibungsbewegungen innerhalb einer so kurzen Zeitspanne von wenigen Wochen und Monaten. Diese riesigen Zwangsmigrationen im Umfeld der Teilung Britisch-Indiens bieten zugleich das zentrale Beispiel dafür, dass Flucht und Vertreibung sich keineswegs auf zwischenstaatliche kriegerische Konflikte beschränkten.

Migration und globale Kriege

Erster und Zweiter Weltkrieg sowie der folgende globale „Kalte Krieg" bedeuteten tiefe Einschnitte in weltpolitische Ordnung und weltwirtschaftliche Verhältnisse. Europa verlor in kurzer Zeit die über Jahrhunderte errungene Position als globales politisches Zentrum, die Kolonialreiche waren aus politischen und finanziellen Gründen nicht mehr zu halten. Den „Kalten Krieg" erlebte Europa kaum mehr als eigenständig operierender politischer Akteur. Die weltweiten kriegerischen beziehungsweise

kriegsähnlichen Konflikte des 20. Jahrhunderts und deren politische Folgen führten zu einer enormen Zunahme der Zwangswanderungen. Das galt für Deportation und Zwangsarbeit in den Kriegswirtschaften, für Evakuierung und Flucht aus den Kampfzonen sowie für Massenausweisung und Vertreibung nach Kriegsende.

Der Erste Weltkrieg führte zu einem rapiden Anwachsen der militärischen Kapazitäten der Gegner. Ein Kennzeichen der daraus resultierenden neuen Konfliktdynamik war, dass die militärischen Operationen zum Teil innerhalb weniger Tage und Wochen Millionen von Zivilisten in den Kampfzonen entwurzelten; denn die Operationsgebiete der Armeen weiteten sich erheblich aus und umfassten zeitgleich große Teile des europäischen Kontinents. Allein in den ersten drei Monaten nach dem deutschen Angriff hatte sich zum Beispiel von den 1914 knapp 7 Millionen Belgiern mit 1,4 Millionen ein Fünftel der Gesamtbevölkerung in die Niederlande, nach Frankreich oder Großbritannien geflüchtet. Weitere Hunderttausende verließen fluchtartig die Kampfzonen in Nord- und Nordostfrankreich, deren Bevölkerung noch ein Jahr nach Kriegsende mit 2 Millionen erst wieder 40 % des Vorkriegsstandes erreichte.

Flucht vor dem Krieg

Größer noch als im europäischen Westen nahmen sich die Fluchtbewegungen auf den Kriegsschauplätzen im Osten Europas aus. Sie begannen in Ostpreußen, das russische Truppen in den ersten Augustwochen 1914 zu weiten Teilen eroberten. Eine halbe Million Flüchtlinge strömte in Richtung Westen. Die Offensive der zarischen Truppen führte auch im österreichisch-ungarischen Galizien zu Flüchtlingselend und panikartigen Evakuierungen, von denen 800.000 Menschen betroffen waren. Der kurz darauf einsetzende Vormarsch deutscher und österreichisch-ungarischer Armeen in Richtung Osten entwurzelte dann wiederum Millionen Menschen in den Grenz- und Kampfgebieten. Die zarischen Behörden zählten im Dezember 1915 insgesamt 2,7 Millionen, im Mai 1916 dann 3,1 Millionen Flüchtlinge und Evakuierte auf dem nicht-besetzten russischen Territorium, Schätzungen sprachen sogar von 5 Millionen. Bis Juli 1917 soll sich ihre Zahl auf mindestens 7 Millionen erhöht haben.

Die Kriegssituation erleichterte beziehungsweise ermöglichte eine staatliche Politik der Zwangsmigration gegenüber missliebigen Minderheiten. Erst der beschleunigte Ausbau der Interventions- und Ordnungskapazitäten der Staaten im Krieg bot die administrativen Instrumente, um Massenausweisungen oder Massenvertreibungen durchzuführen. Darüber hinaus förderte der Erste Weltkrieg die Verbreitung extremer Nationalismen – Fremdenfeindlichkeit wurde lanciert und die Tendenz zur Ausgrenzung von Minderheiten verstärkt. Solche Phänomene fanden sich vornehmlich in Ost- und Ostmitteleuropa. Im Zarenreich war die jüdische Bevölkerung im Kriegsgebiet besonders betroffen. Sie hatte Pogrome der russischen Truppen und der von den Behörden unterstützten Zivilbevölkerung zu erdulden, weil sie als Feind im Innern galt, der Unterstützung der deutschen und österreichisch-ungarischen Truppen kollektiv verdächtigt. Auch andere Gruppen standen im Ruf, eine „fünfte Kolonne" hinter der eigenen Frontlinie zu bilden, und

Deportationen

wurden für die russischen Niederlagen verantwortlich gemacht: Die zarischen Behörden transportierten Hunderttausende Letten und Russlanddeutsche nach Osten. Gewalttätige Ausschreitungen und Zwangsmaßnahmen verschlechterten zudem die Situation dieser Minderheitengruppen.

Vergleichbare Muster einer in der Kriegssituation verschärften Diskriminierungs- und Deportationspolitik gegenüber als missliebig beziehungsweise gefährlich eingestuften Minderheiten lassen sich in Österreich-Ungarn gegenüber Serben, Ukrainern und Italienern beobachten. Ein Instrument zum staatlichen Umgang mit „feindlichen Ausländern" bildete die Internierung. Nicht weniger als 400.000 von ihnen wurden in den kriegführenden europäischen Staaten 1914 bis 1918 als „Zivilgefangene" in Lagern festgehalten, Zehntausende darüber hinaus unter Zwang repatriiert. Frankreich und Großbritannien begannen bereits im August 1914 mit einer Politik der Internierung und Abschiebung, die auch Menschen betraf, die die britische beziehungsweise französische Staatsangehörigkeit besaßen, aber aus gegnerischen Staaten zugewandert waren. Deutschland, Österreich-Ungarn und Russland folgten seit Anfang 1915 dem Beispiel.

Zivilgefangene

Im Ersten Weltkrieg kam es zudem zur Internationalisierung der Arbeitsmärkte und Heere, die häufig mit Deportation und Zwangsrekrutierung verbunden war: Frankreich und Großbritannien griffen dabei vor allem auf ihre Kolonialbesitzungen und informellen Imperien zurück. 1914 bis 1918 mobilisierten die europäischen Kolonialmächte mindestens 1 Million afrikanische Soldaten, die nicht nur in den Kämpfen in Afrika eingesetzt wurden, sondern auch in großer Zahl nach Europa kamen. Bis Kriegsende rekrutierte Frankreich mehr als 600.000 Soldaten in den Kolonien: Der weitaus größte Teil kam aus Nord- (300.000) und Westafrika (170.000). Großbritannien mobilisierte dagegen vor allem in Indien; insgesamt verstärkten 1,2 Millionen indische Soldaten weltweit die britischen Truppen, in erster Linie auf den Kriegsschauplätzen in Ostafrika und im Nahen Osten, aber auch in Europa. Der massive Arbeitskräftemangel in den Kriegswirtschaften schien außerdem zur verstärkten Rekrutierung über die nationalen Arbeitsmärkte hinaus zu nötigen. In den Kolonien, in den besetzten Gebieten und gegenüber den Kriegsgefangenen bildeten sich Muster der Zwangsrekrutierung und Zwangsarbeit heraus. Das galt für die über 200.000 Arbeitskräfte aus Afrika und Asien, die Frankreich beschäftigte. Auch die 100.000 Chinesen, die die britischen Militärbehörden für Tätigkeiten hinter den Frontlinien in Nordfrankreich seit 1916 vor allem in der Provinz Shandong anwarben, lebten in Lagern, unterlagen scharfer militärischer Überwachung und hatten keinen Einfluss auf die Gestaltung ihrer Arbeits- und Lebensbedingungen.

Koloniale Rekrutierungen

Die Beschäftigung kolonialer Arbeitskräfte kam für Deutschland während des Kriegs wegen der fehlenden Verkehrsverbindungen und der frühen Eroberung des größten Teils des deutschen Kolonialreiches durch alliierte Truppen nicht in Frage. Hier ging es vor allem um die Beschäftigung in den Besatzungsgebieten: Arbeitskräfte wurden unter Zwang in den besetzten Gebieten selbst eingesetzt (Belgien, Nordfrankreich, Polen, Baltikum), an der Rückkehr in die Herkunftsländer nach Kriegsbeginn

Kriegsgefangene

gehindert (landwirtschaftliche Arbeitskräfte aus Russisch-Polen) oder während des Krieges nach Deutschland deportiert (rund 60.000 belgische Arbeitskräfte Ende 1916/Anfang 1917). Die kriegführenden Staaten setzten zudem die meisten der 7 bis 8 Millionen Kriegsgefangenen in den Kriegswirtschaften oder in frontnahen Etappengebieten ein. Sie bildeten damit ein zentrales Potential zur Verminderung des durch die Mobilisierung von rund 60 Millionen europäischen Soldaten hervorgerufenen Arbeitskräftemangels. Kriegsgefangene arbeiteten sowohl in der Landwirtschaft als auch in der Rüstungsindustrie und im Bergbau, waren in Klein- wie auch in Großbetrieben zu finden und über Hunderttausende von Arbeitsstellen in ganz Europa und in Sibirien verteilt.

Das Ende des Ersten Weltkriegs leitete eine Phase millionenfacher Rückwanderungen von Flüchtlingen, Vertriebenen, Evakuierten, Zwangsarbeitskräften oder Kriegsgefangenen ein. Zugleich gewannen Zwangswanderungen erheblich an Gewicht, die Ergebnis der auf den Krieg folgenden Staatenbildungsprozesse waren. Jede der vielen europäischen Grenzverschiebungen führte zu Fluchtbewegungen und Umsiedlungen. In allen Fällen lassen sich bestimmte Grundmuster ausmachen: Zuerst verließen Verwaltungs- und Polizeibeamte, Lehrer und andere Personen, die unmittelbar mit dem vormals herrschenden Staat verbunden gewesen waren, die abgetretenen Gebiete. Dann gingen häufig Industrielle, Gewerbetreibende und Kaufleute, die ihre Unternehmen durch neue Zollgrenzen, Währungen oder Gesetze bedroht sahen. Verfolgten die neuen Regierungen zudem eine restriktive Minderheitenpolitik, konnte sich die Abwanderung schnell zu einer Massenbewegung entwickeln. Allein Deutschland, Österreich und Ungarn waren unmittelbar nach dem Krieg gezwungen, 2 Millionen Menschen aus den verlorengegangenen Territorien aufzunehmen. Deutschland erreichten mehr als 1 Million Menschen aus den auf Grund des Versailler Vertrages abgetretenen Gebieten. Von der Bevölkerung, die Ende der 1920er Jahre in Österreich lebte, waren mehr als 10 %, 764.000 Menschen, außerhalb der neuen Grenzen auf einem der Territorien der anderen Nachfolgestaaten des Habsburgerreiches geboren; davon stammten allein 440.000 aus Böhmen und Mähren, dem neuen Kerngebiet der 1918 geschaffenen Tschechoslowakei. Ähnliches galt für Ungarn, das 200.000 Menschen beherbergte, die aus der Tschechoslowakei zugewandert waren; weitere 200.000 stammten aus Rumänien und 100.000 aus Jugoslawien.

Kriegsfolgewanderungen

Nationalitätenpolitisch motivierte „Entmischungen" solcher Art wurden auch in anderen Gebieten Südosteuropas praktiziert: Der Frieden von Lausanne 1923, der den Griechisch-Türkischen Krieg 1920 bis 1922 beendete, schrieb die migratorischen Ergebnisse der Konflikte in Südosteuropa und in Kleinasien seit den Balkankriegen 1912/1913 fest und legitimierte sie. Ausgemacht wurde, dass alle Griechen türkisches Territorium – mit Ausnahme Istanbuls – zu verlassen hatten; zugleich mussten alle Muslime griechisches Territorium räumen. Im Endergebnis wurden 1,35 Millionen Griechen und 430.000 Türken umgesiedelt. Nach den Umsiedlungen war ein Sechstel aller Griechen außerhalb Griechenlands geboren.

„Bevölkerungsaustausch"

Der Anteil der Griechen an der Bevölkerung stieg dadurch zum Beispiel in Makedonien von 43 % 1912 auf 89 % 1928. In der Zwischenkriegszeit setzte sich die oft unter Zwang vollzogene „Rückwanderung" der Muslime auch aus anderen Balkanländern in die Türkei fort. Betroffen davon waren bis zum Ende der 1920er Jahre rund 1 Million Menschen in Griechenland, Jugoslawien, Rumänien und Bulgarien. Sie wurden nicht selten in jenen Gebieten der Türkei angesiedelt, die die Griechen hatten verlassen müssen. Die Gesamtzahl der von Umsiedlungen, Deportationen, Fluchtbewegungen und Vertreibungen in der Folge des Krieges betroffenen Menschen lag in Europa Mitte der 1920er Jahre wahrscheinlich bei nicht weniger als 9,5 Millionen.

Im Kontext der ost-, ostmittel- und südosteuropäischen Staatsbildungen kam es vor dem Hintergrund tiefgreifender wirtschaftlicher, sozialer und politischer Krisen auch zu schweren Übergriffen auf die jüdische Bevölkerung. Die Zahl der Pogrome ist auf nicht weniger als 2000 beziffert worden. Zehntausende, möglicherweise auch Hunderttausende Juden wurden ermordet, wahrscheinlich eine halbe Million verlor allein in Russland und der Ukraine ihre Heimat. Viele suchten den Weg über die weithin verschlossenen Grenzen nach Westen und über den Atlantik, der Völkerbund schätzte ihre Zahl 1921 auf 200.000, andere Quellen sprechen sogar von 300.000. Neben die Pogrome trat als weiterer zentraler Antriebsfaktor für die starke Abwanderung die Verschlechterung der wirtschaftlichen Position von Juden in Ost- und Ostmitteleuropa durch den Ersten Weltkrieg. Verschärfend wirkte nach Kriegsende die Etablierung neuer Zollgrenzen sowie neuer, zumeist stark inflationsgeschwächter Währungen und neuer rechtlicher Rahmenbedingungen der Wirtschaft.

Flucht vor Pogromen

Die umfangreichste Gruppe unter den Zwangsmigranten aus Osteuropa bildeten allerdings Flüchtlinge vor Revolution und Bürgerkrieg: Während im Revolutionsjahr 1917 erst wenige Menschen Russland verlassen hatten, darunter viele hohe Adelige und Unternehmer, die oft große Teile ihres Besitzes retten konnten, entwickelte sich die Fluchtbewegung im Zuge des Bürgerkriegs zur Massenerscheinung. 1920 und 1921 nahm die Zahl der Flüchtlinge mit den Niederlagen der weißen Truppen sehr stark zu. Hinzu kamen zahlreiche Ausweisungen aus der UdSSR, die 1922 ihren Höhepunkt erreichten. Im Vergleich zur Sozialstruktur der Ausgangsbevölkerung umfasste die russländische Fluchtbewegung überdurchschnittlich viele Angehörige mittlerer und höherer sozialer Schichten. Die im Zarenreich dominierende bäuerliche Bevölkerung war unter den Flüchtlingen und Ausgewiesenen demgegenüber weit unterdurchschnittlich vertreten. 1 bis 2 Millionen Menschen sollen 1917 bis 1922 wegen des Umsturzes der politischen Verhältnisse die Gebiete des ehemaligen Zarenreiches verlassen haben. Sie wurden buchstäblich über die ganze Welt verstreut, der größte Teil sammelte sich zunächst in den Balkanländern, in Deutschland und Frankreich; doch starke Flüchtlingskolonien gab es selbst in den chinesischen Städten Harbin und Shanghai.

Russländische Flüchtlinge

Restriktive Aufnahmepolitik, Wohnungsnot und die schwierige Lage auf dem Arbeitsmarkt trieben die russländischen (also nicht nur russischen, sondern den ver-

schiedenen Nationalitäten des ehemaligen Zarenreichs entstammenden) Flüchtlinge in zahlreichen Ländern zu Weiterwanderungen. Bildete zunächst das „Russische Berlin" ihr Zentrum mit wichtigen kulturellen und politischen Funktionen, übernahm mit der Abwanderung vieler Flüchtlinge aus Deutschland Mitte der 1920er Jahre das „Russische Paris" diese Rolle. Frankreich hatte einen großen Bedarf an ausländischen Arbeitskräften und war deshalb bereit, ein höheres Maß an Rechts- und Statussicherheit zu gewähren als Deutschland. Das Zentrum aber verschob sich dennoch weiter über den Atlantik. Nordamerika wurde immer häufiger Ziel der stufenweisen räumlichen Distanzierung von der Heimat. Der Zweite Weltkrieg verlagerte endgültig das Zentrum in die USA mit einem politischen und kulturellen Schwergewicht auf New York.

Ähnliche Prozesse lassen sich bei der Flucht aus dem nationalsozialistischen Deutschland nach 1933 beobachten. Sie betraf politische Gegner des Regimes, vor allem aber all jene, die auf Grund der rassistischen NS-Weltanschauung zu geächteten Fremden erklärt wurden. Das galt in erster Linie für Juden. Die Fluchtbewegung aus NS-Deutschland verlief schubweise. Die erste Welle konnte 1933 mit der Machtübernahme Adolf Hitlers und den ersten Maßnahmen zur Bekämpfung innenpolitischer Gegner sowie den ersten antisemitischen Gesetzen beobachtet werden. Die rassistischen „Nürnberger Gesetze" von 1935 ließen die nächste Welle folgen. Der letzte große Schub setzte mit der offenen Gewalt gegen Juden in den Novemberpogromen 1938 ein und endete mit dem Beginn des Zweiten Weltkriegs, der die Möglichkeiten des Grenzübertritts stark beschnitt, bevor er mit dem Abwanderungsverbot 1941 im Genozid an den deutschen und europäischen Juden endete.

NS-Maßnahmen gegen Juden

Die Zahl der Flüchtlinge aus Deutschland ist unbekannt. Die weitaus größte Gruppe stellten Juden, von denen 280.000 bis 330.000 das Reich verließen; nimmt man die Flucht von Juden aus Österreich nach dem „Anschluss" an das Deutsche Reich 1938 (150.000) und aus der Tschechoslowakei nach dem Münchner Abkommen im gleichen Jahr (33.000) hinzu, beläuft sich allein die jüdische Fluchtbewegung aus Mitteleuropa insgesamt auf vielleicht 500.000. Aufnahme gewährten weltweit mehr als 80 Staaten. Ziele waren zunächst die europäischen Nachbarländer Deutschlands in der Hoffnung auf den baldigen Zusammenbruch des Regimes. Die Hälfte aber wanderte weiter, zunehmend wuchs die Bedeutung der USA. Die Zahl der Flüchtlinge wurde 1941 hier auf insgesamt 100.000 geschätzt, Argentinien folgte mit 55.000 vor Großbritannien mit 40.000. Während des Zweiten Weltkriegs verschob sich das Gewicht noch weiter zugunsten der USA, die letztlich die Hälfte aller Flüchtlinge aufnahmen.

Jüdische Flüchtlinge

Im Vergleich zu der großen Zahl jüdischer Flüchtlinge aus Mitteleuropa blieb jene der Mitglieder des politischen Exils aus Deutschland sowie Österreich und den deutschsprachigen Gebieten der Tschechoslowakei nach 1938 weitaus geringer, sie belief sich bis 1939 auf 25.000 bis 30.000, überwiegend Sozialdemokraten und Kommunisten. Aufschlussreich ist hier ein Vergleich mit dem faschistischen Italien. Weil das Mussolini-Regime trotz deutschen Drucks bis zum Zweiten Weltkrieg keine antisemitischen Maßnahmen durchsetzte, blieb die Abwanderung hier beinahe ausschließlich auf politische Flüchtlinge beschränkt. Zwischen der Machtübernahme Benito Mussolinis im Oktober 1922 und 1937 verließen 60.000 Menschen das Land aus politischen Gründen, 10.000 davon lebten allein in Frankreich. Für das deutsche und das italienische Exil galt gleichermaßen: Um die politische Arbeit vom Ausland aus weiterzutreiben, blieben die meisten geflüchteten Regimegegner in Europa; Frankreich, Spanien, Großbritannien und die Sowjetunion waren die wichtigsten europäischen Ziele.

Politische Flüchtlinge

Die letzte große grenzüberschreitende Fluchtbewegung der Zwischenkriegszeit prägte Europa im Jahr 1939. Die zahllosen Flüchtlinge des Spanischen Bürgerkriegs hatten sich lange meist innerhalb des Landes bewegt, vor allem Madrid und Barcelona verzeichneten umfangreiche Flüchtlingsbevölkerungen. Im August 1938 wurden 2 Millionen Flüchtlinge im republikanischen Restspanien gezählt, am Ende des Jahres dann 3 Millionen. Nach dem Ende der spanischen Republik flohen 1939 wahrscheinlich über eine halbe Million Republikaner über die Grenze nach Frankreich, darunter zur Hälfte Zivilisten. Die französischen Behörden waren darauf nicht vorbereitet. Die in kürzester Zeit errichteten zahlreichen Lager boten deshalb sehr schlechte Lebensverhältnisse, wie etwa die beiden direkt am Mittelmeerstrand gelegenen riesigen Lager von Saint Cyprien und Argelès mit einer Flüchtlingsbevölkerung von 100.000 beziehungsweise 80.000, bis im März/April 1939 weiter im Landesinnern neue Lager aufgebaut werden konnten. Von den Flüchtlingen in Frankreich konnten bis Ende 1939 über 300.000 das Land vor allem mit Unterstützung von Hilfsorganisationen wieder verlassen; ein wesentlicher Teil ging nach Lateinamerika, vor allem Mexiko, ca. 150.000 kehrten nach Spanien zurück. Diejenigen, die in Frankreich bleiben mussten, gerieten in den Strudel der Ereignisse des Zweiten Weltkriegs, wurden zum Teil nach der französischen Niederlage 1940 von den deutschen Besatzern oder der Vichy-Regierung an das Franco-Regime ausgeliefert, kämpften im französischen Widerstand oder kamen in deutschen Konzentrationslagern um.

Spanischer Bürgerkrieg

Allenthalben blieb die Aufnahmepolitik restriktiv. Flüchtlinge hatten deshalb häufig einen prekären Aufenthaltsstatus. Die Aufnahme erfolgte selten im Rahmen von Asylregelungen, oft durften sie nur deshalb bleiben, weil sie als Arbeitskräfte oder als Spezialisten nützlich zu sein schienen. Die restriktive Asylpolitik bildete ein Element der auf die Beschränkung grenzüberschreitender Bewegungen ausgerichteten Migrationspolitik der Zwischenkriegszeit, die auf protektionistische Ansätze aus dem späten 19. Jahrhundert zurückgreifen konnte. Erste politische Migrationsbarrieren stammten aus den 1880er und 1890er Jahren und gingen von den USA aus. Dort war es nativistischen Bewegungen gelungen, die Verschärfung der Einwanderungsrichtlinien zu forcieren. Armut, gewisse Krankheiten, aber auch die Herkunft aus bestimmten Weltgegenden bildeten seit den Einwanderungsgesetzen von 1882 und 1891 Argumente, potentielle Einwanderer abzuweisen und sie auf Kosten der Reedereien zurückzuschicken. Ellis Island, die 1891 eingerich-

US-Einwanderungsgesetze

tete zentrale US-amerikanische Einwandererstation, war ein Ausdruck verschärfter Grenzkontrollen. Sie bildete nunmehr die Hauptschleuse für die Zuwanderung über See. Eine weitere Durchgangsstation gab es in San Francisco, die 1909 auf das vorgelagerte Angel Island verlegt worden war und ein Symbol für das Bestreben wurde, die Zuwanderung von Chinesen scharf zu beschränken. Auch der Landweg (vor allem über Kanada) wurde auf nur einzelne Grenzübergänge beschränkt.

Zur Entwicklung der amerikanischen Einwanderungsgesetze der 1880er und 1890er Jahre trug auch der Einfluss der US-Arbeiterbewegung bei, die in einer wachsenden Zuwanderung eine Gefahr für die Stabilität von Löhnen, Arbeitsverhältnissen und der eigenen Organisationen sah. Ähnliche Phänomene lassen sich in europäischen Staaten beobachten, in denen im späten 19. Jahrhundert die Integration der Arbeiterbewegungen in den Staat zu einer stärkeren Kontrolle der Zuwanderung führte. Der „Schutz des nationalen Arbeitsmarktes", wie ihn auch deutsche Gewerkschaften diskutierten, bot zum Beispiel in den Niederlanden und in Frankreich einen zentralen Anknüpfungspunkt für die Verschärfung der Kontrollen. Ein weiterer Entwicklungsstrang der migratorischen Kontrollpraxis in Europa kam mit unterschiedlichem Gewicht hinzu: Fremdenfeindlichkeit und Rassismus im Kontext von Nationalismus, Kolonialismus und Imperialismus. Einheimische und zugewanderte Minderheiten wurden als Bedrohung von innerer Sicherheit, Gesellschaft und Kultur der Nation verstanden. Zuwanderungsschranken sowie formelle beziehungsweise informelle Integrationsbarrieren sollten die vorgeblichen Gefahren von Minderheitenbildungen minimieren.

Gründe für Restriktionen

Diese Faktoren hatten mit dem Ersten Weltkrieg weiter an Gewicht gewonnen: Er förderte mit seinem extremen Nationalismus die Ausgrenzung, zum Teil auch die staatlich betriebene oder zumindest geförderte Austreibung von Minderheiten sowie allgemein Fremdenfeindlichkeit. Zugleich nahmen die administrativen Kontrollkapazitäten enorm zu. In der Kriegswirtschaft war vor allem der Arbeitsmarkt ein bevorzugtes Objekt staatlicher Kontrolle und Intervention geworden. Arbeitsmarktpolitik und mithin Ausländerbeschäftigungspolitik entwickelten sich zu einem wesentlichen Politikbereich. Auch diese Tendenz trug in der Nachkriegszeit zu einer restriktiveren Zuwanderungs- und Minderheitenpolitik bei. Mit dem Ersten Weltkrieg war im gesamten atlantischen Raum im zwischenstaatlichen Personenverkehr der Sichtvermerkzwang eingeführt worden. Neue Instrumente von Migrationskontrolle und -steuerung wurden nach 1918 Grenzsperren und Kontingentierungen. Hinzu kamen die ökonomischen Wirkungen des Krieges. Es verlagerten sich die bis dahin auf Europa ausgerichteten weltwirtschaftlichen Strukturen, die mit ihren ungleichen Austauschbeziehungen Rohstoffe und Lebensmittel nach Europa gebracht und hier über die Fertigwarenexporte das Wachstum des sekundären Sektors beschleunigt hatten. 1913 hatte der Warenaustausch zwischen den nichteuropäischen Ländern nur 25 % des Welthandels ausgemacht, 1925 bis 1938 lag er bei 40 % – eine Kennziffer für die wirtschaftliche Abwendung von den europäischen Metropolen.

Auswirkungen des Ersten Weltkriegs

Exportchancen sanken, Überkapazitäten führten zu einem hohen Sockel struktureller Erwerbslosigkeit, die in der Weltwirtschaftskrise zu Beginn der 1930er Jahre kulminierte. Vielfach führte die wirtschaftliche Depression zur Verringerung der Möglichkeiten potentieller Migranten, den Weg aus Europa zu finanzieren und Startkapital für den Neubeginn zu sammeln. Einen wirtschaftspolitischen Lösungsversuch in der Krise bildete die protektionistische Abgrenzung der einzelnen Volkswirtschaften voneinander, ein Kennzeichen von De-Globalisierung und Desintegration. Grenzüberschreitende Bewegungen – Warenaustausch, Kapitalverkehr, Wanderungen – wurden massiv reduziert.

Vor diesem Hintergrund ging das Jahrhundert der massenhaften europäischen Überseemigration 1914 zu Ende. Weil fast alle wichtigen europäischen Herkunftsländer am Krieg beteiligt waren, sank die Abwanderung. Nach jährlich 1,4 Millionen europäischen Überseewanderern im Zeitraum 1906 bis 1910 wurden im nächsten, vom Weltkrieg noch nicht schwerwiegend tangierten Jahrfünft von 1911 bis 1915 mit 1,3 Millionen pro Jahr kaum weniger registriert. 1916 bis 1920 ging dann die Zahl sehr deutlich auf ein Drittel zurück und erreichte durchschnittlich jährlich nur mehr 431.000. In der Zwischenkriegszeit stieg die Zahl der Überseemigranten zwar erneut an; denn in den 1920er Jahren lag der Durchschnitt pro Jahr mit knapp unter 700.000 erheblich höher als im Jahrfünft zuvor. Sie erreichte aber dennoch nicht mehr als die Hälfte der durchschnittlichen Jahresraten des Vorkriegsjahrzehnts. In den 1930er Jahren wiederum sanken die Ziffern angesichts der Weltwirtschaftskrise erneut sehr deutlich ab: 1931 bis 1940 waren europaweit nunmehr 1,2 Millionen Überseemigranten registriert worden, ein Fünftel des Wertes der 1920er Jahre. Mit einer Durchschnittsziffer von jährlich 120.000 Menschen wurden die niedrigsten Werte der gesamten 100 vorangegangenen Jahre erreicht. Der Beginn des Zweiten Weltkriegs ließ dann die Überseemigration völlig auslaufen.

Ende europäischer Massenabwanderung

Mit dem *Quota Act* von 1921 wurden in den USA erstmals Quoten für die einzelnen Herkunftsländer eingeführt, die sich vor allem gegen die seit Ende des 19. Jahrhunderts dominierende *New Immigration* aus Ost-, Ostmittel-, Südost- und Südeuropa richteten. 1924 und 1927 wurden die Quoten weiter verschärft. Sogleich verschob sich die Zusammensetzung der europäischen Zuwanderung: 1910 bis 1915 war die „Neue Einwanderung" noch um das Dreifache höher als die „Alte Einwanderung" aus West-, Mittel- und Nordeuropa gewesen. In den 1920er Jahren ging dieses Übergewicht auf 54 % zurück. Die Zuwanderung von anderen Kontinenten unterlag noch schärferen Restriktionen. Weiterhin wurden nur wenige Chinesen zugelassen. Die Quote für Japan lag zum Beispiel seit 1924 bei Null, Japaner konnten nach einer Entscheidung des *Supreme Court* von 1921 die US-Staatsangehörigkeit nicht mehr erwerben.

US-Einwanderungsquoten

Hinzu kam, dass die Quotenregelung die Zuwanderung bürokratisierte und restriktive Ausführungsbestimmungen dazu beitrugen, dass die Quoten durchweg unterschritten wurden. Außerdem traf die schwere und lange Weltwirtschaftskrise seit 1929 die USA – ebenso wie andere klassische Ziele der Europäer wie Kanada und

Australien – stärker als manche Herkunftsländer. Die Attraktivität der Zielgebiete ließ abrupt nach: Die US-Quote für Großbritannien und Irland zum Beispiel betrug in den 1930er Jahren 835.740, nur 110.094 Einwanderer aber kamen. Die Weltwirtschaftskrise verstärkte Rückwanderungstendenzen: Großbritannien verzeichnete 1930 erstmals seit mehr als 100 Jahren einen Zuwanderungsüberschuss, der bis zum Beginn des Zweiten Weltkriegs auf eine Zahl von 500.000 Menschen anstieg. Positive Wanderungsbilanzen erreichten 1930 bis 1935 auch andere Staaten, die lange Zeit mehr Ab- als Zuwanderungen gekannt hatten, wie etwa Belgien, Österreich, Ungarn, Jugoslawien oder Rumänien. Europäische Überseemigration war im Jahrzehnt vor dem Beginn des Zweiten Weltkriegs kein Faktor mehr, der die globale Bevölkerungsentwicklung entscheidend beeinflusste.

Europäische Wanderungsbilanzen

Bei einem deutlich verringerten Wanderungsvolumen kam es außerdem zur Richtungsverlagerung – weg von den USA, hin zu Lateinamerika, Kanada, Australien und Neuseeland. Unter den vier Hauptzuwanderungsländern der Welt, Argentinien, Brasilien, Kanada und den USA, hatten die USA 1906 bis 1910 noch 67 % aller Europäer aufgenommen. 1921 bis 1924, in den Jahren zwischen dem ersten und dem zweiten Quotengesetz, waren es 59 %. Nach Verabschiedung des zweiten, noch weiter verschärften Quotengesetzes 1924 sank der Anteil auf nur noch 32 %. Im Zuge der Weltwirtschaftskrise verzeichneten Argentinien und Brasilien dann erstmals absolut höhere Zuwandererzahlen als die USA.

Aber auch diese Staaten litten unter der Krise. Argentinien als eine der Volkswirtschaften, die von der wirtschaftlichen Globalisierung der drei Jahrzehnte vor dem Ersten Weltkrieg profitiert hatte, verlor Exportmöglichkeiten. Erwerbslosigkeit wurde zur Dauererscheinung. Deshalb erreichte zum Beispiel die geschilderte zirkuläre Bewegung der *Golondrinas* über den Atlantik nach Kriegsende bei Weitem nicht mehr den Vorkriegsstand und lief in den 1920er Jahren dann ganz aus, einheimische Arbeitskräfte übernahmen die Tätigkeiten der interkontinentalen Arbeitswanderer. Während die *Golondrinas* als ganzjährig beschäftigte landwirtschaftliche Saisonarbeitskräfte zwischen den Kontinenten gute Verdienstmöglichkeiten gehabt hatten, blieb die Lage der argentinischen Landarbeiterinnen und Landarbeiter prekär: Die Arbeit auf den Feldern beschränkte sich auf drei oder vier Monate im Jahr, der Verdienst für die 1937 rund 280.000 landwirtschaftlichen Saisonarbeitskräfte in den Provinzen der Pampas reichte nicht aus, um davon das ganze Jahr leben zu können.

Argentinien

Ebenso wie der Erste Weltkrieg und dessen unmittelbare Nachkriegszeit wurden auch der zweite globale Konflikt und seine Folgejahre durch Flucht, Vertreibung, Deportation und Zwangsarbeit geprägt, allerdings mit noch erheblich größeren Dimensionen. In Europa kann die Zahl der Flüchtlinge, Vertriebenen und Deportierten allein in der militärischen Expansionsphase NS-Deutschlands 1939 bis 1943 auf 30 Millionen Menschen geschätzt werden und damit auf nicht weniger als 5 % der Bevölkerung des Kontinents. Spätestens 1943 begann das räumliche Zusammenschmelzen des bis dahin zusammengeraubten „Großdeutschen Rei-

Zweiter Weltkrieg

ches“ und seiner Satellitenstaaten. Erweitert man die Schätzung um die 1943 bis 1945 zu beobachtenden Massenzwangswanderungen, so kann für den Zweiten Weltkrieg insgesamt von 50 bis 60 Millionen Flüchtlingen, Vertriebenen und Deportierten ausgegangen werden. Das waren mehr als 10 % aller Menschen in Europa.

Auch der Krieg im pazifischen Raum ließ die Zahl der Flüchtlinge und Vertriebenen rasch steigen – und zwar schon bevor in Europa die Kämpfe begonnen hatten. Seitdem die japanische Armee im September 1931 in der Nähe Shenyangs (Mukden) einen Überfall auf die südmandschurische Eisenbahn vorgetäuscht hatte, befand sich Japan in einem unerklärten Krieg in der Mandschurei und in Nordchina. Er eskalierte im Juli 1937 nach Kämpfen in der Nähe Pekings, die sich rasch auf weite Teile Nordwest- und Südwestchinas ausweiteten. Die Mandschurei wurde vollständig besetzt, Peking, Shanghai und Nanking erobert und eine Regierung von Japans Gnaden in Peking eingesetzt. Vor allem die Eroberung Nankings richtete die weltweite Aufmerksamkeit auf den Krieg in Ostasien: Japanische Truppen ermordeten Zehntausende Zivilisten, plünderten die Stadt, es kam zu Massenvergewaltigungen. Aber auch andernorts wütete der Krieg: Im Zuge des blutigen Häuserkampfes in der Schlacht um Shanghai suchten rund 500.000 Chinesen Zuflucht in der exterritorialen Internationalen Zone in der Stadt, es entwickelte sich ein Flüchtlingselend auf äußerst knappem Raum, mit dem die internationale Verwaltung lange ganz überfordert war. 1939 lag die Zahl der Flüchtlinge, die vor Front und Besatzung im chinesischen Nordosten nach Zentral- und Südchina ausgewichen waren, bei 13 Millionen, andere Schätzungen sprachen sogar von 30 Millionen. Insgesamt soll die Zahl der Flüchtlinge im Japanisch-Chinesischen Krieg 1937 bis 1945 jene in Europa deutlich überstiegen haben. Sie wird auf 95 Millionen geschätzt.

Japanisch-Chinesischer Krieg

Das nationalsozialistische „Dritte Reich“ war nur deshalb in der Lage, den Zweiten Weltkrieg beinahe sechs Jahre lang zu führen, weil sie ihn als Beutekrieg geplant hatte. Die mit Deutschland verbündeten Staaten sowie die von 1938 an erworbenen beziehungsweise eroberten Länder und Landesteile hatten dabei die Aufgabe, mit Produktionskapazitäten, Rohstoffen und mit ihrer Bevölkerung der deutschen Kriegswirtschaft zu dienen. Im Laufe des Krieges stieg die Bedeutung der geraubten Güter und Menschen für die deutsche Kriegswirtschaft immens an: Im Oktober 1944 wurden 8 Millionen ausländische Zwangsarbeitskräfte in Deutschland gezählt, darunter 6 Millionen Zivilisten und 2 Millionen Kriegsgefangene. Sie stammten aus insgesamt 26 Ländern. Die UdSSR dominierte mit einem Anteil von mehr als einem Drittel (2,8 Millionen), 1,7 Millionen kamen aus Polen und 1,2 Millionen aus Frankreich, jeweils mehrere Hunderttausend aus Italien, den Niederlanden, Belgien, der Tschechoslowakei und Jugoslawien.

NS-„Ausländer-Einsatz“

Das enorme wirtschaftliche Gewicht der ausländischen Zwangsarbeitskräfte lässt ein Blick auf den Anteil an der Gesamtbeschäftigung erkennen: Insgesamt stellten sie im September 1944 etwa ein Drittel der Beschäftigten, sie fanden sich in allen Wirtschaftszweigen, in allen Betriebsgrößenkategorien über das ganze Reich verteilt. In einigen Wirtschaftsabteilungen beziehungsweise Betrieben war ihre Bedeutung be-

sonders hoch, etwa in der Landwirtschaft, die 1944 einen Anteil von 46 % erreichte, oder für den Bergbau mit 36 %. In manchen Betrieben mit einem hohen Anteil unqualifizierter Arbeit kamen vier Fünftel aller Beschäftigten aus dem Ausland. Ein Drittel der ausländischen Arbeitskräfte waren Frauen – ein Großteil jünger als 20 Jahre –, insgesamt lag das Durchschnittsalter bei 20 bis 24 Jahren.

Deutschland wurde mit einem System von über 20.000 Lagern für ausländische Zwangsarbeitskräfte überzogen. Entsprechend der rassistischen NS-Weltanschauung wurden sie je nach Nationalität ganz unterschiedlich behandelt. Jene aus verbündeten Ländern sowie aus den besetzten Gebieten im Westen waren in den Arbeits- und Lebensverhältnissen dabei weitaus besser gestellt als jene aus dem Osten, jene aus den besetzten Gebieten der UdSSR den schlechtesten Arbeits- und Lebensbedingungen unterworfen, sieht man von den Häftlingen in der KZ-Rüstungsproduktion im Reichsgebiet ab. Ohne die ausländischen Zwangsarbeitskräfte hätte die Landwirtschaft schon 1940, die Rüstungsproduktion 1941 nicht mehr die Planvorgaben erfüllen können. In jener Form eines im großen Maßstab auf ausländischer Arbeitskraft basierenden Zwangsarbeitersystems blieb der NS-„Ausländer-Einsatz" ohne Parallele.

Diese Feststellung gilt, obwohl die Rekrutierung von Zwangsarbeitskräften auch im Verlauf des pazifischen Krieges an Bedeutung gewann. Zwischen 1920 und 1930 hatte sich die Zahl der Arbeitskräfte aus dem koreanischen Kolonialbesitz Japans bis auf 300.000 verzehnfacht. In den folgenden acht Jahren stieg der Umfang der koreanischen Bevölkerung in Japan erneut auf fast das Dreifache (800.000) an.

Zwangsarbeit in Japan

Parallel zu Maßnahmen zur Bindung japanischer Arbeitskräfte an ihre Unternehmen und zu deren Zwangsverpflichtung in der Rüstungsindustrie wuchs die Zahl zwangsrekrutierter Koreaner rasch. Weitere 725.000 Koreaner kamen 1939 bis 1945 in der japanischen Industrie und vor allem im Bergbau zum Einsatz, der mehr als die Hälfte der Koreaner beschäftigte. Hinzu traten rund 42.000 Chinesen, außerdem rekrutierte das japanische Militär vor allem in den besetzten Gebieten Chinas und in der Mandschurei massenhaft Arbeitskräfte unter Zwang für Arbeiten vor Ort.

In Europa ging das Interesse der deutschen Eroberer in den besetzten Gebieten des Ostens über die wirtschaftliche Ausbeutung hinaus; denn die Besatzungspolitik zielte auf die Etablierung einer streng nach rassistischen Kriterien ausgerichteten deutschen Ordnung, deren wesentliche Elemente die Umsiedlung, Vertreibung und Deportation ganzer Bevölkerungen zugunsten eines vorgeblichen deutschen „Volkes ohne Raum" waren. Etwa 9 Millionen Menschen waren davon betroffen. 1939 bis 1944 wurden 1 Million Menschen deutscher Herkunft aus ihren außerhalb der

„Volk ohne Raum"

Reichsgrenzen gelegenen Siedlungsgebieten in Süd-, Südost-, Ostmittel- und Osteuropa „Heim ins Reich" geholt, vor allem, um sie in den von Polen und der Tschechoslowakei eroberten Gebieten anzusiedeln, die dem Reich angegliedert worden waren. Voraussetzung für die Ansiedlung war immer die Deportation der ansässigen polnischen, tschechischen und jüdischen Bevölkerung, die

1939/1940 in großem Maßstab eingeleitet worden war und im Völkermord endete. 1940/1941 zum Beispiel wurden ca. 1,2 Millionen Polen und Juden aus den ehemals polnischen „Reichsgauen" Wartheland und Danzig-Westpreußen zugunsten der neu anzusiedelnden „Volksdeutschen" vertrieben. Das sollte aber nur der Anfang sein: Von den mehr als 10 Millionen Menschen, die in diesem Gebiet lebten, galten nur 1,7 Millionen als „eindeutschungsfähig", 7,8 Millionen Polen und 700.000 Juden sollten vertrieben werden.

Die letzten Umsiedlungen „Heim ins Reich" von 250.000 „Volksdeutschen" aus Wolhynien, Galizien und Siebenbürgen 1944 hatten schon den Charakter einer Flucht vor der Roten Armee, die im August 1944 in Ostpreußen die Grenze des Deutschen Reiches erreichte und sie im Oktober des Jahres erstmals überschritt. In den Ostprovinzen des Reiches und in den deutschen Siedlungsgebieten jenseits der Grenzen in Ost-, Ostmittel- und Südosteuropa lebten rund 18 Millionen Reichsdeutsche und „Volksdeutsche". Etwa 14 Millionen von ihnen flüchtete in der Endphase des Krieges in Richtung Westen oder wurde nach Kriegsende vertrieben beziehungsweise deportiert. Die Bilanz zeigen die Zahlen der Volkszählung von 1950: Knapp 12,5 Millionen Flüchtlinge und Vertriebene waren aus den nunmehr in polnischen und sowjetischen Besitz übergegangenen ehemaligen Ostgebieten des Deutschen Reiches sowie aus den Siedlungsgebieten der „Volksdeutschen" in die Bundesrepublik Deutschland und in die DDR gelangt; weitere 500.000 lebten in Österreich und anderen Ländern.

Flucht und Vertreibung

Die Flüchtlinge und Vertriebenen aber bildeten im Deutschland der unmittelbaren Nachkriegszeit nicht die einzige große Gruppe von Zwangswanderern. Hinzu kamen die 11 Millionen *Displaced Persons*, ehemalige ausländische Zwangsarbeitskräfte, deren Rück- und Weitertransport Monate und Jahre in Anspruch nahm. In den vier Besatzungszonen gab es nach Kriegsende zudem noch 10 Millionen Menschen, die vor den Bombenangriffen geflohen waren oder evakuiert wurden und nicht selten erst nach Jahren in ihre Heimatorte zurückkehren konnten. Auch sie lebten notdürftig vor allem in den ländlichen Regionen. Innerhalb eines Jahres nach Kriegsende 1945 wurden zudem rund 5 der insgesamt 9 Millionen deutschen Kriegsgefangenen aus den Internierungslagern entlassen. 20 verschiedene Staaten hatten deutsche Kriegsgefangene in ihrem Gewahrsam, darunter vor allem die USA (3,7 Mio.), Großbritannien (2,3 Mio.) und die UdSSR (1,8 Mio.). Deutsche Kriegsgefangene fanden sich über die gesamte Erde verstreut, viele von ihnen waren an Wiederaufbauarbeiten beteiligt. Man hat errechnet, dass sie zwischen 1941 und 1956, als die letzten Kriegsgefangenen die UdSSR verlassen konnten, 2 Milliarden Arbeitstage leisteten, der größte Teil mit 1,4 Milliarden davon im Osten Europas und vor allem in der UdSSR.

Displaced Persons

Flucht und Vertreibung der Deutschen führten zu millionenfachen Folgewanderungen in die Vertreibungsgebiete. Innerhalb kurzer Zeit siedelten sich 1,8 Millionen Tschechen und Slowaken im Sudetenland an, dessen deutsche Bevölkerung gerade vertrieben worden war. In den neuen polnischen Gebieten lag die Bevölkerungszahl im August 1947 bereits wieder bei über 5 Millionen, 3 Millionen Menschen kamen aus Zentralpolen in die eroberten Landstriche, eine weitere Million aus den an die UdSSR abgetretenen polnischen Ostgebieten, 1 Million Polen hatten hier schon vor 1945 gelebt. Diese und andere in die ehemals deutschen Siedlungsgebiete zielenden Bewegungen führten zu regelrechten Ketten weiterer Folgewanderungen. Nach den immensen Bevölkerungsverschiebungen während des Zweiten Weltkriegs und auf Grund von Flucht und Vertreibung der deutschen Bevölkerung trugen sie mit bei zu einer völligen Umgestaltung der Nationalitätenkarte im Osten Europas.

Folgewanderungen

Der Zweite Weltkrieg hatte die Lebensgrundlagen von Millionen Menschen zerstört; das Verlassen des Kontinents erschien vielen als ein Weg aus der Trümmerlandschaft. Dennoch lag die transkontinentale Abwanderung im Kriegs- und Nachkriegsjahrzehnt 1941 bis 1950 mit 2,3 Millionen niedrig; denn die Zahl von 6,8 Millionen 1921 bis 1930, aber auch jene von 1951 bis 1960 mit 4,9 Millionen erreichte sie bei Weitem nicht. Während des Krieges gab es faktisch keine Überseemigration, nach dem Krieg lief sie zunächst nur sehr langsam an und unterschied sich wesentlich von jener des 19. und frühen 20. Jahrhunderts: Von den Migranten selbst organisierte Reisen gab es kaum noch; einen wesentlichen Anteil hatte etwa die von internationalen Hilfsorganisationen durchgeführte Abwanderung der *Displaced Persons* aus Europa. Mit Hilfe der *International Refugee Organization* und über ein international abgestimmtes Aufnahmeprogramm konnten 1947 bis 1951 mehr als 700.000 *Displaced Persons* Westdeutschland verlassen. Wichtigste Ziele waren die USA (273.000) sowie Australien (136.000) und Kanada (83.000); 110.000 von ihnen fanden im Zuge dieses Programms Aufnahme in westeuropäischen Staaten, vor allem in Großbritannien und Frankreich.

Abwanderung aus Europa

Die Aufnahme dieser *Displaced-Persons*-Programme war ein Ergebnis des „Kalten Kriegs", der von den späten 1940er bis zu den späten 1980er Jahren die globale Politik prägte. Anfangs waren die Westalliierten noch der Aufforderung der UdSSR nachgekommen, *Displaced Persons* auch unter Zwang in die UdSSR zurückzusenden. Weil aber die politischen Differenzen zwischen Ost und West immer weiter wuchsen, entwickelten die Westmächte eigene Strategien zum Umgang mit jenen *Displaced Persons*, die nicht in ihre ost- und ostmitteleuropäischen Herkunftsländer zurückkehren wollten. Trotz der Verwendung des Terminus „Krieg" verweist der „Kalte Krieg" nicht auf direkte (zwischen den beiden verfeindeten „Supermächten" UdSSR und USA ausgetragene) militärische Konflikte, sondern meint vielmehr eine Phase permanenten „Nicht-Friedens", einen von beiden Seiten aktiv betriebenen kriegsähnlichen Zustand. Ein zentrales Element des Systemkonflikts bildete der jeweils vertretene unvereinbare politisch-weltanschauliche Absolutheits- beziehungsweise Universalanspruch. Als langwährender Rüstungswettlauf mit teuren Waffentechnologien war der „Kalte Krieg" eine Auseinandersetzung, die einen erheblichen Teil der finanziellen und ökonomischen Ressourcen im Osten wie im Westen band.

„Kalter Krieg"

Für die globale Migrationssituation war die Teilung der Welt von hohem Gewicht. Die UdSSR hatte bereits in der Zwischenkriegszeit ein an den Erfordernissen einer gewaltsamen Industrialisierungspolitik orientiertes Migrationsregime entwickelt, das auf restriktive Lenkung von Arbeitskräften im Innern und auf Beschränkung der Abwanderung ausgerichtet war. Nach dem Ende des Zweiten Weltkriegs gingen die neuen Satellitenstaaten der UdSSR den sowjetischen Weg. Migratorisch wurde die Welt in zwei Blöcke geteilt, Arbeitsmigration fand zwischen Ost und West nicht mehr statt. Die Bewegungen beschränkten sich meist auf Flucht oder Ausweisung von Dissidenten aus dem Osten in den Westen oder auf Phasen, in denen die Destabilisierung eines Staatswesens im Osten den kurzzeitigen Zusammenbruch der restriktiven Grenzregimes zur Folge hatte. Das galt vor allem für die Aufstände in Ungarn 1956 und in der Tschechoslowakei 1968, deren Niederschlagung zur Abwanderung Hunderttausender führte. Einen Sonderfall bildete bis zum Bau der Berliner Mauer 1961 die DDR. Zwar wurde die innerdeutsche Grenze bereits Anfang der 1950er Jahre unüberwindbar armiert, die besondere Stellung Berlins aber ließ Grenzsicherungsmaßnahmen zwischen den alliierten Sektoren der ehemaligen Reichshauptstadt lange nicht zu, so dass DDR und UdSSR die Abwanderung kaum kontrollieren konnten: Wahrscheinlich wanderten von der Gründung der beiden deutschen Staaten 1949 bis zum Bau der Mauer 1961 über 3 Millionen Menschen aus der DDR in die Bundesrepublik.

SBZ-/DDR-Abwanderung

Andere migratorische Wirkungen des „Kalten Krieges“ betrafen jene Weltregionen, in denen der Konflikt als „Stellvertreterkrieg“ ausgetragen wurde: Vor allem die Kriege in Korea 1950 bis 1953, in Vietnam 1961 bis 1975 und in Afghanistan 1979 bis 1989, an denen jeweils eine der beiden Weltmächte in großem Maßstab militärisch beteiligt war, während der globale Gegner durch die Lieferung von Rüstungsgütern sowie durch finanzielle, materielle und ideelle Hilfen den Kriegsgegner unterstützte, bedingten große Flucht- und Vertreibungsbewegungen. Meist führten sie nicht über die Grenzen der betroffenen Staaten hinaus oder betrafen höchstens Grenzregionen benachbarter Staaten. Die Ausnahme blieb die nach vielen Hunderttausenden zählende Abwanderung aus Vietnam: Als die Armee des kommunistischen Nordvietnam das US-gestützte Südvietnam im Frühjahr 1975 endgültig überrollte und im April die südvietnamesische Hauptstadt Saigon eroberte, evakuierten die abziehenden US-Truppen 130.000 Vietnamesen, die vor allem in die USA weiterreisen konnten. Die meisten von ihnen waren eng mit dem südvietnamesischen Regime beziehungsweise den US-Einrichtungen verbunden gewesen. Die Durchsetzung der kommunistischen Herrschaft auch im Süden führte zu politischen Verfolgungen. Kollektivierung der Wirtschaft und ökonomische Krise auf Grund der Kriegsfolgen ließen die Abwanderung bald steigen, die ihren Höhepunkt in den Jahren 1979 bis 1982 erreichte. Aus der chinesischen Minderheit des Landes gelangten 200.000 über die Grenze in die Volksrepublik China. Im Sommer 1979 hatten bereits weitere 200.000 Vietnamesen die Anrainerstaaten des Südchinesischen Meeres mit Hilfe von Booten unter katastrophalen Bedingungen und hohen Todesraten erreicht. Die humanitäre

Vietnamkrieg

Not auf den Booten und in den völlig überfüllten Lagern führte dazu, dass viele Staaten Aufnahme versprachen. Der größte Teil der *boat people* gelangte in die USA und nach Kanada, aber auch Frankreich, Australien, die Bundesrepublik Deutschland und Großbritannien nahmen jeweils mehrere Zehntausend Vietnamesen auf.

Die migratorischen Folgen der beiden anderen großen „Stellvertreterkriege" im „Kalten Krieg", des Korea- und des Afghanistankriegs, dauern bis heute an. In den verfeindeten Staaten Süd- und Nordkorea leben heute Millionen Menschen, die während des Kriegs ihre Herkunftsorte verlassen mussten und seit mehr als einem halben Jahrhundert keinen Kontakt mehr zu Familienmitgliedern im jeweils anderen Teil der Halbinsel haben. Während der Phase der sowjetischen Besatzung sollen 5 bis 6 Millionen Afghanen zu einem großen Teil nach Pakistan und zu einem geringeren Teil in den Iran ausgewichen sein – das entsprach rund einem Drittel der Bevölkerung. Seit 2002 haben internationale Organisationen die Rückkehr von 4 Millionen Flüchtlingen unterstützt, neue Fluchtbewegungen im Zuge der internationalen Intervention in Afghanistan seit 2001 trugen dazu bei, dass 3 Millionen Flüchtlinge gezählt werden, von denen zwei Drittel im benachbarten Pakistan leben.

Korea, Afghanistan

Die immensen finanziellen Belastungen durch den Sowjetisch-Afghanischen Krieg bildeten einen Hintergrund für den Zusammenbruch der UdSSR, die in die Auflösung der Union und des Bündnissystems des 1955 abgeschlossenen Warschauer Vertrags mündeten. Damit war der „Kalte Krieg" beendet. Nach 40 Jahren öffnete sich 1989/1990 der „Eiserne Vorhang". Die auf ein Minimum beschränkte Ost-West-Wanderung gewann erneut erheblich an Bedeutung, zum Teil knüpften nunmehr die europäischen Migrationsverhältnisse wieder an die Situation vor dem Zweiten Weltkrieg an.

Bis dahin aber hatten sich im Westen neue Migrationsmuster etabliert, geprägt vor allem durch das lange und beschleunigte Wirtschaftswachstum der Nachkriegsjahrzehnte. Es beendete eine Phase der De-Globalisierung, die den gesamten Zeitraum seit 1914 gekennzeichnet hatte. Während der Durchschnitt der Weltexporte 1870 bis 1913 jährlich um 3,9 % gestiegen war, hatte das Wachstum 1913 bis 1950 nur bei 1 % gelegen, dann folgten aber 8,6 % 1950 bis 1973. In den wirtschaftlichen Zentren der Welt entstand, wie bereits in der Phase vor dem Ersten Weltkrieg, erneut ein hoher Bedarf an Arbeitskräften in einigen Segmenten des Arbeitsmarkts, der mit den jeweiligen nationalen Arbeitskräftepotentialen bald nicht mehr gedeckt werden konnte, so dass Anwerbungen in den jeweiligen Peripherien begannen. Einige Muster der Arbeitsmigration der vorangegangenen Jahrzehnte blieben erhalten, einige neue Elemente traten vor dem Hintergrund beschleunigten ökonomischen, sozialen und politischen Wandels hinzu: Die Bedeutung staatlicher Einflussnahme auf die Entwicklung der globalen Migrationssituation wuchs weiter. Das bereits in der Vorkriegszeit entwickelte System der zwischenstaatlichen Anwerbevereinbarungen wurde weiter verfeinert, es ermöglichte sowohl Herkunfts- als auch Zielländern eine so weitreichende Kontrolle über Umfang und Zusammensetzung der Migration, wie es sie im „langen" 19. Jahrhundert nie gegeben hatte.

Anwerbevereinbarungen

Ein mit vietnamesischen Flüchtlingen (sog. boat people) völlig überladenes, offenes Boot im Chinesischen Meer.

1942 begann mit einem Vertrag zwischen den USA und Mexiko die Geschichte der verstärkten Zuwanderung von Mexikanern in die USA im Rahmen des „*bracero*-Programms". Sie schloss an vermehrte Migrationen aus Mexiko in den Süden der USA an, die sich aus dem Bedarf an zusätzlichen Arbeitskräften im Zuge des Eintritts der USA in den Ersten Weltkrieg 1917 ergeben hatten. In den 1920er Jahren stellten die 450.000 mexikanischen Zuwanderer bereits über 11 % aller Migranten, die in die

USA einreisten. Hintergrund des „*bracero*-Programms" im Zweiten Weltkrieg war der verstärkte Arbeitskräftebedarf auf Grund der Rüstungsanstrengungen der USA bei einem verminderten Angebot wegen der Rekrutierung von Millionen junger US-Bürger zum Militärdienst. Vornehmlich ging es um die Versorgung der Landwirtschaft; bis 1947 kamen 250.000 mexikanische Männer in den Südwesten der USA. Nach einer kurzen Unterbrechung lief das Programm 1951 bis 1964 weiter – 5 Millionen Mexikaner unterschrieben 1942 bis 1964 einen Arbeitsvertrag –, immer noch ging es vor allem um die Landwirtschaft, die Hälfte dieser Mexikaner arbeiteten in Kalifornien. Ein neuer Migrationskanal war damit geöffnet, die Zahl der Bewerbungen lag immer höher als die Zahl der Verträge, und illegale Grenzübertritte ließen den Umfang der Gruppe der Mexikaner im Süden und Südwesten der USA weiter steigen. Nach den Angaben der US-Statistik zählten 2005 rund 27 Millionen US-Bürger zu den *Mexican Americans*.

„Bracero-Programm"

Der Bedeutungsgewinn der mexikanischen Zuwanderung war auch Ergebnis des Rückgangs der Überseemigration aus Europa: Staaten wie Großbritannien oder Deutschland, die über lange Zeit hinweg wichtige Herkunftsländer der Überseemigration gewesen waren, wurden nach dem Zweiten Weltkrieg bei hohen wirtschaftlichen Wachstumsraten zu Zielen der Massenzuwanderung. Die Migration anderer ehemals wichtiger Herkunftsländer wie Italien, Spanien, Portugal oder Griechenland richtete sich auf nord-, west- und mitteleuropäische Staaten aus. Der gesamte ost-, ostmittel- und südosteuropäische Raum, der im späten 19. und frühen 20. Jahrhundert die Abwanderung aus Europa zu großen Teilen gespeist hatte, wurde mit dem „Kalten Krieg" und der hermetischen Teilung Europas von den Wanderungszielen in Übersee, aber auch in West-, Nord- und Mitteleuropa abgeschnitten.

„Gastarbeiter"-Zuwanderung

In West-, Nord- und Mitteleuropa wuchs die Zahl der Zuwanderer seit den späten 1940er Jahren rasch an. In Großbritannien kam der größte Teil zunächst weiter aus Irland, 1946 bis 1950 waren es 100.000 bis 150.000 Frauen und Männer. Neben die vornehmlich in Deutschland angeworbenen *Displaced Persons*, die in erster Linie im Bergbau (Männer) und in der Textilindustrie beziehungsweise in privaten Haushalten (Frauen) beschäftigt wurden, traten in den 1950er Jahren Italiener sowie bald Malteser, Zyprioten und Türken. In Frankreich wuchs die Zahl der Spanier und Italiener seit den späten 1940er Jahren weiter an. In der Bundesrepublik Deutschland stieg die Zahl ausländischer Staatsangehöriger von 690.000 (1961) auf 4,1 Millionen (1974). 1980 waren 33 % aller nicht-deutschen Staatsangehörigen in Westdeutschland Türken, es folgten Jugoslawen und Italiener mit je 14 %. Der Ausländeranteil an der Zahl der abhängig Beschäftigten lag 1980 bei 10 %. Während Westdeutschland vornehmlich Arbeitskräfte aus Südeuropa und der Türkei erreichten, setzte sich die Zuwanderung in Frankreich und Großbritannien, aber auch in den Niederlanden und Belgien auf Grund von kolonialen oder post-kolonialen Bindungen anders zusammen: Großbritannien bot seit dem *British Nationality Act* von 1948 allen Bewohnern der Kolonien eine einheitliche Staatsangehörigkeit und

Postkoloniale Zuwanderung

freie Einreise auf die Britischen Inseln. Diese offene Regelung wurde erst seit den 1960er Jahren schrittweise zurückgenommen. Seit 1971 dürfen nur noch jene frei einreisen, die nachweisen können, dass ihre Eltern oder Großeltern in Großbritannien geboren worden sind. Zunächst wuchs vor allem die Zuwanderung aus der Karibik – bis 1960 war die Zahl der Westinder auf 200.000 angestiegen –, seit den späten 1950er Jahren dominierte dann die Zuwanderung vom Indischen Subkontinent. 1971 hielten sich 480.000 Menschen in Großbritannien auf, die in Indien oder Pakistan geboren worden waren, bis 2001 stieg ihre Zahl weiter auf 1 Million an. In Frankreich dominierten bis Mitte der 1970er Jahre zwar weiterhin Zuwanderungen aus Südeuropa, seit den frühen 1960er Jahren aber stiegen die Anteile der Zuwanderer aus den ehemaligen nordafrikanischen Kolonien. 1968 bildeten Algerier nach Italienern und Spaniern die drittgrößte Zuwanderergruppe, seit den späten 1960er Jahren wuchs die Zuwanderung aus Marokko und Tunesien sowie aus den ehemaligen französischen Kolonien in Indochina, im subsaharischen Afrika und in der Karibik.

Die frühen 1970er Jahre brachten mit dem Auslaufen der Rekonstruktionsphase nach dem Zweiten Weltkrieg ein Ende der Hochkonjunktur. Der Niedergang alter Industrien (Eisen- und Stahlindustrie, Textilindustrie, Bergbau), aber auch Rationalisierung und Automatisierung der Produktion ließen die Nachfrage nach unqualifizierten Arbeitskräften rasch absinken. Dass damit der Zuwanderungsbedarf sank, kam in den Maßnahmen zur Beendigung der Anwerbung in den europäischen Industriestaaten 1973/1974 zum Ausdruck. Damit aber ließ sich die Zuwanderung nicht aufhalten, denn die Anwerbungen der vorangegangenen zwei Jahrzehnte hatten viele neue Migrationskanäle geöffnet, und da bis in die Gegenwart die Möglichkeiten des Familiennachzugs weithin unbeschränkt blieben, sorgten sie für einen steten Strom von Neuzuwanderern. Die politischen Vorstellungen über eine Rückwanderung der Angeworbenen blieben Illusion. Eine zunehmende Dauer des Aufenthalts führte zu einer sukzessiven Verfestigung des rechtlichen Status der Zuwanderer und mündete immer häufiger in die Annahme der Staatsangehörigkeit des Ziellandes.

Anwerbestopps

In allen europäischen Zuwanderungsländern lässt sich im Vergleich zur Zeit vor dem Zweiten Weltkrieg nicht nur ein (starker) Anstieg der Zuwanderung ausmachen, sondern auch eine Diversifizierung hinsichtlich der Herkunftsräume. Ähnliche Beobachtungen ergeben sich in anderen globalen Zielgebieten: In Australien waren 1947 insgesamt 98 % der Menschen europäischer Herkunft, unter denen Briten und Iren mit 90 % dominierten. Mit der verstärkten Zuwanderung aus Süd- und Osteuropa nach dem Zweiten Weltkrieg, dem Ende der *White Australia Policy* und der Öffnung gegenüber der Zuwanderung aus Asien in den 1960er Jahren wandelte sich die Bevölkerungszusammensetzung. 1988 war der Anteil der Menschen, die aus Großbritannien und Irland stammten, auf 75 % abgesunken, asiatische Zuwanderer, deren Anteil 1947 noch deutlich unter 1 % gelegen hatte, erreichten nunmehr 4,6 %. 1995/1996 kamen 40 % aller Neuzuwanderer aus Asien.

Australien

Andere Regionen, die lange zentrale Ziele globaler Migration gewesen waren, verloren nach 1945 an Gewicht. Das galt vor allem für Lateinamerika, das bis in die Zwischenkriegszeit vornehmlich wegen der Expansion des exportorientierten Agrarsektors Ziel von Europäern und Asiaten gewesen war. Seit Mitte des 20. Jahrhunderts kennzeichnete demgegenüber eine starke Abwanderung vom Land in die Städte die Migrationssituation. Viele Megastädte der Gegenwart sind Ergebnis dieses Prozesses: Buenos Aires, Mexiko-City, Rio de Janeiro und São Paulo zählen zu den 25 größten Städten der Welt. Die Kernstadt Mexiko-City wuchs von 3 Millionen Einwohnern 1950 bis auf 9 Millionen 2005 an, mit den Vorortgürteln umfasste die Agglomeration zu Beginn des 21. Jahrhunderts 20 Millionen Menschen. Grenzüberschreitende Zuwanderungen konzentrierten sich weiterhin auf Argentinien, seit den 1970er Jahren auch auf Venezuela wegen des hohen Wirtschaftswachstums auf Grund der steigenden Ölexporte. Abwanderungen aus Lateinamerika zielten auf die USA.

Lateinamerika

Auch die afrikanische Migration blieb, sieht man von Fluchtbewegungen im Kontext der Dekolonisation und privilegierten Migrationsbeziehungen zu ehemaligen Kolonialmächten ab, weithin auf Bewegungen innerhalb des Kontinents und Land-Stadt-Wanderungen beschränkt. Kairo, Lagos, Kinshasa und Khartum zählen zu den 30 größten Städten der Welt. Im Jahr 1960 waren 15 % der afrikanischen Bevölkerung Stadtbewohner, 1975 dann 20 %, 20 Jahre später 34 %. In den 1960er Jahren war die Urbanisierungsrate in Nord- und Südafrika überdurchschnittlich hoch gewesen, zügig aber holten die anderen afrikanischen Regionen auf. Besonders hohe Wachstumsraten ließen sich dort ausmachen, wo die Landwirtschaft stagnierte, wie etwa in Gabun, Mauretanien oder Guinea.

Afrika

Die Position als größte Stadt des Kontinents konnte Kairo halten und rückte in die Riege der größten Städte der Welt auf. 1950 zählte es 2,4 Millionen Einwohner, 2000 dann 15,5 Millionen. Andere Städte wuchsen allerdings mit wesentlich höheren Zuwachsraten: Lagos hatte 1950 ca. 290.000 Einwohner und zählte im Jahr 2000 insgesamt 9,1 Millionen, Abidjans Bevölkerung lag 1950 bei 60.000, überschritt rund 30 Jahre später die Millionengrenze und erreichte 2000 ca. 3,5 Millionen. Wie in Südamerika wuchsen die afrikanischen Millionenstädte ungeplant, die Infrastruktur (Straßen, Wasserver- und -entsorgung, Elektrizität, Müllentsorgung) entwickelte sich meist mit einer wesentlich geringeren Dynamik als der Umfang der städtischen Bevölkerung. Trotz aller sozialer Probleme, die das rasante Städtewachstum mit sich brachte, boten sie für viele Menschen attraktive Zuwanderungsziele, weil sie im Vergleich zu ländlichen Distrikten und kleineren Ansiedlungen günstige Beschäftigungschancen im formellen und informellen Sektor boten, die Gesundheitsversorgung ebenso besser war wie das Angebot an Gütern des täglichen Bedarfs oder die Bildungsmöglichkeiten.

Mega-Städte

Während Westeuropa in den frühen 1970er Jahren die Zuwanderung beschränkte, öffneten die Golfstaaten, die von den steigenden Öl- und Gaspreisen profitierten, ihre Tore. Von Beginn an wurde hier die Arbeitsmigration in ein striktes Rotationssystem eingebunden. Die mit Zeitverträgen ausgestatteten Zuwanderer arbeiteten meist im Baugewerbe oder im Bereich der haushaltsnahen Dienstleistungen. Strenge Vorschriften regelten die Arbeitsverhältnisse. Zuwanderer kamen vor allem vom Indischen Subkontinent. Die Länder am Persischen Golf rekrutierten bis 1990 rund 2 Millionen Arbeitskräfte aus Indien, 1,5 Millionen aus Pakistan, 200.000 aus Bangladesch und 70.000 aus Sri Lanka. In den 1980er Jahren gewann die Anwerbung von Arbeitskräften in Südostasien an Bedeutung. Zunächst kamen sie vor allem aus Südkorea, später zunehmend von den Philippinen, das sich seit den späten 1970er Jahren zu einem der weltweit wichtigsten Exporteure von Arbeitskraft entwickelte. Neben die zahllosen Arbeitskräfte in den Niedriglohnbereichen traten vor allem seit den 1980er Jahren viele hochqualifizierte Zuwanderer aus Asien, Europa und Nordamerika, die für die Ölindustrie, das Gesundheits- und Bildungswesen ebenso von hoher Bedeutung waren wie für den Auf- und Ausbau der Tourismusindustrie und der Finanzdienstleistungen. Zu Beginn des 21. Jahrhunderts hatte die Bevölkerung der Vereinigten Arabischen Emirate einen Zuwandereranteil von 74 % und erreichte damit den weltweit höchsten Wert.

Golfstaaten

Neben die Golfstaaten traten seit den 1970er und 1980er Jahren Teile Südostasiens als Magneten für Zuwanderer. Malaysia und Thailand beschäftigten zu Beginn des 21. Jahrhunderts jeweils über 1 Million ausländische Arbeitskräfte. Auch Taiwan und Südkorea, die in der letzten Dekade des 20. Jahrhunderts einem raschen Industrialisierungsprozess unterlagen, wurden zu Zuwanderungsländern. Japan hingegen, der einzige asiatische Staat, dessen Industrialisierungsgeschichte schon im späten 19. Jahrhundert begann, blieb nach dem Zweiten Weltkrieg bis in die Gegenwart bei einer restriktiven Migrationspolitik, die auf eine Abschottung gegenüber dauerhafter Zuwanderung zielte und nur in wenigen Beschäftigungsbereichen (Unterhaltungsindustrie, Baugewerbe) befristete Arbeitsmigration in relativ geringem Umfang zuließ.

Südostasien

Migrationsverhältnisse und Migrationsregime in Gegenwart und Zukunft

Anders als zu Beginn des Beobachtungszeitraums im späten 19. Jahrhundert prägt gegenwärtig eine weitreichende staatliche Einflussnahme die globalen Migrationsverhältnisse: Die ökonomisch führenden Staaten der Welt haben migrationspolitische Muster durchgesetzt, die auf eine strikte Kontrolle von Zuwanderung zielen. Zentrale Elemente sind nicht nur restriktive Visa- und Einreisebestimmungen gegenüber potentiellen Zuwanderern, die nicht auf Grund von hoher Qualifikation oder Besitz als begehrte Träger von (Human-)Kapital gelten, sondern auch Verträge mit Herkunftsländern, die vor allem darauf ausgerichtet sind, die Rückkehr jener Zuwanderer zu garantieren, die aus ökonomischen Gründen für zeitweilig erforderlich erachtet werden. Unter den Generalverdacht einer potentiellen Belastung für Sicherheit, Ökonomie, soziale Sicherungssysteme oder spezifische kulturelle Wer-

Migrationspolitik

te und politische Vorstellungen einer Gesellschaft fallen auch Flüchtlinge und Vertriebene, die in den vergangenen zwei, drei Jahrzehnten mit einer Schließung vieler Pfade konfrontiert waren, die die Asylsysteme geboten hatten.

Ein solcher Befund widerspricht nicht der Beobachtung, dass Migration weiterhin für Individuen, Gruppen und Bevölkerungen ein Mittel der Reaktion auf wirtschaftliche, gesellschaftliche und politische Veränderungen und der Wahrnehmung von Chancen ist. Restriktive Migrationsregimes können Wanderungen nicht verhindern, wie die massenhaften illegalen Grenzübertritte und illegalen Aufenthalte beweisen. Ökonomisch prosperierende Regionen ziehen weiterhin Menschen an und Zuwanderer tragen, wie eine Unzahl von Studien belegt, zu ihrer Prosperität bei. Auch die ökonomische Bedeutung von Migration für die Herkunftsländer ist weiterhin hoch. 2006 lagen die Geldüberweisungen von Migranten an ihre Verwandten im Herkunftsland bei weltweit 230 Milliarden US-Dollar. Sie überstiegen damit den Wert der Entwicklungshilfezahlungen des Westens deutlich.

Geldüberweisungen

Im globalen Migrationsgeschehen nehmen umweltbedingte Bestimmungsfaktoren an Bedeutung zu. Jährlich wächst der Umfang ökologisch labiler Regionen auf Grund von Desertifikation – also der Ausbreitung von Wüsten –, Versalzung, Versteppung, Überschwemmung und Verschmutzung. Trotz der Aktualität des Problems und der vielfältigen Debatten über Reichweiten und Grenzen globalen Klimawandels sind unsere Kenntnisse über die Bedeutung umweltbedingter Bestimmungsfaktoren im Migrationsgeschehen und über den Stellenwert des Faktors Migration bei globalen Umweltveränderungen weiterhin relativ gering. Das beweisen zum Beispiel allein die ausgesprochen unterschiedlichen Einschätzungen über den Umfang der umweltbedingten globalen Migration. Für die Wende vom 20. zum 21. Jahrhundert war von 25 Millionen Menschen die Rede, die auf Grund der wachsenden Belastung der Umwelt mobilisiert wurden, aber auch von 500 Millionen, wie das Internationale Komitee des Roten Kreuzes meinte.

Umweltbedingte Migration

Die enorme Spannweite solcher Schätzungen ist auch auf den geringen Grad definitorischer Klarheit zurückzuführen. Die Verwendung des Begriffs „Umweltflüchtlinge“ für die unterschiedlichsten Formen umweltbedingter Migrationen verdeckt eher die Komplexität der zugrunde liegenden Determinanten und Motivationen, weil sie auf eine Gewichtung umweltbedingter und anderer Bestimmungsfaktoren verzichtet. Denn die Überlastung der Umwelt ihrer Herkunftsgebiete ist selten der einzige Hintergrund für die Abwanderung von Menschen; vielmehr wirkte sie in aller Regel mit ökonomischen und sozialen, aber auch kulturellen und politischen Bestimmungsfaktoren zusammen. Umweltbedingte Krisen verschlechtern zumeist ohnehin prekäre ökonomische Grundlagen, so dass nur die temporäre oder dauerhafte Abwanderung eine Verbesserung der Lebenssituation zu bieten scheint. Umweltbedingte Krisen treten zugleich häufig als kulturelle Krisen auf, werden nicht selten politisch instrumentalisiert oder führen zu politischen Konflikten, die wiederum Migration forcieren. Der Blick auf die umweltbedingten Determinanten des Migrationsgeschehens wirft zugleich die Frage nach potentiellen Zuwan-

Klimawandel

derungszielen auf und damit auch nach den Räumen, die Profiteure des Klimawandels sein könnten oder in denen Reaktionsmuster entwickelt werden, die eine mehr oder minder konfliktfreie Bewältigung seiner Folgen mit sich bringen. Viel spricht dafür, dass zukünftig der Faktor Klimawandel enormes Gewicht für die globale Migrationssituation haben wird. Gut begründete Schätzungen gehen davon aus, dass die Welt des Jahres 2050 mit 200 Millionen Menschen zu rechnen hat, die ihre Herkunftsgebiete wegen des Klimawandels verlassen mussten.

Die beiden Nachkriegszeiten des 20. Jahrhunderts

Hartmut Elsenhans

Globalisierung, Nationalismus und Stabilität des Vorkriegssystems

Kapitalismus, Einbettung und *benign globalization*

Selten haben große Kriege zu so unterschiedlichen Nachkriegszeiten geführt wie der Erste und der Zweite Weltkrieg: nach 1919 ein bloßer Waffenstillstand ohne stabile Friedensordnung, nach 1945 und viel furchtbareren Zerstörungen eine zunächst wacklige Friedensordnung ohne Regelungen in wichtigen Bereichen und doch ein über vier Jahrzehnte stabiles Weltsystem. Hatten die politischen Führungen dazugelernt? Hatten sich die Nationen verändert? Waren geplant oder ungeplant am Ende der beiden Weltkriege unterschiedliche Strukturen in der Machtverteilung entstanden? Hatten neue Waffensysteme (Atomwaffen) mit ihrer ungeheuerlichen Zerstörungskraft die Welt friedlich gehalten? Waren neue ökonomische Strukturen auf Weltebene oder in den einzelnen Nationen entstanden?

Universell und gefährlich waren die Konflikte zwischen Nationen zu Beginn des 20. Jahrhunderts geworden, weil sie sich nicht mehr – wie seit Beginn der Neuzeit – nur aus Problemen der Aufrechterhaltung des Machtgleichgewichts zwischen Staaten entwickelten. Die Konflikte des 20. Jahrhunderts resultierten aus ökonomischen und mit ihnen verbundenen politischen Prozessen, welche die Massen als Opfer, aber auch als Akteure einbezogen. Mit der Demokratisierung wurde das Staatensystem gesellschaftlich durchdrungen.

Durch Industrialisierung, Arbeitsteilung und Mobilität konnten sich immer mehr Menschen nicht mehr auf die Sicherheit landwirtschaftlicher Eigenversorgung zurückziehen. Sie wurden von Märkten abhängig. Aus regionalen Märkten, die in noch überschaubare Strukturen eingebettet waren, entstanden nationale Märkte und mit ihnen eine neuerfundene Gemeinschaft, die Nation, und schließlich der Weltmarkt. Im letzten Viertel des 19. Jahrhunderts wurde weltweit ein bislang erst wieder Ende des 20. Jahrhunderts erreichter Grad der Globalisierung von Wirtschaft erreicht. Von 1905 bis 1914 stieg Großbritanniens Kapitalexport auf 55 Prozent der Bruttokapitalbildung des Landes. Auch die Anteile des Außenhandels an der Produktion vor dem

Ersten Weltkrieg (1913 alle westlichen Industrieländer 13 %) wurden erst in den 70er Jahren des 20. Jahrhunderts (1970 10,8 %, 1990 14,8 %) wieder erreicht.

Europas Herrschaft dehnte sich auf die gesamte Welt aus: Knapp 75 Prozent der Landfläche der Welt gehörten zu den europäischen Kolonialreichen (Großbritannien 32 %, Russland 21 %, Frankreich 9,5 %, Portugal 2 % und Deutschland 3 %). In Lateinamerika, schon in der ersten Welle der europäischen Expansion besetzt, erschlossen kreolische Führungsschichten überwiegend europäischer Abstammung das Landesinnere. Europäische Einwanderer besetzten ganze Kontinente, Nordamerika und Australien, die europäischen Mächte übernahmen die Herrschaft über die alten tributären Reiche Asiens. Die europäischen Weltreiche waren nicht mehr nur Zusammenfügungen von Territorien, sondern standen untereinander in engen Wirtschaftsbeziehungen. Neue Wirtschaftstätigkeiten veränderten die gesellschaftlichen Strukturen. Arbeit wurde vor allem im entwickelteren Teil der Welt mobil: 44 Millionen Menschen wanderten aus dem sich industrialisierenden Europa nach Übersee aus, vor allem in die dünn besiedelten Gebiete Amerikas, aber auch in die gemäßigten Zonen Ozeaniens, und bildeten dort neue Nationen. Gleichzeitig wanderten etwa 7 Millionen indische und chinesische Arbeiter (Kulis) nach Afrika, Lateinamerika und Ozeanien und selbst nach Nordamerika ein. Die europäischen Einwanderer in Australien fürchteten sich vor chinesischer, japanischer und indischer Überfremdung. Im Schutze der *Pax britannica* wurden auch alte nichteuropäische Handelsnetze global. Hadramautische Händler organisierten den Handel zwischen Afrika, Malaysia und Indien und ließen sich selbst in China nieder. Syrer betrieben den Handel in Westafrika und Chinesen organisierten den Austausch in Südostasien.

Wanderung und Handel

Die Globalisierung der Welt des späten 19. Jahrhunderts hat als Gegentendenz den Nationalismus hervorgebracht. Nationale Identitäten gab es zwar schon vor dem 19. Jahrhundert, selbst in Frankreich erhob aber erst die Revolution von 1789 die eine und unteilbare Nation zum Träger kollektiver Identität. In der Abwehr des französischen Anspruchs auf universale Geltung waren die deutschen Forderungen nach eigener Identität Anfang des 19. Jahrhunderts noch sehr unklar mit der Forderung nach einem einheitlichen deutschen Staat verknüpft. 1914 zogen aber alle Staaten mit dem Anspruch auf Vorherrschaft der eigenen Nation in den Kampf. Die Welt erschien als geprägt vom Überlebenskampf der Nationen, einem Sozialdarwinismus der Menschenrassen und der Kulturen. Die Grundlagen dafür wurden in der Romantik gegen den Rationalitätsanspruch und den Menschenrechtsgedanken der Aufklärung formuliert.

Nationale Identität

Auf die ererbten Abhängigkeiten der alten Ordnung folgte nationale Identifikation. Nationen und ihr Staat, der Nationalstaat, eine völlig neue Form von Staatlichkeit, ermöglichten gesellschaftliche Einbindung des sich entfesselnden Kapitalismus. Neue Formen gesellschaftlicher Schichtung entstanden, und Reichtum sowie hoher sozialer Status hingen nicht mehr von politischer Macht und Privilegien ab wie in den Jahrtausenden „tributärer“ Herrschaft unter der alten Ordnung, in Europa als Feudalismus, ähnlich aber auch in den Alten Reichen Chinas, Indiens und sogar des vor-

kolumbianischen Amerika oder der Welt des Islam. Man musste Produktionsmittel besitzen und, um Kapitalist zu bleiben, weiterentwickeln und neue Produkte immer kostengünstiger herstellen. Kapitalistische Unternehmer können innovativ am Markt andere unterbieten, wenn sie Arbeit effizient organisieren: Dazu lösen sie Arbeit aus der unproduktiven vorkapitalistischen Wirtschaft heraus. Solche Arbeit verlor den Schutz, den ihr die Abhängigkeiten der alten Ordnung gewährten. Die Mächtigen der alten Ordnung wollten wiederum mit den neuen Reichen mithalten und strebten selbst nach Auflösung der alten Bindungen. Arbeit wurde damit zum doppelt freien „Proletarier", frei von eigenen Produktionsmitteln, aber auch frei von den früheren Verpflichtungen der alten Ordnung. Überleben konnte sie aber nur dann, wenn sie nachgefragt wurde.

Arbeit

Weil kapitalistische Unternehmer knappe Produktionsfaktoren, also letztlich Arbeit, immer kostengünstiger einsetzen, schaffen sie bisher ungeahnten wirtschaftlichen Reichtum. Dafür brauchen sie wachsende Märkte. Allein über ihre eigene Investitionstätigkeit können sie langfristig nicht die Nachfrage schaffen, die für den steigenden Absatz notwendig wäre, weil mit jeder neuen Investition neue, im Verhältnis zu ihren Kosten größere Produktionskapazitäten entstehen. Noch nicht kapitalistische Gesellschaften können nur so viel von den kapitalistischen kaufen, wie sie an diese selbst verkaufen. Durch exzessiven Konsum würden die Unternehmer ihre Wettbewerbsfähigkeit gegenüber sparsameren Konkurrenten verlieren. Letztlich muss die wachsende Nachfrage durch Steigerung der Einkommen der Masse der Arbeitskräfte im kapitalistischen Sektor selbst kommen. Tatsächlich stiegen im 19. Jahrhundert die Reallöhne – zunächst langsam, weil bis zur Mitte des 19. Jahrhunderts die noch weitgehend vorkapitalistisch organisierte Nahrungsmittelproduktion mit dem Bevölkerungswachstum nicht mithielt, dann ab Mitte des 19. Jahrhunderts deutlich im gesamten sich industrialisierenden Europa.

Wachsende Nachfrage

Besitzlose Arbeiter müssen sich organisieren, wenn sie auf die Arbeitsbedingungen Einfluss nehmen wollen. Neben der Partei der Monarchie und der Partei der aufklärerischen Beschränkung der königlichen Prärogative entstanden Organisationen und später Parteien der Arbeit, auch wenn sich gerade die konservativen Parteien der alten Ordnung um die Unterstützung wenigstens durch Teile der neu entstehenden Arbeiterschaft bemühten. Langfristig erfolgreich kann eine selbständige Organisation der Arbeiterschaft nur sein, wenn sie Knappheit von Arbeit durchsetzt. Nur dann können die Löhne allein durch die Nachfrage der Unternehmen nach Arbeit entsprechend den Annahmen der klassischen politischen Ökonomie (Jean-Baptiste Say) mit wachsender Produktivität steigen, so dass im Trend die Gesamtnachfrage entsprechend den Produktionskapazitäten wächst. Im 19. Jahrhundert wurde noch viel Kapital für die Erweiterung der Produktion benötigt: Umfangreiche Verbesserungen der Infrastruktur (Eisenbahn) absorbierten große Arbeitermassen und fegten seit Mitte des 19. Jahrhunderts die Arbeitsmärkte leer. Die Transportrevolution erlaubte Auswanderung: Wo Arbeitskraft schwach war, konnte sie abwandern (Skandinavien, östliches Deutschland). Dies trug zur lokalen Verknap-

Wachsende Produktivität

pung von Arbeit bei, ohne die Arbeitsmärkte der Kerngebiete der europäischen Industrialisierung zu überfluten.

Steigende Reallöhne in Europa führten zu mehr Nachfrage nach tropischen Produkten auch für den täglichen Bedarf (Seife aus Palmöl, Tee, Kaffee, Kakao). Bevölkerungs- und Einkommenswachstum stießen auf Versorgungsengpässe der europäischen Landwirtschaft: Seit Mitte des 19. Jahrhunderts versuchte Großbritannien aus Übersee Weizen zu importieren, zuerst aus Indien, dann aus Nordamerika. Ähnliches gilt für die Nachfrage nach Fasern zur Bekleidung (Baumwolle: Indien, Ägypten, USA). Durch die Industrialisierung wurden industrienahe Rohstofflager allmählich erschöpft, man musste entweder auf schlechtere Qualitäten umsteigen oder weiter entfernte Lagerstätten suchen. Bei Zinn, Kupfer und anderen Nichteisenmetallen begann dies Ende des 19. Jahrhunderts, bei Erdöl Anfang des 20. Jahrhunderts. Dadurch stieg die Kaufkraft nichteuropäischer Gesellschaften für europäische Produkte.

Nachfrage nach anderen Produkten

Weil die außereuropäische Welt zunächst nur bei Rohstoffen wettbewerbsfähig wurde, führte die vertiefte internationale Arbeitsteilung vor allem zur Steigerung der Masseneinkommen in Europa. Es kam noch nicht zu wettbewerbsbedingten Verlusten von Arbeitsplätzen an die überseeische Welt. Trotz innereuropäischer Wanderungen blieb Fremdenfeindlichkeit den Arbeitern fremd, ihre Organisationen waren kosmopolitisch ausgerichtet und versuchten, zur Herstellung einheitlicher Lebensbedingungen international zusammenzuarbeiten. Die Arbeiterparteien blieben überwiegend freihändlerisch. Begünstigt wurde diese transnationale Solidarität durch den Übergang der führenden Industrieländer Europas zum Goldstandard. De facto hatten damit alle die gleiche Währung, weil jede Banknote ein bestimmtes Quantum Gold repräsentierte. Im Vergleich zu heute geringe kurzfristige grenzüberschreitende Kapitalströme sind Ausdruck eines viel höheren Grades an Globalisierung: Devisenspekulationen waren sinnlos, und Lohnkostenwettbewerb durch Abwertung der Währung gab es nicht. So brauchten die Banken zur Sicherung des Wertes ihres Geldes nicht die Finanz- und Fiskalpolitik des Staates. Regierungen konnten ihren Banken nur helfen, im Ausland in einzelne Geschäfte einzusteigen.

Transnationale Solidarität

Wohlfahrtsstaat und nationalistische Integration

Zwischen Industriearbeiterschaft und Landwirtschaft (unabhängig davon, ob durch Bauern oder Großgrundbesitzer mit Landarbeitern betrieben) traten Spannungen auf. Anders als in Großbritannien führte die industrielle Dynamik auf dem europäischen Kontinent nicht zum Ende der lokalen Landwirtschaft. Diese wurde insbesondere ab den 90er Jahren durch Schutzzölle aufrechterhalten. Hohe Nahrungsmittelpreise schadeten dem städtischen Massenkonsum, hielten aber die Binnennachfrage durch akzeptable Einkommen für noch zahlreiche Bauern und Landarbeiter aufrecht, die nun vom Staat und von konservativen Regierungen abhängig wurden.

Wegen wachsender Komplexität der Leitung einer arbeitsteiligen Industrie wuchsen die Mittelschichten. Viele unter ihnen definierten sich wegen ihrer Nähe zu alten Apparaten (Bürokratie, Schule, Geistlichkeit) oder zur Herrschaft in den Betrieben als Kräfte der Ordnung. In Deutschland hieß die rasch wachsende Gruppe der Angestellten „Privatbeamte". Mit der zweiten technischen Revolution (Chemie, Elektrotechnik) ab 1880 wuchs die technische Intelligenz. Wegen ihrer (knappen) Qualifikation konnte sie Einkommensforderungen leichter in der Aushandlung von Arbeitsverträgen durchsetzen als durchschnittlich qualifizierte Arbeitskräfte, war damit an kollektiver Organisation weniger interessiert und hielt sich insbesondere von der politisch linken Arbeiterbewegung fern. Solche Polarisierung innerhalb der arbeitenden Bevölkerung waren besonders dort stark, wo rasche Industrialisierung, geringe Öffnung des politischen Systems und Konzentration des Kerns der industriellen Arbeiterschaft zu radikalen Forderungen der linken Arbeiterbewegung führten (Deutschland, Russland).

Polarisierung in der Arbeiterbewegung

Wo gesellschaftliche Einbindung in der Stadt wegen schwacher Organisation peripherer Arbeitergruppen (auch der Angestellten) niedrig war, nämlich in den staatstragenden Mittelschichten und in der landwirtschaftlich tätigen Bevölkerung, schufen sich die Kräfte der alten Ordnung neue politische Basen, um die Auswirkungen der Erweiterung des Wahlrechts abzufangen. Die industrielle Kernarbeiterschaft und ihre Arbeiterbewegung konnten die Mechanismen in der kapitalistischen Marktwirtschaft nicht sehen, die auch die Kapitalbesitzer disziplinierten. Dazu trugen diese auch selbst bei, weil viele unter ihnen ihren neuen Reichtum häufig dazu benutzten, sich in die alte Ordnung einzukaufen (Refeudalisierung des deutschen Bürgertums). Das Bürgertum war nicht zu allen Zeiten Verfechter der bürgerlichen Revolution.

Die kapitalistische Einbettung lokaler und regionaler Gemeinschaften und die Herstellung überregionaler Wirtschaftsräume (in Europa in Nationalstaaten), die als Verkörperung von Nationen verstanden wurden (Sprache als Vehikel von Öffentlichkeit), schuf als möglichen Gegenentwurf gegen die Solidarität der Proletarier die Nation. Ursprünglich ein Kampfbegriff der bürgerlichen Revolution in Frankreich gegen gesellschaftliche Ungleichheit, die die Kräfte der alten Ordnung lange ablehnte, wurde die Nation zur Grundlage des gesellschaftlichen Konzepts der Kräfte der alten Ordnung. Gesellschaftliche Ungleichheit sei zur Aufrechterhaltung der Funktionsfähigkeit des Organismus notwendig. Der Nation bürgerlicher westeuropäischer Orientierung als täglichem Plebiszit stellten die Kräfte der alten Ordnung die Nation als „rassischer Abstammungsgemeinschaft" gegenüber. Kultur ist (auch) Leitungs- und Herrschaftswissen, mit dem sich Mittelschichten und Industriearbeiter abheben können. Kultur wurde zur Selbstidentifikation als Teil des Blocks an der Macht wichtig. Nation war damit ambivalent. Solidarität auf der Grundlage der Behauptung gemeinsamer Abstammung war schon seit dem 15. Jahrhundert Vehikel der Forderung von Unterschichten auf Beteiligung gegen Eliten (z. B. in Spanien die Forderung nach Reinheit des Blutes auch gegen die Stellung der Juden in den Stadtverwaltungen) und konnte zur Ausgrenzung von Minderheiten benutzt werden.

Nation und Kultur

Gleichzeitig erlaubte sie, Privilegien durch funktionale Arbeitsteilung für das Überleben der Gemeinschaft zu rechtfertigen.

Kapital ist vaterlandslos, doch braucht Kapitalismus eine gesellschaftliche und politische Einbettung. Diese kann in der Einräumung politischer Beteiligung der Massen und der Hebung ihrer Einkommen, also dem Wohlfahrtsstaat, bestehen, oder in einer anderen Welt, die wegen geringerer materieller Anreize umso stärker auf ideellen Komponenten beruhen muss, so im Fall des identitären Nationalismus mit rassischer Ausrichtung, der den Prinzipien von Gleichheit in verdrehter Form Rechnung trug.

Die nicht auf erlebten Interessen oder Bindungen gegründete Gemeinschaft braucht zur Aufrechterhaltung ihres Zusammenhalts ein Feindbild. Täglich erlebbar als besser gestellte Fremde waren im kontinentalen Europa vor allem die Juden. Ab Ende der 80er Jahre waren überall nationalistisch geprägte Ausgrenzung und Ausschreitungen gegen Juden zu beobachten (Frankreichs Boulangismus 1888, Dreyfus-Affäre 1894–1906, deutsche Antisemiten, Hofprediger Stoecker, russische Pogrome ab 1881). Der Holocaust ist das Kind des ethnischen Nationalismus und diskreditierte diese Art der Identitätsbildung. Trotz der Einzigartigkeit seines Ausmaßes und seiner Methoden hat er Vorläufer in der europäischen Landnahme in Übersee (Cherokee 1838–1839, Bevölkerungsverluste in Mexiko im 16. Jh., Reduzierung der Indianer östlich der Appalachen auf 10 % ihrer ursprünglichen Zahl im 16./17. Jh.). Diese richteten sich aber gegen „Barbaren", so dass eine algerische Stimme in den 70er Jahren zwischen den Verbrechen der Nazis gegen die Menschheit und den (anderen) „Verbrechen gegen die Untermenschheit" in den Kolonien unterschied. Rassismus gehört auf vertrackte Weise zum europäischen Gleichheitsdenken. Der Antisemitismus war wesentlicher Bestandteil des ethnisch definierten Nationenkonzepts und deshalb auch gerade dort stark, wo wegen unscharfer Siedlungsgrenzen (Ostmitteleuropa) historische Ansprüche mit dem erwachenden Nationalbewusstsein bisher staatlich benachteiligter Völker kollidierten (deutsch-polnische Grenze, Böhmen und Mähren).

Der Holocaust

Langfristig ließ sich Demokratisierung nur verlangsamen, nicht aber aufhalten. In seiner Frontstellung gegen die Arbeiterbewegung begrenzte das Bürgertum seine Forderungen unter Betonung der Sicherung der Eigentumsverhältnisse. Dies erlaubte breiten Teilen der alten Ordnung, Privilegien in bürgerliches Eigentum zu verwandeln und sich mit der bürgerlichen Ordnung zu arrangieren. Diese Aussöhnung der Kräfte der alten Ordnung mit der bürgerlich-demokratischen erlaubte Ersteren, den Anspruch auf politische Führung aufzugeben, in Westeuropa und Skandinavien schneller als in Deutschland und dem Rest Mitteleuropas. Parallel dazu fand durch hohe Beschäftigungsniveaus auch die Arbeiterschaft zunehmend einen Platz in der bürgerlichen Gesellschaft. Der beginnende Sozialstaat verschaffte der bislang eigentumslosen Arbeiterschaft eigentumsähnliche Titel auf soziale Absicherung. Letztlich begrenzten Tarifverträge und Sozialgesetzgebung die Vertragsfreiheit der Parteien auf dem Arbeitsmarkt (Kündigung-, Gesundheitsschutz, Tariflohn).

Beginnender Sozialstaat

Vor 1914 konkurrierten in Europa zwei Mechanismen gesellschaftlicher Integration: nationalistische Identifikation und Wohlfahrtsstaat. In Zeiten der Hochkonjunktur mit starker Stellung von Arbeit auf dem Arbeitsmarkt überwogen Sozialreform und gewerkschaftliche Aktivitäten der Arbeiter mit außenpolitisch kooperativen Strategien der Eliten, in Zeiten der Wirtschaftskrisen scharfe innenpolitische Konflikte mit Führungsstellung der Parteien innerhalb der Arbeiterbewegung und nach außen nationalistischem Konfliktverhalten der Eliten. Bei fortdauernd hoher Beschäftigung konnte die Verallgemeinerung der bürgerlichen Ordnung unter wohlfahrtsstaatlicher Einbettung des Kapitalismus durchaus möglich werden. Wirtschaftskrisen führten aber immer wieder zur Instrumentalisierung von Nationalismus.

Zwei Mechanismen gesellschaftlicher Integration

Der aufsteigende Nationalismus beeinflusste das im Wiener Kongress verabredete Staatensystem. Dieses reagierte flexibel auf zwei Herausforderungen, auf die italienische Einigung besser als auf die deutsche, die wegen des Einflusses Russlands in Mitteleuropa nur unter konservativer Führung außenpolitisch abgesichert und deshalb erreicht werden konnte. Dies prägte bis 1914 die innenpolitischen Konstellationen in Deutschland. Nicht lösbar innerhalb des Wiener Systems waren die Forderungen der neu zu Nationalbewusstsein erwachten Völker Ostmitteleuropas auf eigene Staatlichkeit, weil dies zum Ende der Donaumonarchie (Auflösung) und des russischen Einflusses in Kontinentaleuropa (Selbständigkeit Polens) führen musste. Auch der wirtschaftliche Prozess führte zu Machtverschiebungen. Obwohl die wesentlichen Erfindungen in den neuen Industrien Chemie und Elektrotechnik in Großbritannien und Deutschland nahezu gleichzeitig gemacht wurden, hatte Großbritannien diese Industrien – wegen seiner starken Stellung bei alten, zuletzt noch gut verdienenden Industrien – vernachlässigt. Deutschland wurde daher bei den neuen Industrien führend. Dies wurde gerade in Krisen als englisch-deutsche Handelsrivalität wahrgenommen.

Machtverschiebungen

Weil die deutsche Großindustrie politisch für ihren Kampf gegen die Arbeiterbewegung das Bündnis mit den Kräften der alten Ordnung brauchte (Sammlungspolitik von Konservativen und Liberalen gegen die Reichsfeinde der Sozialdemokratie), akzeptierte sie den Schutz der getreideproduzierenden Junker und schloss damit Russlands wichtigsten Exportsektor vom deutschen Markt aus. Wegen der Gegnerschaft Frankreichs (Elsass-Lothringen-Frage) blieb nur noch das Bündnis mit Österreich-Ungarn. Die dynamischste Volkswirtschaft mit noch starken Kräften der alten Ordnung war nunmehr auf Gedeih und Verderb mit der einzigen Großmacht verbündet, die sich der Geltung des ethnischen Nationenprinzips widersetzen musste, und gleichzeitig mit den beiden anderen kontinentalen Mächten im Konflikt. Deutschland suchte den Ausweg in der Weltpolitik. Der Bau einer Flotte führte zu einem unüberbrückbaren Gegensatz mit Großbritannien (Rüstungswettlauf, besonders ab 1906).

Bündnisse

Mit dem Zusammenbruch dieser Konfiguration durch die deutsche Niederlage 1919 musste eine Ordnung errichtet werden, welche die Tendenzen zu einer sozialverträglichen Globalisierung wiederherstellte, bewahrte und förderte, die schon im späten 19. Jahrhundert geschichtswirksam geworden waren und gleichzeitig den nationalistischen Tendenzen der Kräfte der alten Ordnung Einhalt gebieten konnten. Allerdings war der Nationalismus durch den Krieg so stark geworden, dass seine Ersetzung durch andere Mechanismen der gesellschaftlichen Integration, nämlich den Wohlfahrtsstaat und letztlich die Konsumgesellschaft, eine lange Dauer der Entspannung im internationalen Bereich und des Wirtschaftswachstum erfordert hätte.

Der scheiternde Friede

Machtgleichgewicht versus gemeinsame Prinzipien und Konzertierung als Weg zur Sicherheit

Damit ein Friedenssystem dauerhaft und stabil ist, muss es von einer breiten Front letztlich kriegsmüder Parteien akzeptiert werden. Die Verlierer können einbezogen werden, wenn sie die Unumkehrbarkeit der neuen Ordnung anerkennen. Dies wird begünstigt, wenn wichtige politische Kräfte auch bei den Verlierern die neue Ordnung als legitim anerkennen. Eine Friedensordnung ist schwer durchsetzbar, wenn sie nicht auf Normen gegründet ist, die von Siegern und Verlierern akzeptiert werden.

Die Sieger hatten 1919 eine Ordnung zu errichten, deren Machtverteilung deutsches Streben nach Hegemonie als aussichtslos erscheinen ließ, gleichzeitig aber den Prinzipien der Demokratie in der Form nationaler Selbstbestimmung sowie bei der inneren Organisation der Staaten Rechnung trug, damit eine nationalistische Mobilisierung durch die Betonung von Wohlfahrtsstaat und Konsumgesellschaft eingedämmt werden konnte. Gegen ein nur militärisch, aber nicht wirtschaftlich geschwächtes Deutschland konnte ein Gleichgewicht nur durch die Präsenz der USA und der neu entstandenen Sowjetunion in der Friedensordnung gesichert werden. Die zwischen Deutschland und der Sowjetunion entstandenen Staaten „Zwischeneuropas" waren mit Ausnahme der Tschechoslowakei industriell und agrarisch rückständig und über ihre Grenzen zerstritten. Polen hatte Gebiete mit weißrussischer und ukrainischer Bevölkerung gewonnen und stand damit im Gegensatz zur Sowjetunion. Die USA hielten sich rasch als Stützungsmacht zurück: Sie sahen in den französischen Bemühungen, Deutschland zur Aufrechterhaltung des machtpolitischen Gleichgewichts dauerhaft zu schwächen, ein Wiederaufleben der alten Politik von Kriegsallianzen und damit ein Hindernis für einen dauerhaften Frieden.

Gleichgewichtssicherung nach 1919

Ohne starke Stützungsmächte war die unentschlossene Behandlung Deutschlands gefährlich: Der Vertrag ließ Deutschland zu mächtig und erlegte ihm schwer annehmbare Forderungen auf. Die wirtschaftliche Machtbasis Deutschlands blieb unangetastet, die Montanindustrie im Westen und (für die Deutschen zwar unzureichend: Oberschlesien) im Osten verblieben bei Deutschland. Kein größeres unbestrit-

Behandlung Deutschlands

ten deutsches Gebiet musste abgetreten werden. Selbst Ostpreußen, das vor 1871 nie zum deutschen Staat (nur zu Preußen) gehört hatte, blieb Teil Deutschlands. Dies verschärfte das Problem des polnischen Korridors im ethnisch umstrittenen Westpreußen. Ansprüche auf die nach dem Zusammenbruch Österreichs nunmehr mögliche Zusammenführung aller Deutschen in einem Nationalstaat (Österreich, Randgebiete der Tschechoslowakei) wurden unter Einsatz von Gewalt gegen den demokratisch geäußerten Wunsch der deutlichen Mehrheit verweigert.

Deutschland blieb militärisch potentiell und wirtschaftlich mächtig, wurde aber keine Stütze des Systems, weil ihm das Selbstbestimmungsrecht wenigstens teilweise verweigert worden war. Bei den angelsächsischen Mächten spielte frühzeitig mit unterschiedlicher Intensität die Überlegung eine Rolle, die gemäßigten, zu internationaler Kooperation bereiten Kräfte in Deutschland für das neue System auch mit Konzessionen in der Frage der Ostgrenze zu gewinnen. Umso nachhaltiger verteidigte Frankreich kleinlich die im Vertragswerk einseitig Deutschland auferlegten Verpflichtungen, die Letzterem die souveräne Gleichheit unter den Staaten verwehrten.

Die wirtschaftlichen Maßnahmen konzentrierten sich auf die Regelung der Kriegsschulden. Alle Kriegsalliierten wollten ihr *money back*, so dass Deutschland zahlen musste. Um sich hohe Anteile an den voraussichtlich begrenzten deutschen Zahlungen zu sichern, setzten alle Sieger ihre Forderungen möglichst hoch an. Hohe und Deutschland langfristig belastende Reparationszahlungen erschwerten die Einbindung des Landes in eine konzertierte Expansion der Weltwirtschaft durch wirtschaftliches Wachstum in den wichtigsten Bereichen. Die Verteilung von Geld war aber ein Nullsummenspiel: Es entstanden wenig gemeinsame Interessen, aber fortwährende Reibereien, die das Verhältnis zwischen den Regierungen trübten und zu Koppelgeschäften, etwa in der Frage der Räumung des Rheinlands von ausländischer Besetzung, führten. Die Probleme der in Versailles vereinbarten Ordnung schlossen jedoch eine stabile Friedensordnung nicht aus, wenn die Weltwirtschaft wieder auf Wachstumskurs gebracht wurde und die nationalistischen Einstellungen in den verschiedenen Nationen zugunsten wohlfahrtsstaatlicher Konfliktregulierung an Boden verloren. Dazu bedurfte es internationaler Koordination und internationaler institutioneller Bedingungen. Bei den Kriegsschulden wurden zwischen 1924 (Londoner Konferenz) und dem Ende der 20er Jahre beträchtliche Erfolge erzielt, ohne dass dadurch eine Ordnung der Weltwirtschaft entstanden wäre. Auf der Ebene der sicherheitspolitischen Regelungen schuf Locarno 1926 ein stabiles System, von dem aber das Verhältnis Deutschlands zu seinen östlichen Nachbarn auch mit Zustimmung Großbritanniens ausgenommen blieb.

Wirtschaftliche Maßnahmen

Der konzertierte Weg in die Deflation

Zur Finanzierung des Krieges hatten alle europäischen Mächte Geld gedruckt. Inflation und Zerrüttung der Währungen waren die Folge – nicht nur in Deutschland mit seiner Hyperinflation 1923, die zur Einführung eines neuen Geldes um den Preis der Enteignung der sparenden Mittelschichten führte.

Zur Verteidigung der Ansprüche von Geldbesitzern (und deren sozialer Basis, den sparenden Mittelschichten), für die es nach dem Krieg keine realen Gegenwerte mehr gab, strebten die Regierungen in den Siegerländern die Rückkehr zur Goldparität der Vorkriegszeit ein. Dies war nur durch Senkung des Preisniveaus möglich. Man verfolgte deshalb deflationäre Politiken. Für Großbritannien kam hinzu, dass die weltweite Bedeutung des Finanzplatzes London im Wettbewerb mit dem aufsteigenden New York nur zu halten war, wenn das englische Pfund zur Vorkriegsparität mit Gold und damit zum Dollar zurückkehrte. Das Pfund war dadurch jedoch überbewertet; die englischen Industriegüterpreise waren nicht mehr wettbewerbsfähig auf dem Weltmarkt. Schon Jahre vor der großen Depression hatte Großbritannien eine hohe Arbeitslosigkeit zu verzeichnen, und die britische Industriegüterproduktion wuchs nur langsam. Das Interesse des Finanzkapitals hatte Vorrang vor den Interessen des Industriekapitals, das heißt der realen Wirtschaft.

Das Finanzkapital

Im Vergleich zu anderen Schuldenregelungen (Reparationen Frankreichs 1815 und 1871, Schuldendienst von Entwicklungsländern heute) waren die Deutschland auferlegten Verpflichtungen eher mäßig. Sie wären tragbar gewesen, wenn Deutschland der „Realtransfer" durch Handelsbilanzüberschüsse mit den Siegerländern ermöglicht worden wäre. Dies hätte Deutschland zum „Workshop" der Welt machen müssen und das Industriewachstum nachhaltig – auch zu Lasten der anderen Industrieländer – befördert. Ohne solche Exportüberschüsse waren Zahlungen nur durch private Kapitalimporte möglich, für welche die nur mäßige Wachstumsdynamik der realen Wirtschaft in Deutschland eher geringe Anreize bot. Nach der Stabilisierung der Schulden durch den Dawesplan 1924 strömten kurzfristige amerikanische Darlehen an deutsche öffentliche Institutionen – auch Gebietskörperschaften, die auf absehbare Zeit keine zusätzlichen Exporterlöse zur Finanzierung des Schuldendienstes erwirtschaften konnten. Die Schulden waren also aus öffentlichen Haushalten einer nur mäßig wachsenden deutschen Wirtschaft zu bedienen. Dies schien leichter, wenn der internationale Wert der eigenen Währung hoch blieb. Deutschland hat deshalb selbst nach der Lösung des englischen Pfundes von der Goldparität 1931 keine Steigerung seiner Exporterlöse mit dem Mittel der Abwertung versucht.

Schuldenregelungen

Beim hohen Außenwert der Währung erschienen die deutschen Löhne als hoch – zu hoch für weitere Reallohnsteigerungen. Konjunkturelle Belebung wurde durch Rationalisierungsinvestitionen, aber nur sehr wenig durch die Erweiterung der Binnennachfrage ausgelöst. Noch vor John Maynard Keynes hatte es in Deutschland in Wissenschaft und Bürokratie Anhänger einer staatlichen Nachfragebelebung gegeben. Während der Krise hatten Gewerkschaftler Programme zur Krisenüberwindung durch staatliche Investitionsprogramme formuliert. Sie wurden abgelehnt, weil sie eine Abwertung der Währung erfordert hätten. So blieb nur noch der Kurs der Nachfragebeschränkung, auch weil diese das politische Ziel der Reichsregierung stützen

konnte, den Gläubigern die Unmöglichkeit vor Augen zu führen, den Verpflichtungen bei den Reparationszahlungen nachzukommen. Zur Streichung der Kriegsschulden optierte Deutschland für die Herbeiführung der strukturellen Unfähigkeit, die Wirtschaft keynesianisch wachsen zu lassen.

Die Verwirklichung der Alternative einer konzertierten Wiedergewinnung von Wirtschaftswachstum auf globaler Ebene hing letztlich von den USA ab. Sie hätten Konzessionen bei der Rückzahlung der Schulden und einen eigenen Wachstumspfad verbinden müssen, bei dem sie laufend Außenhandelsdefizite akzeptiert hätten. Mit den innenpolitischen Verhältnissen in den USA war diese zweite Option einer *benign globalization* nicht vereinbar. Das rasche Wachstum der US-Wirtschaft im 19. Jahrhundert beruhte auf der Expansion der Binnennachfrage durch Einwanderung und attraktive Beschäftigungsbedingungen. Der Reichtum an natürlichen Ressourcen konnte zur Steigerung des Massenkonsums genutzt werden, weil die offene Grenze die Arbeitseinkommen hoch hielt. Dadurch entwickelte sich keine mit Kontinentaleuropa oder auch Großbritannien vergleichbar umfassende Arbeiterbewegung. Für den Ausgleich zwischen Produktion und Konsum war weniger eine durchaus vorhandene militante Arbeiterschaft als vielmehr der Kampf zwischen dem nichtoligopolisierten Bereich der Wirtschaft (Landwirtschaft mit Farmervereinigungen, Arbeiter, kleine und mittlere Unternehmen) und *Big Business*, den *Trusts*, entscheidend (*Anti-Trust*-Gesetzgebung, zuerst *Sherman Act* 1890).

Die US-Wirtschaft

Nach dem Ersten Weltkrieg war die „offene" Grenze schon geschlossen; die amerikanische Landwirtschaft produzierte für den amerikanischen Markt zu viel. Viele europäische Länder hatten aus dem Krieg den Schluss gezogen, dass Nahrungsmittelselbstversorgung wichtig war. Die nach der Depression des späten 19. Jahrhunderts eingeleitete Politik der Schutzzölle wurde daher verschärft. Teile der amerikanischen Arbeiterbewegung waren wegen der führenden Rolle deutscher Einwanderer als „feindlichem" Gedankengut verpflichtet diskreditiert. Der Glaube an den Ausgleich auf freien Märkten wirkte nach und schlug auf die Arbeiterbewegung zurück. Die *Anti-Trust*-Gesetzgebung wurde auch auf gewerkschaftliche Zusammenschlüsse angewandt. Die Oktoberrevolution in Russland wurde als eine Bedrohung von Demokratie und amerikanischer Zivilisation angesehen. Gewerkschaften und Arbeiterorganisationen wurden deshalb in ihre Nähe gerückt. Die historisch einmalige Ausprägung des Kapitalismus in den USA, das heißt die Durchsetzung von Masseneinkommen durch den bloßen Zugang von Arbeit zu den natürlichen Ressourcen (Land) in der Form von kleinen selbständigen Warenproduzenten, wurde zur organisatorischen und kulturellen Sackgasse für die US-amerikanische Gesellschaft. Die Entwicklung Kanadas zeigt, dass dies nicht unausweichlich gewesen wäre.

Anti-Trust-Gesetzgebung

Die 20er Jahre waren in den USA durch Rationalisierung, insbesondere bei der Herstellung dauerhafter Konsumgüter, bestimmt. Die Größe des amerikanischen Massenmarktes erlaubte den Einsatz neuer Technologie, nämlich Spezialmaschinen für die Serienproduktion, die eine hohe Produktivität (Fließband) ermöglichte. Die Arbeitsproduktivität stieg durchschnittlich um 2,4 Prozent (verarbeitende Industrie

5,6 %) pro Jahr, die Masseneinkommen um gerade 1,8 Prozent. Die Produktion hinkte also der Steigerung der Produktivität hinterher. Die Nachfrage nach Arbeitskräften stagnierte selbst in den dynamischen neuen Industrien. Die entstehende Nachfragelücke wurde aber zunächst kompensiert: Anfang der 20er Jahre stieg die Bautätigkeit, wenige Jahre später expandierte der Konsumentenkredit an private Haushalte, die Bezieher hoher Einkommen erhöhten die Nachfrage nach hochpreisigen Gütern. Ab 1924 und vermehrt ab 1927 investierten die Besserverdienenden steigende Anteile ihrer Einkommen an der Börse. Dies trieb die Aktienkurse an und zog weiteres Geld an die Börse, auch vermehrt kreditgeschöpftes Geld. Zur Steigerung der Beschäftigung wurden in den 20er Jahren nicht die Stärkung der Masseneinkommen, sondern nur noch hohe Einfuhrzölle eingesetzt. Die US-Wirtschaft, an die alle verschuldet waren, nutzte ihr Wachstumspotential nicht und reduzierte die Wachstumsmöglichkeiten der anderen Industrieländer zusätzlich durch eigenen Protektionismus und die Orientierung an der Erzielung von Handelsbilanzüberschüssen.

Produktion und Nachfrage

Die Schwäche der amerikanischen Arbeiterbewegung nach dem Ersten Weltkrieg hatte Parallelen in der gesamten industrialisierten Welt. Zwar kamen die Eliten der alten Ordnung auch in den Siegerländern, erst recht aber in den Verliererländern, nicht umhin, den heimkehrenden Soldaten (überwiegend aus den Unterschichten und der Arbeiterschaft) vermehrte politische Teilhabe einzuräumen. Die Arbeiterbewegungen haben diese Möglichkeiten aber politisch nicht wirklich nutzen können. In Kontinentaleuropa waren die Arbeiterparteien durch die Gründung kommunistischer Parteien 1919 gespalten. Letztere bekämpften alle anderen Arbeiterparteien als Klassenverräter. Ab 1928 verfolgte der Zusammenschluss kommunistischer Parteien, die Komintern, den vorrangigen Kampf gegen die „sozialfaschistische“ Sozialdemokratie, die sie als letzte Stütze der Bourgeoisie und damit das letzte Hindernis für den Sieg der Revolution betrachtete. Obwohl reformistische Arbeiterparteien den Kapitalismus tatsächlich stützen, weil sie zum Wachstum der Massenmärkte beitragen und damit den Kapitalismus an den Interessen breiter Massen orientieren, wagten die reformistischen Arbeiterparteien nicht, sich auch theoretisch zu ihrem Reformismus zu bekennen. Sie pflegten in ihrer Programmatik einen verknöcherten Marxismus. Keine dieser Parteien entwickelte eine Theorie der Steuerung von Marktwirtschaften zur Sicherung der Verhandlungsmacht von Arbeit über expandierende Massenmärkte und hohe Beschäftigungsniveaus. Die Führung der SPD bekämpfte noch in der Weltwirtschaftskrise staatliche Beschäftigungspläne der Gewerkschaften mit orthodox marxistischen Argumenten (Rudolf Hilferding).

Reformistische Arbeiterparteien

Verschärft wurde die allgemeine politische Schwäche von Arbeit durch drei Faktoren: Innerhalb der Weltwirtschaft verschob sich das Gewicht auf die US-Wirtschaft, in der die organisierte Arbeiterbewegung zahlenmäßig und organisatorisch am schwächsten war. Die zweitstärkste industrielle Wirtschaft der kapitalistischen Welt, Deutschland, war auf Grund der Reparationsverpflichtungen nicht in der Lage, die

Binnennachfrage expandieren zu lassen; die internationale Kooperation zwischen den nationalen Arbeiterorganisationen war gering. 1914 bedeutete eine tiefe Niederlage des Internationalismus der Arbeiterbewegung: Diese hatte sich nicht wirklich dem Kriegsausbruch widersetzt. Die international führende deutsche Sozialdemokratie erschien den Arbeitern in den anderen Ländern als Handlanger des deutschen Imperialismus. Die internationalen Sekretariate der Gewerkschaftsbewegung, die 1914 in Berlin residiert hatten, verfügten im westlichen Ausland über wenig Ansehen. Wegen des schwachen Wachstums der Weltwirtschaft blieben auch die internationalistischen Tendenzen im Unternehmenssektor gering. Die außenwirtschaftliche Verflechtung erreichte zwischen 1919 und 1939 nie das Niveau von 1913. Die nationale Fragmentierung der Unternehmen aus der Kriegszeit wirkte nach und wurde nicht durch eine neue Welle internationaler Kapitalverflechtung abgelöst, weil dafür die Dynamik des Weltmarktes zu schwach war. Die Internationalisierung der Hochfinanz kam nach den nationalen Verwerfungen im Krieg nur ansatzweise wieder in Gang, auch weil die Banken angesichts der überragenden Bedeutung der Schuldenfrage mit ihren Regierungen zusammenarbeiteten. Nur die amerikanische Industrie nahm die Internationalisierung der Produktion bei hochtechnischen Produkten wieder auf, weil hier die Fertigung in anderen Industrieländern größere Marktnähe und niedrigere Lohnkosten ohne Weitergabe technischen Wissens an Dritte durch Lizenzvergabe erlaubte (Automobilindustrie: Kauf von Opel durch General Motors, Errichtung eines Werks durch Ford in Köln).

Allgemeine politische Schwäche

Wegen der überragenden Bedeutung der Schuldenfrage und deren Verknüpfung mit politischen Zielen verblieben die Entscheidungen über internationale Finanzhilfen an Länder mit Zahlungsbilanzproblemen bei den nationalen Zentralbanken und Regierungen. Die Schuldenregelungen waren gleichzeitig Katalysator für private Kapitalflüsse. Sie wurden mit politischen Auflagen versehen, am sichtbarsten im Fall des deutsch-österreichischen Plans einer Zollunion 1931. Dieser wurde zwar letztlich vom Haager Gerichtshof als mit den Pariser Vorortverträgen vereinbar zugelassen, scheiterte aber wegen französischer Drohungen, Kapital aus Österreich abzuziehen.

Private Kapitalflüsse

Die außereuropäische Welt konnte nicht zur Milderung der Hindernisse für eine konzertierte, an Wirtschaftswachstum orientierte Globalisierung beitragen. Die Auslagerung der Rohstoffproduktion in noch nicht erschlossene Gebiete der Peripherie setzte sich nur verlangsamt fort. Schon 1925/1926, also schon vor Ausbruch der Weltwirtschaftskrise 1929, sanken die Preise für tropische Agrarprodukte. Die Suche nach Nichteisenmetallen wurde fortgesetzt, absorbierte aber nur begrenzte Finanzmittel in der Form von Kapitalexporten aus den industriellen Metropolen. Die großen Investitionen für den Aufbau von Infrastrukturen (Hafenanlagen, Eisenbahnen) waren schon getätigt. In Afrika, Asien und Lateinamerika wuchs das Eisenbahnnetz von 1920 bis 1930 nur um 60.000 Meilen und stagnierte bis 1940. Die Masse der Eisenbahnlinien (144.000 Meilen) war bis 1914 entstanden. Die staatliche Politik der „Inwertsetzung“ der Kolonien war eine schwache Kompensation für die kraftlose Dynamik des privaten Kapitalexports in die Peripherie. Nur die Erschließung der Ölvorkommen wuchs stürmisch.

Krisenmanagement als Krisenverschärfung

Die 1929 ausbrechende Weltwirtschaftskrise war Folge des Scheiterns der Wiederherstellung eines durch Wirtschaftswachstum getragenen Prozesses der *benign globalization*, weil deren Grundlagen, die Ausweitung der Massenmärkte, in den führenden Wirtschaften gesellschaftlich nicht durchgesetzt werden konnten. Die Krise nahm ihren Ausgang in einem Börsenkrach (Okt. 1929), der selbst Folge unterkonsumtiver Tendenzen war, die zur zunehmenden Verwendung finanzieller Mittel zur Börsenspekulation geführt hatten. Der Börsenkrise begegneten die Regierungen mit deflationären Politiken und der Verknappung von Krediten. Die Folge war eine Ausweitung der Krise zur Bankenkrise (1931), die zum Ende der Kreditversorgung gerade in den Wirtschaften führte, die von ausländischer Kreditgewährung besonders abhängig waren. Sie gerieten am tiefsten in die Krise, ausländisches Kapital floh.

Der Börsenkrach 1929

Die USA reagierten auf Börsenkrach und Bankenkrise nicht mit der Bereitstellung staatlich geschöpften Kreditgeldes. Die amerikanische Regierung (und die herrschende Wirtschaftstheorie, auch die marxistische) sah darin vielmehr die Chance einer notwendigen Reinigung und verfügte Ausgabenkürzungen. Dies entsprach auch der Sicht des Finanzkapitals. Daher konnten andere kapitalistische Regierungen, die von der Kreditgewährung der Banken abhängig waren, keine andere Politik verfolgen, wenn sie nicht ihre Wirtschaft weiter national abschotten wollten. Um der krisenbedingten Arbeitslosigkeit entgegenzuwirken, erhöhten die USA noch die Handelsschranken (*Smoot-Hawley Act* 1930). In Deutschland sank die Produktion zwischen 1929 und 1932 um 41 Prozent, in den USA um 55 Prozent. Vor allem die Produktion „entbehrlicher" Güter, der „Annehmlichkeiten", nämlich der langlebigen Konsumgüter wie Radio, Staubsauger, Kühlschrank und Auto, sank, weil sich die von Arbeitslosigkeit bedrohten privaten Haushalte (auch der Mittelschichten) solche Annehmlichkeiten nicht mehr leisten konnten beziehungsweise wollten. Die Produktion dieser dauerhaften Konsumgüter war aber inzwischen zum Wachstumsmotor der Wirtschaft geworden.

Reaktion: Ausgabenkürzungen

Mit Arbeitslosenquoten um 25 Prozent (USA, Großbritannien, über 40 % in Deutschland) war das Ende der Mitwirkung von Arbeit an der Lösung der Spannung zwischen Produktion und Konsum über den Arbeitsmarkt, also die Ausgestaltung der individuellen Arbeitsverträge, und die Tarifpolitik der Gewerkschaften gekommen. Arbeit war schlicht machtlos. Wenn Arbeit am Arbeitsmarkt schwach ist, richtet sie ihre Forderungen an den Staat. Bloßer Kampf der Arbeit um steigende Löhne kann aber in einer Krise nur bedingt erfolgreich sein. Bei Vollbeschäftigung handeln Tarifparteien im Lohnkonflikt, als ob sie sich in einem Nullsummenspiel befänden, auch wenn ihre widerstreitenden Strategien einen immer größer werdenden Kuchen zur

Weltwirtschaftskrise und Arbeit

Folge haben: Steigende Arbeitseinkommen schaffen Anreize zu profitablen Investitionen, die durch Kredite der Banken finanziert werden; solche neuen Investitionen führen zu Nachfrage nach Arbeit und erhöhen damit die Verhandlungsmacht von Arbeit. Bei einer Arbeitslosigkeit wie in der Weltwirtschaftskrise führen höhere Löhne vielleicht noch zu besserer Kapazitätsauslastung, aber nicht zu mehr Beschäftigung. Weil wegen schon bestehender Überkapazitäten keine Nettoinvestitionen getätigt werden, gibt es auch keine Nettoausgaben für Investitionen; damit können aber auch die Profite nicht positiv sein oder gar steigen. Die sozialen Gegensätze verschärfen sich. Beide Tarifparteien konzentrieren sich nun auf ihre nationalen Regierungen. Auf dieser Ebene spielen die beiden Tarifparteien tatsächlich ein Nullsummenspiel. Die Befriedigung der Forderungen einer der beiden Parteien erhöht nicht die finanziellen Ressourcen der Regierungen. Die sozialen Gegensätze verschärfen sich weiter: Beide Seiten kämpfen um die Macht.

Weil Arbeit in den westlichen Ländern schon während der 20er Jahre schwach war, musste sie in der Krise beim Kampf um die Macht auf der Ebene der Regierungen unterlegen sein. Dies gilt erst recht für die industriell weniger entwickelten Länder Ost- und Südosteuropas, in welche die wirtschaftliche Globalisierung der Vorkriegszeit noch wenig hineingewirkt hatte. Hier waren bürgerlich-demokratische Regime häufig schon vor der Wirtschaftskrise durch autoritäre abgelöst worden. Ein solcher Übergang zum autoritären Regime ergriff nun alle Länder, auch weil die Kräfte der alten Ordnung in der Krise die Chance sahen, ihren Machtverlust wieder wettzumachen. Um ihr Politikmodell durchzusetzen, nutzten sie den ethnischen Nationalismus und verhalfen ihm zu innenpolitischer Geltung mit Konfliktstrategien in der Außenpolitik.

Auch in Zentraleuropa wurden die Kräfte der alten Ordnung durch die Verschärfung der sozialen Spannungen gestärkt. Sie schürten die Angst vor einer kommunistischen Machtübernahme und vor einem Bürgerkrieg. Sie wollten die Rückkehr zum autoritären Staat, in Deutschland in der Form der Präsidialherrschaft. Auch im bürgerlich-demokratischen Westeuropa hatte die ab 1919 zunehmende Demokratisierung und die mit ihr verbundene Infragestellung alter Werte und Normen die Kräfte der alten Ordnung verunsichert. Das italienische Beispiel der Einbindung der Massen, auch von Teilen der Arbeiterschaft, in einen autoritären Staat durch Benito Mussolini und den Faschismus stieß selbst bei späteren Führern des Kampfes gegen Hitlerdeutschland (so Winston Churchill) auf ein eher positives Echo. Die Gegner der demokratischen gesellschaftlichen Einbindung von Kapitalismus wollten die Arbeiterschaft mit nationalistischen Parolen gewinnen. Sie waren besonders dort erfolgreich, wo der Ausgang des Krieges Enttäuschungen der Frontkämpfer ausgelöst hatte, insbesondere beim Hauptverlierer Deutschland.

Stärkung der alten Ordnung

Gleichwohl sahen auch in Deutschland Teile der Unternehmer nach 1919 im moderaten Flügel der Sozialdemokratie ein politisches Bollwerk gegen den Bolschewismus. Wesentliche Teile der deutschen Großindustrie, insbesondere der deutschen

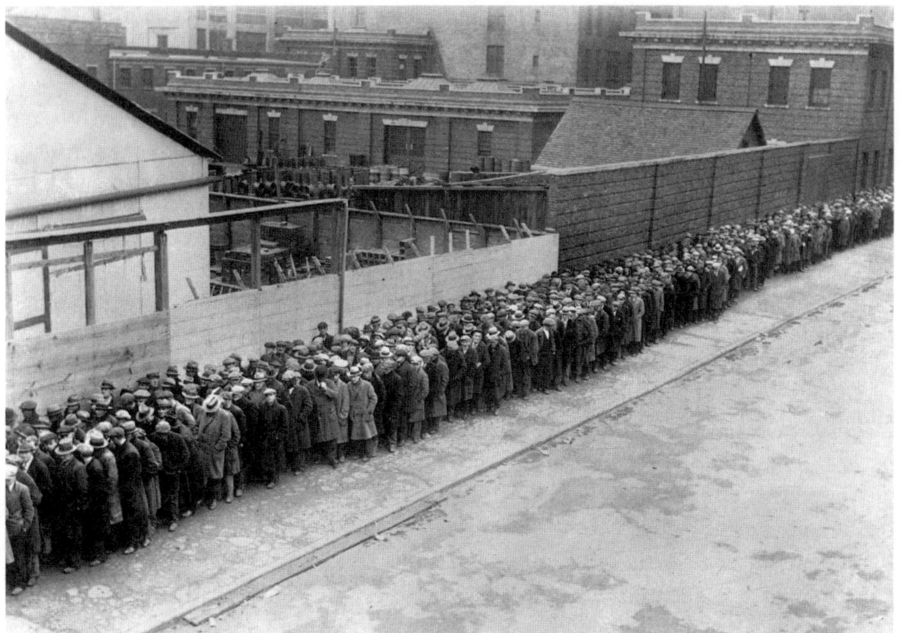

In mehreren Reihen stehen unzählige Arbeitslose vor dem städtischen Obdachlosenheim in New York (1930). Der „Schwarze Freitag" an der Wall Street in New York am 24. Oktober 1929 hatte eine Wirtschaftskrise ausgelöst.

Exportindustrie, hatten noch bis Ende 1932 auf Kooperation mit der SPD gesetzt. Für den Fall der Zuspitzung der politischen Gegensätze war entscheidend, inwieweit solche Kräfte glaubten, die bestehende Ordnung durch Kooperation und Kompromiss mit den Kräften der sozialen Demokratie (auch außerhalb der SPD, z. B. den nichtsozialdemokratischen Gewerkschaften) verteidigen zu können, und inwieweit die konkurrierende Allianz aus Kräften der alten Ordnung mit ihrer nationalistischen Massenbewegung des Nationalsozialismus glaubhaft machen konnte, sie sei für die Aufrechterhaltung der inneren Ordnung und die Vermeidung eines Bürgerkrieges geeigneter. Der Weg in den Faschismus war nicht vorgezeichnet, sondern hing von Entscheidungen einer kleinen Gruppe von im Staatsapparat gut platzierten Personen ab. Hier gab es in Deutschland wenige überzeugte Demokraten, einige Vernunftrepublikaner und viele, die glaubten, Demokratie und Parlamentarismus seien undeutsch. Die auf den unterschiedlichen Pfaden des Weges in die Moderne entstandenen Weltsichten wurden bedeutsam. In Frankreich, in Großbritannien und in den USA kam die in Deutschland gescheiterte Allianz zwischen Teilen der Unternehmer und des Bürgertums sowie einer reformistischen Arbeiterbewegung zustande: in den USA unter Führung Franklin D. Roosevelts unter Einbeziehung einer sich organisatorisch nachhaltig erneuernden Gewerkschaftsbewegung durch

Allianzen

die Gründung der CIO, in Großbritannien als Regierung der nationalen Einheit und in Frankreich und Spanien als Volksfront, die die Kommunisten einbezog (in Frankreich ohne Regierungsbeteiligung als parlamentarische Unterstützung).

Sicher hing diese von Deutschland sich unterscheidende Entwicklung im Westen mit der stärkeren Verwurzelung bürgerlich-demokratischer Werte in den politischen Eliten zusammen, doch spielte der Zeitablauf der weltweiten politischen Krise auch eine nicht zu übersehende Rolle. Adolf Hitler war brutaler als Mussolini, zeigte diese Brutalität aber erst nach der Machtübernahme. Nach der Machtergreifung im Jahr 1933 bereitete zudem die kommunistische Weltbewegung einen wichtigen Strategiewechsel vor. Die kommunistischen Führer hatten in den deutschen Nationalsozialisten Bankrotteure gesehen, die rasch abwirtschaften und so den Weg zur kommunistischen Revolution öffnen würden. Die überraschende Stabilisierung der Macht durch die Nationalsozialisten führte unter maßgeblicher Mitwirkung deutscher Kommunisten zum Konzept der Volksfront. Sie sollte vorrangig die bürgerlich-demokratische Ordnung schützen. Die Sowjetunion war ab 1935 bereit, mit den westlichen Mächten die Ordnung von Versailles zu verteidigen. In den für die strategische Tiefe Großbritanniens und Frankreichs wichtigen Kolonialreichen mäßigten die Kommunisten den Kampf gegen westlichen Kolonialismus und Imperialismus, auch um den Preis des Verlustes von Einfluss auf die dort immer stärker werdenden nationalen Unabhängigkeitsbewegungen.

Strategiewechsel der Kommunisten

Stabilisierungsversuche des Weltsystems durch die angelsächsischen Führungsmächte

In der Weltwirtschaftskrise der 30er Jahre entstanden zwei Ordnungsentwürfe für Weltpolitik und Weltwirtschaft, die sich wechselseitig ausschlossen, zwischen denen es aber Übergänge gab: die Sicherung der eigenen ökonomischen und politischen Stellung durch imperiale Blockbildung in Frontstellung gegen andere Mächte und die Herstellung einer grundsätzlich freihändlerischen Weltwirtschaft unter maßgeblicher Beteiligung nationaler Regierungen als Akteure der Wirtschaftspolitik. Die nationalen Regierungen hatten zu wirtschaftlichem Wachstum durch staatliche Förderung in den eigenen Wirtschaften und durch internationale Kooperation beizutragen. Dieses zweite Ordnungsmodell entstand pragmatisch aus den Versuchen der USA, als größter Wirtschaft, das britische Weltreich als größtes geographisches Ensemble in ein solches System einzubinden.

Sowohl die USA als auch Großbritannien hatten zunächst Alleingänge als Großwirtschaften versucht, die USA durch Hochzollpolitik und Lösung des Dollars von der Goldparität (und damit Abwertung), Großbritannien durch Abgang vom Goldstandard und (milden) Protektionismus im Rahmen des Weltreiches (Reichszollpolitik auf der Konferenz von Ottawa 1932). In den USA waren die Kräfte der außenwirtschaftlichen Liberalisierung stark genug, um eine bedingt freihändlerische

Version einer solchen Blockbildung durchzusetzen. Die Gleichberechtigung der USA mit Konkurrenten wurde als ausreichender Schutz amerikanischer Exportinteressen angesehen. Die 1935 eingeleitete Handelsvertragspolitik, zunächst mit lateinamerikanischen Ländern, gewährte den USA die Meistbegünstigung. Jede weitere Vereinbarung mit Dritten führte zum weiteren Abbau der Hindernisse für amerikanische Exporte und damit letztlich zu einem freieren Welthandel. Großbritanniens Versuch zur Bildung eines integrierten Wirtschaftsraumes des Empire scheiterte an den Exportinteressen der Kolonien und der Dominions. Die ozeanischen Länder und Kanada waren im Handel, vor allem aber bei ihren Sicherheitsinteressen (z. B. gegenüber Japan) zu sehr mit den USA verflochten, als dass sie mit diesen eine wirtschaftliche Konfrontation wagen wollten. Aber auch viele nichtweiße Kolonien waren vom Verkauf ihrer Rohstoffe an die USA abhängig. Großbritannien war als Absatzgebiet für Rohstoffe seines Weltreiches schlicht zu klein. Diese enge Verflechtung zwischen den Interessen des Kolonialreiches und der größten Industrienation konkretisierte der Britisch-Amerikanische Handelsvertrag von 1938, bei dem sich beide Seiten Meistbegünstigung und damit amerikanische Gleichberechtigung auf den Märkten des Empire einräumten. Damit war schon 1938 auf ökonomischer Ebene die den Krieg später entscheidende Allianz hergestellt. Es war unwahrscheinlich, dass die USA bei einem deutschen Angriff die Niederlage Großbritanniens hinnehmen würden. Die meisten anderen west- und nordeuropäischen Länder, die zunächst Zuflucht in der Bildung eines Goldblocks gesucht hatten, durch den sie im amerikanischen und britischen Raum vollends konkurrenzunfähig wurden, schlossen sich dem von den USA und Großbritannien gebildeten freien Wirtschaftsraum an. Versuche zur kolonialen Großraumwirtschaft durch verstärkte staatliche „Inwertsetzung" der Kolonien seit 1932 waren wenig erfolgreich gewesen. Der in der marxistischen Imperialismustheorie als Krisenbewältigungsstrategie viel zitierte staatliche Kapitalexport lag erheblich unter den im Vergleich zur Vorkriegszeit niedrigen privaten Kapitalexporten der 20er Jahre.

Freier Wirtschaftsraum

Auch das nationalsozialistische Deutschland wurde eingeladen, lehnte aber ab, um zur Vorbereitung eines Krieges die Autarkie der eigenen Rohstoffversorgung zu fördern. Dies führte in Deutschland anlässlich des zweiten Vierjahresplans zur Konfrontation zwischen den eher traditionellen Kräften der alten Ordnung und den Nationalsozialisten. Verfolgt wurde dann von Deutschland eine Politik privilegierter bilateraler Kooperation mit seinen Nachbarstaaten in Zwischeneuropa. Das hierbei genutzte *Clearing*system erlaubte die Bezahlung von Lieferungen über Verrechnungskonten, so dass keine knappen Devisen benötigt wurden. Obwohl auch im deutschen Handel mit Lateinamerika eingesetzt, entfaltete die *Clearing*methode ihre Wirkung vor allem bei der Reservierung des deutschen Marktes für Rohstoffexporte aus Ostmitteleuropa. Deutschland zahlte höhere Preise als die Weltmarktpreise, was sich rechnete, weil Deutschland durchaus den Gegenwert für die Rohstoffimporte aufbringen konnte, aber wegen fehlender Absatzmöglichkeiten auf dem freien Weltmarkt zu wenig Devisen hatte. Diese Politik entsprach den Interessen

Das Clearingsystem

der Partner an stabilen Absatzmärkten mit guten Preisen. Multilaterales *Clearing* zur Förderung des Welthandels ohne Abhängigkeit von internationalen Devisenmärkten und deren Beeinflussung durch internationale Finanzspekulation war eine Idee, die in die Konzeption des Internationalen Währungsfonds am Ende des Zweiten Weltkriegs einging.

Japan hatte schon zu Beginn der 30er Jahre durch die Gründung eines Marionettenregimes in der Mandschurei und dann durch den Angriff auf China sein Desinteresse an einer solchen Ordnung gezeigt und Großbritannien und die USA herausgefordert. Beide sahen sich aber nicht in der Lage, Japan auch nur mit diplomatischem Druck und Sanktionen Einheit zu gebieten. Allerdings wurde Japans alternative Strategie, die Steigerung der Exporte verarbeiteter Produkte (Textilien), bei denen Japan im asiatischen und selbst im (west-)afrikanischen Raum die europäischen Kolonialmetropolen seit Beginn der 30er Jahre auch auf Grund eines unterbewerteten Yens preislich unterbieten konnte, von den europäischen Kolonialmächten durch harten Protektionismus behindert.

Die Einbeziehung der deutschen und japanischen Form der Blockbildung in die entstehende anglo-amerikanische Weltwirtschaft wäre durchaus möglich gewesen, wenn Deutschland und Japan diese Blockbildung nicht als Grundlage für einen Angriffskrieg gesehen hätten. Die bestimmenden Teile der Eliten dieser Länder sahen imperiale Weltgeltung nicht als Ergebnis wirtschaftlicher Führungsstellung, sondern als Folge von Siedlung, entsprechend den Vorstellungen des ethnischen Nationalismus. Sie wollten die Kontrolle von Territorien, in denen eigene Soldatenbauern eine Machtbasis aufbauten und auf Grund rassischer Überlegenheit andere Bevölkerungen dominierten. Der Mechanismus gesellschaftlicher Integration, mit dem die Anhänger der alten Ordnung ihre Stellung innenpolitisch hatten bewahren wollen, schlug auf ihre Außenpolitik zurück. Solche Formeln imperialer Herrschaft mussten scheitern, weil sie nirgendwo geeignet waren, die für imperiale Herrschaft notwendigen Brückenköpfe in den beherrschten Gesellschaften zu bilden.

Formeln imperialer Herrschaft

Die in Deutschland gern geäußerte, weil ein Mitverschulden anderer Mächte suggerierende Kritik, die *Appeasement*politik Englands sei verfehlt gewesen, berücksichtigt nicht, dass ein früheres militärisches Vorgehen gegen Hitler im Westen innenpolitisch wegen der fehlenden Legitimität der Behandlung Deutschlands 1919 zu Konflikten geführt hätte. Der Erste Weltkrieg hatte aber gezeigt, dass unabdingbare Voraussetzung für einen Sieg in einem globalen militärischen Konflikt die breite und zeitlich nachhaltige Unterstützung durch die öffentliche Meinung war. Die durchaus gleich angelegte *Containment*politik ab 1945 gegenüber dem sowjetischen Block hat – allerdings gegenüber einer im Vergleich zu Hitlerdeutschland sehr viel rationaleren sowjetischen Außenpolitik – durchaus die erhofften Ergebnisse gezeitigt. Bei der Beurteilung des Ausbruchs des Zweiten Weltkrieges kommt man nicht um die Feststellung herum, dass die deutsche Führungselite die von den Angelsachsen angebotene Teilhabe an der Herrschaft des Westens aus Dummheit und

Appeasementpolitik

ideologischer Verblendung ausgeschlagen hat. Sie lebte in einer Vorstellungswelt, welche die alte Ordnung in ihrer deformierten Anpassung an neue Anforderungen quasi als Krebsgeschwür hervorgebracht hatte, nämlich Macht als Fähigkeit zur Ausübung von direkter Gewalt, nicht aber als relationale Macht zu begreifen.

Trotz ihrer Frontstellung gegenüber den Hegemonialmächten des Weltsystems sind Deutschland und Japan nie eine Koalition mit Kräften eingegangen, welche die Herrschaft der alten Kolonialmächte eindämmen wollten. Die nationalen Befreiungsbewegungen der nichteuropäischen Welt, die durch die wirtschaftlichen Folgen der großen Krise nachhaltig an Einfluss gewannen, waren von dem japanischen, vor allem aber dem deutschen Rassismus abgestoßen und achteten darauf, mit ihren eigenen Forderungen nicht die Position der demokratischen Kolonialmächte gegenüber Deutschland und Japan nachhaltig zu schwächen. Dies ist zum Teil sicher auch darauf zurückzuführen, dass Nationalsozialisten und Faschisten sich zum Beispiel im Abessinienkonflikt als durchaus rassistischer als die alten Kolonialmächte verhalten hatten.

Die angelsächsischen Mächte hatten lange an die Möglichkeit geglaubt, Japan und Deutschland in die westliche Politik einbinden zu können. Der Staatsinterventionismus gegen die freie Weltwirtschaft erschien ihnen als durchaus vergleichbar mit den eigenen Eingriffen in das Marktsystem. Gegenüber Deutschland kam die Anerkennung der Tatsache hinzu, dass nur ein gleichberechtigtes Deutschland zu einer Stütze des internationalen Systems werden konnte. Die Außenpolitik Hitlers verfolgte bis zum Marsch auf Prag Ziele, die als Verwirklichung des Deutschland in Versailles nur partiell gewährten Selbstbestimmungsrechtes auch auf Zustimmung in den westlichen Demokratien stießen, wenngleich dies mit brutalen Mitteln der Erpressung geschah. Die Abtrennung der Österreicher vom Deutschen Bund lag 1919 nur unwesentlich länger zurück als 1989 die Teilung Deutschlands. Der Anschluss Österreichs erschien durchaus als Vereinigung von Deutschen mit Deutschen. Die Aufteilung historischer Landschaften nach ethnischen Kriterien (Münchner Abkommen) hatte Großbritannien bei der Abtrennung Ulsters vom unabhängig werdenden Irland 1921 selbst angewandt.

Ziel der Hitler'schen Außenpolitik

Aus der Erfahrung des Krieges waren ab 1919 breite Teile der öffentlichen Meinung aller westlichen Länder von Friedenssehnsucht bestimmt. Die USA und Großbritannien wollten die Krise nicht mit militärischer Gewalt überwinden. Selbst in Deutschland war 1939 trotz aller Propagandavorbereitungen der Nationalsozialisten der Kriegsausbruch nicht populär wie 1914. Man hatte Hitler zugute gehalten, dass er das Versailler „System" ohne militärischen Konflikt, sondern nur durch geschickte Androhung von Gewalt verändert hatte. Im Westen wollte man Konflikte durch Kompromiss und Kooperation in der Außenpolitik, in den eigenen Kolonien sogar durch Erweiterung der politischen Partizipation und Selbstverwaltung entschärfen. Die angelsächsischen Mächte griffen zum Krieg als letztem Mittel, als Hitlerdeutschland durch den Angriff auf Polen deutlich gemacht hatte, dass es ihm nicht um das Selbstbestimmungsrecht für Deutschland, sondern um einen völlig anachronistischen

Imperialismus ging. Großbritannien und später die USA haben gerade wegen der Ausschöpfung aller Möglichkeiten zum Frieden bei ihrem Kampf gegen Hitlerdeutschland im Innern und weltweit Unterstützung erfahren.

Im Ergebnis des Zweiten Weltkriegs gelang es den USA und Großbritannien, wesentliche zusätzliche Stützen für eine kooperative Weltwirtschaft und ein Staatensystem zu schaffen, in denen verantwortliche Großmächte den Frieden gegen Störer durchsetzen konnten. Sie vereinbarten mit allen nichtkommunistischen Mächten internationale Organisationen auch auf wirtschaftlichem Gebiet. Mit dem Internationalen Währungsfonds wurde die Unterstützung in Finanznot geratener Wirtschaften von den nationalstaatlichen Interessen möglicher Geber und deren Auflagen frei. Der Wiederaufbau zunächst Europas konnte durch die Weltbank frei von politischen Einzelinteressen gefördert werden. Die letztlich von den USA abgelehnte Internationale Handelsorganisation sollte *beggar thy neighbour*-Politiken, das heißt die Förderung eigenen Wachstums durch Handelsbilanzüberschüsse, uninteressant machen, weil das Überschussland über die so erworbenen Finanzmittel nicht frei verfügen sollte. Damit waren wirtschaftliche Institutionen entstanden, mit denen das Wachstum der Weltwirtschaft durch Wachstum der Einzelwirtschaften konzertiert vorangetrieben werden konnte.

Internationale Organisationen

Auf politischer Ebene wurde die Idee des Völkerbundes durch die Vereinten Nationen aufgenommen. Mit einer klaren Hervorhebung der Großmächte (ständiger Sitz im Sicherheitsrat mit Vetorecht), die von anderen Staaten nicht ohne großen militärischen Konflikt besiegt werden konnten, wurde ein System der Verantwortung für die internationale Sicherheit geschaffen, das von dem System des Wiener Kongresses von 1815 nur in einer formal stärkeren Beteiligung aller übrigen Mächte abwich (nichtständige Sitze im Sicherheitsrat und Mitwirkung der Generalversammlung). Nach dem Ende des Ost-West-Konfliktes hat dieses System Konflikte durchaus effektiv reguliert.

Die territorialen Regelungen in Europa bestätigten weitestgehend die Regelungen der Pariser Vorortverträge, mit Ausnahme der deutschen Ostgrenze. Schon 1939 hatte London hervorgehoben, dass sich die Sowjetunion mit der Annexion Ostpolens im Wesentlichen an die von den Alliierten 1919 vorgesehene Curzon-Linie als Ostgrenze Polens gehalten hatte. Die Erweiterung Polens nach Westen sollte neue Revisionsgelüste Deutschlands für alle Zeiten durch ein starkes polnisches Gegengewicht ausschließen. Die moralische Rechtfertigung durch den Verlust der polnischen Ostgebiete war zweitrangig. Zwei zusätzliche Elemente traten hinzu: Selbst in den USA, in denen trotz des *New Deal* die keynesianische Kapitalismusinterpretation umstritten blieb, war die Furcht vor einer neuen Depression auf Grund unzureichender Nachfrage nach Kriegsende sehr groß. Mehr noch war dies allerdings in Großbritannien der Fall, so dass die *Labour Party* schon während ihrer Beteiligung an der Kriegsregierung den Wohlfahrtsstaat durchsetzte. Anders als 1919 hatten die USA die mit ihrer wirtschaftlichen Stärke zwangsläufige weltpolitische, auch sicherheitspolitische Verantwortung angenommen und, allerdings zu-

Weltweite militärische Präsenz

nächst nur auf der Ebene von Flotten- und Luftbasen beschränkte, weltweite militärische Präsenz gezeigt.

Es gab eine für die Verteidigung der entstehenden Ordnung entschlossene Führungsmacht und ein in den großen Linien einvernehmliches Konzept der weltwirtschaftlichen Stabilisierung durch Wiederaufbau, Nachfragemanagement und konzertiertes Wachstum. Dieses Konzept konkurrierte mit einem Gegenentwurf der Sowjetunion, der allerdings nur defensiv vorgetragen wurde. In der sowjetischen Perspektive stellte die Planwirtschaft die Hauptgarantie gegen das Wiederaufleben der „Widersprüche" (Instabilitäten) des Kapitalismus. Ein dadurch zu organisierender Wirtschaftsraum musste angesichts des Vorrangs der politischen Instanz auch unter einheitlicher politischer Leitung stehen. In wirtschaftlich rückständigen Gebieten ohne starke Arbeiterklasse und damit ohne starke Kommunistische Partei mussten die als gesellschaftlich rückständig angesehenen, aber noch mehrheitsbildenden Kräfte notfalls undemokratisch ausgeschaltet werden, durchaus in gedanklicher Nähe zum Avantgardecharakter der Kommunistischen Partei, den Lenin schon vor der Oktoberrevolution formuliert hatte. Dies war im Übrigen geeignet, ein Wiederaufleben der ökonomischen Voraussetzungen für Nationalsozialismus und Faschismus zu verhindern. Jenseits dieser Region strategischen Interesses für die sowjetische Außenpolitik, des Glacis, das der Westen durchaus anzuerkennen bereit war, wurde das sowjetische Konzept auch angesichts der eigenen wirtschaftlichen Schwäche nur defensiv vorgetragen. Den „antifaschistischen" Widerstandsbewegungen mit ihren starken kommunistischen Kräften in Frankreich und Italien wurde der Versuch des revolutionären Umsturzes der kapitalistischen Ordnung untersagt. Der griechische Aufstand der Kommunisten wurde im Stich gelassen. Für Deutschland zögerte die Sowjetunion lange, den lokalen Statthaltern den Aufbau des Sozialismus zu erlauben, um ein neutrales und militärisch schwaches Deutschland unter Berücksichtigung westlicher Interessen zuzulassen.

Konzept der Sowjetunion

Die sowjetische Konzeption der Sicherung des Glacis durch Unterdrückung der prowestlichen Kräfte im sowjetischen Einflussgebiet (Gegenmodell wäre die Finnlandisierung, sowjetischer Einfluss auf die Außenpolitik, aber Eigenbestimmung in Wirtschaft und Gesellschaft gewesen) stellte aber in den Augen der westlichen Mächte eine schwer hinnehmbare Provokation dar, waren sie doch auch wegen der Bedrohung Polens und damit zur Verteidigung der Freiheit Polens in den Krieg gezogen. Die sowjetische Weigerung, der legitimen polnischen Exilregierung das befreite Polen zu übergeben, nachdem deren Versuch zur Befreiung (Warschauer Aufstand 1944) von der schon in unmittelbare Nähe vorgerückten Sowjetarmee nicht unterstützt worden war, bildete den entscheidenden Anlass für das Zerwürfnis in der Anti-Hitler-Koalition.

Im sowjetischen Verhalten sahen die westlichen Mächte die Absicht, im Namen des sowjetmarxistisch definierten Geschichtsdeterminismus das freie Zusammenspiel politischer Kräfte in kapitalistisch-demokratischen Ordnungen wo immer möglich durch Einwirkung von außen für die sowjetische Zielsetzung zu nutzen. Auch wenn die USA und Großbritannien nicht an kurzfristige Angriffsabsichten der Sowjetunion glaubten, war deren Anspruch auf die Bestimmung des Zieles der Geschichte und dessen Beförderung selbst mit gewaltsamen Mitteln auch auf der Ebene der ideologischen Auseinandersetzung als Subversion einzudämmen. Wichtiges Instrument war auf wirtschaftlichem Gebiet ein überlegenes Wachstum mit Wohlstand gerade auch für die Massen, welches das sowjetische Gesellschaftsmodell gegen Ausbeutung und Verelendung zu verteidigen behauptete. Auf kulturellem Gebiet galt es Zustimmung für eine Massenkultur des „Gemeinen Mannes“ zu gewinnen und den Anspruch einer von Eliten verwalteten Hochkultur, den der Marxismus aus dem bürgerlichen Idealismus übernommen hatte, zu delegitimieren: Pop-Kultur und Diskothek untergruben kulturelle Hegemonieversuche der Kommunisten nachhaltiger als jede wissenschaftliche Kritik der marxistischen Wirtschafts- oder Geschichtstheorie und sind bis heute in den Augen erzieherischer Eliten in der ganzen Welt die gefährlichsten Instrumente westlicher Subversion. Hier ergeben sich Berührungspunkte zwischen den Kommunisten und den Revolutionären in der Dritten Welt, der kulturellen Nationalisten und der säkularen Staatsklassen.

Reaktion von außen

Gesellschaftlicher Kompromiss nach 1945

Blöcke aus mehreren Nationen, geeint durch gemeinsame Perspektiven der gesellschaftlichen Entwicklung, strukturierten ab 1945 das neue internationale System. Hier wurden nationale Identitäten zur Sicherung von Kohäsion, selbst auf staatlicher Ebene, entbehrlich. Nationale Werte waren durch ihren Missbrauch in den besiegten Nationen diskreditiert. Das Grauen des Völkermordes an den Juden hatte selbst bei „Edelnationalisten“ zur Abschwächung ihrer Betonung nationaler Werte geführt. Die westlichen Sieger hatten ihre Bevölkerungen weniger durch Appell an nationale Werte mobilisiert. Sie führten ihren Krieg im Namen der zu verteidigenden Freiheit, zu der auch die Freiheit von wirtschaftlicher Not gehörte, und der Menschenwürde. Die Widerstandsbewegungen im besetzten Europa waren weniger durch den Hass auf die Deutschen als durch die Ablehnung der faschistischen Ideologie geprägt. Rassistische Nationstheorien passten nicht in eine Welt, in der sich führende (USA) Nationen aus Einwanderern aller Rassen gebildet hatten. Nationalistisches Gedankengut war Sprengstoff für den Zusammenhalt der beiden Lager in ihrem Kampf um Weltgeltung. Das „Nationale“ war weltweit so diskreditiert, dass sich keine der nationalen Befreiungsbewegungen in den Kolonien auf die Überlegenheit der eigenen Kultur berief, sondern nur deren Daseinsberechtigung forderte und im Übrigen den Anspruch auf Selbstbestimmung und Unabhängigkeit aus den kosmopolitischen Werten von Demokratie, Gleichheit aller Menschen und Freiheit ableitete, auch wenn in diesen Bewegungen allenthalben ethnische und kulturalistische Tendenzen anzutreffen waren.

Das „Nationale“

Pragmatisch wurde die keynesianische Krisentheorie durch den Dialog gesellschaftlicher Gruppen – je nach lokalen Gegebenheiten und Traditionen – in eine unterschiedliche Mischung aus staatlicher Verantwortung und Marktsteuerung mit entsprechenden institutionellen Innovationen umgesetzt. *Big Government*, so die *Tennessee Valley Authority* im amerikanischen *New Deal*, konnte eine positive Rolle bei der Krisenbewältigung spielen und hatte bei großen Vorhaben (Manhattan: Bau der Atombombe) die Innovation vorangetrieben. Das *Department of Defence* wurde zum industriepolitischen Motor von Neuerungen (Mikroelektronik). Einige Länder (wie Frankreich) bauten umfassende Systeme der Planung auf. Überall wurden zu Innovation bereite Unternehmen durch staatliche Programme gefördert und forderten selbst die öffentliche Hand auf, solche Programme in Gang zu setzen.

Institutionelle Innovationen

Als Reaktion auf die Krise experimentierten Regierungen nicht nur in den USA durchaus in Parallele zum korporatistischen Modell der Zwischenkriegszeit mit der sozialen Einbindung von Marktprozessen. Dieser gern ausgeblendete Zusammenhang findet sich auch in der Genese des deutschen Konzepts der sozialen Marktwirtschaft. Die Arbeitnehmer wurden an Wirtschaftswachstum in der Form steigender Einkommen und wachsender Freizeit beteiligt und erhielten Mitwirkungsmöglichkeiten. Es gab einen *New Deal* mit den Gewerkschaften, die oftmals ihre Organisationsstrukturen zur Verbesserung ihrer Fähigkeit zum Dialog reformierten. Überall erhielten die großen Verbände der Arbeitnehmer institutionalisierten Zugang zu politischen Entscheidungen. Mit der Knappheit von Arbeit und der wachsenden Bedeutung der Fähigkeiten der Arbeitnehmer zu Produktivitätssteigerungen entwickelten sich auf gesellschaftspolitischer Ebene Sozialpartnerschaften, auf betrieblicher Ebene verknüpft mit neuen Formen der Menschenführung und des Personalmanagements. Weil in der Verelendung eine mögliche Ursache für die Attraktivität der kommunistischen Utopie gesehen wurde, konnten sozialreformistische Strömungen vor allem in der kontinental-westeuropäischen Arbeiterschaft den Ausbau des Wohlfahrtsstaates forcieren. In der Institutionalisierung der Kooperation zwischen Staat, gesellschaftlichen Verbänden und Unternehmen sahen viele die Synthese der positiven Aspekte von Kapitalismus und Sozialismus (Konvergenztheorie).

Soziale Einbindung von Marktprozessen

Schnell stellte sich heraus, dass der Wiederaufbau Westeuropas die Entindustrialisierung Deutschlands (Morgenthauplan) ausschloss. Nicht nur die deutsche Kohle, mehr noch die deutsche Investitionsgüterindustrie waren für die Rekonstruktion Westeuropas entscheidend. Sollte Deutschland als führendes Industrieland nicht erneut diese wirtschaftliche Basis für die Erfüllung von Revanchegelüsten nutzen, musste es eingebunden und diese Einbindung in Deutschland akzeptiert werden. Die Einbindung durfte nicht diskriminierend sein. Solche Gedanken wurden international durch die christdemokratischen Parteien vorgebracht, die in Frankreich und Italien eine wichtige Rolle im antifaschistischen Widerstand gespielt hatten. Sehr viel stärker als ihre Vorgänger, die katholischen Volksparteien, öffneten sie sich auch für die Kooperation mit laizistischen sozialreformistischen Parteien und umfassten in der

deutschen CDU auch die früher der SPD stark abgeneigten sozialen Tendenzen des Protestantismus. Sie wurden zur dominanten Tendenz der Nachkriegszeit im kontinentalen Westeuropa.

In der europäischen Integration, erstmals im Schuman-Plan (1950), trat Deutschland in eine Gemeinschaft mit anderen westeuropäischen Staaten ein, in der alle auf Dauer auf Souveränitätsrechte verzichteten. Deutschland wurde im betroffenen Bereich der kriegswichtigen Montanindustrie von einer Mehrheit von Partnern über supranationale Institutionen kontrolliert, in denen es gleichberechtigtes Mitglied, aber gleichwohl in der Minderheit war. Die Ausweitung der Vergemeinschaftung auf andere Bereiche, vor allem die Gründung des Gemeinsamen Marktes (Römische Verträge 1957, Beginn 1958) beseitigte ein seit 1919 deutliches Hindernis für das europäische Aufholen gegenüber den USA, nämlich die Enge aller europäischen Binnenmärkte. Auf einem mäßig geschützten europäischen Binnenmarkt konnten europäische Unternehmen auch im Wettbewerb mit den hier rasch investierenden amerikanischen Konkurrenten in der Produktivität aufholen und modernste Produkte und Produktionsmethoden entwickeln.

Verzicht auf Souveränitätsrechte

Die USA wurden Hegemonialmacht, weil sie den Partnern im eigenen Lager breite Vorteile boten: Sie förderten die europäische Integration, selbst wenn von Anfang an deutlich war, dass der amerikanischen Industrie daraus auch neue Wettbewerber erwuchsen. Die USA förderten die Rekonstruktion und Integration Europas nicht nur durch großzügige Finanzhilfen (Marshallplan 1947 und Verteilung dessen Mittel durch die erste Institution zur Förderung der europäischen wirtschaftlichen Zusammenarbeit, OEEC, gegr. 1948, Vorläufer der OECD), sondern auch durch großzügige Öffnung des amerikanischen Marktes für europäische Exporte. Deutschlands Wirtschaftswunder war auch eine Folge der Politik, mit einer bewusst unterbewerteten Währung Handelsbilanzüberschüsse mit den USA zu erzielen und dadurch trotz des Zustroms von ungefähr 10 Millionen Flüchtlingen bis Ende der 50er Jahre Vollbeschäftigung zu erreichen. Japans Aufholen und auch die Industrialisierung Taiwans und Koreas sind ähnlich zu erklären.

Förderung der europäischen Integration

Die USA ließen das Wachstum des eigenen Binnenmarktes durch steigende Realeinkommen zu und wirkten den wachsenden Zahlungsbilanzdefiziten zunächst nicht entgegen. Erleichtert wurde dies bis in die 60er Jahre durch die herausragende Rolle des Dollar als Weltreservegeld: Die USA konnten sich die internationale Kaufkraft durch Drucken eigenen Geldes verschaffen. Die europäischen Notenbanken unterstützten die US-Zentralbank durch eigenes Gold (Goldpool aus europäischen Währungsreserven 1961, als die Goldreserven der USA zurückgingen).

Mit wachsendem Wohlstand verlor die westeuropäische Arbeiterschaft das Bewusstsein des Ausgeschlossenseins, die Selbstidentifizierung als Klasse ging zurück. Trotz fortbestehender Einkommensunterschiede entwickelte sich eine „nivellierte Mittelstandsgesellschaft“, gestützt vor allem von den besser verdienenden Arbeitnehmern, die im 19. Jahrhundert noch als Arbeiteraristokratie (Drucker) die Speerspitze der Arbeiterbewegung gewesen waren. Dies stützte die Tendenz zur Sozialpartnerschaft. Führend innerhalb der kontinentaleuropäischen Arbeiterbewegungen grenzte sich die SPD vom Marxismus im Godesberger Programm (1959) ab und akzeptierte eine auf makroökonomischer Ebene politisch eingebundene Marktwirtschaft mit Vorrang der Beeinflussung der Rahmendaten. Diese Perspektive setzte sie in der Großen Koalition mit den Christdemokraten (1966–1969) in der Form der Konzertierten Aktion um. Strittig war zwischen den großen politischen Lagern in Westeuropa nicht das Prinzip, sondern Einzelheiten und Formen staatlicher Eingriffe bei gleichzeitigem Vorrang des Marktes in der Mikrosteuerung der Wirtschaft. In den kontinentaleuropäischen Gesellschaften zeichnete sich ein neokorporatistischer sozialdemokratischer Konsens ab, der Rheinische Kapitalismus. Die Anziehungskraft dieses gemischtwirtschaftlichen Modells war so stark, dass wenigstens die großen westeuropäischen Kommunistischen Parteien (vor allem in Italien, später in Spanien), aber auch die Kommunistische Partei in Frankreich sich von der Zentralverwaltungswirtschaft sowjetischer Prägung lossagten, weil die kommunistische Utopie an Attraktivität eingebüßt hatte.

Arbeiterbewegung

Das keynesianische Modell tendiert dazu, seine eigenen gesellschaftlichen Grundlagen zu untergraben. In der keynesianischen Kreislaufbetrachtung werden Beziehungen zwischen Aggregaten abgebildet. Gesellschaftlich umgesetzt werden sie durch eine Vielzahl von Einzelaktionen. Tarifparteien handeln nicht abstrakt die Höhe des privaten Konsums aus, sondern Lohnerhöhungen für einzelne Kategorien von Arbeitnehmern, die sich argwöhnisch betrachten und unabhängig von der Entwicklung der Produktivität in einzelnen Branchen ihre Forderungen mit Hilfe politisch durchsetzbarer Gerechtigkeitskalküle formulieren. Bei hohem Beschäftigungsstand erhalten kleine Gruppen Vetomacht, weil sie nicht mehr durch die Reinigungskrise der altliberalen Wirtschaftstheorie entmachtet werden. Wohl sichert nach den deutschen Erfahrungen der 50er Jahre ein sehr hohes Beschäftigungsniveau die Flexibilität von Arbeit, doch reagieren Arbeitnehmer bei sinkenden Beschäftigungsniveaus mit einer Präferenz für Arbeitsplatzsicherheit, die die Unternehmen entsprechend der Prinzipien einer *Moral Economy* an die Dauer der Betriebszugehörigkeit binden. Die flexible mikroökonomische Steuerung von Arbeit zur Erhöhung der Produktivität wird dadurch erschwert, Inflexibilität und Vetomacht von Gruppen führen zu inflationären Spannungen. Bei wachsenden Masseneinkommen werden zudem immer kompliziertere Produkte verbraucht. Dies verändert den Wettbewerb auf den Gütermärkten: Die Konsumenten können die Qualität beim Kaufakt schwer beurteilen und schreiben diese bestimmten Herstellern zu. Sie kaufen Marken, und dies führt zu oligopolistischem Wettbewerb mit Preisüberwälzungsspielräumen für die Unternehmen.

Das keynesianische Modell

Einzelne Unternehmen erreichen durch Markenpflege höhere Preise. Gewinne und Ausgaben für Nettoinvestitionen werden entkoppelt, weil der Preis Folge von Marktunvollkommenheiten wird. Dazu ist Werbung notwendig. Medien waren auch schon zuvor oft von finanzstarken Gruppen abhängig, nun werden sie Teil des Vermarktungsapparates. Sie mögen immer weniger von einzelnen

Werbung und Medien

politischen Fraktionen instrumentalisiert werden, befördern aber als Teil des Vermarktungsapparates die Vorstellung von kapitalistischer Marktwirtschaft als einer natürlichen, nicht mehr zu hinterfragenden und auch nur begrenzt beeinflussbaren Ordnung. Die politische Ökonomie des Kapitalismus verschwindet zusammen mit der Kritik der Makroökonomie aus dem öffentlichen Bewusstsein – und den wirtschaftswissenschaftlichen Fakultäten.

Mit wachsender Befriedigung der alltäglichen Bedürfnisse entwickelten die Haushalte neue Präferenzen. Dazu gehörten postmaterialistische Zielsetzungen, die in der politischen Auseinandersetzung über „Einzweckbewegungen" verwirklicht wurden. Den politischen Großorganisationen des 19. und frühen 20. Jahrhunderts erwuchsen in Bürgerinitiativen und Vereinen neuen Typs, den Nichtregierungsorganisationen, mächtige Konkurrenten bei der politischen Willensbildung. Die Vielzahl konkurrierender Interessen erschwerte das Regieren und führte zu einer Diskussion über die Unregierbarkeit, die zu überwinden mehr Markt erleichtere, weil dadurch die Legitimitätsdefizite im sogenannten Spätkapitalismus weniger deutlich würden. Für Auswirkungen des Wirtschaftsprozesses, die identifizierbaren staatlichen Akteuren zugeordnet werden konnten, ließen sich immer schwieriger Legitimationsgrundlagen finden. Dies schwächte das keynesianische Projekt politisch. Die wachsende Heterogenität der Zielsetzungen im öffentlichen Bereich ging einher mit der Abnahme der Rolle von als primär erlebten Gemeinschaften, die Rückhalt in der Not gewähren. Die Familie, Klein- und Großfamilie, wurde in ihrer früheren überragenden Bedeutung für die gesellschaftliche Organisation durch den Wertewandel und die sexuelle Revolution von einer Vielfalt beliebig wählbarer Bindungen abgelöst.

Neue Präferenzen der Haushalte

Trotz der Zunahme von Wohlstand blieb der Arbeitsplatz entscheidend. Im Kapitalismus muss der einzelne Arbeitsplatz (nicht die Möglichkeit, beschäftigt zu werden) unsicher bleiben, weil Unternehmen sich an neue Herausforderungen anpassen müssen (Märkte, technische Möglichkeiten). Ab Anfang der 60er Jahre entwickelten deshalb auch die Arbeitnehmerhaushalte zur Zukunftssicherung eine verstärkte Tendenz zum privaten Sparen. Die Sparquote auch der Arbeitnehmerhaushalte stieg rasch auf ein Sechstel ihres verfügbaren Einkommens.

Im keynesianischen Modell erhält die Gesamtheit der privaten Unternehmer als Folge ihrer Gesamtausgaben für Nettoinvestitionen beim Verkauf ihrer Produkte deshalb einen Überschuss über ihre Kosten, weil die gesamten Konsumausgaben um den Betrag der Nettoinvestitionen höher als die Gesamtkosten der Unternehmer in der Konsumgüterproduktion sind. Wenn private Haushalte sparen, werden die gesamten Konsumausgaben um den Betrag des Sparens niedriger. Die Unternehmen bekommen also nicht mehr ihre gesamten Ausgaben für Arbeit und Neuinvestitionen als Nachfrage zurück. Die makroökonomische Gleichheit zwischen Nettoinvestitionen und Profit ist nicht mehr gegeben. Die Unternehmen erreichen die Räumung der Gütermärkte zu profitablen Preisen nur noch, wenn der gesamtwirtschaftlich steuernde Staat die Geldmenge expandieren lässt und dadurch Inflationstendenzen auslöst. Bis Anfang der 80er Jahre haben die westlichen Regierungen inflationäre Ten-

Die Währungs- und Finanzkonferenz in Bretton Woods (New Hampshire) vom 1. bis 22. Juli 1944 wurde vom US-Amerikaner Harry Dexter White und dem britischen Ökonomen John Maynard Keynes geleitet. Hier wurden der Internationale Währungsfonds (IWF) sowie die Internationale Bank für Wiederaufbau und Entwicklung (IBRD, Weltbank) gegründet.

denzen geduldet und ihre Wirtschaften und die Weltwirtschaft mit billigem Geld versorgt. Inflation führte aber nicht notwendigerweise zu wirtschaftlichem Wachstum, sondern ging mit wirtschaftlicher Stagnation einher; es herrschte Stagflation. Diese begünstigte die neoliberale Gegenoffensive des Monetarismus, welcher der Preisstabilität den absoluten Vorrang vor Beschäftigungswachstum zusprach. Dieser Strategiewechsel (Thatcherismus ab 1979) konnte in Großbritannien mit seiner zerklüfteten Gewerkschaftsorganisation und den zahlreichen Vetogruppen zuerst durchgesetzt werden. Die USA folgten (*Reaganomics* ab 1981). Weil alle entwickelten kapitalistischen Industrieländer ähnliche Probleme hatten, forderte das Unternehmerlager mit zweifelhaften Hinweisen auf den Erfolg der USA Vorrang für die Preisstabilität. Die Bessergestellten unter den Arbeitern, die auch das Rückgrat der Gewerkschaften bildeten, akzeptierten diese Zielsetzung, weil sie einen Teil ihrer Einkommen sparten. Das Bild der Zweidrittelgesellschaft veranschaulicht die politische Isolation von weniger qualifizierten Arbeitskräften in zunehmend prekären Arbeitsverhältnissen.

Bild der Zweidrittelgesellschaft

In der neuen Konstellation wuchsen die Reallöhne nicht mehr parallel zur Produktivität. Das 1945 durchgesetzte Modell der Ordnung gesellschaftlicher Auseinandersetzungen in den westlichen Industrieländern wurde ausgehebelt. Auch wenn die technischen Voraussetzungen dafür weiter bestehen, produziert dieses Modell nicht mehr die gesellschaftlichen Bedingungen für seine Fortdauer.

Stabilität und Status quo im Staatensystem

Die welthistorisch beispiellose Sicherung gesellschaftlicher Stabilität vollzog sich im Schutz eines Staatensystems, das in der nördlichen Hemisphäre durch eine historisch nie zuvor erreichte Stabilität der Beziehungen zwischen den Mächten gekennzeichnet war. Die Staaten waren in Militärblöcken unter Führung der USA und der Sowjetunion organisiert. Für beide Führungsmächte waren die Logik atomarer Abschreckung und die Bedeutung relationaler Macht bestimmend. Sie brauchten Legitimität auf der Weltebene durch ihre politische und ideologische Attraktivität und mussten deshalb dem Bedürfnis nach Frieden und Fairness nicht nur gegenüber der eigenen Bevölkerung, sondern auch gegenüber der Weltmeinung Rechnung tragen. Im Kernbereich der Nutzung militärischer Macht war die Aufrechterhaltung einer „letzten" Verteidigungsposition, die Verfügung über nukleare Streitkräfte, entscheidend. Gegen Nuklearmächte kann ein Sieg nur um den Preis der Selbstzerstörung errungen werden. Mit Atomwaffen kann man dem Gegner die eigenen Ziele nur aufzwingen, wenn man ihn vor die Alternative Einlenken oder Selbstzerstörung stellen kann, ohne durch die Androhung eines Nuklearwaffeneinsatzes und dem daraus resultierenden Gegenschlag selbst zerstört zu werden. Nuklearwaffen wirken als Schirm, unterhalb dessen aber für begrenzte Ziele vielfältige Formen auch militärischen Drucks ausgeübt werden können, wobei eine Eskalation der Konflikte zu vermeiden ist. Dies schafft Staaten unterschiedlicher Qualität und zwischen den führenden Mächten ein Interesse an der Bewahrung des Status quo, weil die Verteidigung des Status quo verhandlungspsychologisch am ehesten geeignet ist, letztlich unkontrollierbare Eskalationsprozesse zu verhindern.

Stabilität zwischen den Mächten

Durch die Nuklearwaffen gab es Staaten unterschiedlichen Ranges: Staaten, die Außenpolitik mit militärischem Druck gestalten konnten, weil sie ohne den Einsatz von Nuklearwaffen andere militärische Machtmittel in umstrittenen Gebieten einsetzen konnten; Staaten, die immerhin noch mit der glaubhaften Androhung eines Nuklearwaffeneinsatzes gegen Angreifer ihr eigenes Territorium als *Sanctuary* aus Konflikten heraushalten konnten; Staaten mit so großen konventionellen militärischen Mitteln, dass sie ohne Nuklearschlag nicht oder nur noch unter unverhältnismäßig hohen Kosten besiegt werden konnten. De facto gab es ferner noch formal souveräne Staaten, die ihre eigene Sicherheit nicht mehr garantieren konnten – sie konnten sich unter den Schutz eines der beiden Lager begeben oder versuchen, beide Lager gegeneinander auszuspielen.

Staaten unterschiedlichen Ranges

Die beiden Führungsmächte erkannten rasch, dass Krieg zwischen ihnen nicht in ihrem Interesse lag, und tasteten ihre Positionen auf ungeklärten Gebieten ab. In Staaten mit Nuklearpotential sahen sie eine Gefahr, weil diese sie in Konflikte mit dem gegnerischen Lager hineinziehen konnten. Dies galt für alle nicht in die Disziplin der Blöcke eingebundenen Staaten. Der Verzicht auf Atomversuche in der Atmosphäre war der erste Schritt, allen Staaten außer den schon existierenden Nuklearmächten die Entwicklung, aber auch den Besitz von Nuklearwaffen zu verbieten (Nichtverbreitungsvertrag 1968). Die USA hinderten ihre Bündnispartner an der Entwicklung eigener nuklearer Potentiale, im Westen unter Rücksichtnahme auf die alten Bündnispartner deutlicher gegenüber Großbritannien, weniger deutlich gegenüber Frankreich. Um eine breite Palette von militärischen Mitteln bereitzuhalten, wurden die Bündnispartner auf konventionelle Aufrüstung unter dem Nuklearschirm der jeweiligen Führungsmacht orientiert. Im atlantischen Verhältnis wurde dies durch zwei Umstände erleichtert: Westeuropa war gegenüber der 1945 tief nach Mitteleuropa vorgedrungenen Sowjetunion konventionell so unterlegen, dass nicht nur der amerikanische Nuklearschirm notwendig war, sondern auch amerikanische konventionelle Truppen stationiert werden mussten. Großbritannien akzeptierte die Rolle als Juniorpartner. Es war als Weltmacht den beiden anderen nicht mehr ebenbürtig, weil die eigenen, nicht von der Zustimmung des Empire abhängenden Ressourcen gering waren. Großbritannien organisierte im Rahmen einer *special relationship* die Übergabe des eigenen Einflussgebietes an die USA (ein Prozess, der schon Mitte des 19. Jahrhunderts eingesetzt hatte: Karibik) gegen diplomatischen Einfluss auf die amerikanische Außenpolitik.

Staaten mit Nuklearpotential

Zur Einbindung der USA in die Verteidigung Westeuropas wurde 1949 im beiderseitigen Interesse die NATO gegründet: Die USA wurden Hegemonialmacht „auf Einladung“. Neue Einschätzungen des Ost-West-Gegensatzes stellten das Problem Deutschlands neu. Beim Abtasten der beiden Blöcke hatten die USA entsprechend ihrer seit Ende des 19. Jahrhunderts formulierten Doktrin, einen Landkrieg in Asien zu vermeiden, den Sieg der Kommunisten in Festlandchina akzeptiert. Die koreanischen Kommunisten, dominante Kraft im antikolonialistischen Kampf (bis 1945) gegen Japan, folgerten daraus, dass die Übernahme des schwachen Südkorea möglich sei. Der daraus resultierende Koreakrieg (1950–1953) führte in Westeuropa zur Überzeugung, dass die Verteidigung Westeuropas östlich des Rheins nur durch einen deutschen Militärbeitrag möglich sein würde. Weil hier die emotionalen Widerstände in den von Deutschland im Weltkrieg besetzten Ländern unüberwindbar waren, blieb nach dem Scheitern einer europäischen (Europäische Verteidigungsgemeinschaft 1954) nun die atlantische Lösung des Beitritts Westdeutschlands zur NATO (1955) mit westdeutscher, vorsichtig begrenzter Souveränität und einer vollständig in die NATO integrierten Armee.

Die NATO

Damit war ein europäisches Europa, das heißt ein von den USA unabhängiges und mit diesen als Großmacht rivalisierendes Europa, wie es von Frankreich zu Zeiten Charles de Gaulles (ab 1958) angestrebt wurde, unmöglich. Das freie Deutschland

stand in Berlin unter sowjetischem Druck und war verwundbar. Die Bundesrepublik rüstete zur Vermeidung eines frühen Einsatzes von Nuklearwaffen bei einem sowjetischen Vorstoß massiv konventionell auf und verfügte ab Anfang der 60er Jahre über die nach der Sowjetarmee größte gepanzerte Landarmee in Europa. Wenn dann die amerikanische Nukleardrohung für den Fall des Einsatzes sowjetischer Nuklearwaffen glaubhaft war, würde sowohl ein konventioneller Angriff als auch der Nuklearkrieg in Deutschland unterbleiben. Trotz der überragenden Bedeutung der Rolle der deutsch-französischen Aussöhnung für die Rückkehr Deutschlands in die Gemeinschaft der Nationen und trotz vielfältiger Bewunderung für die unabhängige Politik Frankreichs in Deutschland (z. B. auch Willy Brandt oder Franz Josef Strauß) hat Deutschland stets die atlantische, pro-amerikanische der europäischen Alternative den Vorrang gegeben, deshalb auch den Beitritt Großbritanniens zur Europäischen Gemeinschaft gefördert, selbst wenn dadurch die supranationalen Tendenzen innerhalb dieses Einigungsprozesses langfristig zurückgedrängt wurden. Die USA hatten nach dem Beitritt Großbritanniens zu den Europäischen Gemeinschaften (1973) zwei strukturelle Befürworter einer Unterordnung Europas unter die USA. Frankreich konnte sich zum Anwalt nationaler Selbstbestimmung machen, weil es in dieser Rolle durchaus im westlichen Interesse nationalistische Tendenzen im gegnerischen Block ermutigte, und als Fürsprecher der Dritten Welt, dort der eher etatistischen „revolutionären" nationalen Befreiungsbewegungen (wegen des Sonderverhältnisses zu Algerien nach dessen Unabhängigkeit), letztlich deren Forderungen abmildern.

Beitritt Großbritanniens zur EWG

Gestützt auf die Hegemonie „auf Einladung" konnten die USA der Sowjetunion die Eindämmung aufzwingen. Die Sowjetunion hatte auf Grund ihrer Legitimationsgrundlage die Revolution zu befördern. Für diese gab es wegen der Überlegenheit des westlichen Wirtschaftssystems keine politische Grundlage in der industrialisierten freien Welt. Auch außerhalb der industrialisierten Welt hatten die USA entscheidende relationale Macht, weil ihre ökonomischen Ressourcen (Finanztransfers, Absatzmärkte in den USA, Entwicklungshilfe weniger der USA als ihrer Verbündeten) den Eliten im Süden große Möglichkeiten der Stabilisierung ihrer Herrschaft boten. Dem östlichen Block mangelte es permanent an solchen Ressourcen. Ähnlich wie Großbritannien von 1815 bis 1885 *(Informal Empire)* brauchten die USA nicht die effektive Souveränität über fremde Territorien. Eindämmung war möglich durch Stützung zum eigenen Machterhalt fähiger Eliten. Die Eindämmung wurde deshalb schon bald nach dem Ende des Weltkrieges als Unterstützung von Regierungen formuliert, die selbst ihre Unabhängigkeit verteidigen wollten: erst George F. Kennans langes Telegramm 1946, dann die Truman-Doktrin 1947 und 1949 das Punkt-Vier-Programm der Wirtschafts- und Militärhilfe. Für die Sowjetunion hingen Machterhalt und Machtausdehnung dagegen von der Unterstützung demokratisch nicht legitimierter Regierungen oder der Ablösung von Eliten durch eigene revolutionäre Brückenköpfe ab, die nur manchmal (Prag 1948, Vietnam 1954, Kuba 1959) mehrheitsfähig waren und häufig ihre Repräsentativität nach der Macht-

Eindämmung

übernahme wieder verloren (afromarxistische Regime in Angola, Mosambik und Äthiopien).

Eindämmung schloss für die USA aber ein *Roll back*, also die Ersetzung einmal an die Macht gekommener Regime, aus. Die USA signalisierten die Respektierung des sowjetischen Einflussbereiches auf vielfältige Weise: Die Zusage in Potsdam 1945, die sowjetische Annexion Nordostpreußens auf einer Friedenskonferenz zu unterstützen, konnte nicht anders als die Respektierung auch der Annexion der baltischen Republiken gedeutet werden. 1953 und 1956 wurden die antisowjetischen Aufstände in der DDR, in Polen und Ungarn nur verbal (und damit unverantwortlich) unterstützt. Ähnliches westliches Verhalten bei der sowjetischen Unterdrückung des reformkommunistischen Experiments in der ČSSR (August 1968) lag schon nach der offiziellen Verabredung solchen Verhaltens am Ende der Berlinkrisen und der Kubakrise vor.

Bei der Berlinkrise 1961 und der Kubakrise 1962 erkannten die beiden Supermächte, dass sie stets Eskalationsprozesse kontrollieren und deshalb schon frühzeitig deren Aufschaukeln zur Vermeidung von Gesichtsverlusten unterbinden mussten. Die Mobilisierung antiimperialistischer revolutionärer Widerstandsbewegungen, die die Volksrepublik China in der Hoffnung verfolgte, die Sowjetunion müsse sich im Fall des lokalen Erfolgs von Revolutionären zur Abwehr von US-Interventionen selbst in die Bresche schlagen, hätte der Sowjetunion das Heft ihres Handelns genommen. Fidel Castro hatte auf die Rivalität zwischen den beiden kommunistischen Mächten gesetzt und dabei eine Garantie in der Form der Stationierung sowjetischer, auch nuklear nutzbarer Waffensysteme erhalten. Die Verkürzung der Vorwarnzeiten für das amerikanische Heimatland hätte eine Veränderung des strategischen Status quo dargestellt, Die Beseitigung westlicher Garnisonen in West-Berlin hätte einen für die Festigung der DDR nachhaltigen Prestigeerfolg der Sowjetunion dargestellt. In Kuba waren die USA in der Lage, ihre Interessen mit konventionellen Waffen durchzusetzen, wie grundsätzlich die Sowjetunion in Berlin. In beiden Supermächten waren die innenpolitischen Kräfte stark, die sich zwar einer drohenden Verschlechterung der eigenen Lage widersetzten, aber die Kräfte schwach, die für das eigene Land eine Verbesserung des Status quo anstrebten. Nikita Chruschtschow wurde 1964 nicht abgesetzt, weil er die sowjetischen Ziele in Berlin nicht erreicht hatte, sondern weil er durch die Formulierung zu ambitionierter Ziele einen Prestigeverlust erlitten hatte. John F. Kennedy wurde nach 1962 noch populärer, weil er eng begrenzte Ziele der Aufrechterhaltung des Status quo mit begrenzter Androhung militärischer Gewalt erreicht hatte. Gleichgewicht ohne Gesichtsverlust war möglich und kalkulierbar, wenn man den Status quo definierte. Dies erfolgte unmittelbar nach den beiden Krisen durch Verhandlungen zwischen den Supermächten. Die Berliner Mauer und deren Respektierung durch den Westen waren Ausdruck dieser Festlegung.

Gleichgewicht ohne Gesichtsverlust

Bei Einigkeit über den Status quo war die Erhaltung des Gleichgewichts auf niedrigem Niveau möglich. Deshalb bemühten sich beide Seiten zunehmend um Rüstungskontrolle in den verschiedenen, bis zum Ende des Ost-West-Konflikts nicht

abreißenden Runden von Abrüstungsverhandlungen. Beide Seiten akzeptierten, dass die Fähigkeit jeder Supermacht entscheidend war, nach einem nuklearen Angriff dem Gegner durch einen „Zweitschlag" nicht hinnehmbare Schäden zuzufügen. Schwierig war die Rüstungskontrolle, weil sich die Kriegsbilder nicht völlig entsprachen und die auf verschiedenen Ebenen der Rüstungsspirale miteinander aufzurechnenden Waffensysteme nicht völlig gleichwertig waren. Daraus entwickelte sich eine *Community of Experts*, die sich über Kriegsbilder und die Bewertung von Waffensystemen austauschte und dabei allmählich gemeinsame Standards entwickelte.

Mit der Festlegung auf den Status quo war die Teilung Deutschlands nur noch umkehrbar, wenn sich die Regime von innen wandelten. Für die Bundesrepublik hieß dies, den Wandel im Ostblock zu fördern. Deutsche Revanchegelüste lieferten den Falken im östlichen Lager gute Argumente gegen einen solchen Wandel. „Wandel durch Annäherung" setzte die Anerkennung der 1945 festgelegten Grenzen Deutschlands voraus. Dies war der Ansatz der neuen Ostpolitik Willy Brandts, die – 1963 erstmals formuliert (Tutzinger Thesen Egon Bahrs) – zu den Ostverträgen mit der Sowjetunion, Polen und der ČSSR sowie – diese überwölbend – zum vierseitigen Abkommen über Berlin und zum Grundlagenvertrag mit der DDR führten. Hier konnte die westdeutsche Regierung in zähen Verhandlungen durchsetzen, dass die östliche Interpretation, in der DDR sei eine neue sozialistische Nation entstanden, nicht akzeptiert werden musste, weil, anders als durch die Bevölkerungsverschiebungen nach 1945, eben keine unbestreitbare, sondern eine interpretationsfähige Realität entstanden war. 1945 hatten die Sieger anders als 1919 unumkehrbare Realitäten geschaffen – außer bei der deutschen Teilung, und diese erwies sich dann durch kluge Politik als umkehrbar.

„Wandel durch Annäherung"

Im westlichen Lager stritt man darüber, ob eher auf die Rüstung zur Erhaltung begrenzter westlicher Vorsprünge zu achten oder die Entspannung zu vertiefen war. Beide deutsche Staaten, die auch unter einem nur begrenzt gehaltenen heißen Krieg zerstört worden wären, konzertierten sich allmählich vorsichtig zur Stärkung der Entspannung mit Ideen, die unterhalb der gesicherten Zweitschlagskapazität Schwerpunkt auf die Verteidigungsfähigkeit legten: Begriffe wie Sicherheitspartnerschaft und strukturelle Nichtangriffsfähigkeit wurden gehandelt. Die beiden Supermächte lebten in einer konfliktiv-kooperativen Schicksalsgemeinschaft. Dies änderte sich erst, als die USA in den 80er Jahren davon ausgingen, dass ihre technische Überlegenheit („Krieg der Sterne") erlauben könnte aufzurüsten, ohne dass die Sowjetunion technisch mitziehen könnte. Dies führte zur Uneinigkeit im westlichen Lager und zu einer herausgehobenen Rolle der Bundesrepublik als Ansprechpartner für die Regierungen im Osten, die mit den amerikanischen Rüstungsanstrengungen nicht mithalten konnten.

Unbeschadet solcher Differenzen waren die westlichen Regierungen wenigstens kurzfristig an der Stabilität des östlichen Lagers interessiert, weil jede Destabilisierung mit einer Erhöhung der Spannungen einhergehen musste. Dazu stand im Gegensatz, dass der Westen im Korb 3 der Helsinki-Akte von 1975 die kommunikative Öffnung des Sowjetblocks durchgesetzt hatte, von der der Westen einen inneren Wandel durch Information im Osten erhoffte. Allerdings zog sich der Westen gegenüber der sich rasch manifestierenden osteuropäischen Opposition vor allem bei Krisen zurück (Solidarnosć 1980, Kriegsrecht in Polen 1981). Zur ostdeutschen Bürgerrechtsbewegung hatten die westdeutschen Politiker bis in die letzten Monate vor dem Fall der Berliner Mauer nur spärlichen Kontakt. Mit dieser Zurückhaltung kontrastierte die Rolle der katholischen Kirche: Der polnische Papst war ein Leuchtturm der Ermutigung für die regimekritischen Kräfte, nicht nur in Polen.

Westen – Osten

Im Unterschied zum westlichen konnte das östliche Lager seinen Zusammenhalt nicht wahren. Auch im Westen gab es unterschiedliche Ausprägungen des gemeinsamen Gesellschaftsmodells, doch ist für die Integration über den Markt letztlich unwichtig, ob die Einkommensverteilung ungleicher (angelsächsischer Marktradikalismus) oder gleicher (Rheinischer Kapitalismus) ist. Sozialistische Systeme müssen aber ihre Kooperation staatlich organisieren und ideologisch legitimieren. Es gibt keine Automatik mikroökonomischer Anreize für transnationale Wirtschaftsintegration – ein permanentes Problem des COMECON, der osteuropäischen Wirtschaftsgemeinschaft. Noch während des Kalten Krieges mündete der ab 1960 aufbrechende sowjetisch-chinesische Gegensatz in multipolare Strukturen des Staatensystems (ab 1973 chinesisch-amerikanische Annäherung), die wegen der damaligen Schwäche Chinas auf dem Gebiet der Nuklearwaffen die grundlegende bipolare Struktur des Staatensystems nur regional in Ost- und Südostasien modifizierten.

Das östliche Lager

Das Staatensystem, das 1955 entstand, blieb durch militärisches Gleichgewicht und den Status quo im Sicherheitsbereich stabil, verhinderte aber nicht friedlichen Wandel. Mit der begrenzten Nutzbarkeit nuklearer militärischer Macht für konkrete Politik wurde für die Gestaltbarkeit von Außenpolitik relationale Macht wichtig, die Fähigkeit, für eigene Ziele Partner zu finden. Relationale Macht gründet sich letztlich auf die Zustimmung der öffentlichen Meinung, die wegen Beschränkung der sicherheitspolitischen Dimension auf die Zweitschlagskapazität von der Identifikation mit individuellem Glück und letztlich auch dem Konsum und nicht durch eine Identifikation mit nationaler Größe bestimmt wurde. Sofern essentielle Probleme des militärischen Gleichgewichts nicht betroffen waren, spielten diese „zivilgesellschaftlichen" Faktoren bei der Definition außenpolitischen Verhaltens eine gewichtige Rolle. Daraus ergab sich, dass militärisch auf der Weltebene bedeutungslose Akteure und Prozesse geschichtswirksam werden konnten. Das Staatensystem war in der Lage, ohne globalen militärischen Konflikt den Zusammenbruch des realen Sozialismus und die Beseitigung des Kolonialismus zu verdauen. Weil nicht eine veränderte Machtverteilung, sondern die Formen gesellschaftlicher Integration unter neuen Bedingungen der Sicherheit dafür ursächlich waren, kann die Hoffnung gehegt werden, dass weitere Veränderungen bei den militärischen und ökonomischen Ressourcen von Macht mit friedlichem Wandel bewältigt werden können.

Relationale Macht

Der Niedergang des realen Sozialismus

Das bipolare Gleichgewicht wurde gefährdet, als dem östlichen Lager die politökonomischen Grundlagen abhanden kamen, um sich in der Systemkonkurrenz zu behaupten, während das westliche Lager unter dem Druck der Systemkonkurrenz die Funktionsdefizite des eigenen Systems meisterte. Hier liegt der Grund für die Spannung zwischen früher Attraktivität des realen Sozialismus und dessen späterem Zusammenbruch. Der Westen war zu strukturellen Reformen fähig, der Osten nicht. In der Diskussion über Kapitalismus und Zentralverwaltungswirtschaft des Sozialismus wurde dem Kapitalismus mikroökonomische Effizienz, aber makroökonomische Instabilität, dem Sozialismus hohe Beschäftigung, aber nur begrenzte Effizienz zugeschrieben. Das Wirtschaftswachstum hängt vom Einsatz von Produktionsmitteln und damit von der Investitionsquote sowie der Effizienz bei der Nutzung des Kapitals, also der Kapitalproduktivität, ab. Die Wirtschaft wächst, wenn die Investitionsquote und/oder die Kapitalproduktivität steigt – oder der Kapitalkoeffizient, der Kehrwert der Kapitalproduktivität, sinkt. Weil kapitalistische Unternehmen wettbewerbsfähig sein müssen, setzen sie Kapital knapp ein, erneuern ihre Technologien, vermeiden Überkapazitäten und schränken die Produktion ein, wenn die Kosten keine Gewinne mehr zulassen. Wer gegen diese Regeln verstößt, macht Verluste. Diese Sanktionen fehlen in der Zentralverwaltungswirtschaft. Hier werden die Unternehmen durch Mengenziele gesteuert, die aus den interindustriellen Verflechtungen abgeleitet und im Plan letztlich als Materialbilanzen dargestellt werden. Mengenziele werden selbst um den Preis hoher Kosten, zum Beispiel zusätzlicher Investitionsgüter, verfolgt. Im Kapitalismus kann auf Grund schlechter Absatzerwartungen die private Investitionstätigkeit zu gering für eine hohe Beschäftigung sein. Im realen Sozialismus wurden alle verfügbaren Ressourcen eingesetzt und sogar gehortet (z. B. Investitionsgüter auf Vorrat beschafft), weil Mengenziele zu erreichen oder gar zu überbieten waren. Das Interesse an Kostensenkung durch Einführung neuer Techniken trat in den Hintergrund. Das durchaus geförderte Neuererwesen war als Instrument zur Erzwingung von Innovation der Konkurrenz zwischen kapitalistischen Unternehmen auf Märkten nicht ebenbürtig. Frühzeitig hat die empirische Wirtschaftsforschung die im Verhältnis zum Kapitalismus geringere Kapitalproduktivität im realen Sozialismus herausgestellt, was auch kein ernsthafter marxistischer Wirtschaftswissenschaftler je bestritten hat.

Kapitalismus und Sozialismus

Der reale Sozialismus kann also gleich hohe Wachstumsraten wie der Kapitalismus nur erreichen, sofern er die niedrigere Kapitalproduktivität durch eine höhere Investitionsquote ausgleicht. Herrscht im Kapitalismus Unterbeschäftigung bei niedriger Investitionstätigkeit, kann der Sozialismus schneller als der Kapitalismus wachsen. Herrscht aber in beiden Systemen hohe Beschäftigung, erreicht der Kapitalismus bei gleicher Investitionsquote ein höheres Wachstum. Der reale Sozialismus kann nur mithalten, wenn die Investitionen rascher als im Kapitalismus steigen. Gleiche Wachstumsrate der Produktion, aber höhere Wachstumsrate der Investitionen im

Sozialismus sind nur möglich, wenn im Sozialismus die andere Komponente der Verwendung des Volkseinkommens, der Konsum, langsamer als im Kapitalismus steigt.

In den 30er Jahren war das sowjetische Industrialisierungsmodell weltweit attraktiv, weil es durch hohe Beschäftigung hohe Wachstumsraten der Produktion und trotz gewaltiger Investitionen (auch in die Infrastrukturen) noch Wachstumsraten des Konsums erzeugte, während im kapitalistischen Westen Konsum und Beschäftigung darniederlagen. Ging allerdings der Kapitalismus unter staatlicher globaler Steuerung zur Vollbeschäftigung über, weil – auch wegen der Konkurrenz der Systeme – Arbeitslosigkeit politisch nicht toleriert werden konnte, musste der Kapitalismus wegen besserer Nutzung der knappen Investitionsmittel bei Wachstum und Massenkonsum überlegen werden. Um mitzuhalten, vernachlässigten die östlichen Planer den Konsum und verwiesen auf dogmatische Glaubensartikel, an die auch die Vulgärökonomie im Westen glaubte: Fortschritt werde durch immer teurere Kapitalanlagen erreicht, was im Osten als Vorrang der Abteilung I formuliert wurde (Schwerindustrie). Die Kommunisten rühmten ihre hohen Investitionsquoten als zukunftssichernd. Periodisch gelang es allerdings den einsichtigeren unter ihren Wirtschaftstheoretikern, Reformen zu fordern, bei denen Substitute des kapitalistischen Wettbewerbs entstehen sollten, so in der DDR das „Neue Ökonomische System der Planung und Leitung" (1963) oder die Liberman-Reformen in der Sowjetunion (1962). Die Messung der Unternehmensleitungen an der einzelbetrieblichen Effizienz stand aber im Gegensatz zur Verteilung von Macht und Ressourcen durch Zugang zu staatlichen Instanzen und bedrohte damit die herrschende Bürokratie, also die Nomenklatura. Reformen wurden lange abgeblockt. Solange die für den Machterhalt auf militärischer Ebene notwendigen Güter in ausreichender Menge und Qualität hergestellt werden konnten, gab es für die Nomenklatura keine Anreize, das Wirtschaftssystem zu reformieren, auch weil zumindest in der Sowjetunion das System noch lange auf das ideologische Polster aus vergangenen Erfolgen (Industrialisierung der 30er Jahre, Sieg über die zweite Industriemacht im Zweiten Weltkrieg) zurückgreifen konnte.

Das sowjetische Industrialisierungsmodell

Zunächst gelang es, durch höhere Anteile der Rüstungsausgaben im Vergleich zum Westen bei der Raketentechnik mitzuhalten, doch wurde beim Übergang zur Kommunikationsrevolution der Rückstand rasch immer höher. Versuche der Entspannung auch für den Zugang zu westlicher Technologie (Korb 2 der Helsinki-Akte) zu nutzen, führten zu wachsender Abhängigkeit und Verschuldung, weil die gesellschaftlichen Grundlagen für die Assimilation importierter Technologie, nämlich die Konkurrenz unter den Eliten, nicht geschaffen wurden. Ohne Reformen war die gesamte Nomenklatura bedroht, bei Reformen nur ihr ziviler Teil. Bei Reformen konnten die Militärs hoffen, gestützt auf die Effektivierung der Wirtschaft zu den USA aufschließen zu können. Michail Gorbatschows Ansatz beruhte auf der Reform des zivilen Sektors und der Betonung der Abrüstung, um ein weiteres Wettrüsten zu verhindern, aus dem nur die USA gestärkt hervorgehen konnten. *Perestroika* und danach *Glasnost* beruhten auf der Annahme, dass demokratische

Perestroika und Glasnost

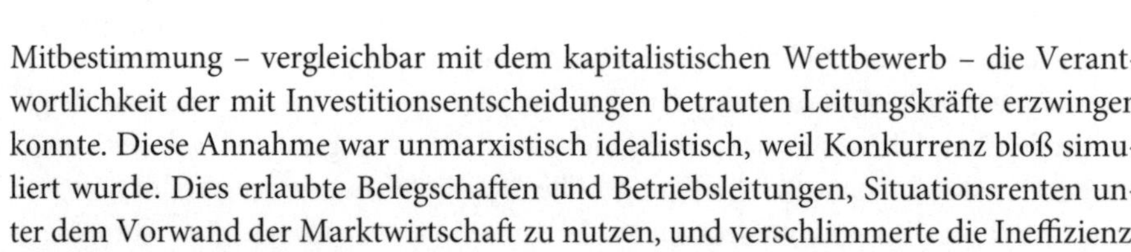

Mitbestimmung – vergleichbar mit dem kapitalistischen Wettbewerb – die Verantwortlichkeit der mit Investitionsentscheidungen betrauten Leitungskräfte erzwingen konnte. Diese Annahme war unmarxistisch idealistisch, weil Konkurrenz bloß simuliert wurde. Dies erlaubte Belegschaften und Betriebsleitungen, Situationsrenten unter dem Vorwand der Marktwirtschaft zu nutzen, und verschlimmerte die Ineffizienz, auch durch wachsende Korruption.

Die sowjetische Liberalisierung kontrastiert mit den Erfahrungen Chinas. Dort wurden die Unternehmen auf allen Ebenen zum Wettbewerb auf tatsächlich existierenden Märkten unter der überwiegend makroökonomisch wahrgenommenen Verantwortung eines weiterhin zentralisierten Herrschaftsapparates gezwungen und eine im Kern keynesianische Verknüpfung zwischen Markt und Plan durchgesetzt. Ohne die Peitsche des Wettbewerbs führt Dezentralisierung als Demokratisierung nur zur Privatisierung der Aneignung von Renten und im Vergleich zur Fortdauer von politischer Zentralisierung zu noch geringerer Kontrolle der Bereicherung der wenigen durch Renten.

Der Aufstieg des Südens

Das Ende der westlichen Kolonialreiche

Die koloniale Expansion europäischer Mächte war ein wichtiges Element der Eingliederung der noch nicht kapitalistischen Welt in eine kapitalistisch dominierte Weltwirtschaft gewesen. Ohne bürgerliche Rechtsverhältnisse gegen die Ermessensspielräume der Herrscher alter Reiche ließ sich keine verlässlich funktionierende Marktwirtschaft organisieren. Gleichwohl war die koloniale Expansion getragen von den Prinzipien vorkapitalistischer Reichsbildung und führte politisch nicht zu bürgerlichen, demokratischen Strukturen. Das gilt auch für die zweite Welle europäischer kolonialer Expansion nach der Zeit des *Informal Empire* ab 1885. Auch wenn hier Wirtschaftsinteressen eine Rolle spielten, war diese zweite Welle Folge der Rivalität zwischen den europäischen Mächten. Kleine Gruppen lösten lokale Konflikte in Afrika und Asien aus, zu deren Bewältigung sie dann das gesamte militärische Gewicht ihrer Heimatländer einbinden konnten, auch mit dem Argument, die nationale Ehre/Flagge müsse verteidigt werden. Der tatsächliche Wert der kolonialen Besitzungen als Rohstofflieferanten und geopolitische Basis blieb mit Ausnahme des britischen Weltreiches eher begrenzt, auch wenn die Kolonialparteien zur Rationalisierung in allen Ländern geopolitische Argumente vorbrachten (Deutschland: Mittelafrikaplan, Verbindung zum Indischen Ozean über die Türkei).

1945 erhielt der Süden eine neue wirtschaftliche und strategische Bedeutung. Strategisch verfolgten die USA schon 1945, insbesondere aber nach dem Sieg der chinesischen Revolution die Politik einer Eindämmung auch außerhalb Europas. Eine Kette von Basen (Nordafrika, Sueskanal, Türkei, Südasien, Südostasien, Indischer

Ozean, Pazifik) diente diesem Ziel. Außer in Ostasien (Japan, Korea, Okinawa) und dem Pazifik befanden sich die dafür notwendigen Territorien in den bisherigen Kolonien der europäischen Mächte oder in von ihnen indirekt beherrschten Ländern (Iran, arabischer Raum, außer Saudi-Arabien, das eng mit den USA verbunden war). Wirtschaftlich hatte die Bedeutung des Südens in den 40er Jahren zugenommen. Die Rohstoffsuche war seit Ende der 30er Jahre intensiviert worden. Neben Eisenlagern und anderen Nichteisenmetallen wurde vor allem Rohöl entdeckt, die entscheidende kostengünstige Energiequelle, die rasch zum Grundstoff der expandierenden Erdölchemie wurde. Erdöl war im Zweiten Weltkrieg Grundlage moderner mechanisierter Armeen und – schon im Ersten Weltkrieg – der Schlachtflotten. Erdöl war wesentlich für die hohe Produktivität der amerikanischen Industrie. Bis 1919 war es vorwiegend in den USA produziert worden. Zwischen den Weltkriegen wurde die einmalig kostengünstige Öllache im Nahen Osten mit – je nach Preisniveau auf dem Weltmarkt – zwei Dritteln der Welterdölreserven entdeckt. Nach 1945 wurde der Zugang zum Nahen Osten für eine weltwirtschaftliche Führung entscheidend. Eine vergleichbar ergiebige, wenngleich nicht so kostengünstige Ölregion als Alternative zu finden, ist seitdem Ziel aller großen Ölunternehmen.

Strategische und wirtschaftliche Bedeutung des Südens

Nach 1945 wurde die Kontrolle des strategisch und ökonomisch wichtiger werdenden Südens durch europäische (Kolonial-)Herrschaft immer unwahrscheinlicher. Die neue Führungsmacht im Westen hatte auf Grund ihrer innenpolitischen Strukturen nie ein großes stehendes (Wehrpflichtigen-)Heer unterhalten und war deshalb in der zweiten Welle des europäischen Kolonialismus nur begrenzt (Philippinen) an der westlichen Landnahme in Übersee beteiligt. Sie zog (ähnlich wie Großbritannien bis 1885) eine informelle Herrschaft vor, wenn nötig mit europäischen Kolonialmächten als lokalen Statthaltern, zu deren Eliten gesellschaftliche Nähe bestand. Wenn es unumgänglich war, arbeitete man mit neuen lokalen Eliten zusammen, mit denen trotz rassistischer Distanzierung gesellschaftliche Nähe über einen eher künstlichen Diskurs geteilter antikolonialistischer Einstellungen hergestellt werden konnte. Gegenüber den politischen Entwicklungen in den Kolonien waren die USA ab 1945 sehr viel offener als ihre europäischen Partner, deren Regierungen befürchteten, Totengräber ihrer Weltreiche zu werden, wenn sie auf die Forderungen der Nationalbewegungen in den Kolonien eingingen.

Kolonialherrschaft

In Asien und der arabischen Welt waren bis 1939 solche starken Nationalbewegungen entstanden. Im subsaharischen Afrika waren sie schwächer, wuchsen aber nach dem Zweiten Weltkrieg rasch. Diese Nationalbewegungen hatten die alten Eliten (z. B. Reste der Dynastien und Aristokratien der Alten Reiche) schon vor 1914 abgelöst und als feudal und kolonial abhängig diskreditiert. Die Brückenköpfe, welche die Kolonialherren mit Hilfe der alten Eliten gebildet hatten, waren politisch wertlos geworden. Dies hatte die japanische Besetzung in Indochina, Indonesien und Myanmar gezeigt. Ähnlich hatten die landbesitzenden Oligarchien in Lateinamerika an Einfluss verloren.

Der Machtverlust der alten Brückenköpfe war Folge der Krise der Rohstoffökonomie während der Weltwirtschaftskrise und der mit Teilhabe an der Weltwirtschaft unvermeidbaren, wenn auch nur begrenzten Modernisierung. Die Nachfrage der sich industrialisierenden Welt nach Rohstoffen hatte zum stürmischen Wachstum vor allem der Produktion agrarischer Rohstoffe zunächst in Lateinamerika und Asien geführt, ab 1919 auch in Afrika. Bergbauliche Rohstoffe kamen später hinzu. Der Einbruch der Nachfrage nach diesen Produkten während der Weltwirtschaftskrise traf den Süden deshalb schwer, zumal dieser schon ab 1925 Überkapazitäten aufwies. Die Weltmarktpreise für Rohstoffe des Südens fielen von 1929 bis 1932 auf die Hälfte bis ein Drittel, die Preise für Industrieprodukte des Nordens nur auf zwei Drittel, so dass sich die *Terms of Trade* für den Süden halbierten (bei konstanten Mengen der Exporte). Neben den Rohstoffproduzenten litten die Beschäftigten im „modernen" politisch-administrativen Sektor, der im Gefolge von Rohstoffproduktion und Aufbau staatlicher Strukturen (Erziehung, Polizei, Eisenbahnen) entstanden war. Hier bildete sich die Massenbasis für die Nationalbewegungen heraus, die zunächst die Beteiligung an der Verwaltung, dann die politische Unabhängigkeit forderten.

Rohstoffökonomie

Für viele solche Bewegungen war die indische Kongresspartei Vorbild. Sie war mit vorsichtiger Unterstützung durch den britischen Raj schon 1885, also dem Jahr des Berliner Kongresses zur Aufteilung Afrikas, von westlich gebildeten Indern gegründet worden. Schon wenige Jahre danach hatte sie viele Nachahmer in Afrika und gewann als Bewegung für *Self-improvement* und Rechtsgleichheit mit den Idealen der bürgerlichen Revolution des Westens vor allem unter jungen Intellektuellen Anhänger. Ähnliche Bewegungen entstanden nicht nur in den nicht-britischen Kolonien, sondern auch in formal selbständigen Ländern wie China und dem islamischen Raum. Ziel war die Erneuerung der alten Gesellschaft durch Modernisierung, bei der westliche Elemente übernommen werden sollten. Mit den westlich ausgerichteten Tendenzen rivalisierten kulturelle Nationalisten. Sie wollten Modernisierung unter sehr viel stärkerer Berücksichtigung der eigenen Kultur erreichen, indem man zu den Ursprüngen (im Islam Wiederbelebung der Gesellschaft von Mekka und Medina des 7. Jh.s) zurückkehrte. Übergänge zwischen diesen beiden Polen eines säkularen und eines kulturellen Nationalismus waren und sind auch heute noch fließend.

Nationalbewegungen

Das Gemetzel in Europa von 1914 bis 1918 hatte das Prestige einer auf Demokratie und Verbesserung der Lebensbedingungen der Menschheit verpflichteten europäischen Kultur erschüttert. Die Oktoberrevolution 1917 eröffnete die Vision einer befreiten Menschheit. In der Nachfolge der Bewegung der Volksfreunde Russlands des 19. Jahrhunderts (mit engen Beziehungen zu Indien) erkannten beide Tendenzen des Nationalismus die Notwendigkeit, die Massen für sich zu gewinnen. Mahatma Gandhis gewaltloser Widerstand, aber auch die neue Orientierung der kommunistischen Partei Chinas unter Mao Zedong sind Beispiele für die Ausweitung der gesellschaftlichen Grundlagen der antikolonialistischen Bewegungen aus den 20er Jahren.

Im chinesischen Kulturraum (auch Vietnam) mit seinen eher geringen Jenseitsbindungen der Menschen gelang den Kommunisten die Eroberung der bäuerlichen Massen. In der Welt von Islam und Hinduismus mussten sie sich in Bündnisse mit sehr viel stärkeren, je nach Land unterschiedlich sozialrevolutionär ausgerichteten säkularen Nationalisten begeben, die wesentliche Elemente des marxistischen Materialismus ablehnten. Die breite Mehrheit der säkularen Nationalisten bildete große Klassenbündnisse unter Einschluss der nationalen Unternehmerschaft, die (auch von den Kolonialverwaltungen) Schutz vor Konkurrenz technisch überlegener Unternehmen aus dem Ausland forderten. Ausgeschlossen aus diesen Allianzen waren im Regelfall Großgrundbesitzer und die alten Fürstenhäuser. In der Landwirtschaft wurden Bodenreformen gefordert, die – wie übrigens auch im Fall des kommunistischen China – durchaus in Zusammenarbeit mit den Mittelbauern („Kulaken") durchgeführt wurden. Die nationalen Befreiungsbewegungen waren, ähnlich der Französischen Revolution, gegen die alte Ordnung und politische Privilegien gerichtet. Sie forderten Sozialismus als Erfüllung der „Brüderlichkeit" der europäischen bürgerlichen Revolution, auch wenn die dafür notwendigen wirtschaftlichen Veränderungen durch Ausweitung der Rolle des planerisch eingreifenden Staates durchgesetzt werden sollten. Am Ausgang der Weltwirtschaftskrise zogen die Preise für Industriegüter früher als die Rohstoffpreise an, so dass sich die Kaufkraft des modernen Teils der Wirtschaft des Südens weiter verschlechterte. An den unterschiedlichsten Orten des Südens kam es weltweit zu noch eher punktuellen, aber deutlich wahrnehmbaren Aufständen, in denen nationale Selbstbestimmung und gesellschaftliche Reformen gefordert wurden.

Befreiungsbewegungen

Im asiatischen Raum war für Großbritannien schon nach 1919 deutlich, dass der Übergang der Kolonien zum Dominionstatus nach dem Muster der weißen Siedlerkolonien letztlich unausweichlich war. Es ging vor allem um das Timing und die Rolle der Kolonialmacht bei diesem Übergang, die letztlich die Macht an die Gruppe übergeben wollte, die ihr am nächsten stand, aber auch so repräsentativ war, dass sie den Massenwiderstand kanalisieren konnte. Die Gebiete direkter Kolonialverwaltung in Indien hatten ab 1935 de facto eine Selbstregierung – allerdings mit noch wenig repräsentativen Parlamenten.

Der Zweite Weltkrieg beschleunigte diese Tendenzen: Japan vertrieb die Europäer aus Ostasien und erreichte militärisch die Ostgrenze Indiens, wo sich der Raj nur mit Duldung der Kongresspartei halten konnte. Im Unterschied zu Europa lieferte die indische Wirtschaft kriegswichtige Güter nur gegen hohe Preise. Die kommunistischen Teile des antikolonialistischen Widerstands hatten die Alliierten im Rahmen der Volksfrontpolitik der Sowjetunion wenigstens so weit unterstützt, dass sie die Forderung nach nationaler Unabhängigkeit auf die Nachkriegszeit verschoben. Wie sie gehörten auch die säkularen Nationalisten zu den Siegern im Zweiten Weltkrieg. Sie hatten in ihrer übergroßen Mehrheit gerade wegen ihrer Forderung nach politischer Gleichheit nicht mit den Achsenmächten zusammengearbeitet – abgesehen von Einzelfällen (Palästina, indische National-

Entwicklung neuer politische Systeme

armee, Indonesien). Das Recht auf Selbstbestimmung in der Atlantik-Charta (1941) wurde in der farbigen Welt gehört, auch wenn Churchill sofort behauptet hatte, dieses Recht beziehe sich nur auf Europa. Ohne die USA vom eigenen Engagement für die Demokratie zu überzeugen, war eine Rückkehr der Kolonialmächte nach Asien 1945 undenkbar, weil dies ohne militärische Unterstützung der USA unmöglich gewesen wäre. Alle Kolonialmächte entwickelten Projekte zur Demokratisierung ihrer Herrschaft, bei denen eine nur begrenzte Berücksichtigung demokratischer Prinzipien die Herrschaft der Kolonien (auf Grund der größeren Bevölkerungszahl und damit der Wählerstimmen) über die Kolonialmetropolen verhindern konnte. Man bastelte an Systemen der Bundesstaatlichkeit (Commonwealth, Brazzaville, Französische Union der 4. Republik), bei der die Vormacht der Metropole unangetastet bleiben sollte.

Schon vor 1945 war deutlich, dass die nationalen Befreiungsbewegungen sich auf solche Modelle nur zum Zwecke des geordneten Übergangs zur Unabhängigkeit einlassen würden. Indien war 1945 de facto unabhängig. Die Kongresspartei wartete mit der Unabhängigkeitserklärung, weil sie den Raj als Partner für die Lösung des Problems der drohenden Teilung des Landes in ein säkulares Indien und ein muslimisches Pakistan brauchte. In China hatte die kommunistische Partei die Unterstützung der Bauern gegen die im nationalen Widerstand gegen Japan weniger entschlossenen, weniger auf die Guerilla der Bauern setzenden gemäßigten Nationalisten gewonnen und die Kuo-Mintang-Regierung vom Festland vertrieben. Damit waren zwei Leuchttürme der Revolution in der Dritten Welt entstanden: ein demokratisches Indien mit gemäßigten Agrarreformen, das auf eine gemischte Wirtschaft und westliche Unterstützung setzte, und ein kommunistisches China, das in einem engen Bündnis aus Arbeitern, Bauern und revolutionärer Intelligenz die Umwälzung von Wirtschaft und Gesellschaft auf dem Wege der permanenten Revolution (Großer Sprung nach vorn, Kulturrevolution) und der Mobilisierung der bewaffneten Armeen, vor allem zur Beseitigung der Landarmut in den „Bauernkriegen des 20. Jahrhunderts“, erreichen wollte.

Zwei Leuchttürme der Revolution

Wo Versuche zur Wiedergewinnung europäischer Herrschaft unternommen wurden, endeten sie in militärischen Desastern. Die nationalen Befreiungsbewegungen konnten in Subsistenzwirtschaft lebende Bauern als logistische Basis des Kleinkrieges mobilisieren. Unter dem Schutz der Guerilla konnten sie mit Unterstützung der Sowjetunion, aber auch der Volksrepublik China und selbst internationaler Waffenhändler moderne Armeen aufbauen. Eine solche moderne Armee besiegte in Dien Bien Phu 1954 die französische Kolonialarmee, die in rassistischem Hochmut glaubte, sich in einer nur schwach befestigten Position mit Artilleriefeuer gegen die in Lumpen gehüllten Bauernsoldaten des Generals Giáp verteidigen zu können. Europäische Erfolge waren nur möglich, wenn repräsentative Vertreter des nichtkommunistischen Flügels des Nationalismus die Guerilla bekämpften, wie auf den Philippinen oder der Malaiischen Halbinsel (malaiisch-chinesischer ethnischer Gegensatz).

Wiedergewinnung europäischer Herrschaft?

Für die Politik der USA, sich den kolonialistischen Ambitionen ihrer Verbündeten (auch Großbritanniens) zu widersetzen, gab es eine gesellschaftliche Grundlage und einen Allianzpartner in den Kolonien. Nur die säkularen Nationalisten konnten die Machtübernahme der Kommunisten verhindern, die sich außenpolitisch auf das Ziel der Weltrevolution – zunächst unter Vorrang der Sowjetunion, dann Chinas – ausrichteten. Damit übernahm die Sowjetunion zunehmend die Rolle des engagiertesten Vorreiters der Weltrevolution.

Unter den säkularen Nationalisten nahm Indien eine natürliche Führungsposition ein. Aber auch die nichtkommunistischen säkularen Nationalisten teilten viele Positionen der marxistischen Imperialismustheorie. Unterentwicklung wurde danach extern verursacht durch Ausbeutung (u. a. Verschlechterung der *Terms of Trade*) und ungleiche Spezialisierung der schon vorhandenen Industrie, allein schon deshalb, weil die Gegenposition einer internen Verursachung der Unterentwicklung die These einer europäischen Überlegenheit und damit einer zivilisatorischen Mission des Kolonialismus hätte stützen können. Die säkularen Nationalisten bewunderten die rasche Industrialisierung der Sowjetunion. Sich in der aufbrechenden Konfrontation zwischen den Blöcken auf der Seite des Westens zu engagieren, hätte die Geschlossenheit der nationalen Befreiungsbewegungen gefährdet. Der Westen fand für die Konfrontation mit der Sowjetunion nur in Einzelfällen Verbündete, ebenso erging es umgekehrt der Sowjetunion. Diese hatte zunächst die nichtkommunistischen säkularen Nationalisten auf Grund ihres eigenen Lagerdenkens (Schdanows Zwei-Lager-Theorie 1947) als Lakaien des Imperialismus beschimpft.

Natürliche Führungsposition Indiens

Beide Lager hatten die Blockfreiheit einer sich als unabhängig von den Lagern verstehenden Dritten Welt zu akzeptieren, die – in der Zusammenarbeit zwischen Indien und der arabischen Welt vorbereitet – zur Bildung der Gruppe der Afroasiaten in den Vereinten Nationen führte. In der UNO gab es eine Fraktion von Ländern, die ausschließlich im Ziel der Abschaffung des Kolonialsystems übereinstimmte und die Vollversammlung der Vereinten Nationen nutzte, um die nationale Unabhängigkeit in aller Welt zu unterstützen.

Trotz vereinzelter Reformen Großbritanniens in Afrika wurde für das Überspringen der antikolonialistischen Revolution nach Afrika die algerische Revolution entscheidend. Das französische Algerien stand de facto unter Kontrolle einer europäischen Bevölkerungsminderheit, die alle Reformversuche der Kolonialmetropole abblockte. Deshalb entschloss sich 1954 eine kleine Gruppe algerischer Nationalisten zum bewaffneten Widerstand. Bis Mitte 1956 war der größte Teil des Landes zumindest nachts unter Kontrolle der Befreiungsbewegung. Frankreich entsandte nahezu die gesamte Armee, auch die Wehrpflichtigen, und bewies damit die Möglichkeit der Zerschlagung einer Guerilla ohne lokale Unterstützung, vorausgesetzt, die Metropole stellte entsprechende Ressourcen bereit. Ab 1957 (Kampagne gegen die Folter in Algerien) zeigte sich aber, dass unter den Bedingungen der nicht mehr nationalistischen Integration westlicher Gesellschaften die auch schon in früheren Kolonialkriegen durchaus üblichen Menschenrechtsverletzungen im befreundeten Ausland, aber zunehmend auch in der französischen öffentlichen

Das französische Algerien

Meinung nicht mehr konsensfähig waren. Frankreich konnte militärisch in Algerien bleiben, doch fehlten ihm für eine vergleichbare Strategie in seinen immer unruhiger werdenden anderen afrikanischen Kolonien die militärischen Mittel, solange der Algerienkrieg andauerte. Unabdingbar für die Fortsetzung kolonialer Herrschaft waren Entwicklungsbemühungen, die – wie Algerien zeigte – hohe Finanzmittel erforderten (Plan von Constantine 1958, das bisher umfassendste Projekt der Überwindung von Unterentwicklung durch Hilfe einer kapitalistischen Metropole). Kolonien wurden in einer durch relationale Macht geprägten Welt zur Kostenbelastung. Anders als Ausgaben in der Technologiepolitik nutzten solche Zahlungen aber nicht den Zukunftsindustrien, für die es in den Kolonien nur wenige kaufkräftige Kunden gab. Wer keine Kolonien hatte, konnte auf der ganzen Welt billig einkaufen; wer Kolonien hatte, musste für diese mit Entwicklungspolitik bezahlen. Unter den Bedingungen der wachsenden Bedeutung relationaler Macht stand Frankreich vor der Alternative der Isolation selbst im westlichen Lager und dem Verlust des übrigen (größeren) Teils des Kolonialreiches oder einer „exemplarischen" Selbstüberwindung. Charles de Gaulle gelang mit großer Magie des Wortes die zweite Möglichkeit. Die Unabhängigkeit Algeriens wurde als Erfüllung der zivilisatorischen Mission der *Grande Nation* weltweit erfolgreich „verkauft". Zur Untermauerung dieser Mission wurde der Rest des französischen Kolonialreiches im subsaharischen Afrika in eine Vielzahl kleiner Staaten aufgeteilt, die politisch souverän, aber nicht wirklich unabhängig waren, so dass wirtschaftlich überlebensfähigeren Ländern in Kolonialreichen anderer Nationen die Unabhängigkeit nicht mehr verweigert werden konnte.

Die „Neue Linke"

Während des Algerienkrieges bildete sich in der Kolonialmetropole die „Neue Linke", die auch in Opposition zu den – dem orthodoxen Moskau treuen – Kommunisten die Utopie einer sozialistischen Welt entwickelte. Sie sah in den „Verdammten dieser Erde" (Frantz Fanon) das neue Weltproletariat, das mit seinem Sieg die ganze Menschheit befreien würde (Jean-Paul Sartre). Während des Vietnamkrieges der USA gelang es ihr, weltweit eine Massenbasis unter der studentischen Jugend zu entwickeln. Die „Verdammten dieser Erde" wurden zum Bezugspunkt von Kulturrevolutionären im Westen, die an der Bereitschaft des westlichen Proletariats, den wohlfahrtsstaatlichen Kapitalismus zu akzeptieren, verzweifelten und im Terrorismus den befreienden Akt sahen, der auch diese „Verdinglichung" des Bewusstseins des metropolitanen Proletariats aufbrechen sollte.

Mit dem Ende der Kolonialisierung im subsaharischen Afrika hatte sich Europa nach vier Jahrhunderten politisch aus dem Süden bis auf kleine, strategisch gut platzierte Inseln zurückgezogen, die (hoch subventioniert) darum kämpften, Kolonien zu bleiben oder die wirtschaftlichen Segnungen der Europäischen Union zu erlangen.

Rente und Staatsklasse im Süden

Die Entwicklungskonzepte der säkularen Nationalisten beruhten auf der Erhöhung der Exporterlöse für traditionelle Rohstoffe und deren Einsatz für eine staatlich koordinierte industrielle Diversifizierung. Derzeit nicht rentable Industrien wurden in Erwartung ihrer zukünftigen Rentabilität als Teil einer erst zu errichtenden diversifizierten Wirtschaftsstruktur aufgebaut, welche die Versorgung der Bevölkerung verbessern sollte, ohne die Zahlungsbilanz zu belasten. Die entscheidende Instanz für die Verteilung der Mittel (Renten aus Rohstoffexporten, daneben westliche Entwicklungshilfe und lokale Steuern), die Leitung der Unternehmen und die Bewertung ihres nach Marktkriterien derzeit noch nicht zufriedenstellenden Produktionsergebnisses war der Staat. Weil es neben diesem Staat keine autonomen Machtzentren gab und selbst private Unternehmen oder Gewerkschaften von staatlichen Investitionen abhingen, ist hier die Rede von einer Produktionsweise besonderen Typs (bürokratische Entwicklungsgesellschaft) unter der Herrschaft einer Staatsklasse, die auf Grund der politischen Basis ihrer Herrschaft Legitimität und Selbstprivilegierung statt Rentabilität anstrebt.

Die neuen unabhängigen Länder Asiens und Afrikas folgten damit den lateinamerikanischen Staaten, die in der Reaktion auf den Verfall der Rohstoffpreise seit der Weltwirtschaftskrise Industrien zur Ersetzung bisheriger Importe aufgebaut hatten. Wegen der im Vergleich zu Lateinamerika dann doch breiten Partizipation der Massen in Asien (Kampf um nationale Unabhängigkeit) waren die Staatsklassen hier, aber auch in Mexiko, zumindest anfänglich zu einschneidenden Reformen (Bodenreform) bereit. Die in der Analyse des realen Sozialismus beschriebenen Ineffizienzen bürokratischer Wirtschaftssteuerung traten hier verstärkt auf, auch weil in den politischen Beziehungen die vorkapitalistischen Verhaltensmuster noch stark waren. Gleichwohl gelang in vielen Ländern der Aufbau einer Industrie, die die spätere Eingliederung in den Weltmarkt begünstigte: Importsubstitution als Vorbedingung für Exportorientierung wird nach dem Erfolg Südkoreas, Taiwans, aber auch Chinas, Indiens und Brasiliens nicht ernsthaft bestritten, ebenso wenig wie der Beitrag einschneidender, auf Gleichheit der Einkommensverteilung gerichteter Agrarreformen in Südkorea, Taiwan und China. Besonders erfolgreich war das Modell bei der Ausweitung des Schulbesuches. Die Staatsklassen haben die Masse der Bevölkerung des Südens in die Schule gebracht.

Partizipation der Massen

Renten erlaubten, die industrielle Diversifizierung zu finanzieren, untergruben aber gleichzeitig die dafür notwendige Disziplin in den Staatsklassen. Bis 1973 war es Konsens, dass niedrige Rohstoffpreise die Entwicklung des Südens behinderten. Auf die politische folgte 1962 die Forderung nach wirtschaftlicher Entkolonialisierung. Blockfreie und lateinamerikanische Länder setzten in den Vereinten Nationen die Einberufung einer *United Nations Conference for Trade and Development* (UNCTAD) durch, die sich dann 1964 als Unterorganisation der UNO institutionalisierte und zum Forum der neu gebildeten Gruppe der 77 wurde. Gefordert wurde eine Neue Internationale Wirtschaftsordnung (NIWO), in der zuverlässig hohe finanzielle Transfers aus dem Norden (auch aus dem Sowjetblock, der sich weigerte) durch bessere Rohstoffpreise und höhere Entwicklungshilfezahlungen neben umfassenden Reglementierungen der Tätigkeit

Neue Internationale Wirtschaftsordnung

ausländischer Unternehmen zur Verbilligung des Zugangs zu modernster Technologie standen.

Auf die Unterstützung durch diese Organisation konnten die Erdöl exportierenden Länder bauen, die sich 1960 in der OPEC zusammengeschlossen hatten, weil die westlichen Ölunternehmen die Preise für Rohöl senkten, auf deren Grundlage die Steuerschuld an die Förderländer berechnet wurde. Auch die USA waren an höheren Rohölpreisen interessiert, um teureres Öl außerhalb der Nahostregion zu suchen und zu fördern. Konnte man in den Ölländern die eigenen Interessen nicht mehr politisch und militärisch durchsetzen, auch wegen der Rivalität mit der Sowjetunion, dann musste man von Nahostöl unabhängiger werden, um nicht politisch erpressbar zu sein. In Abstimmung mit den USA übernahm Saudi-Arabien die Führung in der OPEC, die von 1973 bis 1979 erhebliche Preissteigerungen (Vervierfachung) durchsetzte. Die Schlüsselstellung Saudi-Arabiens erlaubte es, den ursprünglichen Plan zu vereiteln, mit den neuen Einnahmen auch die Kartellierung bei anderen Rohstoffen anzuheben, den Prestigegewinn aus diesem Erfolg in der Dritten Welt auf die Mühlen der erzkonservativen arabischen Erdölmonarchien zu lenken und mit dem neuen Prestige und dem Geld der Erdölmonarchien die „gottlosen Marxisten“ und damit auch den Einfluss der säkularen Nationalisten im islamischen Raum zu bekämpfen. Hier liegt eine der Ursachen für den Aufstieg der Islamisten.

Saudi-Arabien: OPEC-Führung

Der Erfolg der Ölpreissteigerungen führte zur Euphorie im Süden: Manche Länder glaubten an die Steigerung der Preise für andere Rohstoffe und verschuldeten sich in Erwartung zukünftiger Einnahmen, auch weil die Anlage suchenden Ölmilliarden der bevölkerungsarmen Länder am Golf von den westlichen Banken platziert werden mussten. Mexiko und Nigeria wurden trotz Ölmilliarden wegen der Korruption ihrer Staatsklassen zahlungsunfähig. Aber auch disziplinierte Staatsklassen konnten angesichts deren Umfangs die zusätzlichen Finanzmittel nicht mehr vernünftig ausgeben. Höhere Investitionsziele überforderten ihre Unternehmen und Planer. Diese versuchten fehlende eigene menschliche Ressourcen durch vermehrte technische Hilfe aus dem Ausland zu kompensieren und schufen dadurch neue Abhängigkeiten. Das führte in den Erdölländern schließlich dazu, dass außer dem Erdöl nur noch Korruption wettbewerbsfähig war.

Ölpreissteigerungen – Schulden

Eine Alternative hätte in der Unterstützung derjenigen Erdölländer bestanden, die ihre Ölmilliarden statt für Rüstung, Auslandsanlagen und Prestigeobjekte zum Aufbau einer integrierten Industrie zur Versorgung ihrer internen Massenmärkte einsetzen wollten. Abgesehen von der dazu notwendigen Anerkennung des Zusammenhangs zwischen Massenkonsum und Industrialisierung hätte eine solche Strategie die Bereitschaft westlicher Industrieländer zu langfristiger Kooperation vorausgesetzt. Die gesellschaftspolitisch progressiven Segmente der Staatsklassen glaubten – oft mit marxistischen Begründungen – nicht an die Machbarkeit marktwirtschaftlicher Entwicklung im Interesse der Massen, die politischen Vertreter des Rheinischen Kapitalismus, vor allem die SPD, glaubten nicht an die Machbarkeit der Kooperation zwischen Regierungen. Weltpolitisch

Unterstützung der Erdölländer?

Erdölraffinerie bei Dhahran an der Ostküste Saudi-Arabiens, das mit einem Kapazitätsspielraum von etwa 1,5 Millionen Barrel (je 159 Liter) pro Tag das Schlüsselland der OPEC-Länder ist.

scheiterte damit der Rheinische Kapitalismus schon Mitte der 70er Jahre (Pariser Konferenz über Internationale Wirtschaftliche Zusammenarbeit 1975), auch wenn kleinere Abkommen (Französisch-Algerisches Gasabkommen 1983) in diese Richtung versucht wurden.

Die Bekämpfung der Arbeitslosigkeit durch expansive Geldpolitik und die Ölmilliarden ließen die Verschuldung im Süden expandieren. Mit der mexikanischen Zahlungsunfähigkeit 1983 wurde die massive Überschuldung vieler gerade bei der Industrialisierung fortgeschrittener Länder des Südens deutlich. Die westlichen Banken wurden durch Verbesserung ihrer Abschreibungsmöglichkeiten und Umschuldung der Schuldner bei gleichzeitiger Erhöhung des geschuldeten Geldes durch die Gebühren für Umschuldung und (angeblich, denn wegen der Stützung durch internationale Organisationen gab es kein erhöhtes Risiko) risikobedingt höhere Zinssätze (letztlich stieg dadurch das *principal*, das dann abgeschrieben

Verschuldung im Süden

werden konnte) gerettet. Gleichzeitig konnten die verschuldeten Staatsklassen des Südens über Weltbank und Weltwährungsfonds an die Kandare genommen werden.

Die Staatsklassen des Südens hatten die Rohstoffrenten und ihren eigenen politischen Zusammenhalt überschätzt und die Möglichkeiten des internationalen Finanzkapitals, aber auch ihre eigenen Erfolge bei der wirtschaftlichen Entwicklung, unterschätzt.

Von der Importsubstitution zur Exportorientierung

Bei der Liberalisierung im Süden, die im Zusammenhang mit den Umschuldungen durchgesetzt werden konnte, gingen die westlichen Industrieländer davon aus, dass der technische Vorsprung ihren Unternehmen dauerhaft Wettbewerbsfähigkeit auf dem Weltmarkt sichern würde. Diese Erwartung entsprach auch den Auffassungen der kritischen Entwicklungstheorie (Imperialismustheorie), den damaligen innovativeren Handelstheorien (Produktzyklustheorie) und der Kritik der transnationalen Unternehmen und ihres oligopolistischen Verhaltens. Trotz der gewaltigen Ausweitung der Auslandstätigkeit transnational werdender Unternehmer – zunächst von den USA in andere Industrieländer, die in den 60er Jahren zur Angst vor der amerikanischen Herausforderung geführt hatte, dann aus allen westlichen Industrieländern wechselseitig und in der Dritten Welt – waren die Kernkompetenzen dieser Unternehmen, vor allem ihre Forschungs- und Entwicklungsabteilungen, an ihren Heimatstandorten verblieben. Trotz der Führungsstellung von US-Unternehmen in der weltweiten Konkurrenz hatten die europäischen und die japanischen Unternehmen bis in die 80er Jahre aufgeholt. Inzwischen produzieren auch Unternehmen aus China, Taiwan, Korea und Indien weltweit und machen westlichen Firmen Konkurrenz.

Die Erwartung, dass technische Führungspositionen nicht durch die Internationalisierung der Produktion in Frage gestellt würden, steht im Gegensatz zur klassischen Außenhandelstheorie und der neuen Theorie endogenen Wachstums. Eine Wirtschaft spezialisiert sich auf die Produkte, bei denen ihr Vorsprung relativ am größten ist, und gibt Produkte auf, bei denen sie Vorsprünge hat, die aber geringer sind als bei anderen Produkten. Eine führende Wirtschaft mag bei neuen Produkten Vorsprünge haben, doch nicht notwendig die höchsten. Technischer Fortschritt hängt mit *Learning by doing* zusammen, setzt also Produktion voraus. Was man in einer existierenden Produktion gelernt hat, kann höhere Produktivität gegenüber einem Konkurrenten begründen, der über solche Erfahrungen nicht verfügt: Dies führt bei einem neuen Produkt zwar zu einem Produktivitätsvorsprung, nicht aber in gleicher Höhe wie beim alten Produkt. Weil sie auch bei alten Produkten weit zurückliegen, können aufholende Länder überholen.

Produktivitätsvorsprung

Preisliche Wettbewerbsfähigkeit erzielen die Aufholer durch niedrige internationale Arbeitskosten. Das bedeutet nicht notwendig niedrige Reallöhne. Wenn die Lebenshaltungskosten niedrig sind, können niedrigere Löhne in internationaler Währung durchaus mit hohen Reallöhnen vereinbar sein. Das Volkseinkommen der erfolgreichen exportorientierten Länder des Südens ist zur Kaufkraftparität ungefähr viermal höher als zum Wechselkurs. Exportarbeiter können von ihrem Geld zu Hause viermal mehr kaufen, als wenn sie im Ausland einkaufen würden. Für ihre Löhne erhalten sie viermal mehr, als man dafür vom Ausland beziehen könnte. Diese Differenz muss im Lande produziert werden: Die erfolgreichen Aufholer waren alle am Anfang in der Lage, einen Überschuss an Lohngütern, also insbesondere Nahrungsmittel, zu produzieren.

Arbeitskosten

Wettbewerbsfähig wurden die Länder des Südens zwar auch bei alten Produkten (Einstieg in die Exportorientierung über die Textilindustrie), doch nicht die ungelernten Kräfte in den Supermärkten, sondern die Arbeitskräfte der Automobil- und der Softwareindustrie stehen heute unter weltweitem Konkurrenzdruck. Auf diese neue Wettbewerbsfähigkeit reagieren die führenden Industrieländer mit Industriepolitik und Lohnkostenbegrenzung. Der Staat stützt Innovationssysteme, das heißt Ausgaben, die derzeit keine Profite abwerfen oder erwarten lassen. Die Zuweisung muss also wie im Renten verteilenden Staat erfolgen. Der Westen importiert die auf Renten basierten Strukturen des Südens.

Wettbewerbsfähigkeit

Die wirtschaftliche Umorientierung glauben die Unternehmen im Westen bei niedrigem Kostendruck leichter bewältigen zu können. Weil die Löhne wegen Arbeitslosigkeit nicht mehr knappheitsbedingt steigen, gelingt es Unternehmen und Regierungen im Westen, den Lohnanstieg unter den Produktivitätsanstieg zu drücken. Die Produktivität läuft der Produktion davon. Das ist die übliche unterkonsumtionistische Situation. Entlassen werden deshalb nicht hochproduktive Arbeiter, die unter Wettbewerbsdruck vom Weltmarkt stehen, sondern weniger qualifizierte Arbeiter, die von qualifizierteren nachfragebedingt aus ihren Arbeitsplätzen verdrängt werden. Dies wird dann abgefedert durch den Renten verteilenden Wohlfahrtsstaat.

Wachsende Wettbewerbsfähigkeit durch Abwertung der aufholenden Länder bedeutet, dass bisher teurer von den Industrieländern angebotene Produkte auf dem Weltmarkt billiger werden. Auch dadurch steigt die Produktion rascher als die Konsumtionskraft, insbesondere wenn in den aufholenden Ländern die Reallöhne wegen struktureller Arbeitslosigkeit nicht steigen. Abwertung ist für die aufholenden Wirtschaften teuer: Sie erhalten weniger Geld auch für die Exportgüter, die schon bei höheren Wechselkursen und einem höheren Preis für die eingesetzte Arbeit in internationaler Währung hätten verkauft werden können. Deshalb versuchen solche Länder, Abwertung zu begrenzen, indem sie wettbewerbsfähige Produkte verteuern und dadurch den Aufbau neuer Branchen finanzieren. Als Südkorea seine Textilien nur noch zu immer weiter sinkenden Preisen verkaufen konnte, hat es den Import von Textilmaschinen verboten. Die koreanischen Fabrikanten mussten ihre bisherigen Lieferanten von Ersatzteilen zur Produktion zunächst teurerer Textilmaschinen ermuntern. Das Verfahren unterschied sich von der Besteuerung von Öl zur Finanzierung der industriellen Diversifizierung nur auf der Ebene des Managements: Nicht Beamte, sondern die Abnehmer der zukünftigen Maschinen unterstützten neue Anbieter.

Abwertung

Die exportorientierte Industrialisierung geht einher mit der Aneignung und Nutzung von Renten durch Industriepolitik im Süden und im Westen. Die Automatismen des Marktes werden geschwächt. Globalisierung führt nicht zu einer weltweiten freien Marktwirtschaft, sondern zur weltweit vielfältigen Rivalität um Renten mit dem Mittel staatlicher Eingriffe. Die Finanzkrise von 2008 belegte gegen alle Theorien der Globalisierung, dass die Staaten – auch als letzte Garanten von Geld – entscheidend blieben, weil sie – und nur sie – die ökonomischen Rahmendaten, in diesem Fall in der Form massiver Geldschöpfung, bestimmen konnten.

Ein multipolares Staatensystem aus saturierten Großmächten

Neu aufsteigende Großmächte

Die Intervention und letztliche Verantwortung von Staaten wird wenig wahrgenommen, weil zwischen den heutigen Staaten Kooperation überwiegt. Vordergründig steht am Ende der bipolaren Konstellation die hegemoniale Position der USA. Nur die USA können weltweit militärische Macht einsetzen. Gegenüber vielen Staaten ist diese militärische Macht aber wirkungslos. Der Irakkrieg belegt, dass die USA selbst ein relativ kleines Land militärisch nicht befrieden können. China, Indien, Brasilien, Russland wären militärisch nicht ohne nukleare Vernichtung zu bezwingen. Die Hoffnung der USA, dauerhaft Hegemonie zu behalten, indem jede gleichstarke Koalition aus Rivalen verhindert wird, ist angesichts der heutigen Stärke der Rivalen unrealistisch. Sie sind deshalb den USA bis zur Schwelle des Nuklearkonflikts ebenbürtige Großmächte, vergleichbar der Gleichheit der fünf Großmächte des Systems des Wiener Kongresses. Zur Regelung regionaler Streitfälle ist ihre Mitarbeit unverzichtbar, wie die Auseinandersetzungen um Nordkorea zeigen. Ähnlich wie im Wiener System handelt es sich bei den Großmächten um Staaten, die den Status quo bewahren wollen. Anders als im Wiener System ist nicht zu erwarten, dass sie von neuen Wellen identitären ethnischen Nationalismus erfasst werden und eigene nationale Minderheiten in Gebieten außerhalb ihrer Grenzen befreien wollen. Bei diesen Mächten handelt es sich im Unterschied zu den sich im 19. Jahrhundert herausbildenden europäischen Nationalstaaten nicht um ethnisch homogene Gebilde, sondern eher um multiethnische Reiche mit Elementen gemeinsamer Kultur, den USA viel ähnlicher als dem deutschen Staat des 19. Jahrhunderts. Sie können den Zusammenhalt nicht über Assimilation der Übrigen an ihre Hauptethnie erreichen. Außerhalb Europas ist der Prozess der Verschmelzung von Ethnien durch den Markt und den absolutistischen Staat zu ethnisch als Einheit verstandener Nationen nicht erfolgt. Deshalb sind die heute real existierenden Ethnien außerhalb Europas im Regelfall zu klein, als dass sich wirtschaftlich lebensfähige Staaten auf der Grundlage des Mythos einer Abstammungsgemeinschaft bilden könnten. Weil nahe-

Die USA und ihre „Rivalen"

zu alle diese Staaten/Reiche in ihren Grenzgebieten von ethnischen Minderheiten und nicht von ihrer einflussreichsten Hauptethnie bewohnt werden, verfolgen sie Politiken der wechselseitigen Zusicherung der Unveränderbarkeit der Grenzen. Sie sind zur Aufrechterhaltung von Stabilität an der Dauerhaftigkeit der Regime bei ihren Nachbarn interessiert. So entwickelt sich eine Solidarität der politischen Klassen, ähnlich der Solidarität der Dynastien im Europa des 19. Jahrhunderts.

Wie bei der Herausbildung jedes neuen weltumfassenden Systems staatlicher Organisation gibt es Problemzonen: Dazu gehört die arabische Welt. Solange alle Mächte vom Nahostöl abhängig sind, will niemand eine arabische Hegemonialmacht, die diese Ölvorräte unter einheitliche Kontrolle bringen könnte. Alle nichtarabischen Mächte unterstützen die Kurzsichtigkeit der Staatsklassen der Ölländer, die die Rente nicht mit anderen, bevölkerungsreicheren arabischen Ländern teilen wollen, aber wegen ihrer zu kleinen eigenen Bevölkerung – und damit enger Binnenmärkte – die finanziellen Ressourcen aus der Ölrente nicht sinnvoll für die eigene industrielle Entwicklung nutzen können. Im subsaharischen Afrika lässt sich keine Hegemonialmacht identifizieren. Nigerias Staatsklasse ist zu korrupt und damit diskreditiert, obwohl dieses Land nach Bevölkerung und wirtschaftlichen Ressourcen natürliche Vormacht der afrikanischen Welt sein könnte. Südafrika liegt geographisch am Rande der Region. Denkbar ist, dass das Land dieses Handikap überwinden kann. Vorerst leisten sich aber noch auswärtige Mächte einen Kampf um Einfluss in der Region, den sich Fraktionen innerhalb der Staatsklassen dieser Länder teuer bezahlen lassen.

Arabische Welt und subsaharisches Afrika

Die machtpolitische Rivalität der Mächte in Regionen mit schwachen regionalen Führungsmächten hindert sie nicht an der immer stärkeren Regulierung ihrer Rivalität. In einem multipolaren System saturierter Großmächte haben alle beteiligten Mächte ein schon aus dem Wiener System bekanntes Interesse an Kooperation und Reduzierung von Reibungspunkten durch die Vereinbarung von Regeln, trotz des Festhaltens an ihrem Souveränitätsanspruch. Dies erklärt die Tendenz zur Etablierung rechtlicher Normen, aber auch deren Grenzen. Supranationale Regelungen in Kernbereichen lehnen alle Großmächte ab. Die Auseinandersetzungen um einen Internationalen Strafgerichtshof belegen dies ebenso wie die Differenzen um die *World Trade Organization*. Dort erhalten im Streitschlichtungsverfahren obsiegende Länder das Recht auf eigene Gegenmaßnahmen. Wenn kleinere Länder sich im Streit mit Großmächten befinden, sind solche Maßnahmen aber wirkungslos und schaden diesen. Den Schwachen wird nur zugebilligt, dass sie sich ohne Rechtsfolgen schaden dürfen. Alle Mächte haben sich wirkungsvolle Instrumente der Technologieförderung durch staatliche Stützung ihrer nationalen Innovationssysteme vorbehalten, auch wenn diese nicht mehr die Form einfacher Handelsbeschränkungen annehmen.

Reduzierung von Reibungspunkten

Die Unterordnung von Staaten unter supranationale Instanzen, die Kennzeichen der Europäischen Union ist, bleibt auf deren Gebiet begrenzt. Diese neue Form der Einbindung von Staaten kann zur Herausbildung einer neuen Großmacht, Europa,

führen, das „Friedensprojekt Europa" greift aber nicht als strukturbildendes Element auf die Weltebene über. Die Herausbildung einer Sicherheitsgemeinschaft bleibt in ihrer europäisch-atlantischen Ausprägung auf die europäisch-atlantische Welt begrenzt. Diese Begrenzung ist letztlich Ausdruck einer fortdauernden Abhängigkeit Europas von den USA. Ohne den bestimmenden Einfluss der USA auf die innereuropäischen Beziehungen würden sich viele kleinere europäische Länder von mächtigeren Mitgliedern der Union bedroht fühlen. Diese Konfiguration wird fortdauern, bis sich in Europa ein europäischer *Body politic*, eine europäische Nation, gebildet haben wird, die gemeinsame Entscheidungen auch in wesentlichen Fragen verbindlich und in Vermutung der Legitimität Mitgliedsländern aufzwingen kann, so wie der Bund in Deutschland mit widerstrebenden Ländern verfahren kann. Die Europäische Union ist bestenfalls das Projekt eines Nationsbildungsprozesses, nicht aber der Prozess einer weltweiten Umstrukturierung des internationalen Systems. Europa holt zu Indien auf, wo der britische Raj diesen Prozess erzwungen hat.

Europa als neue Großmacht?

Der Vorrang von Staaten als letztlich verbindlicher Instanz schließt eine lebhafte internationale Gesellschaft mit transnationalen Beziehungen nicht aus. In vielen Politikbereichen, bei Umwelt, Menschenrechten, humanitärer Hilfe, haben sich Nichtregierungsorganisationen als wichtige Akteure etabliert. Einen starken Einfluss in Ländern mit legitimen Regierungen können sie nur dort ausüben, wo die Regierungen schwach sind und von der Zufuhr äußerer Ressourcen abhängen. Das trifft vor allem auf die Regionen schwach ausgebildeter Staatlichkeit ohne regionale Großmächte zu: Paradebeispiele sind das subsaharische Afrika, aber auch das wirtschaftlich schwache Bangladesch. Diese Akteure hängen von der Verfügbarkeit westlicher Ressourcen einerseits und deren Relevanz für die Empfänger andererseits ab. Außer Bangladesch lässt sich aber kein bevölkerungsreicheres Land des Südens benennen, für das solche Ressourcen entscheidend wären.

Nichtregierungsorganisationen

Die Bevölkerung des Südens lebt aber zu über zwei Dritteln in den genannten Großmächten und einigen weiteren bevölkerungsreichen Ländern wie Indonesien, Pakistan, Mexiko, Philippinen und Vietnam, in denen der Einfluss der Nichtregierungsorganisationen eher begrenzt ist, selbst wenn sie dort unter Beachtung der von den Regierungen gesetzten Regeln sehr aktiv in den unkontroversen Politikbereichen, zum Beispiel der humanitären Hilfe oder der Armutsbekämpfung, sein mögen. Dieser Anteil von Bevölkerung in großen Staaten liegt höher als im Europa des 18. Jahrhunderts, das die Grundlage des heute als überholt behaupteten Westfälischen Systems war.

Neue politische Kräfte im Süden und das Problem einer Weltzivilgesellschaft

Die transnationale Welt der Nichtregierungsorganisationen des Westens ist von den neuen politischen Bewegungen des Südens weitgehend isoliert. Ihre Partner sind vorwiegend die gesellschaftlichen Erben der früheren *Educated*, die – den früheren

Volksfreunden gleich – in wohlwollender Fürsorge für am Markt oder politisch schwachen Bevölkerungsgruppen Verbesserungen schaffen wollen. Ihre Fähigkeit, sich vor Ort in die sich entwickelnden gesellschaftlichen Auseinandersetzungen einzubringen, ist eher begrenzt, weil konfliktfähige gesellschaftliche Bewegungen ihr Führungspersonal aus lokalen Kräften rekrutieren. Häufig schwächen Nichtregierungsorganisationen autonome lokale Organisationen unbeabsichtigt durch Überförderung oder gar bewusst, um ihr Betätigungsfeld und damit die bezahlte Beschäftigung ihres Personals zu legitimieren.

Je nach Erfolg der Anstrengungen zu wirtschaftlicher Entwicklung lassen sich drei Konfigurationen unterscheiden: Gesellschaften, die durch Entwicklungsanstrengungen hohe Beschäftigungsniveaus erreicht haben und zumindest im Ansatz das für Unterentwicklung konstitutive Problem von Marginalität zu überwinden im Begriff stehen (niedriges Grenzprodukt von Arbeit: Teile der Arbeitskräfte produzieren weniger als sie verbrauchen und sind deshalb betriebswirtschaftlich überflüssig und politisch einflusslos); Gesellschaften mit noch weit verbreiteter Armut, aber einem Produktionsapparat, der auf Massenbedürfnisse und Beschäftigungsschaffung umorientiert werden kann, insbesondere durch Erschließung der Nachfrage der armen Bevölkerungsgruppen und Beschäftigung der Armen; Gesellschaften mit sehr geringem Produktionspotenzial.

Drei Konfigurationen

Wo immer über Entwicklungspolitik und erfolgreiche Eingliederung in die weltwirtschaftliche Arbeitsteilung hohe Beschäftigungsniveaus erreicht wurden, wie in Südkorea, Taiwan, aber auch in der Volksrepublik China, haben die säkularen Kräfte unabhängig von ihrer ideologischen Herkunft (Nationalisten oder Kommunisten) die Herrschaft behalten. Sobald aber Arbeit durch hohe Beschäftigungsniveaus konfliktfähig wird, entwickeln sie ungefähr nach einer Dekade politische Organisationen, die sich reformistisch für Verbesserungen am Arbeitsplatz, wie Lohn, Arbeitszeit und Arbeitsbedingungen, einsetzen. Sie fordern Demokratisierung im vorgegebenen politischen und damit staatlichen Rahmen. Die ab 1980 intensivierten innenpolitischen Auseinandersetzungen in Südkorea sind dafür ein gutes Beispiel. Die Kommunistische Partei Chinas wird diesen Prozess nicht vermeiden können, aber mit Hilfe nationalistischer Integrationsversuche zu kanalisieren versuchen.

In den Regionen, in denen Entwicklungspolitik nicht oder weniger zu diesem Erfolg geführt hat, verlieren die säkularen Nationalisten Legitimität. Ihre Rivalen sind kulturelle Nationalisten, die schon lange am Kampf um Unabhängigkeit und die Beendigung der Unterordnung unter den Westen beteiligt waren. Die abziehenden Kolonialmächte hatten die Unabhängigkeit mit den ihnen kulturell näherstehenden säkularen Nationalisten ausgehandelt, die daraus ihre nationale Legitimität ableiteten und politisch die kulturellen Nationalisten an den Rand drängen konnten. Letztere können sich bei ihrem Aufstieg auf drei gesellschaftliche Kräfte stützen: die am Markt orientierten kleinen Unternehmer, den dritten Stand, in der arabischen Welt die *effendiyya*. Sie sehen im Staat und dem öffentlichen Wirtschaftssektor der säkularen Nationalisten nach der Erschöpfung der importsubstituierenden Industrialisierung

nur noch ein Ressourcen fressendes Ungeheuer, das Schmiergelder fordert. Wegen der Erfolge der säkularen Nationalisten bei der Volksbildung ist die Zahl der jungen Menschen mit höherer Bildung gewachsen. Wegen zu geringem Wirtschaftswachstum fehlen für die Absolventen von Bildungseinrichtungen Arbeitsplätze. Die vorhandenen sind inzwischen mit Menschen besetzt, die schon früher Zugang zu Bildung hatten, weil sie aus bessergestellten Schichten stammten. Diese standen der Kultur der Kolonialmächte wenigstens insofern näher, als sie die Sprachen der Kolonisatoren als Vehikel der Ausbildung nutzten. Die Neuankömmlinge am Arbeitsmarkt haben als einzigen „Vorzug", durch fehlende Kenntnis der Kolonialsprachen der lokalen Kultur stärker verhaftet zu sein. Wie in der deutschen Romantik die kleinbürgerlichen Schichten des frühen 19. Jahrhunderts mit ihrer Deutschtümelei wenden sich diese neu am Arbeitsmarkt Ankommenden gegen die Geltung der ausländischen Kultur. Dies gilt auch für die technische Intelligenz. In allen relevanten Ländern sind die Aufsteiger in den technischen Berufen stärker als die Gebildeten in den alten Freien Berufen dem kulturellen Nationalismus verhaftet. Die hinduistische Bewegung Indiens wird nachhaltig von in die USA ausgewanderten Indern unterstützt, die in der Mikroelektronik arbeiten und über eine hohe technische Qualifikation verfügen. Die alte und mehr noch diese neue Mittelschicht können die ökonomisch Marginalisierten als Sturmtruppen politisch nutzen. Die Marginalisierten haben die Hoffnung auf Entwicklungsbemühungen der säkularen Nationalisten verloren und fordern Berücksichtigung ihrer Belange mit den eben im gesellschaftlichen Diskurs verfügbaren Begründungen, das heißt angesichts der Hinwendung der Mittelschichten zum kulturellen Nationalismus mit den Prinzipien der *Moral Economy* – voraussichtlich, bis die Diskreditierung der säkularen Kräfte auf Grund des entwicklungspolitischen Scheiterns der kulturellen Nationalisten vergessen ist.

Aufsteiger und kulturelle Nationalisten

Nach der Entlegitimierung des Diskurses der säkularen Nationalisten, der auf Klassengegensätze abhob, bleibt die Religion. Der kulturelle Nationalismus wird zum Kitt zwischen diesen drei Gruppen, weil er anders als die säkularen Nationalisten ökonomische Argumente nicht als strukturierende Grundlage nutzt. Er ist kompatibel mit einer pragmatischen Wirtschaftspolitik, die sich auf sehr allgemeine unpräzise Prinzipien beruft, Markt und Plan eklektisch miteinander verbindet und insgesamt keine wirtschaftliche Großtheorie zugrunde legt. Dies passt zu den wirtschaftspolitischen Strategien, die je nach wirtschaftlicher Lage und gesellschaftspolitischen Konstellationen Staatsinterventionismus und Marktsteuerung pragmatisch miteinander verbinden. Politisch geraten die kulturellen Nationalisten in dem Maß unter den Einfluss der gemäßigten Tendenzen, wie die ökonomische Stärke der Mittelschichten durch Wirtschaftswachstum zunimmt.

Wo kulturelle Identitäten gegen den Westen, sein Weltsystem und dessen lokale Repräsentanten schwer zu begründen sind, wie in den letztlich doch europäisch-christlich geprägten Ländern Lateinamerikas, dient ein vielgestaltiger Populismus als ideologischer Kitt für ähnliche Bündnisse aus Gewerbetreibenden, neuen Mittelschichten und den Marginalisierten. Er kann sich auch indigenistischer Solidaritäten bedienen (Bolivien).

Im islamischen Afrika sind ähnliche gesellschaftliche Grundlagen für Koalitionen, die auch die Marginalisierten einschließen, nicht entstanden. Die städtischen „Eliten", Gewerbetreibende und neue Mittelschichten, können von der Befriedigung der Bedürfnisse der Armen und der Erschließung ländlicher Massenmärkte, das heißt dem Anstieg der Einkommen der Landbevölkerung, wenig neue Beschäftigungsmöglichkeiten als Lieferanten industrieller Massenkonsumgüter erwarten. Nur im subsaharischen Afrika blieben die Bauern von der Demokratisierung Anfang der 90er Jahre, das heißt der Ablösung der Staatsklassen des säkularen Nationalismus, weitgehend ausgeschlossen. Im subsaharischen Afrika huldigen städtische Eliten, häufig ursprünglich Mitglieder der alten Staatsklasse des säkularen Nationalismus, einem an den westlichen Werten von 1776 und 1789 orientierten Diskurs, um als Partner westlicher Entwicklungshilfe, auch der westlichen Nichtregierungsorganisationen, an finanzielle Ressourcen fürs Überleben zu kommen. Ihr lokaler politischer Einfluss ist schwach. Sie werden dauerhaft, anders als die kulturellen Nationalisten, keine Stabilität produzieren können und werden auch nicht indirekt durch ihre Bemühungen um die Macht im Kampf mit den alten säkularen Nationalisten Normen politischen Verhaltens zum Durchbruch verhelfen, durch die Demokratie befördert wird, weil sie sich gar nicht um eine Massenbasis von Wählern bemühen können. Sie können nur als Verteiler westlicher Ressourcen, nicht als lokale Führer, Einfluss auf Klientelen ausüben.

Grundlagen in Afrika

Die Hoffnung auf eine durch Zivilgesellschaft, Demokratie und Marktdominanz bestimmte Weltgesellschaft, in die politische Macht, durch Staaten arbiträr ausgeübt, zurückgedrängt bleibt, wird sich wohl nicht erfüllen. Stattdessen bewegen wir uns in Richtung auf ein multipolares System, das in vielen Bereichen kulturalistisch geprägt sein wird. Die Großmächte werden dabei gemeinsam Widerstand von unten eindämmen, der auf rasche Veränderung drängt, aber gleichzeitig auch zu kanalisieren versucht. Zivilgesellschaft wird repräsentiert von „guten Menschen" aus den Mittelschichten, die für andere sprechen wollen, aber die Unterschichten nicht repräsentieren, und auf wirtschaftlichem Gebiet den neoliberalen Diskurs nicht in Frage stellen.

Arbeit kann sich nur schwer transnational organisieren. Die weltweite Konkurrenz um Arbeitsplätze erlaubt, Arbeit überall zu disziplinieren, so dass Arbeit nicht weltweit durch ihre bloße Knappheit Verhandlungsmacht auf Augenhöhe erreichen würde. Eine Automatik der Stärkung von Arbeit über ihre Knappheit, vergleichbar den Auseinandersetzungen im 19. und 20. Jahrhundert, ist nicht zu erwarten. Das für den Kapitalismus notwendige Fließgleichgewicht zwischen Arbeit und Kapital könnte von Arbeit nur durch Hegemonie ihres eigenen, aber erst noch zu entwickelnden Diskurses erreicht werden. Daran hindert sie aber auch das wohlwollende ideologische Establishment, zum Beispiel die Globalisierungskritiker, die die Schwellen für alternative Politik von Arbeit entmutigend hoch legen. Arbeit ist für wenig erfolgsversprechende Strategien nicht mobilisierbar. Die

Einkommensunterschiede

Ausblick

kulturalistische Wende und die Betonung nichtstaatlicher Akteure in der westlichen Sozialwissenschaft wird diese Form der Stabilisierung stützen. Mit durchaus berechtigter Betonung kultureller Faktoren werden die politisch-ökonomischen Verursachungszusammenhänge ausgeblendet und die politisch-ökonomische Determination des „Überbaus“ nicht mehr greifbar. Beide Bereiche der gesellschaftlichen und institutionellen Strukturen werden dann als nicht mehr veränderbar und der innovativen politischen Praxis entzogen „fetischisiert“. Die Vorherrschaft deskriptiver Präsentationen an sich beliebiger Phänomene im konstruktivistischen Diskurs der Sozialwissenschaften ist die akademische Entsprechung dieses Verlusts von jeder anderen praktischen Dimension der wissenschaftlichen Reflexion als der Reproduktion im Apparat des Kulturbetriebs. Insofern beendet das Ende der zweiten Nachkriegszeit das Zeitalter der bürgerlichen Revolution.

Globalisierung und Weltwirtschaft

Ulrich Pfister

Übersicht – Divergenz, Konvergenz und Globalisierung

In weltweiter Perspektive betrachtet sind das 19. und 20. Jahrhundert von unterschiedlichen Prozessen regionaler und globaler Divergenz und Konvergenz der Wohlfahrtsniveaus gekennzeichnet. Nimmt man das Einkommen pro Kopf in konstanten Preisen als Indikator der Wohlfahrt eines Landes, so waren um 1820 die Einkommensverhältnisse in Westeuropa und den USA in etwa vergleichbar, und ihr Niveau war erst etwa doppelt so hoch wie in den großen asiatischen Volkswirtschaften Chinas, Indiens und Japans (Grafik 1). Zwar hatte Großbritannien angesichts frühen agrartechnischen Fortschritts und der Eingliederung in eine weiträumige Arbeitsteilung dank eines leistungsfähigen Handels- und Finanzsektors bereits im 17. und 18. Jahrhundert einen Vorsprung gegenüber Westeuropa und den USA, der aber 1820 erst etwa ein Drittel betrug.

Der weitere Verlauf des 19. Jahrhunderts war zunächst durch eine ausgeprägte Auseinanderbewegung der nationalen Wohlfahrtniveaus gekennzeichnet: Bis 1870 stieg das Pro-Kopf-Einkommen in Großbritannien auf etwa das Anderthalbfache des westeuropäischen Durchschnitts und lag 75 % über demjenigen Deutschlands. Westeuropa wies nun ein viermal höheres, die rasch wachsenden USA sogar ein fünfmal höheres Einkommen pro Kopf auf als China und Indien. Diese Entwicklung hing eng mit dem unterschiedlichen Zeitpunkt des Einsetzens der vor allem auf die Mechanisierung der Baumwollherstellung und die Verbesserung des Transportsektors gestützten Industrialisierung in Westeuropa sowie mit der Stellung der USA als wichtigstem Lieferanten von Grundnahrungsmitteln und Baumwolle, dem bedeutendsten Industrierohstoff dieser Zeit, zusammen. Auch nach dem dritten Viertel des 19. Jahrhunderts nahm die Divergenz zwischen Westeuropa und den USA auf der einen und den größten asiatischen Volkswirtschaften auf der anderen Seite – China und Indien – weiter zu, wenn auch mit nachlassender Dynamik: 1913 lagen die mittleren Pro-Kopf-Einkommen in Westeuropa um etwa das Sechsfache, 1950 um etwa das Acht- bis Zwölffache und 1973 um das 15fache über demjenigen in China und Indien. Innerhalb der Gruppe der schon 1870 relativ entwickelten Länder um den Nordatlantik kam es dagegen in den nachfolgenden etwa 100 Jahren zu einer Abfolge von insgesamt drei Konvergenz- beziehungsweise Divergenzbewegungen.

Erstens verringerten sich bis zum Vorabend des Ersten Weltkrieg die Einkom-

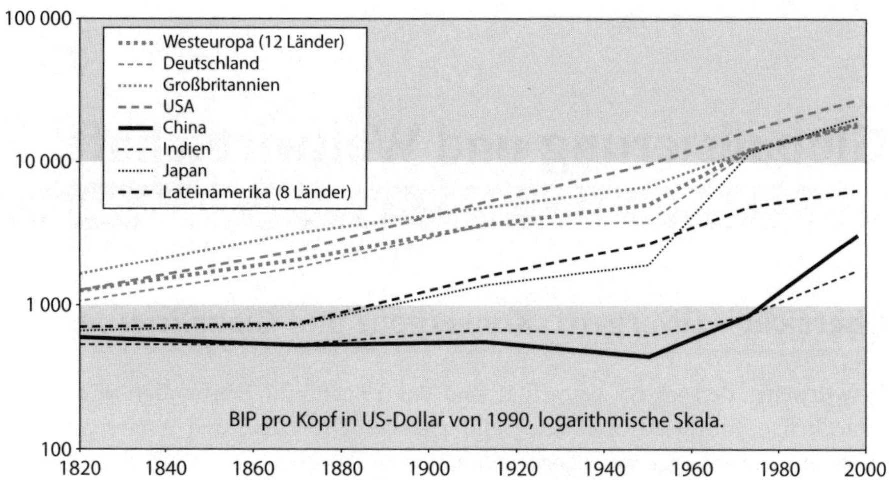

Grafik 1: Globale Divergenz und Konvergenz im 19. und 20. Jahrhundert. (Nach: Angus Maddison: The World Economy: a Millennial Perspective, Paris 2001.)

mensunterschiede in diesem Teil der Erde: Die USA hatten Großbritannien hinsichtlich des Pro-Kopf-Einkommens leicht überholt, und letzteres Land lag wieder nur noch etwa ein Drittel über dem westeuropäischen Durchschnitt. Einige Länder, in denen die Industrialisierung spät eingesetzt hatte, aber dann rasch vorangeschritten war, hatten in der Zwischenzeit ein starkes Wirtschaftswachstum erfahren. Ein wichtiges Beispiel ist Deutschland, dessen Pro-Kopf-Einkommen in dieser Zeit zum westeuropäischen Mittel aufschloss: Gestützt auf reiche Rohstoffvorkommen und eine gute Ausstattung mit Humankapital entwickelten sich hier die Sektoren der sogenannten Zweiten Industriellen Revolution – Stahlherstellung, chemische und pharmazeutische Industrie sowie Elektrotechnik und Apparatebau – besonders rasch. Die im späteren 19. und frühen 20. Jahrhundert feststellbare Konvergenz erstreckte sich auch auf einige Zonen außerhalb der an den Nordatlantik grenzenden Großregionen. 1870 hatten sich die lateinamerikanischen Länder kaum von den asiatischen Volkswirtschaften abgehoben; bis 1913 reduzierten die größeren Länder Lateinamerikas ihren Einkommensabstand zum westeuropäischen Mittel immerhin vom Faktor 3 auf den Faktor 2,3. Besonders stark war das Wirtschaftswachstum in Gebieten und Ländern mit großen Bodenressourcen, die sich auf die Belieferung der wachsenden Bevölkerung in europäischen Städten mit Grundnahrungsmitteln – vor allem Getreide und Fleisch – spezialisierten. Herausragendes Beispiel ist Argentinien, dessen Volkseinkommen pro Kopf 1913 9 % über dem westeuropäischen Mittel lag. Etwas schwächer schloss in dieser Zeit auch schon Japan zum Entwicklungsniveau der Atlantischen Zone auf. Mit den Reformen der Meiji-Ära (1868–1912) übernahm dieses Land wichtige institutionelle Elemente aus

Vorabend des Ersten Weltkriegs

den westlichen Ländern und schwenkte auf einen Pfad der industriellen Entwicklung ein.

Zweitens war die Zeit der Weltkriege (zwischen 1913 und 1950) durch eine ausgesprochene Divergenz der Einkommensniveaus unter den entwickelten Ländern geprägt. Seit den 1920er Jahren entwickelten sich die USA zum Vorreiter der industriellen Massenproduktion sowie der Massenkonsumgesellschaft. Ihr Pro-Kopf-Einkommen lag 1950 real mehr als ein Drittel höher als 1913 und beinahe doppelt so hoch wie in den kriegsversehrten westeuropäischen Ländern; zu Deutschland (die Daten in Grafik 1 verbinden die Angaben zu BRD und DDR) betrug der Abstand sogar das Zweieinhalbfache. Neben direkten Kriegsfolgen wird die internationale Divergenz der Einkommensniveaus in dieser Ära mit Verwerfungen des internationalen Währungssystems und Kapitalverkehrs im Gefolge des Ersten Weltkriegs sowie der Weltwirtschaftskrise (1929–1933) in Verbindung gebracht. Allerdings war diese Divergenz weitgehend auf den nordatlantischen Raum begrenzt: Die teils sich von der Weltwirtschaft isolierenden, teils von der Nachfrage der kriegführenden Länder im Zweiten Weltkriegs nach Rohstoffen profitierenden lateinamerikanischen Länder ebenso wie Japan wurden davon weniger betroffen.

Zeit der Weltkriege

Drittens gilt die Zeit zwischen ca. 1950 und 1973 mit Blick auf das Wirtschaftswachstum als „goldenes Zeitalter" – in Deutschland unter der Chiffre des bundesrepublikanischen Wirtschaftswunders. Auch in Grafik 1 ist das einmalig hohe Wirtschaftswachstum in dieser Epoche gut zu erkennen: 1973 war das reale Pro-Kopf-Einkommen in Westeuropa beinahe zweieinhalbmal und in Japan beinahe sechsmal so hoch wie 1950. Diese Sachverhalte verweisen über das hohe Wirtschaftswachstum hinaus auf die erneute Konvergenz in der Periode hin: Das Pro-Kopf-Einkommen der westeuropäischen Länder näherte sich wieder demjenigen der USA an, und Japan schloss endgültig zur nordatlantischen Großregion auf. Die wichtigsten Grundlagen für das starke Wachstum und die Konvergenz in dieser Periode waren eine hohe Rate des technischen Fortschritts, oft verbunden mit der Übernahme US-amerikanischer Produktionsverfahren und Methoden der Unternehmensorganisation, ebenso wie die Wiederherstellung internationaler Handelsbeziehungen und geordneter Währungsverhältnisse auf der Basis der durch die Konferenz von Bretton Woods (1944) inaugurierten internationalen Wirtschaftskooperation, in Westeuropa ergänzt durch die 1950 einsetzende europäische Integration. Im Unterschied zur Ära vor 1914 wurden allerdings mit Ausnahme Japans die Gebiete außerhalb der Großregionen um den Nordatlantik kaum von der Konvergenzbewegung erfasst. Trotz einer seit der Revolution von 1949 betriebenen forcierten Entwicklungspolitik unter Mao († 1976) wuchs das Pro-Kopf-Einkommen Chinas bis 1973 nur auf knapp das Doppelte des Stands von 1950. Noch deutlich schwächer entwickelten sich die lateinamerikanischen Länder mit einem Zuwachs von 80 % sowie die nach dem Zweiten Weltkrieg sukzessive die Unabhängigkeit erlangenden südasiatischen und afrikanischen Länder (stellvertretend vgl. in Grafik 1 Indien).

Die Zeit zwischen 1950 und 1973

Das Jahrzehnt nach 1973 war für die hochentwickelten Länder eine Zeit gerin-

gen Wirtschaftswachstums verbunden mit hoher Inflation. Auslöser der Krise waren die Erdölschocks von 1973 und 1979, die von weiteren Rohwarenschocks begleitet wurden, sowie der Zerfall des Währungssystems von Bretton Woods. Tiefer liegende Ursachen standen im Zusammenhang mit der Erschöpfung des Wachstumspotentials, das sich aus dem Wiederaufbau nach dem Zweiten Weltkrieg und der Übernahme des US-amerikanischen Produktionsstils ergeben hatte. Am Ende dieser Dekade stellten sich in den verschiedenen Weltregionen ganz unterschiedliche Entwicklungen ein: Die hochentwickelten Länder fanden in den 1980er Jahren durch makroökonomische Stabilisierung, durch die Liberalisierung von Märkten sowie dank der mikroelektronischen Revolution und des sich daraus ergebenden technischen Fortschritts zu befriedigenden Wachstumsraten zurück. Der Zusammenbruch des Ostblocks 1989/1990 und die in der Folgezeit in den betroffenen Ländern durchgeführte Systemtransformation schufen in Verbindung mit der Osterweiterung der Europäischen Union überdies ein neues Potential für Konvergenz.

Das Jahrzehnt nach 1973

Eine Anzahl von weniger entwickelten Ländern begann um 1980 mit einer grundlegenden Liberalisierung ihrer Außenwirtschaft. Das wichtigste Beispiel stellt zweifellos China seit den Reformmaßnahmen unter Deng Xiaoping (ab 1979) dar. Weitere Länder, die gleichzeitig oder etwas später ähnliche Schritte unternahmen, sind insbesondere Indien sowie einige südostasiatische Länder (Malaysia, Thailand, Vietnam). In der Folge stellte sich ein zum Teil spektakuläres Wirtschaftswachstum ein, das bereits bis zum Ende des 20. Jahrhundert zu einer deutlichen Reduktion des Einkommensabstands zu den hochentwickelten Ländern führte. Im Fall Chinas reduzierte sich so das Gefälle zum westeuropäischen Mittel vom Faktor 15 (1973) auf das Dreifache (1999). Die in den aufstrebenden Volkswirtschaften Asiens seit ca. 1980 und Osteuropas seit ca. 1990 durchgeführten Systemtransformationen erscheinen so als wichtige Grundlage der seit ca. drei Jahrzehnten beobachtbaren Ära weiträumiger, den Atlantischen Raum deutlich überschreitenden Konvergenz. Allerdings hatten die meisten vorderasiatischen, afrikanischen und lateinamerikanischen Länder daran wiederum nur geringen Anteil.

Die Zeit ab 1980

Bereits dieser kurze Abriss der wirtschaftlichen Entwicklung in verschiedenen Großregionen und Ländergruppen der Erde seit dem 19. Jahrhundert macht die große Bedeutung deutlich, welche die Verflechtung mit der Weltwirtschaft in dieser Zeit für die wirtschaftliche Entwicklung der einzelnen Länder erlangt hat. Bevor deren Entfaltung im Einzelnen dargestellt wird, erscheint es angezeigt, die Begriffe der weltwirtschaftlichen Verflechtung beziehungsweise der wirtschaftlichen Globalisierung näher zu bestimmen.

Hauptgegenstand einer Betrachtung der langfristigen Entwicklung der Weltwirtschaft ist erstens der Offenheitsgrad einzelner Volkswirtschaften im Hinblick auf den grenzüberschreitenden Handel. Der hauptsächliche Indikator hierfür ist das Verhältnis zwischen dem Wert des Außenhandels (z. B. Exporte oder Summe aus Exporten und Importen) und dem Volkseinkommen. Aber auch die Konvergenz von Preisen

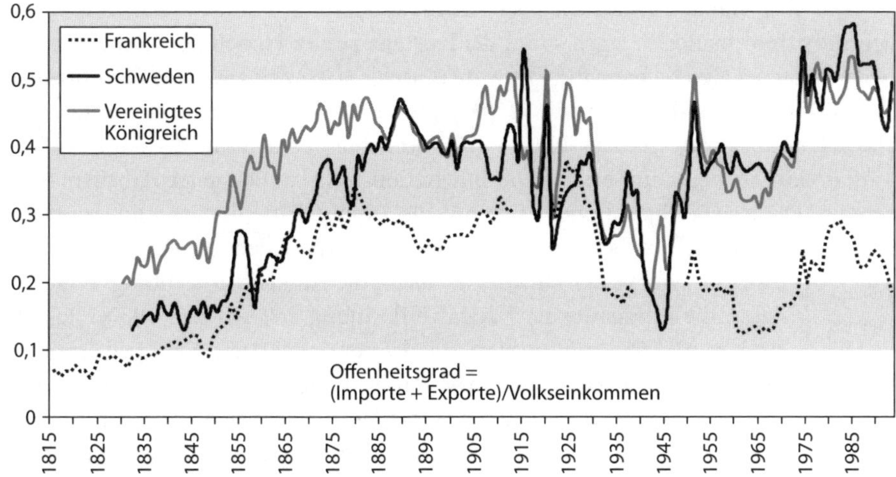

Grafik 2: Offenheitsgrad ausgewählter Länder, ca. 1820 bis 1990.
(Nach: Brian R. Mitchell: International Historical Statistics. Europe 1750–2003, Houndmills [5]2003; Rodney Edvinsson: Historical National Accounts for Sweden 1800–2000, Version 1.0, 2005.)

für einzelne Güter zwischen verschiedenen Märkten ist ein Hinweis auf eine zunehmende Verflechtung zwischen Volkswirtschaften. Zweitens wird das Augenmerk nicht nur auf Produktmärkte, sondern auch auf internationale Faktormärkte gerichtet, das heißt auf Märkte für die Produktionsfaktoren Arbeit und Kapital. Die Verflechtung einer Volkswirtschaft mit internationalen Kapitalmärkten lässt sich analog zur Außenhandelsverflechtung als Quotient des Nettokapitalzuflusses beziehungsweise -abflusses und des Volkseinkommens darstellen. Drittens sind die institutionellen Rahmenbedingungen grenzüberschreitender wirtschaftlicher Transaktionen und ihr Wandel zentraler Gegenstand einer jeden Beschreibung der langfristigen Entwicklung der Weltwirtschaft. Hierzu gehören insbesondere die Entwicklung der Handelspolitik und damit verbundener internationaler Regimes sowie der Währungspolitik und Währungsregimes.

Hauptgegenstand der Betrachtung

Grafik 2 zeigt die langfristige Entwicklung des Offenheitsgrads für drei europäische Länder mit hinreichend langen Datenreihen. Dies gibt einen groben Hinweis zur Dynamik des Globalisierungsprozesses in verschiedenen Zeiträumen des 19. und 20. Jahrhunderts. In zwei Phasen nahm der Offenheitsgrad deutlich zu, nämlich einerseits zwischen 1850 und den 1880er Jahren sowie andererseits zwischen dem Ende des Zweiten Weltkriegs und den frühen 1980er Jahren. Zwischen den 1880er und den 1920er Jahren stagnierte der Offenheitsgrad bei erheblichen kurzfristigen Schwankungen. Danach reduzierte er sich in allen drei betrachteten Ländern um die Hälfte und mehr, was den Kollaps des Welthandels in der Weltwirtschaftskrise (1929–1933) und später im Zweiten Weltkrieg anzeigt.

Die über Handel, aber auch über Arbeitswanderungen und Kapitalströme vorliegenden Informationen legen somit die Existenz zweier Phasen der Globalisierung in der jüngeren Geschichte nahe: Die erste umschloss die Zeit zwischen der Mitte des 19. Jahrhunderts und dem Ersten Weltkrieg und war durch eine bereits recht hohe Handelsverflechtung, eine erst jüngst wieder erreichte Verflechtung der Kapitalmärkte und eine bis heute unübertroffene Integration transkontinentaler Arbeitsmärkte geprägt. Die zweite Phase bezieht sich auf die zweite Hälfte des 20. und das frühe 21. Jahrhundert und lässt sich deutlich in zwei Unterperioden gliedern: In der Zeit bis etwa 1980 verstärkte sich vor allem die Handelsverflechtung. Dagegen nahm die internationale Kapitalverflechtung erst seit den 1980er Jahren stark zu und übertrifft mittlerweile das vor dem Ersten Weltkrieg erreichte Niveau. Weiträumige Arbeitsmigration war dagegen abgesehen vom „Gastarbeiter"-Phänomen in der Spätphase des Wirtschaftswunders im Vergleich zur ersten Ära der Globalisierung unbedeutend. Zwischen diesen beiden Zeiträumen steigender internationaler Verflechtung lässt sich dagegen eine Phase der Stagnation erkennen, die in den 1930er Jahren in eine eigentliche Entglobalisierung mündete. Globalisierung war und ist somit kein kontinuierlicher Prozess und erfolgte in verschiedenen Zeiträumen in unterschiedlichen Formen. Das Folgende betrachtet die einzelnen Phasen genauer und erklärt die Gründe für die jeweils vorzufindende spezifische Entwicklung.

Zwei Phasen der Globalisierung

Ausgangssituation – Der Strukturbruch um die Mitte des 19. Jahrhunderts

Merkmale – Massengüter, freiwillige Wanderung, Kapitalmärkte

Um die Mitte des 19. Jahrhunderts erfuhren der grenzüberschreitende Handel sowie die weiträumige Migration von Arbeitskräften einen quantitativen und qualitativen Sprung, und in den Jahrzehnten danach etablierte sich nach Anfängen, die ins 18. Jahrhundert zurückreichen, ein internationaler Kapitalmarkt.

Bereits Grafik 2 zeigt, dass der Offenheitsgrad europäischer Volkswirtschaften ab etwa 1850 deutlich zu steigen begann und binnen drei Jahrzehnten auf das Doppelte, wenn nicht Dreifache stieg. Damit einher ging eine Veränderung der Güterstruktur, welche die moderne Weltwirtschaft deutlich vom älteren Fern- und Interkontinentalhandel abgrenzt: Vor etwa 1850 wurden vor allem Güter mit einem hohen Verhältnis zwischen Wert und Volumen über große Distanzen gehandelt. Dies waren insbesondere Textilien, Genussmittel (Zucker, Kaffee, Tee und Tabak) sowie Pfeffer und feine Gewürze (u. a. Zimt, Muskatnuss). Seit der Mitte des 19. Jahrhunderts nahm dagegen das Gewicht von Massengütern mit einem geringen Verhältnis zwischen Wert und Volumen, vor allem von Grundnahrungsmitteln, im grenzüberschreitenden Handel deutlich zu. Erstmals entwickelten sich kontinuierliche Weltmärkte für Weizen, Reis und etwas später für Fleisch.

Veränderung der Güterstruktur

Auch die weiträumige Migration von Arbeitskräften erfuhr in der Mitte des 19. Jahrhunderts einen quantitativen und qualitativen Strukturbruch. Einerseits wurde die Sklaverei, die mit Zwangsmigration vor allem zwischen Afrika und Amerika verbunden war, weit herum abgeschafft, andererseits brachen auf dem europäischen Kontinent die regionalen Wanderungssysteme weitgehend zusammen und wurden durch eine interkontinentale Wanderung ersetzt. 1846 bis 1932 verließen rund 50 Millionen Menschen Europa, um anderswo eine neue Existenz aufzubauen. Wie das Kapitel „Der Höhepunkt der ersten Ära der Globalisierung (ca. 1880–1913)“ zeigen wird, stand diese Wanderungsbewegung in enger Verbindung mit der Ausweitung der Produktion von Stapelgütern in Übersee.

Migration von Arbeitskräften

Schließlich gewannen grenzüberschreitende Kapitalflüsse um die Mitte des 19. Jahrhunderts an Bedeutung. Zwar wurden bereits seit den 1770er Jahren in Amsterdam wiederholt Anleihen ausländischer Schuldner aufgelegt, doch betrug noch 1820 bis 1850 das Verhältnis zwischen Kapitalexporten und Volkseinkommen in Großbritannien nur etwa 1 %. Erst im dritten Viertel des Jahrhunderts ist ein deutlicher Aufschwung und in dessen Gefolge in London und Paris internationale Finanzzentren mit einer Infrastruktur an Bankhäusern zu erkennen, die auf die Platzierung internationaler Anleihen ausgerichtet waren. In der Folge weiteten sich internationale Kapitaltransfers stark aus; zwischen den 1870er Jahren und 1913 lag in Großbritannien das Verhältnis zwischen Kapitalexporten und Volkseinkommen im Mittel bei 4,5 %.

Grenzüberschreitende Kapitalflüsse

Um 1850 entstand somit eine Weltwirtschaft im modernen Sinn, indem auch Massengüter mit einem niedrigen Verhältnis zwischen Wert und Gewicht zwischen Kontinenten gehandelt wurden, Menschen in großer Zahl freiwillig über große Distanzen wanderten und sich ein internationaler Kapitalmarkt bildete. Wie erklärt sich dieser Strukturbruch? Die folgenden Abschnitte behandeln drei üblicherweise genannte Gründe: die Transport- und Kommunikationsrevolution, die Freihandelsbewegung und die Entstehung des internationalen Goldstandards.

Die Transport- und Kommunikationsrevolution

Um die Mitte des 19. Jahrhunderts sanken Transportkosten nachhaltig, und Informationen konnten sowohl billiger als auch deutlich rascher beschafft werden. Dies reduzierte die Kosten der Distanzüberwindung; eine markante Ausweitung des Handels war die Folge.

Grafik 3 zeigt zwei bekannte Indizes für die langfristige Entwicklung der Frachtkosten der britischen Hochseeschifffahrt. Konzentriert man sich auf den fett ausgezeichneten, breiter abgestützten Index, so vermag man um die Mitte des 19. Jahrhundert einen deutlichen Knick zu erkennen: Während in den 100 Jahren davor kein Trend vorliegt, begannen um diese Zeit die Frachtraten deutlich zu sinken; am Vorabend des Ersten Weltkriegs lagen sie nicht einmal mehr halb so hoch wie in den 1840er Jahren. Auch beim Landtransport erfolgten um diese Zeit

Hochseeschifffahrt

starke Tarifsenkungen. Grund für diese Entwicklung war eine Revolutionierung der Transporttechnik. Seit dem zweiten Viertel des 18. Jahrhunderts begann die Dampfmaschine verbreitet im Transportwesen eingesetzt zu werden: Es entstanden Dampflokomotiven; aus Puddeleisen und ab den späten 1860er Jahren aus Flussstahl konnten zu vertretbaren Preisen Schienen gewalzt werden. In den 1840er Jahren wurde der Schraubendampfer entwickelt, und in den 1860er Jahren begannen mit Stahlrümpfen und leistungsfähigen Dampfmaschinen ausgestattete Dampfschiffe auch in der Hochseeschifffahrt Segelschiffe zunehmend zu verdrängen.

Die Kosten und vor allem die Geschwindigkeit der Verbreitung von marktrelevanten Informationen wurden darüber hinaus durch die Entwicklung des elektrischen Telegrafen stark verändert. Bereits im dritten Viertel des 19. Jahrhunderts wurden die wichtigsten interkontinentalen Telegrafenrouten gebaut. Während bisher die

Telegrafenrouten

Übermittlung von Informationen zwischen Kontinenten mehrere Wochen beanspruchte, reduzierte sich diese Zeitspanne nun auf Stunden. Die verbesserte Kommunikation erleichterte das Bestellen von Gütern, erlaubte eine geringere Lagerhaltung und verkürzte Zahlungsfristen, verringerte somit Kreditkosten. Da der Handel allgemein mit kurzfristigen Krediten finanziert wurde, reduzierte dies die Kosten des Handels und begünstigte damit seine Ausweitung.

Die Transport- und Kommunikationsrevolution um die Mitte des 19. Jahrhunderts beendete eine wohl seit dem Hochmittelalter währende weitgehende Stagnation der Transporttechnik des Fernhandels. Sie stellt trotz in der jüngeren Forschung vorgetragener Bedenken die wichtigste Erklärung des oben dargestellten Strukturbruchs zwischen dem älteren Fern- und Interkontinentalhandel einerseits und dem zur modernen Weltwirtschaft führenden Globalisierungsschub des dritten Viertels des 19. Jahrhunderts dar.

Die Freihandelsbewegung

Eine weitere Erklärung des um 1850 eingetretenen Strukturbruchs lautet, dass zwischen den 1840er und den 1870er Jahren eine kosmopolitisch ausgerichtete Freihandelsbewegung die drastische Reduktion von Importzöllen sowie die Beseitigung von nicht-tarifären Handelshemmnissen (Importverboten, Transhemmnissen u. Ä.) erreicht habe. Ähnlich wie die Reduktion von Transportkosten habe dies die Kosten für die Überwindung von Grenzen reduziert und damit zu einer Ausweitung des internationalen Handels beigetragen.

Den Anfang der internationalen Freihandelsbewegung machte Großbritannien, das vor allem in den 1840er Jahren seinen Außenhandel unilateral liberalisierte. Die wichtigsten Maßnahmen betrafen die Abschaffung der *Corn laws* (1846) und der *Navigation acts* (1849). Erstere behinderten mit dem Ziel der Stützung des heimischen Getreidepreises Getreideimporte, Letztere schlossen Handelsdienstleistungen von Drittnationen vom britischen Außenhandel aus. Ebenso wichtig wie diese politisch umkämpften Maßnahmen waren aller-

Senkung der Zollbelastung

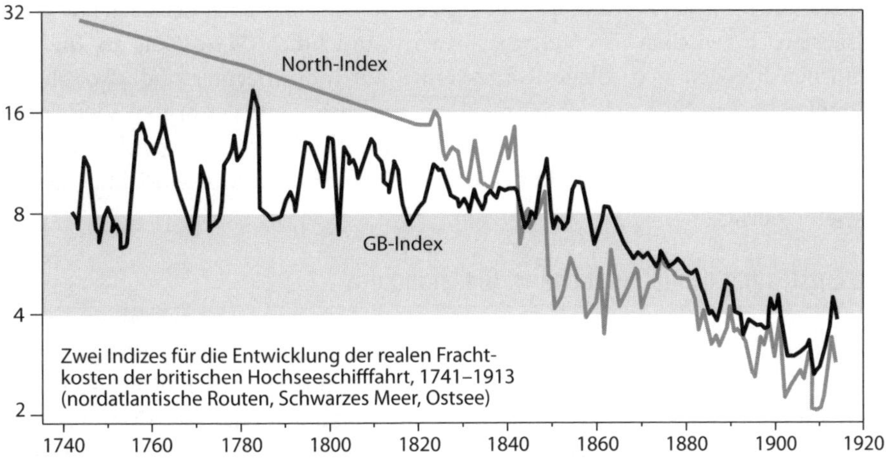

Grafik 3: Sinkende Frachtkosten der Hochseeschifffahrt. Großbritannien, 1741–1913. (Nach: Kevin H. O'Rourke u. a.: Globalization and History: the Evolution of a Nineteenth-Century Atlantic Economy, Cambridge 1999.)

dings schon in den 1820er Jahren einsetzende Maßnahmen zur Rationalisierung des Zollwesens sowie die Verlagerung der Importe von hoch bezollten Genussmitteln zu kaum mit Zöllen belegten Importen von Industrierohstoffen, insbesondere Baumwolle. Insgesamt wurde dadurch 1825 bis 1860 die durchschnittliche Zollbelastung der britischen Importe von 53,1 auf 15,0 % gesenkt.

Vor allem die Weltausstellung von 1851 trug zur Propagierung eines kosmopolitisch ausgerichteten Freihandelsgedankens auf dem Kontinent bei. Der Abschluss des nach den Verhandlungsführern Cobden-Chevalier-Vertrag genannten Abkommens zwischen Frankreich und Großbritannien zur Senkung von Zöllen und Beseitigung von anderen Handelshemmnissen trat eine eigentliche Lawine von bilateralen Handelsverträgen zwischen zahlreichen weiteren europäischen Ländern los: Bis etwa 1875 wurden mehr als 50 vergleichbare Abkommen geschlossen. Haupttriebkraft war die Befürchtung, durch Vertragsabschlüsse von Handelspartnern mit Drittstaaten von deren Märkten ausgeschlossen zu werden. Der Netzwerkcharakter dieser Verträge wurde nicht zuletzt dadurch hervorgebracht, dass mit der vom Cobden-Chevalier-Vertrag konsequent übernommenen Meistbegünstigungsklausel künftig gegenüber Drittstaaten gewährte Konzessionen auf den jeweiligen Vertragspartner übertragen wurden. Zudem wurden systematisch nichttarifäre Handelshemmnisse in der Form von Import- oder Exportverboten sowie der Behinderung des freien Transits beseitigt.

Cobden-Chevalier-Vertrag

Als Folge dieser Handelsabkommen sank in sechs europäischen Ländern mit hinreichend verfügbaren Informationen die mittlere Zollbelastung zwischen 1859 und 1875 von 7,8 auf 3,5 %. Allerdings nahm nur da, wo ein Vertrag spezifische neue

Konzessionen für ein bestimmtes Gut enthielt, in der Folge auch der bilaterale Handelsaustausch zwischen den Vertragspartnern hinsichtlich dieses Guts zu. Im Wesentlichen bezogen sich solche Konzessionen auf Industriegüter und alkoholische Getränke. Im Ergebnis zielte somit die Freihandelsbewegung des dritten Viertels des 19. Jahrhunderts keineswegs auf eine allgemeine Liberalisierung, und ihr Effekt war auf wenige, für die industrielle Entwicklung Westeuropas allerdings wichtige Güterkategorien begrenzt.

Die Entstehung des internationalen Goldstandards

Ein internationaler Goldstandard ist durch folgende Elemente definiert: 1. Konvertibilität: Umlaufende Zahlungsmittel bestehen nur zum Teil aus Edelmetallen, sondern vor allem aus Wertzeichen, das heißt aus Banknoten oder aus Münzen, deren Edelmetallgehalt weniger wert ist als ihr nominaler Wert. Allerdings besteht die Gewähr, dass Wertzeichen jederzeit bei der Zentralbank zu einem festen Preis in Gold eingetauscht werden können. 2. Golddeckung: Das Vertrauen in Wertzeichen wird durch Regeln bezüglich der Beziehung zwischen der umlaufenden Geldmenge und den Goldreserven der Zentralbank geschaffen. Diese Beziehung kann als Verhältnis – die Zentralbank muss einen bestimmten Anteil der Geldmenge in Gold verfügbar halten – oder als ein Betrag an umlaufenden Wertzeichen, die nicht durch Reserven gedeckt zu sein brauchen (Fiduziärsystem), definiert werden. 3. Transferfreiheit: Gold kann beliebig über die Grenzen transferiert werden. 4. Ein internationaler Goldstandard entsteht spontan, wenn sich eine Reihe von Ländern an diese Regeln halten. Durch die Transferfreiheit stellt sich ein einheitlicher Weltmarktpreis für Gold ein. In Verbindung mit den in nationaler Währung ausgedrückten Goldpreisen der Konvertibilitätsregel entsteht ein System fester Wechselkurse.

Definition des internationalen Goldstandards

Ein nationaler Goldstandard entwickelte sich in Großbritannien ausgehend von der monetären Stabilisierung nach den Napoleonischen Kriegen bis zu *Peel's Act* über die Aufgaben der *Bank of England* (1844). Ähnlich wie bezüglich des Freihandels wirkte die Weltausstellung von 1851 als wichtiges Element der Popularisierung des Goldes auf dem Kontinent. Doch erst nach dem gewonnenen Krieg gegen Frankreich ging Deutschland 1871 bis 1876 als erstes großes kontinentaleuropäisches Land zum Goldstandard über. Diese Entscheidung in einem seit längerem anhaltenden internationalen Schwebezustand löste eine allgemeine Bewegung zur Währungsumstellung aus, denn zögernde Länder mussten damit rechnen, dass in unterschiedlichem Ausmaß auf Silber gegründete Währungen im Zuge der Demonetisierung dieses Metalls an Wert verlieren würden, was seinerseits inflationären Tendenzen Vorschub leistete. Bis in die frühen 1880er Jahre hatten deshalb die meisten europäischen Länder den Goldstandard eingeführt; die außereuropäischen Länder, insbesondere Indien und die lateinamerikanischen Staaten, blieben bei einer Silberwährung.

Einführung des Goldstandards

	Goldstandard 1881–1913	1919–1938	Bretton Woods 1946–1970	Bretton Woods 1959–1970	Flexible Wechselkurse 1974–1989
Wechselkurs (Veränderung in)	0,8 1,1	8,6 11,1	4,6 11,2	0,8 1,8	8,9 6,9
Inflationsrate	1,0 3,4	–1,1 7,7	3,6 4,6	3,9 1,8	7,2 3,3
Kurzfristige Zinsen	3,2 0,7	2,9 1,3	4,2 1,8	5,1 1,4	8,5 2,5
Reales Wirtschafts-wachstum	1,5 3,7	1,2 6,8	4,2 2,7	4,5 1,8	2,2 2,3

Grafik 4: Die Wohlfahrtsfolgen verschiedener Währungsregimes (USA, Großbritannien, Deutschland/BRD, Frankreich, Italien, Japan, Kanada). Erste Zahl: Mittelwert; zweite Zahl: Standardabweichung der Zeitreihe.
(Nach: Michael D. Bordo u. a.: A Retrospective on the Bretton Woods System, Chicago 1993.)

Wohlfahrtsfolgen

Welches waren die Wohlfahrtsfolgen der Entstehung des internationalen Goldstandards, insbesondere im Hinblick auf gegenseitige Verflechtung der daran Anteil habenden Volkswirtschaften? Ein Blick auf die Grafik 4 zeigt, dass der Goldstandard im Vergleich mit den Währungsregimes des 20. Jahrhunderts mit einer hohen Stabilität sowohl der Wechselkurse als auch des Geldwerts im Sinn einer niedrigen positiven Inflationsrate einherging. Man würde deshalb vermuten, dass die Ausbreitung des Goldstandards das Wechselkurs- und das Geldentwertungsrisiko senkte, so die mit dem grenzüberschreitenden Handel verbundenen Transaktionskosten (d.h. die Kosten von Informationsgewinnung, Vertragsschließung und -durchsetzung) reduzierte und damit zur in dieser Zeit beobachtbaren Zunahme der internationalen Handelsverflechtung beitrug. Diese Vermutung lässt sich allerdings empirisch nicht erhärten; der Goldstandard trug wohl wenig zur Expansion des internationalen Handels im dritten Viertel des 19. Jahrhunderts bei.

Erklärung des negativen Befunds

Möglicherweise hängt dieser negative Befund teilweise damit zusammen, dass der reale Zinssatz berechnet als Differenz zwischen kurzfristigen Zinsen (meist dem Diskontsatz) und der Inflationsrate in der Ära des Goldstandards relativ hoch war – 2,2 % im Vergleich zu 1,2 bis 1,3 % in den Jahren 1959 bis 1989. Die deutlich höheren realen Kosten für kurzfristiges Kapital dürften zum Teil erklären, weshalb das Wirtschaftswachstum in der Ära des Goldstandards deutlich niedriger ausfiel als in der zweiten Hälfte des 20. Jahrhunderts (vgl. letzte Zeile von Grafik 4). Ebenfalls zu beachten sind die hohen Schwankungen von Inflationsraten und Wirtschaftswachstum in der Ära des Goldstandards. Dies wird durch das Verhältnis zwischen der Standardabweichung und dem Mittelwert angezeigt, das vor 1914 für beide Größen über 1, in der zweiten Hälfte des 20. Jahrhunderts dagegen

deutlich darunter lag. Zum Teil hingen diese Schwankungen damit zusammen, dass die Sicherung ausreichender Goldreserven bei der Bewältigung von Schocks und Ungleichgewichten wenigstens mit Blick auf den gesetzlichen Auftrag der Zentralbanken oberste Priorität einnehmen musste. Goldabflüssen, meist in Folge negativer Leistungsbilanzen, war deshalb mit hohen Realzinsen zu begegnen, die einerseits Kapitalimporte attraktiv machten, andererseits die gesamtwirtschaftliche Nachfrage dämpften, um das Defizit der Leistungsbilanz abzubauen. Damit wurden mögliche rezessive Folgen der Geldpolitik für die Gesamtwirtschaft in Kauf genommen. Zwar wurde in der Praxis von dieser Handlungsweise öfter abgewichen, doch vermochte die Einführung moderner Währungsverhältnisse unter dem Goldstandard zunächst keinen Beitrag zur Glättung von Konjunkturausschlägen leisten.

Der Höhepunkt der ersten Ära der Globalisierung (ca. 1880–1913)

Die beschriebenen Entwicklungen um 1850 hatten ihre wichtigsten Ursprünge in der britischen industriellen Revolution, den damit zusammenhängenden Veränderungen der Wirtschaftspolitik dieses Landes sowie den sich daraus ergebenden Folgen für die USA sowie die kontinentaleuropäischen Länder. Im letzten Viertel des 19. und im beginnenden 20. Jahrhundert entwickelten sich die kontinentaleuropäischen Länder, die USA sowie weitere außereuropäische Länder zu einem zunehmend integrierten Wirtschaftsraum mit Großbritannien im Zentrum. Die erste Ära der Globalisierung im Zeitraum von ca. 1850 bis 1913/1930 wird deshalb oft als Ära der Atlantischen Ökonomie bezeichnet.

Die Atlantische Ökonomie – Eine stilisierte Beschreibung

Der Begriff der Atlantischen Ökonomie bezieht sich auf einen zwischen ca. 1850 und dem ersten Drittel des 20. Jahrhunderts durch Handel, Migration von Arbeitskräften und Kapitalflüsse verflochtenen Wirtschaftsraum, der Europa und ursprünglich dünn besiedelte außereuropäische Gebiete in gemäßigten Klimazonen umfasste. Am Ende des 19. Jahrhunderts gehörten dazu der größte Teil Europas sowie in Übersee neben den USA insbesondere Kanada, Argentinien, Südbrasilien, Uruguay, Australien und Neuseeland.

Europa – Überseeische Gebiete

Europäische Wirtschaften und überseeische Gebiete entwickelten sich dabei komplementär zueinander. Stilisiert lässt sich dabei Westeuropa als Zone mit hoher und wachsender Bevölkerungsdichte bezeichnen. Der technische Fortschritt im Gewerbesektor – also die Industrielle Revolution – führte hier zu beschleunigtem Wirtschaftswachstum. Da natürliche Ressourcen, das heißt Boden und als Bodenschätze vorkommende Industrierohstoffe, nicht vermehrbar sind, kam es im Zuge des Wachstums von Produktion und Bevölkerung zu einer

Zunahme der Preise von bodenintensiven Agrargütern und Industrierohstoffen, wenigstens relativ zu den Preisen für Industriegüter und zu Löhnen. Die überseeischen Gebiete waren demgegenüber eine „leere" Zone – sie wiesen eine geringe Bevölkerungsdichte beziehungsweise große ungenutzte Bodenressourcen auf. Bodenintensive Agrargüter und Industrierohstoffe waren hier somit billig verfügbar, umgekehrt waren Löhne angesichts der geringen Bevölkerungsdichte hoch.

Die Preissteigerungen für bodenintensive Güter in Westeuropa schufen einen Anreiz zur vermehrten Inwertsetzung überseeischer Gebiete für die Herstellung derartiger Güter. Soweit hohe Transportkosten einen Engpass für die Entwicklung des Handels von Massengütern zwischen den beiden Zonen darstellten, spornten die Preissteigerungen für bodenintensive Güter auch zu technischen Innovationen im Transport- und Kommunikationssektor an (vgl. S. 283 f.). Letztere reduzierten die Preisspanne, bei der sich zonenübergreifender Handel lohnte, und verstärkten damit den Anreiz zur Inwertsetzung der überseeischen Gebiete. Letzteres erforderte aber die Erschließung durch Infrastruktur sowie die Besiedlung durch Arbeitskräfte. Als Reaktion auf Preissteigerungen für bodenintensive Güter in Westeuropa sowie die Reduktion von Distanzüberwindungskosten zwischen beiden Zonen strömten daher Arbeitskräfte und Kapital von Westeuropa nach Übersee. Der internationale Kapitaltransfer diente überdies der Finanzierung der zum Aufbau der Infrastruktur in der außereuropäischen Zone benötigten Importe von Investitionsgütern. Das Wachstum der Exporte bodenintensiver Stapelgüter aus Übersee entwickelte sich nach Maßgabe und in zeitlicher Verzögerung zu diesen Erschließungsinvestitionen und zur Immigration von Arbeitskräften.

Inwertsetzung überseeischer Gebiete

Langfristig hatten das Produktionswachstum und der zunehmend umfangreiche Export von bodenintensiven Gütern in den überseeischen Gebieten Folgen für das Gefüge der Preise in beiden Zonen. Die Preise für die gehandelten Güter glichen sich zwischen beiden Zonen an, was den anfänglichen Aufwärtsdruck auf bodenintensive Güter in Westeuropa stoppte oder sogar in einen Abwärtstrend verkehrte. Die massenhafte Auswanderung nach Übersee stabilisierte das Verhältnis zwischen Arbeitskräften und landwirtschaftlicher Nutzfläche in Westeuropa, ließ es in Übersee aber steigen. In der letzteren Zone wurden somit Arbeitskräfte weniger rar, und in Westeuropa nahm der Bevölkerungsdruck ab. Langfristig kam es somit zwischen den beiden Zonen zu einer Angleichung der Löhne.

Folgen für Preise und Arbeitskräfte

Aus einer sehr allgemeinen Perspektive lassen sich somit der Globalisierungsschub um die Mitte des 19. Jahrhunderts, die darauf aufbauende Entwicklung der Atlantischen Ökonomie sowie die Einkommenskonvergenz des späten 19. und frühen 20. Jahrhunderts als Beseitigung eines immensen, durch die Industrielle Revolution hervorgerufenen Ungleichgewichts verstehen. Mit dem Ende dieses Anpassungsprozesses erlahmten fürs Erste auch die Triebkräfte der Globalisierung.

Das Beispiel der internationalen Weizenwirtschaft

Um die Mitte des 19. Jahrhunderts wurde Weizen erstmals zum Gegenstand des Interkontinentalhandels. Er war in der Folge eines der wichtigsten Stapelgüter, das heißt für den Export produzierter landwirtschaftlicher Erzeugnisse: Die bedeutendsten Stapelgüter waren 1913 Getreide (9,3 % der Weltexporte, davon gut die Hälfte Weizen), tierische Nahrungsmittel (6,0 %, insbes. Rindfleisch) sowie Textilfasern (10,6 %, v. a. Baumwolle und Schafwolle). Die Entwicklung von Weizenproduktion und -handel vermag deshalb die beschriebenen allgemeinen Entwicklungsvorgänge in der Atlantischen Ökonomie gut zu verdeutlichen.

In der ersten Hälfte des 19. Jahrhunderts wurde der europäische Kontinent wiederholt von Versorgungskrisen heimgesucht, so 1816/1817, 1830/1831, 1846/1848 und 1855, und in etlichen Ländern begannen in der zweiten Hälfte der 1820er Jahre reale Getreidepreise langfristig zu steigen – ein gutes Indiz für die zunehmende relative Knappheit bodenintensiver Güter. Schon die Krise von 1846/1848 war aber die letzte Hungersnot auf dem alten Kontinent, und ab den 1860er Jahren sank der reale Weizenpreis kontinuierlich bis zum Ende des 19. Jahrhunderts. Gleichzeitig begann Weizen weniger bekömmliche Getreidesorten wie Roggen oder Dinkel zu verdrängen. Der Rückgang des realen Weizenpreises ging aber keineswegs auf eine Zunahme der lokalen Erzeugung zurück. Vielmehr sank in Großbritannien nach der Aufhebung der *Corn laws* und in Folge der Transport- und Kommunikationsrevolution die lokale Produktion von 3,3 Millionen Tonnen zwischen 1851 und 1860 auf 1,6 Millionen Tonnen zwischen 1894 und 1899. Dagegen wurden von 1909 bis 1914 jährlich 5,9 Millionen Tonnen importiert; 1896 nahm Großbritannien 51 % der Weltexporte von Weizen auf. Doch schon ab den 1890er Jahren stiegen die Weizenimporte anderer Länder stärker als diejenigen Großbritanniens. Deutschland, dessen Getreideproduktion im späten 19. und frühen 20. Jahrhundert noch leicht expandierte, importierte trotz Schutzzöllen 1885 bis 1889 jährlich 0,3 Millionen Tonnen und 1909 bis 1914 bereits 1,8 Millionen Tonnen Weizen, was etwa einem Drittel des Verbrauchs entsprach.

Weizenproduktion in Europa

Auf der Seite der Überschussproduzenten waren die USA als älteste, größte und vielfältigste Stapelökonomie schon in den 1850er Jahren mit knapp einem Viertel der Weizenexporte der wichtigste Anbieter, doch war insgesamt die Konzentration der Weizenexporte noch wenig ausgeprägt. In den folgenden drei Dekaden erfolgte praktisch eine Vervierfachung der Weltweizenexporte und zugleich eine Konzentration, indem nun die USA für mehr als ein Drittel des Gesamtvolumens aufkamen; in der Tat verfünffachten sich deren Exporte in dieser Zeit. Diese starke Expansion auf hohem Niveau erfolgte allerdings keineswegs regelmäßig, sondern folgte jeweils Schüben des Eisenbahnbaus im Abstand von sieben bis zehn Jahren. Dies zeigt die Bedeutung von Erschließungsinvestitionen mit den daran geknüpften Kapitalströmen und dem Handel mit Kapitalgütern und industriellen Grundstoffen für die Entfaltung der außereuropäischen Wirtschaften. Nach den

USA als Überschussproduzent

1880er Jahren traten die USA als Weizenlieferant zurück. Dies hing nicht zuletzt mit dem Aufstieg des Industriesektors in diesem Land zusammen. Der kommerzielle Agrarsektor und die auf ihn ausgerichtete Infrastruktur waren derart gewachsen, dass trotz eines anfänglichen Rückstands auf die europäische Entwicklung die industrielle Fertigung vor Ort für die Befriedigung der großen Nachfrage nach gewerblichen Erzeugnissen rentabel wurde. Die USA sind das früheste und wichtigste Beispiel eines zunächst Rohwaren produzierenden Landes, in dem auf der Grundlage der starken Entwicklung eines Stapelgüter erzeugenden Agrarsektors ein leistungsfähiger Industriesektor entstand. Bei weitem nicht allen Rohwaren produzierenden Ländern gelang es, diesem Entwicklungspfad zu folgen.

An die Stelle der USA traten drei Länder, die in den mittleren 1880er Jahren zusammen erst 5 % der Weltweizenexporte auf sich vereinigten, nämlich Argentinien, Australien und Kanada. Die Weizenproduktion wuchs in diesen drei Ländern in den folgenden vier Dekaden enorm; in den mittleren 1920er Jahren kamen sie für etwa zwei Drittel der bis dahin um das Zweieinhalbfache gestiegenen Weltweizenexporte auf. In Argentinien schuf der Abschluss der Indianerkriege 1880 die Grundlage für eine starke europäische Einwanderung – ein Hinweis darauf, dass die überseeischen Räume der Atlantischen Ökonomie erst durch Unterwerfung und Dezimierung der indigenen Bevölkerung aus europäischer Sicht leer gemacht wurden. Die starke Einwanderung ihrerseits ermöglichte die Ergänzung der bisherigen Weidewirtschaft und der daraus resultierenden Exporte von Häuten und Trockenfleisch durch den arbeitsintensiveren Weizenanbau. Kanada exportierte seit dem späten 19. Jahrhundert nicht nur Weizen, sondern auch Bergbauprodukte, insbesondere Gold und Eisen. Darauf gestützt erfuhr das Land ebenfalls eine industrielle Entwicklung. Australien schließlich eignete sich wegen des trockenen Klimas weniger für den Weizenanbau. Bis in die 1960er Jahre hinein blieb deshalb Schafswolle das dominierende Stapelgut; Weizen und zeitweise Gold spielten nur eine ergänzende Rolle. Da Produktion und Export von Rohwolle sowohl weniger Arbeitskräfte als auch eine geringere Transportkapazität erfordern als Weizen, erfuhr Australien nicht nur eine geringere europäische Einwanderung, sondern auch eine schwächere industrielle Entwicklung, die bis nach dem Zweiten Weltkrieg nur auf die Erzeugung von Konsumgütern des täglichen Bedarfs für den nationalen Markt ausgerichtet blieb.

Argentinien, Australien und Kanada

Interkontinentale Wanderung

Wie bereits erwähnt, unterscheidet sich die erste Ära der Globalisierung von der zweiten Phase seit der Mitte des 20. Jahrhunderts durch die große Bedeutung weiträumiger Wanderung von Arbeitskräften. Die Auswanderung von etwa 50 Millionen Menschen aus Europa im Zeitraum zwischen 1846 und 1932 ist die größte bisher bekannte Wanderungsbewegung der Menschheitsgeschichte. Wahrscheinlich nur wenig geringeren Umfang wies allerdings die gegen Ende des 19. Jahrhunderts einsetzende Migration von Indern und Chinesen in die von einer boomenden Plantagen-

wirtschaft und Zinngewinnung geprägten südostasiatischen Gebiete, vor allem in Malaysia, auf. Der gegenwärtige Abschnitt konzentriert sich auf die erstgenannte Wanderungsbewegung.

Die europäische Massenauswanderung des späteren 19. und frühen 20. Jahrhunderts vollzog sich weitgehend im Rahmen der Atlantischen Ökonomie. 18 der 50 Millionen Auswanderer(innen) stammten aus Großbritannien und Irland, dem europäischen Zentrum dieses Wirtschaftsraums. Die wichtigsten Zielgebiete waren an überragender Stelle die USA (34 Mio.), gefolgt von Argentinien (6,4 Mio.), Kanada (5,2 Mio.), Brasilien (4,4 Mio.) und Australien (2,9 Mio.). Allerdings lag der zeitliche Schwerpunkt der Auswanderung – anders als sich auf Grund des bisher Gesagten vielleicht erwarten ließe – nicht parallel zum Globalisierungsschub im Übergang zur zweiten Hälfte des 19. Jahrhunderts, sondern in den zwei Dekaden vor dem Ersten Weltkrieg. Dies lässt die Frage nach den Determinanten des Wanderungsgeschehens aufkommen. Nur eine begrenzte Rolle spielten Reallohnunterschiede zwischen Ziel- und Herkunftsgebieten; die eben herausgestellten Anreize schlugen sich kaum direkt in Wanderungsströmen nieder. Wichtiger waren einerseits demographische Faktoren: Die meisten Wandernden waren junge Erwachsene, und Perioden starken Bevölkerungswachstums in den einzelnen europäischen Ländern brachten um etwa zwei Jahrzehnte phasenverschoben entsprechend große Kohorten an Auswandernden hervor. Andererseits spielten Veränderungen der Kosten der Informationsbeschaffung und der Überfahrt selbst eine große Rolle. Sozialhistorische Arbeiten haben die Bedeutung von Kettenwanderungen aufgezeigt: Wandernde zogen oft dahin, wo Verwandte und Bekannte schon vor ihnen hingewandert waren. Briefe von Auswanderern, zum Teil deren finanzielle Unterstützung bei der Überfahrt, bei der Wohnungs- und Arbeitsplatzsuche verstärkten die Motivation und erleichterten die Bewältigung der Auswanderung. Aus Skandinavien beispielsweise wanderte in den drei Jahrzehnten vor dem Ersten Weltkrieg zwischen einem Drittel und der Hälfte der Emigranten mit vorbezahlten Tickets aus. Somit fand ein Schneeballeffekt statt: Vergangene Wanderung unterstützte durch die Senkung von Informations- und zum Teil Transportkosten künftige Wanderung. Direkt wurden die finanziellen Hürden der Auswanderung dadurch gesenkt, dass im Verlauf der zweiten Hälfte des 19. Jahrhunderts sich die Transportkosten minderten und umgekehrt in Europa die Reallöhne langsam stiegen. Dies und die in wachsendem Umfang verfügbare Hilfe von schon früher Ausgewanderten erklären, weshalb trotz abnehmender Reallohnunterschiede zwischen Ziel- und Herkunftsgebieten die Auswanderung bis ins ausgehende 19. Jahrhundert zunahm.

Motivation der Wanderung

Internationale Kapitalflüsse

Schon im späten 19. Jahrhundert entstanden im Zusammenhang mit der Organisation von Plantagenwirtschaft, Bergbau sowie Erdölgewinnung die ersten multinationalen Unternehmen, die grenzüberschreitende Investitionen tätigten. Im Vergleich zum späten 20. Jahrhundert waren sie jedoch noch wenig bedeutsam. In der ersten Ära der Globalisierung wurden internationale Kapitalflüsse vielmehr durch Anleihen dominiert. Sie wurden in aller Regel durch die Regierungen aufgenommen oder von Eisenbahngesellschaften, deren Schuldenübernahme von der Regierung garantiert wurde. Als Vermittler agierende Bankhäuser legten diese Anleihen in internationalen Finanzzentren – vor allem London und Paris – auf und sorgten für den Vertrieb an eine große Zahl verstreuter Privatanleger(innen). So hielten beispielsweise in Frankreich 1914 1,6 Millionen Anleger(innen) russische Anleihen im Umfang von 11 Milliarden Francs. Überblickt man die einzelnen Boomphasen internationaler Kapitalexporte vor 1914, so waren jeweils folgende Länder die wichtigsten Ziele von Kapitalströmen: 1864 bis 1875 die USA, Russland, das Osmanische Reich, Ägypten und Spanien, 1886 bis 1890 die USA, Australien und Argentinien sowie 1905 bis 1913 Russland, Kanada, Südafrika, Argentinien und nochmals das Osmanische Reich.

Bis ins späte 19. Jahrhundert waren die USA im Hinblick auf die Erschließung ihres Potentials für den Export an Agrargütern entsprechend ihrer Bedeutung als Exporteur von Stapelgütern auch das kapitalhungrigste Land. Mit der Transformation zum Industrieland setzte dann der bis in die Zeit nach dem Ersten Weltkrieg abgeschlossene Übergang zum Kapitalexporteur ein. Auch weitere Länder sind uns schon als ursprünglich dünn besiedelte Länder begegnet, die durch Investitionen in die Infrastruktur zur Entwicklung eines exportorientierten Agrarsektors in Wert gesetzt werden konnten – Argentinien, Australien und Kanada; mit Vorbehalt kann auch Russland dazu gezählt werden. Offensichtlich entwickelten sich internationale Kapitalmärkte im 19. und frühen 20. Jahrhundert überwiegend, wenn auch nicht ausschließlich, im Rahmen der Atlantischen Ökonomie. Da Auswanderer(innen), wie erwähnt, in ihrer überwältigenden Mehrheit junge Erwachsene waren, die Anleger(innen) dagegen eher einer älteren Generation angehörten, sind diese Kapitalexporte oft auch als außerfamilialer intergenerationeller Ressourcentransfer gesehen worden: Die in Europa verbleibende ältere Generation stattete die junge Generation mit Kapital zum Aufbau einer eigenen Existenz aus.

Transformation zum Industrieland

Internationale Kapitalflüsse waren durch enorme Fluktuationen gekennzeichnet. Booms wechselten mit gravierenden Krisen ab, in denen zahlreiche Schuldner die Bedienung ihrer Verpflichtungen für kürzere oder längere Zeit einstellten. Globale Schuldenkrisen, in denen jeweils zehn und mehr Schuldner in Verzug gerieten, traten in den Jahren 1873 bis 1885, 1894/1895 und dann wieder im Gefolge des Ersten Weltkriegs (1917–1921) ein. In diesen Jahren kamen die Kapitalflüsse weitgehend zum Erliegen. Bereits im Abschnitt „Die Entstehung des internationalen Goldstandards“ ist auf die starken konjunkturellen Schwankungen im späten 19. und frühen 20. Jahrhundert hingewiesen worden. Eine dort gegebene Erklärung verwies auf die potentiell prozyklischen Folgen der unter dem Goldstandard erforderlichen Geldpolitik. Eine restriktive Geldpolitik in den Ländern des Goldstandards erschwerte auch für Schuldnerländer mit anderen Währungsregimes wegen steigender Zinskosten die Aufnahme neuer Mittel. Ein Rückgang der Nachfrage

Zyklische Schwankungen der Kapitelflüsse

in den Ländern des Goldstandards reduzierte darüber hinaus die Exporteinnahmen von Schuldnerländern und erhöhte das Risiko der Zahlungsunfähigkeit. Daneben ist auf das große wirtschaftliche Gewicht von Infrastrukturinvestitionen, besonders in den Eisenbahnbau, in dieser Epoche zu verweisen. Diese Projekte benötigten eine lange Zeit, bis sie einen Ertrag generierten. Das Risiko von Fehlplanungen, die zu einem Überangebot und gesamtwirtschaftlichen Ungleichgewichten am Ende der Projektlaufzeit führten, war deshalb hoch. Wanderungen, Kapitalflüsse, Wachstum der Produktion von Stapelgütern und außenwirtschaftliche Ungleichgewichte entwickelten sich deshalb in ausgeprägten zyklischen Schwankungen.

Länder, die stark in die Atlantische Ökonomie integriert waren, glitten allerdings selten in die eigentliche Zahlungsunfähigkeit ab. Die sechs wichtigsten zahlungsfähigen Schuldner in der Krise der 1870er Jahre waren das Osmanische Reich, Spanien, Ägypten, Mexiko, zehn Südstaaten der USA sowie Peru, diejenigen in der Krise der 1890er Jahre Argentinien, Portugal, Brasilien, Griechenland, Uruguay und Serbien. Dies verweist auf drei Ländergruppen, von denen bisher in diesem Abschnitt noch kaum die Rede war. Es sind dies erstens die Länder der europäischen Peripherie, die sich im späten 19. Jahrhundert nur langsam entwickelten und gegenüber dem industrialisierten Zentrum und Nordwesten des Kontinents zunehmend zurückfielen, zweitens das Osmanische Reich und Nordafrika, die im Zuge von Verschuldungskrisen zu Protektoraten der europäischen Mächte herabsanken, sowie die lateinamerikanischen Länder nördlich der stark in die Atlantische Ökonomie integrierten Südspitze des Kontinents. Viele kleinere Länder dieser Großregion waren im 19. und frühen 20. Jahrhundert kurz nach der Aufnahme relativ bescheidener Auslandskapitalien im Zuge der Unabhängigkeitskriege jahrzehntelang insolvent, so etwa Guatemala 1828 bis 1856, 1876 bis 1888, 1894 und 1899 bis 1913. Die steigende politische und wirtschaftliche Einflussnahme Europas im Zuge der Vermittlung von Anleihen und der Regelung von Schuldenkrisen im späteren 19. und frühen 20. Jahrhundert haben dieser Periode zur Bezeichnung als Ära des Finanzimperialismus verholfen. In einem weiteren Zusammenhang weist die Schwere der Schuldenkrisen des späteren 19. Jahrhunderts auf die allmähliche Transformation außereuropäischer Gebiete außerhalb des Einzugsbereichs der Atlantischen Ökonomie in eine unterentwickelte Dritte Welt hin.

Zahlungsfähige Schuldner

Die Entstehung der Dritten Welt

Unter dem aus der Ära des Kalten Kriegs stammenden Sammelbegriff der Dritten Welt seien hier diejenigen außereuropäischen Gebiete bezeichnet, die in subtropischen und tropischen Zonen lagen und in der zweiten Hälfte des 19. Jahrhunderts nicht in die Atlantische Ökonomie integriert wurden. Wie im ersten Kapitel gezeigt worden ist, erfuhren wenigstens die größten asiatischen Volkswirtschaften in dieser Zeit kein nennenswertes Wirtschaftswachstum. Dasselbe gilt auch für eine Reihe von lateinamerikanischen Ländern, insbesondere wenn von der in die Atlantische Öko-

	1840	1860	1880	1900	1913
Indigo	7,0	2,6	1,7	0,7	0,1
Kaffee	13,5	9,9	10,3	10,0	11,1
Opium	2,6	8,8	7,2	2,1	0,4
Tee		4,9	5,9	4,4	4,4
Zucker	20,6	13,9	9,0	5,6	4,4
Baumwolle	4,9	6,6	8,8	7,0	9,9
Gummi		0,4	0,8	4,8	6,9
Ölsaaten		1,4	2,7	2,8	7,3
Reis	0,8	3,7	5,0	5,8	8,0
Zinn	0,5	0,8	1,0	2,4	3,4

Grafik 5: Rohstoffexporte aus der Dritten Welt. Anteile einzelner Güter an den Exporten der Dritten Welt in %.
(Nach: John R. Hanson: Trade in Transition: Exports from the Third World, 1840–1900, New York 1980.)

nomie gut integrierten Südspitze des Kontinents abgesehen wird. Was waren die Gründe für diese Stagnation?

Gleich zu Beginn der Behandlung dieser Frage sei die große Heterogenität dieses riesigen Raums hervorgehoben: Indien lag im Zentrum eines weit gespannten Handelsnetzes und stellte immer schon eine differenzierte Palette von Erzeugnissen her – im 18. Jahrhundert war Indien der weltweit wichtigste Exporteur von Baumwollwaren, die in allen Kontinenten vertrieben wurden. Lateinamerika und die Karibik waren einerseits wichtige Lieferanten von Edelmetallen, andererseits von Zucker, sekundär von Kakao und seit der zweiten Hälfte des 18. Jahrhunderts von Kaffee und Baumwolle. Das Osmanische Reich war von alters her ein wichtiger, wenn nicht der wichtigste Absatzraum für europäische Textilwaren. Dagegen war Schwarzafrika vor allem nach dem Ende des Sklavenexports im frühen 19. Jahrhundert wohl der am wenigsten in die Weltwirtschaft integrierte Kontinent. Auch China war auf Grund seiner seit dem 15. Jahrhundert betriebenen Isolationspolitik wenig in die Weltwirtschaft integriert; 1850 bis 1950 wies es nur etwa ein Viertel bis ein Drittel so hohe Exporte pro Kopf auf wie Indien. Die forcierte imperialistische Öffnungspolitik der europäischen Mächte seit dem Opiumkrieg gegen Großbritannien (1840–1842) zeitigte augenscheinlich geringe Wirkung.

Heterogenität des Raums

Auf Grund des technischen Fortschritts in Westeuropa versiegten im Verlauf des zweiten Viertels des 19. Jahrhunderts gewerbliche Exporte aus Indien, aber etwa auch aus Mexiko praktisch gänzlich, und die Gebiete der tropischen und subtropischen Zonen entwickelten sich zu reinen Rohwarenproduzenten. Wie die langfristige Entwicklung der Exportstruktur zeigt (Grafik 5), dominierten bis zur Mitte des 19. Jahr-

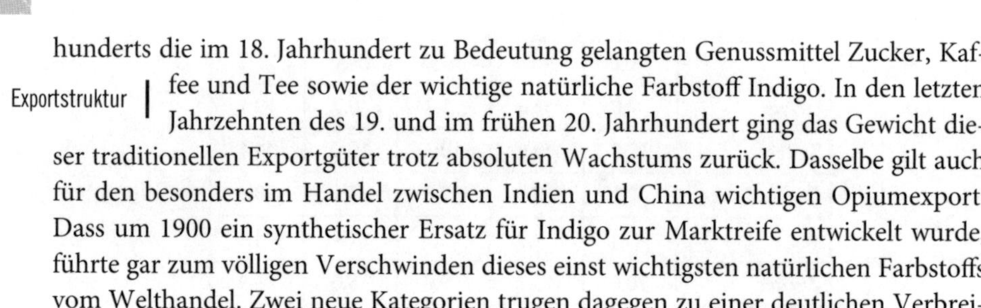

hunderts die im 18. Jahrhundert zu Bedeutung gelangten Genussmittel Zucker, Kaffee und Tee sowie der wichtige natürliche Farbstoff Indigo. In den letzten Jahrzehnten des 19. und im frühen 20. Jahrhundert ging das Gewicht dieser traditionellen Exportgüter trotz absoluten Wachstums zurück. Dasselbe gilt auch für den besonders im Handel zwischen Indien und China wichtigen Opiumexport. Dass um 1900 ein synthetischer Ersatz für Indigo zur Marktreife entwickelt wurde, führte gar zum völligen Verschwinden dieses einst wichtigsten natürlichen Farbstoffs vom Welthandel. Zwei neue Kategorien trugen dagegen zu einer deutlichen Verbreiterung der Produktpalette bei:

Exportstruktur

Einerseits erlangten Industrierohstoffe erstmals erhebliches Gewicht. Nach dem Amerikanischen Bürgerkrieg (1861–1865) ging die Bedeutung der USA als Baumwollexporteur zurück. In der Periode des „Baumwollhungers“ im Bürgerkrieg waren nämlich alternative Anbieter in die Bresche gesprungen, die sich auch später am Markt halten konnten; besonders hervorzuheben sind Ägypten und Indien. Aber auch Bergbauerzeugnisse erweiterten die Exportpalette: Angesichts der voranschreitenden Industrialisierung erschöpften sich Bodenschätze an Metallen in Europa zusehends und wurden durch den Abbau von Vorkommen in außereuropäischen Gebieten substituiert. Dies traf zunächst auf Buntmetalle zu: Zinn (Bolivien, Malaysia) und Kupfer (Chile, Kongo/Sambia) sind dabei hervorzuheben. Nitrate für die zunehmend düngerhungrige europäische Landwirtschaft waren ebenfalls ein besonders für Chile wichtiges Bergbauprodukt. Ein völlig neuer Werkstoff war schließlich aus Kautschuk gewonnener Gummi, der zum Teil wild gesammelt (brasilianisches Amazonasgebiet), teils in Plantagen angebaut wurde (Liberia, Malaysia). Analog entwickelten sich seit etwa 1900 die Erdölförderung und der Abbau von Bauxit, auch wenn sie vor dem Ersten Weltkrieg erst in wenigen Gebieten Bedeutung erlangten. Andererseits begannen auch die Länder außerhalb der Atlantischen Welt Grundnahrungsmittel für den Export zu produzieren: Reis entwickelte sich zu einem ähnlich wichtigen Gegenstand des internationalen Handels wie Weizen, und Ölsaaten erlangten zu Beginn des 20. Jahrhunderts rasch einen nur wenig geringeren Exportanteil. Dabei handelte es sich insbesondere um Erdnüsse und Palmprodukte, wobei sich die westafrikanischen Kolonien zu wichtigen Anbietern entwickelten.

Verbreiterung der Produktpalette

Wahrscheinlich wuchsen die Exporte der Dritten Welt im halben Jahrhundert vor dem Ersten Weltkrieg in etwa in ähnlichem Tempo wie der Welthandel insgesamt. Zu berücksichtigen ist dabei allerdings, dass sich das Volumen auf zunehmend mehr Anbieter aufteilte, der nationale Durchschnitt somit wohl etwas geringer war. Weshalb war die Spezialisierung auf Rohwarenexporte und deren markante Diversifizierung nicht mit ähnlichen Entwicklungsimpulsen wie in der Atlantischen Ökonomie verbunden?

Erstens wiesen die in der Dritten Welt hergestellten Rohwaren geringere Koppelungseffekte mit anderen Wirtschaftssektoren auf als Weizen. Weizenanbau und -export waren arbeitsintensiv, was die Bauwirtschaft und die Entstehung einer Konsumgüterindustrie stimulierte, und erforderten Geräte zur Landbearbeitung sowie den Aufbau von Lager- und Transportkapazitäten. Agrarprodukte, die keine Massengüter waren, wie zum Beispiel die traditionellen Genussmittel, aber auch der räumlich stark konzentrierte und eine geringe Beschäftigtenzahl nach sich ziehende Bergbau, waren dagegen mit geringeren Koppelungseffekten verbunden. Im letzten Fall waren zudem die Einkommen zwischen Arbeitskräften und teilweise ausländischen Minenbesitzern ungleich verteilt, so dass die Impulse für eine Konsumgüterindustrie beschränkt waren. Zweitens waren in den Zonen, die eine autochthone Besiedlung aufwiesen, der Effekt der Erschließung durch den Eisenbahnbau ein anderer als in den gemäßigten Zonen der Atlantischen Ökonomie, die zu Beginn kaum besiedelt waren beziehungsweise deren indigene Bevölkerung weitgehend ausgelöscht wurde. Der Ausbau des Transportwesens führte in solchen Ländern inländische Konsument(inne)en mit niedrigem Einkommen mit ausländischen Konsument(inn)en mit hohem Einkommen auf demselben Markt zusammen. Das Ergebnis war ein Angleichen des inländischen Preisniveaus an den höheren Weltmarktpreis bei gleichzeitiger Rückbildung von Preisschwankungen. Für die inländischen Unterschichten, die auf den Zukauf von Getreide angewiesen waren, bedeutete dies eine Verschlechterung der Einkommensposition. Wieweit allerdings die Integration in die Weltgetreidemärkte für die verheerenden Hungersnöte, die gerade Indien, anhand dessen Beispiel dieses Entwicklungsmodell formuliert worden ist, erfassten, zwischen dem späteren 19. Jahrhundert und den frühen 1940er Jahren verantwortlich waren, bleibt umstritten. Drittens war die Erzeugung einzelner Agrargüter nicht nachhaltig. Temporär starkes Wachstum der einen Produzentenregionen wurde deshalb ermöglicht als Substitution anderer, aus dem Markt fallenden Regionen. Ausgeprägt gilt dies für das wichtigste Exportprodukt, den Kaffee. Um die Mitte des 19. Jahrhunderts erschöpften sich die intensiv genutzten Bodenressourcen auf Jamaika, und in Java stagnierte das auf Zwangsarbeit beruhende Arbeitskräftereservoir zusehends. In den 1860er Jahren breitete sich zudem eine Kaffeebuschkrankheit aus, die einen starken Rückgang der Kulturen in Ceylon und Java zur Folge hatte. An Stelle dieser älteren Standorte erfuhr der Kaffeeanbau zunächst in Südbrasilien, ab den letzten Jahrzehnten des 19. Jahrhunderts dann in Zentralamerika und Kolumbien einen starken Aufschwung. Viertens wurde die wirtschaftliche Entwicklung vieler Länder durch schlechte Verfügungsrechte von Kleinbauern begrenzt. Besonders in Lateinamerika war im Vergleich zu Nordamerika die Verteilung von Land sehr ungleich, und indigene Formen der Landnutzung wurden vom Staat kaum geschützt. Dies führte zu ineffizienten Formen der Landnutzung bei gleichzeitigem Überangebot an unterbeschäftigten Landarbeiter(inne)n. Fünftens waren viele Rohwaren, besonders etwa Kaffee und Tabak, durch starke Preisschwankungen geprägt. Die Spezialisierung auf den Export weniger Rohwaren bedeutete für die fraglichen Volkswirtschaften ein hohes Risiko in Bezug auf das Einkommen und den Ertrag von Investitionsprojekten. Dies zog Kosten für die Einkommensstabilisierung nach sich und verteuerte die Finanzierung

Angleichen des inländischen Preisniveaus

Keine nachhaltige Agrarprodukterzeugung

Schlechte Verfügungsrechte von Kleinbauern

Preisschwankungen

Märkte	Getreidesorte	1870	1913
Großbritannien-USA	Weizen	54,1	–0,8
Großbritannien-Odessa	Weizen	37,9	6,5
Dänemark-USA	Weizen	28,9	–4,6
Frankreich-USA	Weizen	43,8	29,3
Bayern-USA	Weizen	44,0	37,1
Bayern-USA	Roggen	66,5	48,5

Grafik 6: Preiskonvergenz auf Getreidemärkten. Internationale Preisunterschiede (in %). (Nach: Kevin H. O'Rourke: The European Grain Invasion, 1870–1913, in: Journal of Economic History 57 [1997].)

von Investitionen. Beides implizierte langfristig ein im Vergleich mit anderen Ländern niedrigeres Wirtschaftswachstum.

Konvergenz in der Atlantischen Ökonomie

Die Zunahme des Warenaustauschs sowie die steigende Mobilität von Arbeit und Kapital wenigstens im Rahmen der Atlantischen Ökonomie bewirkten eine Marktintegration in dem Sinn, als sich Preise sowohl für Produkte als auch für Produktionsfaktoren – also Löhne, Zinssätze und Bodenrenten – zwischen verschiedenen Ländern anglichen und dass sie sich zunehmend im Gleichschritt bewegten. Grafik 6 zeigt die Integration von Gütermärkten anhand des Beispiels des Weizens: Um 1870 war dieses Gut in Großbritannien noch etwa anderthalb mal so teuer wie in den USA, am Vorabend des Ersten Weltkriegs war dieser Unterschied verschwunden. Eine etwas schwächere Reduktion des Preisabstands erfolgte auch im Verhältnis zur Ukraine (Ausfuhrhafen Odessa). Eine deutlich geringere Reduktion des Preisabstands erfolgte im Verhältnis zwischen den USA und kontinentaleuropäischen Ländern wie Frankreich und Deutschland. Neben höheren Transportkosten in binnenländischen Zonen spielte hierbei auch die Schutzzollpolitik dieser beiden Länder eine Rolle. Allerdings ist festzuhalten, dass die Abschottung der Agrarmärkte dieser beiden Länder die Angleichung des Agrarpreisniveaus dieser Länder an das tiefere Weltmarktniveau zwar abzuschwächen, aber nicht gänzlich zu verhindern vermochte.

Integration von Gütermärkten

Die Auswanderung junger Arbeitskräfte aus Europa und die durch die Zunahme von Agrarimporten mögliche Verlagerung von Arbeitskräften vom unproduktiveren Agrarsektor in den durch eine höhere Produktivität gekennzeichneten Industriesektor förderte das Wachstum der Reallöhne auf dem alten Kontinent. Umgekehrt senkte die Zuwanderung in den überseeischen Gebieten der Atlantischen Ökonomie die

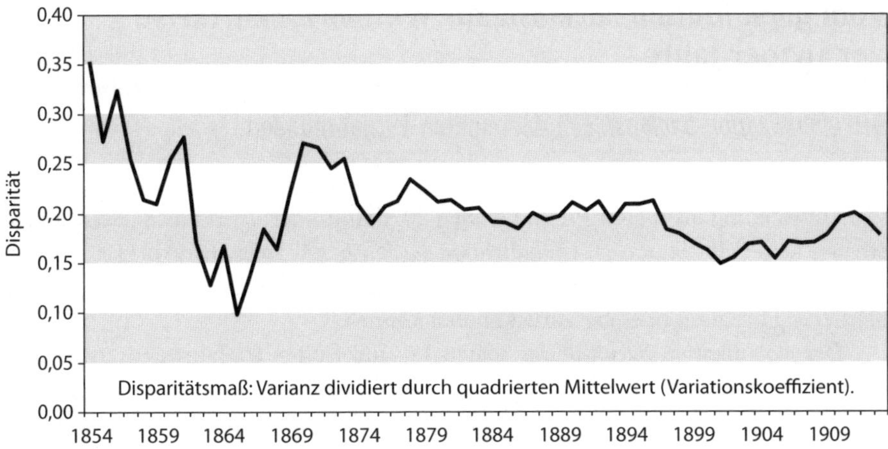

Grafik 7: Internationale Reallohndisparitäten, 1854–1913. Reallohndisparität zwischen 13 (bis 1869) bzw. 17 (ab 1870) europäischen sowie überseeischen Ländern.
(Nach: Jeffrey G. Williamson: The Evolution of Global Labor Markets since 1830: Background Evidence and Hypothesis, in: Explorations in Economic History 32 [1996].)

Relation zwischen der Anzahl der Arbeitskräfte zur Landfläche und damit auch den Lohnsatz relativ zu anderen Einkommensquellen. Folglich lässt sich zeigen, dass sich die internationalen Lohnunterschiede zwischen der Mitte des 19. Jahrhunderts und dem Vorabend des Ersten Weltkriegs deutlich verringerten (Grafik 7). Mit demselben Argument lässt sich begründen, dass in der Tendenz die Bodenrente in Europa sich eher zurückbildete, in Übersee dagegen erhöhte.

Insgesamt war somit die erste Ära der Globalisierung zwischen der Mitte des 19. Jahrhunderts und dem Ersten Weltkrieg innerhalb der Atlantischen Ökonomie durch eine Konvergenz vieler Preise geprägt, die letztlich auch die eingangs beobachtete Einkommenskonvergenz unter den hochentwickelten Ländern in diesem Zeitabschnitt erklärt. Derselbe Vorgang lässt sich auch noch aus einer anderen Perspektive sehen: Es handelt sich um einen langfristigen Anpassungsprozess an das Ungleichgewicht, das durch räumlich konzentrierten technischen Fortschritt in Großbritannien und die Erschließung fruchtbarer Bodenflächen in gemäßigten außereuropäischen Zonen im frühen 19. Jahrhundert entstanden war. Globalisierung ist somit kein stetiger Gleichgewichtsprozess, sondern wird von Schocks und Ungleichgewichten angetrieben.

Vom *globalization backlash* zur Weltwirtschaftkrise der 1930er Jahre

Der *globalization backlash* seit dem späten 19. Jahrhundert

Die Entwicklung im späten 19. und frühen 20. Jahrhundert lehrt auch, dass Globalisierung kein Selbstläufer ist. *Globalization backlash* soll vielmehr Prozesse bezeichnen, die aus dem Fortschreiten der Globalisierung ihren Ursprung nehmen und Globalisierung bremsen oder gar zurückbinden können.

Der *globalization backlash* des späten 19. und frühen 20. Jahrhunderts beruhte auf politökonomischen Konsequenzen der eben dargestellten Konvergenzvorgänge in der Atlantischen Ökonomie: Marktintegration beeinflusste in den einzelnen Ländern die faktorielle Einkommensverteilung – die Verteilung des Volkseinkommen auf die Produktionsfaktoren Arbeit, Kapital und Land – in unterschiedlicher Weise. Zudem ermöglichten die politischen Systeme der entwickelten Länder in dieser Zeit bereits die Artikulation und die Einflussnahme von Interessengruppen. Die Besitzer von Produktionsfaktoren, deren Einkommen relativ zu den anderen durch Globalisierung schlechter gestellt wurden, drängten deshalb erfolgreich auf wirtschaftspolitische Maßnahmen, die Umverteilung stoppten oder wenn möglich rückgängig machten. In Europa drangen entsprechend Landbesitzer – mit dem Rückgang der Bodenrente im Vergleich zu anderen Einkommen vor Augen – auf die Einführung von landwirtschaftlichen Schutzzöllen gegen die amerikanische Getreideinvasion. In den überseeischen Zonen der Atlantischen Ökonomie wirkten dagegen die Lohnempfänger, deren Einkommen sich als Folge der Masseneinwanderung relativ zu den Kapital- und Landbesitzern verschlechterte, auf die Errichtung von Schranken gegen die ungehemmte Zuwanderung hin.

Politökonomische Konsequenzen

Tatsächlich begannen die großen kontinentalen Länder seit den späten 1870er Jahren Schutzzölle vor allem auf Getreide zu erheben. Es handelte sich dabei um spezifische Zölle (Geldbeträge pro Gewichtseinheit), so dass die effektive Zollbelastung im Zuge fallender Weltmarktpreise automatisch stieg. In Deutschland betrug so um 1890 die Zollbelastung von Weizen 33 %, diejenige von Roggen 46 %. Eine vergleichbare Entwicklung fand auch in Frankreich statt, und in beiden Ländern setzte sich ein steigender Agrarprotektionismus bis in die 1920er Jahre hinein fort.

Es sei betont, dass wenigstens in Europa das Wiederaufleben des Protektionismus im letzten Viertel des 19. Jahrhunderts weitgehend auf Agrargüter konzentriert war und wichtige Errungenschaften der vorangegangenen Liberalisierungswelle erhalten blieben. Dies betraf vor allem das Meistbegünstigungsprinzip und die weitgehende Abschaffung nichttarifärer Handelshemmnisse. Zwar stiegen auch die Importzölle auf Industriegüter, die Mitte der 1870er Jahre ein Minimum erreicht hatten, wieder an, doch blieb die Belastung bis 1913 im Durchschnitt noch unter 20 %. Nur die überseeischen Länder, allen voran die USA, betrieben zur För-

Schutzzollpolitik

derung ihrer Industrialisierung eine ausgeprägte Schutzzollpolitik; in den USA stiegen bereits nach dem Bürgerkrieg die Zölle auf importierte Industriegüter auf ein durchschnittliches Niveau von 40 bis 50 %. Das Aufkommen des Protektionismus dürfte maßgeblich dafür verantwortlich gewesen sein, dass sich der Offenheitsgrad der meisten Volkswirtschaften nach etwa 1880 kaum mehr erhöhte und der Welthandel nicht mehr rascher wuchs als das Weltvolkseinkommen (vgl. Grafik 2).

In den überseeischen Ländern der Atlantischen Ökonomie wurden im Gegenzug nach Anfängen, die in die 1880er Jahre reichen, in den ersten drei Jahrzehnten des 20. Jahrhunderts zunehmend Barrieren gegen die Einwanderung errichtet. Sie nahmen die Form von länderbezogenen Kontingenten, Einwanderungsverboten für bestimmte Gruppen, diskriminierenden Kopfsteuern, Alphabetisierungstests etc. an. Besonders in den USA entwickelte sich die Einschränkung der Zuwanderung weitgehend im Gleichschritt mit dem sinkenden Verhältnis zwischen Lohnsatz und Volkseinkommen pro Kopf: Die Verschlechterung der relativen Einkommensposition des Produktionsfaktors Arbeit übertrug sich somit unmittelbar in die Aufrichtung von Barrieren gegen die Zuwanderung neuer Arbeitskräfte. Die meisten Länder in gemäßigten außereuropäischen Zonen schlossen somit ihre Pforten für Einwanderer bis Ende der 1920er Jahre weitgehend. Nach einem Höhepunkt in den letzten Jahren vor dem Ersten Weltkrieg verzeichnete deshalb die transatlantische Wanderung in den 1920er Jahren bereits ein deutlich niedrigeres Niveau und kam um 1930 weitgehend zum Erliegen. Bis heute ist dieses Globalisierungshindernis nicht beseitigt, sondern vielmehr in der Zwischenzeit von weiteren Staaten, nicht zuletzt der Europäischen Union, übernommen worden.

Barrieren gegen die Einwanderung

Strukturprobleme der Weltwirtschaft in den 1920er Jahren

Der Agrarprotektionismus und die Verwerfungen des Ersten Weltkriegs (1914–1918) führten zu Ungleichgewichten auf den Weltagrarmärkten, die ab 1925 in eine allgemeine Preisbaisse mündeten. Die Modalitäten der Kriegsfinanzierung führten ihrerseits zu Spannungen in der internationalen monetären Wirtschaft, die in den 1920er Jahren nur begrenzt beseitigt werden konnten. Beide Strukturprobleme, die sich weitgehend unabhängig voneinander entwickelten, stellen jeweils wichtige Ursprünge der Weltwirtschaftskrise von 1929 bis 1932 dar.

Der Erste Weltkrieg stellte ebenso wie später der Zweite Weltkrieg (1939–1945) einen ausgesprochen industriellen Krieg dar: Im Verhältnis zur Größe und zum Entwicklungsstand der damaligen Volkswirtschaften wurden mit riesigen Verbänden aufwändige Materialschlachten in weiträumigen Kriegsschauplätzen geführt. Logistik, Entwicklung und Produktion technologisch zum Teil bereits anspruchsvoller Rüstungsgüter sowie umfassende Mobilisierung sowohl von Arbeitskräften als auch von bewaffnetem Personal waren erfolgsrelevante Grundlagen der Kriegsführung. Die Bereitstellung dieser Ressourcen spannte die Volkswirtschaften der kriegsführenden Länder aufs Äußerste an. Mit Blick auf die weitere Ent-

Kriegsfinanzierung

wicklung der Weltwirtschaft ist vor allem der Tatbestand von Bedeutung, dass die Steuereinnahmen wenigstens in den europäischen Ländern bei weitem nicht ausreichten, um die Kriegsausgaben zu decken. Die nationalen Kapitalmärkte erwiesen sich überdies als zu wenig aufnahmefähig, um die resultierenden Budgetdefizite durch den Verkauf von Staatsanleihen zu finanzieren. Es mussten somit alternative Wege der Kriegsfinanzierung eingeschlagen werden. Die letztendlich gewählten Optionen ließen der Nachkriegszeit eine verheerende Hinterlassenschaft zurück.

Bei Kriegsausbruch wurde allgemein der Goldstandard insofern aufgehoben, als die Goldeinlösepflicht der Zentralbanken ausgesetzt wurde. Im weiteren Kriegsverlauf verschafften sich die Regierungen dann Zugriff auf Kredite ihrer Zentralbanken, das heißt, die Geldmenge wurde ohne Rücksicht auf den Bestand an Gold- und Devisenreserven erhöht, was inflationäre Konsequenzen nach sich zog. Tatsächlich war in den meisten europäischen Ländern das Preisniveau 1918 etwa zweieinhalb bis dreieinhalb Mal so hoch wie 1914 – das später in eine Hyperinflation abgleitende Deutschland lag zu diesem Zeitpunkt noch im Mittelfeld. Nur die USA, die für die Kriegsführung auf eine wesentlich breitere Volkswirtschaft zurückgreifen konnten, wiesen eine Kriegsinflation von unter 100 % auf.

Inflationäre Konsequenzen

Nach dem Krieg stellte somit die Stabilisierung des Geldwerts und der staatlichen Budgets eine vordringliche Aufgabe dar. Hinsichtlich der Geld- und Währungspolitik setzte in dieser Zeit ein langwieriger Suchprozess ein, der erst Anfang des 21. Jahrhunderts zu einem gewissen Abschluss kam. Heute herrscht ein Konsens dahingehend, dass die Zentralbanken entwickelter Länder unabhängig von politischen Behörden und ohne Zugrundelegung eines monetären Ankers (Gold oder Devisen) ihre Geschäfte mit dem Finanzsektor so ausgestalten sollen, dass stabile und tiefe positive Inflationserwartungen unter den Wirtschaftssubjekten im jeweiligen Währungsgebiet verankert werden. Soweit dieses Primärziel nicht gefährdet wird, kann als Sekundärziel die Geldpolitik durch eine expansionäre Tendenz einen Beitrag zur Stützung von Konjunktur und Beschäftigung leisten.

Diese Formel und vor allem das Vertrauen in deren Funktionieren waren den Zeitgenossen nach dem Ersten Weltkrieg nicht gegeben. Die Handlungsoptionen der Entscheidungsträger blieben vielmehr „an Gold gefesselt“ (Barry Eichengreen). Konkret bedeutete dies, dass Stabilisierung mit der Rückkehr zu den Goldparitäten (d. h. den Konversionsregeln) von 1914 verbunden wurde. Hierfür war durch eine restriktive Geldpolitik, das heißt mittels hoher Zinssätze, die im Krieg geschaffene Liquidität wieder abzubauen. Begleitend hatten Regierungen auf Zentralbankkredite zu verzichten und damit ihre Budgetdefizite zu beseitigen. Entsprechend erfuhren die europäischen Alliierten bis in die frühen 1920er Jahre eine Nachkriegsrezession, welche die Rekonversion zur Friedenswirtschaft erschwerte. In Großbritannien etwa sank die Industrieproduktion zwischen 1920 und 1921 um nicht weniger als 32 %. In Deutschland erfolgte vor dem Hintergrund einer im Vergleich zu den alliierten Ländern deutlich schwächeren Wirtschaftslage und der politischen Pattsituation, zu der erschwerend die Reparationsfrage hinzukam, vorerst

Rückkehr zu Goldparitäten

keine Einigung auf eine konsequente Stabilisierung. Zwar ermöglichte dies in den Jahren bis 1922 eine relativ günstige Entwicklung von Wirtschaftswachstum und Beschäftigung, doch glitt das Land in jenem Jahr in die Hyperflation ab, der 1923 eine gravierende Stabilisierungskrise folgte.

Von 1924 bis 1926 kehrten der Reihe nach Deutschland, Großbritannien und Frankreich zum Goldstandard zurück, wodurch ein internationaler Goldstandard für kurze Zeit wiederhergestellt war. Die Stabilisierung blieb aber in zweierlei Hinsicht prekär: Erstens misslang die Rückkehr zum Preisniveau der Vorkriegszeit. Dies bedeutete, dass die offiziellen Goldpreise zu tief angesetzt beziehungsweise die Reserven zur Deckung der gewachsenen Geldmenge eher dünn waren. Dieses Problem wurde dadurch zu entschärfen gesucht, dass nun neben Gold auch Devisen, insbesondere Pfund Sterling, als Reservemedium verwendet wurden. Aus diesem Grund wird die Zeit von 1925 bis 1931 gelegentlich auch als Ära des Gold-Devisen-Standards bezeichnet. Zweitens lastete auf den europäischen Volkswirtschaften angesichts des geringen Vertrauens in die Goldkonvertibilität ein latenter Anpassungsdruck. Zur Vermeidung von Goldabflüssen mussten die europäischen Zentralbanken fast permanent eine Hochzinspolitik fahren. So lag in Deutschland – dessen Lage allerdings durch die Reparationsfrage verschärft wurde – der Diskontsatz in den 1920er Jahren meist 1 % und damit ein Viertel und mehr über demjenigen in den USA. Vermutlich war dies ein wichtiger Grund für den schleppenden Wirtschaftsgang in den meisten europäischen Ländern. Dieser schlug sich seinerseits in einer hohen Protestbereitschaft der im Vergleich zur Ära vor dem Ersten Weltkrieg deutlich stärker organisierten Arbeiterbewegung nieder. Tatsächlich wird vermutet, dass im Vergleich zur Produktivitätsentwicklung hohe Löhne und ihre Abwärtsrigidität eine wichtige Ursache der Strukturschwäche vieler entwickelter Volkswirtschaften darstellten. Ein herausragendes Ereignis dieser Zeit war jedenfalls der Generalstreik in England (1926), der unter anderem den wirtschaftspolitischen Entscheidungsträgern ihren äußerst geringen Spielraum hinsichtlich der monetären Stabilisierung aufzeigte.

Prekäre Stabilisierung

Die 1920er Jahre waren neben der Instabilität der Währungsverhältnisse auch durch Störungen des internationalen Kapitalverkehrs gekennzeichnet. Vor allem die Alliierten nutzten zur Kriegsfinanzierung neben dem Verkauf von Staatsanleihen im Inland und dem inflationstreibenden Zentralbankkredit auch die Option der Kapitalimporte aus dem Ausland. Im Ergebnis verloren Großbritannien und Frankreich im Verlauf des Ersten Weltkriegs ihre Stellung als wichtigste Kapitalexporteure der Welt und wurden zu Gläubigern der USA. Letztere, die noch vor kurzem wichtigster Kapitalimporteur gewesen waren, stellten dagegen im Weltkrieg und den 1920er Jahren den wichtigsten Kapitalexporteur dar.

Wandel des internationalen Kapitalverkehrs

Die Frage der interalliierten Verschuldung war eng mit der deutschen Reparationsfrage verknüpft, die ihrerseits die für die weitere Entwicklung der Weltwirtschaft problematischste Hinterlassenschaft des Versailler Friedens darstellte. Zwar drängten die USA mit Blick auf eine Wiederbelebung der Weltwirtschaft auf eine drastische Reduktion der Reparationsforderungen; die übrigen Alliierten machten ihr Entgegenkommen in dieser Sache jedoch von einer großzügigen Regelung der Forderungen der USA gegenüber ihren Bündnispartnern abhängig, wozu diese wiederum nicht bereit waren. Die Bedienung der Schulden der europäischen Länder gegenüber den USA hätte überdies eine aktive Handelsbilanz gegenüber Letzterer erfordert, was jedoch durch deren hohen Zölle auf Industriegüter erschwert wurde. Analog stand die Leistung von Reparationen durch Deutschland unter der Voraussetzung der Erwirtschaftung einer positiven Handelsbilanz. Tatsächlich wies aber Deutschland in den 1920er Jahren durchgängig eine negative Handelsbilanz auf; ihr Ausgleich ebenso wie die Finanzierung der Reparationszahlungen wurden durch Kapitalimporte aus den USA gewährleistet. Diese mussten durch ein im Vergleich zu den USA höheres Zinsniveau angezogen werden, das seinerseits das binnenwirtschaftliche Wachstum wenn überhaupt eher hemmte als förderte.

Die deutsche Reparationsfrage

Losgelöst von den Spannungen im internationalen Währungssystem und auf den internationalen Kapitalmärkten waren die 1920er Jahre durch folgenträchtige Ungleichgewichte auf internationalen Rohwarenmärkten geprägt. Dies wird durch den in Grafik 8 wiedergegebenen Sachverhalt angezeigt, dass der relative Preis von Rohwaren im Verhältnis zu Industriegütern (d.h. deren *Terms of trade*) auch nach der Umstellung der Rüstungswirtschaften der kriegführenden Länder auf den Friedenszustand – der das Angebot an Industriegütern wieder ausweitete und deren relativen Preis senkte – in den 1920er Jahren deutlich unter dem Niveau der Vorkriegszeit lag. Der Verfall der *Terms of trade* der Rohwaren kam durch zweierlei Vorgänge zustande: Erstens erfolgte in den letzten Vorkriegsjahren die bislang umfangreichste Auswanderungswelle aus Europa. Wie früher führte sie um fünf bis zehn Jahre verzögert zur Ausweitung der Rohwarenproduktion in den gemäßigten außereuropäischen Zonen der Atlantischen Ökonomie. Zweitens erholte sich nach der Rückkehr der Arbeitskräfte von den Kriegsfronten die europäische Agrarwirtschaft von den Engpässen während des Kriegs. Zugleich wurde sie durch im Vergleich zur Vorkriegszeit noch erhöhte Zollsätze von Importkonkurrenz abgeschirmt. Das ausgeweitete Angebot der außereuropäischen Gebiete traf somit auf im Vergleich zur Kriegszeit deutlich weniger aufnahmefähige Märkte.

Rohwarenmärkte

In der zweiten Hälfte der 1920er Jahre versuchten die USA und Kanada, durch staatlich geförderte Aufkaufs- und Lagerprogramme für Weizen eine Preisstabilisierung zu erreichen, was zunächst den Preisrückgang begrenzte. Diese Programme brachen 1929 zusammen. Verstärkt wurde der Preisrückgang ab 1929 durch Bemühungen Australiens, mittels Steigerung der Exportvolumen den Preisrückgang zu kompensieren, sowie durch das Bestreben der Sowjetunion, im Rahmen des Ersten Fünfjahresplans (1929–1932) die für den industriellen Aufbau erforderlichen Importe von Kapitalgütern durch forcierte Getreideexporte zu finanzieren. Zusammengenommen löste dies einen eigentlichen Preissturz aus: Der Weizenpreis sank 1930 um 40 %, 1931 um 28 % und noch 1932 um 12 %. Andere Rohwaren erlebten eine ähnliche Entwicklung; insgesamt entwickelte sich aus dem Überangebot an Rohwaren am Ende der 1920er Jahre ein starker deflationärer Impuls.

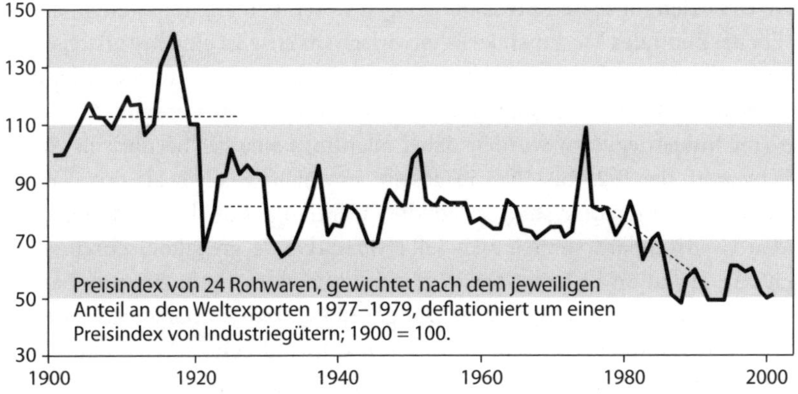

Grafik 8: Terms of trade von Rohwaren.
(Nach: José Antonio Ocampo u. a.: The Terms of Trade for Commodities in the Twentieth Century, in: CEPAL Review 79 [2003].)

Die Weltwirtschaftskrise

Der Einbruch der Jahre 1929 bis 1932 stellte eine umfassende weltweite Wirtschaftskrise dar, die drei Ebenen betraf: Erstens erfolgte auf der realwirtschaftlichen Ebene in den meisten Volkswirtschaften ein tiefer Einbruch von Produktion und Beschäftigung sowie ein drastischer Einbruch der internationalen Warenströme. Die zweite, monetäre Ebene war durch starke Deflation, Bankenkrisen und einen Zusammenbruch des internationalen Kapitalverkehrs sowie eine verbreitete Zahlungsunfähigkeit souveräner Schuldner geprägt. Auf der institutionellen Ebene erfolgten drittens eine endgültige Abkehr vom Goldstandard sowie eine Aufgabe wichtiger Grundsätze des freien Welthandels.

Zunächst zur realwirtschaftlichen Ebene: In den entwickelten Industrieländern stagnierte 1929 die Industrieproduktion, in den folgenden zwei Jahren brach sie regelrecht zusammen. Besonders stark ausgeprägt war der Rückgang in Deutschland (1929–1932 -40,4 %) und in den USA (–44,7 %; vgl. auch Grafik 10). Im Zusammenhang damit stellte sich eine Massenarbeitslosigkeit ein. So belief sich der Anteil der arbeitslosen Industriearbeiter 1932 in Deutschland auf 43,8 % und in den USA auf 36,3 %. Schließlich erfuhr der Welthandel eine drastische Kontraktion: Vom Januar 1929 bis zum Tiefpunkt im Februar 1933 gingen die monatlichen Gesamtimporte von 72 Ländern von 3,0 Milliarden auf 0,9 Milliarden US-Dollar – also auf weniger als ein Drittel – zurück. Überdurchschnittlich betroffen waren rohstoffproduzierende Länder, deren Exporte sowohl unter einem starken Preisverfall als auch unter dem Nachfragerückgang in den hochentwickelten Ländern litten.

Realwirtschaftliche Ebene

Die Ursachen für diese Entwicklung lagen wesentlich auf der zweiten, der monetären Ebene. Zentrales Merkmal der Weltwirtschaftskrise ist eine historisch einmalige Deflationsepisode, in der das Preisniveau in den entwickelten Ländern binnen drei Jahren um mehr als 20 %, in einigen Ländern gar um über 30 % absank (Grafik 9). Die Preise von Industriegütern wurden dabei allerdings weniger berührt als diejenigen von Rohwaren, die 1925 bis 1933 insgesamt um nicht weniger als drei Viertel einbrachen. Über das Finanzsystem wirkte die Deflation auf die Realwirtschaft ein, und über den Goldstandard stellten sich selbstverstärkende grenzüberschreitende Wirkungen ein. Deflation bedeutet für Wirtschaftssubjekte – zum Beispiel Bauern, die den Kauf von Saatgut und Dünger über Kredite finanzieren, oder Textilunternehmen, die rohe Textilfasern auf Kredit einkaufen – eine Erhöhung des realen Schuldendiensts, denn die Höhe der Schuldverpflichtung und die damit verbundene Zinsleistung bleibt konstant, während die Erlöse aus der kreditfinanzierten laufenden Produktion der Schuldner zurückgehen. Dies erhöht das Ausfallrisiko und gefährdet die Solvenz auch der Kredit gebenden Banken, reduziert mithin die Versorgung der Volkswirtschaft mit kurzfristigen Krediten. Tatsächlich erhöhte sich in den USA das Verhältnis Schuldendienst–Volkseinkommen von 9 % (1929) auf 20 % (1932/1933). Auch stellten sich zahlreiche Bankenkrisen ein; in den USA wurden davon besonders Provinzbanken erfasst, welche die Landwirtschaft mit Krediten versorgten; in Europa betraf dies vor allem die Insolvenzen der Creditanstalt in Österreich (Mai 1931) sowie der Danatbank in Deutschland (Juli 1931).

Monetäre Ebene

Im Unterschied zur internationalen Bankenkrise vom Herbst 2008 behinderte der Goldstandard wirkungsvolle Gegenmaßnahmen der Zentralbanken und stand auch der Kooperation Letzterer im Wege. Die Stabilisierung des französischen Francs 1926 erforderte eine restriktive Geldpolitik, die Gold ins Land brachte, aber damit die Goldkonvertibilität anderer Länder in Gefahr brachte. Um die Währungspolitik der europäischen Länder zu unterstützen, praktizierte das Zentralbanksystem der USA 1927 eine eher expansionäre Geldpolitik. Um die allmählich entstehende Blase am Aktienmarkt zu bekämpfen, schwenkte es jedoch 1928 auf eine restriktive Geldpolitik ein und hielt an diesem Kurs auch noch 1929 fest, als in der Realwirtschaft bereits Stagnationstendenzen erkennbar waren. Ab dem letzten Quartal des Jahres wurde das Zinsniveau zurückgefahren, wenn auch nur sehr allmählich. Im vierten Quartal 1931 gab es sogar eine kurzfristige Versteifung der Zinssätze. Diese hing mit der Pfundabwertung zusammen (s. folgender Abschnitt), die wegen der damit verbundenen Aktivierung der englischen Leistungsbilanz zu Goldabzügen aus den USA führte. Analog führte die deutsche Bankenkrise im Sommer 1931 zu Abzügen internationaler Banken vom deutschen Markt, was die Reichsbank zwecks Aufrechterhaltung der Goldkonvertibilität zu einer massiven Anhebung der kurzfristigen Zinsen zwang. Wird berücksichtigt, dass 1930 und 1931 das Preisniveau jeweils um etwa 10 % sank, beliefen sich die realen kurzfristigen Zinssätze auf 14 bis 17 % – eine Größenordnung, die selbst in normalen Zeiten als strangulierend empfunden würde. Der Goldstandard verunmöglichte somit nicht nur eine Geldpolitik, die der Deflation

Goldstandard

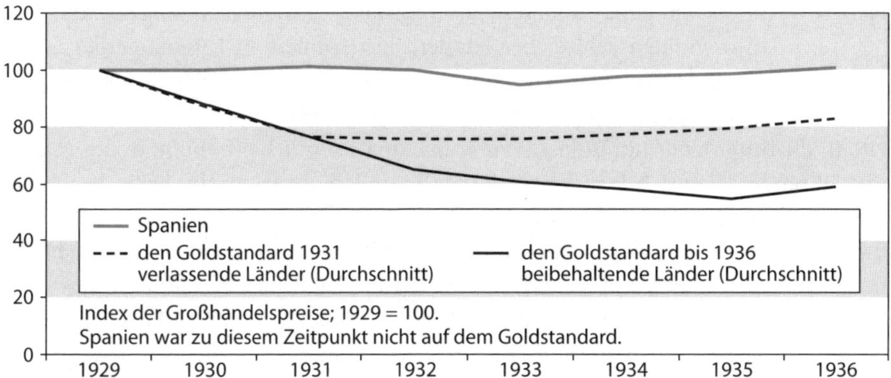

Grafik 9: Goldstandard und Preisniveau, 1929–1936.
(Nach: Ben Bernanke u. a.: The Gold Standard, Deflation, and Financial Crises in the Great Depression: an International Comparison, in: Financial Markets and Financial Crises, hrsg. von Robert G. Hubbard, Chicago 1991.)

und ihren realwirtschaftlichen Folgen entgegenwirkte, sondern verstärkte sie vielmehr.

Das dem Goldstandard innewohnende System fester Wechselkurse war überdies ein wichtiger Mechanismus der internationalen Übertragung deflationärer Impulse. Sank in einem wichtigen Land wie den USA das Preisniveau, so bedeutete dies eine Steigerung der Konkurrenzfähigkeit seiner Importe sowie einen Rückgang der Konkurrenzfähigkeit der Importe aus dem Ausland gegenüber im Inland hergestellter Produkte. Angesichts der Rezession im Inland bildete sich auch die Importnachfrage zurück. Ergebnis war eine Aktivierung der Handelsbilanz dieses Landes gegenüber den übrigen Ländern, die folglich Goldabflüsse hinzunehmen hatten. Entsprechend der Deckungsregel im Goldstandard mussten diese Goldabflüsse in den übrigen Ländern zu einer Reduktion der Geldmenge und damit – bei gegebenem Produktionsvolumen – ebenfalls zu einem Preisrückgang führen, wenn nicht die Zentralbanken den Goldabflüssen durch eine restriktive Geldpolitik gegensteuerten. Entsprechend bewegte sich das Preisniveau in Ländern, die den Goldstandard befolgten, 1930 und 1931 im Gleichschritt nach unten. Nur Spanien, das einzige größere Land Europas außerhalb des Goldstandards, konnte sein Preisniveau stabil halten (Grafik 9).

System fester Wechselkurse

Die internationale Übertragung der deflationären Spirale ließ sich durchbrechen, indem die Übertragungsketten gesprengt wurden: Erstens konnte der internationale Zahlungsverkehr drastisch eingeschränkt werden, indem die Möglichkeit zur Übertragung von Gold und Devisen weitgehend aufgehoben wurde. Diesen Weg beschritten zahlreiche Rohwaren produzierende Entwicklungsländer, deren Exporterlöse angesichts fallender Preise und rückläufiger Nachfrage wie erwähnt regelrecht kolla-

bierten. Ergebnis war unter anderem die verbreitete Zahlungsunfähigkeit auf Auslandsschulden zahlreicher Länder, insbesondere in Lateinamerika. Zweitens und teilweise in Verbindung damit wurden Handelsschranken errichtet. Den Anfang machten hier die USA, die mit dem *Smoot-Hawley Act* (1930) die Importzölle auf Industriegüter nochmals deutlich erhöhten. In den folgenden Jahren bildeten sich Handelsblöcke, insbesondere im Raum des britischen Commonwealth, und ausgehend von Deutschland kam es zu einer progressiven Bilateralisierung des Außenhandels. Allerdings verteilten Handelsschranken die Nachfrage nur zwischen Ausland und Inland um; ihr Beitrag zur Krisenbewältigung war wohl marginal. Schließlich konnte als naheliegendste Lösung der Goldstandard aufgegeben werden. Insgesamt wurden damit wichtige institutionelle Rahmenbedingungen der ersten Ära der Globalisierung, der Goldstandard und Freihandel unter dem Grundsatz der Meistbegünstigung, aufgehoben. In den folgenden Jahrzehnten galt es unter veränderten Voraussetzungen neue Rahmenbedingungen zu entwickeln.

Sprengung der Übertragungsketten

Wege aus der Weltwirtschaftskrise – Keynesianische Revolution und verwaltete Außenwirtschaft

John Maynard Keynes (1883–1946) ist der wichtigste Begründer der modernen Makroökonomik und war ein einflussreicher wirtschaftspolitischer Berater der britischen Regierung. Das wirtschaftspolitische Konzept der Global- oder Nachfragesteuerung geht maßgeblich auf ihn zurück: Liegen brachliegende Produktionsfaktoren vor (Arbeitslosigkeit, nicht ausgelasteter Kapitalstock), so kann das Wirtschaftswachstum durch eine expansionäre Geld- und Fiskalpolitik – also niedrige reale Zinssätze und ein staatliches Budgetdefizit – stimuliert werden, ohne dass es unverzüglich zu inflationärem Druck kommt. Dies setzt allerdings voraus, dass sich die aus einer solchen Politik folgende Expansion der Geldmenge ohne gleichzeitige Zunahme der Währungsreserven nicht zu einer Krise der Außenwirtschaft auswächst.

Dieser wirtschaftspolitische Ansatz bildete sich in engem Zusammenhang mit der Bewältigung der Wirtschaftskrise in Großbritannien heraus. Der Rückgang der Rohwarenpreise reduzierte das britische Kapitaleinkommen aus dem Ausland, das bisher den überwiegenden Teil des Handelsbilanzdefizits gedeckt hatte, und die Unterstützung der kontinentaleuropäischen Länder in der Bankenkrise vom Sommer 1931 kostete die *Bank of England* erhebliche Goldreserven. Das Vertrauen in die Fähigkeit des Landes zur Aufrechterhaltung der Goldkonvertibilität war deshalb bereits zu Beginn des dritten Quartals 1931 stark angeschlagen. Die Unfähigkeit der Labourregierung, angesichts drohender Meuterei in der Marine die Löhne und Saläre im Staatssektor mit dem Ziel der Begrenzung des Budgetdefizits zu verringern, führte schließlich dazu, dass im September 1931 die Goldkonvertibilität des Pfunds aufgegeben werden musste. Mehrere Rohwaren exportierende Länder waren mit diesem Schritt schon Anfang 1931 vorausgegangen,

Wirtschaftskrise in Großbritannien

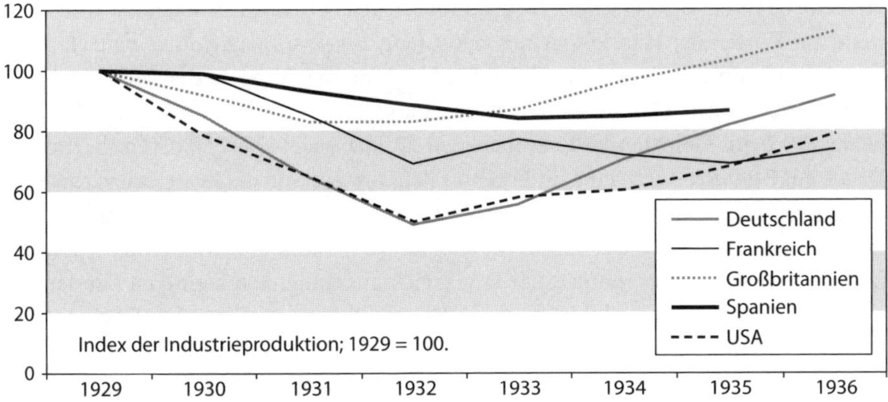

Grafik 10: Industrieproduktion, 1929–1936.
(Nach: Ben Bernanke u. a.: The Gold Standard, Deflation, and Financial Crises in the Great Depression: an International Comparison, in: Financial Markets and Financial Crises, hrsg. von Robert G. Hubbard, Chicago 1991.)

und die Maßnahme Großbritanniens wurde von einer Reihe kleinerer europäischer Länder nachvollzogen. Als internationales Währungssystem war damit der Goldstandard endgültig am Ende.

Bis zum Dezember 1931 wurde das Pfund um etwa ein Drittel abgewertet. Die daraus resultierende Verteuerung von Importen stimulierte die Produktion in importkonkurrierenden Branchen, und die Verbilligung der britischen Exporte (in ausländischer Währung) begünstigte die Exportindustrien. Der Wegfall des Erfordernisses, einen festen Wechselkurs mit Goldreserven verteidigen zu müssen, ermöglichte eine tendenziell expansionäre Geldpolitik sowie die Fortführung von staatlichen Budgetdefiziten. Die Politik tiefer Zinsen reduzierte die Kapitalkosten der Unternehmen und stimulierte zusammen mit dem staatlichen Budgetdefizit Produktion und Beschäftigung. Die Aufgabe des Goldstandards war somit eine zentrale Maßnahme, um die deflationäre Spirale zu durchbrechen, die Wirtschaft zu reflationieren und das Wirtschaftswachstum zu stimulieren. Dies drückt sich im Sachverhalt aus, dass die Länder, die 1931 den Goldstandard verließen, danach keine Deflation mehr erfuhren (Grafik 9), und dass Großbritannien unter den reifen Volkswirtschaften diejenige war, in der die Rezession am frühesten endete und von einem nachhaltigen Wachstum abgelöst wurde (Grafik 10).

Aufgabe des Goldstandards

Im Vergleich zur international koordinierten Zentralbankpolitik in der Finanzkrise der späten 2000er Jahre ist herauszustellen, dass das Abgehen vom Goldstandard 1931 eine Serie unilateraler Maßnahmen darstellte und dass wichtige Länder, so die USA, Frankreich und Deutschland zunächst nicht folgten. Die auf nationaler Ebene erfolgreiche Währungs-, Geld- und Fiskalpolitik Großbritanniens war deshalb auf internationaler Ebene eine Politik, welche die Probleme der beim Goldstandard

verbleibenden Länder verschärfte – die binnenwirtschaftlichen Probleme wurden teilweise auf Kosten der Handelspartner gelöst (sog. *beggar-thy-neighbour-policy*). Denn dem Wachstum der Exporte und der Rückbildung der Importe der vom Goldstandard abgegangenen Länder stand selbstverständlich eine Passivierung der Handelsbilanz der beim Goldstandard verbliebenen Länder gegenüber. Dies verschärfte den Druck auf Letztere, durch eine im Ergebnis deflationäre und die Rezession vertiefende Stabilisierungspolitik die Goldkonvertibilität ihrer Währungen zu verteidigen. In dieser Situation gaben die USA 1933 die Goldkonvertibilität auf, während Frankreich und die ihre Währungspolitik nach Frankreich ausrichtenden kleineren Länder, der sogenannte Goldblock, bis 1936 durchhielten. Erst das Dreiparteienabkommen von 1937 zwischen Frankreich, Großbritannien und den USA, das eine koordinierte Stabilisierung der Wechselkurse ihrer Währungen anstrebte, beendete den Abwertungswettlauf und bedeutete einen zaghaften Neuanfang in die Richtung einer international koordinierten Zentralbankpolitik. Die in der Zwischenzeit erlittenen Wohlfahrtseinbußen waren jedoch hoch: Die zur Verteidigung der Goldparität des US-Dollar erforderliche restriktive Zinspolitik mitten in der Depression Anfang 1932 erklärt zum Teil die Schwere der Krise in den USA; und Frankreich war unter den großen Ländern dasjenige, in dem bis 1936 keine nachhaltige Erholung der Wirtschaft einsetzte (Grafik 10).

Abwertungswettlauf

Das Reparationsregime verpflichtete Deutschland bis zum Lausanner Abkommen von 1932 auf die Aufrechterhaltung der Goldparität, so dass der britische Weg aus der Krise nicht gangbar war. Zur Deflationspolitik Heinrich Brünings bestanden unter diesen Umständen keine gangbaren Alternativen. Soweit die Wirtschaftskrise, die ihrerseits wenigstens zum Teil Deflation und Hochzinspolitik geschuldet war, maßgeblich zur politischen Radikalisierung der deutschen Wähler(innen) in den Wahlen vom Juli 1932 beitrug, hatten das Reparationsregime und die Beibehaltung des Goldstandards gravierende politische Folgen. Da zudem die verfolgte Hochzinspolitik zur Stabilisierung der Außenwirtschaft nicht ausreichte, wurde zu ergänzenden Maßnahmen gegriffen, die letztlich zur Entstehung eines neuartigen Außenwirtschaftsregimes führten, das weit über die nationalsozialistische Ära hinaus die transnationalen Wirtschaftsbeziehungen in Westeuropa bis in die 1950er Jahre sowie in Osteuropa, Asien und Lateinamerika bis in die 1980er Jahre hinein prägte. Es handelt sich um eine weitgehend devisenfrei im Rahmen bilateraler Abkommen abgewickelte, verwaltete Außenwirtschaft.

Im Zuge der deutschen Bankenkrise vom Sommer 1931 wurde nicht nur im Rahmen des Hoover-Moratoriums die Leistung von Reparationen sistiert, auch die Bedienung von privaten Auslandverbindlichkeiten wurde eingeschränkt. Ausländer erhielten für ihre Forderungen teilweise Schuldscheine in Reichsmark, die auf dem freien Markt nur mit einem hohen Abschlag in Devisen umgetauscht werden konnten. Statt einer Abwertung erfolgte somit die Einführung eines gespaltenen Wechselkurses. Zugleich erfolgte der Übergang zu einer Devisenbewirtschaftung, das heißt, Devisenbesitz wurde meldepflichtig, und

Einführung eines gespaltenen Wechselkurses

Importeuren wurden je nach Priorität Devisen zugeteilt. Da sich die deutsche Handelsbilanz nach einem beträchtlichen Aktivsaldo im Gefolge der Maßnahmen Brünings 1934 wieder passivierte, wurde in diesem Jahr die Bedienung sämtlicher ausländischer Verbindlichkeiten völlig eingestellt, das heißt, das Land erklärte seine Zahlungsunfähigkeit. Um dennoch weiterhin Außenhandel betreiben zu können, begann die Reichsbank im Rahmen des unter Hjalmar Schacht (1877–1970; 1923–1930 und 1933–1939 Reichsbankpräsident, 1934–1937 Reichswirtschaftsminister) ausgearbeiteten „Neuen Plans“, systematisch mit den Zentralbanken der Handelspartner bilaterale Verrechnungsabkommen abzuschließen, die in der Regel jährlich erneuert wurden. Diese sahen vor, dass die beidseitigen Handelsströme devisenfrei zwischen den Zentralbanken verrechnet wurden, wobei ein ausgeglichener Saldo angestrebt wurde. Hierzu wurde der Handel mit einzelnen Gütern kontingentiert. Importeure erhielten Lizenzen zur Einfuhr eines bestimmten Produkts nur auf Antrag und nach Beurteilung der Dringlichkeit. Das Verfahren, bei dem in Deutschland auch Selbstverwaltungskörperschaften wie die regionalen Handelskammern mitwirkten, stand am Ursprung der späteren Warenbewirtschaftungs- und Planungsmechanismen. Bis 1938 wurden Verträge mit 22 europäischen Staaten (v. a. in Ost-, Südost und Südeuropa) sowie sechs außereuropäischen Ländern abgeschlossen.

Devisenbewirtschaftung

Der auf der Basis bilateraler Verrechnungsabkommen betriebene Handel implizierte die Beseitigung zentraler Grundsätze des bisherigen Handelsrechts, so das Absehen von nicht-tarifären Handelshemmnissen und die einen multilateralen Handel implizierende unbedingte Meistbegünstigung. Die Leistungsfähigkeit dieses neuen Außenhandelsregimes war zudem eher gering. In Deutschland blieb bis 1939 der Bestand an Reichsbankreserven eine wichtige Determinante der Importhöhe – die bilateralen Verrechnungsabkommen vermochten somit die Devisenrestriktion nicht zu überwinden. Die starke Rückbildung der Quote von Importen am Volkseinkommen von 15,8 % (1928) auf 6,2 % (1938) zeigte somit weniger eine erfolgreiche Importsubstitution, sondern eher die Devisennot an. Verwalteter Außenhandel auf der Basis bilateraler Verrechnungsabkommen führte folglich eher in die weltwirtschaftliche Involution als zu einem alternativen Regime.

Die organisierte Weltwirtschaft der Bretton-Woods-Ära (1944–1973)

Wirtschaftswachstum und Strukturwandel des Welthandels in der „goldenen Ära“

Das dritte Viertel des 20. Jahrhunderts (1950–1973) stellt hinsichtlich des Wirtschaftswachstums ein „goldenes Zeitalter“ dar: Nie konnte in der bekannten Wirtschaftsgeschichte während eines derart langen Zeitraums über alle entwickelten Volkswirtschaften hinweg ein so starkes Wirtschaftswachstum verzeichnet werden (Grafik 1).

Ein wichtiges Merkmal des Wirtschaftswachstums in dieser Ära betraf den Übergang zu kapitalintensiver Produktion nach US-amerikanischem Vorbild. Der Quotient des Anlagevermögens pro Arbeitsstunde (als Indikator der Kapitalintensität) entsprach 1950 beispielsweise in der BRD 27 % des in den USA erreichten Niveaus. 1973 erreichte derselbe Quotient 73 % des Werts der USA, 1992 102 %. Soweit technischer Fortschritt in Kapitalgütern verkörpert ist, unterstützte die rasche Kapitalakkumulation auch die Zunahme der gesamtwirtschaftlichen Effizienz. Die rasche Kapitalakkumulation leistete einen wichtigen Beitrag zur Konvergenz unter den höher entwickelten Volkswirtschaften, das heißt zur Angleichung des Pro-Kopf-Einkommens der 1950 zurückstehenden Länder (z. B. BRD, Japan) an das Niveau der USA. Die Kapitalakkumulation wurde möglicherweise begünstigt durch das einmalig tiefe und zugleich stabile Niveau der realen Zinssätze in der Bretton-Woods-Ära (vgl. Grafik 4: ca. 1 %), welche die Kapitalkosten gering hielten und damit Investitionen förderten. Eine weitere Begleiterscheinung stellt die erneute Steigerung des Offenheitsgrads wenigstens der hochentwickelten Wirtschaften dar (Grafik 2). Offensichtlicher Kandidat für die Erklärung dieses Sachverhalts stellen die Bemühungen dar, durch multilaterale Vertragswerke im Rahmen des GATT *(General Agreement on Tariffs and Trade)* und durch regionale Integration vor allem in Westeuropa die seit den 1930er Jahren errichteten nicht-tarifären Handelsschranken niederzureißen.

Übergang zu kapitalintensiver Produktion

Steigerung des Offenheitsgrads

Allerdings erfuhr der internationale Handel in dieser Zeit einen Strukturwandel, der durch die Rohwarenpreisschocks der 1970er Jahre temporär unterbrochen wurde, sich aber im letzten Viertel des 20. Jahrhunderts fortsetzte: Der Anteil an Industriegütern am Welthandel nahm auf Kosten von Rohwaren zu (Grafik 11), und der Welthandel konzentrierte sich verstärkt auf die hochentwickelten Länder sowie zunächst wenige aufstrebende Volkswirtschaften Südostasiens, die zunehmend Industriegüter exportierten. Während die Länder außerhalb der OECD *(Organisation for Economic Co-operation and Development)* und Südostasiens 1962 noch für etwa ein Viertel des Welthandels aufkamen, reduzierte sich der Anteil des Rests der Welt bis in die 1990er Jahre auf knapp 15 %. Betrachtet man die innere Struktur des grenzüberschreitenden Handels mit Industriegütern, so stellen sich elektrische Maschinen als diejenige Güterkategorie dar, deren Gewicht besonders stark wuchs. Dies spiegelt den Prozess der raschen Kapitalakkumulation und verweist auf die Bedeutung der Reintegration des wichtigen Maschinenexporteurs, nämlich Deutschlands, in die Weltwirtschaft nach dem Ende des Zweiten Weltkriegs.

Strukturwandel im internationalen Handel

Im Strukturwandel des Welthandels in der zweiten Hälfte des 20. Jahrhunderts spiegelt sich darüber hinaus noch ein tiefer liegender Vorgang: In der ersten Ära der Globalisierung zwischen ca. 1850 und den 1930er Jahren dominierte interindustrieller Handel; das letzte halbe Jahrhundert sah dagegen eine Verlagerung zu intraindustriellem Handel. Interindustrieller Handel meint dabei den Austausch von Gütern verschiedener Sektoren und Branchen. Bis in die Zwischenkriegszeit basierte der Welthandel auf dem Tausch von Industriegütern aus Westeuropa gegen Rohwaren

	1960	1970	1980	1990	1999
Nahrungs- und Genussmittel (auch verarbeitet), Getränke	**18,8**	**13,2**	**10,1**	**8,7**	**7,1**
Tierische und pflanzliche Öle, Fette und Wachse	**1,0**	**0,7**	**0,5**	**0,3**	**0,3**
Nicht-essbare Rohstoffe (außer mineral. Energieträger)	**15,1**	**10,7**	**7,0**	**5,1**	**3,3**
u. a. metallische Erze	3,1	3,1	2,6	1,3	0,8
Energieträger mineralischen Ursprungs	**8,7**	**8,6**	**21,5**	**9,5**	**6,3**
u. a. Kohle, Koks und Briketts	1,4	1,1	0,9	0,6	0,4
Erdöl und Erdgas	7,4	7,5	20,6	8,7	5,7
Industriegüter insgesamt (ohne Nahrungsmittel)	**55,8**	**65,1**	**59,3**	**74,0**	**79,8**
u. a. Textilien (Stoffe etc.)	4,3	3,8	2,7	2,7	2,3
Kleider und Schuhe	1,5	2,5	2,7	4,3	4,3
Industrielle Chemie	3,5	3,8	3,8	4,5	5,7
davon medizinische u. pharmazeutische Produkte	*0,9*	*1,0*	*0,8*	*1,1*	*2,0*
Chemische Grundstoffe u. unklass. chemische Produkte	3,0	3,7	3,8	4,2	4,2
Eisen, Stahl	5,5	5,3	3,9	3,0	2,1
Maschinen (nicht elektrische)	9,9	12,3	9,5	11,0	10,5
Elektrische Maschinen	3,8	5,9	7,1	12,9	19,2
Transportgerät	8,3	10,3	9,5	12,5	13,1

Grafik 11: Güterstruktur des Welthandels 1960–1999. Anteil einzelner Warengruppen am Welthandel in % (Importe der jeweiligen OECD-Länder + Exporte der OECD-Länder an Nicht-Mitglieder).
(Nach: OECD Foreign Trade, Series B: Analytical Abstracts, Jan.–Dec. 1961; OECD Foreign Trade by Commodities, Series C, 1970, 1980, 1990, 2000.)

Interindustrieller und intraindustrieller Handel

aus den überseeischen Zonen der Atlantischen Ökonomie und den Ländern in den Tropen und Subtropen. Vor allem in der Atlantischen Ökonomie basierte der Handel auf der Spezialisierung unterschiedlicher Räume entlang von komparativen Vorteilen, die sich aus der unterschiedlichen Ausstattung mit Arbeit und Land ergaben. Intraindustrieller Handel dagegen bezieht sich auf den Austausch von Gütern desselben Sektors oder derselben Branche. Die Erklärung durch komparativen Vorteil liegt dabei vorerst nicht auf der Hand. Allerdings war auf einer niedrigeren Aggregatsebene der Handel mit Industriegütern auch noch in der zweiten Hälfte des 20. Jahrhunderts interindustrieller Handel, indem sich einige Län-

der auf die Herstellung und den Export von komplexen Industriegütern wie Transportgeräten und Maschinen spezialisierten, andere auf denjenigen von einfachen gewerblichen Erzeugnissen wie Textilien und Kleider. Erstere sind sowohl kapital- als auch humankapitalintensiv, insofern als sie mit hohen Entwicklungskosten und einer kapitalintensiven Herstellungsweise verbunden sind sowie qualifizierte Arbeitskräfte voraussetzen. Letztere können dagegen von wenig qualifizierten Arbeitskräften mit einer begrenzten Kapitalausstattung hergestellt werden. Entsprechend spezialisierten sich hochentwickelte Industrieländer zunehmend auf die Herstellung und den Export der ersteren Kategorie von Gütern, aufstrebende Volkswirtschaften mit stark wachsenden, unterbeschäftigten Bevölkerungen dagegen auf einfachere, arbeitsintensiv hergestellte Industrieprodukte.

Darüber hinaus nahm aber „echter" intraindustrieller Handel zu – beim Handel unter westeuropäischen Ländern beziehungsweise zwischen Europa und den USA lassen sich nur wenige Unterschiede in der Güterstruktur zwischen Handelspartnern erkennen. Doch worin bestehen die Wohlfahrtseffekte intraindustriellen Handels? Sie lassen sich erhellen, wenn man erstens davon ausgeht, dass auf Grund steigender Produktdifferenzierung, wie sie sich im Zuge des Übergangs zur Massenkonsumgesellschaft sowie der steigenden technischen Komplexität der industriellen Produktion eingestellt hat, die Konkurrenz zwischen Anbietern gesunken ist. Zweitens existieren in zahlreichen industriellen Fertigungsprozessen Skalenerträge, so dass die Produktionskosten pro Stück bei wachsenden Ausbringungsmengen sinken. Die Marktausweitung durch Handel hat dann gegenüber der Beschränkung auf nationale Märkte den Vorteil, dass im größeren Markt die Konkurrenz zwischen ähnliche Güter herstellenden Unternehmen höher ist und damit die Preise bei gleichzeitig gestiegener Produktvielfalt sinken. Dieser Vorteil für die Konsument(inn)en kann ergänzt werden durch höhere Unternehmensgewinne, wenn tiefere Produktpreise durch die angesichts der gestiegenen Marktgröße besser ausgenützten Skalenerträge mehr als wettgemacht werden können.

Wohlfahrtseffekte intraindustriellen Handels

Die Verlagerung des Welthandels von interindustriellem zu intraindustriellem Handel war eng verbunden mit dem Aufstieg des multinationalen Unternehmens (MNU) auch im Industriesektor. Soweit unterschiedliche Verarbeitungsstadien desselben Guts unterschiedliche Faktorintensitäten aufwiesen, lohnte sich die Verteilung der Fertigung auf verschiedene Standorte, die durch unterschiedliche Faktorintensitäten gekennzeichnet waren – Durchführung arbeitsintensiver Arbeitsgänge in Niedriglohnländern, Konzentration von kapital- und vor allem fähigkeits- und wissensintensiven Arbeitsgängen in reifen Volkswirtschaften. Überdies erforderte die Vermarktung differenzierter Güter im Hinblick auf die Nähe zu den Zielmärkten eine verstärkte Präsenz in allen wichtigen Ländern.

Multinationale Unternehmen

Das Wachstum des intraindustriellen Handels und die Verbreitung industrieller MNU stellten die wichtigsten Strukturveränderungen internationaler Wirtschaftsbeziehungen gegenüber der ersten Phase der Globalisierung dar. Auf der institutionellen Ebene war der organisierte Multilateralismus die wichtigste Innovation; davor hatten sich internationale Ordnungsgefüge wie der Goldstandard oder der Freihandel weitgehend spontan durch unilaterale Entscheidungen beziehungsweise bilaterale Abkommen eingestellt. In Übertragung von Tendenzen zur steigenden Regulierung nationaler Volkswirtschaften lässt sich dagegen besonders die Ära des Währungssystems von Bretton Woods als Periode einer organisierten Weltwirtschaft bezeichnen. Staatliche Regierungen kooperierten dabei in einer Reihe von Politikfeldern mit dem Ziel der Schaffung von in Vertragswerken formalisierten internationalen Regimes. Ihre Entwicklung gilt es im Folgenden nachzuzeichnen.

Das System von Bretton Woods

Aus der Kooperation unter den Alliierten, insbesondere zwischen den USA und Großbritannien, entstanden früh Planungen für eine Weltwirtschaftsordnung nach dem Ende des Zweiten Weltkriegs. Die Delegationen der beiden Länder arbeiteten bis 1943 unterschiedliche Pläne für ein neues Währungssystem aus. Der Keynes-Plan sah ein multilaterales Verrechnungssystem mit einer supranationalen Zentralbank vor, die mit erheblichen Mitteln ausgestattet war und damit Länder mit Zahlungsbilanzdefiziten massiv unterstützen konnte. Zudem waren Kapitalverkehrskontrollen zwecks Unterbindung der Spekulation gegen feste Wechselkurse geplant. Alle diese Maßnahmen sollten eine hohe Autonomie nationaler Wirtschaftspolitiken bei der Verfolgung von Vollbeschäftigung sichern; die Anpassungslast im Sinn einer mittelfristigen Überbrückung einer negativen Leistungsbilanz war in erster Linie durch die internationale Gemeinschaft zu tragen. Der in der US-Administration ausgearbeitete White-Plan sah dagegen einen internationalen Stabilisierungsfonds vor, der nur sehr begrenzt Kredite vergeben konnte. Mit dem Ziel der Aufrechterhaltung fester Wechselkurse und der Verhinderung eines Abwertungswettbewerbs musste bei größeren Abwertungen die Zustimmung des Fonds vorliegen und dieser sollte die Möglichkeit haben, auf die Wirtschaftspolitik von Schuldnerländern mit Blick auf eine zügige Stabilisierung Einfluss zu nehmen. Die USA vertraten zudem erstmals das Prinzip des Freihandels, um Zugang zu den Märkten des Commonwealth zu erhalten. Auf der Konferenz der Alliierten von Bretton Woods (New Hampshire, USA, 1944) setzten sich dann die Vorstellungen der USA weitgehend durch. Ergebnis waren eine Währungsordnung sowie die Schaffung mehrerer internationaler Organisationen zur Regulierung von Handel und Kapitalflüssen sowie zur Bewältigung außenwirtschaftlicher Ungleichgewichte.

Planungen für eine Weltwirtschaftsordnung

Am wichtigsten waren erstens die zu Währungsfragen getroffenen Abkommen, die ein System fester Wechselkurse unter konvertiblen Währungen und die Schaffung des Internationalen Währungsfonds (IWF) vorsahen. Alle Währungen sollten auf einen festen Wechselkurs zum US-Dollar oder Gold festgelegt werden. Wechselkursänderungen über 10 % erforderten die Zustimmung des IWF; Zuwiderhandlungen konnten den Ausschluss von dessen Ressourcen nach sich ziehen. Ziel dieser Maßnahme war eine Verhinderung kompetitiver Abwertungen, wie sie in den 1930er

Jahren erfolgt waren. Die Währungen der Mitglieder hatten weiter untereinander konvertibel zu sein. Im Unterschied zur Ära des Goldstandards bedeutete Konvertibilität nicht mehr die unbedingte Pflicht der jeweiligen Zentralbank zur Einlösung von Wertzeichen in Gold, sondern zum Eintausch in ausländische Währung. Einzig Kapitalverkehrskontrollen zur Unterbindung von Spekulation gegen bestehende Wechselkurse waren erlaubt. Für die Herstellung der Konvertibilität war eine Übergangsfrist von drei Jahren (also bis 1947) vorgesehen; unter Konsultation mit dem IWF konnte sie verlängert werden. Der IWF war vor allem zur Gewährung von Unterstützung bei der Bewältigung kurzfristiger Zahlungs- und Anpassungsprobleme vorgesehen. Das Kapital wurde durch die Mitgliedsländer aufgebracht, deren anteilige Quote sich nach der jeweiligen Wirtschaftskraft richtete. Vom Kapital von zunächst 8,8 Milliarden US-Dollar stellten so die USA 2,5 und Großbritannien 1,2 Milliarden US-Dollar. Zur Überbrückung von Ungleichgewichten konnten und können Mitglieder ihre Quote und ein Mehrfaches davon als Kredittranche abrufen. Wird mehr als die eigene Quote abgerufen, macht der IWF im Rahmen von Beistandsabkommen wirtschaftspolitische Auflagen, die Maßnahmen zur raschen Beseitigung des außenwirtschaftlichen Ungleichgewichts beinhalten. Die kurzfristige und begrenzte Anlage von Beistandsabkommen des IWF bedeutet, dass die Last der Anpassung an Ungleichgewichte vor allem bei Ländern mit Leistungsbilanzdefiziten liegt. Gegenüber der Zeit bis in die 1930er Jahre wurde allerdings die Bewältigung außenwirtschaftlicher Ungleichgewichte, die bisher allein die unilaterale Ebene staatlicher Wirtschaftspolitik betrafen, wenigstens zum Teil im Rahmen multilateraler Kooperation angegangen.

Der Internationale Währungsfonds

Zweitens wurde in Bretton Woods die Errichtung einer Internationalen Bank für Wiederaufbau und Entwicklung (IBRD, Weltbank) beschlossen. Vorgesehene Aufgabe war die Vergabe langfristiger Kredite für Projekte vornehmlich in den Bereichen von Infrastruktur und Energie, die wegen ihrer langen Laufzeit als schwierig über Kapitalmärkte zu finanzieren erschienen. Der Weltbank war auf diese Weise eine wichtige Rolle im Wiederaufbau Europas nach dem Zweiten Weltkrieg zugedacht mit dem Ziel, die nach dem Ersten Weltkrieg bestehenden Belastungen der internationalen Kapitalmärkte zu vermeiden.

Die Weltbank

Drittens wurde angestrebt, das bis um 1930 bestehende System des multilateralen Freihandels wiederherzustellen und dabei vor allem die im Rahmen bilateraler Verrechnungsabkommen aufgerichteten nicht-tarifären Handelshemmnisse in der Form von Mengenquoten abzubauen, Regimes mit Vorzugszöllen (etwa innerhalb des Commonwealth) zu beseitigen sowie allgemein Zölle zu reduzieren. Als multilateraler Verhandlungs- und Überwachungsrahmen war dabei die Internationale Handelsorganisation vorgesehen.

Internationale Handelsorganisation

Die praktische Implementierung der Beschlüsse der Konferenz von Bretton Woods erwies sich in den ersten Nachkriegsjahren rasch als unmöglich. Früh zeichnete sich eine institutionelle Spaltung der Weltwirtschaft insofern ab, als die UdSSR, die an der Konferenz teilgenommen hatte, die Abkommen nicht ratifizierte und damit von der Mitgliedschaft in den Bretton-Woods-Institutionen ausgeschlossen blieb. Der Grund bestand vor allem darin, dass ihre hohen Kreditforderungen von 10 Milliarden US-Dollar – etwa 5% des damaligen Bruttoinlandprodukts der USA und etwa vier Fünftel des nachmaligen Marshall-Programms – nicht berücksichtigt wurden. Die späteren Ostblockländer nahmen in der Folge nicht an der institutionellen Umgestaltung der Weltwirtschaft teil. Als Staatshandelsländer, die untereinander bilaterale Verrechnungsabkommen schlossen, waren sie von der restlichen Weltwirtschaft stark abgeschottet; der 1949 in Absetzung zur OEEC (Organisation für Europäische Wirtschaftskooperation) gegründete Rat für Gegenseitige Wirtschaftshilfe vermochte kaum multilaterale Ansätze zu entwickeln.

Spaltung der Weltwirtschaft

Die Gründung der Internationalen Handelsorganisation scheiterte bereits am Votum des Senats der USA. Als Ersatz wurde 1947 von anfänglich nur 23 Mitgliedsländern das GATT abgeschlossen. Nach einem ersten, vor allem von der Marktöffnung der USA ausgehenden Liberalisierungsschub im Jahre 1947 war die Organisation zunächst anderthalb Jahrzehnte lang weitgehend bedeutungslos. Danach wurde in mehreren GATT-Verhandlungsrunden bis in die 1980er Jahre wenigstens im Bereich der Industriegüter eine nennenswerte Handelsliberalisierung erreicht, die einen mit der Ära vor dem Ersten Weltkrieg vergleichbaren Zustand wiederherstellte.

GATT

Auch die Weltbank war in den ersten Jahren von geringer Bedeutung, vor allem weil den kriegsversehrten europäischen Ländern die Bonität für die Kreditvergabe fehlte. Erst im Zuge der Entkolonialisierung erlangte die Weltbank in den 1960er und 1970er Jahren als Quelle und multilaterale Koordinatorin der Entwicklungsfinanzierung für die meist über ein niedriges Einkommen verfügenden neu entstandenen Länder der Dritten Welt eine eigene Rolle in der internationalen Finanzarchitektur. Zwar vergab die Weltbank durchaus Kredite an europäische Länder zum Wiederaufbau nach dem Krieg, doch standen diese im Schatten der durch die USA geleisteten Transfers im Rahmen der Kriegshilfe, dann 1948 bis 1951 im Rahmen des Marshallplans. Ein erheblicher Teil dieses 12,5 Milliarden US-Dollar umfassenden Programms bestand aus Übertragungen ohne Gegenleistungen, so dass die Belastung der europäischen Länder durch künftige Zinszahlungen und Tilgungen im Unterschied zu Weltbankkrediten gering war. Auf dem Höhepunkt 1949 betrug der Anteil am Bruttoinlandprodukt der USA 2,5%. Im Vergleich zur wirtschaftlichen Bedeutung der Kapitalexporte Großbritanniens vor dem Ersten Weltkrieg war dies zwar gering, durch unentgeltliche Lieferung amerikanischer Rohstoffe und die gezielte Lenkung von Mitteln einerseits in die Wiederherstellung von Infrastruktur und Energieversorgung (besonders in Deutschland), andererseits in Maßnahmen zur Wiederherstellung eines internationalen Zahlungsverkehrs leistete der Marshallplan jedoch einen relevanten Beitrag zum Wiederaufbau sowohl der nationalen Volkswirtschaften Westeuropas als auch des grenzüberschreitenden Handels.

Der Marshallplan

Schließlich scheiterte auch der Kernpunkt, die Implementierung eines Systems

konvertibler Währungen. Die Gründe lagen vor allem darin, dass die meist aus den 1930er Jahren datierenden Wechselkurse angesichts unterschiedlich hoher Kriegsinflation mit Blick auf die Kaufkraftparität unrealistisch waren, angesichts eines stark regulierten Handels ein angemessenes Kursniveau schwierig zu bestimmen war und den europäischen Ländern die Devisenreserven zur Verteidigung eines festen Wechselkurses fehlten. Dass die in Bretton Woods formulierten Ziele unrealistisch waren, wurde mit dem Scheitern der 1947 – also zum letztmöglichen Zeitpunkt – unternommenen Pfundkonvertibilität offenkundig. Großbritannien hatte von den USA und Kanada 1946 einen Kredit von 5 Milliarden US-Dollar gegen das Versprechen zur Wiederherstellung der Konvertibilität des Britischen Pfunds erhalten. Nach deren Herstellung verlor Großbritannien innerhalb eines Monats 1 Milliarden US-Dollar an Reserven und hob deshalb die Konvertibilität wieder auf. Die bis 1958 ausgesetzte Konvertibilität des Britischen Pfunds führte in der frühen Nachkriegszeit zu seiner weitgehenden Verdrängung aus der Funktion als Reservewährung zugunsten des US-Dollar. Über die gescheiterte Rückkehr zur Konvertibilität hinaus gelang es auch nicht, die Rolle des IWF als Ort der multilateralen Koordination der Währungspolitik zu verankern: 1948/1949 werteten unter der Führung Großbritanniens zahlreiche europäische Länder weitgehend ohne Konsultation des IWF ihre Währungen gegenüber dem US-Dollar ab.

Scheitern des Kernpunkts

Zur Wiederherstellung geordneter Weltwährungs- und Welthandelsverhältnisse trug der multilaterale Ansatz von Bretton Woods somit zunächst nur wenig bei. Die folgenschwere Alternative bestand in der regionalen Integration, zunächst in Westeuropa, später auch in anderen Wirtschaftsräumen.

Die realistische Alternative – Anfänge der europäischen Integration

Im Jahrzehnt zwischen 1948 und 1958 wurden Abkommen geschlossen, die zunächst in einem westeuropäischen Kernraum eine Zollunion sowie auf sektoraler Ebene – bezüglich der Montanindustrie – einen gemeinsamen Markt schufen. Im gesamten Westeuropa und einer Reihe weiterer Länder erfolgte in dieser Zeitspanne überdies die Rückkehr zu einem multilateralen Währungs- und Handelssystem. Die wesentlichen Bausteine dieses doppelten Prozesses waren die Europäische Zahlungsunion, die Montanunion und die Gründung der Europäischen Wirtschaftsgemeinschaft.

Die USA bemühten sich bereits im Zusammenhang mit dem Marshallplan um den Aufbau innereuropäischer Kooperationsmechanismen. Konkret wurde auf ihre Initiative hin 1948 die OEEC *(Organization of European Economic Cooperation)* mit Sitz in Paris gegründet. Die Organisation war als Keimzelle eines künftigen europäischen Bundesstaats intendiert; kurzfristig kam ihr die Aufgabe der Koordination der europäischen Wiederaufbaupläne mit Blick auf die Verteilung der Marshallplanhilfe zu. Diese Funktion erfüllte sie angesichts der europäischen Interessengegensätze nur sehr begrenzt. 1960 in Organisation für Wirtschaftliche Zusammenarbeit und Entwicklung (OECD) umbenannt und vermehrt

Aufbau innereuropäischer Kooperationsmechanismen

auch außereuropäische Mitgliedsländer einbeziehend, wuchs die Behörde zunehmend in die Rolle eines *Think tank* der hochentwickelten Länder hinein, deren Relevanz vor allem in der Vereinheitlichung der wirtschaftlichen Berichterstattung sowie der Bereitstellung von vergleichenden Studien zur Wirtschafts- und Sozialpolitik der Mitgliedsländer liegt.

Wichtiger war die Bereitstellung von Kapital für die Europäische Zahlungsunion (EZU, 1950–1958) aus Mitteln des Marshallplans. Aus dem Scheitern der Pfundkonvertibilität von 1947 ergab sich die Konsequenz, dass die Rückkehr zu einem multilateralen Handels- und Währungssystem nur graduell erfolgen konnte. Die EZU, welcher die meisten westeuropäischen Länder als Mitglieder angehörten, löste die seit den 1930er Jahren verbreiteten bilateralen Verrechnungsabkommen, bei denen der Handel mit Mengenquoten gesteuert wurde, zunächst durch ein multilaterales Verrechnungssystem ab. Aus Exportgeschäften mit Mitgliedsländern erwachsende Forderungen wurden also nicht mehr gegenüber dem Partnerland, sondern gegenüber der EZU geltend gemacht. Es war für ein Land nicht mehr wie unter einem bilateralen Regime erforderlich, gegenüber allen Handelspartnern einzeln eine ausgeglichene Handelsbilanz zu erreichen, sondern Aktiv- und Passivsalden gegenüber den einzelnen Handelspartnern konnten miteinander verrechnet werden. Damit wurde eine wichtige Fessel für den Wiederaufbau der innereuropäischen Arbeitsteilung beseitigt. Ergänzend sah die EZU einen Kreditmechanismus zum Ausgleich kurzfristiger Schwankungen der Handelsbilanz vor, der zu Beginn rege in Anspruch genommen wurde. Für die Wiederherstellung eines multilateralen Handels und Zahlungsverkehrs, den Wiederaufbau der innereuropäischen Arbeitsteilung und speziell den Aufstieg der BRD zur Exportweltmeisterin stellte die EZU die wichtigste Grundlage dar. Ihr Erfolg schlug sich unter anderem darin nieder, dass der Zahlungsausgleich zunehmend in Gold und Devisen erfolgte, so dass 1958 der Mechanismus eingestellt und zu konvertiblen Währungen im Sinn von Bretton Woods übergegangen werden konnte.

Die Europäische Zahlungsunion

Während die zeitlich beschränkte EZU eher der Rückführung Westeuropas in multilaterale, Kontinente übergreifende Wirtschaftsbeziehungen diente, war die 1952 durch sechs Länder gegründete Europäische Gemeinschaft für Kohle und Stahl (EGKS, Europäische Gemeinschaft für Kohle und Stahl, sog. Montanunion) ein wichtiger erster Schritt zur regionalen Integration. Ziel war erstens die Schaffung eines gemeinsamen Marktes für Erzeugnisse der Montanwirtschaft, das heißt die Einführung eines gemeinsamen Außenzolls bei Abschaffung von Zöllen im Handel zwischen Mitgliedsländern sowie ein integrierter Mechanismus der Preisbildung beziehungsweise -steuerung. Zweitens wurde ein gemeinsamer institutioneller Rahmen für diesen Sektor angestrebt, etwa was die Kartellpolitik anbelangte. Die konkreten Wirkungen der Montanunion hinsichtlich Marktstruktur und Vereinheitlichung des institutionellen Rahmens waren allerdings gering, wenngleich im Verlauf der 1950er Jahre die metallverarbeitenden Industrien in Südwestdeutschland vermehrt Vorprodukte aus Lothringen statt aus dem Ruhrgebiet bezogen. Die

Die Montanunion

erhebliche langfristige Bedeutung des Vertrags ergibt sich vielmehr einerseits daraus, dass er die historische Grundlage für die spätere Entwicklung eines umfassenden gemeinsamen Markts darstellte. Andererseits legte er mit der Hohen Behörde (der späteren Kommission), dem Ministerrat, einem Europäischen Gericht sowie einer noch über wenig Befugnisse verfügenden parlamentarischen Versammlung das institutionelle Schema fest, dem die Institutionen der Europäischen Gemeinschaften (ab 1967) beziehungsweise Europäischen Union (ab 1992) folgten beziehungsweise noch folgen.

Die 1957 unter den Mitgliedsländern der Montanunion – Belgien, BRD, Frankreich, Italien, Luxemburg und Niederlande – abgeschlossenen Römischen Verträge schufen eine Europäische Wirtschaftsgemeinschaft (EWG) und beinhalteten im Wesentlichen einen Fahrplan zur Schaffung eines gemeinsamen Markts für Industriegüter, eine europäische Atomenergiepolitik (Euratom) und eine gemeinsame Agrarpolitik (GAP). Letztere zielte auf eine gemeinsame Preispolitik für die meisten Agrargüter. Bis in die 1970er und 1980er Jahre stiegen die angestrebten Preise zunehmend über das Weltmarktniveau an und provozierten eine wachsende Überschussproduktion, deren subventionierte Vermarktung über Jahrzehnte den Hauptteil des Budgets der Gemeinschaft verschlang. Zwar wurde 1992 ein Paradigmenwechsel der Einkommenssicherung im Agrarsektor von der Preispolitik weg hin zu Ausgleichszahlungen eingeleitet. Dennoch blieb der Sachverhalt, dass im Unterschied zur Zeit vor dem Ersten Weltkrieg die weltweiten Agrarmärkte durch einen ausgeprägten Protektionismus der Industrieländer (neben der EWG/EU insbesondere Japans) geprägt sind, vorerst bestehen. Während die internationalen Märkte für Industriegüter im Rahmen von GATT-Runden weitgehend liberalisiert wurden, stellt die Öffnung der Weltagrarmärkte einen Hauptgegenstand der Handelsdiplomatie im beginnenden 21. Jahrhundert dar. Die Schaffung eines gemeinsamen Markts für Industriegüter war demgegenüber insofern eine Erfolgsgeschichte, als rascher als vorgesehen 1961 alle noch verbliebenen Mengenquoten abgeschafft und bis 1968 in drei Stufen alle Importzölle beseitigt und durch einen gemeinsamen Außenzoll ersetzt wurden. Entsprechend nahm der Handel innerhalb der Gemeinschaft deutlich rascher zu als derjenige mit der übrigen Welt.

Die Europäische Wirtschaftsgemeinschaft

Die europäische Integration ist das älteste und bisher umfassendste Projekt regionaler Integration. Vor allem seit dem späten 20. Jahrhundert folgten ihm ähnliche Projekte in anderen Kontinenten. Die wichtigsten unter ihnen sind der Mercosur (seit 1990; Argentinien, Brasilien, Uruguay, Paraguay) und die Nordamerikanische Freihandelszone (NAFTA, seit 1994; Kanada, USA, Mexiko). Zudem banden etliche aufstrebende Volkswirtschaften in Ost- und Südostasien über längere Zeit ihre Währungen an den US-Dollar, was einen faktischen Währungsblock implizierte. Neben internationalen Regimes, die tendenziell wenigstens alle entwickelten Volkswirtschaften einbezogen, stellten somit regionale Handels- und Währungsblöcke ein wichtiges Element des institutionellen Gefüges der Weltwirtschaft in der zweiten Hälfte des 20. Jahrhundert dar. Forschungen zu den

Weitere Projekte regionaler Integration

Wirkungen der internationalen Handelspolitik legen nahe, dass multilaterale Arrangements in GATT und WTO Handelsströme nur wenig beeinflussten. Umgekehrt lassen sich wenigstens auf der Ebene einzelner Güterkategorien handelsumlenkende Effekte der „Festung Europa" zu Lasten des Handels mit dem Rest der Welt dokumentieren. Die derzeitige Verbreitung von regionalen und bilateralen Handelsabkommen hat somit eine durchaus nachvollziehbare Grundlage. Während gerade im europäischen Fall angesichts des Nicht-Funktionierens des Bretton-Woods-Regimes die regionale Integration zentrales Vehikel zum Wiederaufbau der internationalen Arbeitsteilung nach dem Zweiten Weltkrieg war, trug sie zugleich auch den Keim zur wirtschaftlichen Fragmentierung der Weltwirtschaft in sich.

Die kurze Lebenszeit des Währungssystems von Bretton Woods

1958 konnte die EZU beendet werden, und das Währungsregime von Bretton Woods erlangte nun tatsächliche Relevanz. Wenigstens die Währungen der entwickelten Länder – das heißt Westeuropas, der überseeischen angelsächsischen Länder und Japans – waren untereinander konvertibel. Die USA banden ihre Währung an Gold und sorgten durch Goldkäufe und -verkäufe für einen stabilen Goldpreis von 35 Dollar; die übrigen Zentralbanken hielten durch Käufe und Verkäufe von eigener Währung beziehungsweise US-Dollar den Wechselkurs der eigenen Währung zum US-Dollar in einem engen Rahmen.

Allerdings war dieser Mechanismus nicht spannungsfrei und seine Lebenszeit war kurz. Bereits seit den frühen 1960er Jahren stieg der Goldpreis auf dem freien Markt über 35 Dollar, was einen Verlust des Vertrauens in die Wertbeständigkeit des US-Dollar bezeugt. Das System konnte in der Folge nur durch eine enge Kooperation der wichtigeren Zentralbanken im Goldhandel aufrechterhalten werden, wobei ein zusehends wachsender Goldabfluss aus Zentralbankreserven ab 1966 nicht verhindert werden konnte. Sodann gab es strukturelle Spannungen im Wechselkursgefüge. Insbesondere lastete komplementär zum Vertrauensverlust in die Wertstabilität des US-Dollar ein latenter Aufwärtsdruck auf der Deutschen Mark, der sich 1961, 1969 und 1971 in Wechselkursänderungen niederschlug. Der Zerfall des Systems setzte damit ein, dass sich die Zentralbanken 1968 vom Goldmarkt zurückzogen und vereinbarten, keine US-Dollar-Guthaben in Gold einzuwechseln – es entstand somit ein US-Dollar-Standard. 1971 stellten die USA die Goldkonvertibilität des US-Dollar endgültig ein. Unter dem Eindruck eines starken Zuflusses an US-Dollar gab die BRD für kurze Zeit den festen Wechselkurs der DM auf, und es erfolgte eine Neufestlegung der Wechselkurse auf breiter Front, was einer ersten Abwertung des US-Dollar gleichkam. Zudem wurden die zulässigen Schwankungsbreiten der Wechselkurse stark erhöht. 1973 wurden feste Wechselkurse allgemein aufgegeben, und der US-Dollar begann eine lang anhaltende Abwertung.

Strukturelle Spannungen im Wechselkursgefüge

Was waren die Gründe für die Kurzlebigkeit und den Zerfall des Systems von Bretton Woods? Die erste Erklärung verweist auf das sogenannte Triffin-Paradox.

Der Welthandel wuchs 1950 bis 1973 real jährlich um ca. 7 %. Zur Aufrechterhaltung der Fähigkeit der Zentralbanken, durch Marktinterventionen kurzfristige Wechselkursschwankungen zu stabilisieren, war eine Zunahme der Zentralbankreserven im selben Umfang erforderlich. Da die Goldproduktion deutlich langsamer wuchs, erfolgte die Akkumulation von Reserven vor allem auf der Basis von Devisen, in erster Linie von US-Dollar (vgl. Grafik 12). Ermöglicht wurde dies in den 1960er Jahren durch ein wachsendes Defizit in der Zahlungsbilanz (Leistungsbilanz plus Kapitalbilanz) der USA, seinerseits bedingt durch eine expansionäre Geld- und Fiskalpolitik im Zuge des Vietnamkriegs und aufwendiger sozialpolitischer Programme. Auf Grund der konstitutiven Rolle des Leistungsbilanzdefizits der USA für das Funktionieren des internationalen Wechselkurssystems bestand für die USA kein Anreiz zur Stabilisierung mittels einer restriktiveren Geld- und Fiskalpolitik. Es bestand damit das Paradox, dass das Funktionieren der Weltwirtschaft einerseits kurzfristig auf ein Leistungsbilanzdefizit der USA angewiesen war, langfristig dadurch aber der Keim für weltweite Inflation sowie – über den Verlust des Vertrauens in die Beständigkeit des in US-Dollar ausgedrückten Goldpreises – für den Zerfall des Währungssystems von Bretton Woods angelegt war.

Das Triffin-Paradox

Die zweite Erklärung basiert auf dem Argument, dass langfristig die Aufrechterhaltung eines Systems fester Wechselkurse bei unterschiedlichen nationalen Geld- und Fiskalpolitiken nicht möglich ist. Komplementär zur expansionären Geld- und Fiskalpolitik der USA und ihres damit in Verbindung stehenden Zahlungsbilanzdefizits bildete sich eine Gruppe von Ländern heraus, die durch eine stabilitätsorientierte Geldpolitik und einen strukturellen Leistungsbilanzüberschuss gekennzeichnet waren, allen voran die BRD und Japan. Nach dem sogenannten Geldmengen-Preis-Mechanismus hätte die weltwirtschaftliche Anpassung an die in den USA in den 1960er Jahren bestandenen Ungleichgewichte derart verlaufen müssen, dass die Überschussländer einen Anstieg ihrer Inflationsraten erfahren hätten – dem durch wachsende Exportüberschüsse begrenzten Güterangebot stand eine durch die Devisenzuflüsse wachsende Geldmenge gegenüber. Der Preisanstieg hätte dann die internationale Konkurrenzfähigkeit der Produkte der bisherigen Überschussländer geschwächt, was mittelfristig eine Beseitigung der außenwirtschaftlichen Ungleichgewichte herbeigeführt hätte. Nun waren die Überschussländer aber nicht zur Hinnahme höherer Inflationsraten bereit – im Fall der BRD war der Stabilitätsauftrag im Bundesbankgesetz verankert. Die Bundesbank versuchte sich deshalb am Ende der 1960er Jahre der durch die Leistungsbilanzüberschüsse importierten Inflation durch eine restriktive Geldpolitik entgegenzustemmen. Der Effekt war allerdings pervers: Das hohe Zinsniveau erhöhte die Attraktivität von Anlagen in DM und verstärkte den Devisenzustrom noch. Unorthodoxe Maßnahmen wie Negativzinsen und Hinterlegungspflicht für spekulative DM-Anlagen aus dem Ausland brachten keine nennenswerte Entlastung. 1970 und 1971 lag die Inflationsrate mit jeweils etwa 8 % auf einem für die BRD bisher einmalig hohen Niveau. Die Aufgabe des festen Wechselkurses, in dessen Gefolge die DM stark aufgewertet wurde, blieb der einzige

Fehlende internationale Verständigung

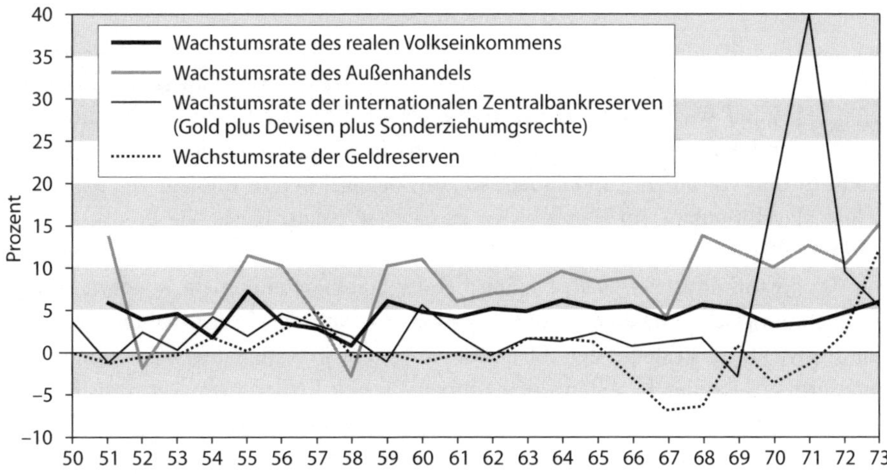

Grafik 12: Das Triffin-Paradox. Jährliche Wachstumsraten der G7-Länder. (Nach: Michael Bordo u. a. [Hrsg.]: A Retrospective on the Bretton Woods System, Chicago 1993.)

Weg zur Wiedergewinnung der Kontrolle über die geldpolitische Situation. Im Endeffekt stellte somit die fehlende internationale Verständigung über die Verteilung von Anpassungslasten bei strukturellen Ungleichgewichten eine wichtige Ursache für den Zerfall des Bretton-Woods-Systems dar.

Die Außenseiter – Importsubstituierende Industrialisierung in der Dritten Welt

Fast alle Länder Lateinamerikas, Afrikas und Südasiens - also der überwiegende Teil der Erdbevölkerung - waren von den internationalen Regimes der hochentwickelten Länder und der in ihrem Rahmen sich entfaltenden wirtschaftlichen Dynamik im dritten Viertel des 20. Jahrhundert weitgehend ausgeschlossen. Wie eingangs dieses Teils erwähnt, nahm das geringe Gewicht der Dritten Welt im Welthandel in dieser Zeit noch weiter ab, und Grafik 1 zur Entwicklung des Wohlfahrtsniveaus zeigt, dass der Konvergenz innerhalb der hochentwickelten Länder eine Divergenz zwischen dieser Ländergruppe und dem Rest der Welt, repräsentiert durch die größeren lateinamerikanischen Länder und Indien, gegenüberstand.

Die Außenseiterstellung der Dritten Welt in dieser Ära hing eng mit den letzten Endes gescheiterten Bestrebungen zur importsubstituierenden Industrialisierung (ISI) zusammen. Dabei lässt sich zwischen einer ersten Phase der spontanen ISI in den 1930er und 1940er Jahren sowie einer zweiten Phase der stärker geplanten ISI seit den 1950er Jahren unterscheiden. Ebenso wird oft zwischen mehreren Stufen der ISI

differenziert: Die erste Stufe betrifft die Importsubstitution einfacher Konsumgüter des täglichen Bedarfs, wie Bekleidung und Schuhe, Getränke, Seife und Waschmittel sowie Streichhölzer. Die zweite Stufe bezieht auch dauerhafte Konsumgüter wie Autos und elektrische Haushaltsgeräte mit ein. Die dritte Stufe schließlich bezieht sich auf industrielle Grundstoffe (Baustoffe, Stahlproduktion) und vor allem Kapitalgüter, so zum Beispiel den technologisch anspruchsvollen Maschinenbau. Im Vergleich zu klassischen Nachzüglern wie Preußen, Russland und China setzte somit in der ISI die nachholende Industrialisierung meist nicht mit Grundstoffindustrien wie zum Beispiel der Stahlherstellung ein, sondern begann mit technologisch einfacheren, wenig Kapital erfordernden Konsumgüterindustrien. Die Entwicklungsstrategie der ISI wurde vor allem in Lateinamerika verfolgt, aber auch größere Länder in Asien mit nationalistischen Regierungen wie zum Beispiel Indien, Indonesien und die Türkei sowie Südafrika und einige weitere um 1960 die Unabhängigkeit erlangende afrikanische Staaten strebten sie an.

Importsubstituierende Industrialisierung

Der drastische Verfall der *Terms of trade* von Rohwaren am Ende der 1920er und in den frühen 1930er Jahren (Grafik 8) schuf in den auf Rohstoffexporte ausgerichteten Volkswirtschaften einen Anreiz zur Verlagerung von Kapital und Arbeit aus dem exportorientierten Rohstoffsektor in den Industriesektor. Verstärkt wurde er durch die Folgen des enorm raschen Kollapses der Exporterlöse in der Weltwirtschaftskrise: Die nationalen Geldbehörden der lateinamerikanischen Staaten schafften es meist nicht, die Binnennachfrage ähnlich rasch zurückzuführen. Deshalb mussten zur Stabilisierung der Außenbilanzen Maßnahmen zur Devisenbewirtschaftung ergriffen werden, die mit einer Kontingentierung der Importe und einer Einschränkung von Devisentransfers ins Ausland bis hin zur Zahlungsunfähigkeit hinsichtlich längerfristiger Schulden einhergingen (vgl. Abschnitt „Die Weltwirtschaftskrise"). Gleichzeitig blieb aber die gesamtwirtschaftliche Nachfrage auf einem vergleichsweise hohen Niveau – die Geldmenge der meisten lateinamerikanischen Länder schrumpfte in den frühen 1930er Jahren weniger stark als in den USA –, was importsubstituierende Aktivitäten stimulierte. In den frühen 1940er Jahren erholten sich die Rohstoffökonomien dann vor dem Hintergrund der Nachfrage der kriegführenden Mächte wieder, doch gleichzeitig waren angesichts der Konzentration der industriellen Ressourcen in den ersteren Ländern auf die Rüstungswirtschaft Industrieprodukte auf internationalen Märkten kaum zu bekommen. Die Entwicklungen der 1930er und der 1940er Jahre begünstigten somit eine spontane ISI und damit ein starkes Wachstum zumindest der auf die alltäglichen Konsumbedürfnisse ausgerichteten Leichtindustrien, deren Wurzeln in den größeren lateinamerikanischen Ländern bis ins späte 19. Jahrhundert zurückreichten. Im Ergebnis stammten 1950 zum Beispiel in Argentinien, Brasilien, Chile, Mexiko und Uruguay rund 90 % des Absatzes im Textilsektor aus inländischer Produktion. Allerdings erfolgten vor dem Hintergrund kriegsbedingter Knappheiten in den 1940er Jahren auch erste Ansätze des Aufbaus einer heimischen Maschinenindustrie – so unter der argentinischen Militärregierung mit Blick auf die Autarkie hinsichtlich der Versorgung

Verlagerung in den Industriesektor

mit Rüstungsgütern – beziehungsweise einer nationalen Grundstoffindustrie, so zum Beispiel in Brasilien.

Im Zuge der Ausbildung einer Entwicklungsideologie und Entwicklungspolitik in den 1950er und 1960er Jahren – nicht zuletzt auch im Gefolge der Entkolonialisierung Süd- und Südostasiens sowie Afrikas – weitete sich die bisher erfolgte spontane Importsubstitution im verarbeitenden Sektor zu einer durch die Wirtschaftspolitik systematisch geförderten ISI aus. Die wichtigsten Instrumente bestanden in der Belegung von Industriegüterimporten mit Zöllen, der bevorzugten Versorgung von industriellen Projekten mit Devisen und deren steuerliche Begünstigung sowie schließlich in staatlichen Investitionen in Sektoren von strategischer Bedeutung. Ergebnis war ein Trend zur Abkoppelung von der Weltwirtschaft; in Lateinamerika zum Beispiel reduzierte sich der Offenheitsgrad, definiert als Verhältnis der Exporte zum Volkseinkommen von knapp 20 % um 1950 auf ca. 8 % in den frühen 1970er Jahren. Zugleich nahm der Anteil der industriellen Wertschöpfung am Volkseinkommen deutlich zu.

Abkoppelung von der Weltwirtschaft

Anfänglich ließen sich mit Hilfe der ISI zwar zum Teil beachtliche Wachstumsraten erzielen, was sich in Grafik 1 darin niederschlägt, dass Lateinamerika von Depression und Weltkrieg weniger getroffen wurde als Europa und hinsichtlich des Pro-Kopf-Einkommens zwischen Erstem Weltkrieg und 1950 eine Konvergenz zwischen beiden Wirtschaftsräumen erfolgte. Danach wurden dagegen, wie schon erwähnt, eher unterdurchschnittliche Wachstumsraten erzielt, und in den 1970er und 1980er Jahren geriet das Entwicklungsmodell in eine eigentliche Krise, die eine erneute Außenorientierung dieser Volkswirtschaften erzwang. Zunächst ging dies mit einer Deindustrialisierung einher; seit Ende der 1980er Jahre begann sich jedoch die Exportstruktur der lateinamerikanischen Länder von Rohwaren zu Industriegütern zu verlagern. Eine ähnliche Entwicklung von einer ISI zu einer von wachsenden Industriegütern geleiteten Entwicklung machten auch etliche asiatische Volkswirtschaften durch; das früheste Beispiel ist Südkorea (seit den 1960er Jahren), die beiden gewichtigsten sind China und Indien (seit den 1980er Jahren).

Was waren die Gründe für das Scheitern der ISI? Für Lateinamerika waren zwei Ursachenkomplexe ausschlaggebend: überhöhte Preise von Kapitalgütern und monetäre Instabilität, sichtbar an hoher Inflation und Wechselkursverzerrungen. Vor allem die Importsubstitution in den Bereichen industrieller Grundstoffe sowie Maschinen mit Hilfe der Diskriminierung von Importen dieser Güter bewirkte hohe Preise von Kapitalgütern relativ zu anderen Gütern. Dies verteuerte Investitionen und behinderte damit die Kapitalakkumulation, was seinerseits das Wirtschaftswachstum negativ beeinflusste. Die monetäre Instabilität verhinderte, dass Preise den Wirtschaftssubjekten als Signale relativer Knappheit und damit als Grundlage für ihre Entscheidungen dienen konnten. Zudem erschwerte sie die Bildung von Erwartungen. Beides zusammen beeinträchtigte die gesamtwirtschaftliche Effizienz.

Gründe für das Scheitern der ISI

Die verbreitete monetäre Instabilität in grundsätzlich marktwirtschaftlich orien-

tierten, aber außerhalb des Währungssystems von Bretton Woods stehenden Ländern, die eine ISI anstrebten, verweist auf zwei tiefer liegende Problemfelder. Erstens erfolgte hier anders als in Westeuropa im Rahmen der Europäischen Zahlungsunion der 1950er Jahre keine konsequente Rückkehr zu einem offenen Außenwirtschaftsregime. Zwar wurden besonders im Umfeld von Zahlungskrisen – beginnend mit derjenigen Argentiniens im Jahre 1956 – von Weltbank und IWF begleitete unilaterale Liberalisierungsanläufe unternommen, die allerdings selten nachhaltig waren. Die Fortdauer beziehungsweise Neuerrichtung von Regimes eines verwalteten Außenhandels in den überwiegenden Teilen der Welt stellt die Kehrseite des früher herausgestellten Sachverhalts dar, dass nach dem Zweiten Weltkrieg eine allmähliche Reliberalisierung der internationalen Märkte für Industriegüter, nicht aber derjenigen für Agrargüter erfolgte. Das Vorliegen ausgeprägter Handelshemmnisse bedeutete, dass die meisten außereuropäischen Länder nicht an den Wohlfahrtseffekten teilhaben konnten, die das starke Wachstum der Weltwirtschaft im dritten Viertel des 20. Jahrhunderts bereithielt.

Von der Stagflation zum neuen Globalisierungsschub

Inflation, Rohwarenpreisschocks und Regimewandel in den 1970er und 1980er Jahren

1973 und 1979 erhöhte die OPEC (Organisation Erdöl exportierender Länder) den Erdölpreis um ca. das Vierfache beziehungsweise nochmals um das Zweifache; die beiden Ereignisse werden gemeinhin als „Erdölschocks" bezeichnet. In der Mitte der 1970er Jahre waren zudem bei zahlreichen anderen Rohwaren – so bei Weizen, Zucker, Kaffee und mehreren Erzen – temporäre Preisspitzen zu verzeichnen, was sich in zeitweise günstigen *Terms of trade* gegenüber Industriegütern niederschlug (vgl. Grafik 8). Der Erdölschock von 1973 wurde politisch begründet, nämlich durch die Unterstützung der westlichen Länder für Israel im Jom-Kippur-Krieg. Strukturell wurde das Funktionieren der OPEC als effektives Mengen- und Preiskartell ermöglicht durch ein seit den späten 1960er Jahren abnehmendes Wachstum der gesamtwirtschaftlichen Effizienz in den Industrieländern. Das Wirtschaftswachstum wurde dadurch abhängiger vom Wachstum des Einsatzes von Produktionsfaktoren und von Energie, was die Verletzlichkeit gegenüber Preisschocks von Energieträgern erhöhte.

Die Rohwarenpreisschocks standen darüber hinaus im Kontext einer seit den späten 1960er Jahren erkennbaren weltweiten Inflation, zugleich aber setzten sie einen zusätzlichen inflationären Impuls. In den sieben großen westlichen Industrieländern betrug die jährliche Steigerung der Konsumgüterpreise im Mittel von 1970 bis 1974 7,2 %, 1975 bis 1979 8,7 %, 1980 bis 1984 7,7 % und 1985 bis 1989 3,3 %. Die Ursprünge der weltweiten Inflation lagen in der expansionären Politik einiger Länder, vor allem der USA, in den 1960er Jahren sowie in der Übertragung der Inflation in andere Länder über das System fester Wechselkurse im Rahmen von Bretton Woods. Der von den Rohwarenpreisschocks ausgehende zusätzliche inflationäre Impuls übertrug sich auf die Gesamtwirtschaft vor allem wegen der Abwärtsrigidität der Preise der übrigen Güter: Um inflationsneutral zu bleiben, hätte die Steigerung der Rohwarenpreise mit einem Rückgang der Preise der übrigen Güter und damit einer Reduktion der relativen Preise insbesondere von Arbeit und Industriegütern einhergehen müssen. Das Zulassen von Inflation stellte somit einen Weg dar, um die Umverteilung von Einkommen von den Industrieländern zu den Rohwaren produzierenden Ländern zu dämpfen. Verursacht wurde die Abwärtsrigidität von Preisen durch die verbreitete Kartellierung von Märkten – der Organisationsgrad der industriellen Arbeiterschaft erreichte in den 1970er Jahren einen historischen Höhepunkt, und noch vergleichsweise abgeschottete nationale Märkte verschafften vielen Industrieunternehmen hohe Marktmacht.

Weltweite Inflation

Parallel zum Anstieg der Inflation reduzierte sich das Wirtschaftswachstum, was diesem Zeitabschnitt die Bezeichnung als Ära der Stagflation eintrug: Hatte es in den 1950er und 1960er Jahren in den meisten Ländern 4 bis 5 % p. a. betragen, reduzierte es sich in den sieben großen Industrieländern in den 1970er Jahren auf gut 3 % und gar nur noch knapp 2 % in der ersten Hälfte der 1980er Jahre. Ab ca. 1984 erfolgte allmählich eine gewisse Erholung zu moderaten Wachstumsraten (vgl. Grafik 4). Die Wachstumsabschwächung ging mit einer Verstärkung von Schwankungen einher; 1975 und 1982 waren Rezessionsjahre. Parallel hatten die meisten Länder mit steigender Arbeitslosigkeit zu kämpfen, und die Erträge auf dem eingesetzten Kapital gingen zurück. Folgende Gründe waren für die Wachstumsschwäche verantwortlich: Erstens konnten die Erdöl exportierenden Länder ihre stark gestiegenen Einnahmen nicht absorbieren, was zu markanten Leistungsbilanzüberschüssen und hohen Kapitalexporten (sog. Petrodollars) führte. Die globale Einkommensumverteilung führte deshalb zunächst zu einer Reduktion der Nachfrage nach Fertigprodukten. Zweitens entwertete der Preisanstieg von Rohwaren den in ressourcen- und energieintensiven Zweigen des verarbeitenden Gewerbes eingesetzten Kapitalstock. Ersatzinvestitionen in ressourcen- und energiesparende Verfahren wurden einerseits durch die im Zuge der Inflationsbekämpfung wenigstens zeitweise hohen Realzinsen erschwert, was die Kapitalkosten erhöhte. Andererseits reduzierte sich der Investitionsanreiz durch die von den späten 1960er bis zu den frühen 1980er Jahren erkennbare Verlagerung von Einkommen weg vom Faktor Kapital zugunsten des Faktors Arbeit und von Rohstoffen.

Gründe für die Wachstumsschwäche

Uneinigkeit über die wirtschaftspolitischen Maßnahmen gegen Inflation und Wachstumsschwäche erschwerte die internationale Kooperation und führte nach dem Zusammenbruch des Systems von Bretton Woods zu erheblichen Wechselkursschwankungen (vgl. Grafik 4). Auf der einen Seite standen Länder wie die USA, Großbritannien, Frankreich und Italien, die eine akkommodierende Politik betrieben, das heißt Inflation hinnahmen und durch geringe reale Zinssätze und eine expansionäre Fiskalpolitik die Wachstumsschwäche zu dämpfen versuchten. Allerdings gelang

damit die Stimulierung von Wachstum und Beschäftigung nicht; angesichts des instabilen Umfelds hatte die keynesianische Nachfragesteuerung ihre Wirksamkeit eingebüßt. Auf der anderen Seite standen Länder, die in der Tendenz, wenn auch nicht durchgehend, eine stabilitätsorientierte Politik verfolgten, unter ihnen insbesondere die BRD und Japan. Analog zur oben aufgezeigten Entwicklung in den späten 1960er Jahren standen die Währungen von Ländern mit akkommodierenden Politiken und hohen Inflationsraten unter einem latenten Abwertungsdruck, die Währungen der stabilitätsorientierten Länder unter einem Aufwertungsdruck. Versuche einer international koordinierten Nachfragesteuerung scheiterten: Auf dem Bonner Gipfel (1978) wurde vereinbart, dass die BRD durch eine expansionäre Geld- und Fiskalpolitik als globale Konjunkturpolitik agieren solle und durch eine gleichgerichtete Wirtschaftspolitik auch die Abwertung des US-Dollar beendet werde. Zwar betrieb in der Folge die BRD in der Tat kurzzeitig eine expansionäre Geld- und Fiskalpolitik, doch der zweite Erdölschock und die darauf folgende Rezession machten den erhofften Effekt zunichte.

Erhebliche Wechselkursschwankungen

Die Wechselkursschwankungen stellten insbesondere die Europäische Gemeinschaft nach 1973 vor eine große Herausforderung, da ihre Agrar- und Regionalpolitik erhebliche Transfers vorsah, deren Planung und Abwicklung durch schwankende Wechselkurse stark erschwert wurde. Es bestand somit ein starker Anreiz zur Koordination der Währungspolitik, langfristig zur Schaffung einer Gemeinschaftswährung. Zunächst mit Hilfe der sogenannten Schlange (mit der DM als Kopf beziehungsweise Leitwährung, 1972–1979), danach im Rahmen des Europäischen Währungssystems wurde versucht, die Kursschwankungen der Gemeinschaftswährung in engen Bandbreiten zu halten und schwache Währungen durch Zentralbankkredite der Hartwährungsländer zu stützen. Die Erfolge waren allerdings zunächst bescheiden, sichtbar in zahlreichen Wechselkursänderungen und periodischen Austritten von Ländern mit schwachen Währungen (Frankreich, Italien). Erst als im Zuge eines wachsenden internationalen wirtschaftspolitischen Konsenses gegen Mitte der 1980er Jahre die Inflationsraten sich anglichen, gingen auch Wechselkursschwankungen zurück. Auf dieser Grundlage wurde 1991 die Errichtung einer europäischen Währungsunion in Angriff genommen und mit dem Übergang zu einer gemeinschaftlichen Geldpolitik (1999) beziehungsweise dem Währungstausch (2001) auch vorerst erfolgreich umgesetzt. Da der Euro-Raum in seiner Gesamtheit auf Grund seiner Größe ähnlich wie die USA international wenig verflochten ist, spielen seither Fragen der internationalen Wechselkurspolitik eine deutlich geringere Rolle als früher.

Herausforderung für die EWG

Maßgeblich beeinflusst durch die konservativ ausgerichteten Regierungen von Margaret Thatcher in Großbritannien (1979–1990), Ronald Reagan in den USA (1981–1989) und Helmut Kohl in der BRD (1982–1998) bildete sich gegen die Mitte der 1980er Jahre ein gewisser internationaler Konsens hinsichtlich der zur Bekämpfung der Stagflation einzuschlagenden Wirtschaftspolitiken heraus. Das erste Element dieses neuen, postkeynesianischen wirtschaftspolitischen Regimes bildete die geldpolitische Stabilisierung: Im Unterschied zu den Jahren nach dem ersten Erdölschock schwenkten bis 1982 alle großen Zentralbanken auf einen Stabilitätskurs mit hohen realen Zinssätzen ein, was – wie schon erwähnt – in den folgenden Jahren zur allmählichen Reduktion und internationalen Angleichung von Inflationsraten führte, aber auch zur Schwere der Rezession von 1982 beitrug. Das zweite Element bestand in einer Stärkung von Marktkräften, was in den einzelnen Ländern Unterschiedliches bedeuten konnte. In Großbritannien wurde die Macht der Gewerkschaften nachhaltig beschnitten und wurden staatliche Monopole abgebaut. In den USA erfolgte insbesondere eine Liberalisierung des Verkehrs- und Kommunikationssektors; von einer Senkung und Vereinfachung des Steuerwesens wurde eine Stimulierung von Investitionen erhofft (sog. *supply-side economics*).

Bekämpfung der Stagflation

Im gesamten OECD-Raum begann nach 1982 die Profitrate des eingesetzten Kapitalstocks wieder zu steigen – eine wichtige Voraussetzung für ein nachhaltiges Wachstum von Investitionen und Output. Es ist allerdings nicht geklärt, wieweit dieser Sachverhalt auf die konservative Wende und das von ihr hervorgebrachte post-keynesianische wirtschaftspolitische Regime zurückging und welche Rolle andere Faktoren, insbesondere der technologische Fortschritt, dabei spielten. In den 1980er Jahren setzte mit der Entwicklung von Mikrocomputern eine technologische Revolution ein, die langfristig industrielle Produktionsverfahren, Arbeitsabläufe im Dienstleistungsbereich und letztlich auch das Konsumverhalten der Bevölkerung nachhaltig veränderte. Die rasche Leistungssteigerung der Geräte in Verbindung mit der Verbreitung des Internet schuf die Grundlage für zahlreiche technologische und organisatorische Innovationen auch außerhalb der Informationstechnologie im engeren Sinn. Mit Blick auf Globalisierungsvorgänge ist dabei von Bedeutung, dass die Verbreitung des Internets die Koordination wirtschaftlicher Aktivitäten über einen großen Raum deutlich erleichterte und damit das Wachstum Multinationaler Unternehmen (MNU) begünstigte.

Steigerung der Profitrate des Kapitalstocks

Die Globalisierung erhielt darüber hinaus einen neuen Anstoß durch institutionelle Faktoren, die durchaus mit der Entstehung eines neuen wirtschaftspolitischen Regimes am Beginn der 1980er Jahre zusammenhängen, nämlich der allgemeinen Liberalisierung von Kapitalmärkten. Zur Sicherung fester Wechselkurse hatte das System von Bretton Woods Einschränkungen des Kapitalverkehrs erlaubt. Mit dem Übergang zu flexiblen Wechselkursen ab 1973 verloren sie ihre währungspolitische Bedeutung und wurden bis in die 1990er Jahre zunehmend aufgegeben. Dies schuf seinerseits eine wichtige Grundlage für die starke Zunahme der internationalen Kapitalmobilität am Ende des 20. Jahrhunderts.

Von der Schuldenkrise der Dritten Welt zu den aufstrebenden Volkswirtschaften

Etwas zeitverzögert erfolgte bis in die frühen 1990er Jahre auch außerhalb der westlichen Industrieländer ein Wandel wirtschaftspolitischer Regimes, dem als gemeinsamer Nenner eine außenwirtschaftliche Öffnung eigen war. Einerseits liegt auch hier

die durch die Rohwarenschocks der 1970er Jahre verursachte Instabilität dem institutionellen Wandel zugrunde; andererseits ging die politische Systemtransformation nach dem Zerfall der kommunistischen Regimes in Osteuropa (1989–1991) mit einem Wandel des wirtschaftspolitischen Regimes einher.

Für die Dritte Welt hatten die Rohwarenschocks der 1970er Jahre zunächst gänzlich andere Folgen als für die hochentwickelten Länder. Mit den Petrodollars, das heißt den nach Anlagemöglichkeiten suchenden Leistungsbilanzüberschüssen der OPEC-Mitglieder mit geringen Bevölkerungsgrößen, standen erstmals seit den 1920er Jahren wieder externe Mittel für die Entwicklungsfinanzierung unabhängig von staatlichen und multilateralen (Weltbank, regionale Entwicklungsbanken) Agenturen der Entwicklungszusammenarbeit zur Verfügung. Angesichts des hohen Angebots und der eher akkommodierenden Geldpolitik in den hochentwickelten Ländern waren diese Mittel zu einem niedrigen realen Zinssatz zu erhalten. Umgekehrt erhöhten steigende Rohwarenerlöse oder die Aussicht darauf die Bonität vieler Länder der Dritten Welt. Sie nutzten deshalb Kapitalimporte, um ihre Programme der ISI noch zu vertiefen – dies gilt auch für erdölexportierende Länder mit großen Bevölkerungen wie Mexiko, Venezuela, Ecuador, Nigeria, Indonesien und das auf Erdölfunde hoffende Peru. Vor dem Hintergrund des Sachverhalts, dass internationale Kapitalmärkte nach wie vor weitgehend inexistent waren, nahmen Kapitalimporte anders als früher nicht die Form von Auslandsanleihen an, sondern diejenige von syndizierten Eurodollarkrediten. Eurodollar bezeichnet dabei Finanzinstrumente in US-Dollar, die außerhalb des Währungsraums der USA vergeben werden. Konkret flossen Petrodollars in erster Linie Niederlassungen internationaler Geschäftsbanken in London zu, die diese wiederum in der Form syndizierter Kredite, an denen über 100 Banken Anteil haben konnten, an die Staaten der Dritten Welt weiterreichten und damit der Weltwirtschaft wieder zuführten. Die Zinssätze waren variabel, und die Laufzeiten waren mit knapp zehn Jahren im Vergleich zu im Rahmen der Entwicklungszusammenarbeit vergebenen Krediten deutlich kürzer. Im Ergebnis stieg von 1970 bis 1985 die mittel- und langfristige Auslandsverschuldung der Dritten Welt von 62 auf 717 Milliarden US-Dollar. Während Eurodollarkredite 1970 gegenüber Entwicklungskrediten noch marginal waren, machten sie in den 1980er Jahren rund die Hälfte der gesamten Schulden aus.

Der Eurodollar

Angesichts der bereits herausgestellten Probleme der ISI-Strategien erstaunt es nicht, dass dieser Kapitalzufluss kaum Entwicklungsimpulse generierte, sondern vielmehr die Aufgabe der ISI und die außenwirtschaftliche Öffnung der jeweiligen Volkswirtschaften nur hinauszögerte. In der Tat bewältigten rohstoffarme Länder in Ost- und Südostasien, die seit den frühen 1970er Jahren auf eine forcierte Entwicklung von Industriegüterexporten setzten – die sogenannten Tigerstaaten Südkorea, Taiwan, Hongkong, Singapur, in Ansätzen bereits Malaysia –, die Schocks der 1970er Jahre auf Grund der höheren Flexibilität ihrer Wirtschaften deutlich besser. Obwohl sie eine Verschlechterung ihrer *Terms of trade* hinnehmen mussten und – mit Ausnahme Koreas – wenig Kapital importierten, gelang ihnen

Probleme des Kapitelzuflusses

sowohl eine Ausweitung des Marktanteils ihrer Exporte als auch eine erhebliche Importsubstitution. Nach innen orientierte Volkswirtschaften erreichten dagegen kaum eine Vertiefung der Importsubstitution und mussten eine weitere Verschlechterung der Konkurrenzfähigkeit ihrer Exporte hinnehmen.

Wegen der Schere zwischen steigenden Schuldendienstverpflichtungen und stagnierendem Wirtschaftswachstum begannen sich bereits in den 1970er Jahren Zahlungsschwierigkeiten von Staaten der Dritten Welt zu häufen. Im Gegensatz zur Ära vor dem Zweiten Weltkrieg kam es dabei nicht zur formellen Zahlungsunfähigkeit souveräner Schuldner auf Auslandsschulden. Genutzt wurde vielmehr das Instrument der Umschuldung, das sich seit der Zahlungskrise von Argentinien im Jahre 1956 allmählich herausbildete. Dabei erfolgte eine zwischen den in losen Clubs organisierten Kreditgebern, dem IWF und zum Teil der Weltbank ausgehandelte Umwandlung der bestehenden in neue Kredite, was zum Teil mit einer Erhöhung der Schuld einherging. Umgeschuldet wurden Fälligkeiten über ein bis zwei Jahre, so dass nur von einer kurzfristigen Maßnahme gesprochen werden kann. Gleichzeitig musste das Schuldnerland seit der konfliktiven Umschuldung Perus (1978) mit dem IWF ein Beistandsabkommen schließen. Dieses zielte auf eine makroökonomische Stabilisierung und die Wiederherstellung der externen Zahlungsfähigkeit. Die Laufzeiten der Umschuldung und des Beistandsabkommens waren miteinander gekoppelt; Letzteres sollte aus Gläubigersicht sicherstellen, dass die gewährten Neukredite zur Sicherung des künftigen Schuldendiensts verwendet wurden. Dieser kooperative Regelungsmechanismus wurde ermöglicht durch die starke Reduktion der Zahl aktiver Akteure im Vergleich zur Zeit vor 1940, als von Individualanlegern gehaltene Anleihen dominierten, sowie durch die Ausbildung eines multilateralen Mechanismus der Anpassungsfinanzierung im Rahmen des Systems von Bretton Woods, der den Zusammenbruch des Systems fester Wechselkurse überdauerte.

Schuldendienstverpflichtungen

Zu einer eigentlichen Schuldenkrise kam es im Gefolge von Zahlungsschwierigkeiten Mexikos im September 1982. In den darauf folgenden Jahren unterlagen jeweils über 30 Länder einem Umschuldungsabkommen. Sie standen somit unter wirtschaftspolitischen Auflagen und mussten 1984 bis 1990 einen negativen Nettotransfer (Neuverschuldung–Schuldendienst) hinnehmen. Hauptanlässe für den Ausbruch der Verschuldungskrise waren einerseits der Übergang zu einer restriktiven Geldpolitik in den USA, der die realen Zinssätze für Kredite in US-Dollar stark steigen ließ. Andererseits bewirkte die Rezession in den hochentwickelten Ländern einen Rückgang der Nachfrage nach Rohstoffen und ein entsprechendes Schrumpfen der Exporterlöse der rohstoffexportierenden Länder. Steigenden Kosten für den Schuldendienst stand somit ein Rückgang der zu ihrer Bedienung verfügbaren Erlöse gegenüber. Im weiteren Verlauf der 1980er Jahre verschlechterten sich die *Terms of trade* von Rohwaren drastisch (Grafik 8). Denn zur Aufrechterhaltung des Schuldendiensts mussten die Exporte erhöht werden, was zunächst ein Wachstum der Rohwarenexporte erforderte. Zugleich begannen energie- und ressourcensparende Inno-

vationen in den hochentwickelten Ländern zu greifen, was die Nachfrage nach Rohwaren begrenzte, wenn nicht reduzierte.

Analog zu den 1930er Jahren schuf der Verfall der *Terms of trade* von Rohwaren einen Anreiz zur Verschiebung von Kapital und Arbeit in den Industriesektor. Da dies nun aber unter den Bedingungen einer offenen Weltwirtschaft geschah, erfolgte nicht mehr eine Vertiefung der ISI, sondern ein Wachstum der exportorientierten Industrieproduktion. Verstärkt wurde dieser Wandel der Exportstruktur der Länder der Dritten Welt durch das offenkundige Scheitern der früheren ISI-Strategien und das Vorbild der in den Tigerstaaten verfolgten Entwicklung des forcierten Wachstums von Industriegüterexporten. Auch zahlreiche weitere Länder, die bisher eine binnenorientierte und unterschiedlich weitgehend staatssozialistisch ausgerichtete Entwicklungsstrategie verfolgt hatten, öffneten ihre Außenwirtschaften und begannen ihre exportorientierten Industriesektoren zu entwickeln. Dies galt sowohl für die osteuropäischen Länder nach dem Zusammenbruch der kommunistischen Regimes, von denen die meisten allerdings rasch in den europäischen Integrationsprozess einbezogen wurden, als auch für China seit der Ära von Deng Xiaoping (ab 1979), Indien seit der ersten Regierung, die nicht von der Kongresspartei gestellt wurde (1991), oder auch ein Land mit ganz anderen politischen Verhältnissen wie Südafrika. Gegenüber der Ära der ISI-Strategien, als die Beherrschung möglichst der gesamten Wertschöpfungskette für eine breite Palette von Industriegütern angestrebt wurde, erfolgte mit der außenwirtschaftlichen Öffnung eine verstärkte Spezialisierung innerhalb der internationalen Arbeitsteilung, vor allem auf arbeitsintensive Fertigungszweige. Vor allem mit Blick auf Lateinamerika – Nordmexiko und kleinere zentralamerikanische beziehungsweise karibische Länder – ist dabei skeptisch von *maquiladora*-, das heißt Montage-Industrien mit geringem Technologiegehalt, niedrigen Löhnen und schwachen Entwicklungsimpulsen gesprochen worden. Eine überwiegend wertschöpfungsarme Branche, die in diesem Zusammenhang eine ausgeprägte Verlagerung durchgemacht hat, ist beispielsweise die Textilindustrie. Länder mit vergleichsweise gut ausgebautem Bildungswesen konnten allerdings rasch in technologisch anspruchsvolle Branchen vorstoßen: Geräte aus dem Bereich der Konsumelektronik kommen heute überwiegend aus Ost- und Südostasien; Indien hat sich im vergangenen Vierteljahrhundert zu einem der wichtigsten Exporteure von Informatikdienstleistungen entwickelt.

Wandel der Exportstruktur

Außenwirtschaftliche Öffnung

Die Bilanz der zwischen den ausgehenden 1970er und den frühen 1990er Jahren vollzogenen Wende hinsichtlich wirtschaftspolitischer Regimes ist allerdings gemischt. Während die ostmitteleuropäischen Länder nach einer Umstellungskrise zu Beginn der 1990er Jahre allmählich auf einen Pfad der Konvergenz mit Westeuropa eingeschwenkt sind und auch viele asiatische Volkswirtschaften – allen voran China und Indien – deutlich rascher wuchsen als die reifen Volkswirtschaften, entwickelten sich Lateinamerika, der Nahe Osten und Schwarzafrika vergleichsweise langsamer (vgl. Grafik 1). Der neue Globalisierungsschub war somit nicht mit umfassender

Konvergenz verbunden. Der Unterschied zwischen den lateinamerikanischen und den asiatischen Ländern ist insbesondere damit erklärt worden, dass im ersteren Kontinent die physische Sicherheit sowie der Zugang zu Land und Bildung für Mitglieder der sozialen Unterschichten deutlich schlechter ausgeprägt sind. Daraus folgt eine höhere Einkommensungleichheit und wenigstens bis zu den frühen 1990er Jahren angesichts der geringen Legitimität von Regierungen eine vergleichsweise hohe politische Instabilität. Beides erschwerte in den 1980er Jahren die Reduktion der Konsumquote zur Finanzierung der Investitionen in den Umbau und die Entwicklung des Industriesektors. Die durch die Aufrechterhaltung der externen Zahlungsfähigkeit gebundenen Ressourcen verminderten den Investitionsfond zusätzlich. Die im Vergleich mit Asien geringere Kapitalakkumulation sowie die schwächere Ausstattung mit Humankapital führten in Lateinamerika zu einem deutlich flacheren Entwicklungspfad.

Konvergenz durch Globalisierungsschub

Kapitalmobilität – Globalisierung von Finanzmärkten und Unternehmen

Die Tendenz zur steigenden Bedeutung des intraindustriellen Handels sowie zur globalen Konvergenz der materiellen Wohlfahrt im letzten Viertel des 20. Jahrhunderts war eng verbunden mit einer gesteigerten Kapitalmobilität. Diese war ihrerseits die Folge der umfassenden Liberalisierung des grenzüberschreitenden Kapitalverkehrs sowohl in den reifen als auch den aufstrebenden Volkswirtschaften seit den frühen 1980er Jahren. Dabei sind zwei Entwicklungen zu unterscheiden: erstens die Globalisierung von Finanz- und insbesondere von Kapitalmärkten und zweitens das Wachstum Multinationaler Unternehmen (MNU). Die Globalisierung von Kapitalmärkten beinhaltete eine Renaissance der internationalen Anleihe – im Gegensatz zur Finanzierung der Kapitalimporte der Dritten Welt mittels Krediten von staatlichen und multinationalen Gläubigern beziehungsweise Banken von den 1950er bis zu den 1980er Jahren – sowie die zunehmend internationale Ausrichtung von Aktienemissionen und damit auch der Besitzerstruktur von Aktiengesellschaften. Diese Entwicklung setzte im Wesentlichen in den 1990er Jahren ein und wird hier nicht weiter verfolgt. Das Wachstum der MNU erfolgt auf der Basis von Direktinvestitionen; dies meint den Aufbau beziehungsweise den Erwerb ausländischer Unternehmen (bzw. Unternehmensteile) mit dem Zweck der Ausübung unternehmerischer Kontrolle. Mit der Globalisierung von Finanzmärkten hängt das Wachstum von MNU insofern zusammen, als seit den 1980er Jahren auch eine Internationalisierung des Banken- und Versicherungsgeschäfts erfolgte und dass international tätige Industrieunternehmen auch einen hohen Bedarf nach grenzüberschreitenden Finanzdienstleistungen aufweisen.

Entwicklung von MNU

Seit etwa 1980 wuchsen ausländische Direktinvestitionen mit einer Jahresrate von 10 bis 15 %, und in den frühen 1990er Jahren lag das Verhältnis des von ausländischen Unternehmen gehaltenen Kapitalstocks zum Weltvolkseinkommen erstmals über dem Niveau von 1913 (ca. 10 %). Angesichts der somit langen Vorgeschichte der

gegenwärtigen Wachstumsphase der MNU sei zum Abschluss kurz auf ihre historische Entwicklung eingegangen.

Eine erste Phase der Entwicklung von MNU erfolgte ca. ab den 1880er Jahren. Analog zum Kapitalexport über Anleihen wies Großbritannien die größte Zahl an international tätigen Unternehmen auf, und Hauptzielländer des Kapitalexports lagen in der Dritten Welt, das heißt in Lateinamerika, im Mittleren Osten sowie in Südostasien. Grund hierfür war der Sachverhalt, dass Investitionen vor allem im Rohstoffbereich erfolgten. Es handelte sich dabei besonders um Aktivitäten, die technologisch komplex waren und ein hohes Kapitalaufkommen erforderten, was beides in den Gastländern nicht verfügbar war. Wichtigstes Beispiel ist die Exploration und Förderung von Erdöl – noch heute zählen in dieser Branche tätige Firmen zu den weltweit größten Unternehmen (z. B. *Exxon*, *British Petroleum*). Im Agrarsektor entstanden Firmen vor allem in Branchen, in denen verderbliche Erzeugnisse rasch verarbeitet beziehungsweise in Zielmärkte transportiert werden mussten, was im Rahmen integrierter Unternehmen einfacher war als über internationale Märkte. Beispiele sind die Herstellung von Tomaten- und Fruchtkonserven beziehungsweise der Anbau und die Vermarktung von Bananen (früh entstandener Marktführer: *United Fruit*).

Erste Phase

Die Entwicklung relativ abgeschotteter nationaler Märkte zwischen den 1920er und den 1970er Jahren brachte eine zweite Phase hervor, in der sich verstärkt industrielle MNU entwickelten: Die Errichtung von Zollschranken und anderen Handelshemmnissen im Rahmen von Autarkiebestrebungen beziehungsweise ISI-Strategien drohte die Erzeugnisse eines Industriegüter herstellenden Unternehmens vom jeweiligen nationalen Markt auszuschließen. Diese Handelsschranken ließen sich überwinden, indem als Tochterunternehmen ein Fertigungsbetrieb vor Ort aufgebaut wurde. Da das divisionalisierte und sowohl geographisch als auch hierarchisch gegliederte Unternehmen zuerst in den USA um die Wende zum 20. Jahrhundert entstand, ging die Bewegung von diesem Land aus, was mittelfristig auch eine Verlagerung des Schwerpunkts von europäischen zu US-amerikanischen MNU bewirkte. Die frühesten Beispiele industrieller MNU finden sich in der Autoindustrie: In den 1920er Jahren erwarben die drei großen US-amerikanischen Automobilunternehmen Tochterfirmen im Ausland mit Schwerpunkten in Japan, Argentinien, Brasilien, Großbritannien und Deutschland, wo General Motors 1929 Opel erwarb. Nach dem Zweiten Weltkrieg gründete Ford im Kontext der europäischen Integration ein integriertes europäisches Tochterunternehmen mit Schwerpunkten in Deutschland, Belgien, Spanien und Großbritannien. Ziel war die Ausnützung von Standortvorteilen für die Herstellung einzelner Komponenten, parallel dazu wurde eine einheitliche Modellpolitik für den europäischen Markt entwickelt; das erste Ergebnis war der Ford Capri (1969). Für die Vertiefung der ISI in den lateinamerikanischen Ländern während der 1960er und 1970er Jahre waren Direktinvestitionen von MNU von zentraler Bedeutung, da sie das erforderliche technologische Know-how bereitstellen konnten. Das geringe Entwicklungspotential kleiner, ineffizienter Märkte brachte es aber mit

Zweite Phase

sich, dass nach einem anfänglichen Wachstumsspurt MNU Gewinne repatriierten und damit zur Entkapitalisierung der fraglichen Volkswirtschaften sowie deren verstärktem Angewiesensein auf den Kapitalimport mittels Krediten beitrugen.

Die außenwirtschaftliche Liberalisierung seit dem Beginn der 1980er Jahre ließ solche institutionellen Faktoren bei der Standortwahl von MNU zurücktreten, was zur dritten Phase ihrer Entwicklung führte. Nun galt es vielmehr, die sowohl mit Blick auf Marktnähe – bezogen auf Endprodukte – als auch auf die Ausnützung von Standortvorteilen – bezüglich einzelner Stadien der Wertschöpfungskette – optimalen Standorte zu finden. Entsprechend erfolgte eine Verlagerung der Ziele von Direktinvestitionen zulasten der Dritten Welt und zugunsten Europas und der USA. Zudem wurden einige komplexe Produkte zunehmend global verteilt hergestellt; als Schrittmacher in der Automobilindustrie gilt der Ford Mondeo (1993). Für die einzelnen nationalen Standorte bedeutete dies eine Verringerung der Fertigungstiefe und zugleich wachsende Spezialisierung. Ein drastisches Beispiel ist die Republik Südafrika: In den 1980er Jahren noch Standort einer ineffizienten, im Rahmen der ISI entstandenen Automontageindustrie, entwickelte sich das Land seit den 1990er Jahren auf Grund der reichen Platinvorkommen zum führenden Standort der Herstellung von Katalysatoren – doch Fertigwagen werden heute kaum mehr hergestellt. Dieser Trend zur globalen Fertigung im Rahmen von MNU stellte endlich – und damit schließt sich der argumentative Kreis – einen wichtigen Motor des Wachstums des intraindustriellen Handels dar: In den USA betrafen bereits in den 1980er Jahren etwa ein Drittel der Exporte und zwei Fünftel der Importe Transaktionen innerhalb von MNU.

Dritte Phase

Globalisierung verstanden als wachsende Verflechtung der Außenwirtschaft nationaler Volkswirtschaften ist ein für die langfristige Entwicklung der Wohlfahrt wichtiger Vorgang: Viele Studien zeigen einen positiven Zusammenhang zwischen der internationalen Verflechtung einer Volkswirtschaft und ihrem Wachstum. Es dürfte deshalb kein Zufall sein, dass die Deglobalisierung in den 1910er bis 1940er Jahren mit geringem und instabilem Wirtschaftswachstum einherging, was seinerseits wieder erhebliche politische Folgen zeitigte. Der Nutzung von Globalisierungspotentialen, die sich aus technischen und institutionellen Innovationen ergeben, kommt deshalb für die gegenwärtige und künftige Wohlfahrtsentwicklung große Bedeutung zu.

Dieser Sachverhalt ist umso wichtiger, als Globalisierung kein Selbstläufer ist. Aus geographisch konzentrierten technologischen Innovationen, aber ebenso aus Reduktionen von Transport- und Informationskosten entstanden wiederholt großräumige Ungleichgewichte, deren Beseitigung im Rahmen eines Globalisierungsschubs erfolgte. Zugleich hat Globalisierung unterschiedliche Auswirkungen auf die Bezieher von Einkommen aus verschiedenen Produktionsfaktoren (Arbeit, Wissen, Kapital, Boden). Wie die Darstellung des *globalization backlash* im späten 19. und frühen 20. Jahrhundert zeigte, kann es relativen Globalisierungsverlierern gelingen, nationale politische Systeme zur Errichtung institutioneller Globalisierungshemmnisse zu ver-

anlassen – mit beträchtlichen negativen Wohlfahrtsfolgen. Der Umgang sowohl mit Globalisierungsschüben als auch mit ihren Verteilungswirkungen stellt vor diesem historischen Hintergrund eine wichtige Herausforderung für die heutige Weltgesellschaft dar.

Der Weg zur Industrie-, Dienstleistungs- oder Informationsgesellschaft?

Toni Pierenkemper

Wohlstandsgesellschaft durch sektoralen Strukturwandel?

Die Vorstellung, dass es die Art der Reproduktion einer Gesellschaft oder, in marxistischer Terminologie, ihre Produktionsweise, ist, welche die gesellschaftlichen Verhältnisse beziehungsweise die Produktionsverhältnisse prägen, ist eine weitgehend akzeptierte Annahme. Diese lässt sich für den Historischen Materialismus dahingehend spezifizieren, dass die Menschheitsgeschichte durch eine bestimmte Abfolge von Stufen der gesellschaftlichen Entwicklung von der Urgesellschaft über die Sklavenhaltergesellschaften der Antike, die mittelalterliche Feudalgesellschaft bis hin zu Kapitalismus, Sozialismus und zukünftiger kommunistischer Gesellschaft geprägt ist. Andererseits finden sich historisch weniger weit zurückreichende sogenannte Stufentheorien, so etwa bei Gustav Schmoller, der die moderne Volkswirtschaft den Weg von der Dorf-, Stadt-, Territorial- zur Volkswirtschaft hin zur Weltwirtschaft durchlaufen sieht. Moderne Autoren machen die Entwicklung einer Volkswirtschaft daran fest, welche Bereiche der Produktion vorherrschend sind, und kommen so zu einer quasi-naturgesetzlichen Sequenz, die von einer Agrargesellschaft über die Industrie- zur Dienstleistungsgesellschaft führt. Allen diesen Versuchen zur Charakterisierung gesellschaftlicher Entwicklung liegt die gemeinsame Annahme zugrunde, dass die Formen der gesellschaftlichen Produktion beziehungsweise Reproduktion die Eigentümlichkeiten jeder Gesellschaft entscheidend prägen.

Diese Annahme bildet auch den Ausgangspunkt der folgenden Überlegungen, bei denen es um die Beschreibung und Analyse der prägenden Formen gesellschaftlicher Existenz in den unterschiedlichen Weltregionen im 20. Jahrhundert geht. Den zeitlichen Ausgangspunkt der Betrachtung bildet die Wende vom 19. zum 20. Jahrhundert, an der die Verhältnisse trotz absehbarer Konfliktpotentiale noch einigermaßen übersichtlich erschienen. Stolz über das Erreichte und hoffnungsvolle Erwartungen für die Zukunft prägten in den Industriestaaten an der Jahrhundertwende das Bild. Demgemäß erschien den Zeitgenossen zu Beginn des 20. Jahrhunderts die Welt einigermaßen wohlgeordnet. In zahlreichen zeitgenössischen Zukunftsprognosen fand eine derart optimistische Sicht der Dinge ihren angemessenen Ausdruck. Wie

sah die Welt aber damals aus? Im Kern des Weltsystems befanden sich die westlichen Industriestaaten, in denen industrielles Wachstum und steigender Wohlstand trotz aller weiterhin vorhandenen sozialen Verwerfungen das Bild prägten. Dazu zählten die industriellen Kernländer Westeuropas, aber auch jenseits des Atlantiks hatten die USA Anschluss an diese Entwicklung gewonnen, und selbst im zaristischen Russland wie im fernen Japan waren erste Industrialisierungserfolge unübersehbar. Der Rest der Welt verharrte in mehr oder weniger starker Abhängigkeit vom dynamischen Kern der Weltwirtschaft.

Das Weltsystem

Amerika war im Zuge der Entdeckungen und Eroberungen des 16. Jahrhunderts schon sehr früh in eine neue atlantische Ökonomie integriert worden. Das dadurch entstandene Kolonialsystem hatte zwar für einige Jahrhunderte Bestand, wurde dann aber durch die erfolgreiche Emanzipationsbewegung der nordamerikanischen Kolonien am Ende des 18. Jahrhunderts erschüttert. Die Staatsgründungen in Südamerika zu Beginn des 19. Jahrhunderts waren weit weniger erfolgreich, verblieben sie doch Teil des *hidden empire* der nunmehr dominierenden Macht in ökonomischer Abhängigkeit des britischen Weltreichs. Auch die USA änderten an dieser *dependencia* nur wenig, weil nunmehr, gestützt auf die Monroe-Doktrin, die USA als ein neuer Hegemon an die Stelle des alten trat.

Amerika

Afrika wurde in der Frühen Neuzeit nur als Exporteur von Sklaven in den *triangular trade* der atlantischen Ökonomie einbezogen. Erst am Ende des 19. Jahrhunderts wurden dort koloniale Eroberungen interessant, wobei neben ökonomischem Interesse vor allem weltmachtpolitische Erwägungen zunehmend eine Rolle spielten. Zur Jahrhundertwende, nachdem auch das aufstrebende Deutsche Reich sich den sprichwörtlichen „Platz an der Sonne" erobert hatte, war Afrika unter den Großmächten verteilt und in das bestehende Weltsystem integriert.

Afrika

In Asien und Ozeanien waren die Verhältnisse ein wenig komplizierter. Australien war eindeutig dem britischen Empire zugeordnet, und ähnlich war es mit Indien sowie Niederländisch-Ostindien, das von den Niederlanden beherrscht wurde. Andere europäische Staaten verfügten ebenfalls über Kolonien und Einflusssphären (Spanien verlor die Philippinen an die USA, Frankreich suchte sich in Hinterindien zu behaupten). Allein die beiden großen asiatischen Staaten China und Japan vermochten sich den Einflüssen der Europäer zu entziehen. Das gelang ihnen für einen gewissen Zeitraum, doch seit Mitte des 19. Jahrhunderts erzwangen die westlichen Industriestaaten, zum Teil mit Hilfe von Waffengewalt, den Zugang auch zu diesen Märkten. Kurzum, am Ende des 19. Jahrhunderts war die Welt aufgeteilt, das „imperiale Zeitalter" (Eric Hobsbawm) befand sich im Zenit seiner Entwicklung, wenige Nationen beherrschten die Welt, und diese Ordnung schien dem Zeitgenossen offenbar fest gefügt und wenig labil.

Asien und Ozeanien

Wie fragil diese Ordnung aber tatsächlich war, sollte sich nur wenige Jahre später erweisen, als Kriege und Revolutionen die überkommene Welt auf den Kopf stellten und den Katastrophen des 20. Jahrhunderts ihren Weg bahnten. Die angenommene Ordnung zerbrach und zahlreiche neue Konfliktlinien taten sich auf. Große Teile des

20. Jahrhunderts wurden durch die Spaltung der Welt in Ost und West, Nord und Süd, durch den Konflikt zwischen Kapitalismus und Sozialismus, zwischen Arm und Reich geprägt. Diese Spaltungen führten zu zahlreichen kriegerischen Auseinandersetzungen, Bürgerkriegen, Terrorregimen und Ähnlichem in verschiedenen Weltregionen und haben für die Zeitgenossen des späten 19. Jahrhunderts in den folgenden Dekaden kaum vorstellbares Leid über die Menschheit gebracht. Das 20. Jahrhundert war deshalb trotz aller Fortschritte für einen großen Teil der Menschheit ein Jahrhundert der Krisen und Katastrophen.

Das 20. Jahrhundert

Die treibende Kraft für diesen Entwicklungsprozess war die Industrialisierung der Welt, die im 19. Jahrhundert ihren Anfang genommen hatte (s. Beitrag „Die Industrialisierung“ in Band V) und dann in den betroffenen Staaten zu einem bemerkenswerten Wirtschaftswachstum beitrug, das den Volkswirtschaften neue, gänzlich unbekannte Handlungsoptionen eröffnete. Walt W. Rostow hat in seiner Entwicklungstheorie bereits 1960 darauf hingewiesen, dass eine reife Volkswirtschaft auf Grund ihres gestiegenen Wohlstandes diesen entweder der Bevölkerung zugute kommen lassen kann, sei es durch den Ausbau des Wohlfahrtsstaates oder die Förderung des Massenkonsums, oder dazu benutzt, Macht und Einfluss über gesteigerte Militäraufwendungen zu erreichen und zu steigern. Leider haben zahlreiche Staaten im 20. Jahrhundert häufig gerade die letzte Option gewählt.

Wirtschaftswachstum

Die Veränderungen in der Struktur des Weltsystems wurden nun entscheidend davon geprägt, wann die unterschiedlichen Weltregionen in den Prozess einer universalen Industrialisierung einbezogen wurden und wie sie die daraus erwachsenden Handlungsoptionen genutzt haben. Dieser ökonomische Prozess ist natürlich weltweit nicht lediglich gemäß seiner inneren Logik abgelaufen, sondern es hat immer zahlreiche politische Interventionen, soziale Konflikte und kulturelle Bedingungen gegeben, die diesem förderlich oder hinderlich gewesen sind. Die Einbeziehung der Welt in einen universalen Industrialisierungsprozess, den man gegenwärtig gemeinhin auch als „Globalisierung“ bezeichnen kann (s. Beitrag „Globalisierung und Weltwirtschaft“), war also ein außerordentlich kontroverses Unterfangen und entzieht sich daher einer einfachen oder gar monokausalen Erklärung. Gleichwohl hat dies zu einer grundlegenden Veränderung in der Struktur der Weltwirtschaft geführt, ein neues Weltsystem ist entstanden und dieses ist, so meine These, die Folge eines vorangeschrittenen oder auch unterbliebenen oder gebremsten Strukturwandels der Volkswirtschaften aller Länder. Denn Industrialisierung und Wirtschaftswachstum stützen sich auf nichts anderes als auf den sektoralen Wandel in einer Volkswirtschaft. Wie lässt sich diese Entwicklung im 20. Jahrhundert nachzeichnen und welchen Gesellschaften gelang der Aufstieg aus der überkommenen Wirtschaftsweise, aus einer Agrarwirtschaft in eine Industriewirtschaft oder gar Dienstleistungs-, Wissens-, Informations- oder wie auch immer modernen Gesellschaft?

Universaler Industrialisierungsprozess

Auf dem Höhepunkt der Wirtschaftskrise im ersten Drittel des 20. Jahrhunderts, aber auch angesichts gravierender Verarmung und Verelendung in den Hauptindus-

triestaaten formulierte John Maynard Keynes eine tröstliche und zukunftsweisende Botschaft an die folgenden Generationen, der er den Titel »Economic Possiblities for Our Grandchildren« (1931) gab. Darin prognostizierte er seinen Enkeln das Ende der Armut in den Industrieländern zum Ende des Jahrhunderts. Ihm schien, dass die dramatische Expansion der Wirtschaftsleistung in den modernen Industriestaaten zwangsläufig zu einer Situation führen müsse, in der absolute Armut überwunden und der geschaffene Wohlstand hinreichend sei, alle Bürger der Gesellschaft mit dem Notwendigsten (Nahrung, Kleidung, Wohnung) zu versorgen. Diese Prognose war gewiss für die potentiellen Enkel Lord Keynes' zutreffend, denn in den entwickelten Industrienationen ist der Jahrtausende währende Kampf der Menschen um die Sicherung des täglichen Lebens gewonnen, das Wachstum des Wohlstandes reicht dort aus, um allen Menschen genügend Nahrung zu gewähren und auch die übrigen Grundbedürfnisse zu befriedigen, es gibt dort keine extreme, also keine absolute Armut mehr.

Prognose des John Maynard Keynes

Die Ursache dieser Entwicklung hat Simon Kuznets, ein russischer Emigrant in den USA, mit dem Begriff des „modernen Wirtschaftswachstums" auf den Punkt gebracht. Zudem hat er bei dem Versuch der historischen Analyse dieses Prozesses die Ursachen der Entwicklung zu hinreichendem Wohlstand eindrucksvoll aufzeigen können. Das Ergebnis ist eindeutig und überzeugend. Während bis vor etwa 200 Jahren überall auf dem Erdball alle Menschen in etwa gleich arm waren, hat sich die Situation heute für einen Teil der Menschheit gravierend geändert. Angus Maddison schätzt, dass das durchschnittliche Pro-Kopf-Einkommen in Europa um 1800 etwa bei 90 Prozent des heutigen Durchschnittseinkommens in Afrika lag und die durchschnittliche Lebenserwartung bei etwa 40 Jahren. Rund um den Globus gab es keine gravierenden Unterschiede zwischen reichen und armen Regionen. Doch seit dem Ende des 18. Jahrhunderts begann sich die Situation grundlegend zu wandeln. Die einsetzende Industrialisierung bewirkte zunächst in England und später durch eine Ausbreitung in andere Weltregionen einen „Take Off" (Walt Rostow), das heißt den Aufstieg von einer vorindustriellen Armutsgesellschaft zu einer industriellen Wohlstandsgesellschaft. Innerhalb weniger Generationen vervielfachte sich dort die Wirtschaftsleistung sowie das Pro-Kopf-Einkommen und bewirkte eine „Great Transformation" (Karl Polanyi) von Wirtschaft und Gesellschaft zur „modernen Industriegesellschaft" (John K. Galbraith).

Der „Take Off"

Doch diese glückliche Entwicklung blieb bis heute auf nur wenige Weltregionen begrenzt. Armut auch in gravierenden Formen prägt weiterhin die Lebensverhältnisse großer Teile der Weltbevölkerung. Jeffrey D. Sachs schätzt, dass zu Beginn des 21. Jahrhunderts weiterhin etwa eine Milliarde Menschen von extremer Armut betroffen sind und täglich aufs Neue um ihr bloßes Überleben kämpfen müssen. Weitere 1,5 Milliarden Menschen sehen zwar ihr tägliches Überleben als weitgehend gesichert an, leben dennoch mit einem äußerst niedrigen Einkommen, das kaum hinreicht, ihnen ein menschenwürdiges Leben zu ermöglichen. Etwa 40 Prozent der Weltbevölkerung, das heißt ca. 2,5 Milliarden Menschen, existieren

Armut – Reichtum

demnach heute noch in Formen „extremer", das heißt absoluter Armut, wo es ihnen an Lebensnotwendigem fehlt. Etwa die gleiche Anzahl lebt (im internationalen Vergleich) mit einem „mittleren" Einkommen, das ihnen ein einigermaßen auskömmliches Leben und ihren Kindern einen regelmäßigen Schulbesuch ermöglicht. Lediglich eine Milliarde Menschen, also eine Minderheit, vornehmlich in den entwickelten Industriestaaten beheimatet, lässt sich im internationalen wie auch im historischen Vergleich als einigermaßen „reich" klassifizieren.

Armut ist also ein ungenauer und schillernder Begriff, und es empfiehlt sich daher, zwischen drei Graden der Armut zu entscheiden, nämlich einer extremen (oder absoluten) Armut, der gemäßigten und der relativen Armut. Absolute Armut bedeutet dabei, dass Menschen ihre Grundbedürfnisse nicht hinreichend befriedigen können: Sie sind chronisch untereernährt, von Krankheiten geplagt, leben in notdürftigen Unterkünften und Ähnlichem. Die UN bemisst diese Lebensverhältnisse mit einem Einkommen von weniger als 1 US-Dollar pro Tag. Derartige Lebensverhältnisse sind zumeist nur aus den Entwicklungsländern bekannt und finden sich nach Untersuchungen der Weltbank vor allem in Asien und Afrika. War es bis in die 80er Jahre des 20. Jahrhunderts noch Ostasien, wo die Mehrzahl solcher Lebensverhältnisse aufzufinden war, so hat sich dort die Lage inzwischen drastisch verbessert. Von ca. 800 Millionen betroffenen Menschen dort (1981) ist deren Zahl mittlerweile auf unter 300 Millionen (2000) gesunken und der betroffene Bevölkerungsanteil von knapp 60 % auf etwa 15 %. Die absolute Armut in Ostasien ist also auf dem Rückzug. Das ist in anderen Weltregionen nicht in gleichem Maße der Fall, wie zum Beispiel in Südasien, wo die absolute Anzahl der von extremer Armut betroffenen Menschen zwischen 1981 und 2001 nur von knapp 500 Millionen auf gut 400 Millionen gesunken ist und sich der Bevölkerungsanteil jedoch von 50 % auf 30 % vermindert hat, weil gleichzeitig die Gesamtbevölkerung deutlich gewachsen ist. Ganz anders war es in Schwarzafrika, wo sich die Zahl der absolut armen Menschen verdoppelt hat (von ca. 150 Mio. auf etwa 300 Mio.) und auch ihr Anteil an der ebenfalls wachsenden Gesamtbevölkerung im gleichen Zeitraum leicht angestiegen ist (von ca. 40 % auf ca. 45 %).

Drei Grade von Armut

Bei den Zahlen über gemäßigte Armut (das Maß gemäßigter Armut beläuft sich auf ein Einkommen zwischen 1 und 2 US-Dollar pro Tag) erweisen sich die Verhältnisse umgekehrt. Die davon betroffene Bevölkerung ist in den drei genannten Weltregionen überall angestiegen. Der Fortschritt der letzten 20 Jahre in Ost- und Südasien hat also allenfalls eine Milderung der weltweiten Armut bewirkt, keinesfalls jedoch eine Überwindung derselben. In großen Teilen Schwarzafrikas ist noch nicht einmal dies gelungen, denn dort ist der Anteil der gemäßigt armen Bevölkerung sogar gesunken, während der Anteil der absolut Armen leicht anstieg. Die wirtschaftliche Entwicklung hat also in den letzten Dekaden keinesfalls zum Verschwinden der Armut in der Welt geführt. Gleichwohl sind deutliche Fortschritte zur Minderung dieses Problems erzielt worden, und damit ist ein Weg beschritten, der möglicherweise den Enkeln der Menschen in Asien und vielleicht sogar auch in Afrika jene glückliche

Zukunft verheißen mag, die John Maynard Keynes vor nahezu 100 Jahren den von Elend bedrohten europäisch-nordamerikanischen Staaten aufzeichnete.

Wo aber liegen die Ursachen begründet, die dafür anzuführen sind, dass die modernen Industriestaaten im historischen Vergleich so ungewöhnlich „reich“ geworden sind, dass sie in der Lage waren, die Fesseln der Armut der vorindustriellen Welt, die auch diese über Jahrtausende gefangen hielten, abzustreifen und einen nie gekannten Wohlstand zu genießen?

Die Lösung des Armutsproblems in den industrialisierten Volkswirtschaften unserer Welt liegt in der Institutionalisierung stetigen Wirtschaftswachstums begründet. Bis ins 19. Jahrhundert hinein war nachhaltiges Wachstum der Wirtschaft ein weitgehend unbekanntes Phänomen, das erstmals am Ende des 18. Jahrhunderts in England und bald darauf auch in weiteren europäischen Ländern zu beobachten war. Zwar hatte es auch in vorindustrieller Zeit kurzfristig Phasen mit bemerkenswerten ökonomischen Aufschwüngen gegeben, doch diesen setzten sehr bald Ernteausfälle, Krankheiten, Seuchen, Kriege und Eroberungen ein frühes Ende. Die traditionellen Gesellschaften stießen bei ihren Versuchen, der Armutsfalle zu entkommen und eine langfristige Verbesserung ihrer ökonomischen Verhältnisse zu bewerkstelligen, immer wieder an quasi natürliche Grenzen. Erst in der Industriellen Revolution gelang es erstmals in England und Westeuropa (beginnend durch eine systematische Anwendung von Wissenschaft und Technologie bei der Produktion von Gütern und Dienstleistungen), ein stetiges Wirtschaftswachstum in Gang zu setzen. Der Mensch besann sich seiner Schöpferkraft auch hinsichtlich der materiellen Produktion, er entdeckte die Methode der Erfindung, und so gelang es, ein stetiges Wirtschaftswachstum von 1,2 % bis 1,7 % pro Kopf und Jahr zu etablieren. Im Laufe von 200 Jahren häufte man so in den betroffenen Weltregionen einen damals unvorstellbaren materiellen gesellschaftlichen Reichtum an. Dieses Wachstum hält dort bis in die Gegenwart an, und die deutlich unter diesen Raten des Wirtschaftswachstums liegenden langfristigen Wachstumsraten in großen Teilen Asiens, Afrikas und Lateinamerikas tragen bis heute dazu bei, dass sich der Abstand im Wohlstand zwischen den Weltregionen weiter vergrößert. Um 1820 war dieser zwischen der reichsten Weltregion (Großbritannien) und der ärmsten Gegend in etwa durch das Verhältnis 4 : 1 charakterisiert. Am Ende des 20. Jahrhunderts (1998) jedoch betrug dieses Verhältnis 20 : 1 (USA – Schwarzafrika).

Lösung des Armutsproblems bei den Industriestaaten

Dieses beeindruckende Wirtschaftswachstum in der westlichen Welt wurde durch deren Industrialisierung möglich. Dabei gelang es, einen Teil der produktiven Ressourcen der Gesellschaft (Arbeit und Wissen, Natur und Rohstoffe sowie Kapital) in der traditionellen Wirtschaft zu mobilisieren und dieser produktiveren Verwendungen zuzuführen. 1971 hat Simon Kuznets für seine „Erklärungen von Wirtschaftlichem Wachstum, welche zu neuen und vertiefenden Einsichten in die wirtschaftlichen und sozialen und Entwicklungsprozesse führten“, den Nobelpreis für Wirtschaftswissenschaften erhalten. Entscheidend sieht dieser dabei den „Übergang von landwirtschaftlichen zu nicht landwirtschaftlichen und in jüngerer Zeit von industriellen zu dienstleistungsorientierten Aktivitäten“ an. Es geht also darum, neue ökonomische Aktivitäten zu entfalten beziehungsweise deren Leistung zu verbessern und die alten wohlvertrauten traditionellen Arbeits- und Lebensformen zu überwinden. Ökonomisch betrachtet geht es also schlicht um die Reallokation produktiver Faktoren. Da eine traditionelle Armutsgesellschaft nur begrenzt über derartige Faktoren im traditionellen Sektor verfügt und sie dort kaum erübrigen kann, setzt das einen mühsamen und schmerzhaften Wandlungsprozess voraus – wenn man nicht auf Hilfe von außen hoffen will. In aller Kürze könnte man diesen Prozess als sektoralen Strukturwandel bezeichnen: Der traditionelle Sektor der Volkswirtschaft verliert dabei an Bedeutung, und ein moderner Sektor entsteht und expandiert entsprechend, so dass das wachsende Produkt der Bevölkerung einen erweiterten Existenzspielraum eröffnet, der wiederum Raum für Experimente und Neuerungen öffnet sowie die Generierung von erneutem und erweitertem Wohlstand zulässt. Der Weg zu stetigem Wirtschaftswachstum wäre damit eingeschlagen und eine Armutsgesellschaft würde dem „Modell“ fortgeschrittener Industriegesellschaften folgen.

Simon Kuznets

Jean Fourastié hat bereits im Jahre 1949 den sektoralen Strukturwandel der Volkswirtschaft im Zuge des modernen Wirtschaftswachstums als „große Hoffnung des 20. Jahrhunderts“ für die Industrienationen bezeichnet. Derartige sektoral differenzierende Vorstellungen finden sich nicht nur für den Übergang von einer durch die Industriewirtschaft geprägten Zivilisation des sekundären Sektors zu einer Gesellschaft des tertiären Sektors, in der Dienstleistungen und Dienstleistungstätigkeiten dominieren. Auch zur Beschreibung des Aufstiegs aus einer stagnierenden, von Armut geprägten vormodernen agrarischen Wirtschaft einer primären Zivilisation im Sinne Fourastiés eignet sich dieses sektorale Schema. In der Entwicklungstheorie sind derartige Stufen- oder Phasenentwicklungen häufig mit dem Begriff „struktureller Transformation“ verknüpft. Ursprünglich war ein solches Sektormodell zur Charakterisierung einer modernen Volkswirtschaft in drei Sektoren mit unterschiedlichen Produktionsverhältnissen (Urgewinnung, Stoffumwandlung, immaterielle Produktion) entwickelt worden, dann aber sehr bald als ein Modell sektoralen Wachstums mit einer engen kausalen Beziehung zwischen Wirtschaftswachstum und Verschiebung der sektoralen Anteile der Beschäftigten beziehungsweise der Wertschöpfung weiterentwickelt worden. Als Triebkräfte einer nahezu zwangsläufigen Sequenz von der Agrar- über die Industrie- zur Dienstleistungsgesellschaft wurden dabei unterschiedliche Einkommenselastizitäten der Nachfrage nach den Produkten der Sektoren und die unterschiedliche Wirkung des technischen Fortschritts in eben diesen Sektoren angesehen. Kritisch ist gegenüber dieser Sichtweise unter anderem anzumerken, dass die damit einhergehende Gleichsetzung des ökonomischen Fortschritts mit Industrialisierung und Dienstleistungsproduktion sowie die Zwangsläufigkeit des Übergangs zwischen diesen Entwicklungsstufen nicht notwendigerweise zutreffend sind. Nicht nur logische Erwägungen, auch empirische Befunde sprechen gegen eine derartig simplifizierende Sicht des sektoralen Strukturwandels.

Jean Fourastié

Gleichwohl bleibt die Vorstellung zutreffend, dass Industrialisierung und Wirtschaftswachstum eng mit Veränderungen in der sektoralen Struktur einer Volkswirtschaft verbunden sind. Ein gleichgewichtiges Wachstum aller Bereiche der Volkswirtschaft ist schwer vorstellbar und widerspricht auch allen Vorstellungen hinsichtlich des wirtschaftlichen Fortschritts und ökonomischer Entwicklung.

Bereits Joseph A. Schumpeter hat vor etwa 100 Jahren darauf hingewiesen, dass Fortschritt und Entwicklung nur durch Neuerungen und damit einhergehend durch die kreative Zerstörung überkommener Strukturen eintreten können – und das gilt hinsichtlich des modernen Wirtschaftswachstums für alle Weltregionen. Wenn sich eine Volkswirtschaft aus den Fesseln der Armut befreien will, gleich ob in Asien, Lateinamerika oder Afrika, sowie in weiter fortgeschrittenen Industriestaaten den eigenen Wohlstand weiter mehren will, so muss sie die verfügbaren Ressourcen effizienter nutzen. Dies kann sie nur dadurch tun, dass die Ressourcen transformiert und in neuer effizienterer Verwendung genutzt werden. Diese Reallokation der Ressourcen ist häufig auch mit sektoralen Verschiebungen in der Volkswirtschaft verbunden, so dass der sektorale Strukturwandel durchaus als Maßstab des Fortschritts gelten kann, ohne dass dieser selbst schon als Ursache des Wachstums angesehen werden muss.

Erreichen des Fortschritts?

Allerdings ist augenfällig, dass der Umfang verfügbarer Ressourcen zur Reallokation und die Strukturen der Volkswirtschaften in den verschiedenen Weltregionen sehr unterschiedlich sind und sich möglicherweise im Laufe der letzten 100 Jahre deutlich verändert haben. Dies ist das Thema der folgenden Ausführungen, in denen der sektorale Strukturwandel in den Volkswirtschaften der großen Weltregionen unter dem Einfluss der Globalisierung nachgezeichnet werden soll. Damit soll zugleich der Frage nachgegangen werden, ob und inwieweit man damit dem eingangs formulierte Ziel, unseren Enkeln überall auf der Welt ein Leben ohne Not jenseits von Armut und Krankheit zu ermöglichen, näher gekommen ist.

Auch in den heutigen Industrieländern begann der Prozess der Reallokation der produktiven Faktoren notwendigerweise damit, dass man in den traditionellen Bereichen der Volkswirtschaft – andere gab es naturgemäß noch gar nicht – vorhandene Ressourcen intensiver zu nutzen begann und die daraus resultierenden „freien“ Erträge neuen Verwendungen zuführte. Die Produktionsfaktoren einer vormodernen Volkswirtschaft werden aber im Wesentlichen durch „Boden“ und „Arbeit“ bestimmt, und daher nimmt es nicht wunder, dass man den Beginn der industriellen Entwicklung in Europa eng mit einer vorausgehenden „Agrarrevolution“ und einer Revolution des Arbeitsfleißes *(industrious revolution)* verbindet. Dieser Zusammenhang gilt bis heute, und jeder Versuch zur Überwindung der Armut in welcher Weltregion auch immer ist gut beraten, auf eine Mobilisierung der internen Ressourcen einer Volkswirtschaft und nicht auf Hilfe von außen zu vertrauen. Welches aber sind die internen Ressourcen, die man für die Ingangsetzung eines stetigen Wachstumsprozesses in den unterschiedlichen Weltregionen nutzen kann, und auf welche Weise kann man damit einen sektoralen Strukturwandel anstoßen? Wie weit sind die verschiedenen Weltregionen im Prozess des darauf fußenden sektoralen Strukturwandels bis heute vorangeschritten? Hieran gilt es anzuknüpfen.

Theorie und Bedeutung des sektoralen Strukturwandels

Es wurde bereits darauf hingewiesen, dass Wohlstandssteigerungen und Industrialisierung als dynamische Prozesse stets mit Strukturwandlungen der Wirtschaft einhergehen. Nicht alle Teile der Volkswirtschaft wachsen im Gleichschritt, manche eilen voraus, andere folgen zögerlich, manche gar nicht und andere schrumpfen sogar. Dies spiegelt sich auch in der Gewichtung der volkswirtschaftlichen Hauptsektoren, dem primären (Agrar-)Sektor, dem sekundären (Gewerbe-)Sektor und dem tertiären (Dienstleistungs-)Sektor. Die zugrunde liegende „Sektortheorie" wurde in Umrissen bereits 1939 von Allan G. B. Fisher entwickelt: Er unterschied dabei einen primären Sektor, in dem unmittelbar lebensnotwendige Güter produziert werden, von einem sekundären, der sich der Herstellung nachrangig notwendiger Produkte widmet, und einen tertiären Sektor, der Luxusgüter und Bequemlichkeiten bereitstellt. Dabei knüpft er an Vorstellungen über eine Hierarchie von Bedürfnissen an, die auch in den Vorstellungen vormoderner Autoren bereits eine Rolle spielen. Colin Clark baut auf diesen Überlegungen auf und entwickelt das Modell einer sektoral differenzierten gesamtwirtschaftlichen Produktion mit einem Primärsektor der Urgewinnung, einem Sekundärsektor gewerblicher Produktion und einem Tertiärsektor von Dienstleistungen. Im Laufe der ökonomischen Entwicklung, im *economic progress*, kommt es nach Clark zu einem charakteristischen sektoralen Strukturwandel, während dessen sich die Beschäftigung vom primären (agrarischen) zum sekundären (industriellen) und schließlich zum tertiären, dem Dienstleistungssektor, verschiebt. Als Ursache dieser Entwicklung werden einerseits, insbesondere von Fisher und Clark, die Konsumpräferenzen der Bevölkerung und deren Wirkung auf die gesamtwirtschaftliche Nachfrage angeführt, andererseits nimmt Fourastié an, dass es gravierende Produktivitätsunterschiede in den drei Sektoren gibt, welche die langfristigen sektoralen Entwicklungschancen bestimmen. Die Hoffnung auf ein überproportionales Beschäftigungswachstum im Dienstleistungssektor fußt also auf der Annahme, dass einerseits ein wachsendes Bedürfnis nach Dienstleistungen sich in einer entsprechenden Nachfrage niederschlägt und andererseits die Möglichkeiten der Rationalisierung von Dienstleistungen wegen des geringen Produktivitätswachstums begrenzt bleiben. Verschiebungen in der Struktur der gesamtwirtschaftlichen Nachfrage und die unterschiedliche Wirksamkeit des technischen Fortschritts in den Sektoren determinieren danach also den Weg in die Dienstleistungsgesellschaft. Die daraus resultierende „tertiäre Zivilisation" (Fourastié) repräsentiert dabei weit mehr als nur Vollbeschäftigung bei stetig steigendem Wohlstand. Die Höherentwicklung der menschlichen Lebensweise und die Hoffnung auf ökonomische und politische Stabilität stellen eine große Verheißung dar, auch

Volkswirtschaftliche Hauptsektoren

wenn die Kosten des Überganges, lediglich in einer Zwischenperiode von einer primären zu einer tertiären Zivilisation in der industriellen Zivilisation, geprägt durch „schwerste Krisen wirtschaftlicher, politischer und gesellschaftlicher Natur“ (Fourastié), gravierend sein können.

Für die modernen Volkswirtschaften westlichen Zuschnitts hat sich diese positive Entwicklung anscheinend in einem stetig sinkenden Anteil der Landwirtschaft beziehungsweise des Agrarsektors an der gesamtwirtschaftlichen Beschäftigung und Wertschöpfung, in einem zunächst stark wachsenden, dann stagnierenden und schließlich allmählich sinkenden Anteil des gewerblichen Sektors und einem stetig wachsenden Dienstleistungssektor niedergeschlagen. Gilt das auch für die nachfolgenden Volkswirtschaften der übrigen Welt?

Natürlich ist die Datenlage für die Volkswirtschaften außerhalb der westlichen Welt wesentlich schlechter und lückenhaft und daher ein Versuch zur Beantwortung dieser Frage schwierig. Gleichwohl lässt sich ein erster Vergleich dieser Art für das 20. Jahrhundert durchführen. Für einige ausgewählte Länder verschiedener Weltregionen kann das in der nachfolgenden Tabelle gezeichnete Bild entwickelt werden.

Prozess sektoralen Wandels

Dabei lassen sich natürlich nur für eine begrenzte Zahl von Ländern und eine unterschiedlich eingegrenzte Zeitperiode entsprechende Daten mobilisieren. Für Japan und Argentinien, zwei Länder, für die bereits seit Anfang des 20. Jahrhunderts entsprechende Daten zur Verfügung stehen, wird deutlich, dass der Prozess sektoralen Wandels von einer Agrar- zur Industriegesellschaft bereits zu Beginn des 20. Jahrhunderts begonnen hatte und sich im 20. Jahrhundert fortsetzte. Der Agrarsektor war in beiden Ländern um 1900 schon nicht mehr der dominierende Wirtschaftsbereich (Argentinien 23 %, Japan 34 %), und der gewerblich-industrielle Sektor hatte bereits einen bedeutsamen Anteil erreicht. Noch gewichtiger allerdings war in Argentinien bereits zu Beginn des 20. Jahrhunderts der Dienstleistungssektor mit Transport, Handel und Kommunikation, was auf eine enge Einbindung der Agrarwirtschaft Argentiniens in die Weltwirtschaft hinweist. Die

Argentinien, Japan und …

entsprechenden Daten für Japan lassen sich zu Beginn des Jahrhunderts nur schwer dem modernen Dienstleistungssektor zuordnen und bleiben daher hier außer Betracht. Im Laufe des 20. Jahrhunderts zeigen dann die beiden Nationen aber einen unterschiedlichen Entwicklungsverlauf. Argentinien, mit einem deutlichen Vorsprung in das 20. Jahrhundert gestartet, verliert diesen Entwicklungsvorsprung gegenüber Japan sehr bald, Industrialisierung und sektoraler Strukturwandel verlieren dort offenbar an Dynamik und die Landwirtschaft behauptet noch sehr lange einen bemerkenswerten Anteil an der argentinischen Wertschöpfung, während dieser für Japan auf ein Maß von wenigen Prozentpunkten fällt, wie das für moderne Industriegesellschaften typisch ist und hier dann auch ein moderner Dienstleistungssektor entsteht.

Auch der brasilianische Nachbar Argentiniens ist hier offenbar erfolgreich, denn auch dort reduziert sich der entsprechende Anteil des Agrarsektors seit der Mitte des Jahrhunderts sehr rasch auf unter 10 %, und ein moderner Dienstleistungssektor ent-

	Südamerika								Asien												Afrika							
	Argentinien				Brasilien				Indien				China				Japan				Kenia				Nigeria			
	I	II	III	IV	I	II	III	IV	I	II	III	IV	I	II	III	IV	I	II	III	IV	I	II	III	IV	I	II	III	IV
1900–1904	23	21	24	21					58								34	14	(3)	(45)								
1910–1914	26	24	29	23					60								30	26	(6)	(44)								
1920–1924	28	23	29	22	24	13	24	(39)	60								23	22	(12)	(41)								
1930–1934	24	25	31	21	24	13	22	(41)	61								19	28	(11)	(42)								
1940–1944	24	29	26	17	21	26	24	28	56								20	40	(9)	(32)								
1950–1954	16	30	28	17	16	33	27	24	49	17	17	16					23	30	(8)	(37)	44	17	23	16	66	8	23	5
1960–1964	15	34	27	17	13	37	25	24	45	19	14	15					12	43	26	20	40	15	20	22	57	11	17	8
1970–1974	12	41	26	16	9	39	27	25	41	21	12	18	39	47	14		6	44	24	24	32	18	14	27	31	30	23	10
1980–1984	15	39	32	21	8	39			32	25	16	17	39	52	11		3	41	21	38	29	18	14	27	24	37	25	11
1989–1993	8	36	36	20	9	37	6		28	26	19	17	29	55	11		2	41	19	42	24	16	18	17	31	46	15	10
1995–2003*	7	26	23	36	7	32	12	42	23	24	20	25	16	51	15	18	1	32	20	50	20	15	26	30	31	44	16	6

* Zeiträume weichen bei folgenden Ländern leicht ab: Argentinien 1995–2004, Indien 1997–2003, China 1998–2004, Japan 1997–2003.

Sektoraler Strukturwandel in verschiedenen Weltregionen im 20. Jahrhundert (Anteile des BIP nach Sektoren).
I = Landwirtschaft, Forstwirtschaft, Fischfang; II = Industrie, Bergbau, Baugewerbe;
III = Transport, Kommunikation, Gewerbe (Handel + Geldwesen in Amerika), IV = andere.
(Nach: Brian R. Mitchell: International Historical Statistics, 3 Bände, The Americas 1750–2005, Africa, Asia and Oceania, 1750–2005, New York 2007.)

steht dann ab den 1940er Jahren. Es zeigen sich bereits bei diesem ersten, vorläufigen Vergleich von nur drei Ländern in unterschiedlichen Weltregionen recht differenzierte Verläufe des sektoralen Strukturwandels, unterschiedliche Wege zu Industrialisierung und Wirtschaftswachstum werden sichtbar. Den beiden Frühstartern, Japan und Argentinien, gelingt offenbar auf Grund besonderer Umstände, die später noch ausführlich zu diskutieren sind, das rasche Einschwenken auf einen Wachstumspfad, der dann – wie im Falle Argentiniens, zu Beginn des Jahrhunderts eines der reichsten Länder der Welt – allerdings nur zögerlich weiterverfolgt wird, denn der Anteil der Industrie wächst in der ersten Hälfte des 20. Jahrhunderts nur schwach von 21 % auf 29 %, während in Japan dieser Anteil sich im gleichen Zeitraum verdreifacht, von 14 % auf 40 %. Brasilien hingegen, für das allerdings erst ab den 1920er Jahren entsprechende Daten vorliegen, vermag den Strukturwandel dann aber weit kraftvoller zu gestalten als Argentinien. In Brasilien reduziert sich der landwirtschaftliche Anteil, von einem ähnlichen Niveau ausgehend wie in Argentinien (1930–1934 beide 24 %), im Laufe der zweiten Hälfte des Jahrhunderts auf das für Industriestaaten übliche Niveau. Die Bedeutung der gewerblichen Produktion, in Brasilien zunächst deutlich geringer als in Argentinien (1930–1934 in Argentinien 25 %, in Brasilien 13 %), gewinnt in den 1980er Jahren in beiden Ländern ähnliche Bedeutung (1980–1984: 39 %).

… Brasilien

Blickt man auf andere Länder in Asien und Afrika, so erschweren Datenlücken einen Vergleich. Gleichwohl scheinen einige Trends in der Entwicklung des sektoralen Strukturwandels auch dort ablesbar. Indien zum Beispiel bleibt bis weit in das 20. Jahrhundert hinein überwiegend agrarisch geprägt, und ein Gewerbesektor ist erst allmählich im Entstehen und in der Expansion begriffen, Ähnliches gilt für den Dienstleistungssektor. China hingegen weist neben einem weiterhin bedeutenden Agrarsektor seit den 1970er Jahren einen ebenso, wenn nicht gar bedeutenderen gewerblichen Sektor auf, so dass man für China bereits von einer dualistischen Wirtschaftsstruktur sprechen könnte. In Schwarzafrika bleibt der Agrarsektor ebenfalls für zahlreiche Staaten bis zum Ende des 20. Jahrhunderts prägend, wie das zum Beispiel im Falle Kenias offenbar wird (1980–1984 29 % gegenüber 18 % 1995/2003). Nigeria als Ölproduzent zeigt hier eine etwas andere Entwicklung, weil hier neben der ebenfalls weiterhin bedeutsamen Landwirtschaft (1980–1984 24 %, 1995/2003 31 %) auch die gewerbliche Wirtschaft (37 %) eine bedeutsame Rolle spielt. Erklärungsbedürftig bleiben bei allen diesen Vergleichen Inhalt und Bedeutung der übrigen Wirtschaftsbereiche, die häufig nicht zwangsläufig dem tertiären, dem modernen (Dienstleistungs-)Sektor, zuzurechnen sind, weil dieser in seinen modernen Formen (Transport und Kommunikation, Handel und Finanzdienstleistungen) für diese Länder zum Teil nur unvollkommen zu erfassen ist und daneben ein beachtlicher Teil „übriger“ Wirtschaftstätigkeiten in der Statistik auftaucht, der dem üblichen Drei-Sektoren-Schema nicht eindeutig zuzuordnen ist. Bei diesen „übrigen“ Produktionsformen handelt es sich offenbar um Relikte einer vorindustriellen Produktionsweise in den betroffenen Staaten, die sich als „informeller“ Sektor der statistischen Erfassung im Konzept der Sektorentheorie entziehen, ganz ähnlich übrigens den Verhältnissen der europäischen Staaten im 18. Jahrhundert.

Indien, China, Schwarzafrika

Die ursprüngliche Vorstellung der Gliederung einer Volkswirtschaft in die beschriebenen drei Hauptsektoren ist daher mit schwerwiegenden methodischen Vorbehalten konfrontiert. Diese Aufteilung orientiert sich an den Eigentümlichkeiten der jeweilig produzierten Güter (Fisher) beziehungsweise an der Form der Produktion derselben (Clark) und entsprach damit vollkommen den zeitgenössischen Vorstellungen der 30er Jahre des 20. Jahrhunderts über die Struktur einer entfalteten Industriegesellschaft. Als eines der grundsätzlichen Probleme der Statistik erweist es sich jedoch, dass ihre Kategorien und Daten immer nur an den Zuständen der Vergangenheit orientiert sein können. Dies gilt zum Beispiel auch für die Haushaltsstatistik, die bis heute Familienhaushalte zum Hauptgegenstand ihrer Untersuchungen macht, obwohl nur noch eine Minderheit der Bevölkerung in derartigen Sozialformen lebt, ebenso wie die Erwerbsstatistik, die sich an Normalarbeitsverhältnissen im gewerblichen Sektor orientiert, obwohl auch diese Kategorie empirisch immer weniger gehaltvoll erscheint. Diese Vorstellungen haben sich allmählich in den Modellen der Wirtschaftswissenschaften und in den Messkonzepten der Statistik entwickelt und verfestigt. So bleibt die bis heute verfügbare Beschäftigungsstatistik daher eine Statistik der Industriegesellschaft, die in ihren Kategorien

Gliederung einer Volkswirtschaft fragwürdig

gut beschreibbar erscheint. Bei der Erfassung einer traditionellen Agrargesellschaft wie auch der modernen Dienstleistungsgesellschaft stößt man aber mit den vorliegenden Konzepten auf große Schwierigkeiten. Die Abgrenzung der drei Hauptsektoren hinsichtlich Beschäftigung und Wertschöpfung untereinander und die Zuweisung einzelner Erwerbstätigkeit sind daher nicht immer eindeutig und folgen bloßen Ad-hoc-Konventionen. Daher finden sich unter dem Rubrum „Dienstleistungen" ebenso wie im Agrarbereich recht unterschiedliche Erwerbstätigkeiten. Die Kategorie „Dienstleistung" erweist sich als ein „Sammelsurium ohne jede systematische Begründung" (Hartmut Häußermann, Walter Siebel) eher negativ, als nicht-industrielle Tätigkeit definiert. Es lassen sich daher durchaus auch alternative Abgrenzungen finden. Im Gewerbe gilt Ähnliches – es bleibt zum Beispiel unklar, ob der Bergbau dem primären oder sekundären Sektor zuzurechnen ist, oder etwa die Bauwirtschaft dem sekundären oder tertiären. Die Industriestatistik bildet also die Grundlage der Sektortheorie und wird damit den Eigentümlichkeiten des primären (Agrar-)Sektors wie auch denen des tertiären (Dienstleistungs-)Sektor nur unzureichend gerecht.

Überhaupt bleibt eine Gliederung der Wirtschaft nach den genannten Sektoren fragwürdig, weil nicht nur die Zuordnung von Produkten und Arbeitsleistungen zu einem wie auch immer gearteten Agrar- oder Dienstleistungssektor artifiziell bleibt. Insbesondere im Bereich der Primärproduktion, in der Landwirtschaft, lassen sich die behaupteten Gesetzmäßigkeiten in der Eigentümlichkeit der Urproduktion nur mühsam nachweisen. Auch lassen sich in der modernen landwirtschaftlichen Produktion in den Industriestaaten, wegen der zunehmenden Substitution von „Boden" durch Kapital, zum Beispiel in den agrarindustriellen Veredelungsbetrieben, ähnlich wie in der Industrie mittelfristig zunehmende Grenzerträge aufzeigen. Beschäftigung und Wertschöpfung des landwirtschaftlichen Sektors müssen also auch hier, in den entwickelten Industriestaaten, nicht zwangsläufig sinken. Überhaupt verwischt sich die Grenze zwischen Landwirtschaft und Industrie zunehmend, und Teile der Agrarproduktion werden daher durchaus zutreffend gelegentlich als „Agrarindustrie" apostrophiert. Auch scheint langfristig betrachtet die Produktivitätssteigerung der Landwirtschaft derjenigen der Industrie keineswegs immer unterlegen zu sein. Nicht nur die Trennung zwischen Industrie und Dienstleistungssektor, wegen der zunehmenden Bedeutung produktionsbezogener Dienstleistungen im Bereich der Industrie, erscheint daher fragwürdig, auch eine simple Trennung zwischen Landwirtschaft und Industrie muss hinterfragt werden.

Die Abgrenzungsprobleme zwischen Landwirtschaft und Industrie in modernen Industriestaaten stellen sich für die vormoderne Zeit, das heißt für Agrargesellschaften, zwar in veränderter Form, aber in gleicher Schärfe. So war es im 18. und 19. Jahrhundert in Deutschland noch üblich, dass Handwerker als städtische „Ackerbürger" zugleich eine landwirtschaftliche Parzelle bewirtschafteten, Landbewohner, nicht nur „Bauern", zugleich neben ihren landwirtschaftlichen Tätigkeiten Gewerbeprodukte vielfältiger Art als Heimwerker oder als Verlagsarbeiter verfertigten. Das ganze „protoindustrielle" Produktionssystem in

Symbiose zwischen Landwirtschaft und Gewerbe

verschiedenen europäischen Regionen des 18. Jahrhunderts beruhte weitgehend auf einer Symbiose zwischen Landwirtschaft und Gewerbe. Auch vielfältige Funktionen in Handel und Transport wurden nur nebenbei von landwirtschaftlichen oder gewerblichen Arbeitskräften erbracht. Alles in allem kann von einer eindeutigen Zuordnung der Arbeitskräfte in einen der volkswirtschaftlichen Hauptsektoren nicht gesprochen werden. Die vormoderne Wirtschaft widersetzt sich einer derartigen Kategorisierung, und das gilt für die historischen Erfahrungen in Europa ebenso wie für die Entwicklungsgesellschaften der Gegenwart.

Was bleibt also von der „Sektortheorie" hinsichtlich einer ersten Annäherung an die Veränderungen der sektoralen Struktur verschiedener Volkswirtschaften in den einzelnen Weltregionen im 20. Jahrhundert? Es handelt sich um ein widersprüchliches Konzept, dessen Einlösung an methodische und empirische Grenzen stößt. Ein eindeutiger Entwicklungsgang von der Agrar- über die Industrie- zur Dienstleistungsgesellschaft oder gar der von einer primären über die sekundäre zur tertiären Zivilisation (Fourastié) ist damit nur schwerlich nachzuzeichnen. Selbst wenn man diese methodisch-empirischen Probleme ignoriert und eine schematische Zuweisung der ökonomischen Aktivitäten auf die genannten Hauptsektoren vornimmt, erscheinen die Ergebnisse uneinheitlich. Hartmut Kaelble hat bereits mehrfach darauf hingewiesen, dass eine derart eindeutige Entwicklung der sektoralen Beschäftigung – und ähnlich auch der sektoralen Wertschöpfung – offenbar eine historische Sonderentwicklung westeuropäischer Staaten ist und in anderen Weltregionen in dieser Form fast nirgends vorgefunden werden kann. Darüber hinaus gilt zweitens dieses Schema selbst nicht einmal für alle europäischen Staaten, und dort, wo es anwendbar erscheint, folgt die Entwicklung drittens gelegentlich einem anderen zeitlichen Muster. Die Agrargesellschaft wird wesentlich später überwunden, als das nach dem Modellverlauf zu erwarten wäre. Kurzum, alles ist möglich hinsichtlich des sektoralen Strukturwandels. Allerdings bleibt unbestritten, dass dieser unabweisbar ist, wenn man Wohlstandssteigerung der Volkswirtschaft als Ziel setzt. Es gilt Ressourcen in der traditionellen Wirtschaft zu mobilisieren, sie in die modernen Bereiche umzuleiten, damit sie dort einer produktiveren Verwendung zugeführt werden können. Wie weit sind die verschiedenen Weltregionen auf diesem Weg im 20. Jahrhundert zur Wohlstandsgesellschaft vorangeschritten?

„Sektortheorie": widersprüchliches Konzept

Welcher Zusammenhang aber lässt sich zwischen dem geschilderten sektoralen Strukturwandel und dem Wirtschaftswachstum in den ausgewählten Ländern der verschiedenen Weltregionen aufzeigen? Fördert die Modernisierung der Wirtschaftsstruktur tatsächlich den Wohlstand der betroffenen Nationen, wie das in den an Simon Kuznets und Walt W. Rostow orientierten Überlegungen bereits ausgeführt wurde?

Blickt man auf Argentinien, so lässt sich gemäß der Grafik festhalten, dass dieses Land mit einem bemerkenswerten Vorsprung vor allen anderen betrachteten Volkswirtschaften in das 20. Jahrhundert startete. Das Pro-Kopf-Einkommen war dort mehr als doppelt so hoch wie in Japan und um ein Vielfaches höher als in Brasilien, China und Indien, von den afrikanischen Kolonien

Strukturwandel wachsender Volkswirtschaft

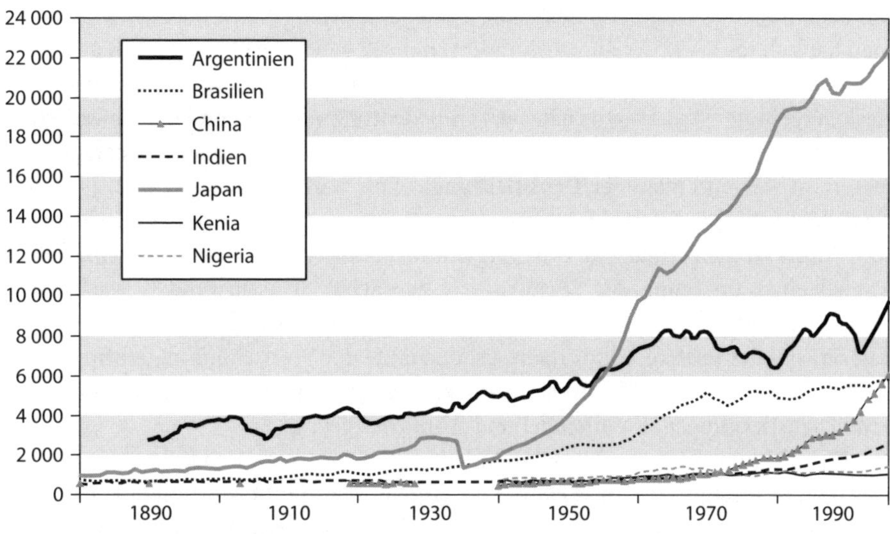

Bruttoinlandsprodukt pro Kopf in verschiedenen Weltregionen 1890–2006 (in Geary-Khamis-Dollar).

ganz zu schweigen. Hier, in Argentinien, setzte sich dieser Prozess der Wohlstandsmehrung auch zunächst weiter fort, obwohl der Anteil der Wertschöpfung der Landwirtschaft ebenso stieg wie der des Gewerbes. Das Land verdankte seinen Wohlstand vor allem auch seiner exportorientierten agrarischen Veredelungswirtschaft (Rinderzucht) wie auch seinem Gewerbe, also einer Modernisierung und Marktdurchdringung des sekundären und primären Sektors. Dazu diente auch der von Anfang an enorm große Dienstleistungssektor, dessen Wertschöpfung stetig die von Landwirtschaft oder Gewerbe übertraf. Der Erste Weltkrieg traf dann die argentinische Volkswirtschaft schwer und führte zwischen 1912 und 1917 zu einem drastischen Rückgang des Pro-Kopf-Einkommens um etwa ein Viertel. Danach setzte erneut ein mäßiger Wachstumsprozess ein, der Anfang der 30er Jahre durch die Auswirkungen der Weltwirtschaftskrise unterbrochen wurde und in einer Stagnationsperiode bis in die 1940er Jahre mündete. Diese wurde erst nach dem Zweiten Weltkrieg unterbrochen, als der Wiederaufbau der kriegszerstörten und kriegsbetroffenen Volkswirtschaften in Europa begann, und schaffte damit Bedingungen eines moderaten, gleichwohl relativ stetigen Wachstums, bis die Krise der 1980er Jahre wiederum einen Einbruch in der Entwicklung des Wohlstandes bewirkte. Mehr als ein Jahrzehnt stagnierte danach das Pro-Kopf-Einkommen (1981: 7607 GK$ 1992: 7495 GK$) und erst in den 90er Jahren des 20. Jahrhunderts konnte die Wachstumsschwäche der argentinischen Volkswirtschaft allmählich überwunden werden.

Argentinien und …

Das Wachstum des Pro-Kopf-Einkommens in Argentinien während des 20. Jahrhunderts unterlag also deutlichen Schwankungen und wurde durch drei schwere Kri-

sen beeinträchtigt. Insgesamt zeigte die Tendenz allerdings nach oben: Das Einkommen hat sich im Laufe des 20. Jahrhunderts nahezu vervierfacht. Zugleich hat sich die Struktur der argentinischen Volkswirtschaft deutlich verändert. Der ursprünglich stark ausgeprägte Agrarsektor hat stark an Bedeutung verloren, und der Gewerbesektor wurde bis zur Krise der 80er Jahre (1970/1974: 41 %) zunehmend wichtig. Doch insgesamt war und blieb der Dienstleistungssektor während des gesamten Jahrhunderts der wichtigste Sektor in Argentinien und gewann gegen Ende des Jahrhunderts sogar noch an Bedeutung. Kurzum, Argentinien entspricht nur sehr in Grenzen dem Modell eines im Sinne der Sektortheorie geprägten Strukturwandels wachsender Volkswirtschaft. Eine moderne Dienstleistungsgesellschaft ist hier noch nicht sichtbar, obwohl der tertiäre Sektor mehr als die Hälfte der Wertschöpfung erbringt. Dieser Sektor bleibt weiterhin durch vormoderne Wirtschaftstätigkeiten, durch persönliche Dienstleistungen, Kleinhandel und Ähnliches geprägt.

… Brasilien

Das südamerikanische Nachbarland Brasilien zeigt eine weitaus weniger dynamische und erfolgreiche Entwicklung als Argentinien im 20. Jahrhundert. Der Eintritt in das Jahrhundert erfolgte auf einem deutlich geringeren Wohlfahrtsniveau: Das Pro-Kopf-Einkommen betrug nur weniger als ein Viertel desjenigen Argentiniens. Allerdings waren deshalb auch die krisenhaften Einbrüche der ersten Hälfte des 20. Jahrhunderts in Brasilien nicht so gravierend wie im Nachbarland. Der Erste Weltkrieg führte lediglich zu einem Rückgang des Pro-Kopf-Einkommens von ca. 5 % (Argentinien ca. 25 %), und auch die Krise der 1930er Jahre traf Brasilien geringer und weniger anhaltend. Das lag gewiss auch daran, dass die Exportverflechtung Brasiliens in diesen Jahrzehnten weit geringer war als diejenige Argentiniens. Auch war der gewerbliche Sektor nur halb so stark ausgeprägt, und seine Wertschöpfung überstieg den des Agrarsektors in Brasilien deutlich erst zur Mitte des 20. Jahrhunderts, während dies in Argentinien bereits mindestens eine Dekade zuvor der Fall gewesen war. In der zweiten Jahrhunderthälfte gleicht sich die sektorale Wirtschaftsstruktur in den beiden Ländern stärker an, und das gilt auch hinsichtlich des tertiären Sektors. Ähnlich wie in Argentinien besteht auch hier ein beachtlicher, allerdings vormoderner Dienstleistungssektor. Beide Länder befinden sich also auf einem Entwicklungspfad, der dem Schema der Sektortheorie allenfalls in groben Zügen entspricht und trotz eines vormodern geprägten Dienstleistungssektors mit einem beachtlichen Wirtschaftswachstum verbunden war. Die Wachstumseinbrüche der 1980er Jahre waren beiden Ländern gemein, wenn auch in Brasilien weniger gravierend als in Argentinien. Am Ende des 20. Jahrhunderts hat sich das Wohlfahrtsniveau beider Länder deutlich angenähert, die Differenz des Pro-Kopf-Einkommens beträgt jetzt nur noch ein Drittel.

Was Asien betrifft, so zeigen die hier ausgewählten Staaten eine weitaus homogenere Entwicklung als die beiden zuvor behandelten südamerikanischen Länder. Japan schreibt im 20. Jahrhundert eine beeindruckende Erfolgsgeschichte: Das Wachstum des Pro-Kopf-Einkommens startete zu Beginn des 20. Jahrhunderts auf einem noch bescheideneren Niveau, deutlich unter dem Argentiniens und knapp über dem Brasiliens, doch ein stetiger Fortschritt lässt die Wohlstandslücke zu Brasilien weiter wachsen und die zu Argentinien schrumpfen. Der Zweite Weltkrieg führte zu einem gänzlichen Zusammenbruch der japanischen Wirtschaft und drückte das Wohlfahrtsniveau bei einer Halbierung der Wirtschaftsleistung zwischen 1944 und 1945 wieder auf das Niveau Brasiliens herab. Dann aber setzte das „japanische Wirtschaftswunder" ein, welches ein halbes Jahrhundert anhielt und Japan in den Kreis der führenden Industrienationen führte. Dieser Aufschwung war mit einem gravierenden sektoralen Strukturwandel der japanischen Wirtschaft verbunden: Anfang des Jahrhunderts verfügte Japan nur über einen bescheidenen gewerblichen Sektor, der dann aber rasch anwuchs. Die Landwirtschaft verlor schnell an Bedeutung, und schon in den 1920er Jahren war ein Gleichstand zwischen landwirtschaftlicher und gewerblicher Produktion erreicht, in den 1930er Jahren war dann der sekundäre Sektor der bereits größte (28 % gegenüber 19 % des Agrarsektors) und in den 1940er Jahren mit 40 % der dominierende Sektor, vermutlich auch bedeutender als der ebenfalls beachtliche Dienstleistungssektor. In den 60er und 70er Jahren befanden sich sekundärer und tertiärer Sektor hinsichtlich der Anteile an der Wertschöpfung nahezu im Gleichgewicht, während in den folgenden Dekaden der Dienstleistungssektor einen deutlichen Bedeutungszugewinn erfuhr (1995/2000: 70 %), während die Bedeutung des gewerblichen Sektors tendenziell abnahm (1995/2000: 32 %). Der Anteil des Agrarsektors an der Wertschöpfung versank praktisch in der Bedeutungslosigkeit. Japan erscheint daher am ehesten dem Modell der Sektortheorie zu folgen und von einer Agrar- über die Industrie- zur Dienstleistungsgesellschaft voranzuschreiten.

Japan

Dies gilt für die beiden weiteren hier betrachteten asiatischen Staaten weit weniger. In Indien behauptet sich der zunächst absolut dominierende Agrarsektor bis in die Gegenwart als der gewerblichen Produktion ebenbürtig. Dienstleistungen nahmen auch hier bereits seit der Mitte des Jahrhunderts deutlich zu, und die Wertschöpfung des tertiären Sektors überstieg seitdem stetig diejenige des gewerblichen Sektors. Ein starkes Wirtschaftswachstum war mit diesem sektoralen Strukturwandel allerdings nicht verbunden, und erst in der letzten Dekade des Jahrhunderts deutete sich auch für Indien die Chance einer beschleunigten Wohlfahrtsmehrung sachte an. Bis zum Ende des Jahrhunderts blieb die indische Wirtschaft noch stark durch vormoderne Elemente in Landwirtschaft und traditionellen Dienstleistungen geprägt – der Weg in eine moderne Dienstleistungsgesellschaft scheint noch weit.

Indien

Dies gilt auch für China, obwohl gerade dieses Land nach der Jahrtausendwende deutliche Fortschritte gemacht hat, die bis zum Jahr 2000 nur in Ansätzen sichtbar wurden. Immerhin übertraf in diesem Land seit den 70er Jahren, seit denen einigermaßen verlässliche Daten über die sektorale Struktur der Wirtschaft verfügbar sind, die Wertschöpfung des Gewerbes diejenige der Landwirtschaft. Dienstleistungen lassen sich nicht hinreichend erfassen, aber am Ende des Jahrhunderts trug der Dienstleistungssektor in China immerhin ein Drittel zur Wertschöpfung bei, der Löwen-

China anteil mit 51 % entfällt auf das Gewerbe. Entsprechend gering verblieb der Anteil der Landwirtschaft bei 16 % und lag damit zwischen dem der asiatischen Nachbarn (Indien: 23 %, Japan: 1 %). Mit diesem Strukturwandel in China in Richtung auf eine Industriewirtschaft ist ein bemerkenswerter Wachstumsprozess verbunden, der in den 1980er Jahren begann und dann in den späten 1990er Jahren nochmals an Fahrt gewann und dem Land zu Beginn des neuen Jahrtausends zum Teil jährliche Wachstumsraten von über zehn Prozent (2002: 11,03 %, 2003: 13,48 %) bescherte. Daher erscheint China gemäß dem Sektorenmodell auf dem Wege der Transition von einer Agrar- zur Industriegesellschaft ein gutes Stück vorangekommen, die Dienstleistungsgesellschaft bleibt hingegen noch in weiter Ferne.

Was nun die Wirtschaft Afrikas betrifft, so ist der betrübliche Zustand der Staaten Schwarzafrikas häufig beschrieben worden. Das gilt auch für die beiden hier exemplarisch herausgegriffenen Fälle. In Kenia ist ein deutlicher Rückgang des Anteils der landwirtschaftlichen Wertschöpfung (1950/1954: 44 %, 1995/2000: 20 %) seit der Mitte des 20. Jahrhunderts zu konstatieren, ohne dass dann ein entsprechendes Wachstum des Anteils des gewerblichen Sektors gegenübersteht (stagniert bei 15 bis 17 %). Das Wachstum des Anteils des wenig produktiven Dienstleistungssektors bis auf 56 % (1995/2000) hatte ganz wesentlich mit dazu beigetragen, dass das Pro-Kopf-Einkommen in Kenia seit 1950 von 651 auf 1013 Geary-Khamis-Dollar (2000) gestiegen war. Eine leichte Beschleunigung des nigerianischen Wohlstandes lässt sich allenfalls in den 1970er Jahren beobachten, seitdem stagniert er tendenziell.

Kenia

Ähnliches lässt sich für Nigeria feststellen. Auch hier verlor die Landwirtschaft an Bedeutung: Ihr Anteil an der Wertschöpfung halbierte sich in der zweiten Hälfte des Jahrhunderts von 66 % auf 31 %. Hier stieg allerdings die Wertschöpfung des gewerblichen Sektors, bedingt durch die Erdölindustrie deutlich an, ohne jedoch zu einem stetigen Wirtschaftswachstum zu führen. Die Erdölindustrie bleibt offensichtlich eine Enklave der Weltwirtschaft im Lande – ohne entsprechende expansive Effekte für die heimische Wirtschaft. Beide Staaten verharren offenbar noch im Zustand einer vormodernen Wirtschaftsstruktur und bedürfen zur Förderung von Wachstum und Wohlstand noch einer grundlegenden Veränderung der Wirtschaftsstruktur. Selbst eine Industriewirtschaft steht hier noch in weiter Ferne, von einer modernen Dienstleistungsgesellschaft ganz zu schweigen.

Nigeria

Ökonomischer Strukturwandel und Wirtschaftswachstum

Aus der Geschichte der modernen Industriestaaten ist wohlbekannt, dass auch hier die traditionellen Sektoren bedeutsame Ressourcen für das Wachstum der modernen Wirtschaft bereitgestellt haben. Diese Erkenntnis mag den vielfältigen Irrtümern entgegenwirken, die davon ausgehen, dass die traditionellen Sektoren (v. a. Land- und

Forstwirtschaft) wenig oder nichts zum industriellen Wachstum und zur Modernisierung der Volkswirtschaft beigetragen hätten. Das Gegenteil ist der Fall!

Hier ist an erster Stelle natürlich die englische Industrielle Revolution zu nennen, der effizienzsteigernde institutionelle Veränderungen und verbesserte Agrartechnologien, quasi eine „Agrarrevolution", vorausgegangen sind. Der erste Schritt in der Entwicklung war also eine Effizienzsteigerung im traditionellen Sektor der englischen vormodernen Wirtschaft. Der Anbau von Bodenfrüchten wurde durch technische Neuerungen in der Landwirtschaft (Sämaschine zum Säen in Reihen 1700, tiefpflügender Dreieckspflug 1730, Dreschmaschine 1780) vor der Steigerung der gewerblichen Produktion entscheidend intensiviert. Neben technischen kam es auch zu institutionellen Innovationen, zum Beispiel durch die Verbreitung der Fruchtwechselwirtschaft anstelle der traditionellen Dreifelderwirtschaft, die eine ständige Bodennutzung unter Vermeidung von Brachezeiten ermöglichte und zudem neue Früchte (Klee, Leguminosen u. Ä.) bereitstellte, die wiederum die Intensivierung der Viehhaltung ermöglichten und damit zu einer erweiterten Düngergewinnung beitrugen. Als Ergebnis der englischen Agrarrevolution lässt sich festhalten, dass in der Landwirtschaft die Beschäftigungsmöglichkeiten stiegen, eine beachtliche Kapitalakkumulation erfolgte und der technische Fortschritt Einzug hielt. Natürlich entfaltete sich dieser Wachstumsprozess nicht automatisch, sondern bedurfte verschiedener Voraussetzungen, zu denen als wichtigste gewiss die Veränderungen in den landwirtschaftlichen Besitzverhältnissen durch die Einhegungen von Gemeindeland, eine Steigerung der Nachfrage nach landwirtschaftlichen Produkten wegen des intensiven Bevölkerungswachstums und nicht zuletzt das Auftreten von unternehmerisch orientierten Menschen, die bereit waren, Chancen und Risiken der neuen Entwicklung zu tragen, zählen.

Englische Agrarrevolution

Inwieweit die Expansion des traditionellen Sektors – und diese hielt auch in den europäischen Industrieländern bis weit ins 20. Jahrhundert noch an, wo auch die Landwirtschaft bis in die zweite Hälfte des 20. Jahrhunderts zum Teil noch beachtliche Anteile an der gesamtwirtschaftlichen Wertschöpfung beibehält – tatsächlich auch die gewerblich-industrielle Entwicklung beflügelt hat, lässt sich sowohl hinsichtlich des *Inputs* des industriellen Sektors wie auch bei dessen *Output*-Bedingungen veranschaulichen. Einerseits steigern wachsende Einkommen in der Landwirtschaft die Absatzmöglichkeiten des Gewerbes und damit dessen Wachstumschancen, andererseits stehen Einkommen und wachsende Vermögen der Landwirtschaft zum Teil auch als Anlagekapital für industrielle Investitionen zur Verfügung. Auch hinsichtlich der Mobilisierung und Qualifizierung von landwirtschaftlichen und textilgewerblich verlegten ländlichen Arbeitskräften vermag die Landwirtschaft Entwicklungsbeiträge für die Industrialisierung zu bieten. Wenn auch diese Zusammenhänge zwischen traditionellen und modernen Sektoren in der europäischen Industrialisierung nicht immer eindeutig zu belegen sind, so ist jedoch unumstritten, dass derartige Prozesse nicht nur in England, sondern auch in zahlreichen weiteren europäischen Ländern zu beobachten waren.

Entwicklungszusammenhänge zwischen Sektoren

Sind derartige Entwicklungszusammenhänge zwischen primärem und sekundärem Sektor auch in anderen Weltregionen während des 20. Jahrhunderts zu beobachten oder zu erwarten? Die Entwicklungstheorie empfiehlt durchaus schon früh eine Förderung der traditionellen Sektoren als erste Stufe, um einen langfristigen, sich selbst erhaltenden Entwicklungsprozess in Gang zu setzen, das heißt eine Integration auch der Landwirtschaft in marktwirtschaftlich geprägtes Wachstum. Dabei sind natürlich die unterschiedlichen Agrarverfassungen in den unterschiedlichen Weltregionen mit in die Betrachtung einzubeziehen, und diese sind außerordentlich vielfältig. Die Verfügungsrechte über den Boden und die Aneignung der Bodenfrüchte unterscheiden sich eben wesentlich danach, ob eine tribalistische Stammesgesellschaft, eine Bauern- oder eine Latifundienwirtschaft als Agrarverfassung vorherrschend ist. Entsprechend unterschiedlich scheinen die Chancen, den Agrarsektor effizienter zu gestalten und seine Produktionsgewinne für die Ingangsetzung des sektoralen Strukturwandels, für Industrialisierung und Wirtschaftswachstum zu nutzen.

In weiten Teilen Afrikas herrschen bis heute tribalistische Strukturen vor und in der Landwirtschaft zum Teil noch Wanderfeldbau. Nun lassen sich die verschiedenen afrikanischen Staaten nicht alle über einen Kamm scheren, nicht einmal ihre Teilregionen innerhalb der willkürlich gezogenen Staatsgrenzen. Allerdings sind einige Grundtypen ökonomischer Entwicklung auch in Afrika auszumachen. Neben Ländern, die der internen Agrarentwicklung den Vorzug geben (Malawi), finden sich solche, die auf Grund von Rohstoffvorkommen eine gewerblich-industrielle Entwicklung über die Exporterlöse anstreben (Sambia), und wieder andere, die auf Agrarexporte setzen (Ghana). Das Entwicklungsmodell Malawi vermag dabei die traditionellen Ressourcen derartig zu nutzen, dass dabei die Versorgung der Bevölkerung gewährleistet ist und ein nachhaltiger Entwicklungsprozess in Gang gesetzt zu werden vermag. Rohstoffexporte weisen eher auf ungenutzte Entwicklungspotentiale hin und führen zu einer ungleichgewichtigen Entwicklung zwischen Export- und heimischer Wirtschaft mit internen Versorgungsproblemen. Ähnliches gilt auch für Länder mit hohem Anteil an Agrarexporten, in denen häufig die Produktionsmöglichkeiten der Landwirtschaft ebenfalls nur unzureichend ausgeschöpft werden.

Ökonomische Entwicklung in Afrika

Die ökonomischen Ressourcen des traditionellen Sektors in Afrika, Boden und Arbeitskraft, sind zwar in ländlich-tribalistische Strukturen eingebunden, lassen sich aber nicht eindeutig und ausschließlich dem Agrarsektor zuordnen. Es ist zwar der Stamm und es sind die Nutzungsrechte am gemeinsam genutzten Boden, die wesentlich über den Status der Menschen in der afrikanischen Gesellschaft bestimmen, doch diese sind auf sehr unterschiedliche Weise in das agrarische Produktionssystem eingebunden. Die Hauptlast der Arbeitsverrichtungen in der traditionellen Landwirtschaft fällt weiterhin den Frauen zu, die sich neben der Kindererziehung dem Landbau widmen. Die Männer tun das nur zeitweilig, weil ein großer Anteil von ihnen in die Städte wandert, um dort gewerbliche Beschäftigungschancen zu suchen und zu nutzen. Die Zugehörigkeit zum Stamm bleibt häufig zunächst auch in den Städten für die männlichen Arbeitskräfte wichtig, sei es als

Landwirtschaft und städtisches Gewerbe

Ressource der alltäglichen Lebensgestaltung, sei es als Elemente der Distinktion und Selbstvergewisserung in einer als fremd und feindlich erfahrenen neuen Umwelt. Die Rückkehr aufs Land bleibt zumeist die gewünschte Zukunftsperspektive und das Pendeln zwischen Stadt und Land eine häufig geübte Praxis.

Ein allmählicher Übergang von einer ländlich-agrarischen zu einer städtisch-industriellen Lebensform ist erst das Ergebnis einer allmählichen Assimilation – häufig verbunden mit einem gewissen sozialen Aufstieg und verbesserten Lebensbedingungen, was allerdings bei Weitem nicht allen permanenten Stadtbewohnern gelingt. In zahlreichen Vororten der Großstädte finden sich slumartige *Townships*, in denen die Bewohner jeglichen Kontakt zum Land verloren haben und auch nur noch selten an tribalistischen Werten orientiert sind. Eine zweite oder gar dritte Stadtgeneration entspricht dabei weit mehr dem Bild des modernen Industrieproletariats als dem einer traditionellen Stammesgesellschaft.

Diese Prozesse der Assimilation an städtische Lebensformen und der Lockerung und Auflösung tribalistischer Strukturen ist an zahlreichen Fallstudien zu afrikanischen Städten aufzuzeigen. Im Hinblick auf den sektoralen Strukturwandel der afrikanischen Volkswirtschaften ergibt sich daraus die Erkenntnis, dass eine eindeutige Scheidung zwischen Primär- und Sekundärsektor, zwischen Landwirtschaft und Industrie, gar nicht möglich ist. Die meisten Staaten Afrikas sind noch bis zum Ende des 20. Jahrhunderts wesentlich als Agrargesellschaften anzusehen, und ein erster Schritt zu einer Industriegesellschaft scheint außerhalb der Republik Südafrika allenfalls erst in Anfängen gelungen. Von einer Dienstleistungsgesellschaft gar ist bis auf einige weniger Enklaven, gleichsam als Inseln in einem Meer von Rückständigkeit, kaum etwas zu erblicken. Der Weg aus der Armut in dieser Weltregion führt daher über nichts anderes als die Mobilisierung der ländlichen Ressourcen. Das beinhaltet eine Stabilisierung und Mobilisierung des traditionellen Arbeitspotentials ebenso wie die Überwindung von staatlichem Missmanagement und Korruption. Armutsbekämpfung umfasst hier zunächst Gesundheitspolitik und die Begrenzung des Bevölkerungswachstums, dann Infrastrukturmaßnahmen zur Überwindung der Isolation der ländlichen Regionen, um durch die Förderung der Nutzung der internen Ressourcen den Ländern Afrikas den Weg aus der Armutsfalle zu ermöglichen. Eine Dienstleistungs-, Wissens- oder gar Informationsgesellschaft erscheint für die afrikanischen Staaten noch in weiter Ferne. Sie haben zumeist noch nicht einmal den ersten Schritt im sektoralen Strukturwandel zu einer Industriegesellschaft und zur Überwindung absoluter Armut geschafft.

Sektoraler Strukturwandel in Afrika?

Die beiden hier näher beschriebenen Staaten Schwarzafrikas, Kenia und Nigeria, stehen beispielhaft für den misslungenen sektoralen Strukturwandel und die fehlende Dynamik afrikanischer Volkswirtschaften. Nigeria beziehungsweise diejenigen Territorien, die heute in den Staat Nigeria fallen, waren bis in die britische Kolonialherrschaft im späten 19. Jahrhundert hinein durch heterogene tribalistische Gruppen mit einer herkömmlichen agrarischen Produktionsweise geprägt. Die Zusammenfassung und Administration der Region durch die britischen Kolonialherren dienten vor

allem dem Austausch mit dem „Mutterland" in Form von Exporten von Rohstoffen und Nahrungsmitteln gegen britische Waren und der Realisierung von Gewinnen. Die Entlassung in die Selbstständigkeit belastete die Wirtschaft Nigerias 1960 mit einer wenig differenzierten Wirtschaftsstruktur, die das koloniale Erbe spiegelte. Die Bürokratie des jungen Staates übernahm die Planung für die wirtschaftliche Entwicklung und setzte dabei auch wegen mangelnder Alternativen auf staatliches Eigentum bei industriellen Großprojekten. Investitionen in Bildung und Infrastrukturen blieben marginal, und ein beachtlicher Zustrom von ausländischem Kapital diente der Ausbeutung der heimischen Rohölfunde, an der auch ausländische Mineralölkonzerne außerordentlich stark beteiligt waren. Die beachtlichen Fortschritte im Wachstum des Pro-Kopf-Einkommens während der 1970er Jahre waren daher vor allem dem kurzzeitigen Ölboom dieser Jahre geschuldet, danach stagnierte die Wirtschaft erneut. Am Ende des Jahrhunderts stellte der durch multinationale Konzerne dominierte Ölsektor als Enklave der internationalen Wirtschaft den Kern des gewerblichen Sektors in Nigeria dar. Dort wurden 95 % der Exporterlöse und 93 % der Staatseinnahmen (2002) erwirtschaftet. Der Rest des Landes befindet sich in einem desolaten Zustand, der Agrarsektor bleibt für die heimische Bevölkerung von entscheidender Bedeutung. Dort wird weiterhin der Großteil des Sozialprodukts erwirtschaftet (30–40 %) und dort finden etwa zwei Drittel der Bevölkerung Arbeit und Subsistenz.

Wirtschaftsentwicklung Nigerias

Die forcierte Entwicklung auf der Basis einer Erdölindustrie hat der heimischen Landwirtschaft eher geschadet. Dort wurden notwendige Investitionen unterlassen, was neben der wenig förderlichen Agrarverfassung (Verfügungsrechte) zu sinkenden Erträgen bei Nahrungsmitteln und Agrarexportgütern geführt hat. Während zuvor die Versorgung der Bevölkerung hinreichend gewährleistet werden konnte, wurden gegen Ende des Jahrhunderts Nahrungsmittelimporte nötig. Strukturelle Probleme der Landwirtschaft kamen hinzu, so die Verödung der Böden, die Abwanderung der Männer in die Städte, unzureichende Ausstattung mit modernen Gerätschaften, fehlende Transportmöglichkeiten und eine soziale Geringschätzung des ländlichen Lebens. Eine Umkehr hin zu einer stärkeren Förderung der Landwirtschaft wurde zwar bereits mehrfach in Angriff genommen, scheiterte bislang aber immer an Unzulänglichkeiten der staatlichen Verwaltung, der weitverbreiteten Korruption und an den verschiedenen Putschen und politischen Umbrüchen, die zum Teil mit militärischen Auseinandersetzungen verbunden waren. Ergebnis dieser Misswirtschaft der letzten Dekaden ist eine außerordentlich hohe Auslandsverschuldung, von der vor allem die Eliten profitieren, und ein gewaltiger „informeller Sektor" in der Volkswirtschaft (ca. 75 % der Bevölkerung), der sich jeglicher Zuordnung in das beschriebene „Drei-Sektoren-Modell" entzieht und allein dem bloßen Überleben dient und damit eine wachsende Armut signalisiert. Nigeria ist also keinesfalls bereits auf dem Weg in die Industriegesellschaft eingeschwenkt, auch wenn die Daten über den sektoralen Strukturwandel der nigerianischen Wirtschaft, wie es die Tabelle auf Seite 347 nahe zu legen scheint, eine solche Tendenz andeuten.

Ganz Ähnliches gilt auch für Kenia, wo ebenfalls ein großer und bis heute wachsender informeller Sektor die im Sinne der Sektortheorie reguläre Wirtschaftsstruktur verzerrt. Straßenhandel, Kleinreparaturen, Prostitution, Essensverkauf, persönliche Dienste und Kümmergewerbe bieten für zahlreiche Stadtbewohner eine notdürftige Existenz. Damit werden die Zahlen der Tabelle für Kenia ebenfalls relativiert, denn auch dort sind bis heute 80 % der Bevölkerung in der Landwirtschaft tätig und auch die Wertschöpfungsanteile der Tabelle vermögen die Beträge des informellen Sektors keinesfalls hinreichend zu würdigen. Der Landwirtschaft kommt bis heute in Kenia eine große Bedeutung zu, denn etwa die Hälfte aller Exporterlöse wird mit landwirtschaftlichen Produkten (z. B. Kaffee, Tee) erzielt, und auch im Gewerbe spielt die Verarbeitung landwirtschaftlicher Produkte eine große Rolle. Was die längerfristige Entwicklung Kenias anbetrifft, so wirkt auch das koloniale Erbe dieser 1895 als britisches Protektorat und 1920 als Kolonie in Besitz genommenen Region nach. Wegen der günstigen klimatischen Verhältnisse haben hier auch weiße Siedler Plantagenwirtschaften errichtet und dadurch die überkommenen Eigentumsverhältnisse an Grund und Boden entscheidend verändert. Diese wurden auch nach dem Gewinn der staatlichen Selbstständigkeit beibehalten. Doch die Zentralregierung begann nach 1963 eine forcierte Entwicklungspolitik, die auch die landwirtschaftlichen Kleinstellenbesitzer mit einbezog und in den ersten zehn Jahren beachtliche Erfolge erzielte: Das Pro-Kopf-Einkommen wuchs zwischen 1963 und 1973 um jährlich 6,6 % und die Landwirtschaft um 4,7 %. Dann allerdings geriet die kenianische Wirtschaft in eine Krise, an der neben fallender Exportpreise vor allem auch die unzureichende Staatsverwaltung und wachsende Korruption ihren Anteil hatten. Bis in die 1990er Jahre erholte sich die Wirtschaft nicht, sie erlebte eher einen deutlichen Rückschritt, der sich zwischen 1991 und 1993 sogar in einer sinkenden Agrarproduktion äußerte. Ein vom Internationalen Währungsfond aufgelegtes Entwicklungsförderungs- und Liberalisierungsprogramm scheiterte auch deshalb, weil die damit verbundenen Maßnahmen einer verstärkten Privatisierung und Preisliberalisierung bei Bevölkerung und Regierung auf Widerstand stießen und daher 1997 abgebrochen wurden. Seitdem dümpelt die kenianische Wirtschaft ohne große Fortschritte vor sich hin. Allein der wachsende Tourismussektor ist ein kleiner Lichtblick und trägt dazu bei, dass unter Außerachtlassung des informellen Sektors der Dienstleistungssektor den höchsten Anteil an der nationalen Wertschöpfung erreicht (50–60 %). Dies als einen Durchbruch zur Dienstleistungsgesellschaft zu feiern, erscheint angesichts der grassierenden Verelendung der nigerianischen Bevölkerung als Aberwitz. In Schwarzafrika finden sich also wenige Hinweise, die auf einen sektoralen Wandel der afrikanischen Volkswirtschaften im Sinne der „Drei-Sektoren-Hypothese" hinweisen. Im Gegenteil, bei genauerem Hinsehen und unter Beachtung des prägenden informellen Sektors haben diese Länder noch nicht einmal den Status einer modernisierten Agrargesellschaft, geschweige denn den einer Industrie- oder gar Dienstleistungsgesellschaft. Sie verharren noch im Zustand einer vormodernen Wirtschaftsweise und müssen zunächst einmal aus der Falle der Armut und Unterent-

Wirtschaftsentwicklung Kenias

wicklung befreit werden, ehe sie den Weg zu einer nachhaltigen Entwicklung zu wachsendem Wohlstand beschreiten können.

Anders als in Afrika lagen die Verhältnisse in Lateinamerika, wo zwar ebenfalls wie in West- und Ostafrika, allerdings auf eine ganz andere Weise, die koloniale Vergangenheit eine Rolle für die ökonomische Entwicklung spielte. Die genossenschaftliche Organisation der Landwirtschaft, wie sie von den indianischen Ureinwohnern betrieben wurde, hatten die spanischen und portugiesischen Eroberer durchbrochen und durch königliche Schenkungen an siedlungswillige Europäer zu einer Hacienda- beziehungsweise Plantagenwirtschaft umgestaltet. Es entstand damit sehr bald eine einflussreiche aristokratisch geprägte Oberschicht, die auf ihren Haciendas und Plantagen Primärprodukte für den Export produzierte. Dabei bedienten sich die neuen Herren der Zwangsarbeit der indigenen Bevölkerung beziehungsweise der Arbeit importierter Sklaven. Daneben gab es einen ausgedehnten Bergbau, insbesondere Silberbergbau, der sich zum wichtigsten Wirtschaftszweig Hispanoamerikas entwickelte, allerdings für die hier betrachteten Länder Argentinien und Brasilien nur eine untergeordnete Rolle spielte.

Lateinamerika

Argentinien, das wie alle südamerikanische Besitzungen bis zum Ende des 18. Jahrhunderts dem spanischen Handelsmonopol unterworfen war, konnte erst nach dem Gewinn der staatlichen Selbstständigkeit zu Beginn des 19. Jahrhunderts in einen „freien" Handelsaustausch mit der übrigen Welt eintreten. Nachdem das Land zunächst in das von Großbritannien dominierte Freihandelssystem einbezogen wurde, wandte es sich gegen Ende des 19. Jahrhunderts, dem Beispiel der USA folgend, einem stärker protektionistisch geprägten Außenhandelsregime zu. Zugleich setzte ein gewaltiger Zustrom von Einwanderern aus Europa nach Argentinien ein, insgesamt mehr als 4 Millionen Menschen zwischen 1821 und 1915. Dies alles führte zu einem bemerkenswerten Wachstum der argentinischen Wirtschaft, deren Wachstumsrate für die 50 Jahre vor dem Ersten Weltkrieg auf jährlich im Durchschnitt 5 % geschätzt wird – damals die höchste Rate weltweit. Das Wachstum stützte sich vor allem auf den Export von Agrarprodukten, insbesondere Häuten, Wolle und Getreide, später auch auf Rindfleisch. Der Zufluss europäischen Kapitals förderte diese Entwicklung nachhaltig, und es entstand eine stark diversifizierte, landwirtschaftlich dominierte Wirtschaftstruktur mit hoher Produktivität und starker Weltmarktorientierung. Ein lange Zeit prägendes Export-Import-System bildete sich heraus, das trotz hoher Investitionen aber eben keinen sektoralen Strukturwandel bewirkte, sondern das überkommene Wirtschafssystem eher befestigte. Die Ansätze zu einer Industrialisierung der argentinischen Volkswirtschaft blieben gering.

Industrialisierung in Argentinien?

Das Wachstum stützte sich vorwiegend auf eine äußerst dynamische und effiziente Landwirtschaft, und seine Erträge fielen vor allem der kleinen Boden besitzenden Oberschicht zu, die einen bemerkenswerten Luxusimport entfaltete, während es an einer Massennachfrage nach gewerblichen Produkten fehlte. Ein eigenständiges, industrielles Wachstum kam daher nicht zustande, und es prägten sich dualistische

Wirtschaftsstrukturen heraus, die langfristig eine erfolgreiche Industrialisierung eher behinderten. Der Sieg der Viehzüchter und eine Vernachlässigung des Ackerbaus setzten auch der Entwicklung der Landwirtschaft Grenzen und gründeten eine soziale Schichtung, die einen großen Teil der Bevölkerung (Indios) der Armut anheimfallen ließ.

Der komparative Vorteil in der Agrargüterproduktion Argentiniens im 19. Jahrhundert, der zu dem bemerkenswerten Wirtschaftsaufschwung des Landes entscheidend beigetragen hatte, verkehrte sich im 20. Jahrhundert in einen Nachteil. Das Pro-Kopf-Einkommen Argentiniens, das zu Beginn des 20. Jahrhunderts noch auf dem Niveau der europäischen Staaten gelegen hatte, blieb bis zur Mitte des Jahrhunderts dann deutlich zurück. Die Krisen der ersten Jahrhunderthälfte trafen das Land besonders hart, weil im Zuge der weltweiten Desintegrationstendenzen sich der heimische Markt für weiteres Wachstum als zu klein erwies, es an internationalen Kooperationsmöglichkeiten fehlte und das vorhandene Humankapital sich für eine Industrialisierungsstrategie als unzureichend erwies. Die Wachstumsraten sanken, eine ungünstige Handelsbilanz stellte sich ein und die internationale Verschuldung stieg deutlich an. Der argentinische Weg der wirtschaftlichen Entwicklung scheiterte und man unternahm in der zweiten Jahrhunderthälfte verschiedene Versuche einer binnenmarktorientierten Industrialisierung. Dabei stützten sich die verschiedenen autoritären Systeme auf einen breiten staatlich kontrollierten Sektor, der dann natürlich für Korruption anfällig war. Zudem wurden in beachtlichem Umfang Auslandsanleihen gegeben, die die Staatsverschuldung beachtlich wachsen ließen. Krisen und inflationäre Entwicklungen lösten einander ab und bedingten sich gegenseitig. Nach dem Ende der Militärdiktatur (1983) kam es zu einem kurzfristigen Aufschwung, zu dem auch umfangreiche Privatisierungen und die Bindung der Währung an den US-Dollar beitrugen, doch dieser Aufschwung erwies sich als nicht nachhaltig: Märkte gingen im globalen Wettbewerb verloren, eine Kapitalflucht setzte ein, die Entwicklung mündete schließlich in einem Staatsbankrott. Die Versuche zur Sanierung der argentinischen Wirtschaft im Rahmen des sogenannten *Washington Consensus* sind durchaus skeptisch zu beurteilen und lassen Argentinien als ein „Opfer der Globalisierung" erscheinen – als ein Beispiel für einen misslungenen sektoralen Strukturwandel auf dem Weg in die Industriegesellschaft, gefesselt durch das Erbe einer einseitigen agrarisch geprägten Entwicklung.

Argentinien als „Opfer der Globalisierung"

Das Nachbarland Brasilien hat eine etwas andere Entwicklung durchlaufen. Das Land war gemäß dem Vertrag von Tordesillas (1494), obwohl noch weitgehend unbekannt, der portugiesischen Hemisphäre zugeschlagen worden und erlebte auch deshalb eine wechselvolle politische Geschichte, weil es zeitweise als Zuflucht der portugiesischen Regenten (1808–1821) diente und schließlich nach kurzfristiger Vereinigung mit Portugal (1815–1822) als Kaiserreich selbstständig wurde. Auch dieses Land erlebte dann im 19. Jahrhundert eine beachtliche Zuwanderung aus Europa (ca. 3,4 Mio. Personen), doch anders als Argentinien gliederte sich

Brasilien

dieses Land nicht so stark in den liberalisierten Welthandel ein, sondern blieb eher einem protektionistischen Außenhandelsregime verhaftet.

Die koloniale Wirtschaft des 17. und 18. Jahrhunderts beruhte vor allem auf dem Anbau von Zuckerrohr in den Küstenregionen: Um 1600 war Brasilien der größte Zuckerproduzent der Welt. Als Arbeitskräfte dienten vor allem afrikanische Sklaven, von denen bis zur Ächtung der Sklavenhaltung in Brasilien (1853) etwa 2,5 Millionen in das Land gebracht wurden. Die Freilassung aller Sklaven zog sich in mehreren Schritten (1871 die Kinder betreffend, 1885 ältere Sklaven über 60 Jahre) noch bis 1888 hin, so dass Brasilien weltweit als letztes Land alle Sklaven „freisetzte". Durch den Sklavenhandel bildete Brasilien neben der Karibik den amerikanischen Angelpunkt des sogenannten „Dreieckshandels" zwischen Europa, Afrika und Lateinamerika zwischen dem 16. und 19. Jahrhundert. Neben den Küstenregionen wurde das brasilianische Hinterland erst deutlich später in den internationalen Warenaustausch einbezogen. Zwar waren bereits 1686 Gold- und Diamantenfunde gemacht worden, doch zogen diese nur wenige Abenteurer ins Land. Ein zweites wichtiges Exportgut wurde der brasilianische Kaffee, der ab 1805 verstärkt angebaut wurde. Ab der Mitte des 19. Jahrhunderts kam Kautschuk hinzu, später auch Edelhölzer und Rindfleisch. Kurzum, der wachsende Wohlstand des Landes stützte sich ähnlich wie in Argentinien auf den Export von Primärprodukten.

Internationaler Handel Brasiliens

Allerdings profitieren nur wenige Großgrundbesitzer davon, und diese entledigten sich durch einen Militärputsch 1889 des letzten Kaisers Pedro II. und errichteten eine Republik, deren ökonomisches Wohlergehen sich vor allem auf den Export von Kaffee stützte. Doch die Krisen der Weltwirtschaft in Folge des Ersten Weltkriegs und der Großen Depression ließen die Preise der Agrarprodukte fallen und trafen die brasilianische Wirtschaft schwer. Ernsthafte Versuche zu einer binnenmarktorientierten Industrialisierungspolitik wurden erst ab der Mitte des 20. Jahrhunderts unter dem Präsidenten Juscelino Kubitschek unternommen. Dabei spielten wiederum bedeutende ausländische Investitionen mit den bekannten Wirkungen auf Zahlungsbilanz und Verschuldung eine Rolle. Die verschiedenen Militärregime seit den 1960er Jahren fanden auch keinen Ausweg aus diesem Dilemma. Einem kurzfristigen Boom folgten wiederum Krisen, und die Währungsreform des Jahres 1994 konnte zwar die Hyperinflation beenden, die notwendig folgende Haushaltssanierung, verbunden mit Privatisierungen in der Staatswirtschaft, und eine Liberalisierung im Inneren wie nach außen reichten aber nicht aus, um zu einem selbsttragenden Wirtschaftswachstum zu gelangen. Auch am Ende des 20. Jahrhunderts bleiben Agrarexporte bedeutsam und der Einfluss der Zuckerbarone und deren Monokulturen groß. Hinzu kamen als neue Exportprodukte das Erdöl und Erze, insbesondere Eisenerze. Auf dieser Basis wird zu Beginn des 21. Jahrhunderts erneut versucht, den Weg in eine Industriegesellschaft endlich zu beschreiten.

Brasilien als Industriegesellschaft?

Insgesamt muss man also für Lateinamerika festhalten, dass dessen Staaten den sektoralen Strukturwandel von einer weltmarktorientierten Agrarwirtschaft zu einer binnenmarktorientierten Industriewirtschaft noch längst nicht erfolgreich vollzogen haben. Das zeigen die Beispiele der beiden bedeutendsten Staaten Südamerikas in eindrücklicher Weise. Bei allen Unterschieden zwischen ihnen hinsichtlich der staatlichen Ausgangsbedingungen, ihrer Faktorausstattungen und ihrer Wirtschaftsordnung haben sie doch ähnliche Probleme, die sie auf ihrem Weg in eine Industriegesellschaft deutlich behindern.

Die unterschiedlichen Regionen Asiens wiesen am Ende des 19. Jahrhunderts hinsichtlich ihres ökonomischen Entwicklungsstandes vermutlich eine weniger große Variationsbreite als am Ende des 20. Jahrhunderts auf. Um 1900 war die Wirtschaft Asiens noch gänzlich agrarisch geprägt. In China herrschte seit Jahrtausenden eine arbeitsintensiv betriebene Agrarwirtschaft vor, deren beachtliche Produktivität das Wachstum großer Städte ermöglichte und dort ein vielfältiges Gewerbe hervorbrachte, dessen Produkte (Seide, Porzellan) weiträumig exportiert wurden. Im 14. Jahrhundert wies China daher ein beachtliches kulturelles Niveau auf, und auch seine Wirtschaft nutzte Wasserkraft und Eisengewinnung und erreichte ein Pro-Kopf-Einkommensniveau, das über demjenigen der europäischen Regionen lag. Die Ming-Dynastie (1368–1644) vermochte das Land von der Herrschaft durch die Mongolen zu befreien und durch eine Reorganisation des Staates ein Wachstum von Wirtschaft und Bevölkerung in Gang zu setzten, das auch vom Austausch mit europäischen Händlern profitierte, da diese im Tausch gegen chinesische Produkte beachtliche Mengen Silber ins Land brachten.

China

Die wirtschaftliche Expansion Chinas zwischen ca. 1450 und 1750 beruhte auf innerer Stabilität und einer entwickelten, spezialisierten Gewerbestruktur. Allerdings entfaltete sich keine gewerbliche Dynamik, die zu einer industriellen Entwicklung hätte führen können, weil das etablierte Herrschaftssystem („orientalische Despotie“) zur Aneignung des landwirtschaftlichen Überschusses für den unproduktiven Konsum der Eliten beitrug. Man kann die ausbleibende Dynamik der wirtschaftlichen Entwicklung nach 1433 – dem plötzlichen Ende der überseeischen Expansion Chinas – daher durchaus als einen Rückschritt interpretieren. Während der Ming- und auch der nachfolgenden Mandschu-Dynastie (1644–1912) entwickelte sich in China ein eigentümliches Überlegenheitsgefühl gegenüber den Europäern und damit ein Sträuben gegenüber dem durch sie repräsentierten Fortschritt. China blieb eine eigene Welt mit einer typischen Ablehnung und Geringschätzung westlicher Wissenschaft und Technologie – so David S. Landes. Um 1800 war China jedoch weiterhin die weltweit größte Volkswirtschaft mit einem bemerkenswerten Reichtum an Ressourcen, die sich zum Teil jedoch möglicherweise an falschen Orten (Kohle) fanden. 1839 erzwangen die Briten mit ihren Kriegsschiffen die (Wieder-)Öffnung des Landes und versuchten durch Handelsstützpunkte an den Küsten am Reichtum des Landes teilzuhaben, unter anderem durch den sogenannten Opiumkrieg (1840–1842). Die Wirtschaft befand sich allerdings bereits im Niedergang, weil die überkommene Wirtschaftsweise die stetig wachsende Bevölkerung nicht mehr ernähren konnte. Hungerrevolten (1850–1864) prägten zunehmend das Bild, und das einstmals prosperierende Land verfiel zu einer Armutsgesellschaft, woran

Wirtschaftliche Entwicklung Chinas

auch die Reformbemühungen am Ende des 19. Jahrhunderts wenig änderten. Im frühen 20. Jahrhundert wurde dann das Land als Billiglohn-Enklave partiell in die weltwirtschaftlichen Beziehungen einbezogen, ohne dass es dabei zu einer nachhaltigen industriellen Entwicklung kam. Ein langfristiger Niedergang des Pro-Kopf-Einkommens spiegelt diesen Entwicklungsverlauf.

Dazu haben gewiss auch die politischen Ereignisse der ersten Hälfte des 20. Jahrhunderts ihren Beitrag geleistet. 1937 wurde das Land von den Japanern überfallen, 1949 schließlich die Volksrepublik China gegründet, und verschiedentliche wirtschaftliche sowie soziale Experimente unter der Führung Mao Zedongs – so der Versuch eines auf kleinbetrieblicher Produktion gestützten „Großen Sprungs" (1958–1961) zu einer raschen, durchgreifenden Industrialisierung oder die Kulturrevolution (1966–1976) – haben die Wirtschaftskraft des Landes eher gemindert. Erst nach dem Tode Maos (1976) konnten marktwirtschaftlich orientierte Reformen angegangen werden, die einen Wirtschaftsaufschwung generierten und China zu einer dynamischen Entwicklung verhalfen. Ein *Take Off* setzte ein, der das chinesische Pro-Kopf-Einkommen zwischen 1981 und 2000 mehr als vervierfachte. Eine pragmatisch orientierte Wirtschaftspolitik zielte zunächst auf eine ausreichende Ernährung der Bevölkerung und die Erwirtschaftung eines Außenbeitrags für den Auf- und Ausbau der heimischen Industrien. Dazu diente einerseits die Auflösung der landwirtschaftlichen Zwangskommunen und die Rückkehr zu bäuerlichen Dorfgemeinschaften, was die drückende ländliche Armut weitgehend beseitigte. Zum anderen wurden Sonderwirtschaftszonen in den Küstenregionen eingerichtet, um ausländische Direktinvestitionen anzulocken. Diese waren nur in Kooperation mit chinesischen Unternehmen möglich, wodurch das Know-how der internationalen Unternehmen für die chinesische Wirtschaft erschlossen wurde.

Hinsichtlich der Produktionsanreize wurde ein zweigleisiges Marktsystem zugelassen. Seit 1994 konnte die Mehrproduktion von Unternehmen über den Planansatz hinaus „frei" am Markt abgesetzt werden. Dies förderte die Produktivität der Unternehmen außerordentlich und schlug sich in einem beeindruckenden Wirtschaftswachstum nieder, so dass am Jahrhundertende das Pro-Kopf-Einkommen Chinas dasjenige von Brasilien erreichte (vgl. Grafik S. 351). Hinsichtlich des damit verbundenen sektoralen Strukturwandels zeigt sich, dass China in den 1980er Jahren den Sprung in die Industriegesellschaft offenbar erfolgreich absolviert hat (vgl. Tabelle S. 347). Doch schwerwiegende Probleme bleiben bestehen, so die großen Disparitäten zwischen ländlicher und städtisch-industrieller Bevölkerung, die Unterschiede zwischen den östlichen Küstenregionen und den weniger entwickelten westlichen Zentralregionen, der hohe Anteil des wenig produktiven staatlichen Sektors sowie bislang unterbliebene politische Reformen, die zum Beispiel im Tian'anmen-Massaker 1989 ihren Ausdruck fanden.

China – Industriegesellschaft mit Problemen

Auch Indien als weitere hier exemplarisch behandelte asiatische Teilregion kann ähnlich wie China auf eine lange kulturelle Tradition zurückblicken. Einen letzten Höhepunkt erlebte der nördliche und mittlere Teil der Halbinsel im 17. Jahrhundert im Mogulreich. Hinsichtlich der wirtschaftlichen Verhältnisse bestimmte eine dörfliche Subsistenzwirtschaft das Bild, ergänzt um weitverbreitete handwerkliche Tätigkeiten, während der Handel in den Händen arabischer Kaufleute lag. Das Mehrprodukt wurde von den Herrschern abgeschöpft, so dass die Mehrheit der Bevölkerung zu arm blieb, um eine Massennachfrage nach gewerblichen Produkten zu entfalten. Hinzu kam ein großer Einfluss der Religion (Hinduismus), dessen Kastenwesen soziale Mobilität und ökonomische Initiative eher behinderten. Dennoch trug die Stabilität der Mogulherrschaft zu einem gewissen Aufschwung zwischen 1526 und 1739 bei, der vor allem vom Textilgewerbe und in zweiter Linie vom Eisengewerbe getragen wurde. Doch neben der politischen Zersplitterung des Reiches, der Armut der bäuerlichen Bevölkerung und der geringen landwirtschaftlichen Produktivität waren es vor allem zahllose Kriege, die das Mogulreich schließlich zum Einsturz brachten. Hinzu kam, dass seit 1687 britische Kaufleute begannen, ihre Herrschaft in Indien zu etablieren, und dabei die Schwäche der Mogulherrschaft ausnutzen konnten. Sie fanden im 17. Jahrhundert ein Gewerbe in Indien vor, das dem britischen Gewerbe der Zeit überlegen war. Diesen Entwicklungsvorsprung nutzten die Briten dergestalt, dass sie in Indien Baumwollmanufakturen errichteten und mit dem Export des dort produzierten Kaliko einen neuen Markt erschlossen – später kamen Seide und Indigo als Handelsprodukte für Europa hinzu. Die britische Ostindienkompanie war dabei führend tätig und entwickelte sich im Laufe der Zeit in Indien zu einem eigenständigen Gemeinwesen. 1757 übernahm die britische Krone dann auch förmlich die Herrschaft über den Indischen Subkontinent, betrieb Kriege in eigener Regie und errang einen entscheidenden Sieg (Plassey) über die Truppen des Moguls.

Indien

Die indische Wirtschaft war viele Jahrhunderte von einem Reichtum an Ackerland und einer gut ausgebildeten Handwerkerschaft geprägt und entwickelte sich im 17. und 18. Jahrhundert zum weltweit größten Exporteur von Baumwollwaren. Man wundert sich daher, warum nicht auch in Indien dieser Expansionsprozess in eine erfolgreiche Industrialisierung mündete. Wegen des flexiblen Arbeitsangebots gab es im Rahmen der überkommenen Produktionsweise offenbar keine Initiative für technische Verbesserungen, zudem zeigten sich große Unwägbarkeiten beim Transport der Waren und beim Einsatz von Kapital sowie beim Rückgriff auf notwendiges technisches Know-how. Ein Übergang zur Maschinerie war daher nicht zu erwarten, wie David S. Landes schlussfolgerte, eine industrielle Revolution daher ausgeschlossen. Im Gegenteil, im 19. und frühen 20. Jahrhundert entwickelte sich Indien ähnlich wie China zu einer wachsenden Billiglohn-Enklave für die expandierende Weltwirtschaft. Mit dem Rückzug der Briten aus Indien (1947) und der Gründung eines eigenen Staates, beziehungsweise unter Berücksichtigung Pakistans zweier Staaten, eröffnete sich die Chance einer eigenständigen wirtschaftlichen Entwicklung.

Indische Wirtschaft

Der Aufbau Indiens nach der Unabhängigkeit stützte sich zunächst auf eine Planwirtschaft mit marktwirtschaftlichen Elementen, deren erste Fünfjahrespläne vor allem den Aufbau einer eigenen Schwerindustrie favorisierten. Erst Mitte der 1960er

Jahre, angesichts enormer Versorgungsprobleme, besann man sich auf eine Förderung der Landwirtschaft, und die sogenannte „Grüne Revolution" ermöglichte tatsächlich eine deutliche Steigerung der landwirtschaftlichen Produktion. 1989/1990 wurden weitere Reformen eingeleitet, weil wachsende Staatverschuldung, Inflation und Kapitalflucht eine Liberalisierung des bis dahin eher protektionistischen Außenwirtschaftsregimes erzwangen. Inzwischen hat sich Indien als beachtlicher Exporteur von Dienstleistungen (IT-Dienste) erwiesen, und weitere Exportsektoren (Autos) befinden sich im Aufbau. Doch bleiben eine Reihe von Herausforderungen bestehen, so der Ausbau der völlig unzureichenden Infrastruktur, die Dynamisierung weiterer Bereiche der Wirtschaft und vor allem die Überwindung der ungeheuren Kluft zwischen Arm und Reich, zwischen Land und Stadt. Im Laufe des 20. Jahrhunderts ist es Indien also durchaus gelungen, allmählich den Prozess wirtschaftlichen Wachstums in Gang zu setzen, und am Ende des Jahrhunderts werden erste Früchte sichtbar. Doch im Vergleich zu China und insbesondere zu Japan erweist sich der Wohlfahrtsgewinn noch als äußerst bescheiden, Ähnliches gilt für den Vergleich mit den südamerikanischen Staaten Argentinien und Brasilien (vgl. Grafik S. 351). Auch der sektorale Wandel in Richtung auf eine Industriegesellschaft ist allenfalls in Ansätzen sichtbar, Indien befindet sich gerade in einer Phase der Überwindung der Agrargesellschaft (vgl. Tabelle S. 347) – darüber kann der erwähnte bemerkenswerte Export von Dienstleistungen kaum hinwegweisen.

Bescheidener Wohlfahrtsgewinn in Indien

Die große Ausnahme unter den asiatischen Volkswirtschaften des 20. Jahrhunderts bildet Japan. In der Frühen Neuzeit, also etwa im 16. Jahrhundert, unterschied sich die Wirtschaft Japans gar nicht so sehr von der seiner asiatischen Nachbarn. Als niederländische Missionare 1606/1612 erstmals Zugang zur fernen Insel fanden, lebte die dortige Bevölkerung am Rande der Subsistenz. Den Holländern folgten bald ausländische Händler, denen zwei Häfen geöffnet wurden. Doch die negativen Erfahrungen mit Ausländern brachte die Obrigkeit zu dem Schluss, diesen den weiteren Zugang zum Land zu verweigern beziehungsweise einigen von ihnen (Holländern) einen begrenzten und restriktiven Zugang zu gewähren. Japan wählte die Isolation und ließ auch keine Einwohner mehr ins Ausland reisen. Das Land fasste den Entschluss, sich gegen die äußere Welt zu verschließen. Die Gesellschaft verkrustete in ihrer sozialen Struktur, die unter der Herrschaft der Shōgun insbesondere von der Kriegerkaste (Samurei) dominiert wurde. Dennoch machte die Wirtschaft Fortschritte: Die Landwirtschaft prosperierte, das ländliche Baumwollgewerbe wuchs und der Kaufmannsstand wurde reich. Eine spezifische kollektive Arbeitsmoral trug zu dieser positiven Entwicklung entscheidend bei. Die Wirtschaft befand sich Anfang des 19. Jahrhunderts daher durchaus in einem fortgeschrittenen Zustand, in einer vorindustriellen Expansion, die allerdings der zeitgleichen Situation in Europa nicht entsprach.

Japan

Eine entscheidende Wende zur Modernisierung der japanischen Wirtschaft bildete die sogenannte Meiji-Restauration (1867/1868), eine umwälzende Veränderung der politischen und wirtschaftlichen Situation. Die Häfen wurden geöffnet und der

Austausch mit der Welt begonnen, das Lehenswesen abgeschafft und ein modernes Steuersystem begründet, Experten und Techniker aus dem Ausland angeworben und Informationsreisen in alle Welt gefördert. Eine Zollautonomie konnte wegen bindender internationaler Verträge bis 1900 allerdings nicht erreicht werden. Auf der Basis vorsichtiger, vom Staat initiierter Experimente wurde eine erfolgreiche Industrialisierung in Gang gesetzt. Die exportorientierte Baumwollindustrie spielte dabei eine entscheidende Rolle, aber auch der Maschinenbau und die Energiewirtschaft waren wichtig. Bis in die 30er Jahre des 20. Jahrhunderts war ein stetiges Wirtschaftwachstum zu verzeichnen (vgl. Grafik S. 351), und auch in der Wirtschaftsstruktur Japans fand diese Entwicklung ihren Niederschlag (vgl. Tabelle S. 347). Schon in den 1920er Jahren war die industrielle Wertschöpfung in Japan ebenso groß wie die der Landwirtschaft. „Japan war das erste nicht westliche Land, das sich industrialisierte", so David S. Landes. Dieser Erfolg wird häufig dem kulturell vorgeformten Fundus an Humankapital in der japanischen Gesellschaft zugeschrieben, quasi dem „Nationalcharakter".

Beginnende Modernisierung

Das wahre „japanische Wirtschaftswunder" vollzog sich allerdings – noch spektakulärer als in Deutschland – nach den Zerstörungen des Zweiten Weltkriegs. Es beruhte zunächst auf amerikanischer Finanzhilfe und dem Nachbau europäischer und amerikanischer Produkte. Doch diese zunächst als Billigprodukte verschrienen Güter zeichneten sich schon bald durch hohe Qualität und Preiswürdigkeit aus. Eine Exportoffensive japanischer Waren überschwemmte die Weltmärkte, und der Heimatmarkt konnte zum Teil durch nicht tarifäre Handelshemmnisse geschützt werden. Großunternehmen und Unternehmenskonglomerate mit eigenen Finanzinstitutionen dominierten die Entwicklung, und auch der japanische Staat trug durch gezielte Unterstützung wesentlich zum Erfolg des „Modells Japan" bei. Wenn auch die Yen-Aufwertung 1985, der daraufhin erfolgte Kapitalzufluss und die darauf aufgebaute *bubble economy* Ende des Jahrhunderts platzten und Japan in eine Depressionsspirale stürzte, so gehört das Land doch weiterhin zu den führenden Industrienationen.

Japan als Industrienation

Industrie-, Dienstleistungs- oder Informationsgesellschaft?

Am Ende des 20. Jahrhunderts zeichnet sich die Weltwirtschaft hinsichtlich der regionalen Entwicklungsniveaus durch eine große Vielfalt aus, die sich von der zu Beginn des Jahrhunderts kaum unterscheidet. Hinsichtlich Entwicklungsstand und sektoralem Strukturwandel der Volkswirtschaften in den verschiedenen Weltregionen bleiben gewaltige Unterschiede unverändert bestehen. Von einem weltweiten Durchbruch zu einer Dienstleistungs- oder Informationsgesellschaft ist jedenfalls wenig zu sehen – ganz im Gegenteil: Weltweit scheint der Übergang von Agrar- zu Industriegesellschaften noch nicht einmal erfolgreich vollzogen.

NORDAMERIKA
EUROPA
Atlantischer Ozean
AFRIKA
SÜD-AMERIKA
Pazifischer Ozean

industrielle Metropolen
industrielle Sekundärzentren
Schwellenländer
Rohstoffergänzungswirtschaften
periphere Agrargesellschaften

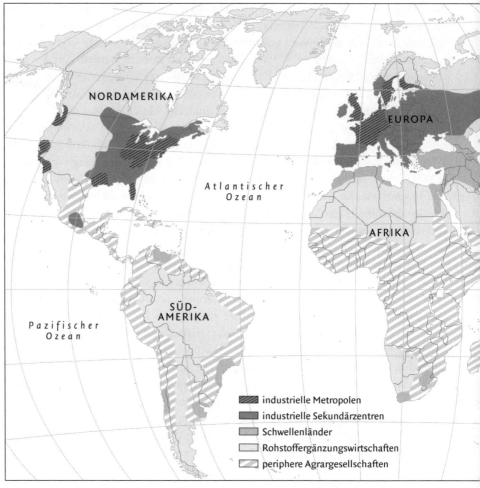

Entwicklungsstadien der Wirtschaft (2000).

Nimmt man einmal die regionale Verteilung der wirtschaftlichen Aktivitäten unter Vernachlässigung der Staatsgrenzen in den Blick, so zeigen sich nur an wenigen Orten voll ausgebildete Industriegesellschaften, die möglicherweise den Weg in eine Dienstleistungsgesellschaft beschreiten könnten oder dies bereits getan haben. Dazu zählen wenige Teile Nordamerikas, West- und Mitteleuropa sowie Japan („industrielle Metropolen"). Sonst findet sich nirgendwo eine derartige Wirtschaftsweise. Am nächsten kommen dieser noch Regionen, die in der Karte als „industrielle Sekundärzentren" markiert sind und die sich weltweit inselhaft aufspüren lassen. Der größte Teil der entwickelten Welt lässt sich noch am ehesten als „Schwellenländer" bezeichnen, die sich bestenfalls gerade im Übergang zu industrialisierten Volkswirtschaften befinden. Der verbleibende Teil der Erde – und das ist weiterhin ihr größter Teil –,

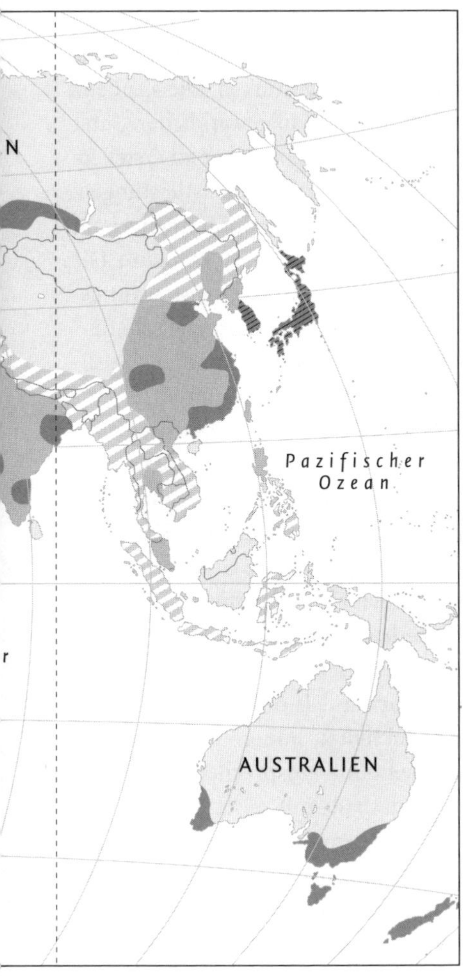

bleibt als „Rohstoffergänzungswirtschaften“ beziehungsweise gar als „periphere Agrarwirtschaften“ noch sehr eng mit der Primärproduktion verbunden und hat den Schritt zu einer Industriewirtschaft noch lange nicht vollzogen. Die angeführten Beispiele aus den verschiedenen Weltregionen vermögen diesen Überblick über die Entwicklungsstadien der Weltwirtschaft zu Beginn des 21. Jahrhunderts untermauern. Von den hier angeführten sieben Ländern lässt sich allein Japan dem Status einer industriellen Metropole zurechnen, China und Indien werden als Schwellenländer klassifiziert, in die einige Zonen industrieller Sekundärzentren eingestreut sind. Argentinien und Brasilien ist dieser Status noch nicht einmal zugesprochen, weil deren Volkswirtschaften noch sehr stark auf Rohstoffe und Agrarprodukte bauen, und die Staaten Schwarzafrikas (Nigeria, Kenia) verharren trotz aller Bemühungen noch im Zustand peripherer Agrargesellschaften. Kurzum, weltweit von einer Entwicklung zu Dienstleistungsgesellschaften zu sprechen, erscheint zum gegenwärtigen Zeitpunkt als Anachronismus.

Betrachtet man allein den sektoralen Strukturwandel in den industriellen Metropolen, so erscheint die Entwicklung ebenfalls weit weniger eindeutig, als das in den offiziellen Statistiken offenbar zu sein scheint. Gleichgültig, ob man die sektorale Verteilung von Wertschöpfung oder Beschäftigung zum Maßstab nimmt, der Anteil des tertiären Sektors scheint unaufhörlich zu steigen und hat den des sekundären Sektors längst übertroffen. Doch folgt man dem Diktum von Adam Smith „consumption is the sole end and purpose of production“ und nimmt nicht die gesamtwirtschaftliche Produktion, in der auch alle Vorleistungen und Produktionsumwege ihre Berücksichtigung finden, sondern den Endverbrauch einer Volkswirtschaft als Maßstab ihres Wohlstandes und ihres Entwicklungsstandes, so ändert sich das Bild dramatisch. Im Endverbrauch hat nämlich der Konsum von Dienstleistungen gegenüber dem von Gütern in den entwickelten Volkswirtschaften in den letzten Dekaden eben

Weg in die Selbstbedienungsgesellschaft?

nicht zugenommen, sondern ist für die meisten Ausgabenkategorien der privaten Haushalte, mit Ausnahme von Bildung und Gesundheit, die man schwerlich mittels gewerblicher Güter im Haushalt selber herstellen kann, sogar gesunken. Die Tendenz ist weitaus eher, dass sich moderne Konsumenten durch den Kauf gewerblicher Güter in die Lage versetzen, zuvor konsumierte Dienstleistung nunmehr selber zu erstellen: Das Autofahren ersetzt den Konsum von öffentlichen Verkehrsdienstleistungen, Haushaltsgeräte die Dienstboten und selbst Möbel werden selbst zusammengebaut (IKEA) und Bankdienstleistungen online oder an Automaten selbst erbracht. Die moderne Gesellschaft befindet sich also nicht auf dem Weg in die Dienstleistungsgesellschaft, sondern, so die These, in Richtung einer Selbstbedienungsgesellschaft.

Die gravierendsten strukturellen Veränderungen in den post-industriellen Gesellschaften haben sich – anders als von den Vertretern der Sektortheorie und ihrer Epigonen behauptet – nicht zwischen den drei volkswirtschaftlichen Hauptsektoren vollzogen, sondern zwischen privaten Haushalten und den Unternehmen. Dies wird auch im Haushaltsproduktionsansatz von Gary S. Becker theoretisch reflektiert und steht in einem ganz anderen Begründungszusammenhang, als das von der Drei-Sektoren-Theorie unterstellt wird. Der von dieser hoffnungsfroh postulierte Strukturwandel und das quasi-automatische Entstehen von neuen Beschäftigungschancen im Dienstleistungssektor kommt nämlich deshalb nicht zustande, weil die Veränderungen in der Lohn-Preis-Relation zwischen den Sektoren außer Acht gelassen werden. Im Zuge des sektoralen Strukturwandels müssen die relativen Preise der Dienstleistungen steigen (geringere Produktivität, höhere Einkommenselastizität), so dass die Nachfrage danach begrenzt bleibt und entsprechende Beschäftigungseffekte ausbleiben. Die Haushalte reagieren deshalb mit einer Reallokation ihrer Zeit in Richtung auf Haushaltsproduktion. Jan de Vries nennt diese Entwicklung „Second Industrious Revolution“. Die Entwicklung wird auch von zahlreichen Unternehmen erkannt und genutzt, indem sie die Kunden in vielerlei Hinsicht zu unbezahlten Mitarbeitern bei der Produktion gewerblicher Güter und Dienstleistungen machen.

Haushalte und Unternehmen

Wenn sich also selbst für die industriellen Metropolen der postulierte Übergang von der Industrie- zur Dienstleistungsgesellschaft als ein Irrweg herausstellt, wie sollte das zugrunde liegende Modell der Drei-Sektoren-Theorie sich im weltweiten Zusammenhang bewähren? Der Blick auf die Weltwirtschaft im 20. Jahrhundert lehrt, dass – mit Heraklit gesprochen – „alles fließt“ *(panta rhei)* und das Ergebnis der Veränderungen keiner wie auch immer formulierten Gesetzmäßigkeit entspricht. Die Drei-Sektoren-Theorie ist jedenfalls zur Erklärung des sektoralen Strukturwandels der Weltwirtschaft wenig geeignet, und darauf gegründete Prognosen des zukünftigen Weges in eine Dienstleistungs-, Wissens- und Informationsgesellschaft sind modischen Interpretationen, aber nicht wissenschaftlichen Analysen geschuldet.

Gesellschaft im Wandel

Burj Khalifa in Dubai (Vereinigte Arabische Emirate), mit 828 Metern das höchste Bauwerk der Welt. Es wurde im Januar 2010 eingeweiht.

Umwelt- und Ressourcenprobleme

Frank Uekötter

Am Beginn des 21. Jahrhunderts verbindet der westliche Mensch mit dem Stichwort „Umwelt" vor allem zwei Assoziationen. Zum einen lebt er in dem Bewusstsein, dass sein Lebensstil weit von ökologischer Nachhaltigkeit entfernt ist. Das breite, über den essentiellen Bedarf weit hinausreichende Warenangebot, der Mobilitätsanspruch des modernen Menschen und sein Komfortbedürfnis im häuslichen und beruflichen Umfeld liegen einer Vielzahl von Umwelt- und Ressourcenproblemen zugrunde. Zum anderen weiß der informierte Bürger aber auch, dass alle diese Probleme schon seit längerem von einem breiten Spektrum von Behörden, Verbänden und Unternehmen in den Blick genommen werden. Verschmutzungsprobleme werden durch Filteranlagen oder Änderungen der Produktionsprozesse eingegrenzt, Rohstoffe durch verbesserte Maschinen und Transportmittel effizienter genutzt und Flächen gegen destruktive menschliche Nutzungen geschützt. Der Streit, ob diese Bemühungen ausreichen und wie viel Umweltschutz möglich und wünschenswert wäre, ist jedem Zeitungsleser wohlbekannt.

Probleme, Debatten, Lösungen

Diese Situation ist hier deshalb bemerkenswert, weil die dialektische Spannung von Problemen und Reaktionen gewissermaßen den roten Faden einer Umweltgeschichte des 20. Jahrhunderts darstellt. Es ist keineswegs so, dass sich die Umweltprobleme ungehemmt auftürmten, bis sie am Ende des 20. Jahrhunderts von der ökologischen Bewegung entdeckt wurden: Die meisten Probleme wurden schon von den Zeitgenossen hellsichtig erkannt, und Themen wie Verschmutzung, Zerstörung von Naturschönheiten und gesunde Ernährung machten schon vor 100 Jahren Schlagzeilen. Die Verbindung dieser unterschiedlichen Themen unter dem Rubrum „Umwelt" hat die Debatte zweifellos verändert und ihre öffentliche Sichtbarkeit erhöht, aber keineswegs erst geschaffen.

Das 20. Jahrhundert, von dem hier die Rede sein soll, ist freilich nicht das „kurze" 20. Jahrhundert der politischen Geschichte. Vieles spricht in der Geschichte der Umwelt- und Ressourcenprobleme für ein langes, quasi „überlanges" 20. Jahrhundert, das eher eine Chiffre für die Industriemoderne darstellt. Will Steffen, Paul Crutzen und John McNeill haben kürzlich sogar angeregt, das Jahr 1800 als Beginn eines neuen Erdzeitalters zu betrachten: Seither lebe die Menschheit im Anthropozän, da der menschliche Einfluss zunehmend auf Augenhöhe mit den Kräften der Natur stehe und die Entwicklung des Gesamtsystems Erde zum ersten Mal ganz wesentlich von anthropogenen Faktoren geprägt sei. Man mag

„Anthropozän" seit 1800?

darüber streiten, ob das Jahr 1800, als die transformative Wucht der Industriemoderne eigentlich nur in England schon spürbar war, für eine Zäsur mit globalhistorischem Anspruch tatsächlich eine gute Wahl ist. Unstrittig ist jedoch, dass Industrialisierung, Städtewachstum und Urbanisierung sowie der Wandel agrarischer Produktionsmethoden auch in ökologischer Beziehung eine globalgeschichtliche Zäsur markieren, die sich in vielen Ländern im 19. Jahrhundert verorten lässt. Die Zeit um 1900 präsentiert sich geradezu als ein erster Kulminationspunkt einschlägiger Debatten: Die Intensität der damaligen Diskussion wurde in vielen Ländern erst in den 1960er Jahren oder sogar noch später wieder erreicht. Es lohnt sich jedoch, vor einer Erörterung dieser ersten „Sattelzeit" noch einen Schritt zurückzugehen und zumindest kurz die Frage nach vormodernen Traditionen zu stellen, die für das Verständnis des ökologischen „langen 20. Jahrhunderts" wichtig waren. So gewaltig die Zäsur der Industriemoderne war, so wenig markierte sie doch eine „Stunde Null".

Intellektuelle und materielle Grundlagen des 20. Jahrhunderts

Traditionen der Vormoderne

Als sich die Umwälzungen der Industriemoderne um die Mitte des 19. Jahrhunderts in der freien Natur zu dokumentieren begannen, wurde „Wildnis" in manchen Kreisen zum Zauberwort. Ökologisch gesehen war das zumeist ziemlicher Unsinn: Die Suche nach wahrhaft unberührter Natur machte schon damals nur an den Rändern der zivilisierten Welt noch Sinn. Die bäuerliche Welt, von Wilhelm Heinrich Riehl zum Hort des Beharrens verklärt, war längst durch Bauernbefreiung und Auflösung der Allmenden grundlegend verändert, die Wälder immer stärker im Griff der modernen Forstwirtschaftslehre. Der von Henry David Thoreau verklärte *Walden Pond*, an dem er der modernen Gesellschaft den Rücken kehren wollte, war ein See in just jenem Teil des amerikanischen Bundesstaats Massachusetts, der ein Zentrum der amerikanischen Frühindustrialisierung war. Wenn Thoreau nur fünf Jahre länger gelebt hätte, dann hätte er am Ufer seines geliebten Sees den Bau eines Vergnügungsparks für Ausflügler aus dem nahegelegenen Boston miterleben können.

Wildnis als Utopie

Dabei waren die Veränderungen der mitteleuropäischen Kulturlandschaften noch undramatisch im Vergleich mit der Plantagenwirtschaft im kolonialen Amerika. Im Streben nach Zucker war auf den Karibischen Inseln die erste Landschaft entstanden, die ganz von den Verwertungsinteressen des Agrobusiness geprägt wurde und die frühere Tier- und Pflanzenwelt völlig vernichtete – im Rückblick der Beginn einer ökonomischen und ökologischen Monokultur, die viele Gesellschaften langfristig prägen würde. Christoph Kolumbus' berühmte Reise nach Amerika war der Beginn eines intensiven Austausches von Flora und Fauna, der sich auf den beiden Seiten des

Atlantiks jedoch mit sehr unterschiedlicher Geschwindigkeit und Intensität vollzog: Während die amerikanische Natur durch Tier- und Pflanzenimporte schlagartig und brutal umgestaltet wurde – die Überlegenheit der Eroberer lag nicht zuletzt in ihrer Verfügungsgewalt über Nutztiere begründet –, war die Einführung neuer Arten in Europa sehr viel zögerlicher. Dass der aus Mexiko stammende Mais im frühen 19. Jahrhundert im deutschen Sprachraum als „türkischer Weizen" bezeichnet wurde, beleuchtet schlaglichtartig die Umwege, die der „Columbianische Austausch" (Alfred Crosby) auf europäischer Seite nahm. In Amerika beherrschten importierte Pflanzen wie das Zuckerrohr längst weite Landstriche, als sich europäische Gaumen im 18. Jahrhundert langsam an die Kartoffel gewöhnten – von der Hegemonie von Pferd, Rind und Schwein in der zuvor an Megafauna armen amerikanischen Welt einmal ganz zu schweigen.

Columbianischer Austausch

Wichtig war wohl auch das langsame Entstehen eines global vernetzten Rohstoffmarkts. Der Silberbergbau von Potosí, der um die Mitte des 16. Jahrhunderts begann, wirkt wie ein Menetekel für den Ressourcenhunger der Moderne: mit der großen Distanz zwischen den Orten von Produktion und Konsum, mit den enormen humanen und ökologischen Kosten, aber auch mit dem sagenhaften Reichtum, den er hervorbrachte. Gewiss wurde der globale Austausch noch durch vielfältige Hindernisse gebremst. Transportkapazitäten waren begrenzt, der Austausch von Gütern und Informationen langwierig und in hohem Maße den Launen der Natur ausgesetzt, und noch waren die Märkte der westlichen Welt weit davon entfernt, solche Ressourcen wie ein Schwamm aufzusaugen, zumal die iberische Handelspolitik eher auf Profit- denn auf Produktionsmaximierung zielte. Aber die ökologischen Enthemmungen, die ein globaler Rohstoffmarkt mit sich bringen konnte, waren durchaus schon zu erahnen: Dem Biberpelz sah man schließlich nicht an, welche Verheerungen die Jagd im Norden Amerikas hervorrief.

Globale Stoffströme

Zu den Traditionen der Vormoderne gehörte zumindest dort, wo Gesellschaften ein gewisses Komplexitätsniveau erreicht hatten, auch eine obrigkeitliche Regulierung der Naturnutzung. Über deren Effektivität lässt sich kaum ein pauschales Urteil fällen, aber mit Blick auf die weitere Entwicklung scheint diese Frage gegenüber der Tatsache zurückzustehen, dass sie sich zwangsläufig auf vormoderne Ressourcen konzentrierten: im mitteleuropäischen Kontext etwa vor allem auf Wald, Weide und Wasser. Es war ein sehr mühseliges Geschäft, diese Instrumente an die Bedingungen der Industriemoderne anzupassen; selbst in einem Land mit gut entwickelter Staatsverwaltung wie Deutschland lief es oft weniger auf eine Transformation als auf eine völlige Neuentwicklung rechtlich-administrativer Mittel hinaus. Der Vorsprung der kapitalistischen Zerstörung hat nicht wenig damit zu tun, dass bestehende Strukturen von den neuartigen Problemen gewissermaßen überrumpelt wurden. Im lokalen Rahmen konnten vormoderne Vereinbarungen freilich eine enorme Überlebenskraft beweisen: Die Verteilung des Wassers in der tunesischen Oase Tozeur orientiert sich bis heute an Berechnungen des Mathematikers Ibn Chabbat aus dem 13. Jahrhundert.

Traditionen der Umweltregulierung

Zum Vermächtnis der Vormoderne gehört schließlich ein recht gemischtes Set ideengeschichtlicher Traditionen. Der britische Historiker Keith Thomas hat für den englischen Fall überzeugend nachgezeichnet, wie in der Frühen Neuzeit ein System moralischer Empfindungen entstand, das bis in die Gegenwart nachwirkt. Vor allem für den Umgang mit Tieren waren die heutigen Sensibilitäten in sehr erheblichem Umfang bereits entwickelt, wie die Gründung der *Society for the Prevention of Cruelty to Animals* als weltweit erster Tierschutzorganisation 1824 dokumentiert. Die deutsche Romantik war nur die spezifische Variante einer in der westlichen Welt allgemein zu spürenden Wertschätzung der Landschaft, ja überhaupt der Entstehung des Konzepts der Landschaft in der Frühen Neuzeit. Naturaneignung besaß seither einen prononciert visuellen Aspekt, der nahezu zwangsläufig mit materiellen Nutzungsansprüchen kollidierte und dabei in vielen Fällen zurückzustehen hatte. Zum Erbe der Aufklärung gehört aber auch ein nüchtern-instrumentelles Naturverhältnis und eine damit eng verbundene neuzeitliche Wissenschaft, die im Folgenden noch zu diskutieren sein wird.

Ressourcen – Die hungrige Moderne

Nichts kennzeichnet das Präzedenzlose der Industriemoderne besser als ihr geradezu unstillbarer Hunger nach Ressourcen. Nie zuvor hat die Menschheit so vielfältige Ressourcen in solchem Umfang konsumiert, und die Konsequenzen sind allgegenwärtig: Alle Aspekte unserer modernen Existenz – von der Arbeitswelt bis zum Massenkonsum, von der Urbanität bis zum Mobilitätsanspruch – basieren letztlich auf der problemlosen Verfügbarkeit begrenzter Rohstoffe. Die grundlegende Bedeutung schlug sich jedoch nicht zwangsläufig in lebhaften Debatten nieder, sondern häufig in einem tiefen, bisweilen unheimlichen Schweigen. Wenige Themen charakterisiert ein derart schroffes Nebeneinander von brennender Wichtigkeit und stillem Vergessen, und das macht Ressourcen zu einem schwierigen historischen Sujet. Georg Agricola begann sein berühmtes Werk »De Re Metallica« von 1556 noch mit einem vielzitierten Kapitel, in dem er das Für und Wider des Bergbaus abwägend diskutierte. Der moderne Mensch hingegen sparte sich ähnliche Prolegomena: Rohstoffe waren dazu da, gefördert und konsumiert zu werden, und damit hatte sich die Sache.

Den vielleicht besten Beleg für die paradoxe Koexistenz von Faszination und Elend bieten die periodischen Goldräusche mit ihren immergleichen Folgen: rasante Migration, hektischer Aufbau von Infrastrukturen, Männerüberschuss und Gewalt. Das war freilich nur die Mikroausgabe eines globalen Kampfes um Ressourcen, der mit Hochindustrialisierung und Hochimperialismus zu einem Kernthema der Politik wurde; die beiden US-amerikanischen Irakkriege waren fürwahr nicht die ersten Ressourcenkriege.

Ressourcen und Gewalt

So spielte die Erwartung großer Ölvorkommen eine wesentliche Rolle beim Ausbruch des Chacokriegs in den 30er Jahren, einem der blutigsten Kriege der südamerikanischen Geschichte, in dem Bolivien und Paraguay um einen unwirtlichen und kaum besiedelten Teil des Gran Chaco kämpften. Boden-

Alte und neue Ressourcen. Fördertürme auf einem Ölfeld in Texas.

schätze bedeuteten für viele Länder Fluch und Segen zugleich, und nur die spezifischen Umstände entschieden, was letztlich die Oberhand behielt. Während Kaliforniens Reichtum zunächst zu wesentlichen Teilen auf Gold und Erdöl gründete, wurde der Kongo durch Ressourcenkonflikte förmlich zerrissen.

Gerne wird das Thema mit Statistiken und dramatisch ansteigenden Förder- und Konsumquoten illustriert. Dabei täuschen die Zahlen leicht über den bemerkenswerten Sachverhalt hinweg, dass es in der Entwicklung der Rohstoffe an markanten Zäsuren fehlt. Der Übergang von den erneuerbaren Ressourcen der vormodernen Agrargesellschaften zum fossilen Energieregime der Moderne war ein langwieriger Prozess, dessen Richtung retrospektiv viel leichter zu identifizieren ist als zeitgenössisch. Vor allem die Geschichte des Erdöls wird gerne mit heroischen Pioniergeschichten garniert, in denen zum Beispiel das texanische Ölfeld Spindletop als Durchbruch zur modernen Erdölwirtschaft präsentiert wird. Tatsächlich trug der Aufstieg des Erdöls zum wichtigsten Energieträger jedoch eher Züge eines langsamen Abgleitens in eine bestimmte Richtung, das am Ende zu den heute so gerne beklagten Abhängigkeiten führte. Macht es überhaupt Sinn, verallgemeinernd von Ressourcen zu reden? Zu den wichtigsten Kennzeichen der Rohstoffe der Moderne gehört

schließlich ihre Verschiedenheit: Da gab es altbekannte und neue Bodenschätze, geologische und biologische Ressourcen, häufige und seltene Ressourcen – und all das verteilte sich in höchst ungleicher Weise über den Globus.

Es lohnt sich deshalb, die Darstellung auf einige Spannungsfelder zu konzentrieren, die dem Thema historische Konturen verleihen. Zu diesen gehörte zweifellos die erhebliche Distanz zwischen den Orten der Gewinnung und des Konsums sowie häufig auch zwischen Gewinnungs- und Aufbereitungsort. Die Distanz sorgte dafür, dass dieselbe Ressource ganz unterschiedliche Gesichter zeigte. Am Ort des Konsums standen meist Verschmutzungsprobleme im Zentrum, etwa Schwefelemissionen aus fossilen Brennstoffen oder Krebsgefahren aus Stoffen wie Asbest. Ganz anders sahen die Probleme am Ort der Urproduktion aus: Hier ging es zumeist um die großflächige Zerstörung von Lebensräumen durch Tagebaue und Abraumhalden – man denke nur an die riesige Eisenmine am Mount Whaleback im australischen Outback – sowie um die ökologischen Altlasten, die oft weit nach dem Ende des Bergbaus spürbar blieben. In den ehemaligen Kohleregionen des US-Bundesstaats Pennsylvania sind die chemisch sauren Ausflüsse, die durch die Verwitterung von Pyrit in aufgelassenen Minen entstehen, inzwischen eines der größten Umweltprobleme.

Förderung, Verarbeitung, Konsum

Zwischen Bergung und Konsum stand zumeist noch die Aufbereitung, die wiederum eigene Probleme aufwarf. Die großen Kupferraffinerien des amerikanischen Westens waren schon im 19. Jahrhundert für die weiträumige Zerstörung der umliegenden Vegetation berüchtigt. Auch die Umgebungen von Hochöfen, Kokereien und Erdölraffinerien hatten unter enormen Umweltbelastungen zu leiden. Besonders dramatisch gestaltete sich die Aufbereitung von Edelmetallen, die im Gestein nur in geringer Konzentration enthalten waren und mühsam herausgelöst werden mussten; übrig blieb ein mit toxischen Substanzen durchsetzter Brei, der sich in großen Goldförderländern wie Südafrika längst zu riesigen Halden auftürmt. So konnte dieselbe Ressource an verschiedenen Orten ganz unterschiedliche ökologische Folgen hervorrufen, die in der Substanz selbst jedoch nur selten Spuren hinterließen. Dem im Kongo produzierten Kautschuk konnte man die Gewaltherrschaft der belgischen Kolonialherren nicht ansehen, und darin bestand für den größten Teil des 20. Jahrhunderts eine schwer zu überwindende Blockade. Nennenswerte Bestrebungen, die Produktionsbedingungen durch Zertifizierung transparent zu machen, gibt es erst in der jüngsten Vergangenheit.

Ein zweites Spannungsfeld bestand im Kontrast zwischen groß- und kleinbetrieblichen Strukturen. Kaum ein Wirtschaftszweig wurde so rasch von international operierenden Großkonzernen dominiert wie die Rohstoffproduktion, und viele dieser Unternehmen erwarben sich durch brachiale Geschäftspraktiken einen zweifelhaften Ruf. „Ölfreundschaften sind schmierig", lautete das achselzuckende Bonmot des Ölpioniers Calouste Gulbenkian. Daneben blieb jedoch lange Zeit viel Raum für Klein- und Kleinstbetriebe. Das gilt insbesondere für den Bereich der Rohstoffrückgewinnung, der lange ein schummriger Sektor für Personen am Rande der Gesellschaft war,

Großkonzerne und Nischenbetriebe

bis er im Zeichen von Recycling und Kreislaufwirtschaft von Großkonzernen entdeckt wurde. In außerwestlichen Gesellschaften hat sich dies bis in die Gegenwart erhalten: Die Suche nach verwertbaren Stoffen im Abfall gehört für viele Slumbewohner zur täglichen Arbeit. Zudem war der Globalisierungsprozess der Rohstoffwirtschaft nicht geradlinig, sondern durch Autarkie- und Ersatzstoffwirtschaften unterbrochen, durch die wiederum andere ökonomische Strukturen entstanden. Wenige Erfindungen spiegeln die irrlichternde Persistenz von Autarkievisionen besser als die Fischer-Tropsch-Synthese zur Kohleverflüssigung, die vom NS-Regime als Instrument der Kriegsvorbereitung künstlich forciert wurde und nach dem Zweiten Weltkrieg im südafrikanischen Apartheidstaat eine neue Heimat fand.

Autarkiebestrebungen und Ersatzstoffökonomien stellten in gewisser Weise den Höhepunkt staatlicher Interventionen auf dem Rohstoffsektor dar. Bei offenen Handelsgrenzen präsentierte sich der Staat jedoch immer wieder als schwacher Akteur, und das lag wohl nicht nur an der Aggressivität der Großunternehmen und dem enormen Ressourcenhunger moderner Konsumgesellschaften, die sich jedem politischen Programm mit schier urgewaltiger Eigenmacht entgegenstellten. Mehr als andere Sektoren neigte der Rohstoffbereich zur Verfilzung staatlicher und privater Akteure und zur rigiden Abschottung nach außen; die Erdölministerien der arabischen Welt, aber auch das US-amerikanische *Bureau of Mines* stehen für die Entwicklung von Sonderbürokratien für Rohstofffragen, die die einschlägige Expertise in hohem Maße monopolisierten. Als Beleg für die anrüchigen Allianzen, die sogar selbstbewusste Länder im Interesse eines ungehemmten Rohstoffflusses einzugehen bereit sind, sei hier nur das Bündnis der Vereinigten Staaten mit dem saudi-arabischen Herrscherhaus erwähnt, das seit der Gründung der *Arabian-American Oil Company* (ARAMCO) 1944 eine bemerkenswerte Konstante in der turbulenten Welt des Erdöls darstellt.

Stärke und Ohnmacht der Staatsgewalt

Ein drittes Spannungsfeld betrifft die Frage der Singularität und Ersetzbarkeit bestimmter Ressourcen. Um 1800 war das Holz noch die energetische Schlüsselressource schlechthin, wie die europaweite Debatte über eine drohende „Holznot" nachdrücklich dokumentiert. 100 Jahre später besaß die Kohle eine vergleichbare Monopolstellung, die im Laufe des 20. Jahrhunderts durch die Konkurrenz von Erdöl, Erdgas, Atomkraft, Hydroelektrik und zahllose regionale Sonderwege wie den brasilianischen Zuckerrohralkohol, die dänische Windkraft oder die deutsche Braunkohle nach und nach erodierte. Ganz anders war die Situation bei Eisen und Stahl: Hier stand die Bedrohung durch andere Substanzen wie Aluminium und Plastik lange Zeit hinter der wachsenden Effizienz des Stoffeinsatzes zurück. Der 7000 Tonnen schwere Eiffelturm hätte bei Verwendung einer besseren Stahlsorte schon in den späten 1880er Jahren mit 20 Prozent geringerem Gewicht gebaut werden können; heute würden 2000 Tonnen für den Zweck genügen. Allerdings bleibt bezeichnend, dass solche Effizienzgewinne nur selten zu einem absoluten Rückgang des Ressourceneinsatzes führten; die frei werdenden Ressourcen wurden meist rasch durch neue Nutzungen beansprucht. Insgesamt nahm die Zahl der „unverzichtbaren" Ressourcen

jedoch eindeutig zu: Die fanatische Suche der Amerikaner nach Ersatzstoffen, als die Japaner im Zweiten Weltkrieg die südostasiatischen Kautschukplantagen überrannten, ist da nur einer von zahlreichen Belegen.

Am Ende wurde das Kautschukproblem der Amerikaner bekanntlich durch die Produktion synthetischen Gummis gelöst. Das verweist auf ein viertes Schlüsselthema: die wachsenden Möglichkeiten bei der Transformation von Ressourcen. Das augenfälligste Beispiel ist die chemische Industrie, deren Möglichkeiten der Umwandlung von Stoffen in der Nachkriegszeit in einer regelrechten Plastikeuphorie kulminierten. Nicht minder dramatisch war jedoch die Manipulation von Flora und Fauna: Durch gezielte Zucht wurde der Ertrag von Nutzpflanzen und Nutztieren dramatisch in die Höhe geschraubt. An sich ist Tierzucht gewiss kein modernes Konzept, aber die Entwicklung von auf Fleischproduktion getrimmten Hühnerrassen, die beim Eierlegen versagen, ist eine Innovation des 20. Jahrhunderts. Das kühle Reden von „biologischen Leistungen" lässt erahnen, dass sich hinter der züchterischen Manipulation von Pflanzen und Tieren ein tiefgreifender Entfremdungsprozess verbarg.

Transformation von Stoffen und Lebewesen

Die Ressourcengeschichte der Moderne ist somit nicht nur von einer rein quantitativen Explosion geprägt, sondern auch von wichtigen Veränderungen innerhalb der Ressourcenbasis. Die Kohleförderung, die das 19. Jahrhundert dominierte, war in der globalen Geschichte des Bergbaus eigentlich das jüngste Kapitel; ein Stoff wie Aluminium, der aus der modernen Welt kaum noch wegzudenken ist, wurde 1845 von Friedrich Wöhler erstmals chemisch synthetisiert und war zunächst nicht mehr als eine schlichte Laborkuriosität. Der Ressourcenhunger der Moderne ist gleichzeitig ein simples und ein hochkompliziertes Phänomen, und das macht Entwicklungen in diesem Bereich besonders schwer zu erahnen. Entsprechend lang ist die Liste der Fehlprognosen in der Geschichte der Ressourcen, und man muss es seltsam nennen, dass ausgerechnet die Warnung des *Club of Rome*, die eigentlich in eine andere Richtung zielte, zum Synonym eines falschen Erschöpfungsalarms wurde. Letztlich gibt es beim modernen Stil des Ressourcenkonsums nur eine Gewissheit: Er wird welthistorisch eine Episode bleiben. Eine Ressourcenausbeutung in solchen Dimensionen gibt der Planet auf Dauer ganz einfach nicht her.

Natur verstehen, Natur verehren

Neben der materiellen Naturaneignung war die Industriemoderne zugleich von einem Prozess der intellektuellen Naturaneignung geprägt. Beide Entwicklungen stehen in einer ebenso offenkundigen wie komplizierten Wechselbeziehung zueinander: Das Aufspüren von Bodenschätzen und ihre chemische Aufschlüsselung sind zwei von vielen Aktivitäten, deren Effizienz sich durch moderne Wissenschaft revolutionierte. Universitär ausgebildete Experten wurden im Umgang mit der natürlichen Umwelt zu einer wachsenden Konkurrenz für traditionelle Instanzen der Gelehrsamkeit wie Klöster und Akademien, aber auch für persönliche

Erforschung der Natur

Erfahrungen. Alle Niederlagen und Irrtümer wissenschaftlich geschulter Expertise dürfen nicht darüber hinwegtäuschen, dass der Aufstieg der modernen Wissenschaften auf lange Sicht ohne Alternative zu sein scheint. Umweltwissen war in wachsendem Umfang wissenschaftliches Wissen.

Die europäischen Wurzeln der modernen Wissenschaften bedeuten freilich nicht, dass wissenschaftliches Forschen zunächst auf diesen Kontinent beschränkt blieb. Schon früh war die außereuropäische Welt Studienobjekt; die Amerika- und Asienreisen des Alexander von Humboldt sind nur eines von zahlreichen Beispielen. Der britische Umwelthistoriker Richard Grove hat den dort gewonnenen Erfahrungen sogar ein solches Gewicht beigemessen, dass er die koloniale Welt als Ursprung des modernen Umweltbewusstseins bezeichnet hat. Das mag etwas überzogen sein, trifft aber insofern einen kritischen Punkt, als die Folgen der Wissensrevolution für das Weltbild zunächst dramatischer waren als die Folgen für den materiellen Umgang mit der Natur. Die um 1800 entstehende Geologie erweiterte den zeitlichen Rahmen der Erdgeschichte von ein paar tausend Jahren auf etliche Jahrmillionen, und Charles Darwins Evolutionstheorie revolutionierte das Selbstbild des Menschen. Für den alltäglichen Umgang mit Mineralien oder der Tierwelt machten beide Innovationen jedoch zunächst keinen großen Unterschied.

Das änderte sich im 19. Jahrhundert: Jetzt wurde wissenschaftliche Forschung auch bei ökologischen Themen zur Problemlöserin par excellence. Vor allem gegen Ende des Jahrhunderts kam es in vielen umweltrelevanten Bereichen zu großen Durchbrüchen: Die Wiederentdeckung der Mendel'schen Gesetze um 1900 stellte die Pflanzenzüchtung auf eine solide wissenschaftliche Grundlage, Louis Pasteur und Robert Koch bewiesen die Bedeutung der Mikroorganismen für die Gesundheitspflege, und Ronald Ross erbrachte den Nachweis der Verbindung von Malaria und Moskitos, was neue Möglichkeiten der Bekämpfung eröffnete. Allerdings waren wissenschaftliche Erkenntnisse nicht immer leicht in praktische Maßnahmen zu übersetzen und manchmal sogar kontraproduktiv: In Indien inspirierte die Bakteriologie um die Wende vom 19. zum 20. Jahrhundert eine aggressive Bekämpfung der Pest, die am Ende eher eine Verschärfung der Epidemie verursachte, weil die infizierten Ratten durch Desinfektionskampagnen unbeabsichtigt in vormals verschonte Viertel getrieben wurden.

Wissenschaft als Problemlöserin

Dies beleuchtet zugleich das Problem, dass das in Europa kodifizierte Wissen nicht selten mit den Realitäten der kolonialen und postkolonialen Welt kollidierte. Gewiss gab es auch Prozesse des Wissenstransfers von den Kolonisierten zu den Kolonialherren; die aus den Anden stammende Chinarinde, lange Zeit das wichtigste Mittel gegen Malaria, war ein solcher Fall. In Indien betrieb Albert Howard seine Forschungen über Kompost- und Humuspflege in engem Austausch mit Praktikern und propagierte seine Befunde auch weiterhin nach seiner Rückkehr nach England 1931. Aber es ist doch bezeichnend, dass Howards Arbeiten vor allem in der alternativen Landwirtschaft rezipiert wurden. Im konventionellen Landbau dominierte ein eingleisiger und oft auch ziemlich rücksichtsloser Export

Wissenstransfer

westlicher Konzepte in den Rest der Welt. Das musste nicht immer so spektakulär scheitern wie die Fordlandia-Kolonie im brasilianischen Amazonasbecken, mit der Henry Ford in der Zeit zwischen den Weltkriegen gleich auch den *American Way of Life* in den Regenwald exportieren wollte. Aber heikel war der Transfer von fremdem Wissen und Technik in neue Umwelten in jedem Fall.

Wissen schuf jedoch nicht nur neue Handlungsmöglichkeiten, sondern auch ein gewisses Gefühl der Begrenztheit menschlicher Möglichkeiten. Treffend spiegelt dies die Bemerkung des französischen Geographen Jean Brunhes von 1909, der Mensch sei „an die Grenzen seines Käfigs gestoßen". Zwei Jahre später endete das Zeitalter der Entdeckungen, als Roald Amundsen und Robert Scott den Südpol erreichten. Damit war der gesamte Globus bereist, mithin Raum „beherrschbar" geworden; aber das bedeutete auch, dass man nun nicht mehr darauf vertrauen konnte, dass irgendwo jenseits der menschlichen *Frontier* noch unbekannte Reserven verborgen sein würden. Passenderweise wurde in diesen Jahren auch mit Marokko das letzte noch verfügbare Land Afrikas in das französische Kolonialreich integriert, wobei das Deutsche Reich in einer Art kolonialistischer Torschlusspanik erheblichen Widerstand leistete. Erst ein halbes Jahrhundert später fanden Vorstellungen eines wissenschaftlich-technischen *anything goes* nennenswerten Zulauf, um dann in Visionen einer Besiedelung des Weltraums oder der beliebigen Manipulierbarkeit des Wetters zu kulminieren. Vannevar Bush nahm dies in seinem vielzitierten Bericht an den amerikanischen Präsidenten 1945 treffend vorweg, als er Wissenschaft schon im Titel als *Endless Frontier* titulierte – für die Menschen der Jahrhundertwende, die *Frontier* als dezidiert geographisches Konzept verstanden, eine geradezu absurde Vorstellung.

Schwinden der Frontiers

In der Zeit um 1900 entwickelte sich auch die Naturschutzbewegung heutiger Prägung; aber der Zusammenhang mit der Wissensrevolution scheint eher indirekter Natur gewesen zu sein, denn Antrieb des Naturschutzes waren zunächst weniger wissenschaftliche Erkenntnisse als kulturelle Bedürfnisse. Das entscheidende Motiv hinter der Schaffung der ersten amerikanischen Nationalparks in Yosemite und Yellowstone war der Schutz monumentaler „Wunder der Natur", um das Selbstbewusstsein der jungen amerikanischen Nation gegenüber dem alten Europa zu stärken. In England ließ schon die Verbindung von Natur- und Denkmalschutz im 1894 gegründeten *National Trust for Places of Historic Interest or Natural Beauty* erkennen, dass hier die Motive eher im Bereich von Kunst und Bildung als in der Wissenschaft lagen. Der kulturpessimistisch eingefärbte deutsche Heimatschutz war ohnehin nur zu deutlich als Ausfluss bildungsbürgerlicher Gemütsbewegungen zu erkennen. Allerdings gab es auch Naturschutzbewegungen, die schon früh von Fachwissenschaftlern geprägt wurden: Die russischen *zapovedniki* waren Schutzgebiete mit primär naturwissenschaftlicher Begründung, in denen das strikte Fernhalten aller anthropogenen Einflüsse das Studium der natürlichen biologischen Entwicklung ermöglichen sollte. Eine entscheidende Rolle bei der Schaffung dieser biologisch-ökologischen Studienobjekte spielte der russische Bodenkundler Vasilij Dokučaev.

Naturschutz um 1900

Damit ist zugleich angedeutet, wie unterschiedlich die zu schützende Natur aussehen konnte. In den einzelnen Ländern entwickelte sich jeweils eine spezifische Melange aus landschaftlichen Gegebenheiten und kulturellen Traditionen; in Ländern mit unterschiedlichen Naturräumen kamen oft noch erhebliche regionale Kontraste hinzu. Das beste Beispiel liefert die Entwicklung der Nationalparkidee: Das US-amerikanische Vorbild wurde zwar in vielen Ländern übernommen, jedoch bis zur Beliebigkeit modifiziert. Während die Nationalparks des Globalen Südens oft aus früheren Wildschutzgebieten der Kolonialherren entstanden, war der schon 1879 geschaffene *Royal National Park* in Australien als Naherholungsgebiet für Sydney gedacht. Selbst die seit 1948 existierende *International Union for Conservation of Nature* hat die Vielfalt der Dimensionierungen und Schutzkonzepte nur sehr bedingt einzugrenzen vermocht.

Man muss es insgesamt beeindruckend nennen, wie rasch in vielen Ländern um 1900 eine Bewegung zum Schutz der Natur entstand. Binnen weniger Jahre konstituierte sich ein Netzwerk aus staatlichen und zivilgesellschaftlichen Akteuren, das danach oft jahrzehntelang stabil blieb. Nicht wenige dieser Verbände spielen auch in der heutigen Umweltbewegung noch eine wichtige Rolle, so etwa der 1892 in San Francisco gegründete *Sierra Club* oder die britische *Royal Society for the Protection of Birds* von 1891; der global operierende Biodiversitätsverband *Fauna and Flora International* entstand 1903 in London als *Society for the Preservation of the Wild Fauna of the Empire*. Binnen weniger Jahre entwickelte sich so etwas wie ein internationaler Konsens, dass die Zugehörigkeit eines Landes zur zivilisierten Welt sich nicht zuletzt im Schutz seiner Natur vor gedankenloser Vernutzung manifestierte; auf Konferenzen waren vor 1914 auch schon erste Ansätze einer transnationalen Vernetzung zu erkennen. Allerdings blieb die Naturschutzarbeit stets auf besondere Schutzflächen beschränkt, die zumeist nur einen kleinen Bruchteil der gesamten Landesfläche ausmachten. Der Naturschutz auf der ganzen Fläche war ein Projekt, das selbst auf der konzeptionellen Ebene erst in der zweiten Hälfte des 20. Jahrhunderts klare Konturen entwickelte.

Frühe Umweltbewegungen

Die erste Umweltkrise um 1900 – Problemlagen und Reaktionen

Schmutz, Lärm und Müll

Schon um 1900 gab es auf der Welt eine große Zahl ökologischer Krisenherde. Im südlichen Afrika grassierte die Rinderpest, in der Nordsee waren Fischarten wie Hering und Schellfisch bereits überfischt, und auf allen Kontinenten wurden zahllose Wälder ohne Rücksicht auf Nachhaltigkeitskriterien abgeholzt. Nirgends verdichteten sich die ökologischen Krisen jedoch so sehr wie in der modernen Großstadt: Die wachsenden urbanen Ballungsräume waren laut, dreckig und ungesund. Sosehr die

Großstadt als Geburtsort des modernen Lebens faszinierte, so sehr standen zugleich die dortigen Lebensbedingungen im Zentrum der Kritik.

Als größte Stadt des 19. Jahrhunderts war London vielbeachtetes Vorbild und Schreckensbild, und bei einem Umweltproblem wurde die Stadt an der Themse sogar namensprägend: Durch die Verbindung von Kohlenrauch *(smoke)* und Nebel *(fog)* entstand der „Smog", der heute in Abgrenzung zu anderen Emissionsproblemen auch als „London-Smog" bezeichnet wird. Dieser Smog war seit dem Mittelalter ein notorisches Problem der englischen Hauptstadt gewesen, aber mit der Zusammenballung von Millionen von Menschen, von Eisenbahnen und Hafenanlagen spitzte sich das Problem krisenhaft zu. Besonders ungünstige meteorologische Bedingungen führten in den 1880er und 1890er Jahren zu mehreren *killer fogs*, die sich in sprunghaft ansteigenden Mortalitätsraten niederschlugen. Nicht weniger dramatisch war die Verschmutzung der Themse, die im ungewöhnlich heißen Sommer 1858 sogar Parlamentsgeschichte schrieb, als Abgeordnete in Westminster unter dem Eindruck des berühmten *great stink* das Problem auf die Tagesordnung setzten.

Großstädte als Krisenherde

Dabei war London noch in einer vergleichsweise privilegierten Position. Als Zentrum des britischen Empires konnte die Stadt relativ problemlos Ressourcen aus nah und fern importieren, ohne sich um die Folgen von Bergbau oder Entwaldung sonderliche Gedanken machen zu müssen, und die politischen Strukturen der Stadt waren zwar kompliziert, aber durchaus leistungsfähig. Ganz anders sah das in den neuen Großstädten aus, die im 19. Jahrhundert quasi aus dem Nichts entstanden. Vor allem dort, wo Rohstoffe die Basis für florierende Großindustrien boten, präsentierte sich regelmäßig ein wahres Schreckensbild chaotischer Urbanität: eine „Hölle ohne Deckel", wie die Stahlstadt Pittsburgh 1868 von James Parton beschrieben wurde. Ob im Ruhrgebiet oder in Pennsylvania, im südrussisch-ukrainischen Donezbecken oder im südafrikanischen Witwatersrand: Rasant entstanden rund um Ressourcen und ihre Verarbeitung kaum regulierte urbane Ballungsräume mit haarsträubenden Umweltproblemen, die nach dem Erschöpfen der Ressourcenbasis oft genauso rasant wieder kollabierten, und nur selten sahen die Überreste so pittoresk aus wie das berühmte Opernhaus von Manaus, das im Zuge des brasilianischen Kautschukbooms im späten 19. Jahrhundert entstand. Die Abwesenheit von *ghost towns* in Mitteleuropa ist welthistorisch gesehen die Ausnahme.

Neue Ballungsräume

Die großstädtische Umweltkrise fand zwangsläufig unterschiedliche Ausdrucksformen, wobei Größe der Städte, topographische Lage sowie die vorherrschenden Wirtschaftszweige die wichtigsten Parameter waren. Im Groben ähnelten sich jedoch die Probleme und auch die Prioritäten bei der Bekämpfung. An erster Stelle standen zumeist die Versorgung mit Frisch- und Brauchwasser sowie die Entsorgung der Abwässer, es folgten die Beseitigung von Müll sowie schließlich Luftverschmutzungs- und Lärmprobleme. Das hatte viel mit den Gesundheitsvorstellungen des 19. Jahrhunderts zu tun, die stark von der Angst vor der Cholera sowie der später widerlegten Miasmentheorie geprägt waren, die üble, dem Boden entsteigende Gerü-

Durch Kohlenrauch verursachter Smog in Pittsburgh um 1940. Im 20. Jahrhundert verlagerte sich die unmittelbare sinnliche Wahrnehmbarkeit von Umweltproblemen von den Industrienationen in die Länder des Globalen Südens.

che als Gesundheitsgefahr einstufte. Eine wichtige Rolle spielte aber auch, dass die Probleme nach unterschiedlichen Lösungsansätzen verlangten. Notgedrungen entwickelten sich die Stadtverwaltungen der Großstädte zu Erfindern einer kommunalen Umweltpolitik.

Erfolge konnte diese kommunale Umweltpolitik vor allem dort aufweisen, wo großtechnische Anlagen – nicht selten unter der Leitung neu gegründeter städtischer Körperschaften – eine befriedigende Lösungsmöglichkeit eröffneten. Selbst amerikanische Großstädte, sonst nicht gerade für administrative Leistungskraft bekannt, konnten sich in der Bewältigung der urbanen Umweltkrise zu enormen Kraftakten aufraffen. Chicago löste sein Abwasserproblem zum Beispiel, indem es die Fließrichtung des gleichnamigen Flusses umkehrte. Ein 45 Kilometer langer Kanal leitete das dreckige Wasser – darunter auch die ekelerregenden Abwässer der riesigen Schlachthöfe im Süden Chicagos – seit 1900 über die kontinentale Wasserscheide hinweg in den Einzugsbereich des Mississippi, um den Michigan-See als Trinkwasserquelle der Stadt zu schützen. Das erforderte nicht nur viel Geld und

Wasser und Abwasser

jahrzehntelange Bauarbeiten, die erst 1922 ihren Abschluss fanden, sondern auch einen guten Rechtsbeistand, denn die Flussanrainer wollten die Belastungen nicht klaglos akzeptieren; am Ende wurde der *Chicago Sanitary District* vom Obersten Gerichtshof der Vereinigten Staaten zur Reinigung der Abwässer verdonnert. Kaum weniger spektakulär war die Geschichte von Los Angeles, das seine Frischwasserzufuhr mit einem 360 Kilometer langen Aquädukt zum nördlich gelegenen Owens Valley sicherte und den dort lebenden Farmern in sehr wörtlichem Sinn das Wasser abgrub. Der Konflikt hatte Züge einer Kriminalgeschichte, und es ist nicht gerade verwunderlich, dass die Auseinandersetzungen um das Wasser von Los Angeles in Roman Polanskis Film „Chinatown" cineastisch verarbeitet wurden.

Die enormen Investitionen in Wasserbauprojekte hatten nicht nur mit der Angst vor Seuchen wie Cholera und Typhus zu tun, die durch unsauberes Wasser übertragen wurden, sondern wohl auch mit dem Charme großtechnischer Infrastrukturen, die Ingenieure anzogen und zu Höchstleistungen motivierten. Die Großstadtverwaltungen schufen mit ihren Investitionen nicht nur technische Systeme, sondern auch neue Expertengruppen, mit denen die jeweiligen Lösungen auch expertokratisch zementiert wurden. Müllabfuhr und Stadtreinigung waren für solche großtechnischen Lösungen freilich weniger gut geeignet und erzeugten deshalb deutlich weniger Enthusiasmus, obwohl der Unrat der Städte ebenfalls als Gesundheitsrisiko galt; oft wurde Müll ganz einfach am Stadtrand verbuddelt und in Städten wie New York City oder Vancouver sogar ins Meer gekippt. Die Grenzen des kommunalen Erfolgsmodells zeigten sich auch an der europäischen Peripherie. So blieb die Wasserversorgung in russischen Städten im 19. Jahrhundert zumeist in privaten Händen. Noch bemerkenswerter war die Situation in Konstantinopel, denn in der ehemals größten Stadt Europas hatte die Versorgung mit Frischwasser aus dem Umland eine lange Tradition. Trotzdem wurde die Wasserversorgung im späten 19. Jahrhundert zwei Unternehmen aus dem Deutschen Reich und Frankreich übertragen, die sich aus Profitgründen vor allem auf die wohlhabenden Stadtteile konzentrierten. Das führte zu endlosen Auseinandersetzungen, und am Ende war es nicht etwa die Stadtverwaltung, sondern der türkische Staat, der die Firmen in den 30er Jahren übernahm.

Grenzen kommunaler Lösungen

Im Prinzip hätte es nahegelegen, Konzeption und Bau von Wasserversorgung und Abwasserentsorgung eng miteinander zu verzahnen. Praktisch blieb die Koordination allenfalls lose, und manche Städte konzentrierten sich sogar ganz auf eines der Probleme: St. Petersburg hatte zum Beispiel in den besseren Vierteln eine geregelte Wasserversorgung, die seit 1891 in städtischer Trägerschaft war, blieb jedoch bis zur Revolution ohne jede Kanalisation, weil die Stadtverwaltung aus Kostengründen zögerte und lediglich 48 Baupläne innerhalb von 41 Jahren produzierte. Darin zeigen sich zugleich die Grenzen des kommunalen Modells des Umweltmanagements: Die großen Städte konnten Infrastrukturen und Unternehmen für spezifische Aufgaben schaffen, waren jedoch mit einer umfassenden Stadtplanung deutlich überfordert. Sie konnten die Bürger für Wasser, Strom und Gas

Ohnmacht der Stadtplanung

zur Kasse bitten, aber eine systematische Orchestrierung der Stadtentwicklung blieb selbst im Paris des Baron Haussmann ein unerreichtes Ideal. Als die Charta von Athen 1933 die aufgelockerte und funktional gegliederte Stadt forderte, wiesen die Großstädte des Westens jedenfalls längst verfestigte Strukturen auf, und es ist überaus bezeichnend, dass Chandigarh, die Hauptstadt des indischen Bundesstaats Pandschab (Punjab), die einzige von Le Corbusier geplante Stadt wurde. Die am Reißbrett entworfenen Städte blieben im 20. Jahrhundert in der Minderheit – entweder handelte es sich um Hauptstädte wie Canberra, Brasília oder Islamabad oder um industrielle Großprojekte autoritärer Staaten wie Magnitogorsk oder Wolfsburg –, und auch hier blieb die Eigendynamik der Stadtentwicklung erheblich. Selbst in der stalinistischen Sowjetunion kam es zu einer erheblichen Divergenz zwischen dem geplanten und dem realisierten Magnitogorsk.

Weitaus wichtiger als jede Stadtplanung war für die Siedlungsentwicklung im 20. Jahrhundert in jedem Fall das Abgrenzungsbedürfnis der Wohlhabenden. Die Suburbanisierung deutete sich schon um 1900 mit dem Entstehen aufgelockerter Wohnsiedlungen entlang von Straßen- und U-Bahnen an, mit der Automobilisierung wurde das Streben nach dem „Häuschen im Grünen" zum Massenphänomen; enormer Flächen- und Energieverbrauch waren die Folge. Wie sehr es sich um ein globales Phänomen handelte, wurde spätestens deutlich, als in der außerwestlichen Welt sogenannte *gated communities* entstanden, in denen Zäune und Wachpersonal die geographische Separierung der reichen Bevölkerungsteile noch einmal zusätzlich unterstrichen; die Vereinigten Staaten erwiesen sich als begierige Adepten des Konzepts, und inzwischen findet es sich auch vereinzelt in Deutschland. In der kolonialen Welt wurde die Suburbanisierung häufig auch vom Streben der Kolonialherren nach ethnischer Abgrenzung vorangetrieben. In vielen Megacities ist die Zersiedelung inzwischen in eine postsuburbane Phase eingetreten, in der das Leben in den einzelnen Stadtteilen nicht mehr auf ein Zentrum hin orientiert ist, sondern vor allem innerhalb der jeweiligen Grenzen des Viertels stattfindet.

Segregationen

Zu diesen in sich geschlossenen urbanen Einheiten innerhalb der Großstadt gehören freilich nicht nur die *gated communities*, sondern auch die Slums. Von Detroit über Rio de Janeiro bis Lagos sind die Elendsviertel zu einem Signum der modernen Großstadt geworden, und es ist deshalb globalgeschichtlich durchaus fraglich, ob die langfristig Zeichen setzende Entwicklung des späten 19. Jahrhunderts nicht weniger die Entstehung leistungsfähiger Großstadtverwaltungen als die von Hungersnöten befeuerte Landflucht in Britisch-Indien war. Vielleicht sollte man aus heutiger Sicht deshalb eher betonen, dass sich auch die vergleichsweise wohlhabenden Städte Westeuropas und Nordamerikas im Kampf für gesunde und lebenswerte Städte ziemlich schwertaten: Selbst bei Wasser und Müll dauerte es Jahrzehnte, bis einigermaßen tragfähige Lösungen entstanden, und im Umgang mit Lärm- und Luftverschmutzungsproblemen erwiesen sie sich oft als überfordert. Bedenkt man zudem, dass die Rasanz der Stadtentwicklung im Globalen Süden alle westlichen Erfahrungen sprengte – Dhaka, als Hauptstadt von Bangladesch heute eine Megacity

Explodierende Megacities

mit geschätzten 13 Millionen Einwohnern, war noch um 1950 eine Stadt in der Größenordnung von Bielefeld –, werden die Grenzen kommunaler Umweltpolitik im 21. Jahrhundert deutlich.

Reaktionen der Obrigkeit

Die Großstadtverwaltungen waren nicht die einzigen administrativen Organe, die sich in der Zeit vor dem Ersten Weltkrieg verstärkt um Umweltprobleme kümmerten. Die erwähnte „Sattelzeit" um 1900 war auch durch eine Welle von Institutionalisierungen gekennzeichnet, und das beschriebene kommunale Muster erwies sich als prägend: Neue Institutionen entstanden vor allem dort, wo sich Reformpolitik mit Expertengruppen und neuen wissenschaftlich-technischen Möglichkeiten verband. Es wäre freilich kurzsichtig, diese Gründungen lediglich als überfällige Antwort auf wachsende Ausbeutung und Vernutzung zu verbuchen. Im Rückblick ist die erste Welle umweltpolitisch relevanter Weichenstellungen gleich von mehreren Ambivalenzen geprägt. Da ist erstens die Tatsache, dass sich unter den neuen Organen auch solche befanden, die letztlich auf eine intensivierte Nutzung wertvoller Naturräume hinausliefen; die Preußische Moorversuchsstation, die 1877 in Bremen eingerichtet wurde, ist dafür ein besonders augenfälliger Beleg. Zweitens verband sich der Anspruch des wissenschaftlich-administrativen Managements oft auch mit der Behauptung und Durchsetzung staatlicher Eigentumsansprüche und Nutzungsmonopole; die beiden indischen Forstgesetze von 1865 und 1878, die sich gegen lokale Nutzungsrechte richteten, sind ein einschlägiger Fall. Drittens tendierten Einrichtungen, die wissenschaftliche und staatliche Autorität miteinander verbanden, auf lange Sicht zur Abschließung nach außen. Nicht wenige der um 1900 geschaffenen Instanzen standen deshalb später im Zentrum scharfer ökologischer Kritik.

Institutionalisierung um 1900

Besonders eindrucksvoll zeigte sich der Aufschwung, aber auch die Ambivalenz der neuen Organe in den Vereinigten Staaten, wo die Bundesregierung unter dem Leitbegriff *Conservation* ein wissenschaftlich angeleitetes Ressourcenmanagement zu institutionalisieren suchte. Hier trafen sich die Reformbestrebungen der sogenannten „Progressiven Bewegung" mit einem neuen Bewusstsein für die Grenzen des amerikanischen Kontinents. 1890 hatte das Statistische Bundesamt der USA die *Frontier* für geschlossen erklärt, und damit war die chaotische und oft gedankenlose Art der Ressourcenaneignung im amerikanischen Westen zunehmend mit Fragezeichen versehen. Viele der Behörden, die nach 1900 auf der Bundesebene geschaffen wurden, zielten speziell auf die Region westlich des Mississippi. Für Dammbauten und Bewässerungsprojekte im ariden Teil des Westens wurde 1902 der *Reclamation Service* gegründet, 1910 das *Bureau of Mines* für das Management fossiler Ressourcen; 1905 wurde der *Forest Service* aus dem Landwirtschaftsministerium ausgegliedert und im Sinne nachhaltiger Waldnutzung reformiert, wobei übrigens deutsche Vorbilder eine wesentliche Rolle spielten. Nach einer Periode des Laissez-

Staudammbau

faire in den 20er Jahren setzte sich dieser Kurs mit dem *New Deal* fort. Vor allem die *Tennessee Valley Authority* (TVA), die ausgehend von großen Dammbauprojekten die systematische ökonomisch-soziale Entwicklung einer verarmten Region vorantrieb, wurde nach dem Zweiten Weltkrieg zu einem Modell, dem Entwicklungsländer mit Begeisterung zu folgen versuchten. Weniges spiegelt den Mythos der Behörde treffender als die Versuche des US-Präsidenten Lyndon B. Johnson, den Vietnamkonflikt durch eine *TVA on the Mekong* zu entschärfen.

Bestrebungen, das Umweltmanagement unter staatlicher Ägide zu rationalisieren, fanden sich um 1900 auch schon in der kolonialen Welt. Ein besonders interessanter Fall war William Willcocks, der 1852 in Indien geboren wurde und dort das *Roorkee College* besuchte, welches 1847 als erste Ingenieurschule des britischen Empire gegründet worden war. Danach betreute er Wasserbauprojekte in Indien, Ägypten, Mesopotamien und Südafrika, stets geprägt von dem Bestreben, eine möglichst günstige Verbindung moderner wissenschaftlich-technischer Möglichkeiten mit lokalen Praktiken und indigenem Wissen zu finden. Sein bekanntestes Projekt wurde der erste Assuandamm, der die fruchtbaren Schlammfluten des Nil noch nicht blockierte wie später der zweite, mit sowjetischer Hilfe vom postkolonialen Ägypten erbaute Hochdamm, der zu einem Synonym großtechnischer Hybris wurde. Für seinen Nonkonformismus war Willcocks in der britischen Kolonialverwaltung allerdings geradezu berüchtigt.

In Willcocks' Weg durch ganz unterschiedliche Teile des britischen Empire spiegelte sich nicht zuletzt ein Mangel an hydraulischer Expertise um 1900. So konnte Willcocks im Laufe seiner Karriere Handlungsspielräume schaffen und nutzen, die in den hydraulischen Bürokratien späterer Jahrzehnte nicht mehr vorstellbar waren. Immerhin gab es aber auch bei einem kolonialen Nachzügler wie dem Deutschen Kaiserreich Bestrebungen, die Verwaltung der deutschen „Schutzgebiete" durch den Aufbau einschlägiger Expertise zu verbessern; erwähnt sei die 1898 in Witzenhausen bei Kassel gegründete „Deutsche Kolonialschule für Landwirtschaft, Handel und Gewerbe", die sich später, nach dem Ende der kolonialen Phantasien, zu einem zentralen Schulungs- und Ausbildungszentrum für ökologischen Landbau entwickelte. Oft bedurfte es freilich langwieriger Lernprozesse, um überhaupt einen Wissensvorsprung zu entwickeln; die französischen Kolonialherren lernten beispielsweise im Senegal erst nach und nach, dass der dortige Boden für den europäischen Wendepflug ungeeignet war und nach sanfteren Methoden der Bearbeitung verlangte. Das *Office du Niger*, das für die Landwirtschaft des westafrikanischen Landes zuständig war, änderte seine Fruchtfolgeempfehlung zwischen 1937 und 1947 nicht weniger als viermal.

Koloniale Experten

Die Grenzen staatlichen Umweltmanagements zeigten sich besonders drastisch in der Reaktion auf Naturkatastrophen. Dass selbst moderne westliche Länder vor solchen Herausforderungen versagen können, hat zuletzt die Verwüstung von New Orleans durch den Hurrikan Katrina 2005 gezeigt. Aus historischer Sicht ist dies freilich weniger bemerkenswert als die Tatsache, dass die amerikanische *Federal*

Bodenerosion, oft verursacht durch Überweidung oder eine mangelhafte Pflanzendecke, ist ein schleichendes, aber überaus hartnäckiges Umweltproblem.

Emergency Management Agency, die nach Katrina im Zentrum der öffentlichen Kritik stand, erst seit 1979 existiert und damit noch jünger ist als die 1970 geschaffene *Environmental Protection Agency*. Einen gewissen Ausgleich bilden internationale Hilfsmaßnahmen, die schon beim Erdbeben von Messina 1908, der größten Naturkatastrophe Europas im 20. Jahrhundert, eine wesentliche Rolle spielten. Nach 1945 entwickelte sich die internationale Kooperation bei solchen Katastrophen zum Regelfall, begünstigt durch bessere Möglichkeiten des Lufttransports. Nicht selten ist dabei ein Unterton der Sühne für die Vergehen des Kolonialismus und Postkolonialismus zu spüren, besonders deutlich etwa bei US-amerikanischen Hilfsaktionen in Lateinamerika. Ein besonders gruseliges Beispiel für die Überforderung durch Naturkatastrophen bot die marokkanische Regierung 1960, als ein Erdbeben weite Teile der Hafenstadt Agadir zerstörte. Die Behörden brachen alle Rettungsbemühungen nach zwei Tagen ab, evakuierten die Stadt, desinfizierten die Ruinen und schoben die Trümmer zusammen, ohne die Opfer zu bergen. Dort liegen sie auch heute noch – am Rande der neu aufgebauten Stadt.

Naturkatastrophen

Stille Prozesse – Vernetzung, Vereinheitlichung, Intensivierung

Zur Umweltgeschichte des 20. Jahrhunderts gehören jedoch nicht nur aufsehenerregende Katastrophen, sondern auch schleichende Prozesse. Hier sei die Aufmerksamkeit vor allem auf drei Entwicklungen gerichtet, die besondere ökologische Risiken bargen, ohne per se schädlich zu sein: die zunehmende Vernetzung der Welt, die wachsenden Ähnlichkeiten verschiedener Regionen und die im 20. Jahrhundert generell zunehmende Intensität der Naturnutzung. Der wichtigste Motor dieser Prozesse war die wachsende Dichte des ökonomischen und kulturellen Austausches, die schon um 1900 ein begeistertes Reden über „Welthandel" und „Weltverkehr" inspirierte, das dem gegenwärtigen Globalisierungsdiskurs nicht ganz unähnlich ist. Oft standen hinter dem Austausch jedoch auch bestimmte Interessenten: Staaten, Konzerne oder Wissenschaftler, die die Verbreitung uniformer Lösungen in unterschiedlichen Kontexten forcierten. Vor allem Experten spielten im Prozess der Vereinheitlichung eine leicht zu übersehende Rolle, denn wissenschaftliches Know-how stand häufig in Konkurrenz zur Vielfalt des lokal verankerten, indigenen Wissens. Eine Veranstaltung wie die Pan-Afrikanische Agrar- und Veterinärkonferenz, die 1929 in Pretoria stattfand, war schließlich nur dann sinnvoll, wenn man die afrikanische Landwirtschaft als einheitliches Erkenntnisobjekt konstituieren konnte.

Uniformierung des Wissens

Ein besonders augenfälliges Beispiel, das gleichermaßen Vorteile wie Risiken der wachsenden Vereinheitlichung widerspiegelt, ist die Grüne Revolution, die seit den 40er Jahren die Landwirtschaft in Ländern wie Mexiko, Indien, Pakistan und den Philippinen grundlegend veränderte. Das war letztlich die Globalisierung eines Weges, der in den vorangegangenen Jahrzehnten zunächst innerhalb westlicher Agrargesellschaften verfolgt worden war: Durch systematische Pflanzenzucht wurden Sorten mit neuartiger Leistungskraft geschaffen und an die Landwirte verkauft. Die Ambivalenzen solcher Innovationen zeigten sich bereits im nationalen Rahmen: Die Einführung des Hybridmais in den USA in den 30er Jahren bedeutete nicht nur einen enormen Anstieg der Hektarproduktivität, sondern auch den Aufstieg großer Saatgutkonzerne, die kaum noch unabhängigen Kontrollen unterlagen. Die Gefahren eines so homogenisierten Genpools zeigten sich besonders drastisch 1970/1971, als sich ein zuvor harmloser Pilz von Florida ausgehend bis nach Kanada und Nebraska durch die amerikanischen Agrarlandschaften fraß und 15 Prozent der gesamten Maisernte vernichtete; in einzelnen Bundesstaaten gingen 40 Prozent des angebauten Mais verloren. Auch die Grüne Revolution wurde für ihre Nebenfolgen berüchtigt, denn die Hochleistungssorten erforderten erheblich mehr Wasser, Dünger und Pflanzenschutzmittel. Etwas vereinfacht könnte man sagen, dass die Landwirte Weizen-, Mais- und Reissorten mit niedrigem, aber stabilem Ertrag gegen produktivere Sorten eintauschten, deren Leistungskraft sich jedoch nur dann

Revolution der Landwirtschaft

entfaltete, wenn der Landwirt bestimmte chemische und andere Unterstützungsleistungen erfüllte, die ihrerseits finanzielle, gesundheitliche und ökologische Risiken bargen. Dass diese Weichenstellung im malthusianischen Schatten drohender Hungersnöte getroffen wurde, macht die rückblickende Kritik nicht einfacher.

Vernetzung und Vereinheitlichung waren jedoch nicht nur von Züchtern geplante und forcierte Entwicklungen, sondern auch ungeplante Begleiterscheinungen des weltweiten Austausches. Das gilt zunächst für Epidemien. Zwar zeigt das Beispiel der vermutlich aus Amerika stammenden Syphilis, dass der globale Transfer von Krankheitserregern in der Moderne kein grundsätzlich neues Phänomen war. Die Verkehrsrevolution des 19. Jahrhunderts erhöhte das Risiko jedoch deutlich: Erst durch die neuartige Geschwindigkeit und die Vernetzung der Menschen- und Warenströme wurde die Cholera von einer endemischen Krankheit bestimmter Regionen zu einer globalen Bedrohung. Neben Krankheitserregern wanderten seit dem 19. Jahrhundert auch Tier- und Pflanzenarten schneller und zahlreicher um den Globus als zuvor. Die meisten dieser Neophyten blieben unbeachtet, da sie außerhalb ihres angestammten Verbreitungsgebiets keine oder nur eine kümmerliche Existenz pflegen konnten, aber manche Arten vermehrten sich explosionsartig und schufen damit unerwartete Probleme. Die Kanadische Wasserpest, die sich seit ihrem ersten Auftreten in Deutschland 1859 rasant ausbreitete und die Wasserwege des Kaiserreichs zu verstopfen drohte, gehört ebenso in diese Kategorie wie die Zebramuscheln, die vermutlich mit Ballastwasser in die nordamerikanischen Großen Seen gelangten und durch ihre Vorliebe für Wasserleitungen sogar zu einer Gefahr für Kernkraftwerke wurden. Im Mittelmeer breitet sich seit den 80er Jahren die „Killeralge" *Caulerpa Taxifolia* aus und überwuchert mangels natürlicher Feinde die Unterwasserfauna. Dass die erste Kolonie der *Caulerpa Taxifolia* im Mittelmeer direkt unterhalb des Ozeanographischen Museums von Monaco entdeckt wurde, lässt erkennen, dass die Faszination exotischer Arten ein nicht unwesentlicher Teil des Problems ist. Nur durch die illegale „Entsorgung" aus privaten Terrarien konnte beispielsweise der südasiatische Tigerpython in den Everglades in Florida heimisch werden, wo er zu einer ernsthaften Gefahr für die Fauna bis hin zu den Alligatoren wurde.

Invasive Arten

Das rasche, aggressive Wachstum ortsfremder Pflanzen war in gewissen Situationen durchaus ökologisch erwünscht. Die aus Japan stammende Kletterpflanze Kudzu wurde in den USA seit den 30er Jahren gezielt zur Erosionsbekämpfung genutzt, weil die von ihr bewachsenen Flächen der im amerikanischen Süden häufigen Bedrohung des Bodens durch Regenwasser besser widerstanden. Erst als Kudzu im Südosten der USA zu einer omnipräsenten Pflanze wurde und andere Biotope überwucherte, wurde sie zur Zielscheibe ästhetischer und ökologischer Kritik als „die Pflanze, die den Süden auffraß". Auch die berühmte Kaninchenplage in Australien entstammte einem an sich durchaus rationalen Kalkül, eine leicht zu züchtende Art mit in die karge neue Kolonie zu bringen. Erst als sich herausstellte, dass die Kaninchen nicht nur einheimische Arten verdrängten, sondern auch das spärliche, für die Schafzucht dringend benötigte Gras abnagten, begann schon im 19. Jahrhundert eine

Hektische Bekämpfung

ebenso hektische wie langfristig erfolglose Suche nach Gegenmaßnahmen. Der quasi globalisierte „Columbianische Austausch“ lief seit dem 19. Jahrhundert immer mehr auf Hochtouren und provozierte umfangreiche und bisweilen hysterische Gegenmaßnahmen; man denke nur an die Bekämpfung des Kartoffelkäfers in NS-Staat und DDR. Selbst massive Kampagnen blieben oft ohne durchschlagenden Erfolg. Das weiträumige Versprühen von DDT und anderen Pestiziden, mit dem das amerikanische Landwirtschaftsministerium in den späten 50er Jahren die Ausbreitung der Feuerameise stoppen wollte – eine aggressive südamerikanische Art, die in den 30er Jahren über einen Hafen in Alabama in die USA gekommen war –, hatte am Ende nur ein greifbares Ergebnis: Es bewog eine Marinebiologin namens Rachel Carson, ein Buch zu schreiben, das als »Der stille Frühling« zu einem der ersten Weltbestseller der Umweltbewegung wurde.

Nicht alle erfolgreichen Ansiedlungen neuer Arten liefen freilich aus dem Ruder. Die Douglasie, im 19. Jahrhundert aus Nordamerika importiert, wurde zu einer wichtigen Alternative zur Fichte, dem aus ökologischen Gründen heftig umstrittenen „Brotbaum“ der mitteleuropäischen Forstwirtschaft. Eine wichtige Rolle spielten hier die Botanischen Gärten von Kew bei London, die auch für den berühmten Transfer der Kautschukpflanze von Brasilien nach Südostasien unverzichtbar waren: Ohne die dortigen Treibhäuser und das Geschick der Gärtner wären die empfindlichen Kautschuksamen, von Henry Wickham in einer mythenumwobenen Aktion aus Brasilien geschmuggelt, zweifellos verdorben, denn auch so gingen nur vier Prozent des Saatguts in Kew tatsächlich auf. Die Kautschukplantagen, die am Ende dieses Pflanzentransfers standen, verkörpern zugleich den Trend zu einer Intensivproduktion, die für das 20. Jahrhundert charakteristisch wurde: Die Latexmilch wurde nun nicht mehr an einzelnen Bäumen gezapft, die sich über einen riesigen Urwald verteilten, sondern in sorgfältig gepflegten Gehegen, die keinem anderen Zweck mehr dienten als der Gewinnung eines einzelnen Rohstoffs.

Das 19. Jahrhundert hatte dagegen noch unter etwas anderen Vorzeichen gestanden. Es war – vor allem außerhalb Mittel- und Westeuropas – von einer enormen Ausweitung der bewirtschafteten Fläche geprägt: Im amerikanischen Westen, in der russischen Steppe, der argentinischen Pampa und zahllosen anderen Regionen wurden riesige Flächen als Acker- oder Weideland erschlossen. Das 20. Jahrhundert kannte keinen vergleichbaren Flächengewinn, die Ausweitung der agrarischen Nutzfläche traf nun sogar auf scharfe Kritik, so etwa beim tropischen Regenwald. In ariden Gebieten verschwand der Gedanke an weitere Expansion zudem hinter der Verteidigung bereits bewirtschafteter Flächen, die von der Region der US-amerikanischen *Dust Bowl* bis zur Sahelzone mit sehr unterschiedlichem Erfolg betrieben wurden. Intensivierung lautete nun der kategorische Imperativ: Mit neuen Pflanzen und neuen Sorten, mit Kunstdünger, Pflanzenschutzmitteln und neuartigen Maschinen für praktisch alle landwirtschaftlichen Aufgaben von der Bewässerung bis zur Ernte galt es, dem Boden mehr Leistung abzufordern. Das kumulative Resultat war die größte Umwälzung der Landbewirtschaftung seit dem Neolithikum.

Intensivierung statt Expansion

Es griffe zweifellos zu kurz, im Trend zur Intensivproduktion einen unter Umweltaspekten inhärent destruktiven Prozess zu erkennen. Die neuartigen Hektarproduktivitäten nahmen auch Druck von ökologisch wertvollen Flächen; im Vergleich mit den im Autarkiewahn der Zwischenkriegszeit geborenen Phantasien, keinen Hektar deutschen Bodens unbewirtschaftet zu lassen, ist eine Entspannung der Konkurrenz um landwirtschaftliche Flächen unverkennbar. Eher ist das Entstehen neuartiger Probleme zu betonen: die Belastung von Grund- und Oberflächenwasser durch Nitrate und Pflanzenschutz, die Eutrophierung der Landschaft, in der Pflanzen, die auf nährstoffarme Standorte angewiesen sind, immer mehr verschwanden, die Gefahren für Verbraucher und Produzenten durch Giftstoffe und die vielbeklagte Eintönigkeit der industriell standardisierten Produkte. Nicht zuletzt kann der Boden durch den unüberlegten Einsatz der neuen Produktionsmittel auch rascher und umfassender geschädigt werden: Die Gefahren von Bodenverdichtung durch schwere Maschinen, von Bodenvergiftung und Versalzung sind in der Intensivlandwirtschaft des späten 20. Jahrhunderts nicht zu unterschätzen. Schließlich wurde die Landwirtschaft im 20. Jahrhundert zum ersten Mal umfassend von der Verfügbarkeit ortsfremder Rohstoffe abhängig: Ohne Bodenschätze wie Phosphor und Kali, aber auch ohne günstiges Erdöl wäre die Intensivproduktion der vergangenen Jahrzehnte unmöglich gewesen. Die Landwirtschaft wandelte sich im Zuge ihrer agroindustriellen Umgestaltung zu einem Nettoenergieverbraucher, und auch dies ist eine jener kaum diskutierten, aber ungemein folgenreichen Entwicklungen, die die Umweltgeschichte der Industriemoderne prägen. Der gegenwärtige Hype um den Landwirt als Energiewirt verdeckt nur oberflächlich, dass hier auf dem Weg in eine solare Zukunft noch eine riesige Herausforderung lauert.

Wandel der Problemlagen

Die große Beschleunigung

Inmitten der schleichenden und langfristigen Entwicklungen, die für Umwelt- und Ressourcenprobleme prägend sind, lässt sich um die Mitte des 20. Jahrhunderts eine markante Zäsur erkennen. Nahezu alle Parameter für den ökologischen Fußabdruck des Menschen zeigen in der Zeit nach 1945 eine rasante Verschärfung der Belastung für die natürliche Umwelt an. Die Ursache ist unschwer zu erahnen: Das war die Kehrseite der Ära des Massenkonsums, die nun eine wachsende Zahl von Gesellschaften erfasste. Der Schweizer Historiker Christian Pfister sprach deshalb vom „1950er Syndrom“: In den 50er Jahren habe sich ein neuartiges Konsum- und Lebensmuster etabliert, mit dem Traditionen eines nachhaltigen Wirtschaftens radikal gekappt wurden. Will Steffen, Paul Crutzen und John McNeill sprechen von der „großen Beschleunigung“: Nach 1945 sei das Anthropozän in eine zweite Phase eingetreten, in der sich der menschliche Einfluss auf die Erdgeschichte in höchst bedrohlicher Weise radikalisiert habe.

Als entscheidenden Parameter sehen die letztgenannten Autoren die Kohlen-

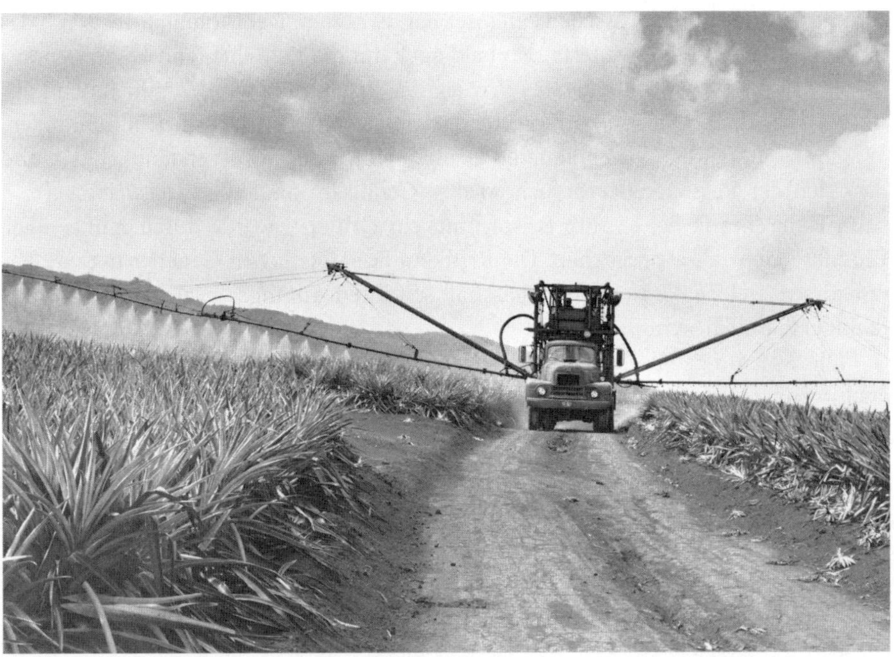

Spritzmitteleinsatz auf einer Ananas-Plantage. Die Chemisierung und Technisierung der Landwirtschaft gehört zu den folgenreichsten Entwicklungen der modernen Umweltgeschichte.

dioxid-Konzentration in der Atmosphäre. Diese bewegte sich um 1800 mit 0,283 Promille noch innerhalb der natürlichen Schwankungsbreite, die sich seit der letzten Eiszeit vor gut 10.000 Jahren eingependelt hatte. Um 1950 lag die Kohlendioxid-Konzentration bereits bei 0,310 Promille, und danach beschleunigte sich das Wachstum so dramatisch, dass die Konzentration inzwischen 0,380 Promille überschritten hat; dabei fällt etwa die Hälfte des Anstiegs seit 1800 in die vergangenen 30 Jahre. In diesen Zahlen dokumentiert sich vor allem, in welchem Ausmaß die neuen Konsumgesellschaften auf der Nutzung fossiler Brennstoffe basierten, und man muss es im Rückblick verwunderlich nennen, dass die Atomkraft in den 50er und 60er Jahren vor allem als Mittel gegen eine drohende Energieknappheit propagiert wurde; denn bis zur Ölkrise 1973 war die Stimmung in der breiten Öffentlichkeit westlicher Länder noch von einer historisch einmaligen Sorglosigkeit in Energiefragen geprägt. Die kommende Energiekrise, der man durch forcierten Bau von Kernkraftwerken entgegenarbeiten wollte, war in erster Linie eine fixe Idee bestimmter Funktionseliten.

Fossile Brennstoffe

Die Entwicklung der Kohlendioxid-Konzentration gibt freilich nur einen sehr beschränkten Eindruck von den vielfältigen lebensweltlichen Konsequenzen der „großen Beschleunigung“. Erstmals wurde der Automobilbesitz außerhalb der Vereinigten Staaten zu einem Massenphänomen, das urbane Siedlungsmuster ebenso

revolutionierte wie das Aussehen zahlloser Landschaften. Der Mobilitätsanspruch des modernen Menschen erweiterte sich bald auch auf die Luftfahrt, und Flugreisen, bis um 1960 noch ein rares Privileg der Begüterten, wurden zunehmend alltäglich. Die Ausstattung der Haushalte mit Fernsehern, Kühlschränken, Waschmaschinen und vielen anderen Geräten wurde zur Selbstverständlichkeit, und dass sich der Ressourcenverbrauch solcher Geräte im Laufe der Zeit verringerte – beim Kühlschrank fiel er zum Beispiel auf ein Drittel –, wurde durch immer neue Produkte mehr als ausgeglichen. Die Kritik an der künstlichen Generierung von Bedürfnissen, welche die Konsumgesellschaft seit ihren Anfängen begleitet hat, änderte daran erstaunlich wenig.

Neue Konsummuster

Die Konsumgesellschaften der Welt wurden sich unter dem Strich ähnlicher, auch wenn nationale und regionale Varianzen nie vollkommen nivelliert wurden. Das lag wohl auch daran, dass der *American Way of Life* in seiner kulturellen Prägekraft letztlich ohne Konkurrenz blieb. Selbst hinter dem Eisernen Vorhang, wo zeitweise fleißig an einer sozialistischen Alternative zur westlichen Konsumgesellschaft gebastelt wurde, blieb das amerikanische Leitbild vom Automobilismus bis zur Blue Jeans deutlich zu spüren. Auch in den sich rasch entwickelnden Ländern Ostasiens blieb „Amerika" eine unwiderstehliche Faszination bis hin zu Details wie dem enormen Rindfleischkonsum. Eine Bemerkung, die dem bis 1911 amtierenden mexikanischen Präsidenten Porfirio Díaz zugeschrieben wird – „Armes Mexiko, so fern von Gott und so nah den Vereinigten Staaten!" –, hat mit Blick auf Konsummuster inzwischen auch eine globale Berechtigung.

Beschleunigt hat sich nach 1945 auch das Bevölkerungswachstum. Um 1800 hatte die Weltbevölkerung die Zahl von einer Milliarde erreicht, um 1960 wurde die Schwelle von drei Milliarden Erdbewohnern überschritten; es gilt als sicher, dass am Ende des kommenden Jahrzehnts deutlich mehr als sieben Milliarden Menschen auf dem Planeten leben werden. Bevölkerungszahl und -dichte sind ohne Zweifel ökologisch wichtige Parameter, und doch sollte man diese Entwicklung nur mit erheblichen Vorbehalten als Teil der „großen Beschleunigung" betrachten. Bevölkerungswachstum fand nämlich seit Mitte des 20. Jahrhunderts vor allem in Ländern des Globalen Südens statt, während die ökologischen Folgen der Konsumgesellschaft der westlichen Welt zuzuschreiben sind. Der Hinweis auf die „Bevölkerungsexplosion" kann deshalb auch Züge eines Ablenkungsmanövers tragen, vor allem dort, wo er die primäre Verantwortung westlicher Länder für die globalen Umweltprobleme zu relativieren sucht. Für die Umweltbewegung werfen Bevölkerungsprobleme deshalb besondere Dilemmata auf, die erstmals um 1970 in einer Kontroverse zwischen Paul Ehrlich und Barry Commoner, zwei Exponenten der frühen US-amerikanischen Umweltbewegung, öffentlich sichtbar geworden sind.

Bevölkerungsentwicklung

Zivilgesellschaftlicher Protest und politische Folgen

In der Zeit nach dem Zweiten Weltkrieg zeigte sich nicht nur die Urgewalt des Konsumismus, sondern auch ein wachsendes Interesse an Umweltthemen. Das scheint nur im Rückblick paradox, weil der Gegensatz von Ökonomie und Ökologie in späteren Jahrzehnten zu einer stehenden Wendung wurde. Von solchen Prinzipienkonflikten war der neuartige Unmut freilich zunächst recht unberührt, und eigentlich passte der Wunsch nach einer sauberen, gesunden Umwelt auch ganz gut zur entstehenden Konsumgesellschaft. Wieso sollte man schmutziges Wasser, dreckige Luft und zerstörte Natur akzeptieren, wenn das Leben doch sonst dank wachsenden Wohlstands immer angenehmer wurde?

Die Themen, die im Mittelpunkt des neuen Umweltinteresses standen, waren alles andere als neu. Es ging um unmittelbar wahrnehmbare Probleme wie Rauch, Staub und stinkende Gewässer, über die schon im 19. Jahrhundert geklagt worden war, deren Beseitigung aber nun ernster als zuvor eingefordert wurde. Ein Fall wie das japanische Minamata, wo die industrielle Verschmutzung einer Meeresbucht durch Quecksilberverbindungen in den 50er Jahren zu grausamen Behinderungen und Todesfällen führte, machte nun weltweit Schlagzeilen. Als 1930 eine Inversionswetterlage im belgischen Maastal zu toxischen Schadstoffkonzentrationen mit einigen Dutzend Todesopfern führte, war das Echo selbst in Fachkreisen verhalten. Ganz anders fiel die Reaktion aus, als London 1952 erneut eine Smogepisode erlebte, die nach damaligen Berechnungen eine Exzessmortalität von 4000 Toten verursachte: Während vergleichbare Katastrophen im 19. Jahrhundert noch achselzuckend akzeptiert worden waren, führte der *Great Smog* von 1952 zum *Clean Air Act* von 1956, mit dem die zumindest optische Sauberkeit der Londoner Luft dann auch rasch erreicht wurde. Das hier erkennbare Muster von öffentlicher Empörung und scharfer, kampagnenförmiger politischer Antwort erwies sich als prägend für das Zeitalter der Ökologie, was mit dem *Clean Air Act*, der keinen anderen Schadstoff als den Kohlenrauch kannte, allerdings noch lange nicht vorprogrammiert war. Aus globalgeschichtlicher Perspektive ist zudem bemerkenswert, dass die plötzlich erwachte Beachtung des Londoner Smogs ziemlich unvermittelt neben dem Desinteresse an der Luftverschmutzungskatastrophe in der mexikanischen Ölstadt Poza Rica stand, wo der unkontrollierte Ausstoß von Schwefelwasserstoff unter Inversionsbedingungen 1950 zu 22 Toten und über 300 Verletzten geführt hatte. Zur Umweltgeschichte der Nachkriegszeit gehörte auch der Export der Verschmutzung in außerwestliche Länder, und es bedurfte schon eines Vorfalls mit vier- bis fünfstelliger Opferzahl wie 1984 im indischen Bhopal, um eine Reaktion der Weltöffentlichkeit hervorzurufen.

Aufbrüche in den 50er Jahren

Die rasche Bekämpfung des Londoner Smog war nur möglich, weil man Ursachen und Wege der Abhilfe seit langem kannte. Ganz anders war dies in Los Angeles, wo seit 1943 über brennende Augen und Atemprobleme geklagt wurde: Erst nach einem Jahrzehnt intensiver Forschung wurde erkannt, dass es sich um photo-

chemischen Smog handelte, der heute als Folgeproblem des Automobilismus ein globales Phänomen ist. Beim Smog von Los Angeles wurde so erstmals eine enge Vernetzung von wissenschaftlicher Forschung und praktischer Bekämpfung erprobt, die einen völlig neuartigen Aufwand forderte; zeitweise arbeiteten die Hälfte aller in der amerikanischen Luftreinhaltung beschäftigten Personen in Los Angeles. So war der Smog dieser Stadt, der zunächst als lokales Sonderproblem gehandelt wurde, tatsächlich zukunftsweisend, indem sich hier die Konturen eines forschungsintensiven Umweltschutzes zeigten, der nun auch vor dem Konflikt mit mächtigen Interessengruppen wie den Ölkonzernen Südkaliforniens und den Automobilherstellern nicht zurückschreckte. Allerdings dauerte es selbst in westlichen Ländern noch Jahrzehnte, bis die Verzahnung von Forschung und regulativer Politik zum Regelfall wurde; die Unbedarftheit, mit der die italienischen Behörden 1976 auf den Chemieunfall von Seveso reagierten, spricht in dieser Hinsicht Bände. Los Angeles ist jedoch auch als Indikator öffentlicher Wahrnehmungsmuster von Interesse, denn die öffentliche Erregung um den Smog zeigte, dass nun unsichtbare Probleme wachsende Beachtung fanden und das Gesundheitsargument zum Schlüsselthema der Verschmutzungsdebatte avancierte. Es war vor allem die Angst vor versteckten, nicht direkt wahrnehmbaren Gefahren für Mensch und Natur, die hinter vielen aufsehenerregenden Ereignissen der 50er und 60er Jahre stand: von dem Mitgefühl für die Besatzung eines japanischen Fischerboots, das 1954 in den Fallout eines amerikanischen Atomtests auf dem Bikini-Atoll geriet, bis zu Rachel Carsons Warnung vor einem „stillen Frühling“ ohne zwitschernde Vögel.

Bedeutungsgewinn der Forschung

Gesundheit als Schlüsselthema

Hinter der öffentlichen Beachtung für Verschmutzungsprobleme stand der klassische Natur- und Landschaftsschutz zunächst deutlich zurück; aber auch hier gab es schon früh bemerkenswerte Entwicklungen. 1949 beschloss das britische Parlament ein Gesetz, durch das nicht weniger als neun Prozent der Landesfläche von England und Wales unter Naturschutz gestellt wurden. Dass diese Initiative der Sozialpolitik der Labour-Regierung entstammte, unterstreicht noch einmal zusätzlich, dass das erwachende Umweltinteresse zunächst keine Gegenbewegung, sondern ein Komplementärphänomen zum neuen gesellschaftlichen Wohlstand darstellte. 1959 fand Bernhard Grzimeks Film „Serengeti darf nicht sterben“ internationale Beachtung bis hin zu einem Oscar als bester Dokumentarfilm. In den USA wurde der Konflikt um Staudammprojekte in den 50er Jahren zum Weckruf für den *Sierra Club*, der bis dahin eine eher beschauliche Existenz als Herrenclub geführt hatte; der erfolgreiche Kampf gegen einen Damm im Grand Canyon fand in den 60er Jahren landesweit Beachtung. Manches wirkt im Rückblick aber auch putzig wie etwa die von der amerikanischen Präsidentengattin Lady Bird Johnson angeführte Kampagne zur Verschönerung der Landstraßen; aber darin dokumentierte sich nicht nur die thematische Breite des ökologischen Aufbruchs, sondern auch, dass hier noch ganz unmittelbare Emotionen am Werk waren, die von strategischen Überlegungen und PR-Konzepten noch völlig unberührt waren. Die Verwandlung der Basisinitiativen in straff organisierte *pressure groups* begann zumeist erst in den 70er Jahren. Greenpeace, seit den 80er Jahren ein Umweltmulti mit ausgefeiltem Kampagnenmanagement, konstituierte sich im Herbst 1971, als ein Fischkutter mit zwölf Mann Besatzung von Vancouver aus Kurs auf die Alëuten nahm, um dort einen amerikanischen Atomtest zu verhindern. Nur elitäre Organisationen wie der *World Wildlife Fund* oder der *Club of Rome* waren schon Anfang der 70er Jahre gut aufgestellt.

Einen ersten Höhepunkt von Umweltprotest und Umweltpolitik markierte das Jahr 1970, das vom Europarat zum Europäischen Naturschutzjahr erklärt worden war. Die zahlreichen Veranstaltungen, die im Rahmen dieser ersten europaweiten Umweltkampagne stattfanden, verblassen freilich gegenüber den Ereignissen in den USA, wo am 22. April 1970 geschätzte 20 Millionen Amerikaner den ersten *Earth Day* begingen. Zahlreiche Länder, darunter auch die Bundesrepublik, legten in dieser Zeit Umweltprogramme auf, und Frankreich schuf 1971 das erste Umweltministerium Europas, dessen Chef freilich schon nach drei Jahren das Handtuch warf und unter dem sprechenden Titel »Das Ministerium des Unmöglichen« seine Memoiren veröffentlichte. Zahlreichen Kompromissen und Verzögerungen zum Trotz ging der langfristige Trend klar zu strengeren Umweltpolitiken, zumal als der von Umweltverbänden ausgehende Druck durch das Entstehen spezieller „Grüner Parteien“ verstärkt wurde. Schon 1972 wurde im australischen Tasmanien die erste ökologische Partei gegründet, zu einer ernsthaften politischen Konkurrenz wurden diese Parteien jedoch erst in den 80er Jahren, wobei die bundesdeutschen „Grünen“ auf Grund ihrer großen internationalen Ausstrahlung eine besondere Erwähnung verdienen. Allerdings fiel der Aufschwung der Umweltpolitik just in jene Epoche, in der die Nationalstaaten im Zuge der Globalisierung langsam an Handlungsfähigkeit verloren – zwei gegenläufige Entwicklungen, deren Koinzidenz durch die zunächst durchaus beträchtlichen Erfolge der Umweltbewegung erst langsam ins Bewusstsein rückte.

Erster Höhepunkt um 1970

Wie wichtig der zivilgesellschaftliche Druck für den Aufschwung der Umweltthemen war, zeigt ein Blick ins sozialistische Osteuropa, wo die Nachkriegszeit mit dem Stalinplan zur Umgestaltung der Natur von 1948 unter ganz anderen Vorzeichen begann. Josef Stalins Erlass vom August 1951, mit dem die unter Naturschutz stehenden Gebiete auf ein Zehntel ihrer Größe reduziert wurden, ist in der Umweltgeschichte des 20. Jahrhunderts ohne Parallele. Umweltpolitische Initiativen späterer Regierungen blieben zumeist mangels Elan oder Ressourcen ohne durchschlagende Erfolge, und so war das Fehlen der sozialistischen Länder auf der Stockholmer Umweltkonferenz 1972 durchaus symbolträchtig. In Entwicklungsländern wurde der westliche Umweltdiskurs häufig als postkoloniale Zumutung empfunden, etwa wenn Landrechte gegenüber Naturschutzinteressen missachtet wurden, außerdem ließen die instabilen politischen Strukturen die Entstehung einer agilen Zivilgesellschaft kaum zu. Letzteres scheint sich jedoch in der jüngsten Vergangenheit zu ändern, und langsam entstehen im Globalen Süden Konturen einer Umweltbewegung, die durch die enge Verzahnung ökologischer und sozialer Themen schon jetzt eine wichtige inhaltliche Herausforderung für die stark auf

Osteuropa und Globaler Süden

Umweltthemen fokussierten Verbände der westlichen Welt darstellt. Als die kenianische Umweltaktivistin Wangari Maathai 2004 den Friedensnobelpreis erhielt, wurde damit auch ein alternatives Verständnis ökologischer Themen ausgezeichnet.

Es griffe jedoch zu kurz, die Umweltgeschichte der vergangenen Jahrzehnte lediglich mit Blick auf politische Ereignisse zu schreiben. Grüne Ideen entfalteten auch eine enorme lebensweltliche Prägekraft von der Ernährung bis zur Architektur, so dass es im 21. Jahrhundert praktisch keinen Bereich des Alltagslebens mehr gibt, der nicht auch unter ökologischen Aspekten gründlich durchdacht worden wäre. Das war für das Anliegen der Umweltbewegung Chance und Problem zugleich: So willkommen die breite Verankerung ökologischen Gedankenguts für sie ist, so sehr droht ihre Stimme hinter einem diffusen grünen Geräuschband zu verschwimmen. Die Definition von Prioritäten und die Trennung von wichtigen und sekundären Anliegen scheint der Umweltbewegung schwerer zu fallen als anderen Bewegungen, und unter dem breiten Dach des Umweltbegriffs sammelt sich inzwischen auch ein erhebliches Maß interner Gegensätze: vom Konflikt zwischen Vogelschutz und Windkraftanlagen bis zu ökotouristischen Reisen in ferne Länder. Während die Umweltbewegung der 70er und 80er Jahre noch eine enorme Gewissheit über die eigenen Ziele ausstrahlte, ist in der jüngsten Vergangenheit ein deutliches Gefühl der Unsicherheit zu spüren. Dies hängt wohl auch mit der zunehmenden globalen Vernetztheit der Umweltdebatte zusammen, die hier abschließend diskutiert werden soll.

Ökologie als Querschnittsthema

Globalisierung von Umweltgefahren und Umweltbewusstsein

Es dürfte deutlich geworden sein, dass es in der Umweltgeschichte der Industriemoderne keine gute alte Zeit lokal oder regional begrenzter Umweltprobleme gab. Der Grenzen überschreitende Austausch gehörte von Anfang an zur Geschichte ökologischer Bewegungen und Politiken, und doch ist kaum zu bezweifeln, dass diese transnationale Vernetzung in den vergangenen vier Jahrzehnten enorm an Intensität gewonnen hat. Das mag mit dem vielzitierten Bild des einsam im Weltall schwebenden Blauen Planeten zusammenhängen, das sich als vielleicht erfolgreichstes *Spin-Off*-Produkt der Raumfahrt in den späten 60er Jahren ikonisch ins globale Bewusstsein brannte. Wichtiger war aber wohl die politisch-praktische Einsicht, dass die Nationalstaaten seit den 70er Jahren immer weniger in der Lage waren, Umweltprobleme effektiv zu bekämpfen. Die brennenden Verschmutzungsprobleme überschritten immer häufiger Ländergrenzen, Konzerne drohten im Falle zu strenger Auflagen mit Abwanderung, und bei der Luftfahrt oder dem Walfang waren nationalstaatliche Lösungen ohnehin von Anfang an aussichtslos. Das kumulative Resultat dieser Einsichten war der Einstieg in eine Weltumweltpolitik, die auch in der Gegenwart ein Experiment mit ungewissem Ausgang ist.

Ein Bewusstsein für die Globalität ökologischer Herausforderungen zeigte sich schon in den 50er Jahren, als der von Kernwaffentests verursachte radioaktive Fallout um die Erde wanderte. Der weltweite Protest nahm jedoch spürbar ab, nachdem die Atommächte 1963 vereinbarten, künftige Tests nur noch unterirdisch durchzuführen. So bezog sich das globale Umweltbewusstsein zunächst weniger auf genuin globale als auf räumlich begrenzte Probleme, die jedoch in verschiedenen Teilen der Welt in ähnlicher Weise auftraten. Die in der Nachkriegszeit für spezifische Umweltfragen entstehenden Expertengruppen pflegten deshalb schon früh einen internationalen Austausch, der bisweilen sogar den Eisernen Vorhang überschritt. Charakteristischer Ausdruck dieser frühen Phase der globalen Umweltpolitik war die Konvention zum Schutz der Feuchtgebiete von internationaler Bedeutung, die 1971 in der iranischen Stadt Ramsar ausgehandelt wurde und deshalb auch als Ramsar-Konvention bezeichnet wird. Im Kern übernahmen die Nationalstaaten mit ihrer Unterschrift lediglich die Verpflichtung, die dem Sekretariat gemeldeten Feuchtgebiete zu schützen, während von einer supranationalen Kontrolle oder Sanktionen für Verstöße keine Rede war. Auch das 1973 unterzeichnete Washingtoner Artenschutzabkommen setzte noch ganz auf die regulative Kraft der einzelnen Nationalstaaten.

Anfänge einer Weltumweltpolitik

Einen neuen Charakter erhielt die Globalität der Umweltdebatte, als in den 80er Jahren Ozonloch und Klimawandel auf die Tagesordnung kamen. Beide Probleme betrafen die Atmosphäre als Ganzes, so dass eine globale Koordinierung der Bekämpfung unverzichtbar erschien. Das gelang vor allem bei den Fluorchlorkohlenwasserstoffen und anderen für die Ozonschicht schädlichen Gasen in durchaus beeindruckender Weise. Das Montreal-Protokoll vom September 1987 verpflichtete die Unterzeichnerstaaten zu einer Reduzierung um 50 Prozent innerhalb von zehn Jahren, drei Jahre später beschloss eine Folgekonferenz in London eine Verschärfung der Bestimmungen, so dass inzwischen eine leichte Erholung der angegriffenen Ozonschicht konstatiert werden kann; auf Grund der Trägheit der atmosphärischen Prozesse werden bis zu einer definitiven Lösung jedoch noch Jahrzehnte vergehen. Trister ist die Situation beim Kampf gegen den Treibhauseffekt: Obwohl auf dem Erdgipfel von Rio de Janeiro 1992 eine Klimarahmenkonvention unterzeichnet wurde, die 1997 mit dem Kyōto-Protokoll um konkrete Zielvorgaben ergänzt wurde, ist eine effektive globale Klimapolitik bislang allenfalls in Umrissen zu erkennen. Bei der ebenfalls in Rio unterzeichneten Biodiversitäts-Konvention fehlt bislang sogar ein klarer Plan mit Zeit- und Zielvorgaben. Selbst die Bundesrepublik, die sonst viel auf ihre ökologische Führungsrolle hält, präsentierte die obligatorische Nationale Biodiversitätsstrategie erst im November 2007, und auch das geschah wohl nur unter dem Druck der Vertragsstaatenkonferenz in Bonn im folgenden Jahr.

Ozonloch und Klimawandel

Ein wesentlicher Grund für diese unbefriedigende Bilanz war die Obstruktion der Vereinigten Staaten, die in der Präsidentschaft George W. Bushs nur ihren deutlichsten Ausdruck fand. Inzwischen wird aber auch immer klarer, dass der globalen Umweltpolitik eine stark westlich geprägte Problemsicht zugrunde liegt. Die Dringlich-

keit des Klimawandels ist in Ländern des Globalen Südens nicht leicht nachzuvollziehen, da dort viele der Probleme, die westliche Länder im Laufe des 20. Jahrhunderts sukzessive bewältigen konnten, weiterhin ungelöst sind. Wenn diese Länder daher das Klimaproblem gegenüber dem Kampf gegen Staub, Lärm und schmutziges Wasser zurückstellen, handeln sie im Prinzip nicht anders als die Menschen des Westens in den vergangenen Jahrzehnten. Tröstlich bleibt da allenfalls, dass die Länder des Globalen Südens bei zahlreichen Umweltproblemen von den Erfahrungen und Lösungsansätzen westlicher Länder profitieren können. China schaffte es zum Beispiel bei den Autoabgasen, vom völligen Fehlen jeder Regelung innerhalb eines Jahrzehnts bis zur Euro-4-Norm zu kommen.

Ein Projekt des Westens?

Trotz emphatischer Bekenntnisse zum globalen Bewusstsein hat sich die weltweite Umweltdebatte in den vergangenen Jahren immer wieder als eine primär westeuropäisch-amerikanisch konturierte Diskussion erwiesen. In schöner Regelmäßigkeit empören sich die Umweltschützer der Welt über den Walfang in Japan – während die Überfischung der Meere weitaus seltener Schlagzeilen produziert. Kein afrikanischer Staat kann ohne heftige internationale Kritik die Jagd auf Elefanten erlauben – wobei die Frage nach den ökologischen Auswirkungen steigender Populationen der Dickhäuter nur selten gestellt wird. Im Vergleich mit den Biodiversitäts- und Klimakonventionen bleibt der Kampf gegen die Wüstenbildung hoffnungslos unterfinanziert – obwohl er ebenfalls auf einer Vereinbarung von Rio beruht und kaum ein Thema eine so weitgehende Kongruenz ökologischer und ökonomischer Imperative aufweist. Die Auseinandersetzung mit solchen Diskrepanzen könnte sich als die entscheidende Herausforderung für die Umweltpolitik des 21. Jahrhunderts erweisen.

Massenkultur und Weltkultur

Michael Wala

Was sind Massenkultur und Weltkultur?

Der Begriff Massenkultur und stärker noch der der Global- oder Weltkultur sind zumeist negativ besetzt und werden häufig mit Vergnügungen im Sinne einer kurzfristigen Ablenkung vom Alltag gleichgesetzt, mit Berauschung und Kulturlosigkeit. Der Einzelne, so lauten die Kassandrarufe, sei einer Massenmedienindustrie ausgesetzt, die die Menschen der profitorientierten Massen- und Konsumgüterproduktion ausliefere, sie abstumpfe und willfährig mache. Zurück geht diese Einschätzung auf erste kritische Beobachter, als in den 1920er Jahren Massenmedien wie Radio und Kino im täglichen Leben immer stärker von Arbeitern und Angestellten der Mittel- und auch der Oberschicht angenommen wurden. Es waren zumeist Intellektuelle und Bildungsbürger, die davon ausgingen, dass die neuen Medien den erzieherischen Auftrag haben sollten, die Unterschichten und unteren Mittelschichten an die sogenannte Hochkultur heranzuführen. Diesen Auftrag erfüllten sie offensichtlich nicht. Ihre Definition von Massenkultur entsprang einer Entgegensetzung von Elitenkultur, die vermeintlich der Erbauung dient, auf der einen Seite und einer Massenkultur auf der anderen, in der immer auch eine Arbeiter- oder Unterschichtenkultur mitgedacht wurde, die vermeintlich allein dem Spannungsabbau, dem schnellen, nicht-nachhaltigen Vergnügen diente, um von der Eintönigkeit des Alltags abzulenken und die Chancenlosigkeit eines sozialen Aufstiegs im betäubenden Rausch der visuellen Sinne zu begraben. Besonders die Kritik des Publizisten und späteren Filmsoziologen Siegfried Kracauer in dessen Essay »Die kleinen Ladenmädchen gehen ins Kino«, der 1928 für die Frankfurter Zeitung geschrieben wurde, deren Schärfe und Stoßrichtung allein schon durch den Titel fast überdeutlich wird, wirkt bis heute nach.

Die These, Massenmedien und Massenkultur würden eine Flucht in fiktionale Welten forcieren und damit eine Abkehr von realen Problemen und den Notwendigkeiten für deren Lösung verursachen, wurde nach dem Ende des Zweiten Weltkriegs wieder aufgenommen.

Massenkultur wird hier – losgelöst von chauvinistischen Deutungsansprüchen – als menschliches Handeln verstanden, das durch Rezeption und kommunikative Verarbeitung Sinnstrukturen und Ordnungssysteme in einer zunehmend komplexer und anonymer werdenden Umwelt schafft. Sie liefert wichtige Orientierungskontexte in einer schwer fassbaren Industriegesellschaft, insbesondere in heterogenen demokra-

tischen Gesellschaften, in denen die Bezugsrahmen, wie etwa Traditionen und die sozialen Zusammenhänge von Großfamilien und bäuerlichen Gemeinschaften, zunehmend aufgebrochen werden, in der Werte- und Normengerüste an Legitimation verlieren. Einzelne Menschen oder Gruppen konstruieren so in einem sozialen Diskurs einen Ort, der das Mögliche und das Zufällige in sinnhafte Beziehung zum Selbst setzt. Massenkultur ist also weder ein Synonym für den Begriff Pop-Kultur oder Vergnügungskultur, noch ist es Alltagskultur, also der Ablauf und die Verkettung von Tätigkeiten, die der Bewältigung des alltäglichen Lebens dienen, obgleich Massenkultur schichtenübergreifend wirkt, transregional angelegt und zum kulturellen Fundament der meisten Gesellschaften des 21. Jahrhunderts geworden ist. Spätestens zu diesem Zeitpunkt wäre es irreführend, durch den fortwährenden Gebrauch des Singulars den Anschein einer einzigen uniformen Massenkultur oder Weltkultur zu erwecken, zu sehr haben sie sich auf einem gemeinsamen Fundament diversifiziert, ohne dabei ihr grenzen- und schichtenübergreifendes Wesen aufzugeben.

Der Begriff „Massenkultur"

Massenkulturen und globale Kulturen entstehen in kommunikativen Prozessen und sind deshalb eng mit der Entwicklung der Massenmedien verbunden. Die Geschichte von Massen- und Weltkultur ist daher auch immer eine Geschichte der Massenmedien. Musik, Tanz, Kleidung, Reisen etc. werden erst durch diese Medien auch zu Phänomenen einer Massenkultur, und sie werden daher hier nur exemplarisch angesprochen und zur Erläuterung eingesetzt. Durch die Globalisierung wirtschaftlicher, gesellschaftlicher und politischer Zusammenhänge und Prozesse wurden Massenkulturen durch die gleichfalls transregional und transnational wirkenden Massenmedien – und hier spielen das Kino, das Fernsehen, aber viel mehr noch und qualitativ anders das World Wide Web (WWW) eine entscheidende Rolle – inzwischen zu einer globalen Kultur, zu einer Weltkultur.

Medien und Globalisierung

Der auch heute noch geführte Diskurs über das Gegensätzliche zwischen Eliten- und Massenkultur ist künstlich und ahistorisch. Die Grenze zwischen beiden war nie so eindeutig, wie es auf den ersten Blick scheinen mag, und müsste historisch kontextualisiert werden, um aussagekräftig zu sein. Als recht deutliches Beispiel können hier die Stücke von William Shakespeare dienen, die im 19. und 20. Jahrhundert fester Bestandteil einer globalen Elitenkultur waren, aber im 16. Jahrhundert eher vor einer städtischen Unterschicht aufgeführt wurden. Die Durchlässigkeit zwischen dem, was häufig als Hochkultur bezeichnet wird, und der Massenkultur ist seit der dauerhaften Etablierung einer Mittelschicht so groß geworden, dass die Unterschiede vernachlässigbar sind. Die Permeabilität zwischen diesen beiden Kulturen, wenn man denn den Unterschied zu Beginn des 21. Jahrhunderts überhaupt noch machen möchte, vollzieht sich in beide Richtungen. Elemente der Massenkultur finden sich im 19. und 20. Jahrhundert zunehmend in der sogenannten Ernsten Musik, in der Malerei und in der Literatur. Gleichzeitig hinterfragt Massenkultur den Deutungsanspruch der Elitenkultur und unterminiert ihn, stellt die Definitionshoheit über Kultur auf die Füße der Massen- und Weltkultur.

Eliten- und Massenkultur

Massenkultur geht seit dem Ende des 19. Jahrhunderts mit der Ausbildung, Etablierung und zunehmenden Dominanz von Mittelschichten einher und wurde endgültig im Laufe des 20. Jahrhunderts zur Grundkultur fast aller Gesellschaften. Die zunehmende Industrialisierung, die Möglichkeit, einen Teil des Einkommens für nicht überlebensnotwendige Dinge ausgeben zu können, und die Verfügbarkeit von Freizeit waren wesentliche Grundvoraussetzung für ihre Entstehung. Ihre Allgegenwärtigkeit löste die Unterschiede zwischen Elitenkultur und Arbeiter- beziehungsweise Unterschichtenkultur auf, führte jedoch nicht zu einer allgemeinen, homogenen Kultur, sondern schuf auf einer gemeinsamen Grundlage an wiedererkennbaren, kommunizierbaren oder nutzbaren Symbolen eine große Anzahl von hybriden Kulturen. Während Elitenkultur auch vor dem 20. Jahrhundert schon eine starke globale Komponente hatte, sind es erst transnational operierende Massenmedien im 20. Jahrhundert, die Massenkultur auch als Weltkultur durchsetzen. Dabei hat das Fernsehen nach dem Zweiten Weltkrieg eine entscheidende Rolle gespielt. Das World Wide Web hat diese Funktion spätestens mit Beginn des 21. Jahrhundert übernommen und ihr einen entscheidenden, qualitativ neuen Anstoß gegeben, der die Produzenten-Rezipienten-Dichotomie aufzulösen beginnt.

Konstitutiv für die Entwicklung von Massen- und Weltkultur ist die Entgrenzung des Möglichkeitshorizontes. Erst hierdurch können die dörflichen, kleinstädtischen, regionalen und auch nationalen Grenzen von Kultur aufgebrochen werden – mit den damit einhergehenden Veränderungen sozialer und politischer Strukturen. Massen- und Weltkultur sind hierbei Teil sowohl der öffentlichen wie der privaten Sphäre und verbinden beide miteinander. Sie sind aber zugleich auch ein *contested space* der Interpretationshoheit über Kultur, der Identitätskonstruktion einer zunehmend stärker sich artikulierenden und gesellschaftliche und politische Partizipation einfordernden Mittelschicht. Dabei ist ein Abgrenzungsverhalten gegenüber anderen Kulturen kaum stark ausgeprägt, und auch die Elitenkultur wird nicht bewusst als entgegengesetzt interpretiert, sondern Massenkultur bedient sich aus Versatzstücken all dieser Kulturen – sie ist universell.

Entgrenzung des Möglichkeitshorizontes

Massen- und Weltkultur werden also in einem Diskurs in einem politischen und gesellschaftlichen Raum durch die Vermittlung über die Massenmedien konstruiert, durch die sie gestaltet werden und die sie gestalten. Massenmedien können natürlich auch politisch genutzt und gelenkt werden, insbesondere dann, wenn sie an Bekanntes anknüpfen, es umwandeln und politisch nutzbar machen, um den Anschein einer Massenkultur zu erzeugen. Wenn man jedoch von einer solchen gesteuerten Massenkultur als Instrument totalitärer Herrschaft absieht, in der die Erwartungshorizonte bewusst auf die Ziele der jeweiligen herrschenden Gruppe eingeschränkt sind, also gerade das konstitutive Element der Massenkultur, die Offenheit möglicher künftiger Entwicklungen und deren Ungewissheit fehlt, dann ist das potentiell selbstbestimmte Individuum das Fundament von Massenkultur. Massenkultur wird so zu einem definierenden Element der Moderne.

Massenkultur und Massenmedien

Massenkultur ist daher eng mit der Entstehung und zunehmenden Durchsetzung von Massenmedien verbunden. Da ihre technischen und strukturellen Entwicklungen sowie die Entstehung einer dominierenden Mittelschicht in unterschiedlichen Ländern und Regionen nicht gleichzeitig und gleichlaufend erfolgte, ist auch die Entwicklung der Massenkultur von dieser Ungleichzeitigkeit geprägt. In der zweiten Hälfte des 19. Jahrhunderts nahm die Bedeutung der Massenmedien, der Zeitungen, Pamphlete, Broschüren, Bücher und anderen Druckwerke, durch die Einführung neuer Technologien und Techniken enorm zu. Wie alle weiteren Neuerungen im Bereich der Massenkommunikation, insbesondere das Radio und dann rund 30 Jahre später das Fernsehen sowie spätestens seit dem Beginn des 21. Jahrhunderts das Internet, war die regionale, transregionale, nationale und internationale Verbreitung von Informationen als wesentlicher Baustein für die Entstehung von Massenkulturen und globalen Kulturen notwendig. Dass Printmedien nicht von dem elektronischen Kommunikationsmittel Radio abgelöst wurden, dass das Kino nicht nach der Einführung des Fernsehens verschwand und dass das Internet nicht zur vollständigen Ablösung aller anderen Mittel der Kommunikation führen wird, sondern dass diese sich in dynamischen Prozessen durch gegenseitige Beeinflussung neu aufgestellt haben, macht die Ungleichzeitigkeit des Gleichzeitigen in ihrer Verbindung zur Massenkultur deutlich.

Die Ungleichzeitigkeit des Gleichzeitigen

Die wichtigsten der genannten Mittel der Massenkommunikation – Printmedien, Kino, Radio, Fernsehen und Internet – unterscheiden sich nicht nur durch die Form der Verbreitung – gedruckt, elektrisch übermittelt, nur Ton oder audiovisuell, elektronisch übertragen usw. –, sondern auch durch Zugangsmöglichkeiten und -kosten, die Kontrolle über die Inhalte, Kommunikationsrichtungen, Beteiligung der Adressaten, den gesellschaftlichen Ort, die Akzeptanz, Verbreitung etc. Diese Elemente spielen für die Wirkungsmächtigkeit der Massenmedien eine bedeutende Rolle.

Für gedruckte Medien sind die Kosten für den Erwerb, zumindest bei Zeitungen, zumeist recht gering, und selbst fehlende Alphabetisierung ist kein Zugangshindernis, wenn, wie noch im 19. Jahrhundert verbreitet, diese vorgelesen wurden. Bei Printmedien entscheidet zumeist eine Redaktion oder ein Eigentümer, der Seitenumfang und eine Auswahl der Nachrichten, selbst wenn sie möglichst neutral wiedergegeben werden, welche Informationen Leser überhaupt wahrnehmen können und in welcher Form sie das tun, als Schlagzeile oder versteckt auf den hinteren Seiten. Zudem erfordert es zumeist den physischen Akt eines Zeitungskaufs, und Printmedien sind zudem fast immer an einen finanziellen Aufwand gebunden, der ständig wieder überlegt, entschieden und betrieben werden muss.

Printmedien

Für einen Kinobesuch müssen die notwendige Freizeit und das Geld für den Kauf einer Eintrittskarte in ein öffentliches Lichtspieltheater verfügbar sein. Die Auswahl an Filmen ist endlich, die Produktionen von Filmen sind zwar an einem zu erwartenden Erfolg beim Publikum orientiert, aber darüber hinaus durch die Kinogänger kaum beeinflussbar. Zudem war der Kinobesucher in der Zeit des Stummfilms darauf angewiesen, ohne Zusammenhänge und Handlungsabläufe erklärende Sprache auszukommen – ein Manko, das erst durch die Einführung des Tonfilms gemildert und dann, durch Farbfilm, Surround-Sound, Breitleinwände und 3-D-Filme weiter an ein „natürliches" Seherlebnis angeglichen werden konnte.

Kinobesuche

Bei elektronischen Medien wie dem Radiogerät, über das ebenfalls nur eine beschränkte Anzahl von Informationen in einer bestimmten Sendezeit oder innerhalb der 24 Stunden eines Tages gesendet werden kann, werden Sendungen und deren Platzierung von einer Redaktion konzipiert, produziert und vorgenommen. Hier ist ein finanzieller Aufwand nur einmal, nämlich bei der Anschaffung des Radiogeräts, erforderlich, wenn keine Rundfunkgebühren erhoben werden. Der physische Aufwand ist geringer, die Sendungsinhalte gelangen direkt ins Haus, in die heimische Wohnstube, in das Autoradio oder auf das Mobiltelefon. Der vermittelte Möglichkeitshorizont ist bei einem Radioempfang gegenüber den Printmedien und dem Kino um einiges weiter, der Hörer kann selbständig zwischen unterschiedlichen Sendern – wenn sie denn vorhanden sind und der Empfänger entsprechend ausgerüstet ist – und Inhalten wählen. Eine Kontrolle über das, was der Hörer hören kann, ist schwerlich möglich.

Radio

Der qualitative Unterschied zwischen dem Radio und dem Fernseher ist daher im Grunde nur einer, der auf die sinnliche Wahrnehmung abzielt: Während über das Radio nur das Gehör angesprochen wird, erleben wir Fernsehen in bewegten Bildern. Diese Eindrücke sind daher viel intensiver, insbesondere nachdem die Fernsehbilder nach der Einführung des Farbfernsehens bunt über die Mattscheiben flimmerten oder mit der neuesten Generation von Flachbildfernsehern meterbreit und in hochaufgelöster Qualität zu sehen sind. Die Anschaffungskosten sind höher als bei Radiogeräten, Gebühren können anfallen und die Inhalte sind vordefiniert, eine Auswahl an Sendern ist, trotz Satellitenempfang oder Kabelanschluss, aber ebenfalls begrenzt.

Fernseher

Das Internet als Massenkommunikationsmittel ist nur über einen Computer, ein entsprechend ausgestattetes Mobiltelefon oder ähnliche Geräte zu erreichen. Hier waren die Anschaffungskosten gemessen am durchschnittlichen Jahreseinkommen in den meisten Industrieländern in den 1990er Jahren noch recht hoch und sind es in vielen Regionen immer noch. Kosten entstehen zudem durch den Zugang zum Internet, und die Inhalte wurden zunächst von kommerziellen Anbietern strukturiert, bis der Benutzer seit Beginn des 21. Jahrhunderts selbst immer stärker auch Produzent und Gestalter von Inhalten wurde. Deren Anteil an der gesamten verfügbaren Datenmenge übertrifft inzwischen den der kommerziellen Inhalte – darunter auch Zeitungen, Radio, Fernsehen und Filme –, die bislang überwogen, bei weitem.

Die Genese der Massenkultur im 19. und 20. Jahrhundert

Die folgenden Medien transportieren kulturelle Praktiken, Symbole und Einstellungen und haben sich seit dem 19. Jahrhundert zu Massenmedien entwickelt. Kultur entspringt zunehmend nicht mehr der Interaktion von Mitgliedern einer lokalen Gruppe, sondern Massenmedien erweitern den Radius des Erfahrungsbereiches, ohne dass es zu einer direkten und unmittelbaren Interaktion kommt, um Kultur nun in einem dialogischen Prozess auf der Folie eines entgrenzten Raumes zu konstruieren.

Printmedien und Massenkultur

Die ersten Medien, die begannen, diese Funktion auszufüllen, waren nach der Erfindung des Buchdrucks Bücher, Pamphlete und Flugschriften, die nicht nur Informationen verbreiteten, sondern jeweils auch Werte- und Normengerüste transportierten. Die Zirkulation war jedoch zumeist lokal und regional begrenzt oder betraf nur eine kleine Gruppe. Der Erwerb von Büchern war für die Mehrheit der Bevölkerung zu kostspielig, die Alphabetisierungsrate in vielen Ländern bis ins 19. Jahrhundert hinein zu gering, um die Printmedien zu Trägern einer breit angelegten Massenkultur werden zu lassen. Nichtsdestotrotz leisteten Zeitungen einen gewichtigen Beitrag, um die Basis für eine transregionale frühe Form der Massenkultur zu legen.

Dies lässt sich insbesondere im Bereich der Festkultur nachvollziehen, die dazu beitrug, über Ritualisierungen, den Rückbezug auf historische Artefakte und die Verankerung in der Gegenwart nationale Identität zu konstruieren. In vielen Ländern war im 19. Jahrhundert die Ehrung des Herrschers oder der Nationalfeiertag an ein bestimmtes Datum geknüpft, und ein Teil der Inhalte der Feierlichkeiten an diesem Tag war vorgegeben. Die Bandbreite, wie dieser Feiertag im Einzelnen begangen wurde, variierte jedoch stark von Gemeinde zu Gemeinde, von Region zu Region. Insbesondere in den Vereinigten Staaten von Amerika lässt sich jedoch beobachten, dass die Zeitungen wesentlich dazu beitrugen, einen Prozess der Angleichung der Feierlichkeiten zum Unabhängigkeitstag, dem *4th of July*, anzustoßen.

Festkultur

Lokale Blätter druckten noch Wochen nach dem 4. Juli eines jeden Jahres Korrespondentenberichte mit detaillierten Angaben über die Feierlichkeiten in anderen Städten, den chronologischen Ablauf des Festtages, die Ordnung der Paraden, die Oden, Reden und berichteten über etwaige Vorkommnisse während der häufig feucht-fröhlichen Feiern, die bis in die Nacht hinein dauerten. Sogar die einzelnen Trinksprüche wurden wiedergegeben, und häufig wurde über das Maß der Zustimmung berichtet. Diese Berichte blieben im kulturellen Gedächtnis, und es ist deutlich zu beobachten, wie bei den Vorbereitungen des Nationalfeiertages in jeweils folgenden Jahren der Ablauf der Feierlichkeiten, die Ordnung der Paraden usw. modifiziert wurden. Die ursprünglich lokal sehr unterschiedlichen Ausprägungen der Feiern zum *Independence Day* wurden durch diese Zeitungs-

Bericht über Feierlichkeiten

berichte über die Feierlichkeiten über einen recht kurzen Zeitraum von wenigen Jahren modifiziert, und es schälten sich Grundstrukturen und wichtige Elemente in einer immer größer werdenden Zahl sich einander in ihrer Festkultur angleichenden Gemeinden und Städte heraus, die eine nach lokalen politisch-sozialen Strukturen geordnete Prozession zu Tagesbeginn beinhaltete, eine Ode, die Verlesung der Unabhängigkeitserklärung und Salutschüsse in der Anzahl der Mitgliedsstaaten in der Union. Zudem gab es nun in immer mehr Gemeinden und Städten Bankette mit politischen Toasts in der Zahl der Unionsstaaten, die lokale, regionale, nationale und internationale Ereignisse oder Problemfelder ansprachen, gefolgt von ausgelassenen Festlichkeiten.

Während die Feierlichkeiten selbst *contested ground* waren, auf dem gesellschaftliche Gruppen das Recht zur gesellschaftlichen und politischen Teilhabe einforderten, parteipolitische Kämpfe ausgetragen wurden und sich die Zusammensetzung der Teilnehmer änderte, als die stärker ins öffentliche Leben drängende Mittelschicht auch hier auf Repräsentationsmöglichkeiten pochte, blieb das Format der Feierlichkeiten weitestgehend unangefochten. Die in den Zeitungen berichteten Abläufe der Feierlichkeiten an anderen Orten dienten einer nationalen Harmonisierung des Nationalfeiertages, der gleichwohl im Lokalen geerdet blieb. So entstand in den USA über das Massenmedium Zeitung bereits im 18. Jahrhundert eine Festkultur, die eine frühe Massenkultur war und doch zugleich Differenzierungen zuließ.

Die Erfindung des Rotationsdrucks und der Setzmaschinen ab Mitte des 19. Jahrhunderts ließ den Umfang der Zeitungen und Zeitschriften anwachsen, die zunehmende Alphabetisierung erschloss einen größeren Kreis von Lesern. Zeitschriften wie »Die Gartenlaube« in Deutschland, »Harper's Magazine« in den USA, die »Illustrated London News« und die »L'Illustration« in Paris waren ab Mitte des 19. Jahrhunderts die Vorläufer der heutigen Illustrierten und unterstützten die Entstehung einer Massenkultur auch durch die Vermittlung visueller Eindrücke. Sie trugen zumindest seit dem 19. Jahrhundert auch durch die zunehmende Werbung für Produkte zur Herausbildung einer an Konsumgütern orientierten Kultur bei, die breitere Bevölkerungsschichten umfasste und regionenübergreifend wirkte. Notwendige Voraussetzung war eine Verbesserung der Infrastruktur, die nicht nur den Transport von gedruckten Medien, sondern auch von über die Anzeigen bestellten Gütern überhaupt erst möglich machte. Dazu gehörte ein Postsystem, über das nicht nur Nachrichten und Briefe, sondern zunehmend auch Zeitungen und später auch Kataloge für den Versandhandel zugestellt werden konnten.

Illustrierte

In kleinerem Umfang hatte bereits *Au Bon Marché*, ein Pariser Warenhaus, Mitte des 19. Jahrhunderts Waren über den Postweg angeboten und versandte diese an Käufer in Frankreich, Europa und Afrika. Auch in den Vereinigten Staaten gab es schon im frühen 19. Jahrhundert Angebote in regionalen Zeitungen für Produkte, die über weitere Strecken bestellt werden konnten. Nach dem Ende des Bürgerkriegs und einhergehend mit dem Ausbau des Eisenbahnnetzes kamen dort Firmen hinzu, die insbesondere für die Landbevölkerung Werk-

Infrastruktur und Versandkataloge

zeuge und Maschinen über Kataloge vertrieben. Der Unternehmer Aaron Montgomery Ward konnte 1872 noch alle Waren, die er offerierte, auf einem Blatt Papier unterbringen, doch bereits zehn Jahre später umfasste der Katalog mehrere hundert Seiten. Noch vor der Jahrhundertwende brachte Carl Ernst Mey mit seinem Partner Bernhard Edlich einen Versandkatalog in Deutschland auf den Markt, in dem unter anderem auch Hemden und Kragen zu erschwinglichen Preisen angeboten wurden. In den USA bekam der Pionier Ward schnell Konkurrenz von Richard W. Sears, der ab 1900 zusammen mit seinem Partner Alvah C. Roebuck einen ähnlichen Handel aufzog.

Diese Verkaufsmethode wurde insbesondere in dünn besiedelten Regionen zu einem ernsthaften Konkurrenten der alteingesessenen Händler, die zuvor die Preise für Waren diktieren konnten und eine Auswahl der angebotenen Produkte getroffen hatten, die an bekannten Kaufinteressen und Lagermöglichkeiten orientiert war. Den Versandhandelshäusern war es durch größere Bestellmengen bei den Produzenten möglich, niedrigere Einkaufspreise zu erzielen, und sie konnten die lokalen Geschäfte, trotz der notwendigen Transportkosten, unterbieten. Wichtiger noch für die Ausbildung einer Massenkultur auf der Grundlage eines Massenkonsums war allerdings, dass die Kataloge der Versandhändler den Fächer der Möglichkeiten für die Konsumenten erweiterten, ihre Identität über Kleidung, modische Accessoires etc. auszudrücken, die über den regionalen Bezugsrahmen und die Traditionen hinausgingen. Mehr noch als Zeitungen und die zunehmend auf dem Druckmarkt erhältlichen Zeitschriften wirkten so die Kataloge der Versandhändler als Agenten der Konstruktion einer Massenkultur. Sie schufen die reale Möglichkeit, die über andere Medien verbreiteten Aspekte einer transregionalen und schichtenübergreifenden Kultur tatsächlich auch umzusetzen, ermöglichten die Teilhabe an einer nur vordergründig allein auf Konsum basierenden Kultur. Bekleidungsmode für Männer und Frauen konnte über Beiträge und Werbung in Zeitungen und Zeitschriften vermittelt und durch den Versandhandel zu erschwinglichen Preisen aus einem großen Sortiment erworben werden, das lokale Händler zumeist nicht vorhalten konnten.

Kataloge vs. Händler

Es ist nicht verwunderlich, dass es viele große Warenhäuser in den Metropolen waren, die den transregionalen Kataloghandel nutzten, um ihren Markt zu erweitern. Andere Versandhandelshäuser bildeten nach einigen Jahrzehnten lokale Dependancen oder nutzten andere Marketingstrategien. So wurden zum Beispiel Einzelpersonen eingesetzt, die als lokale Anlaufstellen dienten und dem anonymen Handelshaus ein Gesicht verliehen oder die ein System von lokalen Klubs aufbauten, ähnlich den bekannten Tupper-Parties der Zeit nach dem Zweiten Weltkrieg. Über diese informellen Vertreter konnten so auch Mitglieder bereits bestehender sozialer Netzwerke als Käufer geworben werden. Die Bildung neuer Gruppen diente zwar ursprünglich der Vermarktung, schuf aber soziale Netzwerke, die als Multiplikatoren der auf Massenkonsum und Massenproduktion basierenden Massenkultur fungierten. Zur Jahrhundertwende war das Bestellsystem über die Post so weit etabliert, dass Versandhändler in den westeuropäischen Ländern und in Nordamerika Millionen von Katalogen, Flugblättern und Werbebroschüren an potentielle

Marketingstrategien

1036 SEARS, ROEBUCK & CO., Cheapest Supply House on Earth, Chicago. CATALOGUE No. III.

Ladies' Sandal Oxford, $1.25.
This Oxford is made of fine vici kid, with open work lace stays, thereby exposing the stocking just enough to produce one of the daintiest effects yet seen in a summer Oxford. The soles are cut from the very best of leather, genuine hand turned, and flexible.
Sizes and half sizes, 2½ to 8.
Widths, D, E and EE.
Weight averages 15 ounces.
For postage rate see page 4.
No. 15R234 Price, per pair..................$1.25

Ladies' Patent Leather Oxford, $1.45.
Made from good patent leather stock, medium wide sole, with extension edges, and full perforated vamp, tip and heel foxing. Sizes and half sizes, 2½ to 8.
Widths, D, E and EE.
Weight averages 16 ounces.
For postage rate see page 4.
No. 15R236 Price, per pair.................$1.45

Ladies' Vici Mannish Oxford, $1.35
We make this Oxford from fine, soft vici kid stock, which is very durable, and at the same time easy to the foot.
The style of last is the medium mannish shape.
Sizes and half sizes, 2½ to 8.
Widths, D, E and EE.
Weight averages 16 ounces.
For postage rate see page 4.
No. 15R241 Price, per pair..................$1.35

Ladies' Patent Leather Dress Oxfords, $1.25.
A Ladies' All Patent Leather Strictly Hand Turned Oxford, with extra high wood heel. The shoe is of extraordinary value, made with genuine hand turned sole, white kid sock and quarter lining; and it is intended only for dress wear and is not heavy enough to stand rough usage.
Sizes and half sizes, 2½ to 8.
Widths, D, E and EE.
Weight averages 16 oz.
For postage rate see page 4.
No. 15R244 Price, per pair..................$1.25

Ladies' Kid Strap Sandals, $0.95.
Ladies' Kid Strap Sandals hand turned, flexible soles, satin strap at the instep, with metal ornament.
Sizes, 2½ to 8.
Full widths.
Weight averages about 18 ounces.
For postage rate see page 4.
No. 15R248 Price, per pair..................$0.95

Ladies' Serge Buskin Slippers.
Ladies' Serge Buskin Slippers, turn soles, low, flat heels, fine quality. Sizes, 3 to 8. Full width.
Weight averages 18 ounces.
For postage rate see page 4.
No. 15R254 Price, per pair..................$0.65

Women's Patent Leather Sandals, $0.95.
The extreme popularity of patent leather, especially for dress occasions, has led us to add this sandal. This is not by any means the low grade shoe our price would indicate, but carries just as good leather, as much style and fit, as many sold at double our price. Made with patent leather vamp, kid quarter, high heel and with bow strap Strictly hand turned.
Sizes, 2½ to 8.
Widths, C, D, E and EE.
Weight averages 18 ounces.
For postage rate see page 4.
No. 15R255 Price, per pair..................$0.95

Ladies' White Kid Sandals, $1.00.
Ladies' White Kid Strap Sandals, made from a good selection of stock, medium narrow toe, strictly hand turned soles, and fancy bow over instep. Nothing like it ever shown for the money.
Sizes, 2½ to 8.
Widths, D, E and EE.
Weight averages 18 ounces.
For postage rates, see page 4.
No. 15R257 Per pair..................$1.00

Ladies' Common Sense Oxfords.
Ladies' Common Sense Oxford, made from good dongola kid stock, with wide, plain toe, low broad heel, and flexible sewed sole.
Sizes, 2½ to 8.
Full widths.
This shoe is very neat and comfortable for house wear.
Weight averages 25 ounces.
For postage rate see page 4.
No. 15R258 Price, per pair..................$0.95

Ladies' Serge Congress, $0.85.
This Shoe is made from a good quality of serge, leather soles and counters, common sense last, and is not only a very cool and comfortable shoe, but will give excellent service.
Sizes, 3 to 8. Width, EE only.
Weight averages 28 ounces.
For postage rate see page 4.
No. 15R262 Price, per pair..................$0.85

Ladies' Black Kid Oxfords, $1.00.
Made from good, plump dongola kid, medium weight, opera toe, with imitation kid tip, all solid and a very sightly shoe. In this shoe we give extra good value. Sizes, 2½ to 8. Full widths.
Weight averages 22 ounces.
For postage rate see page 4.
No. 15R271 Black. Price, per pair........$1.00

Ladies' Grain Slippers, $0.65
Ladies' Grain Slippers. Damp proof, sewed strong and durable, for out or in-door wear. All solid.
Sizes, 3 to 8. Full widths. Weight averages 22 ounces.
For postage rate see page 4.
No. 15R272 Price, per pair..................$0.65

Ladies' Carpet Slippers, $0.24.
Made from Brussels Carp leather sole and heel, good quality, bound and stayed. Sizes, 3 to 8. Weight averages 18 ounces. For postage rate see page 4.
No. 15R274 Price, per pair.......$0.24

Ladies' Red Crocus Slippers, $0.29.
Made from red lamb stock with soft sole, and equal in every way to those ordinarily sold at from $0.50 to $0.65 per pair.
Sizes, 3 to 8. No half sizes.
For postage rate see page 4.
Weight averages 9 ozs.
No. 15R277 Our special price, per pair.....$0.29

WOMEN'S PATENT LEATHER COLONIAL, $1.35.
THE LATEST FAD IN A LADIES' DRESS SHOE IS THE COLONIAL PATTERN,
which we herewith illustrate. This shoe is now all the rage in the large cities, many stores now showing the Colonial shoe almost exclusively in their window displays. We quote on another page a shoe of this pattern made with Goodyear welt sole, which is especially adapted to general and street wear. The shoe herewith illustrated, however,
IS MORE ESPECIALLY ADAPTED TO HOUSE AND PARTY WEAR.
This shoe is made with an entirely new pattern, there being a strap underneath the flap over the instep, which holds the shoe in place perfectly.
This Shoe is Made of Good Patent Leather Stock,
fitted with medium light wood heel, genuine hand turned sole, white kid quarter lined. Equal to anything we have ever seen offered at $2.00 per pair. Those wishing the very latest production in a ladies' low shoe will do well to order this one.
Sizes and half sizes, 2½ to 8.
Widths, D, E and EE.
Weight averages 17 ounces.
For postage rate see page 4.
No. 15R285 Price, per pair..................$1.35

Seite des Werbekatalogs von „Sears, Roebuck & Co“ von 1902, der die Auswahl an Damenschuhen zeigt.

Kunden verschickten und diese damit rechnen konnten, dass die bestellte Ware auch zu ihnen gelangte. Der Versandhandel konnte so an die in den illustrierten Zeitschriften vermittelten Bilder anknüpfen und durch die Möglichkeit zur realen Aneignung von symbolischen Attributen die Ausprägung einer gemeinsamen Massenkultur vorantreiben.

Massenkonsum, Massenproduktion und Konstruktion von Massenkultur stehen hierbei in einem dialogischen Verhältnis: Ohne die informationelle Anbindung von geographisch entfernten Märkten, ohne die Schaffung einer effizienten und preisgünstig operierenden Infrastruktur, ohne eine dadurch profitable Massenproduktion, durch die eine Teilhabe an der transregionalen Kultur erst erschwinglich wurde, wäre die Herausbildung einer Massenkultur nicht möglich gewesen. Die Transportmöglichkeiten mussten allerdings nicht nur vorhanden, sondern auch verlässlich sein und nur geringe Kosten verursachen, so dass die Preise für den Endverbraucher nicht prohibitiv wurden. Der zunehmende Ausbau von Kanälen und Eisenbahnen im 19. Jahrhundert senkte die Frachtkosten jedoch so weit, dass die daraus resultierende starke Marktvergrößerung den überregionalen Vertrieb profitabel machte und der Massenproduktion wichtige Anstöße verlieh.

Dialogisches Verhältnis

Versandwarenhäuser waren oft in großen Städten angesiedelt und schufen über den Katalogverkauf einen größeren Kundenkreis, der nicht durch die Erreichbarkeit der Geschäftshäuser eingeschränkt war. Der Ausbau einer innerstädtischen Infrastruktur des Personennahverkehrs hatte die Trennung der Wohngebiete von den Orten der industriellen Produktion ermöglicht, und er hatte gleichzeitig die Voraussetzung für die Zentralisierung der Bereiche des Einzelhandels geschaffen, die nicht auf den Verkauf von Gütern des täglichen Bedarfs, sondern von dauerhafteren Waren, wie zum Beispiel Bekleidung, ausgerichtet waren. Durch den Katalogverkauf konnten nun potentielle Kunden, die weitab von Metropolen wohnten, an einem Teil städtischer Massenkultur partizipieren, sie konnten sich als Teil der größeren Gemeinschaft einer sich immer stärker herauskristallisierenden Mittelschicht verstehen. Es ging hierbei also nicht um Güter des täglichen Bedarfs oder um die Funktionalität von Waren, die das tägliche Leben zu meistern halfen, sondern um über ihre Funktion hinaus äußerlich sichtbare Attribute von Teilhabe an einer gemeinsamen, urbane Zentren und ländliche Gebiete überspannenden Kultur.

Ziel: Überspannende Kultur

Kino und Massenkultur

Zwar wurden die visuellen Eindrücke in den Zeitschriften präsenter, aber erst das Kino machte es möglich, die symbolischen Attribute von Massenkultur nicht nur visuell, sondern auch in Bewegung zu erfahren. Druckerzeugnisse und eine sich rapide ausbreitende Lesekultur waren wichtige Meilensteine für eine Entstehung einer Massenkultur gewesen, doch erst mit der Verbreitung von Lichtspielaufführungen erreichte eine Massenkultur ihren Durchbruch, die von einem direkten Bezug auf

Waren losgelöst war. Kinobesucher konnten hier nun direkt sehen, wie Personen außerhalb ihres lokalen Umfeldes sich kleideten, welche Gegenstände sie benutzten, wie sie sich verhielten, welche Träume sie träumten und wie sie Konflikte lösten.

Die Telegrafie hatte die enge Verbindung zwischen räumlicher und zeitlicher Distanz in der Kommunikation bereits zum Teil aufgelöst. Waren Briefe zuvor wochen- oder gar monatelang unterwegs gewesen, um eine Nachricht vom Absender zum Empfänger zu übermitteln, so wurde nun der Zeitraum dramatisch verkürzt. Noch bedurfte es einer Person, die die Nachrichten in Morsecode chiffrierte und eine Antwort dechiffrieren konnte. Aber bereits mit dem Telefon war Kommunikation über große Entfernungen in Echtzeit möglich. Hinzu kam das Grammophon, das, obgleich eine Tonkonserve, die Distanzen von Raum und Zeit überbrückte, denn das Gerät lieferte beliebig oft reproduzierbare Musik und Sprache in die eigenen vier Wände, die an einem anderen Ort und zu einer anderen Zeit aufgenommen worden waren. Die Qualität, gemessen an einem direkten Hörerlebnis, ließ zwar zu wünschen übrig, aber die Musikstücke waren eindeutig zu erkennen. Grammophone und die Kosten für die jeweiligen Tonträger waren jedoch eine aufwendige Investition, die sich nur einige wenige leisten konnten. Diese Abspaltung des Hörens vom Sehen in der Massenkommunikation setzte sich im Stummfilm auf umgekehrte Weise fort: Hier war es nicht der visuelle Eindruck, wie bei Telegraf, Telefon oder Schallplatte, der fehlte, sondern der Ton. Aufgehoben wurde diese Aufspaltung erst durch den Tonfilm, anfänglich noch auf Schwarz-Weiß und Grauabstufungen reduziert, erst später in Farbe. Dies ahmte die Realität schon recht gut, wenn auch zweidimensional nach, war jedoch noch weit entfernt von dem Ideal eines dreidimensionalen Films, der frei in den Raum projiziert werden könnte.

Visuelle und auditive Kommunikation

Erfindungen, die notwendig waren, um bewegte Bilder Ende des 19. Jahrhunderts als eine Abfolge von Einzelfotografien aufzunehmen und dann mit einer ausreichenden Geschwindigkeit von einzelnen Bildern pro Sekunde zu projizieren, so dass der Eindruck von Bewegung entstand, wurden fast parallel in den Vereinigten Staaten und in Westeuropa gemacht. Thomas Alva Edison hatte in seiner Firma einen Kinematographen und ein Kinematoskop entwickeln lassen, und nach einigen technischen Schwierigkeiten wurden bereits 1891 in seinem Laboratorium die ersten kurzen Filme vorgeführt. Während der Weltausstellung 1893 in Chicago kam es zu einer ersten öffentlichen Vorführung, und innerhalb der folgenden zwei Jahre wurden auf der Grundlage anderer technischer Lösungen auch in Paris und Berlin Filme gezeigt. Hierbei setzten sich insbesondere die Apparate der Brüder Lumière durch. Anfänglich wurden diese Filme, die zumeist nur eine Länge von einer Minute hatten, in Guckkästen gezeigt. Es war zunächst das Exotische, die Neuheit, die die Menschen anzog. In den ersten Jahren war es deshalb fast egal, was dort zu sehen war, der Reiz der Bewegung allein genügte, um die Aufführungen zu Magneten des Interesses werden zu lassen. Der erste kommerziell vorgeführte Film, die »Blacksmith Scene« von 1893, zeigte so auch nicht viel mehr als drei Schmiede, die ein Stück Eisen bearbeiteten und zwischen den einzelnen Arbeitsschritten Bier aus einer Flasche tran-

Die ersten Filme

ken. Ab der Jahrhundertwende wurden jedoch zunehmend Filme gedreht, die Szenen aus dem Alltag enthielten und soziale Probleme aufgriffen. Spielfilme entstanden und zunehmend immer mehr Filmkomödien.

Für den rasanten Ausbau der Kinolandschaft war eine Elektrifizierung der Städte zwar keine notwendige Voraussetzung, aber es erleichterte die Einrichtung von Lichtspielhäusern. Die ersten Kinos, die kurz nach der Wende im 20. Jahrhundert eingerichtet wurden, entstanden daher zuerst in den größeren Städten. Sie waren Teil einer Vergnügungskultur und reihten sich in andere Möglichkeiten zur Entspannung in Tanzhallen, Billardsälen und Vergnügungsparks ein. Die bewegten Bilder hatten Neuigkeitswert, weckten technisches Interesse, wurden aber auch zwischen Auftritten von Kleinkünstlern in Varietés aufgeführt. In den Vereinigten Staaten setzten sich zuerst sogenannte Nickelodeons (Nickel = Fünf-Cent-Münze) durch. Es folgten meist karg ausgestattete Kinos in Ladengeschäften, die einigen Dutzend und seltener bis zu 100 Zuschauern Platz boten und kurze, 15-minütige Filme den gesamten Tag über wiederholten, wobei die Filme häufig täglich wechselten. Für vergleichsweise geringes Eintrittsgeld konnte man so in der Mittagspause, nach einem Einkauf oder nach der Arbeit einen Film ansehen.

Die ersten Kinos

Anders als heutzutage meist üblich, hatte der Kinobesuch auch interaktive Elemente. Zuschauer saßen nicht still in den Kinosesseln und erfuhren einen Film als passives Erlebnis, sondern kommentierten Szenen, tauschten sich mit Sitznachbarn auch über mehrere Reihen hinweg aus. Die Besitzer der Lichtspielhäuser ließen zuweilen zur Belustigung der Zuschauer den Film schneller oder auch rückwärts ablaufen. Zudem war in der Zeit des Stummfilms der vorgeführte Film musikalisch von einem Klavierspieler oder einem Organisten, seltener einem Orchester, unterlegt. In der Anfangsphase der Kinos gab es keine festgelegten Noten für die Filme, und die Musiker waren in ihrer Interpretation frei, gestalteten beispielsweise die Rezeption einzelner Szenen durch dramatische Untermalungen oder leise Passagen mit.

Interaktive Elemente im Kino

Der erfolgreichste Stummfilm in den USA, der mit vielen Innovationen glänzte, war der dreistündige Streifen »The Birth of a Nation« von David Wark Griffith, der 1915 uraufgeführt wurde. Deutlich parteiergreifend für die Seite des Südens im Bürgerkrieg und den Ku-Kux-Klan verherrlichend, lockte der Film Millionen von Zuschauern trotz eines verhältnismäßig hohen Eintrittspreises an, so dass die Einspielergebnisse in den folgenden anderthalb Dekaden die Produktionskosten um das 100-fache überstiegen. Ein Kommentator oder Conférencier, der durch den Film führte, wie es zuvor häufig bei Stummfilmen der Fall gewesen war, war für dieses Werk nicht vorgesehen. »The Birth of a Nation« wurde zudem mit einer geschriebenen Partitur für Orchester an die Lichtspielhäuser gegeben, so dass sich zu dem visuellen Eindruck auch ein akustischer gesellte, der nun nicht mehr der Interpretation der jeweiligen Musiker unterlag. Die Interaktivität des Kinobesuchs wurde dadurch in den Hintergrund gedrängt, die Uniformität der Rezeption des Films in verschiedenen Landesteilen verstärkt und damit die Konstruktion einer Massenkultur befördert. Da diese

Filme zudem ohne Ton auskamen, wurden in heterogenen Gesellschaften mit Kinobesuchern aus verschiedenen ethnischen und kulturellen Hintergründen, wie insbesondere in den Vereinigten Staaten, Zuschauer unabhängig von ihren Sprachkenntnissen angesprochen, konnten teilhaben an dem kulturellen Erlebnis, an dem entscheidenden Schritt von einer literarischen hin zu einer visuell geprägten Kultur. Zwar unterbrachen in sehr vielen Filmen eingestreute erklärende Texttafeln die Szenen, aber es waren das Szenenbild, die Geschichte und die schauspielerischen Leistungen, die durch den starken mimischen Ausdruck die fehlende Sprache ersetzten. Zudem ließen sich ohne größere Probleme die Texttafeln durch solche in anderen Sprachen austauschen.

Interkulturelle Ereignisse

Dabei muss bedacht werden, dass das Kino nicht als rein passives Vergnügen ohne längerfristige Wirkung und losgelöst von dem Kontext eines Kinobesuchs beurteilt werden kann. Mit der Reduzierung der wöchentlichen Arbeitszeit wurde es für viele Mitglieder der Unterschicht und der unteren Mittelschicht möglich, sich nun in ihrer Freizeit Vergnügungen oder kulturellen Ereignissen hinzugeben. Während Theater- und Varietébesuche zumeist recht teuer und daher für diese Gesellschaftsteile nur selten finanzierbar waren, lockten die geringen Eintrittspreise für das Kinoerlebnis auch die unteren Einkommensschichten immer häufiger in die sich in den Städten etablierenden Kinohäuser. In den Vereinigten Staaten nahm die Anzahl der Kinobesucher rapide zu, so dass bereits 1910 statistisch fast jeder dritte Amerikaner einmal wöchentlich ins Kino ging, zehn Jahre später war die Anzahl der Kinobesuche, bei einer Einwohnerzahl von etwas über 100 Millionen, auf 50 Millionen pro Woche angestiegen.

Kinobesucher

Aufmachung und Größen dieser ersten Kinos unterschieden sich je nach Lage und Klientel voneinander. In den großen Städten gab es kleinere Filmtheater, die durch niedrige Eintrittspreise auch für Mitglieder der einkommensschwachen Schichten erschwinglich waren. Daneben, in anderen Stadtteilen und häufig in der Nähe von bekannten Einkaufsstraßen, lagen gehobene Kinos, die von Mitgliedern der Mittelschicht frequentiert wurden. Während die Kinogänger aus den einkommensschwachen Schichten vor der Etablierung von Lichtspieltheatern kaum Varietés oder Theater besucht hatten, verlagerten Kinogänger aus der Mittelschicht häufig ihr Interesse von der Theaterbühne oder dem Varieté zum Film. Der ständige Wechsel von Filmen sorgte für immer neue Unterhaltung, und es war nicht notwendig – außer in den großen Kinopalästen mit spektakulärer Ausstattung, die den besten Theatern Konkurrenz machten –, sich für einen Kinobesuch zurechtzumachen. Kinos dienten nicht nur der Abendunterhaltung, sondern es war auch möglich, an Nachmittagen, nach dem Einkauf oder dem Kirchgang dem Lichtspieltheater einen kurzen Besuch abzustatten. In Kleinstädten gab es entsprechend weniger Kinosäle, und zumeist bemühten sich die Betreiber, die Mittelschicht anzusprechen: Deren Mitglieder waren zahlungskräftiger und verliehen den Kinos Respektabilität. Teilweise nahmen Kinos auch die Funktion von Gemeindezentren an: Hier trafen sich Familien und konnten sich miteinander austauschen. Häufig führte

Funktionen der Kinos und Einwände

dies dazu, dass Kneipenbesuche der Ehemänner, bei denen die Familie nicht dabei war, zurückgingen. Filme wurden also oft in Gruppen angeschaut, über Inhalte und Fragen konnte nach der Vorstellung diskutiert werden; gesellschaftliche Diskurse über die verschiedensten sozialen und politischen Themenbereiche wurden so angeregt. Dass Filme nicht einfach als politisch unbedenkliche Vergnügung für die Arbeiter- und Angestelltenmassen gesehen worden sind, zeigen vielfältige öffentlich ausgetragene Einwände gegen einzelne Filme. Darunter waren zum Beispiel auch Proteste von in der *National Association for the Advancement of Colored People* organisierten Afroamerikanern gegen den Film »Birth of a Nation« gegen das dort gezeigte rassistische Bild der Afroamerikaner sowie die Verherrlichung von Südstaaten und Ku-Klux-Klan. Zensurmaßnahmen, bei denen „bedenkliche" Passagen aus Filmen herausgeschnitten wurden, und Aufführungsverbote gab es zudem in vielen Ländern.

Filme konnten beliebig häufig kopiert werden und wurden gleichzeitig in verschiedenen Kinos im Land oder auch in anderen Ländern vorgeführt. Die Kinobetreiber arbeiteten profitorientiert und reagierten auf die Wünsche und Forderungen des Publikums. Kinolandschaften, die sich an den Interessen von gesellschaftlichen Gruppen orientierten, entstanden, aber eine scharfe Trennung voneinander unterblieb, denn die Filmstudios lernten schnell, dass sie höhere Profite erzielen konnten, wenn sie Filme produzierten, die schichtenübergreifenden Anklang fanden. Dies führte zu einem Angebot an Filmen, das sowohl in den Filmpalästen der Innenstädte wie auch in den kleinen verrauchten Kinosälen in den Arbeiter- und Angestelltenbezirken gezeigt wurde. Menschen unterschiedlicher Herkunft und Ausbildung teilten so das Erlebnis eines Kinofilms. Über die Kinokasse konnten sie mitbestimmen, welche Genres, Handlungsabläufe und Schauspieler erfolgreich waren und in weiteren Filmen wieder zu sehen sein würden. Die Kinobesucher gestalteten also die sich herausbildende schichtenübergreifende Massenkultur mit, waren nicht nur passive Konsumenten, die von einer profitorientierten Vergnügungsindustrie mit banalen Produkten und Sensationen befriedigt und ruhiggestellt wurden, wie Kritiker in den 1920er Jahren annahmen. Literaturverfilmungen fanden Anklang, und neben Komödien wurden auch soziale Dramen weltweit gezeigt. Ein durch das Kino vermittelter Erlebnisbereich öffnete sich für die Zuschauer, der ihnen zuvor zumeist verschlossen war, wurde mystifiziert und demystifiziert zugleich. Das Kino hinterfragte und gaukelte vor, und es erweiterte so den Möglichkeitshorizont für alle Kinobesucher – weit über die bisherige Erfahrungswelt hinaus.

Filmangebot und Erlebniskultur

Dies waren nicht national isolierte Diskurse, sondern quer über den Atlantischen Ozean entwickelte sich bereits vor dem Ersten Weltkrieg ein reger und nicht nur einseitiger Austausch. Das Kino entwickelte sich also in den 1920er Jahren zunehmend von einem Teil der Massenkultur zu einem Teil einer atlantischen Kultur, die lokale, regionale und nationale Kulturen, verschiedene Sprachen, unterschiedliche politische Systeme und Gesellschaftsentwürfe überbrücken konnte, aber nicht ersetzte.

In vielen europäischen Ländern wurden zu diesem Zeitpunkt bereits Filme gedreht, insbesondere in Skandinavien und auch in Italien, beispielsweise als Roman-

Werbung für den Kinofilm »The Black Pirate« am Royal Theater Movie House in Kansas City (1926).

verfilmungen. Vor dem Ersten Weltkrieg war Frankreichs Filmindustrie die produktivste, dicht gefolgt von den Studios, die sich ab 1910 in Hollywood niederließen. Eine nationale Abschottung der sich schnell entwickelnden Filmindustrien ist in dieser Zeit nicht festzustellen, denn Filme wurden für einen internationalen Markt pro-

duziert. Es gab einen regen transatlantischen Austausch von Filmen, von Schauspielern und Regisseuren. Schon während der Stummfilmzeit ging etwa eine Reihe deutscher Schauspieler und Regisseure nach Hollywood. Friedrich Wilhelm Murnau – dessen »Nosferatu« in den USA hoch gelobt wurde – drehte in Hollywood, und Ernst Lubitsch, Robert Siodmak, Douglas Sirk, Marlene Dietrich, Erich von Stroheim, Joseph von Sternberg, Pola Negri, Emil Jannings sind nur einige weitere Namen aus der Liste deutscher Regisseure und Schauspieler, die in den USA arbeiteten. Die nationalen Schranken waren niedrig, und die andere Sprache schien für diese Filmschaffenden kein großes Hindernis gewesen zu sein. Lubitsch war im Oktober 1922 beispielsweise einem Ruf der amerikanischen Schauspielerin Mary Pickford gefolgt, einen Film in Hollywood mit ihr zu drehen. Er fühlte sich in den USA bald heimisch und erzielte spätestens mit seinem Film »The Marriage Circle« (einer satirischen Komödie über die wohlhabende Gesellschaft und ihre Eheprobleme) große Erfolge. An diesem Erfolgsfilm lässt sich die zügige globale Verbreitung von Filmen exemplarisch deutlich machen: Der Film kam nach seiner Premiere in den USA 1924 in Finnland als »Avioliiton ilveilyä« in die Kinos, als »Comédiennes« in Frankreich, als »Die Ehe im Kreise« in Deutschland, »Los peligros del Flirt« in Spanien, »Matrimonio in quattro« in Italien und als »Äktenskapsvirveln« in Schweden.

Internationaler Markt und globale Verbreitung

In den USA war es nach dem Ersten Weltkrieg sogar zu Protesten gegen eine mögliche Überfremdung der Filmkultur durch deutsche Produkte gekommen, denn Deutschland hatte auf Grund der schwachen Reichsmark einen Wettbewerbsvorteil. Spätestens mit der deutschen Währungsreform drehte sich das Verhältnis jedoch um. Auch in Russland entstand eine wichtige Filmindustrie, die zur Avantgarde des Kunstfilms und des politischen Films gehörte, andere Länder folgten mit Verzögerung und jeweils eigener Ausprägung von Inhalten und Darstellung. Lichtspielhäuser hatten sich insbesondere nach dem Ende des Ersten Weltkrieges rasch etabliert und ihre Anzahl erhöhte sich schnell: In Deutschland, England, Frankreich und Mittel- und Südamerika gab es zum Ende der 1920er Jahre jeweils mehrere Tausend Kinos, in Australien, Italien, Spanien, Japan, Kanada und Afrika um die 1000. Aber nirgendwo hatte die Begeisterung für den Film zu der Einrichtung von so vielen Lichtspielhäusern geführt wie in den Vereinigten Staaten; dort lockten mehr als 20.000 Kinos die Besucher an.

Die große Produktivität und die Attraktivität der Modernität ausstrahlenden, Zufriedenheit und Wohlstand zeigenden Filme der Hollywood-Studios führten dazu, dass deren Export in andere Länder rasch zunahm. In den folgenden Jahren stammte etwa die Hälfte der fast 500 abendfüllenden Filme, die pro Jahr in Deutschland gezeigt wurden, aus amerikanischer Produktion. Zudem wurde auch ein sehr großer Teil der Kurzfilme, die in deutschen Kinos gezeigt wurden, aus den Vereinigten Staaten importiert. Die deutsche Zeitschrift »Die Weltbühne« hatte bereits 1921 einen „Film-Krieg“ um Marktanteile ausgerufen, und nur vier Jahre später musste die in finanzielle Not geratene größte deutsche Filmgesellschaft, die UFA, mit

Spitzenposition: USA

Die Altstadt von Neu-Delhi. Das Filmtheater Majestic Cinema wirbt mit großen Tafeln für indische Kinofilme (1972).

amerikanischen Studios Verträge abschließen, die amerikanischen Filmen einen größeren Anteil an den Vorführungen in Lichtspielhäusern der UFA sicherte. 1925 wurden so etwa 300 in deutschen Studios und 351 in amerikanischen Studios produzierte Filme gezeigt, im Jahre 1926 befanden sich in Deutschland insgesamt 487 Filme im Verleih, davon 185 aus deutschen und 302 aus amerikanischen Filmstudios. Die amerikanische Filmindustrie dominierte nicht nur in Deutschland, sondern war weltweit vorherrschend. Zwar führten zum Ende der 1920er Jahre viele Nationen Importbeschränkungen oder Kontingentierungen ein, aber beispielsweise die Filmproduktionen in Dänemark und in Österreich konnten in diesem Wettbewerb nicht mithalten und verloren rasch an Einfluss.

Globalität amerikanischer Filme

Beispielhaft für viele andere Perioden zeigt das Jahr 1926 die Bedeutung der globalen Ausbreitung der amerikanischen Filme. In Deutschland stammten nun 44,5 Prozent aller gezeigten Filme aus amerikanischer Produktion – ein im Vergleich zu Frankreich (85 %) und Großbritannien (83,6 %) noch relativ niedriger Anteil. Dass sich dieser im Jahr 1931 deutlich verringert hatte, ist weniger dem Interesse der Kinobesucher geschuldet, sondern der *Great Depression* in den USA und der Weltwirtschaftskrise. In diesem Zeitraum hatten sowohl in Deutschland wie auch in anderen Staaten zudem Einfuhrquoten gegriffen und diese den Anteil der amerikanischen Filme gesenkt. Aber auch der Publikumsgeschmack

hatte sich teilweise von den oft um ein *happy-end* bemühten, schematischen Filmen aus Hollywood abgewandt. In Deutschland verringerte sich der Anteil amerikanischer Filme auf 28, in Frankreich auf 48,5 und in Großbritannien auf 72,6 Prozent. Nur in Japan war der Anteil amerikanischer Filme an den Aufführungen in Lichtspielhäusern mit etwa 20 Prozent geringer, hier wurden nicht-japanische Filme nur schwer vom Publikum angenommen.

Die Aneignung der Filminhalte und der durch sie transportierten Werte, Normen und Sinnhaftigkeit war sicherlich in den jeweiligen etablierten kulturellen Systemen unterschiedlich, es hat darüber hinaus schichtenspezifische Ungleichheiten gegeben, und die Perzeption änderte sich zudem von Person zu Person. Es waren zuerst die einkommensschwachen Schichten, die sich dem Kino zuwandten, die aufstrebende Mittelschicht nahm das Kino erst an, als es gesellschaftsfähiger geworden war. Hierbei war nicht unmaßgeblich, dass das Spektakuläre bei den Filmvorführungen in den Hintergrund gedrängt wurde, sich recht bald abendfüllende Spielfilme durchsetzten, die Narrative lieferten, die an Bekanntes anknüpften und doch immer wieder Neues boten, dem eigenen Erfahrungsbereich Alternativen aufzeigten, Sinnhaftigkeit kommunizierten und reflektierten. Dass sich über das Kino eine Massenkultur etablierte, die sehr viele Menschen ansprach, bedeutete nicht, dass die Kinokultur eine einheitliche, homogene Kultur wurde. Neben solchen Filmen, die fast überall gezeigt wurden, erlaubte das Kino auch Differenzierungen, die sowohl politisch, sozial und regional ausgeprägt waren. Auch zum Ende des 20. Jahrhunderts noch, als die Konzentrationsprozesse in der Kinolandschaft einen vorläufigen Höhepunkt erreicht hatten, gab es, wo es wirtschaftlich profitabel war, eine breit gestreute Kinolandschaft. Sie reichte von Multiplex-Anlagen mit über 20 Kinosälen, über Vorstadt- und Kleinstadtkinos bis zu kleineren Lichtspielhäusern, die sich auf ausländische Filme spezialisierten, oder den sogenannten Programmkinos, in denen Kunstfilme, experimentelles Kino und Filme von kleinen unabhängigen Produzenten gezeigt wurden.

Breit gestreute Kinolandschaften

Außerdem kann generell festgehalten werden, dass es keine geschlechtsspezifischen Unterschiede in der Begeisterung für das neue Massenmedium gegeben hat, sondern dass Frauen mindestens so häufig ein Kino besuchten wie Männer; Heranwachsende und Jugendliche scheinen aber zu den eifrigsten Kinogängern gezählt zu haben. Der größte Unterschied bestand sicherlich zwischen Stadt und Land. Zwar wurden sehr schnell Kinos auch in kleineren Städten eingerichtet, aber ländliche Gegenden, in denen die Einrichtung eines Theaters ökonomisch nicht sinnvoll war, wurden häufig nur von Wanderkinos bedient. Die anti-autoritären, anarchischen, die gesellschaftlichen Machtverhältnisse karikierenden Slapstick-Filme Charlie Chaplins, seine Geschichten des „kleinen Mannes", der allen Widrigkeiten mit stoischem Selbstbewusstsein trotzt und sein Glück im Kleinen findet, waren hier wie dort ein großer Publikumsmagnet.

Die Kinogänger

Der Übergang vom Stummfilm zum Tonfilm erwies sich als erschwerend für den internationalen Austausch im Bereich des Films und für die Überlebensmöglichkeiten einzelner nationaler Filmindustrien Ende der 1920er Jahre. Das Genre des Kunstfilms, für den Dänemark, Österreich, Deutschland und andere Länder auch im Ausland berühmt gewesen waren und der die Einschränkungen des Stummfilms als Vorteil zu nutzen wusste, wurde vorerst stark zurückgedrängt. Beim Tonfilm hatte die amerikanische Filmindustrie einen großen Vorsprung aufgebaut, denn europäische Filmindustrien kamen zunächst mit der neuen Technik nicht zurecht. Teilweise war es erst die Rückkehr von Regisseuren und Produzenten aus den Vereinigten Staaten, die den Anschluss an die technische Fortentwicklung möglich machte. So kam Joseph von Sternberg für den ersten deutschen Tonfilm, »Der blaue Engel« mit Marlene Dietrich und Emil Jannings – der 1929 einen Oscar als bester Hauptdarsteller erhalten hatte –, zurück nach Deutschland. Synchronisation war technisch zu diesem Zeitpunkt noch nicht möglich, und Filme für den internationalen Markt wurden in zwei oder drei Sprachen mit teilweise unterschiedlichen Schauspielern, die die jeweilige Sprache beherrschten, parallel gedreht. »Der blaue Engel« wurde so auch in englischer Sprache in Großbritannien und den USA ein Erfolg.

Neue Technik des Tonfilms

Mit den Hunderten von amerikanischen, deutschen, französischen Filmen und Produktionen anderer Länder, die in britischen, französischen, lateinamerikanischen, afrikanischen und weiteren Kinos auf dem gesamten Globus gezeigt wurden, erlebte das Kinopublikum nicht nur ein bewegtes Abbild der Gesellschaften der jeweiligen Staaten – für das Beispiel der Vereinigten Staaten also etwa amerikanische Wolkenkratzer, Gangster, unbekannte weite Landschaften usw. –, sondern wurde auch mit den jeweiligen implizit transportierten Wünschen und Mythen, mit gesellschaftlichen Konventionen und Eigentümlichkeiten, mit Stereotypen und Vorurteilen konfrontiert. Das Kino hatte damit bereits in der Phase des Stummfilms Anfänge einer globalen Massenkultur etabliert. Es bereitete den Boden für eine weitere Ausgestaltung einer umfassenderen Massenkultur, die in den folgenden Jahrzehnten durch das Radio weiter vorangetrieben werden konnte.

Massenkultur und das Radio

Dabei unterschieden sich das Radio und das Kino zunächst grundlegend voneinander. Im Kino wurden vorgefertigte Bilder, die auf lichtempfindlichem Material konserviert worden waren, vorgeführt, man musste sich, um diese Filme zu sehen, aus den eigenen vier Wänden entfernen, begab sich in Gesellschaft von anderen, zahlte einen Eintritt und saß in den Filmtheatern in einem abgedunkelten Raum. Die Filme waren, zumindest solange es noch keinen Tonfilm gab, sprachlos. Das Kinoerlebnis war also immer ein Erlebnis, das trotz einer möglichen emotionalen Beteiligung des Zuschauers als etwas wahrgenommen wurde, das auch räumlich „außerhalb" stattfand und in dem das wesentliche Element menschlichen Interagierens, die hörbare Sprache, fehlte.

Im Gegensatz dazu fehlte dem Radio die visuelle Ebene. In der Frühzeit der

Radiosendungen gab es zudem noch keine Möglichkeit von Tonaufnahmen, die dann zum rechten Zeitpunkt eingespielt werden konnten, sondern die Sendungen waren in dem Moment zu hören, in dem sie produziert wurden, ob es sich nun um einen Kommentar, Nachrichten, ein Hörspiel, eine Arie oder Tanzmusik handelte. Zwar gab es in der Anfangsphase des Radios, nachdem die Empfänger nicht mehr mit einem Kopfhörer, sondern einem Lautsprecher ausgestattet waren, in einigen Orten Lokale, in denen man gemeinsam dem Radioprogramm lauschen konnte, aber sehr schnell setzten sich individuelle Radioempfänger durch, die zu erschwinglichen Preisen bald in sehr vielen Haushalten Einzug hielten. Das Radiohören, selbst wenn es im Familienkreis stattfand, hatte also etwas sehr viel Intimeres, Individuelleres als im Kinobesuch. Die geographische Distanz zu dem, was man wahrnahm, war wie im Kino aufgelöst, aber die zeitliche Distanz fehlte, das Radiohören war ein Erlebnis in Echtzeit. Diese Faktoren verliehen dem Radio, trotz der fehlenden bildlichen Komponente, eine weitaus größere Authentizität, als es das Kino besaß.

Größere Authentizität als das Kino

Die ersten Erfindungen, die eine Übertragung von Ton über große Distanzen möglich machten, wurden ungefähr gleichzeitig mit der Entwicklung des Films gemacht. Bereits vor der Wende zum 20. Jahrhundert wurden zum ersten Mal Signale über Funk über lange Strecken übertragen; wenige Jahre später war es möglich, telegrafische Nachrichten auch über sehr weite Distanzen zu senden. In den Vereinigten Staaten wurde 1920 die erste kommerzielle Radiostation in Betrieb genommen. Es wurde in der Hauptsache zwar Tanzmusik gespielt, aber bereits am 2. November 1920 wurden auch die Ergebnisse der Präsidentschaftswahlen über das Radio ausgestrahlt. Zu diesem Zeitpunkt gab es noch keine regelmäßigen Programme, häufig wurde nur am Abend gesendet, aber schon sehr schnell wurde dieses neue Massenmedium in den Vereinigten Staaten für Werbezwecke eingesetzt. Anbieter von Radiogeräten nutzten die Möglichkeit der Werbung, aber auch Zeitungsverlage versuchten, über das Radio neue Abonnenten oder Leser zu gewinnen. Bis 1920 waren in allen Einzelstaaten Radiosender eingerichtet worden. Obwohl es einen regen technischen Austausch mit anderen Ländern, insbesondere den Atlantikanrainerstaaten, gegeben hatte, lief hier die Etablierung von Radiostationen hinter der in Nordamerika hinterher. Zwar gab es zum Beispiel in den Niederlanden schon ab 1919 und in Großbritannien ab 1922 Radiosender, aber in Deutschland wurde erst 1923 der Rundfunkbetrieb aufgenommen, in Japan im Jahre 1925. Innerhalb der nächsten zwei Dekaden waren jedoch, bis auf sehr wenige Ausnahmen, alle Länder auf dem Globus mit Radiostationen ausgerüstet.

Radio als Medium und seine Verbreitung

Das, was den Stummfilm zu einem Medium globalisierter und translingualer Massenkultur gemacht hatte, nämlich die Visualität und das Fehlen der Sprache, erwies sich beim Radio als ein Hindernis. Selbst nachdem es möglich war, Sendungen aufzuzeichnen, um sie zu einem beliebigen Zeitpunkt zu senden, blieb das Radio an Hörer gebunden, die der Sprache mächtig waren, in der gesendet wurde. War es die

Bildsprache des Kinos gewesen, welche die Kommunikation über Sprachbarrieren hinweg ermöglicht hatte, so wurde das Radio zum globalen Medium der universellen Sprache der Musik. Es ist so der Jazz, der in den 1920er Jahren Teil der transnationalen Massenkultur wurde. Amerikanische Jazzmusiker, meist Afroamerikaner, waren während des Ersten Weltkrieges als Soldaten nach Frankreich gelangt und gehörten in der französischen Hauptstadt nach dem Ende des Krieges zur kulturellen Szene. Jazzmusik war während dieser Zeit fast ausschließlich Tanzmusik zu den modernen Tänzen Foxtrott, Shimmy, Charleston und Tango. In Deutschland, wie in anderen europäischen Ländern, war Jazz vor der Einrichtung des Rundfunkbetriebes zwar über Schallplatten bekannt, aber erst nach dem Aufbau eines regulären Sendebetriebes wurde eine größere Anzahl von Zuhörern durch Tanzmusiksendungen erreicht und für den Jazz gewonnen. Jazzmusik wurde vielfach zum Ausdruck von Modernität, Überwindung tradierter Lebensweisen und zum Symbol des Fortschritts – ähnlich wie der Rock 'n' Roll, der nach dem Ende des Zweiten Weltkrieges über den Rundfunk gesendet und stärker noch als der Jazz global verbreitet, aufgenommen und lokal angeeignet wurde.

Jazzmusik

Unterschiedliche gesellschaftliche und politische Systeme führten in den 1920er Jahren in den verschiedenen Ländern zu unterschiedlichen Organisationen und Ausrichtungen des Rundfunks. Während in den USA sehr schnell Radiosendungen die Wünsche und Vorlieben von Zuhörern aufnahmen, in einen Dialog mit den Problemen und Befindlichkeiten derjenigen eintraten, die einen Radioempfänger besaßen, wurde beispielsweise in den meisten europäischen Ländern das Radio staatlich gelenkt. Hier wurde der Rundfunk als Kulturinstrument begriffen, die Radiohörer sollten durch klassische Musik, Lesungen, Theaterinszenierungen und andere Beiträge der „Hochkultur" belehrt werden. Anders als in den USA, wo es vornehmlich Amateure und Geschäftsleute waren, die die Möglichkeiten des Radios nutzten, erhielt der Rundfunk in Europa eine staatstragende Funktion. Auf der einen Seite des Atlantischen Ozeans gab es also eine Entwicklung hin zu einem Massenmedium, das dazu beitrug, eine Massenkultur weiterzuentwickeln, das die Interessen der Zuhörer reflektierte, auf der anderen Seite existierte eine zentral gelenkte Programmgestaltung mit Übertragung von Konzerten, Theaterstücken, Hörspielen und Beiträgen zur Pflege des Brauchtums.

Regionale Ausrichtung des Rundfunks

Radio wurde hier auch ganz bewusst als unpolitisches „Kulturmedium" konstruiert. Der Bildungsauftrag sollte einer vermeintlichen geistigen Verarmung entgegenwirken, die durch die Industrialisierung, Urbanisierung und den Massenkonsum eingetreten sei. Zudem wurde, zum Beispiel in Deutschland, anfänglich eine fast schon prohibitiv hohe Empfangsgebühr von den Radiohörern verlangt; von den Erlösen wurden die Unternehmen bezahlt, die zu den Radiosendungen beitrugen. Nachrichten und Informationen fanden sich im Rundfunk der Weimarer Republik selten. Im Kern wurde also dort das Radio von Bildungsbürgern für Bildungsbürger oder die aufstrebende obere Mittelschicht gemacht – ein Dialog mit der gesamten Gesellschaft fand kaum statt. Dennoch schnellte die Anzahl der

Rundfunkteilnehmer und Gebühren

Rundfunkteilnehmer von nicht einmal 2000 Anfang 1924 auf mehr als eine halbe Million bis zum Beginn des folgenden Jahres empor.

Grund hierfür dürfte auch das Interesse an Sportveranstaltungen gewesen sein, die über das Radio übertragen wurden. Darunter scheinen der Boxsport und Fußball besonders viele Zuhörer an die Radiogeräte gezogen zu haben. Boxen wurde noch im 19. Jahrhundert eindeutig der Arbeiterkultur zugeordnet, obwohl es bereits im England des 17. Jahrhunderts Turniere gab, die von Adligen ausgerichtet wurden. In den 20er Jahren des 20. Jahrhunderts wurde dann Boxen zunehmend auch von Mitgliedern der künstlerischen Avantgarde und der oberen Mittelschicht als Symbol einer neuen, modernen Gesellschaft konstruiert. Boxen wurde spätestens seit den Boxkämpfen zwischen Max Schmeling und Joe Lewis zu einer transnationalen Massenkultur, bei der Millionen von Menschen den Kampf am Radio verfolgten.

Massenkultur: Boxsport

Besser als für das Phänomen der Boxbegeisterung lässt sich der hybride Charakter von über die Medien vermittelter Massenkultur am Beispiel des Fußballsports verdeutlichen. Die Begeisterung für den Fußball, die ebenfalls durch das Radio und dann später durch das Fernsehen einen starken Zulauf erhielt, zog bereits zu Beginn des 20. Jahrhunderts transregional und fast überall auf dem Erdball begeisterte Fans an. Auch diese Sportart wurde als Teil einer Arbeiterkultur verstanden, an der zunehmend auch Mitglieder einer Mittelschicht Interesse entwickelten und damit Fußball zu einer Massenkultur werden ließen. Millionen von Fußballfans fieberten an den Radiogeräten zusammen mit den Zuschauern in den Stadien und bangten um den Sieg ihrer Mannschaft. Fußballfan zu sein, war und ist Ausdruck einer lokalen, an einen Verein gebundenen Identitätskonstruktion, die durch das Radio über die Fangemeinde in den Stadien hinaus entgrenzt wird. Dabei spielte es keine Rolle, dass die lokale Basis für die Rekrutierung von Spielern aus dem Ort, in dem der Verein ansässig war, schnell aufgegeben wurde. Bis zum Ende des 20. Jahrhunderts wurde nicht nur der regionale oder nationale, sondern auch der internationale Transfer von Spielern genereller *Modus operandi* der großen Vereine und führte zu ethnisch sowie kulturell gemischten Mannschaften. Gleichwohl hat dies einer lokalen Identitätsbildung über die Fußballvereine keinen Abbruch getan. Einzelne Fußballklubs stehen auch im 21. Jahrhundert für eine bestimmte Region, Fußballfans aus dieser Region identifizieren sich mit dem Verein, er ist Teil ihrer lokalen Kultur. Obwohl also Fußball zugleich Teil einer globalen Massenkultur ist, in allen Teilen des Erdballs Anhänger hat und über die Massenmedien Verbreitung findet, steht der Sport für dessen Entgegensetzung: für lokale Identifikation und Kultur sowie für eine dezidierte Abgrenzung gegenüber Anhängern anderer Fußballklubs.

Massenkultur: Fußballsport

Die inhaltlichen Einschränkungen der Radioprogrammgestaltung in Deutschland, die allerdings die Übertragung von Fußballspielen nicht betrafen, wurden ab 1928 zumindest teilweise gelockert, und das Radio konnte nun auch aktuelle gesellschaftliche Themen ansprechen. Auch über einige ausgewählte politische Bereiche

Eine Familie in der Kleinstadt Hood River im Bundesstaat Oregon hat sich um einen Rundfunkempfänger versammelt (1925).

durfte nun auch berichtet werden, aber schon eine Rundfunkreform von 1932 zentralisierte und verstaatlichte alle Rundfunkgesellschaften. Die Nationalsozialisten setzten dann diesen bereits autoritär vorstrukturierten Rundfunk als Propagandainstrument ein und sorgten dafür, dass Rundfunkempfänger in Massenproduktion zu fallenden Preisen bald zu einer massiven Erhöhung der Hörerzahlen führten. Waren es 1932 noch ca. vier Millionen gewesen, so konnten zu Beginn des Zweiten Weltkriegs bereits zwölf Millionen Hörer gezählt werden – das entspricht einer Empfangsdichte von ca. 50 Prozent –, die die Propaganda der Nationalsozialisten empfingen. In den Vereinigten Staaten, Großbritannien und anderen Ländern war die Verbreitung von Rundfunkempfängern zu diesem Zeitpunkt bereits wesentlich größer, die Inhalte weitaus weniger stark reglementiert.

Inhaltsreglementierung

Welche Macht das Radio, trotz oder gerade wegen der fehlenden Bilder, auf die Vorstellungskraft der Zuhörer ausüben konnte, zeigt die Sendung »War of the Worlds« des *Mercury Theater on the Air*, die am 30. Oktober 1938, am Abend vor Halloween, über das Netzwerk *Columbia Broadcasting System* (CBS) gesendet wurde. Das *Mercury Theater* war 1937 gegründet worden und hatte bereits einige Theaterstücke in New York City produziert. Geleitet von Orson Welles erhielt die Truppe

1938 die Möglichkeit, einmal wöchentlich eine einstündige Sendung für CBS zu gestalten. Welles entschied sich, ein Buch des Autors H. G. Wells so in ein Hörspiel umzusetzen, das es in die Oberfläche einer vermeintlich ganz normalen Tanzmusiksendung eingewoben war, diese immer wieder mit sensationellen Nachrichten unterbrach. Bei den Hörern entstand so der Eindruck, dass sie an einem Überfall der Marsbewohner auf die Erde, der sich vermeintlich zum Zeitpunkt der Sendung ereignete, teilhatten, dass sie „live" über die Entwicklung und dramatische Zuspitzung einer Invasion aus dem Weltall informiert wurden. Das Radio, zu diesem Zeitpunkt noch weitgehend als neutrales und authentisches Informationsmedium akzeptiert, wurde nicht kritisch hinterfragt, der Zuhörer wurde über die Reporter und die angebliche Live-Übertragung vom Ort des Geschehens scheinbar zu einem unmittelbaren Teilhaber an den Ereignissen. Von den etwa 30 Millionen ständigen Zuhörern der Senderkette werden zwar nur wenige Millionen die nicht sehr bekannte Sendereihe tatsächlich verfolgt haben, aber offensichtlich hielten eine ganze Reihe von ihnen das, was ihnen in dem Hörspiel vorgespielt wurde, für echt; in einigen Städten brach Panik aus, Hörer verließen ihre Häuser und versuchten, sich in Sicherheit zu bringen.

Live-Übertragungen

Die Sendung traf auf eine angespannte Atmosphäre. Viele Amerikaner, informiert über die sich langsam zuspitzenden Ereignisse in Europa, die massive Aufrüstung und die bedrohliche Rhetorik aus Nazi-Deutschland, befürchteten den Ausbruch eines Krieges. Zu diesem Zeitpunkt hatte das Radio noch keine Konkurrenz durch das Fernsehen, die Autorität des Rundfunks war bei den meisten Zuhörern noch ungebrochen. Für die Zuhörer war das Radio so nicht nur ein Informationskanal, sondern auch ein Medium für kulturelle Praktiken, Symbole und Einstellungen, die sie aufnehmen und verarbeiten konnten, um ihrem Leben, ihrem Handeln und dem Verstehen in einer zunehmend anonymer werdenden Umwelt, in der die Selbstbestimmung des Individuums immer stärker in den Hintergrund gedrängt wurde, Sinnhaftigkeit zu verleihen. Das unmittelbare, persönliche Erlebnis in den eigenen vier Wänden verstärkte diesen Eindruck noch. Die Stimme aus dem Radio konnte Teil der Privatsphäre werden, die Zuhörer kannten die Sprecher, ordneten der Stimme im Lautsprecher eine imaginierte Persönlichkeit zu, der sie Vertrauen schenken konnten. Das Radio half, die Welt außerhalb der Privatsphäre und insbesondere außerhalb des unmittelbaren, lokalen Umfeldes Bekanntem zuzuordnen und zu verstehen und in die eigene Erfahrungswelt zurückzubinden. Diese Aneignung fand statt, obwohl den Zuhörern selbstverständlich auch bewusst war, dass ihnen hier nur ein Ausschnitt der Welt außerhalb ihrer eigenen bekannten Sphäre präsentiert wurde, der gefiltert war durch Redaktionen, bestimmt auch durch diejenigen, die die Werbung bezahlten, durch die sich die Radiosender finanzierten, und durch die Interessen der Eigentümer der Radiostationen.

Funktionen des Radios

Noch viel stärker als der Kinofilm sorgte das Radio so dafür, dass die Grenze zwischen Privatsphäre und Öffentlichkeit verwischt wurde. Die Definition von Gemeinsamkeit, die sich zuvor am lokalen Raum, an überschaubaren sozialen und politischen Prozessen orientiert hatte, veränderte sich, basierte stärker als zuvor auf sinnstiftenden Perzeptionen von Wirklichkeit, die sich aus der imaginierten Gemeinschaft der Öffentlichkeit der Radiohörer herleiteten. Der Möglichkeitshorizont erweiterte sich zwar, aber war zugleich auch durch die Interessen derjenigen bestimmt, die über die Programminhalte entschieden, mögen es die Redaktion, die Autoren oder die Werbenden sein. Dies bedeutete allerdings nicht, dass der Öffentlichkeit über das Radio eine standardisierte Massenkultur aufoktroyiert werden konnte, Radiohörer so zu hilflosen Opfern wurden. Hörer in Ländern, in denen der Rundfunk nicht streng reguliert war, aber auch solche in Nationen, in denen das Radio für Propagandazwecke eingesetzt wurde, hatten die Möglichkeit zwischen verschiedenen Inhalten zu wählen, sie konnten andere, auch ausländische, Sender einstellen, und sie konnten das Radio auch einfach ausschalten.

Privatsphäre und Öffentlichkeit

Das Radiohören bedeutete eine Aneignung dessen, was in die Wohnzimmer hineingesendet wurde. Die Welt außerhalb der lokalen Umgebung, die insbesondere in den USA durch die in der Zwischenkriegszeit sehr stark zunehmenden Automobilisierung bereits als bekannte geographische Grenzen der Erfahrungen gesprengt worden war, erhielt eine Verbindung bis in den Intimbereich der Privatsphäre hinein. Die Inhalte mussten interpretiert werden, eingeordnet und sich zu einem Weltbild zusammenfügen, das dem Einzelnen einen Platz in der nun weitaus größeren Gemeinschaft gab. Zuhörer konnten so auch feststellen, dass sie zwar nicht direkt in politische Entscheidungsprozesse fernab ihrer Gemeinde eingreifen konnten, die sie selbst betrafen, aber dass sie nun weitaus informierter waren. Sie waren auch auf dieser politischen Ebene Teil einer weitaus größer gewordenen Gruppe von Gleichen geworden.

Waren, die durch Massenproduktion hergestellt und über Massenkommunikationsmittel angepriesen wurden, Filme, die in Hunderten von Kopien in Filmtheatern in den Großstädten und kleineren Gemeinden über die Leinwand flimmerten, und Radiosendungen, durch Werbesendungen finanziert und durch Geschäfts- und Eigentümerinteressen inhaltlich bestimmt, führten zu einer in Teilen standardisierten Massenkultur. Durch die individuelle Aneignung und die weiterhin vorhandenen lokalen sozialen und politischen Gruppenprozesse wurde die Standardisierung jedoch wieder aufgebrochen, umgeformt und nutzbar gemacht. Die Teilhabe an sozialen und politischen Prozessen auf der Grundlage einer informierten Öffentlichkeit schien so für viele Zuhörer eher erlebbar, als es zuvor, ohne das Radio, möglich gewesen war. Zwar hatte man sich aus den Zeitungen über politische Ereignisse und gesellschaftliche Veränderungen und Entwicklungen informieren können, aber das Radio war viel unmittelbarer, war präsenter, konnte zeitnäher informieren und wirkte zunächst allein schon dadurch, dass Worte gesprochen und nicht geschrieben wurden, verlässlicher. Das Hörspiel »War of the Worlds«, das zwar vergleichsweise wenige Zuhörer erreicht, aber dann ein enormes Echo in der Presse gefunden hatte, brach diesen unhinterfragten Glauben an die Autorität des Radios auf. Den Radiohörern wurde bewusst, dass eine kritische Distanz auch zu dem über

Standardisierte Massenkultur?

das Radio gesprochenen Wort notwendig war, um vor Propaganda und Demagogie gefeit zu sein.

In vielen Ländern war zu diesem Zeitpunkt der Markt für Radiogeräte bereits stark gesättigt: In der sehr stark automobilisierten amerikanischen Gesellschaft wurden zudem Radios in die Automobile eingebaut, oder es hatte öffentliche Programme gegeben, die Preise für Empfangsgeräte zu senken, so dass sie als Instrument der Propaganda genutzt werden konnten. In der gelenkten Rundfunklandschaft, insbesondere in totalitären Regimen wie dem nationalsozialistischen Deutschland oder der UdSSR, hatte das Radio allein die Funktion von Propaganda übergestülpt bekommen. Dies war sicherlich leichter zu bewerkstelligen, weil in Europa der Rundfunk bereits vor den 1930er Jahren auch inhaltlich sehr stark reglementiert war.

Die Entwicklung und die Möglichkeiten des Rundfunks, zur Entstehung einer Massenkultur beizutragen, verliefen also keineswegs gleichzeitig und gleichmäßig in allen Ländern. In vielen Nationen wurde der Rundfunk nach dem Zweiten Weltkrieg zuweilen wieder in einer öffentlich-rechtlichen Struktur eingebunden und von definierten gesellschaftlichen Gruppen, wie Parteien und Kirchen, inhaltlich kontrolliert.

Rundfunk – Fernsehen

Er war zudem häufig weiterhin mit einem bürgerlichen Kulturauftrag versehen, der den Zuhörer als Objekt eines kulturellen Erziehungsauftrages begriff. Die Nutzung des Radios hat sich jedoch spätestens seit der breiten Einführung des Fernsehens nach dem Zweiten Weltkrieg verändert. Dort, wo Fernsehprogramme nicht empfangen werden konnten, entweder weil es keine entsprechenden Sendeanlagen gab oder weil die finanziellen Mittel nicht ausreichten, um ein Empfangsgerät zu erwerben, blieb das Radio auch zu Beginn des 21. Jahrhunderts ein wichtiges Massenmedium der Massenkultur.

Aber selbst dort, wo die Fernsehlandschaft im 21. Jahrhundert mehr als gesättigt ist und eine große Anzahl von Fernsehsendern rund um die Uhr Programme ausstrahlen, hat das Radio nicht nur für kleine Gruppen innerhalb einer Bevölkerung noch immer eine wichtige Funktion. Deutlich wird dies, wenn man bedenkt, dass in den Morgen- und Vormittagsstunden eher das Radio als der Fernseher eingeschaltet wird, dass das Radio am Arbeitsplatz seinen Mangel an visuellen Bildern als Vorteil nutzen kann. Dies ist auch beim Autofahren ein wichtiger Vorteil des Mediums. Millionen von Autofahrern, die täglich auf den Straßen unterwegs sind oder in einem Stau stecken, sind auch noch fast 100 Jahre, nachdem die ersten kommerziellen Radiosender eingeführt wurden, eifrige Zuhörer.

Fernsehen, Massen- und Weltkultur

Der Vorteil der fast uneingeschränkten und situationsunabhängigen Kommunikationsmöglichkeit des Rundfunks wird erst in den Abendstunden durch die zusätzliche visuelle Komponente wettgemacht, die das Fernsehen bereithält. Die Trennung zwischen visueller Massenkommunikation im Stummfilm und den Möglichkeiten des Radios, Töne zu übertragen, wurde in den Lichtspieltheatern schon vor dem Ende der 1920er Jahre durch die Einführung des Tonfilms überwunden. Gleichwohl blieben die Kinos Teil der öffentlichen Sphäre und wurden als solche auch wahrgenommen. Das Erfahrungserlebnis durch die Kinofilme war authentischer geworden, denn nun konnte man die Schauspieler hören. Die übertriebene Mimik und Gestik, welche die Sprache ersetzen musste, konnte wegfallen, so dass die Zuschauer das, was auf der Leinwand passierte, leichter als authentische Widerspiegelung realen Lebens wahrnehmen konnten. Diese Trennung zwischen Privatbereich und Öffentlichkeit bei den audiovisuellen Massenmedien wurde jedoch erst durch die breite Einführung des Fernsehens aufgehoben.

Fast zeitgleich mit der Einführung des Tonfilms waren bereits auch erste Versuche unternommen worden, bewegte Bilder über weite Entfernungen hinweg zu reproduzieren. Aber erst nach 1935 erlaubte die technische Entwicklung eine analoge Übertragung von Bildsignalen, und es wurden Geräte konstruiert, die im Grundprinzip bereits wie die Röhren-Empfangsgeräte aufgebaut waren, die bis zum Ende des 20. Jahrhunderts allgemein üblich und sehr verbreitet waren. In vielen Ländern waren schon ab dem Ende der 1930er Jahre regelmäßig Fernsehsendungen ausgestrahlt worden, aber die Anzahl der verfügbaren Empfangsgeräte blieb gering, der Preis war zumeist prohibitiv hoch. In Deutschland wurden während der Funkausstellung von 1938 fruchtlos bleibende Pläne geschmiedet, die Produktion von Fernsehempfängern zu subventionieren und dadurch den Preis zu drücken. Bis zum Eintritt der USA in den Zweiten Weltkrieg hatte dort die Zahl der Fernsehgeräte die Marke von 5000 noch nicht erreicht, in Frankreich waren es bis 1939 weniger als 300 Geräte, in Großbritannien jedoch zu diesem Zeitpunkt bereits mehr als 10.000. Während des Krieges wurden in allen Ländern die Sendungen sehr stark reduziert und neue Geräte – wenn überhaupt – kaum noch produziert. Die großen amerikanischen Fernsehnetzwerke nahmen, ähnlich wie die Sender in anderen Nationen, die bereits vor dem Zweiten Weltkrieg über eine Infrastruktur für Fernsehsendungen verfügt hatten, erst nach 1947 wieder den Betrieb auf. Von diesem Zeitpunkt an allerdings wurde bei fallenden Preisen für Empfangsgeräte, die durch Massenproduktion möglich waren, das Fernsehen sehr schnell zu einem Leitmedium. Anfang der 1950er Jahre hatte in den USA die Anzahl der in privaten Wohnungen und Häusern installierten Fernsehgeräte die 10-Millionen-Grenze erreicht. In anderen Ländern zeigte sich zeitversetzt eine ähnliche Entwicklung, und Anfang der 1960er Jahre gab es bereits etwa 100 Millionen Empfänger in mehr als 25 Ländern. In den USA verfügten zwei Jahre später bereits 90 Prozent aller Haushalte über ein Fernsehgerät.

Verbreitung von Fernsehgeräten

Die Struktur der Fernsehlandschaft richtete sich in den einzelnen Ländern zumeist nach der Struktur des Rundfunks, und die Aufsicht über Programminhalte, Werbemöglichkeiten und Sendezeiten der einzelnen Sender folgte jeweils unterschiedlichen Definitionen darüber, welche Aufgabe das Fernsehen haben sollte. So entstanden zum Beispiel in Großbritannien und anderen europäischen Ländern zuerst Fernsehanstalten, die öffentlich-rechtlich organisiert waren und sich nicht aus

Werbeeinnahmen finanzierten. In der Bundesrepublik Deutschland kann die Genese sowie die Bandbreite der institutionellen Organisationsschemata und der Kontrollmöglichkeiten über die Programmgestaltung exemplarisch deutlich sichtbar gemacht werden: Unmittelbar nach dem Ende des Zweiten Weltkriegs war der britische Einfluss für die Einrichtung einer ähnlichen Struktur in der britischen Besatzungszone wie in Großbritannien kennzeichnend. Eine zentrale Rundfunkanstalt wurde eingerichtet, die für die Programminhalte von sowohl Rundfunk als auch Fernsehen verantwortlich war und der ein politisch-gesellschaftlicher Auftrag zugrunde lag. In der sowjetischen Besatzungszone wurde die Aufsicht an eine Behörde übergeben, die von der Kommunistischen Partei Deutschlands kontrolliert wurde, aber zugleich Weisung von der sowjetischen Militäradministration erhielt. In der amerikanischen Besatzungszone scheiterten Versuche, die Rundfunkhoheit an die einzelnen Länder zu übergeben, daran, dass die Landesregierungen sehr starken Einfluss auf die Programminhalte ausüben wollten, so dass eine Struktur aufgebaut wurde, die sich an dem britischen Vorbild orientierte. Die französische Besatzungsmacht schuf einen einheitlichen Sender, bei dem sie eigene große Eingriffsmöglichkeiten nur auf Druck der anderen Westalliierten aufgab. Dies war nicht mehr der staatlich bevormundete Kulturfunk der Weimarer Zeit im engeren Sinne, obwohl auch jetzt bürgerliche Kulturprogramme aufgelegt wurden. In den Vereinigten Staaten wiederum konkurrierten große kommerzielle Fernsehnetzwerke um die Gunst der Zuschauer. Hier wurde erst Ende der 1960er Jahre ein zusätzliches, nichtkommerzielles Fernsehnetzwerk geschaffen, während umgekehrt in Europa die Ära des Privatfernsehens teilweise noch bis zur Mitte der 1980er Jahre auf sich warten ließ.

Organisationsschemata und Kontrollmöglichkeiten

Ähnlich wie beim Radio lag die Bedeutung des Fernsehens in der Durchbrechung der Schranke zwischen Privatsphäre und Öffentlichkeit. Die Sendungen wurden direkt in die Wohnzimmer der Menschen gesendet; es war nicht mehr notwendig, das Haus zu verlassen, um an der audiovisuellen Massenkultur teilzuhaben. Der Schritt vom Rundfunk zum Fernsehen war jedoch ein Quantensprung in der Teilhabe an einer geographische Grenzen und gesellschaftliche Schichten überschreitenden Kultur. Hatte schon das Radio dafür gesorgt, dass Informationen, Konzepte und kulturelle Entwürfe stärker als zuvor in den Bereich der Privatsphäre aufgenommen und damit viel stärker über eine Perzeption, so unterschiedlich sie auch von Person zu Person gewesen sein mag, angeeignet, aufgenommen und Sinn stiftend ausgewertet wurden, so hatte dem Rundfunk doch immer das visuelle Element gefehlt. Das Fernsehen sorgte durch den bildhaften Eindruck dafür, dass das Gehörte noch authentischer erschien.

Authentizität durch Visualität

Dass Informationen unterschiedlich aufgenommen werden, wenn sie über das Radio oder über das Fernsehen in die heimische Wohnstube gelangen, ist spätestens seit der ersten Fernsehdebatte während des amerikanischen Präsidentschaftswahlkampfes von 1960 deutlich geworden. Die Kandidaten der Republikanischen Partei und der Demokratischen Partei, Richard M. Nixon und John F. Kennedy, trafen

Eine Menschengruppe betrachtet die Geräte im Schaufenster eines Radio- und Fernsehgeschäfts (1951).

einander zwischen Ende September und Ende Oktober 1960 zu insgesamt vier Debatten, die sowohl im Radio wie auch im Fernsehen übertragen wurden. Zu dieser Zeit war die Choreografie solcher Fernsehdebatten noch recht einfach, die Kandidaten in der medialen Selbstdarstellung und Inszenierung ihrer Beiträge noch ungeübt, die Bilder wurden schwarz-weiß ausgestrahlt. Die Übertragungen für die Zuhörer an den Radiogeräten wie für die Zuschauer an den Fernsehempfängern unterschieden sich nicht voneinander, außer natürlich durch die Tatsache, dass über den Rundfunk keine Bilder gesendet werden konnten. Etwa 80 Millionen Zuschauer und Zuhörer verfolgten die erste der Debatten, und es wurde danach bei einer repräsentativen Meinungsumfrage deutlich, dass Fernsehzuschauer und Radiohörer die Qualität der Beiträge der Kandidaten, ihre Überzeugungskraft,

Unterschiedliche Informationsaufnahme

für das Amt des Präsidenten die geeignetere Person zu sein, unterschiedlich wahrgenommen hatten. Die Fernsehzuschauer waren mehrheitlich der Ansicht, dass dies Kennedy sei, während die Mehrheit der Radiohörer davon überzeugt war, dass Nixon die Debatte gewonnen habe.

In den Inhalten der Sendungen unterschieden sich Fernsehen und Radio nicht grundlegend voneinander. In der Frühphase des Fernsehens wurden viele Sendeformate für das neue audiovisuelle Massenkommunikationsmittel vom Rundfunk übernommen. So wurde beispielsweise in den Vereinigten Staaten von Amerika die seit 1947 erfolgreiche Sendung »Verstecktes Mikrofon« adaptiert und bereits ein Jahr später als »Versteckte Kamera« gesendet, ein Format, das auch 60 Jahre später immer wieder fröhliche Urständ feiert. Andere Beispiele ließen sich in beliebiger Zahl anführen.

Zunehmend verwischte die Programmgestaltung der Fernsehsender die Grenzen zwischen schichtenspezifischen Kulturen, zwischen Massenkultur und der sogenannten Hochkultur. Dies geschah auf der einen Seite durch den Bildungsauftrag, der in einigen Ländern für zumindest einen Teil der Sender maßgebend war, auf der anderen Seite aber auch, weil die werbenden Firmen und die für die Programmgestaltung Verantwortlichen feststellten, dass auch in der breiten Masse der Bevölkerung ein Interesse etwa an klassischer Musik, an Oper und an Theaterstücken weit verbreitet war, dass auch scheinbar triviale Sendungen Anklang in allen Bevölkerungsgruppen fanden. Genres lösten sich in der Folge zunehmend auf, politische und gesellschaftliche Themen wurden zum Beispiel nicht mehr nur in Dokumentationen, politischen Magazinen oder in Diskussionsrunden aufgearbeitet, sondern hielten erfolgreich Einzug in Soaps, Sitcoms und Fernsehfilmen, konnten aber auch scheinbar beiläufig in Kriminalfilmen und -serien untergebracht werden. Hier zu vermuten, dass Zuschauer nur unterhalten und Sendungen allein auf deren Entspannung hin konzipiert wurden, greift sicherlich viel zu kurz. Die Perzeption gesellschaftlich relevanter Topoi findet auch im „Puschenkino" statt, ist viel unmittelbarer, wenn Charaktere involviert sind, die man aus anderen Zusammenhängen gut zu kennen meint, die man sieht und hört, mit denen man sich zu einem Teil identifizieren kann.

Interesse und Genres

Wurden in den ersten Dekaden nach dem Zweiten Weltkrieg, in der Phase der rapiden Ausbreitung des Fernsehens, Fernsehserien noch für einen nationalen Markt konzipiert, so wurden seit Ende des 20. Jahrhunderts zunehmend auch Formate entwickelt, die sich an die jeweiligen kulturellen Sehgewohnheiten in anderen Ländern meist ohne Schwierigkeiten anpassen ließen. Am erfolgreichsten ist hier bisher die Rateshow »Wer wird Millionär?«, die zuerst in Großbritannien gesendet und seither in 100 verschiedenen Ländern mit jeweils kleineren Änderungen produziert wurde. Solche erfolgreichen Formate treffen auf einen gemeinsamen kulturellen Nenner, der bereits von einer global präsenten Massenkultur geformt wurde. Das Fernsehen ist innerhalb kürzester Zeit zu einem globalen Massenmarkt geworden, in dem Sendungen und Serien, Filme und Sendungskonzep-

Internationale Vermarktung

te international vermarktet werden. In vielen Ländern werden insbesondere englischsprachige Sendungen im Original oder mit Untertiteln ausgestrahlt. Neben der Sendung von synchronisierten Fassungen werden zudem zunehmend auch Sendungskonzepte ganz übernommen und adaptiert. Ganze Drehbücher werden leicht verändert, für einen anderen kulturellen oder sprachlichen Markt aufbereitet und mit muttersprachlichen Schauspielern neu aufgenommen. Das Massenmedium Fernsehen, das in kürzester Zeit zu einem global eingesetzten Medium wurde, transportierte also leicht abgewandelt Teile einer immer weniger eindeutig national zuzuordnenden Massenkultur. Dadurch, dass diese in den jeweiligen ethnischen und kulturellen Kontexten vom Zuschauer mit Sinnhaftigkeit ausgestattet werden konnte, entstanden die Anfänge einer Weltkultur.

So trivial auch die meisten Sitcoms, Soaps, Telenovelas, Talk-, Casting-, Rate- und Ratgebershows auf den ersten Blick daherkommen mögen, sie sprechen gesellschaftliche Fragestellungen an, brechen häufig Stereotypen und Vorurteile auf und hinterfragen traditionelle Denk- und Verhaltensmuster. Das audiovisuelle Massenmedium Fernsehen stellt hier Bewertungs- und Konfliktlösungsmuster bereit, an denen sich Zuschauer orientieren können – aber nicht müssen –, die kommunikative Prozesse anstoßen und individuell, im kleineren Kreis von Freunden oder der Familie und in größeren Gruppen zu einem neuen oder geänderten Diskurs führen können. Die massenmedial über das Fernsehen vermittelte Massenkultur ist so zum Ende des 20. Jahrhunderts immer mehr zu einer globalen Massenkultur geworden, in der gesellschaftliche Diskurse transregional und transnational angeregt, aufgenommen und widergespiegelt werden, die den Zuschauern und Zuschauergruppen die Möglichkeit gibt, erweiterte Erfahrungshorizonte und -möglichkeiten zu reflektieren. Durch die Diversifizierung von Fernsehangeboten, die Bereitstellung von Nischenangeboten, Kabelsendern, Satellitenempfang, Pay-TV und Video-on-Demand hat das Fernsehen eine Wende vom Organ zur Ausführung eines kulturellen oder politisch-staatstragenden Auftrages zu einem Massenmedium geleistet, das sich an den Neigungen der Zuschauer orientiert (und diese für kommerzielle Zwecke nutzt).

Globale Massenkultur

Die über das Massenmedium transportierte Massenkultur findet ihren Ausdruck nicht mehr nur in Sendungen, die von einer großen Anzahl an Zuschauern in geographischen, kulturellen oder nationalen Großräumen gesehen werden, und die vermeintlich vereinheitlichende Wirkung wird nicht mehr nur durch die individuellen unterschiedlichen Perzeptionen der Zuschauer oder Zuschauergruppen, sondern bereits im Vorfeld durch Differenzierungen aufgebrochen. So lässt sich das Konzept der Beratungs-Shows, die alle ein gemeinsames Grundmuster aufweisen, für diverse Zuschauergruppen global und fast unterschiedslos auf Kinder, Hunde, Schuldner, Familien usw. anwenden. In einer postmodernen Welt weiß der Zuschauer, dass hier häufig schlechte Schauspieler oder Laiendarsteller eingesetzt werden und nicht etwa authentisch eine Realität abgelichtet wird, dass diese Shows andere Sendungen, Fernseh-, Radio- und Zeitschriftenberichte zitieren.

Auflösung der Genregrenzen

In der Massenmedienkulturlandschaft des 21. Jahrhunderts werden starre Genregrenzen aufgelöst und Genres miteinander verbunden, zum Beispiel wenn Casting-Shows mit voyeuristischen Formen von Reality-Shows gemischt werden, bei denen Bewerber mit unterschiedlichen Hintergründen ausgewählt werden, in einem Haus oder einer Wohnung zusammenzuleben, und dann die Gruppeninteraktionen mehr oder weniger invasiv beobachtbar gemacht werden.

Weder Zeitungen, Zeitschriften, Bücher noch Pamphlete sind durch die elektronischen Medien verdrängt worden, und selbst der Kataloghandel ist ein wichtiges Geschäftsfeld und Medium der Massenkultur geblieben. Die Versandkataloge mögen nicht mehr nur in gedruckter Form vorliegen, aber sie werden trotz hoher Druck- und Versandkosten immer noch hergestellt, obwohl selbst bei den altehrwürdigen Versandhändlern ein zunehmender Teil der Bestellungen inzwischen online abgewickelt wird. International operierende Versandhändler haben großen Zulauf erhalten, aber nationale Anbieter spielen, trotz einiger Konsolidierungsprozesse, immer noch eine große Rolle. Die Printmedien haben sich im Laufe der Jahre verändert, andere Nutzer angesprochen, Formate der elektronischen Medien aufgenommen sowie Mischformen zwischen elektronischer Veröffentlichung und Druck gefunden. Bisher ist, trotz eines gravierenden Strukturwandels, den insbesondere die seit den 1990er Jahren zunehmende Nutzung des Internets eingeleitet hat, nicht zu erkennen, dass diese Kommunikationsformen der Massenkultur gänzlich aufhören würden zu existieren.

World Wide Web und Weltkultur

Hervorgegangen ist das Internet, auf dem das World Wide Web implementiert ist, aus einem Ende der 1960er Jahre entstandenen Computernetz des Verteidigungsministeriums der USA. Es sollte lokale Computernetze von Universitäten, die für das Ministerium arbeiteten, untereinander verbinden, um so die Leistungen der einzelnen Systeme zusammenzufügen und Aufgabenstellungen schneller durchrechnen zu können. Innerhalb weniger Jahre wurden verschiedene Dienste wie das Telnet (für textbasierte Ein- und Ausgaben), FTP (für die Zugriffsmöglichkeiten auf Dateien) und E-Mail eingerichtet. Nachdem 1983 das amerikanische Verteidigungsministerium einen Teil des Netzes für die öffentliche Nutzung freigegeben hatte und ein Internetprotokoll entwickelt worden war, das einen effektiven und gesicherten Datenaustausch ermöglichte (das *Transmission Control Protocol/Internet Protocol* oder TCP/IP, das noch heute Verwendung findet), wurden bis zum Ende der 1980er Jahre kommerzielle Dienste gegründet, die Nachrichtenaustausch und E-Mail ermöglichten.

Aber erst die Entwicklung eines *Hypertext Transfer Protocol* (HTTP) bis 1991 verhalf dem Internet durch die darauf aufbauenden Möglichkeiten, die heute mit dem Begriff World Wide Web umschrieben werden, zum endgültigen öffentlichen Durchbruch. Ein erster Web-Browser, *Mosaic*, der auch Grafiken darstellen konnte, wurde entwickelt, aus dem 1994 der über viele Jahre führende Web-Browser *Netscape* hervorging. Das Internet erlaubte nun den schnellen Zugang zu einer rapide anwachsenden Fülle von Informationen, Texten und Bildern, die online zur Verfügung standen. Bereits zwei Jahre später erkannten viele Firmen die Möglichkeiten, die eine kommerzielle Nutzung des Internets bot. Große Hoffnungen, die mit der Kommerzialisierung des Internets einhergegangen waren, erfüllten sich jedoch nicht. Im Jahr 2001 platzten viele der Hoffnungen, und große Summen, die in eine zukünftige Profitabilität des E-Commerce investiert worden waren, gingen verloren.

Die unmittelbaren Zugangskosten für die Nutzung des Internets und den Erwerb eines Computers waren in dieser frühen Phase der Geschichte des Internets noch sehr hoch, sanken jedoch rasch und näherten sich denen von Fernsehgeräten an. Der Zugang zu den digitalen Daten war jedoch mit weiteren Kosten verbunden, aber zuerst ISDN-Anschlüsse, DSL und dann VDSL haben die Datenübermittlung nicht nur komfortabler, sondern auch wesentlich schneller gemacht. Durch eine bereits in den 1970er Jahren einsetzende Liberalisierung des Telekommunikationsmarktes und den darauf einsetzenden Wettbewerb wurde der Zugang allmählich auch wesentlich preisgünstiger.

Kostenaufwand

Dennoch ist das Internet kein frei verfügbarer Raum der Kommunikation und die Vorstellung eines wirklichen demokratischen virtuellen Raumes eine Illusion. User scheinen gleichberechtigt im Internet agieren zu können, können vermeintlich im Web veröffentlichen, was sie für richtig halten, und damit in einen globalen Diskurs eintreten. Die Benutzung kann jedoch Einschränkungen unterworfen sein, die den Aufruf von Inhalten begrenzen oder zensieren. Hürden sind, neben der tatsächlichen Anbindung an das Internet, auch fehlende kommunikative Fähigkeiten, die notwendig sind, um sich im Web auszutauschen. Noch ist die meistgebrauchte Sprache des Internets das Englische, obwohl sich dies mit zunehmender Anzahl von Nutzern in Ländern wie China relativ rasch verändern wird. Es ist aber wohl wahrscheinlich, dass Englisch auch auf absehbare Zeit die *Lingua Franca* einer Web-basierten Weltkultur bleiben wird.

Einschränkungen und Sprache

Das Jahr 2003 sah die Geburtsstunde des Schlagwortes „Web 2.0“, das für die Entwicklung einer globalen Kultur eine entscheidende Rolle spielen sollte, während vor dieser Zeit das Internet häufig noch als ein Massenkommunikationsmittel verstanden wurde, in dem einige wenige Produzenten Inhalte herstellten und veröffentlichten und die Benutzer des Internets als Konsumenten diese Daten nutzten. Nun setzte eine veränderte Wahrnehmung des WWW ein, die auch zu einer qualitativ anderen Nutzung führte. Obwohl diese Möglichkeiten bereits zuvor angelegt waren, wurden seit Mitte der ersten Dekade des 21. Jahrhunderts die Nutzer des Internets zunehmend auch zu Produzenten, die Inhalte erstellten, bearbeiteten, verteilten, kommentierten, verfremdeten und über interaktive Anwendung an einem potentiell globalen Diskurs teilnehmen.

Veränderte Wahrnehmung des WWW

In zunehmender Zahl wurden die Inhalte des World Wide Web nicht mehr von den Massenmedien definiert, unterlagen nicht kommerziellen Interessen oder waren durch den Verkauf von Werbeflächen überhaupt erst finanzierbar geworden. Ein sich

geradezu aufdrängendes Beispiel hierfür ist sicherlich Wikipedia, bei der jeder Internetnutzer einen Beitrag schreiben kann. Allerdings sorgen hier eine hierarchische Struktur, strikte Vorgaben und Kontrollgremien dafür, dass die Inhalte den von einer Kerngruppe definierten Ansprüchen entsprechen. Jenseits solcher, durch Benutzer produzierten, aber von den Torhütern des Wiki kontrollierten Inhalte breitet sich ein weiterer, teilweise unkontrollierter Fächer an Kommunikationsformen auf der Grundlage des Internets aus.

Wikipedia

Diese Inhalte werden durch die Benutzer produziert und verändert, es wird auf Anstöße aus der Gemeinschaft der Nutzer reagiert und dynamische Diskurse bilden sich heraus. Das notwendige Medium, um an dieser Form der Kommunikation teilzuhaben, sind Internetbrowser, die immer häufiger auch als Oberfläche für Anwendungen eingesetzt werden, die nicht direkt mit dem WWW verbunden sind. Die so geschaffenen Web-Inhalte verbinden scheinbar regellos Lesetext, Ton und audiovisuelle Angebote miteinander, verlinken über die Hypertext- und Hypermedienmöglichkeiten andere Inhalte, ohne dass hier die geographischen Grenzen und der Standort des Servers oder des lokalen Netzes, auf dem die Daten gespeichert sind, eine Rolle zu spielen scheinen. Der Unterschied zwischen lokalen Netzen und dem Internet löst sich zunehmend auf, wenn auf der einen Seite lokal installierte Anwendungen auf fest etablierte Angebote im Internet zugreifen und auf der anderen Seite Suchmaschinen wie Google auch lokale Netze auswerten. Über einen Computerzugang können also Zeitungen gelesen, Radiosendungen angehört, Fernsehprogramme angeschaut und Filme sowie Nachrichtensendungen angesehen werden; generell begrenzen nur die vorhandenen und abrufbaren Daten diese Zugangsmöglichkeit.

Das Word Wide Web geht über diese elektronische Aufbereitung von bekannten Massenkommunikationsmitteln in einem entscheidenden Punkt jedoch qualitativ deutlich hinaus – ein Punkt, der es zum Medium einer entstehenden Weltkultur macht: Ein seit Jahren immer geringer werdender Teil dessen, was im Internet zu finden ist, ist durch eine etablierte und legitimierte Instanz auf- oder vorbereitet worden, die Nutzer werden immer häufiger und immer selbstverständlicher zu Produzenten der Inhalte. Jeder, der freien Zugang zu einem Computer hat, ist, wie bereits geschildert, generell in der Lage, im Internet Material zu veröffentlichen, das von anderen Teilnehmern rezipiert und kommentiert werden kann. Die notwendigen technischen Kenntnisse sind kaum größer als die, die gebraucht werden, um Informationen aus dem Internet abzurufen.

Nutzer werden zu Produzenten

Das Internet ist zunehmend durch dieses Element der Interaktivität in der Massenkommunikation in Wahrnehmung und Nutzung bestimmt. Auch Zeitungen, Radio und Fernsehen boten und bieten interaktiven Elementen Platz – zum Beispiel über die Möglichkeit, durch Leserbriefe Inhalte zu kommentieren, über die Anrufe von Zuhörern und Zuschauern in Radio- und Fernsehsendungen, Abstimmungen durch das Televoting etc. Aber auch hier haben Radio- oder Fernseh- und Rundfunkredaktionen jeweils entscheidenden Einfluss darauf, was die anderen Leser, Zuhörer und Zuschauer erfahren oder welche Meinungen

Keine Einschränkung in der Interaktivität

und Kommentare unveröffentlicht bleiben. Solange es für das Internet keine Zensur gibt, und die scheint nur sehr schwierig ohne Schlupflöcher durchzusetzen, gilt diese Einschränkung für das World Wide Web nicht.

Die Trennung zwischen privater Sphäre und Öffentlichkeit wird durch das „Web 2.0" zunehmend durchlässiger. Menschen veröffentlichen private Daten, beziehen dezidiert Stellung und positionieren sich so in einem entgrenzten virtuellen Raum, der über selbstdefinierte Schnittstellen mit dem Lokalen verbunden ist und damit in einem durch den Benutzer vermittelten Dialog steht. Es ist das Mitwirken, welches das Web zur Oberfläche einer dynamischen Weltkultur gemacht hat, die – abgelöst von einer Warenkultur – Orientierung verschafft und zugleich für Desorientierung sorgt, bekannte Muster in einem gesellschaftlichen Diskurs dekonstruiert und neue konstruiert. Die enorme Kreativität, die hier in teilweise skurrilsten Formen entsteht, findet Zugang in den globalen virtuellen Raum über etablierte Plattformen wie YouTube und andere Foren. Es werden beispielsweise Teile eines in einem finnischen Dialekt gesungenen Volksliedes mit japanischen Anime-Figuren unterlegt, oder Clips aus dem Film »Der Herr der Ringe« werden mit einer Synchronisation versehen, die die Männlichkeitskonstruktion in Tolkiens Epos hinterfragt. In sogenannten Weblogs, also Tagebüchern im Internet, stellen Autoren sich und ihre Erlebnisse multimedial dar, Kommentare sind möglich, der Kreis der Leser ist potentiell unbeschränkt. Die bedeutendste Facette des „Web 2.0" sind allerdings die rapide wachsenden sozialen Netze wie Facebook, das mit zu Anfang des Jahres 2010 mehr als 400 Millionen Mitgliedern einen enormen sozialen globalen Kommunikationsraum bildet, der zwar in kleine Einheiten unterteilt ist, aber unbegrenzt erweiterbar wäre. Meist sind es jüngere Benutzer in der Altersgruppe zwischen 14 und 29 Jahren, die im Web Möglichkeitshorizonte nicht nur wahrnehmen, sondern aktiv mitgestalten. Die Datenmenge, die Anzahl der Beiträge – ob als Text, multimediale Präsentation oder als Video – übersteigt die der von Printmedien, öffentlich-rechtlichen und kommerziellen Fernsehsendern produzierten Inhalte bei weitem.

Mitwirkung und soziale Netzwerke

Im Frühjahr 2010 gab es mehr als drei Milliarden IP-Adressen in 240 verschiedenen Ländern. Führend waren die USA mit fast 1,5 Milliarden solcher Adressen, mit einigem Abstand gefolgt von China mit mehr als 240 Millionen, Großbritannien, Japan und Deutschland mit jeweils zwischen 200 und 100 Millionen. Sogar auf den abgelegenen Pitcairninseln mit ihren etwa 50 Einwohnern gab es acht IP-Adressen. Die gesellschaftliche Durchdringung ist in Großräumen wie Nordamerika mit einem Anteil von mehr als 75 Prozent Internetbenutzern unter der Bevölkerung schon sehr weit vorangeschritten, Europa holt mit fast 50 Prozent langsam auf, wobei hier die Bandbreite von fast 95 Prozent in Island bis zu etwas über 20 Prozent in Albanien reicht. Der Zugang zum Internet nahm insbesondere in Afrika in der letzten Dekade dramatisch zu und wuchs seit dem Jahr 2000 um fast 2000 Prozent auf etwa 86 Millionen Nutzer, die aber dennoch nur wenig mehr als 7,5 Prozent der Einwohner ausmachen. Zu der über das Internet geschaffenen Welt-

Anzahl der Internetnutzer weltweit

kultur des „Web 2.0“ haben also noch bei weitem nicht alle Menschen Zugang, die globalen wirtschaftlichen und politischen Ungleichgewichte gehen am Internet nicht vorbei.

Im Zeitalter des Internets löst sich damit die Bedeutung der Filterungsfunktion, die die Redaktionen in den Rundfunk-, den Fernsehanstalten und in den Printmedien hatten, in wichtigen Bereichen auf. Die Informationsflut nimmt zu, der universalistische Deutungsanspruch einer bürgerlichen Elite auf den Kulturbegriff, die die Institutionen der Massenmedien als Torhüter der Kultur besetzt hielt, wird immer unerfüllbarer. Dies hat weniger damit zu tun, dass über das Internet Informationen über sehr lange Zeiträume verfügbar sind oder dass das World Wide Web nicht vergisst, sondern damit, dass der Zugang zu diesen Informationen im Kern durch nichts (wenn man von Zensur einmal absieht) weiter geregelt ist als durch einen internetfähigen Computer, den Zugang zu einer Stromquelle und einer Internetanbindung. Zwar finden die meisten Internetbenutzer Inhalte über sogenannte Suchmaschinen wie Google, bei denen die Suchergebnisse hierarchisch geordnet werden, aber diese Hierarchie folgt keinem Kulturauftrag, sondern ist fast ausschließlich Marktgesetzen unterworfen.

Keine Einschränkung der Informationsflut

Der entscheidende qualitative Unterschied für die Massenkultur und die Weltkultur ist jedoch, dass die Konsumenten des Internets zugleich auch zu Produzenten geworden sind. Waren bei allen anderen Massenmedien die Zugangskosten auf der Produktionsseite zumeist prohibitiv hoch, so liegen die Werkzeuge, die für einen publizierten und massenhaft abrufbaren Beitrag notwendig sind, den meisten Computern bei, die man als Rezipient sowieso benötigt, oder lassen sich durch ein paar Mausklicks herunterladen. Diese vielfältigen Formen kulturellen Ausdrucks mögen auf den ersten Blick mit der Welt der Literatur und der klassischen Musik wenig gemein haben, gleichwohl schälen sich hierdurch die Strukturen einer Vielzahl von hybriden Kulturen heraus. Lokale Kulturen können wiederbelebt werden, Nischenkulturen – bestehend aus einigen wenigen oder vielen Mitgliedern – entstehen, die über große geographische Räume verstreut sind und nur über das WWW Zugang zu einem solchen Diskurs haben. Dies hat dazu geführt, dass bereits das Ende der Massenkultur heraufbeschworen wurde, die allerdings als homogene Kultur kaum je bestanden haben dürfte.

Fazit

Kommunikative Räume werden im World Wide Web innerhalb und außerhalb von vorgeformten Oberflächen, Foren, Chatrooms, sozialen Netzwerken wie Twitter, Facebook, SchülerVZ, MySpace usw. geknüpft und interaktiv genutzt. Die Grundlage an kommunizierbaren Symbolen, an wiedererkennbaren und nutzbaren Strukturen ist inzwischen global austausch- und einsetzbar. Das Internet bietet so die Möglichkeit, eine globale Kultur in einem dynamischen Diskurs ständig neu zu konstruieren, also eine Weltkultur, die nicht zugleich Einheitskultur ist. Es bietet die Gelegenheit für individuelle kulturelle Ausdrucksmöglichkeit und die Etablierung von Partikularkulturen in einem virtuellen und geographisch grenzenlosen Kulturraum. Diese

Weltkultur ist nicht alleine dem Vergnügen gewidmet und der schnellen Befriedigung, sondern sie verschränkt Ausdrücke eines Suchens nach Sinnhaftigkeit und Bedeutung sowie der Kontemplation und der Selbstdarstellung in einer hochkomplexen post-industriellen und globalisierten Welt.

Ausblick

Helwig Schmidt-Glintzer

Der Anspruch, dass aus der Geschichte gelernt werden könne, ist auch mit dieser Weltgeschichte verbunden, in der unser Wissen über die Geschichte der Menschheit und ihrer Umwelten dargestellt wird, so wie es sich aus der historischen Forschung und den Funden der Archäologen ergibt. Neben vielerlei Detailwissen werden moderne Erkenntnismethoden ebenso wie Einsichten in die Strukturen historischer Wissenschaften berücksichtigt. Dabei bleiben wir uns dessen bewusst, dass immer wieder einzelnen spektakulären Erkenntnissen – wie etwa der Entzifferung der DNA solcher Gestalten wie Tutanchamun – eine zunehmende Blindheit gegenüber Fragen der Gegenwart und der neueren Geschichte entspricht. Dies mag damit zusammenhängen, dass Tatsachen und Erkenntnisse den Leser umso mehr bedrängen, je näher sie der Gegenwart des beginnenden 21. Jahrhunderts kommen. Weil die jüngeren Ereignisse bereits während der eigenen Lebenszeit wahrgenommen wurden, aber auch, weil selbst einige Jahrzehnte zurückliegende Vorgänge bis heute nachwirkende Traumatisierungen und Schicksalswendungen zur Folge haben können, scheuen wir den Umgang. Nicht wenige selbst längere Zeit zurückliegende Ereignisse zeitigen spezifische Folgen. Wie die vielfältigen Verkettungen von Ereignissen und Nachwirkungen im Einzelnen zusammenhängen, ist in keiner Darstellung der Geschichte lückenlos aufzeigbar, schon gar nicht in einer Weltgeschichte in wenigen Bänden. Doch gerade ein solcher auf den Überblick zielender Bericht ermuntert dazu, neben der Einsicht in manches Unabwendbare jene Zusammenhänge zu erkunden, aus denen hervorgeht, dass es auch Freiheit und Zufall sowie wirkliche Aufbrüche und Neuanfänge gab. Bei einem solchen Versuch, die Weltgeschichte zur Darstellung zu bringen, drängen sich auch viele neue Themen auf, die in dieser Weise erst zu Beginn des 21. Jahrhunderts öffentlich erörtert werden. Einzelne Aspekte und Ereignisse, wie das Klima und Katastrophen, fanden dagegen immer schon die Aufmerksamkeit und wurden erinnert und aufgezeichnet; dennoch deuten wir heute Vieles im Lichte neuerer Kenntnisse. Dabei neigen wir einerseits dazu, alte Schuldzuweisungen zu revidieren – und erheben doch andererseits nicht selten neue Vorwürfe, worin oft nichts als die eigene Hilflosigkeit angesichts der Kontingenz der Welt zum Ausdruck kommt.

Wie bei jeder Geschichte ist auch eine Weltgeschichte von Triumph ebenso wie von Klage begleitet – nur dass dort dann, noch mehr als sonst üblich, beides oft nebeneinander auftritt. Daran wird deutlich, wie trotz aller Distanziertheit bei der Berichterstattung und Darstellung eine innere Beteiligung niemals wirklich auszuschließen ist. Da, wo wir verlässliche Zahlen zur Verfügung haben, wie etwa bei der Zahl der Kriegstoten des 20. Jahrhunderts, erkennen wir Asymmetrien und bleiben doch unfähig, sie wirklich zu bewerten. Leid und Elend unter den Menschen sind offenbar trotz aller technischen Fortschritte nicht geringer geworden. Allerdings scheint eine sinnvolle Zurechnung von Verantwortlichkeit, um die sich Geschichtsschreibung traditionellerweise oft auch bemüht, selbst in der jüngeren Vergangenheit ebenso wenig möglich wie dies für fernere Zeiten gelingt. Dennoch werden Bemühungen und damit verbundene Leistungen wie manche Unterlassungen im Rückblick erkennbar, zu denen der Autor wie dann auch der Leser Stellung beziehen kann, wohl wissend, dass er niemals selbst Herr des Geschehens wird.

Subjektivität

Auch wenn bei einer Weltgeschichte der Blickwinkel naturgemäß sehr weit sein muss, war es doch immer das Ziel, aus dem Blickwinkel der Menschheit als Ganzes als dem einzig legitimen Subjekt einer Weltgeschichte die Geschichte zu rekonstruieren. Freilich bestehen daneben andere legitime Subjekte, nicht nur Staaten, sondern auch Einzelne, Sieger ebenso wie Besiegte, Aufständische und Verfolgte. Das Konzept einer solchen Menschheit ist so alt, wie es Vorstellungen von einer ganzen Welt gibt. Eine neue Qualität hat dieses Konzept im Europa der Aufklärung erlangt, auch wenn dies die Mächte Europas nicht daran gehindert hat, die Welt in den folgenden Jahrhunderten mit ihrer spezifischen Fortschrittsidee mit manchen Errungenschaften und zugleich mit weiterem Elend zu überziehen. Noch im 19. Jahrhundert rechtfertigten die europäischen Siedler in ihrer Gier nach Land Enteignungen, und selbst Thomas Jefferson, der Freund der Aufklärung und französischer Weine sowie Hauptverfasser der amerikanischen »Unabhängigkeitserklärung« vom 4. Juli 1776, rechtfertigte als Präsident (1801–1809) Enteignung, Vertreibung und Ermordung der einheimischen Bevölkerung Nordamerikas.

Weltgewissen

Erst nach den Gräueln der Weltkriege in der ersten Hälfte des 20. Jahrhunderts konstituierte sich mit der »Allgemeinen Erklärung der Menschenrechte der Vereinten Nationen« am 10. Oktober 1948 der Anfang eines Weltgewissens, mit dem ein Ideal formuliert wurde, welches auch deswegen immer unerreichbarer zu werden scheint, weil sich gerade die mächtigsten Akteure nicht an der Verwirklichung aller dieser Rechte orientieren, sondern nach Opportunität selektiv einzelne Rechte als vorrangig einfordern und andere für vernachlässigbar halten. Eine internationale Friedensordnung mit der weitgehenden Verwirklichung der Menschenrechte ist daher auch zu Beginn des 21. Jahrhunderts nicht in Sicht. Daher kann die hier vorgelegte Darstellung der Weltgeschichte auch nur ein Zwischenbericht sein; doch das Wissen um frühere Zustände kann mit Sicherheit dazu beitragen, Freund- und Feindbilder zu überwinden.

Seit langem reden wir über Globalisierung und wissen um den inneren Zusammenhang auf dieser Erde. Die Möglichkeiten mittelbarer und unmittelbarer Begegnung weltweit haben sich für die Menschen erweitert, und Vernetzungen gibt es in sich überlagernder Vielfalt. Umso erschreckender ist, wie wenig wir über einander wissen. Zu solchem Wissen gehört das Wissen um die jeweilige Geschichte, die man immer schon in das Geschichtsbild einer großen Erzählung, einer Menschheitsgeschichte, einzufügen suchte.

Fortdauernde Gründe für eine Weltgeschichte

Der Impuls, eine Weltgeschichte zu schreiben, ist also keineswegs neu, sondern so alt wie die Menschheit. Neu ist aber ihre Dringlichkeit, weil die politischen, wirtschaftlichen und sozialen Interaktionen ein gesteigertes Wissen voneinander voraussetzen. Schon die Genesis, der Bericht von der Erschaffung der Welt in der Bibel, war eine Weltgeschichte, und auch die Erzählung von den Kulturheroen Chinas in der „Großen Abhandlung" im »Buch der Wandlungen« hat die ganze Welt im Blick. Manche haben die Welt auf die Bühne geholt, wie Johann Wolfgang von Goethe dies im »Vorspiel auf dem Theater« formulierte: „So schreitet in dem engen Bretterhaus / Den ganzen Kreis der Schöpfung aus / Und wandelt mit bedächt'ger Schnelle / Vom Himmel durch die Welt zur Hölle."

Seit der Mensch den aufrechten Gang lernte, seit er Teile seiner Nahrung kochte, will er seine Welt immer besser kennen – und diese Welt ist immer die ganze Welt. Mit wachsenden kognitiven Fähigkeiten, einhergehend mit der Steigerung des Hirnvolumens von 450 auf 1400 Kubikzentimeter, hat er auch immer größere Informationsmengen in diese Kenntnis integriert. Seit er seine Eltern, Kinder und Angehörigen begräbt oder verbrennt oder vor den Toren der Siedlungen den Tieren zum Fraß auslegt, gibt es für ihn eine Geschichte, ein Woher und ein Wohin – und er gewinnt Kraft aus diesen Bezügen. Mit der Verschriftlichung von Verträgen und Verwaltungsabläufen wurde die Erinnerungsaufgabe entlastet und es entstanden neue Gedächtnisräume. Das hat Konsequenzen. Wer Dschingis Khan zu seinen Vorvätern rechnen kann, vermag vielleicht stärker als manch anderer durch die Welt zu gehen; und mit guten Gründen spielen Karl der Große oder Friedrich Barbarossa in Westeuropa eine ebensolche Rolle.

Weltgeschichte ist also so alt wie die Menschheit – und doch stand natürlicherweise das Festhalten am eigenen engeren Bereich lange im Vordergrund. Die Geschichte und die Selbstauslegung ferner lebender Menschen und Gruppen waren sekundär oder interessierten gar nicht. Das Wissen um die Geschichte anderer war sogar oft hinderlich, wenn es Feinde waren, denn es hätten Tötungshemmungen aufkommen können, wenn man zu viel wusste. So wurden und werden bis heute Feindbilder geschaffen, und die Geschichte der Konstruktion und des Wirksamwerdens solcher Feindbilder ist ihrerseits Teil der Geschichtsschreibung. Doch wird heute einem zunehmenden Teil der Weltbewohner mehr und mehr deutlich, dass wir aufeinander angewiesen sind und dass die Partikularinteressen langfristig nur unter Berücksichtigung der Menschheitsinteressen verfolgt werden können. Eine solche Haltung gab und gibt es in verschiedenen Ausformungen, zu denen

Globaler Blickwinkel

auch der Internationalismus mancher politischer Bewegungen gehörte, der allerdings inzwischen etwas aus der Mode gekommen zu sein scheint. Regionale und nationale Geschichte wird es weiter geben müssen – wir werden sie brauchen! –, doch wir werden ohne eine Weltgeschichte unseren Ort in der Welt der Zukunft nicht finden.

Jede Weltgeschichte sucht die ganze Welt zu erfassen und überschreitet dabei immer gewohnte Horizonte, und ganz so wie es bei nationalgeschichtlichen Darstellungen sehr unterschiedliche Positionen gibt, so spiegeln sich solche Positionen auch in einer Weltgeschichte, die in einzelnen Fällen sich immer wieder bewusst für eine Perspektive entscheidet, und zwar ganz ausdrücklich so, dass ihre Darstellung für die meisten oft kleinteiligeren nationalen historiographischen Traditionen anschlussfähig ist. So ist die Darstellung des vorderasiatisch-mediterranen Großraumes seit längerem umstritten, und der Anteil einzelner Völker und Teilkulturen an der Geschichte dieses Großraumes wird bis heute kontrovers diskutiert. Dabei wissen wir, dass der zunehmenden Befestigung der Orient-Okzident-Unterscheidung im 19. und 20. Jahrhundert, die auch als ein Gegendiskurs zur Rede von der Nation verstanden werden kann, in Europa schon einmal eine andere Phase vorausgegangen war, in der seit dem 16. Jahrhundert die Welt zunehmend als Ganzes verstanden wurde und die noch in der Rede von einer Weltgeschichte in Friedrich Schillers Jenenser Antrittsvorlesung von 1789 »Was heißt und zu welchem Ende studiert man Universalgeschichte?« ihren Ausdruck findet. Gegen den Anschein, bei einer Weltgeschichte handele es sich um „nie etwas anderes als ein Aggregat von Bruchstücken", setzt Schiller auf den philosophischen Verstand und die „Gleichförmigkeit und unveränderliche Einheit der Naturgesetze und des menschlichen Gemüts". So wie Schiller sehen wir uns auch heute als „Schuldner vergangener Jahrhunderte", doch in einem erweiterten Sinne. Es hat sich nämlich die Einsicht durchgesetzt, dass den heiteren Ansichten einer friedlichen Welt vielfache Unwägbarkeiten zur Seite getreten sind und dass die Geschichte nicht zu einem Ende kommen dürfte. Dies wird dann auch eine Fortschreibung dieser vorliegenden Geschichte notwendig machen.

Darstellung aus Perspektiven

Wegen des Zwangs zur Konzentration in der Darstellung, um nur ein Beispiel zu nennen, konnte – wie auch in anderen Fällen – die Darstellung der Geschichte des vorderasiatisch-mediterranen Großraumes zwar zu keiner längeren methodischen und wissenschaftsgeschichtlichen Darlegung ausholen; der Leser sollte aber wissen, dass es hier schon seit dem 19. Jahrhundert um einen immer wieder ausgetragenen Widerstreit zwischen der Tradition einer weit ausgreifenden Geschichte des Altertums als sogenannte „Universalgeschichte" und der Gegenkonzeption einer eng auf die griechisch-römische Antike beschränkten „Altertumswissenschaft" geht. Diese Altertumswissenschaft, die sich, wie etwa der große Theodor Mommsen, auch im Hinblick auf die griechische „Klassik" und die römische Geschichte jeweils nur auf eine monographische Behandlung eingelassen hat, suchten seit der Wende zum 20. Jahrhundert immer wieder einzelne Gelehrte in universalgeschichtlicher Perspektive zu überwinden, darunter an prominenter Stelle Eduard Meyer (1855–1930) und

Max Weber (1864–1920). Die insbesondere auf Griechenland und Rom gerichtete Altertumswissenschaft, wie sie etwa Alfred Heuß (1909–1995) vertrat, verstellte dagegen eher eine universalgeschichtliche Perspektive. So wurde ein Altertumskonzept unter Hinweis auf feste Grenzen zwischen den Völkern und Kulturen des Altertums auch in manchen im Prinzip universalgeschichtlich ausgerichteten Werken wie der »Propyläen-Weltgeschichte« dem „historischen Stoff" geradezu aufgezwungen, was sich besonders markant in der Doppelbelichtung der Geschichte des Hellenismus, einmal im Anschluss an die Alexander-Geschichte, dann im Rahmen des römischen Aufstiegs zur Weltmacht, zeigt. In der vorliegenden Weltgeschichte haben wir die Geschichte des Orients und vor allem auch die des Iran mit der Geschichte der griechischen und der römischen Welt fest und dabei an historischen Zeugnissen orientiert verzahnt. Insofern haben die Herausgeber keinen Zweifel daran gelassen, auf welche Wissenschaftstradition und Perspektive sie sich auch in der Darstellung der Geschichte der antiken Oikumene beziehen.

Eine Weltgeschichte wird immer aufs Neue auf die Veränderungen im historischen Bewusstsein und in den Selbstverständigungsbemühungen und Selbstdeutungsansätzen einzelner Völker und Gruppen Rücksicht nehmen müssen. Andererseits ist es eines der vornehmsten Ziele einer solchen Weltgeschichte, alle partikularen Selbstdeutungsansätze zur Integration in das umfassendere weltgeschichtliche Konzept einzuladen.

Entdeckung der Vorgeschichte und die Anfänge der Globalisierung

Während bereits die Propagierung des heliozentrischen Weltbildes mit Galileo Galilei eine Revolution im Bewusstsein des Abendlandes bewirkte, hat die neue Physik des 20. Jahrhunderts seit Albert Einstein nochmals eine neue Sicht auf die Welt begründet. Weitere Erneuerungen sind nicht planbar, aber wahrscheinlich, und doch bleibt so vieles beim Alten, auch wenn heute wohl kein Bürger mehr wie in Goethes »Faust« deklamiert: „Nichts Bessers weiß ich mir an Sonn- und Feiertagen / Als ein Gespräch von Krieg und Kriegsgeschrei, / Wenn hinten, weit, in der Türkei, / Die Völker auf einander schlagen. / Man steht am Fenster, trinkt sein Gläschen aus / Und sieht den Fluss hinab die bunten Schiffe gleiten; / Dann kehrt man abends froh nach Haus / Und segnet Fried und Friedenszeiten." Denn es scheint jedenfalls kaum vorstellbar, dass wir je wieder die Erde und die ganze Menschheit aus dem Auge verlieren werden. Nur die Betrachtungsweise und die Wertsphären werden sich weiter ändern, weil allein schon die Erfahrung dafür spricht, dass mit Katastrophen etwa oder mit Erfolgen und neuen Handlungsmöglichkeiten nicht immer in gleicher Weise umgegangen wird.

Die Veränderung des Blicks auf die Geschichte bezieht sich auch auf Strukturen und Erscheinungen, die lange Zeit allenfalls am Rande der Aufmerksamkeit lagen. Es bedarf daher hier auch gar nicht des Hinweises auf die Besonderheiten früherer Beschreibungen der Geschichte, in denen Dynastien, große Persönlichkeiten oder auch Vertragsbeziehungen eine Rolle spielten – all diese sind wichtig gewesen und fordern weiterhin Beachtung! Sosehr diese Gegenstände weiter faszinieren, wissen wir heute doch besser als je zuvor, dass die Geschichte der Völker auch von anderen Faktoren stark beeinflusst, manchmal fast ausschließlich geprägt war – von Klimakatastrophen und von -wandel, von Seuchen und Krankheiten, aber auch von der Inkulturation fremder Kulturpflanzen wie der Kartoffel. All dies gehört zur Geschichte und ist Teil unserer gemeinsamen Erbschaft. Ganz unabhängig von der Bewertung im Einzelnen erscheint aber die Geschichte aus größerem Abstand nicht mehr als moralisch beurteilbar. Sie ist einfach so gewesen, und selbst die schlimmsten Ereignisse bergen im Rückblick noch manches Gute. Wenn also die Geschichte der Menschheit in dieser Weise in den Blick genommen und zugleich eine Millionen von Jahren zurückreichende Weltgeschichte verfasst wird, stellt sich die Frage nach dem Standpunkt und dem „Wofür?“ und „Für wen?“. Das Verfassen ist ja selbst eine Konstruktion, ein Blick zurück, ein Erinnerungsprozess.

Moralische Beurteilung?

Man hat sich an die Erscheinungen von Völkerwanderungen gewöhnt, und dass Menschheitsgeschichte im Grunde immer schon Migrationsgeschichte war – oder auch die Geschichte von Grenzverschiebungen, wodurch Inländer zu Ausländern und Ausländer zu Inländern werden –, diese Sichtweise ist nicht neu. Die öffentliche Erinnerung jedoch und das private, in Familien und anderen Sozialverbänden fortlebende Gedächtnis klaffen oft auseinander und werden immer wieder zum Anstoß für politische Auseinandersetzungen. Auch die Wissens- und Mediengeschichte erscheint im beginnenden digitalen Zeitalter in einem neuen Licht, und die Einführung des Buchdrucks in Europa durch Johannes Gutenberg wird zur Vorgeschichte einer Medienrevolution, deren Zeitgenossen wir sind und die man vielleicht einmal als „zweite Medienrevolution“ bezeichnen wird.

Über lange Zeit galt das als geschichtlich, was durch Schriften und Dokumente verbürgt war. Dabei war im mittelalterlichen Europa bis weit in die Frühe Neuzeit die Bibel als die Heilige Schrift die Richtschnur allen Geschichtsdenkens, zumal mit dem Schöpfungsbericht ein Anfang gegeben war, der sogar errechenbar schien. Mit dem Zuwachs an Kenntnissen aus den Geschichtstraditionen anderer Kulturen wurde dieses Geschichtsbild im Laufe der Frühen Neuzeit in Frage gestellt, und die damit bewirkte Verunsicherung der eigenen europäischen Selbstauslegung führte zu einem Bewusstseinswandel in Europa, dem ein erheblicher Anteil an der dann sich entfaltenden Dynamik der europäischen Weltbemächtigung zuzurechnen ist. Hinzu kamen Funde aus „vorgeschichtlicher“ Zeit, denen man in zunehmendem Maße Informationen entnahm und die man „lesbar“ machte. So bildete bald die Archäologie einen neuen Erkenntnishorizont und erlebte einen Siegeszug bis in unsere Gegenwart, in der die Zeugnisse aus „Vorwelten und Vorzeiten“ das Publikum immer wieder aufs Neue faszinieren und daher auch für Schlagzeilen in der Presse sorgen. Gerade weil es Zeugnisse aus entrückten Zeiten zu sein scheinen,

Bedeutung der Archäologie

belasten sie nicht durch Verstrickungen von Schuld und durch Fragen nach Verantwortung, nach Gut und Böse. Man bewundert die Leistungen, die Formen, den Glanz und Reichtum früherer Zeiten und konstatiert allenfalls die damit verbundenen Opfer und Gewalttaten, ohne sie zu verurteilen. So dient die Archäologie der Entlastung und beflügelt zugleich die Phantasie der Gegenwart.

Mehr aber noch als zu solcher Entlastungsfunktion bietet sich bis heute die Archäologie dazu an, sich mit Blick auf die alten Traditionen selbst zu legitimieren. Es geht um Herkunft und – insbesondere den Eliten – um die Einbindung archäologischer Funde im eigenen Herrschaftsgebiet in die jeweilige Herkunftsgeschichte, allein schon deswegen, weil sich sonst andere der Artefakte bemächtigen und etwa separatistische Aktivitäten begünstigen könnten. Gerade die Unterschiedlichkeit und Vielfalt in den Bewertungen vorgeschichtlicher Funde aber zeigt, dass es keine eindeutige geistige und ideologische Entwicklungsrichtung gab, sondern dass unterschiedliche Optionen, Wertungen und Einschätzungen nebeneinander bestanden und bestehen. Die Archäologie ist so zu einer Sphäre der Aushandlung von Deutungsangeboten und Deutungsmöglichkeiten geworden, bei der sich unterschiedliche Interessen zu kreuzen pflegen. Dies wird besonders deutlich bei der Einbindung von Funden in nationale Entstehungsmythen und bei der oft bis ins Kultische stilisierten Präsentation in heimischen Museen oder auch bei internationalen Ausstellungsprojekten, die nicht selten außenpolitische Ambitionen begleiten sollen. Dabei ist es beispielsweise noch weitgehend unklar, in welcher Weise die in den letzten Jahren in Zentralasien zutage geförderten Funde in die Geschichtsbilder der dort siedelnden Völker Eingang finden werden.

Umgang mit Zeugnissen

Heute erscheint uns angesichts des Wissens von der Geschichte des Universums und der Erd- und Menschheitsgeschichte die Bemühung um die Einordnung antiquarischer Funde bei aller Bedeutsamkeit im Einzelnen wie aus einer alten Welt zu stammen. Dennoch werden wir bei näherem Hinsehen des fortdauernden Widerspruchs gewahr, dass trotz noch so profunder Kenntnis der Weltgeschichte als Ganzes der Einzelne ein Bedürfnis zu hegen scheint, sich selbst, seine nähere Umgebung und seine eigene Vorgeschichte zu definieren. Menschen schreiben sich Funde als zu ihrer „Heimat" gehörig zu. Damit verbinden sie sich oft mit Glanzpunkten der Menschheitsgeschichte, auch wenn die Objekte aus Beutezügen gewonnen wurden, oder sie betrachten Objekte gerne auch dann der eigenen Vorgeschichte zugehörig, wenn die Anzeichen für eine andere Genealogie sprechen. In vielen Fällen aber waren und blieben die Zeugnisse Objekte aus einer anderen fernen Welt, wie die griechischen Vasen und Skulpturen aus der ersten Hälfte des 1. Jahrtausends v. Chr., von deren Ikonographie wir inzwischen wissen, dass sie früh zum Gemeingut über Kontinente hinweg geworden war und etwa die Kunst der Induskultur beflügelt hatte. Stets aber scheint die Archäologie dazu geeignet, aus einer Enge überlieferter Historie zu erlösen, und tatsächlich hatte die Verehrung von Altertümern auch andernorts diese Funktion erfüllt, wie wir aus dem China der Song-Zeit (10. bis 13. Jh. n. Chr.) wissen, in der erste Museen für Altertümer errichtet,

Der Sonnenwagen von Trundholm (ca. 1650 v. Chr.) zählt zu den wichtigsten Funden der europäischen Bronzezeit. Das Original befindet sich im Nationalmuseum Kopenhagen.

private Sammlungen von Antiquitäten zusammengetragen und diese mit viel Gelehrsamkeit beschrieben und bewertet wurden und wo schließlich Fälschungen neben sicherlich Authentisches traten.

Was aber war den Gelehrten früherer Zeiten die Archäologie, warum hatten bereits sie das Verlangen, die Vorzeit zu deuten und mit Belegen zu füllen, mit Dingen, nach denen sie graben und suchen mussten? Auf diese Frage gibt es viele Antworten, und jene Erscheinungen, die wir als Renaissancen zu bezeichnen pflegen, gehören in diesen Zusammenhang. Diese Vorgänge sind Teil der Geschichte und der Geschichtsdeutung gleichermaßen. Die Archäologie der Frühen Neuzeit beispielsweise hatte viel mit dem Drang der Weltentdecker und Weltumsegler, mit den Naturforschern und dem Suchen nach Erklärungen und Berechenbarkeit gemein. Was aber an Wissen über die Frühgeschichte am Ausgang des 18. Jahrhunderts dann zur Gewissheit und zum Allgemeingut wurde, war doch über Jahrhunderte im Zweifel gewesen. Dies hängt vor allem mit der rationalistischen und zugleich theologisch geforderten Verfestigung einer Weltsicht seit dem Ausgang des Mittelalters zusammen, die bald ihre eigene Glorie – vor allem in der Herabminderung der Vergangenheit – suchte, welche somit immer rückständiger gegenüber den Fortschritten der Gegenwart erschien und schließlich in einer Selbstüberschätzung des Okzidents mündete. Statt sodann aber zu einer neuen Rekonstruktion der Weltgeschichte zu gelangen, blieb man geradezu trotzig bei der Einbildung von der eigenen Besonder-

Warum Forschung?

heit, die noch zu Beginn des 21. Jahrhunderts dazu führt, vom Zwillingscharakter der Menschheit zu sprechen. Die menschliche Zivilisation sei zweimal entstanden, jeweils getrennt: einmal im Osten (China, Indien), dann im Westen (Rom, Frankreich) – eine Denkfigur, die in immer neuen Varianten formuliert wird und im 20. Jahrhundert von Carl Schmitt bis zu Alexander Kluge Verwendung findet.

Doch nicht nur die Geschichte der Vergewisserung über Vorzeit und Vorwelt in der Konfrontation der hergebrachten Annalen Chinas und des Westens etwa, wie sie von den Jesuiten des 17. Jahrhunderts verhandelt wurde, sondern auch die Reaktion auf die durch die Kunde vom Alter der orientalischen Reiche ausgelöste Verunsicherung haben das Geschichtsbild Europas in der Frühen Neuzeit immer wieder verändert. Dabei waren dann doch lange Zeit die Funde der Archäologen außerhalb der Historie geblieben, weil sie – aus einer Vorzeit stammend – als eher zeitlos galten. So entfalteten sich selbst in jenen Bereichen, die wir heute alle der Erforschung der Geschichte und ihrer Darstellung zurechnen, unterschiedliche Wissenssphären, aus denen Einzelwissenschaften hervorgingen, denen jedoch zu keinem Zeitpunkt die Ahnung ganz verloren ging, dass die Trennung etwas Künstliches an sich trage. Immer aber spielte das absolute Alter, die Anciennität, eine wichtige Rolle, insbesondere zur Legitimierung von Geltungsansprüchen. Dabei behaupteten manche direkte Herkunftslinien, gegen die sich immer auch historische Kritik und damit verknüpfte Alternativentwürfe erhoben. Andere wie die europäischen Kulturen beriefen sich auf die jüdisch-christliche Überlieferung mit ihrer ägyptischen Vorgeschichte und zugleich auf sehr viel spätere Aufbrüche wie die Renaissance, die Reformation oder die Säkularisationsvorgänge um 1800.

Seit die Menschen über ihre Geschichte nachdenken und berichten – und sie haben es wohl „seit Menschengedenken" getan –, haben sie über Anfang und Ende, über Katastrophen und Zeiten des Heils und des Glücks sowie über die Grenzen ihrer Welt nachgedacht. Sie haben sich Regeln gesetzt und diese befolgt, aber auch gebrochen – und so bewegt sich die Geschichte der Menschheit trotz dramatischer Veränderungen in großer Gleichförmigkeit. Bei näherer Betrachtung erkennt man Siege und Niederlagen, Glück und Unglück, und so ist die Geschichte des eigenen Volkes, der eigenen Stadt, der eigenen Familie für den Einzelnen oft ungleich wichtiger und vor allem bedeutsamer als die Geschichte der Menschheit. Das macht es auch so schwer, eine Weltgeschichte zu schreiben, die eine Geschichte der Menschheit und ihrer Umwelt, des Planeten Erde, sein will. Doch aus der Einsicht der Zusammengehörigkeit der Menschheit, der gemeinsamen Geschichte und der gemeinsamen Risiken und Chancen ergibt sich der Anspruch einer Weltgeschichte. Aus dieser neuen Sicht muss erst ein Bewusstsein entstehen, welches so viele Menschen teilen, dass sie in einen Diskurs über die Vergangenheit und die Zukunft der eigenen Gattung eintreten. Dabei werden sich mit neuen Aufgaben auch neue Bruchlinien zeigen, so dass die Geschichte der Menschheit nicht nur zu keinem Abschluss gekommen ist, sondern in dieser neuen Dimension gerade erst begonnen zu haben scheint. Dabei wissen wir, wie sehr unser Ursprung als Menschen gemein-

Kopplung von Rückblick und Gegenwart

same Grundlagen hat und wie hoch – angesichts der zahlenmäßig geringen Ursprungspopulation der Menschheit – die Wahrscheinlichkeit gemeinsamer Vorfahren ist. Daher ist es auch plausibel, dass wir Funde aus der Vorgeschichte der eigenen Ethnie oder Nation zuzurechnen geneigt sind, weil wir Knochen von frühgeschichtlichen Menschen gerne in die Nähe der eigenen Vorfahren rücken. Dieser Suche nach Nähe und Verwandtschaft korrespondiert die Neugier auf die Begegnung mit ganz Andersartigem, wenn wir nach Menschen in anderen Welträumen suchen.

Geschichtsschreibung ist also immer Rückblick und zugleich verankert in der Gegenwart, die immer auch über den Tag hinaus dachte, die stets von Furcht und Hoffnung gefüllt war. Geschichtsschreibung fragt nach Anfang und Ende, nach Beginn und Ausgang, und ist doch selbst der Versuch, einen eigenen neuen Anfangspunkt zu setzen. Das gilt auch für eine Weltgeschichte, in der, während sie geschrieben wird, schon das Unvorhergesehene eintritt. Daher ist Weltgeschichte weder eine Anleitung für die Zukunft noch eine Erklärung der Vergangenheit, sondern der Versuch, jene Geschehenszusammenhänge in den Blick zu nehmen, die über den eigenen Erfahrungshorizont hinausgehen. Zu Beginn des 21. Jahrhunderts scheint alles auf der Erde zusammenzuhängen, scheint es keine Regionalisierung, keine Grenzen mehr zu geben, es herrscht der Wunsch, dass alle Mauern fallen. Doch auch wenn sich nichts in der Geschichte wiederholt, so ist doch eher davon auszugehen, dass sich die Vision einer Welt ohne Grenzen, ohne Kriege, dass sich der Wunsch nach einer gerechten Welt ohne Hunger und Elend so bald nicht erfüllen wird. Daher kann das Verfassen einer Weltgeschichte zwar das Aufkommen des Wunsches nach Emanzipation des Menschen aus seiner selbstverschuldeten Unmündigkeit beschreiben, doch wird sie eher zu der Einsicht beitragen, dass die ungeahnten Möglichkeiten immer nur zum Teil beherrschbar sind und jeder Fortschritt zumeist mehrere Kehrseiten hat. Daher kann es die Aufgabe eines Schlusswortes nicht sein, den Fortschritt der Menschheit zu beschwören. Vielmehr geht es darum, Perspektiven zu formulieren, aus denen die Vergangenheit neu zu verstehen ist, um auf diese Weise die Handlungsspielräume der Gegenwart zu erweitern, um Fantasie freizusetzen und so Kraft zum Handeln zu gewinnen.

Seit wir tiefer in die Erde eindringen und über genauere Mess- und Erkundungsinstrumente verfügen, treten Zeiten, Objekte und Sphären in unser Blickfeld, die uns lange entzogen waren. So finden manche Völker für sich ganz neue Teile ihrer Geschichte, und vermutlich wird die Berufung auf neu entdeckte Vorfahren und deren Kultur auch in Zukunft immer wieder neue Identitätsbildungen beflügeln und vielleicht sogar zu Separatismus Anlass geben. Daher auch hat das Altertum, haben Vor- und Frühgeschichte große Konjunktur, was man auch als Ausdruck einer neuen Zukunftssehnsucht und zugleich einer Identitätssuche deuten kann. Sosehr sich die Menschen dabei auch gern mit Untergangsvisionen konfrontieren, hat die Menschheit doch immer überlebt. Untergänge sind aber offenbar fesselnder als alles andere, und man kann diese Untergangssucht auch damit erklären, dass alle Untergangsbeschreibungen nur die Vorstufe zu einem neuen Aufschwung waren. In einer Weltgeschichte werden daher wie in jeder Geschichtsschreibung Aufstieg und Niedergang thematisiert, und doch verblassen solche Ereignisse schnell wieder, weil die Geschichten sich gewissermaßen in andere Maßstäbe einfügen. Es werden dabei Menschheitsleistungen sichtbar, zugleich aber auch scheinbare Unausweichlichkeiten und Zwänge. Die beruhigende Einsicht in einen größeren Strom der geschichtlichen Ereignisse ohne große Einflussmöglichkeiten gewinnt daher gelegentlich die Oberhand. Entsprechend haben die Gemüter immer schon zwischen Handlungszuversicht und Schicksalsergebenheit geschwankt.

Vor manchen Erscheinungen der Vergangenheit, vor künstlerischen Leistungen etwa, aber auch vor sozialen und organisatorischen Leistungen, auch vor dem Ertragen unvorstellbarer Brutalität und Gewalt, stehen wir noch heute staunend. Dies muss wohl eigens betont werden, denn höchst selten sind Darstellungen der Geschichte mit Blick auf die Leistungen der Menschheit, Einzelner wie des Kollektivs, gerichtet. Man bewundert zwar gerne Spitzenstücke vergangenen Kunsthandwerks, doch die Aufbauleistungen insgesamt, die glücklichen Zeiten eines gelungenen Alltags werden gern übersehen. Dabei hat die Menschheit doch Kulturleistungen zustande gebracht, die den größten Taumel der Begeisterung hervorrufen könnten. Mathematische Erkenntnisse, handwerkliche Leistungen und Erkenntnisgewinnung über entfernte Gestirne, heilbringender Umgang mit Krankheiten und eine vertiefte Kenntnis der nutzbringenden Kräfte von Pflanzen und Mineralien – all diese Leistungen der Menschen gehören mit in eine Weltgeschichte. Doch bevor sie dorthin gelangen, haben die Dinge und die Artefakte eigene Kontexte gebildet, sind ihrerseits gedeutet worden, so dass sie in Gänze nicht eingehen können in eine Weltgeschichte. Zugleich verliert auch jedes Ding, jeder Sachverhalt mit dem Eintritt in den großen weltgeschichtlichen Zusammenhang einen großen Teil seiner Eigentümlichkeit. Daher gehört in den Zusammenhang einer Weltgeschichte die Gewinnung und Weitergabe von Wissen im weitesten Sinne, und was wir oft als so selbstverständlich gegeben erachten, wird erst in Zeiten des Verlustes spürbar.

Sinngebung

Deshalb muss uns – angesichts der Vielfalt überlieferten Wissens – auch weiterhin interessieren, wie die Einzelnen ihr Schicksal deuteten, wie sie ihr Handeln orientierten. Weltdeutungen und Glaubensfragen, einschließlich der Wirkungen von Suggestionen, bleiben ein wesentlicher Bestandteil auch einer Weltgeschichte, weil sich so am ehesten die oft aus religiösen oder ideologischen Überzeugungen und nicht nur aus materiellen Interessen entstehenden Konflikte an verschiedenen Orten am besten interpretieren lassen. Denn die jeweiligen Deutungen der Welt wie der eigenen Vergangenheit waren oft für den Fortgang des Handelns entscheidend. Was wir heute deutend als Globalisierung bezeichnen, hat selbst eine lange Vorgeschichte, und bei näherem Hinsehen erkennen wir, dass solche Globalisierungsphänomene gewissermaßen hinter dem Rücken der Menschen schon lange stattfinden: Die Ausbreitung des Islam im 7. Jahrhundert war solch ein Phänomen, die *Pax Mongolica* im 13. und 14. Jahrhundert, die Weltsilberhandelsströme im 16. und 17. Jahrhundert, um nur drei Beispiele zu nennen. So sieht das durch die gegen-

Stetes Globalisierungsphänomen

wärtigen Verhältnisse geschulte Auge die Vergangenheit immer wieder in neuem Licht.

Wir sind uns bewusst, wie sinnvoll ein umfassendes Wissen um die Geschichte und gerade heutzutage das Wissen um die Geschichte bisher fernerer Kulturen ist. Doch Prognosen für die Zukunft lassen sich daraus nicht ableiten. So viel aber lässt sich sagen, dass das Wissen um die Geschichte der Welt die Freiheit gegenüber der Gegenwart und der Zukunft im Hinblick auf die Wahl von Handlungsoptionen erst ermöglicht. Dabei wird die Menschheit trotz mancher anders lautender Wunschvorstellungen der jüngsten Vergangenheit auch weiterhin auf gut funktionierende Gemeinwesen nicht verzichten können. Denn eine Umorientierung des gegenwärtigen ökonomischen Handlungssystems etwa wird auch zukünftig und vielleicht dringlicher als bisher eine handlungs- und entscheidungsfähige Staatsgewalt erfordern. In China hatten Deng Xiaoping und der seit 1989 in Vergessenheit geratene Zhao Ziyang auf den Markt gesetzt, und China hat damit in den letzten 30 Jahren Erfolg gehabt. Damit ist China zugleich ein Teil des internationalen Warenproduktions- und Verteilungsnetzwerks sowie der internationalen Finanz- und Kreditmärkte geworden, und auch deswegen wird die Frage nach den Rahmenbedingungen für die weitere Entwicklung immer drängender. Man wird nicht nur in China, sondern auch in anderen Volkswirtschaften auf eine stärkere und über längere Zeit stabile Fiskalordnung und die dazu notwendige Staatlichkeit nicht verzichten wollen, weil der Markt nicht alles regeln kann.

Funktionierendes Gemeinwesen

Wenn man der Diagnose zustimmt, dass die Krise des gegenwärtigen Weltwirtschaftssystems nur dann nachhaltig überwunden werden kann, wenn ein Ordnungsrahmen geschaffen und Handlungsstrategien entwickelt und verabredet werden, „die davon ausgehen, dass die Güter der Erde, das heißt Natur und Umwelt, Bodenschätze, Wasser und Rohstoffe, nicht denjenigen gehören, die sie sich zuerst aneignen und ausnützen, sondern zunächst allen Menschen gewidmet sind, zur Befriedigung ihrer Lebensbedürfnisse und der Erlangung von Wohlfahrt“ (Ernst-Wolfgang Böckenförde), dann stellt sich die Frage, wer im Sinne eines solchen Ordnungsgefüges handlungsmächtig sein könnte. Gerade angesichts dieser Frage ist der Blick auf die großen Linien der Menschheitsgeschichte so wichtig, weil nur er den Abstand ermöglicht, den wir brauchen, um umsichtig handeln zu können.

Die von Friedrich Nietzsche (1844–1900) wie von vielen anderen gestellte Frage nach „Nutzen und Nachteil der Historie für das Leben“ stellt sich immer wieder neu, und ganz gewiss ist sie nicht mit dem Hinweis, das Leben werde nach vorne gelebt und nach rückwärts verstanden, beantwortet. Man wird Nietzsche recht geben, wenn er sagt: „[…] wir brauchen sie [sc. die Historie] zum Leben und zur Tat, nicht zur bequemen Abkehr vom Leben und von der Tat, oder gar zur Beschönigung des selbstsüchtigen Lebens und der feigen und schlechten Tat. Nur soweit die Historie dem Leben dient, wollen wir ihr dienen: aber es gibt einen Grad, Historie zu treiben, und eine Schätzung derselben, bei der das Leben verkümmert und entartet […].“ Andererseits brauchten auch das Leben die Vision und

Geschichte als Aufklärungsprozess

der Mensch die Illusion. In seinem Text »Über das Pathos der Wahrheit« von 1872 zeichnet Nietzsche den Menschen als der Illusion bedürftig, „gleichsam auf dem Rücken eines Tigers in Träumen hängend“. Daher bedarf es bei einer Darstellung der Geschichte der Berücksichtigung auch aller Zeugnisse von Selbstäußerung und Entscheidung, von Verstrickung und Befreiung von Menschen in vergangenen Zeiten, von Glaubenseifer und Zeiten der Nüchternheit. So wie sich Schicksale und Verfassungen, Rechtssysteme und öffentliche Diskurse über Fragen wie die nach Gerechtigkeit oder Krieg und Frieden immer auch im Kontext der Selbstdeutung und der Konstruktion eigener Geschichtlichkeit ereignen, so kann ein Nachdenken darüber und eine Reflexion manches sichtbar machen, was wir sonst leicht übersehen. Geschichte ist also immer in erster Linie ein Aufklärungsprozess.

Aus den Zeugnissen der Vergangenheit erfahren wir, dass unsere Blickrichtungen, unsere Wahrnehmungsweisen sehr zeitgebunden sind. Es ist das Spielerische, welches uns zufällt, wenn wir die Dokumente der Vergangenheit betrachten, und dabei belebt es uns, wenn wir neue Sichtweisen bewusst, planvoll, ja programmatisch in Anspruch nehmen. Daher ist es so sinnvoll, die sogenannten „Wenden“ anzunehmen. Denn es ist kennzeichnend für das Geschichtsbewusstsein einer Epoche, wie sie die Geschichte strukturiert und welche Zeiten sie als Wendezeiten oder gar als Zeitenwende versteht. Im Westen sind der Gang nach Canossa im Jahre 1077, die Reformation 1517 und die folgenden Bauernkriege, die Französische Revolution von 1789, die allgemeine Erklärung der Menschenrechte am 10. Dezember 1948, das Jahr 1989 oder der 11. September 2001 solche Wendepunkte. Doch solche Kennzeichnungen pflegen sich zu verschieben, und es ist die bleibende Aufgabe gerade auch einer Weltgeschichtsschreibung, das Bewusstsein von solchen Wendezeiten und dessen Verblassen zu erkennen und zu beschreiben. Geschichte ist zwar Ereignisgeschichte, aber zugleich immer auch Bewusstseinsgeschichte und gedeutete Geschichte.

Bedeutung von Wendezeichen

Auch wenn wir die Geschichte nicht verändern, so erkennen wir doch Neues, wenn wir uns auf neue Sichtweisen einlassen. Eine solche Verbindung von Einsicht und Illusion einerseits und Leben andererseits war vielleicht im Jahrhundert Nietzsches nicht denkbar, weil bei der Veränderung immer die Entartung mit befürchtet wurde. Dass wir selber immer wieder Gefahr laufen, das Neue abzulehnen, weil wir einer Illusion von Wahrheit, Schönheit oder gutem Leben nachhängen, ist uns gleichwohl bewusst. Dabei geht es nicht um einen schlichten Vitalismus, um den Glauben an Machbarkeit, um die Illusion, wir könnten uns in andere Zeiten und Welten und Kulturen versetzen, sondern es geht bestenfalls um die Gewinnung des Staunens, einschließlich des Staunens über die grundsätzliche Ähnlichkeit der Menschen, es geht um Demut und um das Vergnügen an der Wirrnis und letztendlichen Unentschlüsselbarkeit der Geschichte, der Menschheit, jedes einzelnen Menschen in seiner Besonderheit.

Die Öffnung der Welt und die Wahrnehmung der „Anderen"

Heute sehen wir deutlicher den Zusammenhang zwischen der von Karl Jaspers vorgetragenen geschichtsphilosophischen Idee einer weltgeschichtlichen Achsenzeit um 500 v. Chr. einerseits und Shmuel N. Eisenstadts Theorie der „Vielfalt der Modernen" andererseits – beides Versuche, mit dem Nebeneinander von Gleichzeitigkeit und Ungleichzeitigkeit umzugehen. Heute stimmen wir nur noch eingeschränkt der These Max Webers zu, die er selbst mit der Bemerkung „wie wenigstens wir uns gern vorstellen" relativierte, dass nämlich die Kulturerscheinungen des Westens sich „in einer Entwicklungsrichtung von universeller Bedeutung und Gültigkeit" ereigneten. Tatsächlich hat die Zivilisation des Westens weltweit Standards gesetzt, und doch werden zukünftige Richtungsentscheidungen durch den Geltungsanspruch von Wertbezügen anderer Kulturen mitbestimmt. Damit bestätigt sich ein anderer Satz Max Webers von den „Weltbildern" als „Weichenstellern". Auch heute noch kann gelten: „Interessen (materielle und ideelle), nicht: Ideen, beherrschen mittelbar das Handeln der Menschen. Aber: die ‚Weltbilder', welche durch ‚Ideen' geschaffen wurden, haben sehr oft als Weichensteller die Bahnen bestimmt, in denen die Dynamik der Interessen das Handeln fortbewegte." Dieser Wirkzusammenhang bleibt eine Herausforderung und ist mit der dramatisierenden Formulierung eines *Clash of Civilizations* nur unzureichend beschrieben, weil sich darin die Differenz zwischen den unterschiedlichen Weltbildentwürfen und der Geltung der „Vielfalt der Moderne" verwischt. Andere reden von einem Verlust an Vielfalt, etwa auf biologischer Ebene. Während sich in der Sphäre des Materiellen und bestimmter Lebensstile, vor allem aber auf der Ebene der Warenproduktion der europäisch-westliche Weg weitgehend durchgesetzt zu haben scheint, ist von „Artensterben" die Rede. Andererseits ist nach langer Zeit gehegtem Glauben an die weltweite Durchsetzung von Rationalisierungsprozessen wieder die Rede von einer Renaissance der Religionen, von einer „Rückkehr der Götter und Gotteskrieger im 21. Jahrhundert". Hieran und an Gangolf Hübingers Beobachtung der „Pluralisierung der europäischen Kultur" ist auch bei einer weiteren Beobachtung der Kulturentwicklung anzuknüpfen. Nur dass heute die intranationalen Kämpfe, wie etwa jene in Frankreich in der Zeit um 1900 zwischen den Dreyfusards und den Anti-Dreyfusards oder internationale Kämpfe wie der zwischen Kultur und Zivilisation nach dem Niederbrennen der Bibliothek von Löwen (Louvain) im August 1914 durch deutsche Soldaten, allenfalls in einem verkleinerten Maßstab stattfinden. Einstweilen muss offen bleiben, woher Europa in Zukunft die Kraft und das Feuer nehmen wird, den Takt der Welt weiter mitzubestimmen, wie es dies im vergangenen halben Jahrtausend vermochte, oder ob es gar aus Visionen neue Impulse setzt.

Vielfalt der Modernen, Kampf der Kulturen

Einzelereignisse oder Dokumente bleiben länger in Erinnerung, wie dies etwa der Fall ist bei jenen Pariser Zeitungsseiten vom 13. Januar 1898 in Georges Clemenceaus

Zeitung »L'Aurore«, auf denen Émile Zolas Kampfruf „J'accuse" gedruckt war. Mehr als 100 Jahre später aber gibt es Vermutungen über das Schwinden der Kampfbereitschaft der Intellektuellen, was manche als „einen Indikator für die Erschöpfung unserer Gesellschaft" deuten. Statt sich einem neuen Ideenkampf zu stellen, rufen die Europäer zu einer Kultur der Übersetzungen auf. Während sich die Intellektuellen Europas so auf den Rückzug begeben, suchen Gelehrte anderer Völker den Kampf, wollen ihre Wolfsnatur pflegen und verstehen oft die „Gewalt als Gottesdienst".

Nach den Dekolonisierungsprozessen des 20. Jahrhunderts glaubte man in Europa, das Ende der Imperien erlebt zu haben, und doch ist die Tradition des überheblichen Blicks auf andere ungebrochen. Strategische Interessen aller Art beflügeln militärische Aufrüstungen und Rohstoffsicherungsstrategien, und trotz der Beliebtheit, die Einhaltung der Menschenrechte anzumahnen, wächst der Anteil der in absoluter Armut lebenden Weltbevölkerung täglich – ohne dass eine Umkehr in Sicht wäre. Die Widersprüche und Gegensätze werden also wohl andauern und sich noch steigern. Dabei ist ein strategisches Element die Definition der Grenze, an der Einmischung in innere Angelegenheiten als statthaft, wenn nicht geboten gilt, und wo nationalstaatliche Souveränität der Durchsetzung übernationaler Normen zu weichen hat – oder wo das Chaos schon solche Ausmaße angenommen hat, dass ganze Landstriche samt ihrer Bevölkerung sich der Aufmerksamkeit entziehen. Hierbei wird die Frage nach der Entstehung und Legitimität heutiger Herrschaftsräume aufgeworfen.

Ewiger Bestand?

In der Geschichte der Menschheit, so weit wir sie überschauen, hat keine Währung und keine feste Begrifflichkeit ewig Bestand gehabt. Dies wird wohl auch so bleiben. Auch politische Systeme, Verfassungen und Normierungen hatten ihre Zeit und ihr Ende. Wir Kinder des späten 20./frühen 21. Jahrhunderts hatten geglaubt und wohl auch gehofft, es werde nun vielleicht doch bald ein Zeitalter der Prosperität und des Glücks anbrechen. Aber langsam ahnen wir, und manche sind sich da sogar schon sicher, dass diese Hoffnungen ohne Grundlage sind und alle vermeintlichen Sicherheiten durch nichts garantiert werden. Die Menschen werden auch zukünftig weiter übereinander herfallen, es wird Kriege geben – nur wie dies stattfinden wird, ist anscheinend noch nicht ausgemacht.

Die letzten Jahrzehnte haben in Europa bei vielen die Illusion genährt, es werde eine friedliche Zukunft geben, ohne dass zur Kenntnis genommen wurde, dass man den eigenen Wohlstand zu einem nicht geringen Teil auf Waffenexporten und wachsender Ungleichheit aufbaute. Während solche Realfaktoren weitgehend ausgeblendet blieben, haben durch die Medien verstärkte Diskurse die Aufmerksamkeit periodisch mit Themen besetzt, die weitgehend fiktiv waren, wie der als BSE bekannte Rinderwahnsinn, die Schweinegrippe, und selbst solche Ereignisse wie der völkerrechtswidrige Einmarsch der USA und seiner Verbündeten in den Irak, um dort ihren ehemaligen Handlanger Saddam Hussein auszuschalten, waren auf der Fiktion gegründet, der Irak produziere Massenvernichtungswaffen. Während solche Fiktionalität angesichts einer zunehmenden Virtualisierung der Lebenswirklichkeit in den entwickelten Industrieländern die Wahrnehmung der Realitäten verdrängt, sind in den letzten Jahrzehnten neue Akteure in den internationalen Beziehungen aufgetreten und haben sich Gewichte verschoben, vorübergehend zugunsten der USA, während sich inzwischen die Tendenz zu einer multipolaren Weltordnung andeutet. Vor diesem Hintergrund spielt inzwischen China eine besondere Rolle, welches – trotz der Demütigungen durch die westlichen Mächte und Japan im 19. und 20. Jahrhundert – niemals eine Kolonie war und daher auch mit einem eigenen geschichtlichen Selbstverständnis auftritt. Wenn diesem in unserem Ausblick besonderes Augenmerk geschenkt wird, so ist zugleich anzumerken, dass diese stärkere Beachtung der Länder auf der eurasischen Landmasse in Zukunft durch eine eingehende Beschäftigung mit der Geschichte und dem Geschichtsbewusstsein der Länder und Völker Afrikas und Südostasiens ergänzt werden muss. Dabei wird dann auch die erst in den letzten Jahrzehnten verstärkt untersuchte Geschichte des Sklavenhandels eine Rolle spielen.

Rolle Chinas

Angesichts dieser neuen Unübersichtlichkeit ist ein Unternehmen Weltgeschichte der Versuch, Horizonte zu beschreiben und den Grund zu einer neuen Orientierung zu legen. Es ist zugleich der Versuch, gegen das Diktum Georg Wilhelm Friedrich Hegels anzuschreiben, China und Indien lägen „gleichsam noch außer der Weltgeschichte". Eine Einbeziehung Chinas etwa in die „Weltgesellschaft" ist auf vielerlei Wegen versucht worden, vor allem auf dem Gebiet der Geschichtsschreibung, auch wenn China immer wieder als eigene „Welt" erscheint, wie im Titel des weit verbreiteten Werkes »Le monde chinois« von Jacques Gernet. Herausragende Beispiele sind hier Otto Franke, der in dem Vorwort zu seiner »Geschichte des chinesischen Reiches« von 1930 diesen Weg erläutert, zum Teil ausdrücklich gegen „die Sinologie". In neuerer Zeit hat Jürgen Osterhammel einen Versuch anhand der neueren Geschichte unternommen. Allerdings ist die Geschichtsschreibung ihrerseits unter methodologischen Gesichtspunkten in den letzten Jahren in besonderem Maße in Frage gestellt worden, und zwar von mehreren Seiten. Parallel hierzu wurde die Reflexion auf die Historiographie Chinas intensiviert – eine Reflexion, die selbst als Teil des bisher zumeist als Modernisierungsprozess gedeuteten Wandels der chinesischen Elitekultur verstanden werden kann. Diese Reflexionen stehen im Kontext allgemeiner Überlegungen über den Umgang mit der Vergangenheit beziehungsweise mit der Erinnerung. Noch zu Beginn des 21. Jahrhunderts gibt es Forderungen nach einer ehrlicheren Behandlung der kolonialen Vergangenheit Frankreichs und insbesondere des französischen Expansionismus in französischen Geschichtsbüchern. Die Beschäftigung mit außereuropäischen Regionen – und das trifft für Ost- und Südasien ebenso zu wie für Afrika und Lateinamerika – war stets zunächst von der Gegenwart ausgegangen. Zugleich hat sich bei der wissenschaftlichen Beschäftigung sehr bald gezeigt, dass diese ohne eine historische Rekonstruktion nicht solide betrieben werden kann. Wie diese Einsicht die Ausgangslage für die meisten Regionalfächer geworden ist, so ist sie auch einer der weiteren Antriebe für das Unternehmen gewesen, eine Weltgeschichte zu verfassen.

Einbeziehung aller Länder in die Weltgeschichte

Denn es ist mit dem Zusammenrücken der Menschheit mehr und mehr erforderlich, Respekt vor der Vorgeschichte der anderen, und das heißt zugleich vor deren Ahnen aufzubringen. Denn auch in dieser Hinsicht sind Wirklichkeit ebenso wie Geschichte nichts objektiv Gegebenes, sondern sind abhängig von der Möglichkeit, bedeutungsvolle Aussagen mit Wahrheitsanspruch machen zu können. Wenn die Konstruktion von Vergangenheit einem Bedürfnis des Menschen entspricht, dann ist die kollektive Verständigung über Vergangenheit abhängig von der Möglichkeit, gemeinsam bedeutungsvolle Aussagen mit Wahrheitsanspruch machen zu können, über die sich eine Gruppe etwa verschiedener Stämme und Völker eine gemeinsame Geschichte zuschreibt. Solche Zuschreibung muss stets aus der Gegenwart heraus erfolgen, und dies gilt auch dann noch, wenn überlieferte oder zeitlich vorgängige Sinnkonstrukte bemüht werden. Da die Grenzen sich geändert haben, ist nun auch gemeinsame Geschichte neu zu denken. Die Wirklichkeit, die wir leben, stellt sich in Sprache und in Bildern her, in Bildern der Erinnerung und in erinnerten oder eingeübten Sätzen ebenso wie in Visionen der Zukunft. Es handelt sich um soziale Setzungen, konstruiert aus den Bedürfnissen der Gegenwart. Weil Aussagen über ferne Orte und Zeiten, auch wenn diese von anderen, darunter auch von „gestorbenen Zeugen“ (Michael Dummett) stammen, in der Regel von den Angehörigen einer auf Homogenität bedachten Gruppe akzeptiert werden, ist Geschichte und Geschichtsschreibung und Geschichtsbewusstsein möglich. Geschichtsbewusstsein ist immer in hohem Maße sozial, verankert im erlernten Idiom und in der sozialen Lebenswelt. Die Realität der Vergangenheit existiert demzufolge ganz wesentlich in der Kommunikation mit Toten. Dies setzt zugleich die Annahme voraus, dass das durch den Verstorbenen Beobachtete und Mitgeteilte „auch dann so gewesen wäre, wenn die Beobachtung nicht stattgefunden hätte“. Daher erhält die schriftliche Überlieferung einen besonderen Status, und Philologie und die Methoden der Hermeneutik werden nicht nur zum Bestandteil, sondern zur Voraussetzung historischer Rekonstruktion.

Geschichtsschreibung, Geschichtsbewusstsein

Nun ist die Realität der Vergangenheit anderer sozialer Gruppen, vor allem aber anderer Kulturen, für Außenstehende mit besonderen Problemen behaftet. Dies gilt bereits bei großen Reichen, die stets aus einer Vielfalt zusammengesetzt sind, und dies gilt umso mehr für den Versuch einer Weltgeschichte. In ganz spezifischer Weise gilt dies für China, dessen kulturelle und ethnische Vielfalt einerseits eingestanden, andererseits durch einen auf Inklusion hinauslaufenden China-Begriff verdeckt wird. Das ist übrigens auch ein Grund dafür, dass China von Hegel als „statisch“ bezeichnet wird, weil es eben dort nicht diejenige Bewegung gegeben habe, die nur durch Einbeziehung eines „höchsten Wesens“ möglich werde, auf das der Einzelne, der so „in die Innerlichkeit hineinflüchtend sich der Gewalt weltlichen Regiments zu entwinden“ vermag, sich beziehen könnte. Es geht Hegel hier um den Charakter der Religion beziehungsweise des Religiösen, es geht aber auch um das Verhältnis des Einzelnen zu seiner Umwelt. Die Verständigung, aber auch der Streit hierüber halten bis heute an. Zugleich trifft zu, dass die Konstruktionen des Anderen und die eigene Identität voneinander abhängen und demzufolge die Geschichtsschreibung – und in ganz besonderem Maße eine Weltgeschichtsschreibung – der Austragungsort von Geltungs- und Deutungskonflikten ist.

Es gibt, wie gesagt, auch gemeinsame Zeugen, die dazu beitragen können, Einheit in der Vielfalt zu ermöglichen. Wenn es etwa in China um verbürgte Vergangenheit geht, so ist trotz einer innerchinesischen Entwicklung und Veränderung in der Geschichtsschreibung – von den ersten Schreibern und Orakelaufzeichnern bis hin zur Geschichtsschreibung der Gegenwart unter der Aufsicht der Kommunistischen Partei Chinas – festzustellen, dass die chinesische Geschichtsschreibung wie kaum eine andere alle Voraussetzungen mit sich bringt, den Anforderungen heutigen Verständnisses von Geschichtsschreibung zu entsprechen. Die Unverbrüchlichkeit der Geltung von Texten galt dort von vornherein als unstrittig, gerade weil an den Historiker höchste Anforderungen, insbesondere diejenige der Unabhängigkeit gestellt wurden und weil historische Kritik einschließlich der Überlieferungskritik früh entfaltet wurde, wie wir insbesondere an dem Teilgebiet der buddhistischen Geschichtsschreibung, aber auch an den Historikerdiskursen seit der Song-Zeit deutlich erkennen können. Die schriftliche Überlieferung wurde so zu dem Konstituens historischen Bewusstseins überhaupt. Auch in Europa hat der Diskurs über die Unverbrüchlichkeit der schriftlichen Überlieferung eine lange Tradition, die eine besondere Ausprägung in der Pyrrhonismus-Debatte des 17. und 18. Jahrhunderts gefunden hat, bei der es um die Bestimmung dessen ging, was als ein glaubwürdiger Beweis gelten kann. Gottfried Wilhelm Leibniz betonte im Jahr 1709, dass er „das Urteil der Pyrrhonisten, wonach [überlieferte Berichte von] Gerechtigkeit und Verdienst weniger mit der Wahrheit als der bloßen Meinung des gemeinen Volkes zu tun haben, für nicht nur falsch, sondern obendrein für gefährlich" hielt. Auch was Leibniz sonst zur „Möglichkeit historischer Wahrheit" gesagt hat, war chinesischen Historikern bewusst, etwa dass es nicht auf die Zahl der Gewährsleute ankomme, weswegen man die Zeugnisse „wägen und nicht zählen" solle.

Unverbrüchlichkeit der Texte

Immer aber ging es und geht es auch bei einer Weltgeschichte weiterhin um die Frage nach der Unterscheidung zwischen der eigenen Geschichtlichkeit und der Geschichtlichkeit der Anderen. Damit ist der Zusammenhang von Raum und Geschichte angesprochen, der einerseits universell ist, der aber andererseits etwa bei der durch europäische Kulturtraditionen geprägten Sicht erhebliche Schwierigkeiten bereitet. Für Leibniz war das noch kein Problem. Denn er entdramatisierte solche Unterschiede wie den zwischen China und Europa. In dem von ihm betriebenen großen Editionsprojekt des »Codex Juris gentium diplomaticus« ging es ihm um die Sicherung von Zeugnissen zu symmetrischen zwischenstaatlichen Beziehungen, und die innereuropäische Staatsvertragslage stellte er nicht in Kontrast zu staatlicher Verfassung in anderen Teilen der Erde. Die von ihm beförderte Zusammenstellung der Akten und Urkunden sollte nicht zuletzt dazu dienen, die noch ungesicherten zwischenstaatlichen Beziehungen zumindest in Europa zu stabilisieren, und solche symmetrische Beziehungen setzte er als allgemein bestehend voraus.

Für die Beschäftigung mit der Geschichte allein schon einzelner Länder und Völker in Europa aber ist die Feststellung wichtig, dass es selbst dort Symmetrie niemals in Reinform gab, und auch das Zeitalter symmetrischer Staatenbeziehungen und -konflikte, die Frühe Neuzeit in Europa, war zugleich gekennzeichnet durch asymmetrische Beziehungen innerhalb Europas und nicht zuletzt von einer „asymmetrischen Überlegenheit" der europäischen Kolonialmächte, die „bei einem begrenzten Ressourceneinsatz [...] weit ausgreifende Eroberungen ermöglichte" (Herfried Münkler). In diese Symmetrie-Asymmetrie-Debatte, welche die Idee eines Völkerrechts im Zuge der Globalisierungstendenzen und Entkolonialisierungsphänomene in Asien, Afrika und Lateinamerika mit der Gerechtigkeitsfrage und damit vor neue Herausforderungen stellt, greift heute eine neue Historikergeneration ein. Gerade weil der europäische Weg vielleicht auch weiterhin eine bedeutendere Rolle spielen könnte, als bisher angenommen, ist die Position von Wolfgang Reinhard für die Frühneuzeitforschung ebenso wie für die heutige politische Theoriebildung von Belang. Denn das, was heute als „europäische politische Kultur" verstanden wird, ist unbestritten das Ergebnis eines langwierigen Prozesses, der im 20. Jahrhundert mit der Deklaration der Menschenrechte einen Höhepunkt, gewiss aber keinen Abschluss gefunden hat. Der fehlende Abschluss liegt gerade auch in der neuen Problematisierung des modernen Staates, dessen Ende „in gewohntem Verständnis" vor wenigen Jahren Wolfgang Reinhard mit den Worten konstatierte: „Internationale Bindungen und wirtschaftliche Globalisierung haben seine äußere Souveränität aufgelöst. Seine innere Politik muß er längst mit Großfirmen und Interessengruppen aushandeln. Viele Bürger glauben nicht mehr an den Staat [...]. Die Auflösung der Rechtseinheit und eine neuartige Privilegiengesellschaft zeichnen sich ab." Aus dieser neuen Lage heraus wird sich der Blick auf die Geschichte Europas ebenso wie auf die Geschichte anderer Erdteile verändern, und die Bemühung um ein Bild von der Weltgeschichte als Ganzem trägt zur Schärfung dieses Blickes bei.

Symmetrie-Asymmetrie-Debatte

Gegen die gelegentlich vorgetragene These von einem „neuen Mittelalter" (Wolfgang Reinhard) und angesichts der Auflösung des modernen Staates verstärken sich Bestrebungen, Politik wieder als die „Ordnung des Zusammenwirkens menschlicher Gegenseitigkeitsbeziehungen" zu definieren und die Frage nach dem Ordnungsbegriff neu zu entfalten. Dabei stellt sich erneut die bereits angesprochene Frage nach dem Einfluss von „Weltbildern" und Ordnungsideen auf die Konstituierung der gesellschaftlichen Ordnungen und Mächte. Wie wirken ihrerseits diese auf die Konstruktion der Ordnungsideen zurück? Wo entscheidet sich das Schicksal der Ideen? Die Feststellung Max Webers: „Nicht die ‚sachlichen' Zusammenhänge der ‚Dinge', sondern die gedanklichen Zusammenhänge der Probleme liegen den Arbeitsgebieten der Wissenschaften zugrunde", gilt auch für die Geschichte und begründet das, was wir heute als das Projekt einer „historischen Kulturwissenschaft" (Otto Gerhard Oexle) bezeichnen.

Grenzen und Räume, Herrschaft und Legitimität, Schuld und Erinnerung

Die für das Politische konstitutive Räumlichkeit generiert notwendig das Thema der Grenze, des Innen und Außen, und zwar bezogen auf die Begrenzung von Staatsgewalt, aber auch auf die Bestimmung des Territoriums, des Geschichtsraums. In neuerer Zeit ist im Lichte der Globalisierungsdebatte dem Grenzthema neue Aktualität zugewachsen. So legt Ulrich Beck nahe, Grenzen doch beizubehalten, weil dies die bessere von zwei schlechten Alternativen sei. So werde erst durch Abgrenzung eine Forderung wie die nach „gleichem Lohn für gleiche Arbeit" sinnvoll, weil sie ansonsten utopisch bleiben müsse. Pointiert formuliert Beck im Hinblick auf Europa: „Zugespitzt gesagt: Nicht die Ungleichheit, sondern die Gleichheit Europas (und der Welt) schürt gesamteuropäische (und globale) Ungleichheitskonflikte." Wenn dies zutrifft, stellt sich die Frage, ob nicht auch innerhalb anderer auf gesamtstaatlich gleichförmige Entwicklungen gerichtete Länder im Interesse der Gewährung größerer Freiheitsräume deutlichere Grenzen zu definieren wären.

Grenzen

In seiner Jenenser Antrittsvorlesung sagte bereits Schiller, was bis heute gilt: „Die Quelle aller Geschichte ist Tradition, und das Organ der Tradition ist die Sprache", und er betont ebenso die Bezugnahme auf die Gegenwart, wenn er sagt, dass der Universalhistoriker von allen Begebenheiten diejenigen heraushebt, „welche auf die heutige Gestalt der Welt und den Zustand der jetzt lebenden Generation einen wesentlichen [...] Einfluß gehabt haben". Nimmt man den Satz des Historikers Wolfgang Reinhard hinzu, „Europa hat den Staat erfunden", dann bildet dies für den Nichteuropäer genauso eine Herausforderung wie die Rede von dem europäischen Sonderweg, wonach eine Rekonstruktion von außereuropäischer Staatlichkeit unter Vorgaben zu erfolgen habe, die heute viele Eliten jener Kulturen nicht mehr zu akzeptieren bereit seien. Eine Brücke der Verständigung könnte ein international vernetzter Frühneuzeitdiskurs bilden, bei dem die Vergangenheit der Kulturen gemeinsam als Vorgeschichte der Moderne interpretiert wird und bei dem alle Beteiligten Anteile der eigenen Tradition in den Diskursen der Gegenwart wiederentdecken.

Verständigung

Während es aber bei den vergleichenden Studien, denen auch die Arbeit »Kings or People« von Reinhard Bendix zuzurechnen ist, um grundsätzliche Weltbildkonstruktionen geht, ist die konkrete frühneuzeitliche Staatsbildung und Staatstheorie jedenfalls für Europa und die europäischen „Flügelmächte" USA und Russland (Mario Rainer Lepsius) bisher vor allem mit dem „langen" 19. Jahrhundert verbunden. Die entsprechenden Entwicklungen außerhalb Europas müssten aus europäischer Sicht daher erst noch im Lichte dieser Erfahrungen rekonstruiert werden.

Dabei wird sich herausstellen, dass nichts so stark Ordnung wie Struktur konstituiert wie die Grenze, wie die Innen-Außen-Differenz. Beides, Struktur und Grenze, sind nichts als Sinnkonstrukte, und solange es der Menschheit nicht gelingt, die

Möglichkeiten zur Verwirklichung eines vorstaatlichen Zustands des friedlichen Zusammenlebens zu finden, wovon Gestalten wie Lew Nikolajewitsch Tolstoi (1828–1910) und mit ihm dann auch manche anarchistische Denker im 19. und frühen 20. Jahrhundert träumten, so lange wird die Bemühung um die Weiterentwicklung von staatlichen Ordnungsvorstellungen unerlässlich sein. Dabei wird man an den Begründungen der modernen Staatslehre anknüpfen und auch auf den „Nationen-Begriff" nicht verzichten wollen. Dies scheint auch Michael Stolleis so zu sehen, der einerseits „Anzeichen für eine fortdauernde Präsenz des souveränen Nationalstaats" sieht, andererseits einen Bedeutungswandel nicht ausschließt und zugleich die Bedeutung geschichtlich gewachsener Traditionen betont, wenn er sagt: „Verschwindet die Bezeichnung ‚Staat', dann werden als Residuum öffentlicher Herrschaft Regionen, Landschaften und Kommunen nachrücken. Ihre Steuerungsmittel werden andere sein als in der Vergangenheit, aber es wird sich doch zeigen, dass sie aus dem frühneuzeitlichen und neuzeitlichen Fundus zu entwickeln sind, von dem wir nun einmal zehren, ob wir uns dessen bewußt sind oder nicht." Auf der Ebene der zeitgeschichtlichen wie der historischen Forschungspraxis kann die Orientierung an den Verhandlungsprozessen des 17. Jahrhunderts und der im Westfälischen Frieden gewonnenen Friedensordnung zudem den Blick für gegenwärtige intergouvernementale Perspektiven schärfen, die im Zuge des europäischen Einigungsprozesses berücksichtigt werden müssen; analog sind im Falle Chinas die Prozesse zur Staatskonsolidierung der letzten 300 Jahre als Ausgangspunkt für einen Diskurs mit dem Ziel der Überwindung des klassischen Staatsbegriffs aufzugreifen. Dabei werden Tendenzen zu neuen Asymmetrien, wie sie sich in Europa in der Debatte über das Feindstrafrecht, in der Ausbildung eines neuen transnationalen Rechtspluralismus und in der Relativierung eines wirksamen völkerrechtlichen Gewaltverbots durch das Selbstverteidigungsrecht und das Recht zur humanitären Intervention zeigen, mit berücksichtigt werden müssen.

Fundus der Frühen Neuzeit

Doch nicht der Staats- und der Grenzdiskurs alleine, sondern auch Wertfragen, mithin die Bedeutung der Religion und damit verbunden die spezifischen Säkularisationsprozesse, spielen eine konstitutive Rolle bei der Frage danach, was einzelne Länder und Völker geschichtlich waren. Dies gilt, wie bereits angemerkt, insbesondere bei der Betrachtung aus einer Fremdperspektive. Solange aber die Geschichtsschreibung in Europa sich noch – zumindest implizit – von einer sich auf die monotheistische Wende und einen bestimmten Wahrheitsbegriff verpflichtenden Tradition herleitet, bleibt die Betrachtung der Geschichte anderer Völker notwendigerweise verzerrt. Dabei sind vielerlei Missverständnisse auszuräumen, von denen manche allerdings bereits bekannt sind. So ist im Falle Chinas etwa unstrittig, dass es in der Vergangenheit vielerlei Diskursebenen gegeben hat und dass von einer autokratischen Position des Herrschers nur in Ausnahmefällen die Rede sein kann. Es gab also eine Tradition von Öffentlichkeit einschließlich eines Diskurses über das Öffentliche und das Gemeinwohl. Aus der Anerkennung dieser Eigengesetzlichkeit von „Entwicklung" und aus dem Konzept der „Ungleichzeitigkeit" (Karl Jaspers), aus

Die Rolle der Peripherie

denen die Prägung des Begriffs der „multiple modernities“ (Shmuel N. Eisenstadt) resultiert, müsste eine erweiterte Perspektive der Geschichtsbetrachtung erwachsen.

Eine Auflösung scheinbar unverrückbarer Perspektiven ergibt sich, wenn die bereits erwähnten Raumkonzepte einer Neufokussierung unterworfen werden, wozu die Zentralasienforschung und unter den deutschen Sinologen besonders Herbert Franke beigetragen haben. Was ganz offensichtlich für die Gegenwart nach dem Zusammenbruch der Sowjethegemonie Russlands gilt, dass sich nämlich im Laufe der Beschäftigung mit Zentralasien das Bild dieser Region und ihrer internen Komplexitäten erweitert, gilt auch für frühere Zeiten, etwa für die Rolle der Mongolen für den weiträumigen Kulturaustausch. Infolge des Umstandes, dass die mongolische Gesellschaft auf Grund ihrer nomadischen Wirtschaftsform mit wenigen Menschen eine große Zahl von Weidetieren auf großen und zum Teil wechselnden Arealen zu versorgen hatte, waren sie wegen mangelnder eigener Expertise zur Sicherung eines größeren Herrschaftsgebietes auf die Unterstützung durch Angehörige fremder Völker angewiesen. So wurden sie selbst schnell zu einer Minderheit in ihrem eigenen Territorium – ein Umstand, dem man in China mit der bekannten Klassifizierung der Bevölkerung in Mongolen, Zentral- und Westasiaten, Nordchinesen und Südchinesen Rechnung trug. Im Zusammenhang mit einer „Quotenregelung“ kam es zu einer geplanten systematischen Vermischung von Personen ganz unterschiedlicher kultureller und sozialer Herkunft. Es handelt sich also um die spezifischen Folgen einer Staatsbildung durch ein zentralasiatisches Steppenvolk unter besonderer Berücksichtigung der mongolischen Kultur- und Sozialverfassung. Damit tritt die bisher aus sinologischer ebenso wie aus iranistischer Sicht vernachlässigte gestaltende Vermittlerrolle der Mongolen und ihres Reiches ins Zentrum der Aufmerksamkeit. Diese spielten im 13. Jahrhundert eine Rolle, die sie dann an das seefahrende Europa abgaben: „The Mongolian Empire functioned [...] as the principle cultural clearing house for the Old World for well over a century. And when it declined and disintegrated, it was gradually replaced by maritime Europe which in time came to perform similar offices for the Old World and the New“ (Thomas T. Allsen). Diese Andeutung wird auch in der vorliegenden Weltgeschichte nicht gänzlich ausgeführt. Man wird an die These Immanuel Wallersteins erinnert, der in seinen Arbeiten zur Theorie der Entstehung der Moderne vier Erklärungsansätze in Form von „Zusammenbrüchen“ als Voraussetzungen für die Entstehung des modernen rationalen Kapitalismus nennt. Einer der Zusammenbrüche, neben denen der Feudalherren, der Staaten und der Kirche, ist danach der des Mongolenreiches. Der Zusammenbruch der herrschenden Klasse sei nicht die Folge einer Eroberung von außen gewesen, gefolgt von der Implementierung einer neuen Klasse oder Schicht, sondern die bäuerlichen Produzenten konnten sich selbst weiter entfalten. Dieses „Nichtereignis“ setzt Wallerstein in Beziehung zum Zusammenbruch jenes Weltsystems, welches zwischen 1250 und 1350 die „Unterregionen“ China, Indien, Arabien und Persien sowie Europa durch Fernhandelsbeziehungen miteinander verknüpfte. Durch die Einbeziehung der Mongolei habe es eine „Nordroute“ gegeben, durch die eine bereits

Das Mongolenreich

während der Römischen Zeit bestehende Beziehung zwischen China und Rom wieder aktiviert worden sei. Dieses lebendige Fernhandelssystem wurde dann vor allem durch die Pest gestört, die im zweiten Drittel des 14. Jahrhunderts ausbrach. Daneben gab es andere Gründe für den Niedergang des Mongolenreiches, insbesondere die mangelnde Fähigkeit, ein Weltreich auf Dauer zu verwalten. Die Konsequenz war, dass Europa trotz erheblicher innerer Schwäche im 14. und 15. Jahrhundert von außen nicht behelligt wurde.

Solche Anregungen können nicht ohne ein intensives Studium der Zeugnisse der Vergangenheit aufgegriffen und weiterverfolgt werden. Immer wieder finden wir Texte, in denen sich wie in einem Brennspiegel historische Reflexion und Berichterstattung verbinden. Ein Beispiel hierfür ist jene Passage in der »Geschichte der Späteren Han-Dynastie« in einer Redaktion aus dem 5. Jahrhundert n. Chr., in der von notwendigen Grausamkeiten zum Zwecke der Aufrechterhaltung von Ordnung die Rede ist – ein Text jener langen Tradition von Selbstverständigung und von Abwägung zwischen Zivilität und Zwangsnotwendigkeit zur Generierung von Ordnung, deren Kenntnis ein neues Bild des älteren China entstehen ließe. Solche Texte gehören mit in die Betrachtung der Geschichte Chinas, insbesondere wenn es um die Darstellung der Leistung und der damit verbundenen Kosten solcher Gestalten wie Cao Cao, Hongwu (Zhu Yuanzhang) oder Mao Zedong geht, wobei allerdings auch hier der Satz Reinhart Kosellecks gilt: „Moralische Urteile sind nötig, aber nicht konstitutiv für das, was einmal geschehen ist" – auch wenn uns dieser Gedanke bei nahe zurückliegenden traumatischen Ereignissen naturgemäß schwer fällt.

Herrschaft und Legitimität ist aber der Zusammenhang, in den Geschichtsschreibung in erster Linie gehört; dem liegt zugrunde, dass Handlungen Sinn zugeschrieben wird, und natürlich ist der Zusammenhang selbst noch Gegenstand einer möglichen Geschichtsschreibung, die als Ideengeschichte oder spezieller Historiographiegeschichte verstanden werden kann. Diese Aussage trifft auch für den Fall zu, dass nicht die eigene, sondern fremde Geschichte beschrieben wird, muss dann aber noch durch eine zusätzliche Dimension ergänzt werden. Die Abgrenzung ist nicht immer einfach, wenn man etwa an Karl den Großen denkt, weil die Geschichtsräume sich ändern. Weiterhin können Zugehörigkeitsformeln variieren. Dies ist etwa im Falle Russlands seit längerem immer wieder ein Thema und zur Zeit wieder hochaktuell, wo sich wesentliche Teile der russischen Intelligenz von Europa und dem Vorbild Europas abzuwenden scheinen. Auch im Falle Chinas ist dies problematisch, allerdings in einer anderen Weise als in Europa, weil dort der Nationenbildungsprozess bei einem China einsetzte, in dem das Prinzip des Selbstbestimmungsrechtes der Völker durch den Charakter als Vielvölkerstaat immer schon außer Kraft gesetzt war. Durch solche Vorgaben wird die Stellung eines Historikers bestimmt. Ferner wird einer, der sich als Tibetologe mit der Geschichte Tibets oder als Mongolist mit der Geschichte der Mongolen beschäftigt, auf diese Gegenstände eine ganz andere Sicht entwickeln als ein Sinologe, für den es sich bei Tibet und der Mongolei um Teile Chinas oder um Nachbarvölker und -regionen Chinas handelt.

Herrschaft und Legitimität

Die Stellung des Historikers zu seinem Gegenstand hängt also von dem Gegenstand selbst ab, einmal von der Konstituierung des Gegenstandes, dann aber auch davon, wie er selbst darin verstrickt ist. Dies wird nur relational zu beschreiben sein und für unterschiedliche Gegenstände auch unterschiedlich gehandhabt. So ist es unter den Chinahistorikern vorherrschend, dass sie selbst die Einheit und Integrität Chinas für den Normalzustand erklären, auch wenn regionale Bevölkerungsgruppen, Minderheiten oder ganze Völker (wie z. B. die Tibeter) sich dieser Haltung nicht anschließen mögen. Manchmal konstituiert sich ein Gegenstand auch erst später als allgemein angenommen, wie im Falle Deutschlands, von dem Peter Moraw schreibt, möglicherweise sei erst das 16. Jahrhundert „ein wirklich gesamtdeutsches Jahrhundert" gewesen. Heute scheinen wir Zeitgenossen der Bildung neuer Erinnerungsräume zu sein. Dabei ist es nicht unerheblich, auf welcher Beobachterposition wir stehen, innerhalb oder außerhalb, zumal wir als Historiker nicht von juristischen und theologischen und sonstigen erinnerungsräumlichen Vorstellungen absehen können, die ihrerseits immer unter unterschiedlichen Wertehorizonten gesehen und dargestellt werden.

Geschichtsschreibung

Zurechnung von Verantwortlichkeit aber ist nicht das Geschäft des Historikers; er berichtet nur über von anderen wahrgenommene Zurechnungen und enthält sich selbst der Verurteilung. Natürlich gibt es die Naturgeschichte, die Klimageschichte, und unvermeidlicherweise gibt es auch die Zurechenbarkeit von Verantwortlichkeit einzelner Personen zu Folgen, die aus Interaktionen entstehen. Wegen dieser Relationalität ist der Begriff der Verantwortung vor allem mit dreierlei verknüpft: dem Verantwortungsträger, einer Person oder einem Kollektiv, einem Forum, demgegenüber verantwortet wird, und einem Inhalt. Jenseits aller Feststellungen von Kontingenz also ist es dann doch die Aufgabe des Historikers, solchen Zurechnungsstrukturen von Verantwortung nachzugehen. Da aber Handlungen und Folgen nicht eineindeutig aufeinander zu beziehen sind, gibt es bereits hier die erste Schwierigkeit, deretwegen es sich in der Regel auch verbietet, von Schuld zu sprechen. Dies hat Hegel gesehen, als er formulierte, dass jede sittliche Handlung, insofern sie auf eine entgegenstehende Wirklichkeit trifft, die Gefahr in sich birgt, die Folgen ihrer Tat nicht übersehen zu können und doch für sie verantwortlich zu sein. Nur insofern ist jedes Tun schuldhaft. „Unschuldig ist daher nur das Nichttun wie das Seyn eines Steines, nicht einmal eines Kindes." Das Dilemma ist letztlich niemals gelöst worden, auch wenn der Schuldbegriff vielmals gewendet wurde und nach dem Zweiten Weltkrieg Karl Jaspers und andere unterschiedliche Schuldbegriffe gegeneinander unterscheiden (Kollektiv-Schuld, Mit-Schuld, Tat-Schuld, Unterlassungs-Schuld etc.). Dieser Frage und auch der Abhängigkeit des Schuldbegriffs vom Begriff des Bösen soll hier nicht weiter nachgegangen werden. Dies muss auch deswegen unterbleiben, weil die Zurechnungsbeziehungen einen höheren Komplexitätsgrad erhalten, wenn die Handlungen im Kontext von staatlichem Handeln stehen. Dann sind sie allenfalls vor dem Hintergrund unterschiedlicher Handlungsspielräume (oder Szenarien) zu verstehen und entsprechend zu bewerten.

Schuldfrage

Allerdings ist diese Folgerung abhängig davon, ob man den beschriebenen Zusammenhang für wahr hält oder ob er allgemein für wahr gehalten wird. Denn natürlich findet politisches Handeln vor dem Hintergrund dessen statt, was für wahr gehalten wird beziehungsweise im öffentlichen Diskurs sich als solches durchsetzt. Dagegen steht eine andere Position, nämlich die, dass der Einzelne keine Gewissheit über die verbindlichen Werte menschlichen Handelns haben kann, sondern dass er in Erkenntnis der vorhandenen Optionen und Alternativen handelt und die getroffene Wahl mit seiner ganzen Existenz zu verantworten hat.

Der Historiker hat es also nicht nur mit gedanklichen Konstrukten, sondern mit schon bestehenden relationalen Festlegungen zu tun. Er wird bereits mit Zurechnungen konfrontiert. Diese bestehenden Zurechnungsregeln und seine eigenen Zurechnungen werden ihrerseits wieder Gegenstand von Betrachtungen. So gesehen ist das Geschäft des Historikers die Feststellung und Modifikation von Zurechnungsregeln. Dabei wird er mit dem Begriff der Kontingenz eher als mit dem der kausalen Zurechnung arbeiten. Es wird aber, wie bereits angedeutet, einen erheblichen Unterschied ausmachen, ob man aus einer Fremdperspektive oder aus der Eigenperspektive heraus Beurteilungen vornimmt. Für den Historiker ist ein entscheidendes Kriterium das der Zugehörigkeit. Es mag innerhalb eigener Traditionen und gewissermaßen genealogisch gedachter Sinnkonstrukte spezifische Zurechnungsregeln geben; diese müssen aber nicht unbedingt für die Sinnkonstituierung aus der Fremdperspektive gelten – und tun dies in der Regel auch nicht. Dass es natürlich neben allen nationalen, regionalen, religiösen oder sonstigen Zugehörigkeiten auch die Zurechnung zur Menschheit gibt, ist überhaupt die Grundlage für eine umfassende, universale Geschichtsschreibung und eröffnet es dem Einzelnen, sein eigenes Handeln zu verantworten, etwa im Sinne Immanuel Kants, der von dem Menschen spricht, der „nichts stärker scheuet, als sich in der inneren Selbstprüfung in seinen eigenen Augen geringschätzig und verwerflich zu finden".

Fremdperspektive und Wahrheitsfrage

Geschichte nimmt immer auch Gestalt an in Bildern, Monumenten, Inschriften und Überlieferungszusammenhängen. Schon dadurch werden Vorentscheidungen für Denkwürdigkeit, zumindest für mögliche Aufmerksamkeit geschaffen. Das Politiker- und das Herrscherportrait spielen hier eine zentrale Rolle. Wenn auf einer Berliner Auktion im Sommer 2006 ein Sammler das Portrait Mao Zedongs von Gerhard Richter für 680.000 Euro ersteigert – zu einer Zeit, in der in einem vielbeachteten Buch dieser Vorsitzende als Verbrecher geschildert und mit Gestalten wie Josef Stalin und Adolf Hitler gleichgesetzt wird –, bewirkt dies ein gewisses Unbehagen, zumal eine solche Nachricht über die Ersteigerung eines Hitler-Bildes ganz anders kommentiert würde. Andererseits ist auch Hitler schon längst zumindest in bestimmten Nischen international zu einer Ikone geworden. So hat im Jahr 2008 in Bombay ein Restaurantbesitzer seinem Unternehmen den Namen *Hitler's Cross* gegeben, denn ähnlich wie Hitler „die Welt mit Gewalt erobern wollte", wolle er dies „mit dem Essen und dem Service" tun. Dabei ist die Ambivalenz in der Haltung gegenüber einem Portrait solcher historischer Persönlichkeiten bekannt, zumal etwa

Herrscherbilder

im Falle Mao Zedongs die Opfer der Politik des Großen Sprungs und der Kulturrevolution von vielen gerade diesem „Großen Vorsitzenden" zugerechnet werden. Long Jingtai formulierte dies folgendermaßen, als er von einem Freund berichtet, der sich ein riesiges Mao-Bild von Andy Warhol (Mao mit knallrosa Lippen) in die Wohnung gehängt hatte: „Das Mao-Bild ist ein Mosaikstein seiner [sc. des Freundes] Jugendzeit, eine leise Erinnerung an seinen jugendlichen Idealismus oder sogar ein leichter Anflug von Selbstironie im reifen Alter. Wie auch immer, für ihn ist das Mao-Bild ein Bild von Mao. Für mich ist es das nicht. Ich sehe den Mann darin, konkret und gegenwärtig, und von seinen Händen trieft Blut. Guter Gott, dachte ich, wie sollte ich ihm nur meine Gefühle verständlich machen? Ich sagte zu ihm: ‚Würdest du auch ein Bild von einem Hitler mit knallrosa Lippen in dein Wohnzimmer hängen, lieber Freund?'" Ganz anders sieht dies der Künstler Zhang Hongtu, der in einer Collage (Acryl auf Leinwand, 1989) Leonardo da Vincis Gemälde vom »Abendmahl« – möglicherweise auch angeregt durch Andy Warhols »The Last Supper« – kopiert und alle Häupter durch Köpfe Mao Zedongs ersetzt. In diesem Protestgemälde gegen die brutale Niederschlagung der Demokratiebewegung auf dem Platz vor dem Tor des Himmlischen Friedens am 4. Juni 1989 wird das „Einer unter euch wird mich verraten" (Matth. 26, 21) zu „Mao wird durch Mao verraten".

Nun mögen bestimmte Gestalten der Geschichte zu Positivgestalten mutieren, wie Karl der Große, Napoleon und viele andere; nur muss dabei die Frage immer wieder neu beantwortet werden, warum solche Gestalten trotz der durch sie ausgelösten Leiden so positiv bewertet werden. In manchen Fällen werden lange Zeiten hindurch kritisch konnotierte Herrscherfiguren auf einmal positiv gesehen, wie im Falle des Reichseinigers des chinesischen Kaiserreiches, Qin Shihuangdi, der über Jahrhunderte perhorresziert worden war und der erst im Zuge der Neuorientierung Chinas in der Zeit der sogenannten Kulturrevolution in den 60er und 70er Jahren des 20. Jahrhunderts positiv bewertet wurde, in der auch andere Gründerfiguren wie Hongwu (Ming Taizu), der Gründer der Ming-Dynastie, eine Neubewertung erfuhren. Solchen allgemeinen Festlegungen zur Beurteilung von Personen widersetzt sich der Historiker nur selten, auch wenn er sich um Differenzierung bemüht. Wenn er bewertet, bedient er sich fester Instrumentarien, zum Beispiel Topoi oder Klischees wie jenes vom „schlechten letzten Minister" oder jenes vom „schlechten letzten Herrscher". Oft bestätigten spätere Historiker nur, was durch Unbedachtheit oder Absicht zur Selbstdestruktion von Herrschern führte, wie im Falle Neros, der möglicherweise gänzlich zu Unrecht als Brandstifter Roms in die Annalen eingegangen ist. Öffentlichkeiten haben schon in der Antike historiographische Zurechnungen konterkariert, und es scheint immer wieder zu solchen Rivalitäten zu kommen. Auch die Skandalorientierung in den gegenwärtigen öffentlichen Diskursen über das 20. Jahrhundert als das „Jahrhundert der Extreme" hat inzwischen vielfältigen Widerspruch gefunden.

Bewertung von Herrschern

Jenseits aller Geschichtsschreibung erhalten sich nicht selten Erinnerungskulturen, die Gegenentwürfe und verworfene Politiken bergen und überliefern, nicht durchgesetzte Optionen und Wertmaßstäbe, die gewissermaßen im Tross der Erinnerung als verworfene Möglichkeit und zugleich als Mahnung der Vorläufigkeit gelten können. Auf solche Traditionen berufen sich gelegentlich Gegenentwürfe zum Bestehenden. Sie können besonders wirksam werden, wenn sie in einer Situation wirkungsmächtig werden, die als Ausnahmezustand behauptet und/oder verstanden wird. Natürlich kennt die Geschichte immer schon den Ausnahmezustand, der alles rechtfertigt, und die theoretische Begründung hierfür ist immer wieder versucht worden. Dadurch werde den Großen in der Geschichte „Dispens vom gewöhnlichen Sittengesetz erteilt", wie dies Jacob Burckhardt formulierte, und dafür gab es in den Sphären des Religiösen und des Künstlerischen Rechtfertigungen. Einige polemisierten dagegen, wie etwa René König in seiner Schrift über Machiavelli von 1941. Die Debatte zum Charisma-Begriff bei Max Weber gehört ebenso hierher wie die konservativen Führerphantasien eines Max Kommerell. Nicht alles, was in ähnliche Richtung gedacht wurde, musste zu gleichen Resultaten führen. Søren Kierkegaard formulierte einmal, dass „die Ausnahme das Allgemeine mit energischer Leidenschaft denkt". Diesen Satz hatte Carl Schmitt in seiner Souveränitätslehre etwas verkürzend aufgegriffen, wenn er formulierte: „Die Ausnahme erklärt das Allgemeine und sich selbst. Und wenn man das Allgemeine studieren will, braucht man sich nur nach einer wirklichen Ausnahme umzusehen." Und etwas später: „Auf die Länge wird man des ewigen Geredes vom Allgemeinen überdrüssig; es gibt Ausnahmen. Kann man sie nicht erklären, so kann man auch das Allgemeine nicht erklären." Dieser Zitierungszusammenhang erinnert etwa an gegensätzliche Positionen der Religionsgeschichtlichen Schule am Ende des 19. Jahrhunderts. Die Denkfigur von der Gegenüberstellung von Allgemeinem und Ausnahme ist in vielen Kulturen über Jahrhunderte diskutiert worden, und bis in die Gegenwart wird die Frage der „Dispensation von dem gewöhnlichen Sittengesetz" in der Weise beantwortet, dass selbst der außergewöhnliche, das Reich einigende Herrscher sich in der Behandlung seiner Widersacher an die Gesetze zu halten habe, ihm also auch nicht ausnahmsweise ein Begnadigungsrecht eingeräumt wird. Damit ist eine für die europäische Geistesgeschichte des 19. und 20. Jahrhunderts folgenreiche Thematik angesprochen, die heute noch unter Begriffen des übergesetzlichen Notstands oder des Feindstrafrechts Konjunktur genießt. Für den Historiker jedoch mag, gerade auch angesichts der Beobachtungen von Peter Moraw zum „Verfassungskonflikt vor einer Verfassung", die Rede von einem dem Verfassungsgesetz vorgängigen Staat nicht abwegig erscheinen, auch wenn dies nicht gleichbedeutend ist mit der Anerkennung einer über der Verfassung stehenden Staatsperson. Hier ließe sich an der mitteleuropäischen Verquickung der Diskurse von *Patria* und *Nation* seit dem späten Mittelalter anknüpfen.

Sittengesetz und Ausnahmezustand

Bei allem aber bleibt die Einzelperson wichtig, auch als historische Gestalt, welche vielleicht genau die Inkarnation solcher primordialer Vorstellungen der Ausnahme darstellt, die juristisch ausgeschlossen ist. Atatürk, Mao Zedong, Adolf Hitler gehören auf je eigene Weise zu diesen Inkarnationen – und auch ihr Scheitern war noch geschichtsmächtig. Nicht die Protagonisten, nur die Nachzügler sind Verlierer. Dagegen erscheint jede Vergangenheitsbewältigung, welche die Reliquien ohne Heilige zum Erinnerungsobjekt erklärt, wie ein hilfloser Nachhall von Vergangenem.

Lebendigkeit findet sich oft gerade dort, wo bereits alles beendet scheint, weil Geschichte nicht aufhört, in der Gegenwart Gerechtigkeit einzufordern, insbesondere wenn das, was wir als Traumata bezeichnen, und kollektive Erinnerungs- oder Vergessensmechanismen Geschehenes trotz aller Versuche der Ausblendung gegenwärtig halten. Dabei kann nur in der Ausnahmesituation etwas als Opfer verstanden werden und damit „abgebucht" werden. Aber selbst einem *Vietnam Memorial* in Washington D.C. gelingt es nicht, die Ansprüche der Opfer zu befriedigen. Wenn das Trauma nämlich einmal in die Welt gekommen ist, kann es eine Wiedergutmachung nicht geben, denn es ist in der Regel unsägliches Geschehen. Das Urvertrauen ist verletzt, und dem Nachgeborenen bleibt nur die Hoffnung auf „die Lücke, die der Teufel lässt" (Alexander Kluge). Der Umstand, dass das Vergangene nur in der Gegenwart zugänglich ist, oder genauer dass alles, was eine Aussage über die Vergangenheit wahr macht, in der Gegenwart liegen muss, scheint die Möglichkeit des Entkommens zu eröffnen. Es bleiben die Zeugnisse aus der Vergangenheit und ihre Ansprüche, es ist die oben bereits unter Bezug auf Michael Dummett angesprochene Kommunikation mit den Toten, den Angehörigen der Gemeinschaft, die durch ihre Worte, ihre Schriften, ihre Kunstwerke oder Theorien präsent bleiben. Heute wissen wir mehr darüber, wie gerade verschwiegene Traumata zu neuen Katastrophen führen können, und finden dafür vielerorts, wie zum Beispiel auf dem Balkan, aber auch in Palästina, aktuelle Beispiele.

Traumata und Erinnerung

So gesehen hat Gerechtigkeit in der Geschichte keinen Platz, und dem Täter oder den Tätern ist die Berechtigung des Ausnahmezustandes zuzubilligen, andernfalls sie als Inkarnation des Bösen zu gelten haben. Im Grenzfall, wo keine Verfassung und kein Richter sind, muss auf das Mittel des Gottesurteils oder auf die Strafe durch die Ahnengeister zurückgegriffen werden. In der modernen Medien- und Feuilletongesellschaft freilich gibt es offensichtlich neue Rituale des Verschweigens und des Selbstoffenbarungszwangs, wie etwa Partialbekenntnisse von Schriftstellern, wobei eigentlich nur interessant ist, welche „Schuldbekenntnisse" für belangvoll und für öffentlicher Erörterung zugänglich gehalten werden. Hätte Günter Grass von einem Übergriff gegenüber einer Mitschülerin berichtet, hätte dies wohl kaum ein solches Echo gefunden wie die späte, im Jahre 2006 gegebene Mitteilung, er sei in den letzten Kriegsmonaten des Zweiten Weltkriegs als 17-Jähriger Mitglied in der Waffen-SS geworden. Erhellender aber ist dann die Folgediskussion, in der sich öffentliche Empörung mit Verständnis überkreuzte. Immer wieder werden Positionen von Betroffenheit artikuliert, die man einem erwachsenen Menschen kaum zugetraut hätte, die aber symptomatisch scheinen in modernen Gesellschaften, in denen sich angesichts der Wertungsabstinenz der Historiker eine laisierte Rechthaberei, aber auch Solidarität und Mitgefühl über alle Grenzen hinweg entwickeln, die sich nicht selten mit dem Boulevardblatt verbinden.

„Schuldbekenntnisse"

Nun ist es eine Notwendigkeit, Schuldzurechnungen gelegentlich aufzuheben, zu entlasten durch Verzeihen oder durch Vergessen. Dazu sind oft Perspektivenwechsel notwendig, und die Kulturen stellen unterschiedliche Mittel und Methoden solcher „Bewältigungsstrategien" bereit, wobei der Begriff der Vergangenheitsbewältigung selbst wohl eher auf ein Misslingen hinausläuft. Denn solche Aufhebung setzt voraus, dass Geschichte von abgeschlossener Vergangenheit berichtet; „gelebte Geschichtlichkeit" muss vielmehr das „gegenseitige Aufeinanderverwiesensein von Gedächtnis und historischem Diskurs ganz neu bedenken" (Burkhard Liebsch). Besonders nach Wendezeiten sind solche Perspektivenwechsel möglich und auch unabweisbar. Ob sie gelingen, hängt von vielerlei Bedingungen ab, und in Deutschland etwa scheinen Selbstentschuldungsversuche oft an der Stelle notwendiger Verzeihungs- und Anerkennungsanstrengungen zu stehen und vielleicht auch gerade deshalb zu misslingen.

Katastrophen und kollektive Irrwege haben das 20. Jahrhundert wie kaum eines zuvor gezeichnet. Das war schon erkennbar zu dessen Anfängen, wenn etwa Friedrich Nietzsche formulierte: „Der Irrsinn ist bei einzelnen etwas Seltenes, aber bei Gruppen, Parteien, Völkern, Zeiten die Regel." Dieser Gedanke beschäftigte auch Sigmund Freud, der in seiner Schrift »Die Enttäuschung des Krieges« von 1915 formuliert: „Warum die Völkerindividuen einander eigentlich geringschätzen, hassen, verabscheuen, und zwar auch in Friedenszeiten, und jede Nation die andere, das ist freilich rätselhaft." Die Sorge um den Frieden beschäftigte Sigmund Freud weiter, wie wir seinem Brief »Warum Krieg?« an Albert Einstein vom September 1932 entnehmen, der mit dem Satz endet: „Alles, was Kulturentwicklung fördert, arbeitet auch gegen den Krieg." Der Satz Freuds in seiner Schrift von 1915 »In Wirklichkeit gibt es keine „Ausrottung" des Bösen« beschäftigt uns bis heute. Hannah Arendt (1906–1975) hat nach ihrer Teilnahme an dem Eichmann-Prozess in Jerusalem und ihrem Bericht über die „Banalität des Bösen" der Frage nach dem Bösen weitere Aufmerksamkeit in einer Vorlesung geschenkt, die aus dem Nachlass herausgegeben wurde. Gerade ihre Einsicht, dass „das radikal Böse nicht aus Überzeugungen, sondern aus der Plattheit einer Beamtenseele erwachsen" sei, ist die bleibende Irritation für die Nachwelt.

Sorge um den Frieden

Allerdings sind die historisch vorfindlichen Verschränkungen von Einzelnem und Kollektiv durchaus unterschiedlich. Kontrastiv ist gerade die Frage der unterschiedlichen Persönlichkeitsstruktur in den einzelnen Kulturen thematisiert worden, wobei sowohl psychosoziale als auch spezifisch religiöse Konstellationen als Bestimmungsgrößen identifiziert wurden. Die Unterwerfung unter die Massenlinie war eine Forderung der chinesischen Revolutionäre, die gar nicht der Anstrengungen bedurften, wie sie Ernst Jünger (1895–1998) in frühen Jahren formulierte, wenn er schrieb: „Wir müssen dazu fähig werden, eine Art Demagogie von oben zu betreiben, gerade in den Augenblicken auf die Masse zu wirken, die sie in der Glut großer und unerwarteter Ereignisse jenen Grad der Weichheit und Auflösung erreichen lassen, in dem sie … lediglich durch Gefühle zu formen ist." Da ist das reflektierte Bewusstsein

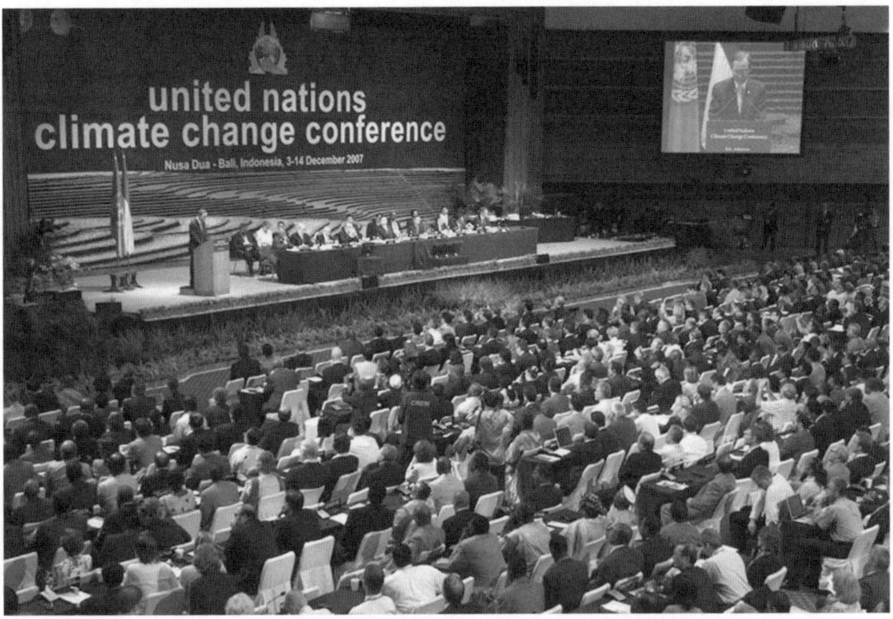

Die Klimakonferenz des Jahres 2007 fand vom 3. bis 14. Dezember in Nusa Dua auf der indonesischen Insel Bali statt.

hinderlich und gefragt zugleich, auf das Gotthold Ephraim Lessing so sehr setzte, und wozu bei ihm auch der Rückgriff auf die eigene Überlieferung gehört, wenn er in seiner Schrift »Über die Erziehung des Menschengeschlechts« von 1780 betont, dass es auch um Exilerfahrung und um reflexive Selbsterfahrung geht. Solches findet immer im Kontext von Leben statt, das sich durchsetzt, wie im Film »Leben!« (»Huozhe«) von Zhang Yimou aus dem Jahr 1994, der das Schicksal einer Familie durch die politischen und zumeist kriegerischen Wirren Chinas von den 1930er Jahren bis in die 1960er Jahre der Kulturrevolution zeigt. In China verboten, wurde dem Film im Westen vorgeworfen, er gehe zu versöhnlich mit der Geschichte um.

Damit sei nochmals die Frage nach der Zurechnung von Verantwortung aufgegriffen. Martin Heidegger soll 1940 gesagt haben: Historiker „haben darin ihre Auszeichnung, daß sie nicht geschichtlich denken können und auch nicht zu denken brauchen, denn sie sind nur die verärgerten oder übereifrigen Handlanger ihrer Gegenwart". Zieht man einmal den polemischen Ton ab, so bleibt die Konstatierung eines Sachverhalts, der heute bekräftigt wird, wenn Wolfgang Frühwald in einem Editorial der Alexander-von-Humboldt-Stiftung schreibt: „Die Wirklichkeit, die wir leben, stellt sich in Bildern und in Sprache her, in Bildern der Erinnerung ebenso wie in Visionen der Zukunft. Beide, Vergangenheit und Zukunft, stehen (nach Maurice Halbwachs) nicht naturwüchsig an. Sie sind soziale Setzungen, konstruiert aus den jeweiligen Bedürfnissen der Gegenwart." Dieser Zusammenhang

Der Historiker

ist heute mit Händen zu greifen, wenn die Geschichte der Vertreibung in Europa kommentiert und inszeniert wird. Lange ist es her, dass Bücher geschrieben wurden wie jene von Gerd Tellenbach im Sommer 1945 verfasste Schrift »Die deutsche Not als Schuld und Schicksal«. Eher stand die Geschichtswissenschaft in Deutschland im Zeichen einer Rückkehr zu Ranke und dessen Begriff der Objektivität. Diese implizierte, in den Worten Otto Gerhard Oexles, die inzwischen wohl überwundene „Rückkehr zum Paradigma von ‚Staat' und ‚Reich' als dem wichtigsten Gegenstand historischer Forschung" und bedeutete „eine Lähmung des Faches, deren Aufhebung lange Zeit gedauert hat, und zwar – bezeichnenderweise – ebenso lange Zeit, wie man die Erinnerung an den Nationalsozialismus und seine verheerenden Wirkungen in der deutschen Geschichtswissenschaft sich nicht einzugestehen vermochte".

Heute scheinen sich Aufmerksamkeitsstrukturen erneut gewandelt zu haben. Sie richten sich auf den Planeten Erde. „Unsere gute, alte Erde, die in den letzten 12000 Jahren unsere Heimat war", so konstatiert der Urbanist Mike Davis anlässlich der Entgegennahme des Kulturpreises der Münchner Universitätsgesellschaft im Jahr 2008, „existiert nicht mehr." Doch bleibt neben diesem Thema die Frage nach der Stellung der Völker zueinander und der mentalen Gliederung der Welt auf der Tagesordnung. Im 19. und 20. Jahrhundert standen die Nationsbildungen im Vordergrund, und sie spielen weiterhin eine Rolle. Die sich auf einen Begriff eines allgemeinen Türkentums und zugleich die westliche Modernisierung anstrebende Nationsbildung der Türkei entwickelte bald großtürkische Interessen, wonach alles Türkische beansprucht oder wenigstens doch einem eigenen Kulturkreis zugerechnet wurde. Daraus wurden Ansprüche bis hin nach Zentral- und Ostasien, etwa auf das chinesische Xinjiang, das ehemalige „Ostturkestan", abgeleitet. Zur Überwindung der aus solchen Nationsbildungen resultierenden Spannungen ist mit der Errichtung des Völkerbundes und dann mit der Bildung von Bündnis- und wirtschaftlich-politischen Kooperationssystemen ein Netzwerk von Sicherheitspartnerschaften entstanden, welches stets prekär bleibt, aber doch eine mögliche Option für weitere friedliche Entwicklung und den stets notwendigen Interessenausgleich darstellt.

Aufmerksamkeitsstrukturen

Seit der Auflösung der Sowjetunion und dem Wegfall der Ost-West-Konfrontation mit den USA und Russland als Antipoden hat sich eine multipolare Weltordnung entwickelt, bei der neue Konstellationen denkbar sind und manche Unwägbarkeiten entstehen. Insbesondere die neu oder wieder entstehenden Staaten in Zentralasien zwischen Russland, China, Indien und der Türkei mit dem ebenso interessierten Iran in der Nähe und einem Fortbestehen der strategischen Interessen der USA bilden eine bleibende Herausforderung. Dabei ist seit dem 11. September 2001 Afghanistan zum besonderen Brennpunkt geworden, der wie eine Wiederbelebung des *Great Game* anmutet.

Eine neue Weltgeschichte

Eine Weltgeschichte in sechs Bänden ist angesichts dieser neuen Unübersichtlichkeit der Versuch, aus einer Vielstimmigkeit ein Gesamtwerk werden zu lassen. Das Konzept war klar: Es sollte von vornherein die Welt als Ganzes gesehen werden, weil die Geschichte ebenso wie die Summe aller Geschichten die Vorgeschichte der Gegenwart ist sowie alle Menschen und Völker auf dieser Erde betrifft. Dabei bestand Einverständnis, dass nicht alles ausgeschöpft, nicht sämtliche Kreise würden ausgeschritten werden können. Die „Grundlagen der globalen Welt" wurden im ersten Band („Grundlagen der globalen Welt. Vom Beginn bis 1200 v. Chr.") ausgebreitet, von der frühen Menschheitsgeschichte bis hin zur Darstellung der Siedlungsräume und der ersten von Menschen verwendeten Techniken und Technologien. Die weitaus längste Spanne der Menschheitsgeschichte, etwa 2,5 Millionen Jahre, ist Gegenstand dieses Bandes, in dem aber zugleich immer wieder deutlich wird, wie unsicher unser Wissen über die längste Zeit unserer Vorgeschichte ist. Auch deswegen wohl ziehen archäologische Neuentdeckungen zu Recht solche Aufmerksamkeit auf sich, weil man sich von ihnen Aufschluss über die größten Rätsel der Herkunft der menschlichen Gattung erhofft. Wenn im Ausblick zu diesem ersten Band bereits davon die Rede ist, dass viele Menschen „nach einem optimistischen Vertrauen in eine vermeintlich immer besser werdende Zukunft" mittlerweile ein diffuses Gefühl haben, „in einer krisenhaften Wendezeit mit vielen Anzeichen einer Endlichkeit zu leben", dann beschreibt das den Grundton des heutigen Lebensgefühls, welchem eine andere Regung des „dennoch" zur Seite tritt, wonach die auf den Erfahrungen bisheriger Weltbewältigung gegründeten Hoffnungen trotz aller Widrigkeiten eine lang dauernde gute Zukunft für die Menschheit in den Bereich des Möglichen rückt. So weit entfernt von der Gegenwart die antiken Reiche in Vorderasien, im heutigen Persien und in Ost- und Südasien erscheinen, so sind die im zweiten Band („Antike Welten und neue Reiche. 1200 v. Chr. bis 600 n. Chr.") behandelten Ereignisse des 2. und 1. Jahrtausends v. Chr. durch Funde, aber auch durch nachvollziehbare Wanderungs- und Eroberungsbewegungen detaillierter vorstellbar. Es ist dies bereits eine Zeit von Kriegen und Bündnissen, von technologischer Überlegenheit und neuen Technologien und darauf gegründeten Siegen sowie von schriftliche Dokumente erzeugender Verwaltungspraxis. Darin rückt bei genauerer Betrachtung diese bis in die Mitte des 1. Jahrtausend dargestellte Zeit erster reichhaltiger dokumentierter Globalisierung uns wieder näher, insbesondere wenn wir die Hegemonialkriege zur Kenntnis nehmen und Alexanders Zug über den Chaiber-Pass, mit dem er Afghanistan hinter sich lassend bis in das Industal vordrang und damit der Ausbreitung griechischer Kultur den Boden bereitete. Es war aber auch die Zeit der frühen Ausbreitung des Buddhismus bis nach Ostasien und die Herausbildung einer sich vom Mittelmeerraum bis nach Ostasien erstreckenden Ikonographie.

Im dritten Band („Weltdeutungen und Weltreligionen. 600 bis 1500") wird dann die Dynamik der globalen Kommunikation seit der Mitte des 1. Jahrtausends nachgezeichnet, und es treten jene Zonen der Erde in Erscheinung, die offenbar lange Zeit nur zur Peripherie zählten und die wie Afrika und Amerika eine weniger dicht dokumentierte historische Überlieferung aufzuweisen haben. In diesen etwa 1000 Jahren war für Europa und Asien nicht nur die Zeit der Mongolenherrschaft prägend, sondern neben den auf dieses Großreich und insbesondere auf dessen baldiges Auseinanderbrechen zurückzuführenden Weichenstellungen gab es bemerkenswerte Entwicklungen in Teilregionen der Erde, wie in dem sich bürokratisierenden China und in dem eine frühe rationale und an einer Naturerforschung interessierte Wissenschaftlichkeit entwickelnden Europa, in dem sich bahnbrechende Erkenntnisse der arabischen und muslimischen Welt in von fremder Herrschaft weitgehend freien Handelsstätten entfaltete. Wegen dieser hochkomplexen Entwicklung, in der wir heute noch den Schlüssel zum Aufstieg der Modernen Welt nach der ersten Jahrtausendwende nach christlicher Zeitrechnung sehen, ist der vierte Band („Entdeckungen und neue Ordnungen. 1200 bis 1800“) zu erheblichen Teilen ebenfalls dem frühen 2. Jahrtausend gewidmet und beschreibt die Entwicklungslinien bis ins 18. Jahrhundert. Denn „Weltpolitik“ beginnt im 13. Jahrhundert mit der Mongolenherrschaft und der Etablierung fester Gesandtschaftsbeziehungen etwa zwischen der römischen Kurie und dem mongolischen Khanat in Zentralasien. Der Entwicklung internationaler Beziehungen und dem Drang zum Fernhandel, der nach dem Zusammenbruch des Mongolenreiches besonders intensiv von den Territorien Europas aus betrieben wurde, entsprach auf regionaler und lokaler Ebene eine Ausdifferenzierung von Machtverhältnissen und insbesondere eine stärkere Funktionalisierung religiöser Überzeugungen für Zwecke der Bildung größerer politischer Verbände. Die sich daran knüpfenden dogmatischen Konflikte erfassten zunehmend Anteile der Bevölkerung. So wurden nicht nur Europa, sondern auch die Länder Ostasiens zu Bühnen neuer religiöser Konflikte und zugleich der Ausbreitung von Bildung ebenso wie von Indoktrinierung. Doch gerade weil die Dynamik der folgenden Jahrhunderte vor allem von Europa ausging, ist der fünfte Band („Entstehung der Moderne. 1700 bis 1914“) den einzelnen Aspekten dieses Raumes gewidmet. Man kann aber jetzt schon sagen, dass gerade diese allgemein als Frühe Neuzeit bezeichnete Epoche noch in vielerlei Weise weiteren Betrachtungen unterzogen werden wird, nicht zuletzt weil sich das wachsende Selbstbewusstsein außereuropäischer Kulturen nach der Überwindung des Schocks der Begegnung mit dem Westen seiner eigenen Vorgeschichten stärker besinnen wird. So werden wir in Zukunft den kulturellen und geistigen Reichtum der globalen Frühen Neuzeit erst noch zu ernten haben, und bei gutem Gelingen wird der *Clash of Civilizations*, der die Zeit vom 16. bis zum 20. Jahrhundert prägte, durch eine neue Form der globalen Kooperation und des geistigen Austausches abgelöst werden. Denn es ist eines der größten Missverständnisse der Gegenwart, den allseits zu verzeichnenden Bestrebungen der Menschen, die kulturellen Differenzen der Vergangenheit und den Suprematsanspruch der westlichen Zivilisation zu überwinden, als einen *Clash of Civilizations* zu beschreiben und von dem durch den Westen zu verantwortenden *clash* abzulenken – ein Beitrag spricht von der „Globalisierung Europas" –, wo doch insbesondere das 18., das 19. und in weiten Teilen noch das 20. Jahrhundert von einer zu jeder Schandtat bereiten Aggressivität des Westens gekennzeichnet waren. Der sechste Band („Globalisierung. 1880 bis heute") widmet sich ganz den Details des 19. und 20. Jahrhunderts und betrachtet von vornherein die Geschichte als einen globalen Prozess. Von diesem letzten der sechs Bände werden möglicherweise am ehesten die Anstöße zu weiteren Debatten ausgehen. Denn nicht nur sind die Konfliktlinien der Gegenwart in den letzten 200 Jahren begründet oder zumindest befestigt worden, und der geringe zeitliche Abstand ebenso wie die in den einzelnen Ländern anhaltenden Selbstverständigungsbemühungen fordern eine neue Verständigung über die Fortentwicklung der gedanklichen Bemühungen um einen neuen Menschheitsbegriff heraus. Dies wird durch die inzwischen allerorten zunehmende Bedeutung der Massenmedien und die informationelle Fragmentierung der Gesellschaften nicht eben erleichtert. Es ist vielmehr die Gefahr nicht von der Hand zu weisen, dass trotz aller Bemühungen um eine Fortentwicklung der transkulturellen Selbstaufklärung sich wieder an Verfeindung und Konfrontation interessierte Kräfte stärker durchsetzen. Diese in den nächsten Jahrzehnten zu erwartenden Entwicklungen zu beschreiben, wird sich eine nächste Weltgeschichte zur Aufgabe machen müssen.

Mit den vorliegenden sechs Bänden sollte ein Gesamtwerk entstehen, nicht ein Gesamtkunstwerk und auch keine Symphonie – denn die Weltgeschichte ist keine Komposition! Manche Erzählstränge bleiben notwendigerweise disparat, manche Ereignisse unerklärt, manche Erscheinungen rätselhaft. Einige Berichte werden bald durch neue Funde der Archäologie und der Archivforschung ergänzt, andere werden vielleicht sogar Widerspruch hervorrufen, andere wieder werden durch weitere Erkenntnisse bestätigt. Die Geschichte der Menschheit aber wird auch in Zukunft immer wieder neu geschrieben werden – das jedenfalls bleibt zu hoffen, denn es hängt das Überleben der Gattung Mensch auch davon ab, dass sie es versteht, sich in ihrer eigenen Geschichtlichkeit zu sehen. Vielleicht ist diese Gattung nur eine sehr kurzlebige Erscheinung, nur ein Wimpernschlag im Weltenlauf. Die Herausgeber und Beiträger aber betrachten es als ein Glück, dass sie zu Beginn des 21. Jahrhunderts unserer Zeitrechnung einen solchen relativ ausführlichen Blick zurückwerfen konnten und hoffen, dass ihnen zahlreiche Leser folgen werden. Mit der vorliegenden »WBG Weltgeschichte« legen sie eine zusammenfassende Darstellung der Menschheitsgeschichte vor, über die sie mit den Menschen anderer Kulturen und Traditionen ins Gespräch treten, denen wir immer häufiger begegnen und die, auch wenn sie ihre eigene Geschichte zutreffend wiedergegeben finden werden, dennoch ganz gewiss ihre eigenen Anmerkungen machen und Ergänzungen hinzufügen werden. So wird ein Gespräch über die gemeinsame Vergangenheit fortgeführt werden oder in vielen Fällen erst beginnen können, ohne die eine gemeinsame Zukunft nicht möglich sein wird.

Die sich an diese Weltgeschichte anschließenden Debatten werden insbesondere folgende drei Sphären näher zu beachten haben, die sich im Nachdenken über die

Bedingungen der Möglichkeit eines Überlebens der Menschheit herauskristallisieren: Es geht erstens um die Lebenschancen der Menschen und das Maß des Leidens, zweitens die Zukunftsperspektive beziehungsweise die Entwicklungs- und Veränderungsrichtung der Menschheit und drittens die Möglichkeit des Überlebens der Menschheit als Gattung. Dabei werden die Ergebnisse der Bemühungen um das Konzept eines Humanismus in globaler Perspektive einfließen, wie sie im Umkreis von Jörn Rüsen und anderen in den letzten Jahren unternommen wurden.

Seit die Menschheit sich in die Lage versetzt hat, sich über sich selbst und über jegliches Geschehen auf der Erde zeitnah zu informieren, hat sie sich unter eine stete Handlungserwartung gestellt. Die Informationsmöglichkeiten haben zu neuen Formen der Informationsselektion und Informationsbündelung geführt, bei der sich mögliches Wissen oft selbst ausblendet. Zum Teil erreichen nur noch virtuelle Realitäten und künstliche Welten das Bewusstsein. Dies bedeutet, dass große Teile der Realität nicht mehr wahrgenommen werden; namentlich die versäumte Wahrnehmung von Leid und Unrecht aber wird zum Antrieb für neue Dynamiken, die eine Welt im Umsturz nicht ausschließt, und zwar in einer Weise, die im äußersten Falle zum Abbruch der Möglichkeit der Selbstthematisierung der Menschheit führen könnte. Deswegen muss hinfort auch die Selbstthematisierung der Menschheit und ihrer Geschichte dem Aspekt des Leidens eine zentrale Rolle einräumen. Damit ist die zweite Sphäre, nämlich die der Zukunftsrichtung angesprochen, bei der sich als Alternative zur Konzipierung eines Weltuntergangs als beste aller Optionen nur eine Rekonstruktion der Menschheitsgeschichte im Hinblick auf ein Überleben der Gattung Mensch anbietet. Eine solche Rekonstruktion muss die Erinnerungspotentiale der Völker und Individuen einbeziehen und erfordert die Hineinnahme der Vorgeschichte der Anderen in die eigene Vergangenheit. Als das vorläufige Ergebnis einer solchen Rekonstruktion kann eine Weltgeschichte gelten, zu der die vorliegende sich als eine Vorstufe versteht. Dabei wird sich, und hier ist der dritte Punkt angesprochen, die Frage stellen, wie weit es der Menschheit gelingt, Vielfalt und Verträglichkeit so zu gestalten, dass sie Institutionen und Sinnstrukturen entwickelt, bei denen die Auffächerung ihrer Möglichkeiten nicht als anstößig, sondern als willkommen und förderlich empfunden wird. Denn davon, ob es gelingt, die Andersartigkeit des Anderen als Herausforderung und zugleich als Bereicherung der eigenen Existenz zu verstehen, wird das Überleben der Gattung Mensch vor allem anderen abhängen.

Gegenwärtig steuert die Menschheit auf eine zunehmende Homogenisierung und zugleich auf neue Spannungen zu, die bei sich stets einander ähnlicher werdenden Lebensentwürfen mit einer immer stärkeren Kluft in den Realisierungschancen dieser Entwürfe einhergehen. Um diesen wahrhaft tödlichen Kreislauf zu durchbrechen, ist eine Rekonstruktion der Menschheitsgeschichte, wie sie hier vorgelegt wird, nicht genug. Aber sie ist eine der notwendigen Voraussetzungen dafür. Es gehört daher zu den dringlichen Aufgaben der sich als stark und handlungsmächtig empfindenden Gesellschaften und Staaten, im wohlverstandenen eigenen Interesse zusammen mit anderen Gesellschaften und Staaten einen Zukunftshorizont vor dem Hintergrund der bisherigen rekonstruierbaren Erfahrungen der Menschheit als Ganzen zu formulieren und einen globalen Diskurs hierzu zu eröffnen. Das mag utopisch klingen, doch wenn dies nicht gelingt, könnte es ein, dass die Menschheit keinen Ort mehr behält, an dem sie weiter bestehen kann. Dann allerdings wäre in gewissem Sinne das Ende der Weltgeschichte doch zu erreichen. In diesem Sinne ist bereits allein das Unternehmen, eine Weltgeschichte vorzulegen, ein Akt der Selbstaufklärung. Denn nach dem Erzählen dieser Weltgeschichte sehen wir unsere eigene Geschichte in einem neuen Licht. An dieser erfreulichen Erfahrung teilzunehmen sind alle eingeladen.

Literaturverzeichnis

Einige der ausgewählten Titel sind beitragsübergreifend, werden jedoch, um Doppelnennungen zu vermeiden, nur ein Mal aufgeführt.

Politische Ordnungssysteme und soziale Bewegungen

Abernethy, David: The Dynamics of Global Dominance: European Overseas Empires 1415–1980, New Haven 2000.

Adamczyk, Darius (Hrsg.): Asiatische Mächte im globalen Kontext, Schwalbach 2009.

Anderson, Benedict: Die Erfindung der Nation, Frankfurt/Main 1988.

Baberowski, Jörg (Hrsg.): Moderne Zeiten? Krieg, Revolution und Gewalt im 20. Jahrhundert, Göttingen 2006.

Benz, Wolfgang/Graml, Hermann (Hrsg.): Das Zwanzigste Jahrhundert II: Europa nach dem Zweiten Weltkrieg 1945–1982, Frankfurt/Main [10]2003.

Bernecker, Walter u.a. (Hrsg.): Handbuch der Geschichte Lateinamerikas, Band 3: Lateinamerika im 20. Jahrhundert, Stuttgart 1996.

Beyme, Klaus von: Die parlamentarischen Regierungssysteme in Europa, München 1973.

Bracher, Karl-Dietrich: Europa in der Krise. Innengeschichte und Weltpolitik seit 1917, Frankfurt/Main/Berlin/Wien 1979.

Burleigh, Michael: Irdische Mächte, göttliches Heil. Die Geschichte des Kampfes zwischen Politik und Religion von der Französischen Revolution bis in die Gegenwart, München 2008.

Connelly, Mark: A Diplomatic revolution. Algeria's Fight for Independency and the Origins of Post-Cold War Era, New York 2002.

Crossley, Pamela/Lees, Lynn/Servos, John: Global Society. The World since 1900, Boston/New York 2004.

Dabringhaus, Sabine: Geschichte Chinas im 20. Jahrhundert, München 2009.

Diner, Dan: Das Jahrhundert verstehen. Eine universalhistorische Deutung, München 1999.

Hildermeier, Manfred: Geschichte der Sowjetunion 1917–1991, München 1998.

Hobsbawm, Eric: Das Zeitalter der Extreme. Weltgeschichte des 20. Jahrhunderts, Wien 1995.

Huntington, Samuel: Kampf der Kulturen, München 1996.

James, Harold: Geschichte Europas im 20. Jahrhundert. Fall und Aufstieg 1914–2001, München 2004.

Judt, Tony: Geschichte Europas von 1945 bis zur Gegenwart, München/Wien 2006.

Keegan, John: Der Erste Weltkrieg. Eine europäische Tragödie, Reinbek bei Hamburg 2000.

Linz, Juan J.: Totalitäre und autoritäre Regime, Potsdam 2003.

Mann, Michael: Geschichte Indiens. Vom 18. bis zum 21. Jahrhundert, Paderborn 2005.

Mazower, Mark: Der dunkle Kontinent. Europa im 20. Jahrhundert, Berlin 2000.

Mazower, Mark: Hitlers Imperium. Europa unter der Herrschaft des Nationalsozialismus, München 2009.

Münkler, Herfried: Imperien. Die Logik der Weltherrschaft – Vom Alten Rom bis zu den Vereinigten Staaten, Berlin 2005.
Naimark, Norman: Flammender Haß. Ethnische Säuberungen im 20. Jahrhundert, München 2004.
Nolte, Ernst: Der Faschismus in seiner Epoche. Action française, italienischer Faschismus, Nationalsozialismus, München/Zürich [6]1984
Nolte, Hans-Heinrich: Weltgeschichte des 20. Jahrhunderts, Wien/Köln/Weimar 2009.
Parker, Robert A. C.: Das Zwanzigste Jahrhundert I: Europa 1918–1945, Frankfurt/Main 1967.
Petzina, Dietmar: Autarkiepolitik im Dritten Reich. Der nationalsozialistische Vierjahresplan, Stuttgart 1968.
Reichel, Peter: Der schöne Schein des Dritten Reichs. Faszination und Gewalt des Faschismus, Frankfurt/Main 1993.
Rémond, René: Frankreich im 20. Jahrhundert. Erster Teil: 1918–1958, Zweiter Teil: 1958 bis zur Gegenwart, Stuttgart 1994/1995.
Sheehan, James: Kontinent der Gewalt. Europas langer Weg zum Frieden, München 2008.
Stöver, Bernd: Der Kalte Krieg. Geschichte eines radikalen Zeitalters 1947–1991, München 2007.
Weinberg, Gerhard L.: Eine Welt in Waffen. Die globale Geschichte des Zweiten Weltkriegs, Stuttgart 1995.
Wolfrum, Edgar/Arendes, Cord: Globale Geschichte des 20. Jahrhunderts, Stuttgart 2007.

Krieg in der technisch-industriellen Welt

Barth, Boris: Genozid. Völkermord im 20. Jahrhundert. Geschichte, Theorien, Kontroversen, München 2006.
Beyrau, Dietrich/Hochgeschwender, Michael/Langewiesche, Dieter (Hrsg.): Formen des Krieges. Von der Antike bis zur Gegenwart, Paderborn u. a. 2007.
Creveld, Martin van: Gesichter des Krieges. Der Wandel bewaffneter Konflikte von 1900 bis heute, München 2009.
Das Deutsche Reich und der Zweite Weltkrieg, hrsg. vom Militärgeschichtlichen Forschungsamt, Bände 1–10, Stuttgart u. a. 1979–2008.
Gantzel, Klaus Jürgen/Schwinghammer, Torsten: Die Kriege nach dem Zweiten Weltkrieg 1945 bis 1992. Daten und Tendenzen, Münster 1994.
Greiner, Bernd: Krieg ohne Fronten. Die USA in Vietnam, Hamburg 2007.
Greiner, Bernd/Müller, Christian Th./Walter, Dierk (Hrsg.): Heiße Kriege im Kalten Krieg, Hamburg 2006.
Herberg-Rothe, Andreas: Der Krieg. Geschichte und Gegenwart, Frankfurt/Main/New York 2003.
Hirschfeld, Gerhard/Krumeich, Gerd/Renz, Irina (Hrsg.): Enzyklopädie Erster Weltkrieg, Paderborn 2003.
Howard, Michael: Der Krieg in der europäischen Geschichte. Vom Ritterheer zur Atomstreitmacht, München 1981.
Hürter, Johannes: Hitlers Heerführer. Die deutschen Oberbefehlshaber im Krieg gegen die Sowjetunion 1941/42, München [2]2007.
Hull, Isabel V.: Absolute Destruction. Military Culture and the Practices of War in Imperial Germany, Ithaca/London 2005.
Joas, Hans: Kriege und Werte. Studien zur Gewaltgeschichte des 20. Jahrhunderts, Weilerswist 2000.
Kaldor, Mary: New and Old Wars. Organized Violence in a Global Era, Cambridge 1999.
Keegan, John: Die Kultur des Krieges, Reinbek 1997.

Klein, Thoralf/Schumacher, Frank (Hrsg.): Kolonialkriege. Militärische Gewalt im Zeichen des Imperialismus, Hamburg 2006.
Kleßmann, Christoph/Stöver, Bernd (Hrsg.): Der Koreakrieg. Wahrnehmung, Wirkung, Erinnerung, Köln u. a. 2008.
Melčić, Dunja: Der Jugoslawienkrieg. Handbuch zu Vorgeschichte, Verlauf und Konsequenzen, Opladen u. a. 1999.
Müller, Rolf-Dieter: Militärgeschichte, Köln/Weimar/Wien 2009.
Münkler, Herfried: Die neuen Kriege, Reinbek 2002.
Naimark, Norman M.: Flammender Haß. Ethnische Säuberungen im 20. Jahrhundert, München 2004.
Nowosadtko, Jutta: Krieg, Gewalt und Ordnung. Einführung in die Militärgeschichte, Tübingen 2002.
Pohl, Dieter: Verfolgung und Massenmord in der NS-Zeit 1933–1945, Darmstadt [2]2008.
Sheehan, James J.: Kontinent der Gewalt. Europas langer Weg zum Frieden, München 2008.
Storz, Dieter: Kriegsbild und Rüstung vor 1914. Europäische Landstreitkräfte vor dem Ersten Weltkrieg, Herford/Berlin/Bonn 1992.
Thoß, Bruno/Volkmann, Hans-Erich (Hrsg.): Erster Weltkrieg – Zweiter Weltkrieg. Ein Vergleich, Paderborn 2002.
Waldmann, Peter: Terrorismus und Bürgerkrieg. Der Staat in Bedrängnis, München 2003.
Walter, Dierk: Zwischen Dschungelkrieg und Atombombe. Britische Visionen vom Krieg der Zukunft 1945–1971, Hamburg 2009.
Weinberg, Gerhard L.: Eine Welt in Waffen. Die globale Geschichte des Zweiten Weltkriegs, Stuttgart 1995.
Wolfrum, Edgar: Krieg und Frieden in der Neuzeit. Vom Westfälischen Frieden bis zum Zweiten Weltkrieg, Darmstadt 2003.

Migration im Kontext von Globalisierung, Kolonialismus und Weltkriegen

Bade, Klaus J.: Europa in Bewegung. Migration vom späten 18. Jahrhundert bis zur Gegenwart, München 2000.
Bade, Klaus J. u. a. (Hrsg.): Enzyklopädie Migration in Europa vom 17. Jahrhundert bis zur Gegenwart, Paderborn [2]2008.
Baines, Dudley: Emigration from Europe 1815–1930, Cambridge 1995.
Caplan, Jane/Torpey, John (Hrsg.): Documenting Individual Identity. The Development of State Practices in the Modern World, Princeton 2001.
Cohen, Robin (Hrsg.): The Cambridge Survey of World Migration, Cambridge 1995.
Dahlmann, Dittmar: Sibirien. Vom 16. Jahrhundert bis zur Gegenwart, Paderborn 2009.
Fahrmeir, Andreas/Faron, Olivier/Weil, Patrick (Hrsg.): Migration Control in the North Atlantic World, New York 2003.
Frevert, Ute/Oltmer, Jochen (Hrsg.): Europäische Migrationsregime, Themenheft der Zeitschrift Geschichte und Gesellschaft 25 (2009), H. 1.
Hensel, Silke: Ein Kontinent in Bewegung. Bevölkerungsentwicklung und Migration in Lateinamerika. 19. und 20. Jahrhundert, in: Lateinamerika. Geschichte und Gesellschaft im 19. und 20. Jahrhundert, hrsg. von Martina Kaller-Dietrich,Wien 2004, S. 77–98.
Hoerder, Dirk: Cultures in Contact. World Migrations in the Second Millennium, Durham 2002.
Kraler, Albert u. a. (Hrsg.): Migrationen. Globale Entwicklungen seit 1850, Wien 2007.
Lucassen, Jan/Lucassen, Leo (Hrsg.): Migration, Migration History, History. Old Paradigms and New Perspectives, Bern [3]2005.

Lucassen, Leo: The Immigrant Threat. The Integration of Old and New Migrants in Western Europe since 1850, Urbana, IL 2005.
Mann, Michael: „How many people were crying oceans ...“. Südasiatische Migranten im Indischen Ozean, in: Der Indische Ozean, hrsg. von Dietmar Rothermund, Wien 2004, S. 123–144.
Manning, Patrick: Migration in World History, New York 2005.
McKeown, Adam: Global Migration, 1846–940, in: Journal of World History 15 (2004), S. 155–189.
McKeown, Adam: Melancholy Order. Asian Migration and the Globalization of Borders, New York 2008.
Nugent, Walter: Crossings. The Great Transatlantic Migrations, 1870–1914, Bloomington 1992.
Oltmer, Jochen: Migration im 19. und 20. Jahrhundert, München 2010.
Page Moch, Leslie: Moving Europeans. Migration in Western Europe since 1650, Bloomington [2]2003.
Reardon-Anderson, James: Reluctant Pioneers. China's Expansion Northward, 1644–1937, Stanford, CA 2005.
Reinhard, Wolfgang: Geschichte der europäischen Expansion, 4 Bände, Stuttgart 1983–1990.
Stibbe, Matthew (Hrsg): Captivity, Forced Labour and Forced Migration during the First World War, Themenheft der Zeitschrift Immigrants & Minorities 26 (2008), H. 1/2.

Die beiden Nachkriegszeiten des 20. Jahrhunderts

Abelshauser, Werner: The Dynamics of German Industry: Germany's Path toward the New Economy and the American Challenge, New York 2005.
Agulhon, Maurice u. a. (Hrsg.): La France de 1848 à nos jours, Paris 2008.
Albertini, Rudolf von: Europäische Kolonialherrschaft 1880–1940, Zürich 1976.
Aldcroft, Derek H.: The European Economy 1914–1970, London 1978.
Ansprenger, Franz: Auflösung der Kolonialreiche, München 1977.
Bracher, Karl-Dietrich: Die Auflösung der Weimarer Republik, Villingen 1964.
Cipolla, Carlo M./Borchardt, Kurt (Hrsg): Europäische Wirtschaftsgeschichte. Die europäische Volkswirtschaft im 20. Jahrhundert, Stuttgart 1980.
Cohrs, Patrick O.: The Unfinished Peace after World War I. America, Britain, and the Stabilisation of Europe, 1919–1932, Cambridge 2006.
Czempiel, Ernst-Otto: Weltpolitik im Umbruch: Die Pax Americana, der Terrorismus und die Zukunft der internationalen Beziehungen, München 2002.
Dunning, John H.: Governments, Globalization and International Business, Oxford 1997.
Eichengreen, Barry J.: Golden Fetters: The Gold Standard and the Great Depression, 1919–1939, Oxford 1995.
Eichengreen, Barry J.: The European Coordinated Economy. Capitalism since 1945 and beyond, Princeton 2007.
Elsenhans, Hartmut: Globalization between a Convoy Model and an Underconsumptionist Threat, Münster 2006.
Elsenhans, Hartmut: Kapitalismus kontrovers. Zerklüftung im nicht so sehr kapitalistischen Weltsystem, Potsdam 2009.
Elsenhans, Hartmut: Nord-Süd-Beziehungen. Geschichte – Politik – Wirtschaft, Stuttgart 1984.
Gaddis, John Lewis: We Now Know. Rethinking Cold War History, Oxford 1997.
Gasteyger, Curt: Europa zwischen Spaltung und Einigung. Darstellung und Dokumentation 1945–2005, Baden-Baden 2006.
Görtemaker, Manfred: Geschichte der Bundesrepublik Deutschland. Von der Gründung bis zur Gegenwart, München 1999.

James, Harold: Geschichte Europas im 20. Jahrhundert. Fall und Aufstieg 1914–2001, München 2004.
Link, Werner: Der Ost-West-Konflikt. Die Organisation der internationalen Beziehungen im 20. Jahrhundert, Stuttgart 1988.
O'Brien, Patrick Karl/Cleese, Armand: Two Hegemonies: Britain 1846–1914 and the United States 1941–1989, Aldershot 2002.
Overy, Richard J.: The Interwar Crisis 1919–1939, London 1994.
Ritschl, Albrecht: Deutschlands Krise und Konjunktur, 1924–1934. Binnenkonjunktur, Auslandsverschuldung und Reparationsproblem zwischen Dawes-Plan und Transfersperre, Berlin 2002.
Rosenberg, Samuel: American Economic Development since 1945: Growth, Decline and Rejuvenation, Basingstoke 2003.
Sakwa, Richard: The Rise and Fall of the Soviet Union 1917–1991, London 1999.
Temin, Peter: Lessons From the Great Depression, Cambridge 1989.
Wallace, William: The Dynamics of European Integration, London 1990.
Wallerstein, Immanuel: The End of the World as we Know it: Social Science for the Twenty-First Century, Minneapolis 1999.
Winkler, Heinrich August: Der lange Weg nach Westen, 2 Bände, München 2000–2001.
Woodruff, William: America's Impact on the World. A Study of the Role of the United States in the World Economy, 1750–1970, London 1975.
Ziebura, Gilbert: Weltwirtschaft und Weltpolitik, 1922/24–1931, Frankfurt/Main 1984.

Globalisierung und Weltwirtschaft

Bairoch, Paul: European Trade Policy 1815–1914, in: Peter Mathias und Sidney Pollard (Hrsg.): Cambridge Economic History of Europe, Band 8, Cambridge 1989, S. 1–160.
Balassa, Béla: Comparative Advantage, Trade Policy and Economic Development, New York 1989.
Bernanke, Ben/James, Harold: The Gold Standard, Deflation and Financial Crises in the Great Depression: an International Comparison, in: Robert G. Hubbard (Hrsg.): Financial Markets and Financial Crises, Chicago 1991, S. 33–68.
Blattmann, Christopher/Hwang, Jason/Williamson, Jeffrey G.: Winners and Losers in the Commodity Lottry: the Impact of Terms of Trade Growth and Volatility in the Periphery 1870–1939, in: Journal of Development Economics 82 (2007), S. 156–179.
Bordo, Michael/Eichengreen, Barry J. (Hrsg.): A Retrospective on the Bretton Woods System, Chicago 1993.
Bordo, Michael/Eichengreen, Barry J.: Is Globalization Today Really Different than Globalization a Hundred Years Ago?, Cambridge 1999.
Bulmer-Thomas, Victor: The Economic History of Latin America since Independence, Cambridge 1995.
Cassis, Youssef: Capitals of Capital: a History of Financial Centres, 1780–2005, Cambridge 2006.
Crafts, Nicholas/Toniolo, Gianni (Hrsg.): Economic Growth in Europe since 1945, Cambridge 1996.
Edelstein, Michael: Overseas Investment in the Age of High Imperialism: the United Kingdom 1850–1914, London 1982.
Eichengreen, Barry J.: Golden Fetters: the Gold Standard in the Great Depression, New York 1992a.
Eichengreen, Barry J.: The Origins and Nature of the Great Slump Revisited, in: Economic History Review 45 (1992b), S. 213–239.
Eichengreen, Barry J.: Reconstructing Europe's Trade and Payments: the European Payment Union, Manchester 1993.

Eichengreen, Barry J.: Vom Goldstandard zum Euro: Die Geschichte des internationalen Währungssystems, Berlin 2000.

Frankel, Jeffrey A./Wei, Shang-Jin: European Integration and the Regionalization of World Trade and Currencies: the Economics and the Politics, in: Barry Eichengreen, Jeffry Frieden und Jürgen von Hagen (Hrsg.): Monetary and Fiscal Policy in an Integrated Europe, Berlin 1995, S. 202–232.

Hardach, Gerd: Der Erste Weltkrieg, München 1973.

Hardach, Gerd: Der Marshall-Plan, München 1994.

Hatton, Timothy J./Williamson, Jeffrey: The Age of Mass Migration: an Economic Analysis, New York 1998.

James, Harold: International Monetary Cooperation since Bretton Woods, Oxford 1996.

James, Harold: The End of Globalization: Lessons from the Great Depression, Cambridge 2001.

Jones, Geoffrey: The Evolution of International Business: an Introduction, London 1996.

Kapur, Devesh/Lewis, John P./Webb, Richard: The World Bank: its First Half Century, Washington 1997.

Kenen, Peter B. (Hrsg.): Managing the World Economy: Fifty Years after Bretton Woods, Washington 1994.

Kindleberger, Charles P.: Die Weltwirtschaftskrise, München 1973.

Lampe, Markus: Effects of Bilateralism and the MFN Clause on International Trade: Evidence for the Cobden-Chevalier Network (1860–1875), in: Journal of Economic History 69 (2009), S. 1012–1040.

Maddison, Angus: Chinese Economic Performance in the Long Run, Paris 1998.

Maddison, Angus: The World Economy, Paris 2006.

Milward, Alan S.: The Reconstruction of Western Europe 1945–51, London 1984.

Milward, Alan S.: The European Rescue of the Nation State, Berkeley 1992.

O'Rourke, Kevin H./Williamson, Jeffrey: Globalization and History: the Evolution of a Nineteenth-Century Atlantic Economy, Cambridge 1999.

Pahre, Robert: Politics and Trade Cooperation in the Nineteenth Century: The „Agreeable Customs" of 1815–1914, Cambridge 2008.

Ravallion, Martin: Markets and Famines, Oxford 1989.

Reinhardt, Horst: Internationale Kreditvergabe, Verschuldung und Restrukturierung: Kredittheorie und Marktpraxis, Berlin 1990.

Reinhart, Carmen M./Rogoff, Kenneth S.: This Time is Different: Eight Centuries of Financial Folly, Princeton 2009.

Rose, Andrew K.: Do We Really Know that the WTO Increases Trade?, in: American Economic Review 94,1 (2004), S. 98–114.

Rostow, Walt W.: The World Economy: History and Prospect, London/Basingstoke 1978.

Schedvin, C. B.: Staples and the Regions of the Pax Britannica, in: Economic History Review 43 (1990), S. 233–259.

Sen, Amartya: Poverty and Famines: an Essay on Entitlement and Deprivation, Oxford 1981.

Taylor, Alan M.: On the Costs of Inward-Looking Development: Price Distortions, Growth, and Divergence in Latin America, in: Journal of Economic History 58 (1998), S. 1–28.

Teich, Mikuláš/Porter, Roy (Hrsg.): The Industrial Revolution in National Context: Europe and the USA, Cambridge 1996.

Der Weg zur Industrie-, Dienstleistungs- oder Informationsgesellschaft?

Becker, Gary S.: Zur neueren Theorie des Konsumentenverhaltens, Tübingen 1982.

Bell, Daniel: Die nachindustrielle Gesellschaft, Frankfurt/Main 1985.

Cameron, Rondo: A Concise Economic History of the World Economy. From Paleolithic Times to the Present, New York 1993.

Chambers, Jonathan D./Mingay, Gordon E.: The Agricultural Revolution 1750–1880, London 1968.

Chen Saohna/Ravallion, Martin: How Have the World's Poorest Fared since the Early 1980s, in: World Bank Policy Research Working Paper 3341 (2004).

Fisher, Allan G. B.: Production. Primary, Secondary, Tertiary, in: Economic Record 15,1 (1939), S. 24–38.

Fourastié, Jean: Die große Hoffnung des 20. Jahrhunderts, Köln 1954.

Galbraith, John Kenneth: Die moderne Industriegesellschaft, München 1968.

Gershuny, Jonathan: Die Ökonomie der nachindustriellen Gesellschaft, Frankfurt/Main 1981.

Gershuny, Jonathan: Changing Times. Work and Leisure in Postindustrial Societies, Oxford 2000.

Häußermann, Hartmut/Siebel, Walter: Dienstleistungsgesellschaften, Frankfurt/Main 1995.

Johnston, Bruce F./Mellor, John W.: The Role of Agriculture in Economic Development, in: AER (1961/3), S. 571–581.

Jones, Eric L.: Das Wunder Europa. Umwelt, Wirtschaft und Geopolitik in der Geschichte Europas und Asiens, Tübingen 1991.

Kaelble, Hartmut: Was Prometheus Most Unbound in Europe? The Labour Force in Europe During the XIXth and XXth Centuries, in: Journal of European Economic History 1 (1986), S. 65–104.

Keynes, John Maynard: The Economic Possibilities of Our Grandchildren, in: ders.: Essays in Persuasion, London 1931.

Kiesewetter, Hubert: Das einzigartige Europa. Zufällige und notwendige Faktoren der Industrialisierung, Göttingen 1996.

Kopsidis, Michael: Agrarentwicklung, Historische Agrarrevolutionen und Entwicklungsökonomie, Stuttgart 2006.

Kuznets, Simon: Modern Economic Growth. Rate, Structure and Spread, New Haven 1966.

Landes, David: Wohlstand und Armut der Nationen. Warum die einen reich und die anderen arm sind, Berlin 1999.

Lohheide, Boris: Wer bedient hier wen? Service oder Selfservice – Die Bundesrepublik Deutschland als Dienstleistungsgesellschaft, Saarbrücken 2008.

Maddison, Angus: The World Economy: A Millennial Perspective, Paris 2001.

Pierenkemper, Toni: Englische Agrarrevolution und preußisch-deutsche Agrarreformen in vergleichender Perspektive, in: Landwirtschaft und industrielle Entwicklung. Zur ökonomischen Bedeutung von Bauernbefreiung, Agrarreform und Agrarrevolution, hrsg. von Toni Pierenkemper, Stuttgart 1989, S. 7–25.

Pohl, Hans Joachim: Kritik der Drei-Sektoren-Theorie, in: Mitteilungen aus der Arbeitsmarkt- und Berufsforschung 4 (1970), S. 313 ff.

Polany, Karl: The Great Transformation. Politische und ökonomische Ursprünge von Gesellschaften und Wirtschaftssystemen, Wien 1977.

Priebe, Hermann/Henkel, Wilhelm: Der Agrarsektor im Entwicklungsprozeß. Mit Beispielen aus Afrika, Frankfurt/Main 1980, S. 95–131.

Rostow, Walt W.: Stadien wirtschaftlichen Wachstums. Eine Alternative zur marxistischen Entwicklungstheorie, Göttingen 1967.

Sachs, Jeffrey D.: The End of Powerty: Economic Possibilities of Our Times, New York 2005.

Schumpeter, Joseph A.: Theorie der wirtschaftlichen Entwicklung. Eine Untersuchung über Unternehmergewinn, Kapital, Kredit, Zins und den Konjunkturzyklus, Berlin 1997.

Sen, Amartya: Ökonomie für den Menschen. Wege zur Gerechtigkeit und Solidarität in der Marktwirtschaft, München 2002.
Voß, Günter/Rieder, Kerstin: Der arbeitende Kunde. Wenn Kunden zu unbezahlten Mitarbeitern werden, Frankfurt/Main 2006.
Vries, Jan de: The Industrious Revolution. Consumer Behavior and the Household Economy 1650 to the Present, Cambridge 2008.
Walter, Rolf: Geschichte der Weltwirtschaft. Eine Einführung, Wien 2006.

Umwelt- und Ressourcenprobleme

Beinart, William/Hughes, Lotte: Environment and Empire, Oxford 2007.
Crosby, Alfred W.: The Columbian Exchange. Biological and Cultural Consequences of 1492, Westport 1972.
Grove, Richard: Green Imperialism. Colonial Expansion, Tropical Island Edens and the Origins of Environmentalism, 1600–1860, Cambridge 1996.
Krech, Shepard/McNeill, John R./Merchant, Carolyn (Hrsg.): Encyclopedia of World Environmental History, 3 Bände, New York/London 2004.
Merchant, Carolyn: The Columbia Guide to American Environmental History, New York 2002.
Miller, Shawn W.: An Environmental History of Latin America, Cambridge/New York 2007.
McNeill, John R.: Blue Planet. Die Geschichte der Umwelt im 20. Jahrhundert, Frankfurt/Main/New York 2003.
Perrow, Charles: Normale Katastrophen. Die unvermeidlichen Risiken der Großtechnik, Frankfurt/Main/New York 1987.
Pfister, Christian (Hrsg.): Das 1950er Syndrom. Der Weg in die Konsumgesellschaft, Bern u. a. 1995.
Radkau, Joachim: Natur und Macht. Eine Weltgeschichte der Umwelt, München 2000.
Richards, John F.: The Unending Frontier. An Environmental History of the Early Modern World, Berkeley u. a. 2003.
Sieferle, Rolf Peter: Der unterirdische Wald. Energiekrise und Industrielle Revolution, München 1982.
Smil, Vaclav: Energy in World History, Boulder u. a. 1994.
Steffen, Will/Crutzen, Paul J./McNeill, John R.: The Anthropocene. Are Humans Now Overwhelming the Great Forces of Nature?, in: Ambix 36:8 (2007), S. 614–621.
Thomas, Keith: Man and the Natural World. Changing Attitudes in England 1500–1800, London 1984.
Trepl, Ludwig: Geschichte der Ökologie. Vom 17. Jahrhundert bis zur Gegenwart, Frankfurt/Main 1987.
Uekötter, Frank: Umweltgeschichte im 19. und 20. Jahrhundert, München 2007.
Yergin, Daniel: Der Preis. Die Jagd nach Öl, Geld und Macht, Frankfurt/Main 1991.

Massenkultur und Weltkultur

Featherstone, Mike: „Global Culture: An Introduction“, in: Theory, Culture & Society 7 (1990), S. 1–14.
Führer, Karl-Christian: Auf dem Weg zur „Massenkultur“? Kino und Rundfunk in der Weimarer Republik, in: Historische Zeitschrift 262,3 (1996), S. 739–781.

Hagen, Wolfgang: Das Radio: zur Geschichte und Theorie des Hörfunks – Deutschland/USA, München 2005.
Hügel, Hans Otto (Hrsg.): Handbuch Populäre Kultur. Begriffe, Theorien und Diskussionen, Stuttgart 2003.
Iyre, Akira: Cultural Internationalism and World Order, East Lansing 1997.
Maase, Kaspar: Grenzenloses Vergnügen: Der Aufstieg der Massenkultur 1850–1970, Frankfurt/Main 1997.
Makropoulos, Michael: Theorie der Massenkultur, München 2008.
Ross, Steven J.: Movies and American Society, Malden 2002.
Selznick, Barbara: Global Television: Co-Producing Culture, Philadelphia 2008.
Tomlinson, John: Globalization and Culture, Chicago 1999.
Zielinski, Siegfried: Audiovisionen. Kino und Fernsehen als Zwischenspiele in der Geschichte, Hamburg 1999.

Chronologie

Zeitspanne	Afrika	Amerika
19. Jh.	Ab 1880: „Wettlauf um Afrika“ 1880/1881: 1. Burenkrieg 1884/1885: Berliner Afrikakonferenz, danach wird Afrika unter den europäischen Mächten aufgeteilt 1890: Eritrea wird italienische Kolonie 1892/1893: Eroberung Dahomeys durch Frankreich 1895: Gründung von Französisch-Westafrika 1896: Sieg Äthiopiens gegen eine italienische Invasion bei Adua 1899–1902: 2. Burenkrieg	1889: Brasilien wird Republik 1898: Amerikanisch-Spanischer Krieg 1898: Formale Unabhängigkeit Kubas
20. Jh.	1906: Aufteilung Marokkos zwischen Frankreich und Spanien	1903: Trennung Panamas von Kolumbien mit Hilfe der USA 1904: *Roosevelt-Corollary*: Anspruch auf Interventionsrecht der USA in Lateinamerika
	1910: Entstehung der Südafrikanischen Union 1912: Annexion Libyens durch Italien 1914–1922: Ägypten als britisches Protektorat	1910–1920: Revolution in Mexiko 1914: Eröffnung des Panamakanals 1918: Präsident Wilson präsentiert den 14-Punkte-Plan
		1920: US-Senat lehnt den Vertrag von Versailles ab 1921: Friedensvertrag mit Deutschland 1929: Börsencrash an der Wall Street, Beginn der Weltwirtschaftskrise

Ost-, Süd-, Südostasien/ Pazifik/Australien	Vorder- und Zentralasien	Europa (inkl. Russland)
1887: Die Kolonie Französisch-Indochina entsteht aus dem heutigen Vietnam und Kambodscha 1894–1895: Chinesisch-Japanischer Krieg 1895–1945: Taiwan ist japanische Kolonie	1880: Ende des 2. Anglo-Afghanischen Krieges; Afghanistan wird Pufferstaat zwischen Russland und Britisch-Indien	1882: Deutschland, Österreich-Ungarn und Italien bilden den Dreibund 1888: Wilhelm II. wird deutscher Kaiser 1891: Baubeginn der Transsibirischen Eisenbahn 1894: Französisch-Russische Allianz als Reaktion auf den Dreibund
1900–1901: Boxer-Aufstand in China gegen den ausländischen Einfluss 1901: Commonwealth of Australia (erhält 1907 Dominionstatus) 1904/1905: Russisch-Japanischer Krieg um Korea und die Mandschurei	1907: Aufteilung Persiens, Afghanistans und Tibets in Interessensphären zwischen Großbritannien und Russland	1904: Britisch-Französische *Entente cordiale* 1905: Revolution in Russland 1907: Beitritt Russlands zur *Entente cordiale*
1911/1912: Chinesische Revolution und Sturz der Qing-Dynastie 1912: Ausrufung der Chinesischen Republik unter Sun Yat-sen	1912–1913: Balkankriege 1916: Aufstand der Araber gegen die Osmanen 1918: Zusammenbruch des Osmanischen Reiches 1919–1923: Türkischer Unabhängigkeitskrieg	1914: Ermordung des Erzherzogs Franz Ferdinand in Sarajewo; Beginn des Ersten Weltkrieges 1915: Italien schließt sich den Alliierten an 1917: Kriegseintritt der USA 1917: Februar- und Oktoberrevolution in Russland 1918: Ende des 1. Weltkriegs 1918: Ausrufung der Weimarer Republik 1919: Abschluss des Versailler Vertrags 1919: Friedrich Ebert wird Reichspräsident 1919: Bildung der Kommunistischen Internationale
1921: Gründung der Kommunistischen Partei Chinas 1923-1927: Einheitsfront Sun Yat-sens mit den Kommunisten 1927: Blutige Säuberungen in Shanghai gegen die Kommunisten 1927: Gründung der Nationalregierung unter Chiang Kai-shek	1923: Gründung der Türkischen Republik, Kemal Atatürk wird erster Präsident	1920: Eröffnung des Völkerbunds 1921: Bolschewisten siegen im Russischen Bürgerkrieg 1921: Errichtung des Irischen Freistaats 1922: Mussolinis Marsch auf Rom 1923: Belgische und französische Truppen besetzen das Ruhrgebiet 1923: Erfolgloser „Hitlerputsch" in München

Zeitspanne	Afrika	Amerika
	1935–1936: Abessinienkrieg zwischen Italien und Äthiopien	1931: Hoover-Moratorium für internationale Kriegsschulden und Reparationen 1933: Beginn der *New-Deal*-Politik
	1942: Kampf bei el-Alamein zwischen den Alliierten und den Achsenmächten 1943: Die Achsenmächte ziehen sich aus Afrika zurück 1943: Kriegskonferenz in Casablanca über die Nachkriegsordnung	1941: Amerika tritt in den 2. Weltkrieg ein 1941: Anglo-amerikanische Atlantik-Charta 1945: Gründung der UNO 1947: Truman-Doktrin 1947: Erstellung des Marshallplans für den Wiederaufbau Europas 1949: Gründung der NATO
	1951: Libyen wird unabhängig und konstitutionelle Monarchie 1954–1962: Krieg um die Unabhängigkeit Algeriens 1956: Französische und britische Truppen greifen Ägypten während der Sueskrise an 1957: Ghana (Goldküste, Aschantiland) wird unabhängig und als erstes Land Schwarzafrikas Vollmitglied des Commonwealth 1958: Unabhängigkeit Guineas	1950: Beginn der Kommunistenverfolgung durch Senator McCarthy in den USA 1957: Rassenunruhen und Civil Rights Act
	1960: Unabhängigkeit der französischen Kolonie in Afrika 1966: Unabhängigkeit Botsuanas; Basutoland erlangt als Lesotho ebenfalls die Unabhängigkeit	1962: Kubakrise 1963: Ermordung von US-Präsident Kennedy 1964: Beginn des massiven amerikanischen Einsatzes in Vietnam 1968: Ermordung von Martin Luther King 1969: Erste bemannte Mondlandung durch die Amerikaner
	1975: Mosambik und Angola werden unabhängig 1977: Unabhängigkeit Dschibutis	1972: Amerika und die Sowjetunion schließen den SALT-I-Vertrag zur Rüstungsbeschränkung ab 1973: Amerikanische Truppen verlassen Vietnam 1979: Aufnahme amerikanischer diplomatischer Beziehungen zur Volksrepublik China

Ost-, Süd-, Südostasien/ Pazifik/Australien	Vorder- und Zentralasien	Europa (inkl. Russland)
		1923: Bildung der ersten Labour-Regierung in London 1924: Tod Lenins 1925: Hindenburg wird Reichspräsident 1926: Definition der Dominions durch den Balfour-Bericht 1926: Aufnahme Deutschlands in den Völkerbund 1929: Erster sowjetischer Fünfjahresplan
1930: „Salzmarsch" Gandhis bezeichnet den Höhepunkt der gewaltfreien Unabhängigkeitsbewegung in Indien 1931: Japanische Besetzung der Mandschurei 1934-1935: Langer Marsch der Kommunisten 1937: Beginn der japanischen Invasion in Nordchina		1933: Adolf Hitler wird deutscher Reichskanzler 1935: Italien marschiert unter der Führung Mussolinis in Äthiopien ein 1936: Beginn des Spanischen Bürgerkriegs 1938: Anschluss Österreichs und des Sudetengebiets an Deutschland 1939: Ausbruch des 2. Weltkriegs nach dem deutschen Angriff auf Polen
1941: Angriff auf Pearl Harbor durch japanische Streitkräfte 1945: Indonesien erklärt seine Unabhängigkeit (Anerkennung 1949) 1945: Ho Chi Minh erklärt die Unabhängigkeit Vietnams 1945: Atombombenangriff auf Hiroshima und Nagasaki 1946–1949: Bürgerkrieg in China 1947: Indien und Pakistan erklären ihre Unabhängigkeit 1948: Unabhängigkeit Burmas 1949: Mao Zedong ruft die Volksrepublik China aus	1947: Die UN beschließen einen Teilungsplan für Palästina 1948: Gründung des Staates Israel und damit einhergehende militärische Auseinandersetzungen	1941: Angriff Deutschlands auf die Sowjetunion 1941/1942: Systematische Deportationen und Ermordung der europäischen Juden durch NS-Deutschland 1942/1943: Schlacht bei Stalingrad 1944: Landung alliierter Truppen in der Normandie 1945: Niederlage der Achsenmächte, Ende des 2. Weltkriegs 1945: Sturz des faschistischen Regimes in Italien und Proklamation der Republik 1949: Gründung der BRD und der DDR
1950: Beginn des Koreakrieges 1953: Unabhängigkeit Kambodschas 1954: Unabhängigkeit Laos'		1955: Warschauer Pakt 1958: Beginn der Fünften Republik unter Präsident de Gaulle
1963: Chinesisch-sowjetischer Gegensatz führt zum Bruch der beiden kommunistischen Mächte 1965: Erste amerikanische Einheiten werden in Südvietnam stationiert 1966: Beginn der „Großen proletarischen Kulturrevolution" in China	1967: Sieg Israels im sogenannten Sechstagekrieg gegen Ägypten und seine Verbündeten	1961: Bau der Berliner Mauer 1968: Unruhen in den USA, Frankreich, Deutschland und anderen europäischen Ländern 1968: Der Prager Frühling wird blutig niedergeschlagen
1978: Beginn der marktorientierten Reformpolitik in China	1973: Jom-Kippur-Krieg arabischer Staaten gegen Israel 1979: Einmarsch sowjetischer Truppen in Afghanistan 1979: Flucht des Schahs von Persien, Begründung der Iranischen Islamischen Republik	1970: Verträge von Moskau und Warschau mit der BRD als Höhepunkte der deutschen „Ostpolitik" 1975: Schlussakte von Helsinki 1978: Wahl von Kardinal Wojtyła zum Papst

Zeit-spanne	Afrika	Amerika
	1980: Unabhängigkeit Simbabwes	1987: Amerikanisch-Sowjetischer Vertrag zur Abrüstung von Mittelstreckenraketen
	1990: Unabhängigkeit Namibias	
21. Jh.		2001: Anschlag auf das *World Trade Center* in New York

Ost-, Süd-, Südostasien/ Pazifik/Australien	Vorder- und Zentralasien	Europa (inkl. Russland)
1989: Blutige Niederschlagung der Protestbewegung durch die chinesische Armee auf dem „Platz des Himmlischen Friedens“	1989: Rückzug der sowjetischen Truppen aus Afghanistan	1985: Gorbatschow wird Generalsekretär der KPdSU 26.4.1986: Tschernobyl-Unglück 1989: In Polen, Ungarn, der DDR und anderen Ostblockstaaten werden die Regierungen gestürzt, Beginn der Friedlichen Revolutionen
1.7.1997: Übergabe der britischen Kolonie Hongkong an China 1999: Übergabe der portugiesischen Kolonie Macao an China	1993: Beginn des Friedensprozesses zwischen Israelis und Palästinensern	1990: Deutsche Wiedervereinigung von West- und Ostdeutschland 1990: Zwei-Plus-Vier-Vertrag 1991: Auflösung der Sowjetunion 1991: Beginn der Auflösung Jugoslawiens und der blutigen Bürgerkriege auf dem Balkan
	2003: Die USA greifen den Irak an und stürzen Saddam Hussein 2010: Einweihung des *Burj Khalifa* in Dubai, des höchsten Gebäudes der Welt	2002: Einführung des Euro in 12 EU-Ländern als neue Währung

Register

Die Schreibweise der Namen und Orte folgt grundsätzlich den Regeln des Duden; in Ausnahmefällen wurden allerdings davon abweichende Schreibweisen der einzelnen Fachdisziplinen berücksichtigt.

Personenregister

Ortsregister